西部区域文化研究中心重大项目

本书出版得到西华师范大学学科建设专项经费资助

四川省古代文学特色文献研究团队专刊

巴蜀方志艺文篇目汇录索引

主　编　杨世明　文航生
副主编　王胜明　杨　敏　陈云芊

中华书局

图书在版编目(CIP)数据

巴蜀方志艺文篇目汇录索引/杨世明,文航生主编;王胜明,杨敏,陈云芊副主编. —北京:中华书局,2015.10
ISBN 978-7-101-11423-2

Ⅰ.巴… Ⅱ.①杨…②文…③王…④杨…⑤陈… Ⅲ.艺文志-目录-索引-四川省 Ⅳ.Z812.271

中国版本图书馆 CIP 数据核字(2015)第 306024 号

书　　名	巴蜀方志艺文篇目汇录索引
主　　编	杨世明　文航生
副 主 编	王胜明　杨　敏　陈云芊
责任编辑	李晓燕　李肇翔
出版发行	中华书局
	(北京市丰台区太平桥西里 38 号　100073)
	http://www.zhbc.com.cn
	E-mail:zhbc@ zhbc.com.cn
印　　刷	北京瑞古冠中印刷厂
版　　次	2015 年 10 月北京第 1 版
	2015 年 10 月北京第 1 次印刷
规　　格	开本/880×1230 毫米　1/16
	印张 65¼　插页 2　字数 1600 千字
印　　数	1-1100 册
国际书号	ISBN 978-7-101-11423-2
定　　价	280.00 元

前　言

一

　　方志，即地方志，是历史学、地理学相结合的有关方域文化信息的科学。由于它以区域为中心，记叙本地之建置、沿革、疆域、山川、津梁、关隘、交通、名胜、风俗、资源、物产、科举、仕宦、教育、民族、艺文等，集中汇聚了该地自然和社会方面有关历史与现状的内容，因称地志、方志或地方志。

　　中国的方志产生很早，著作亦多。由于古籍中许多内容都按地域编撰进去了，资料极为丰富，故实为传统文化典籍之一大渊薮。

　　《四库全书总目》史部二十四地理类一曰："古之地志，载方域、山川、风俗、物产而已，其书今不可见。然《禹贡》《周礼·职方氏》，其大较矣。《元和郡县志》颇涉古迹，盖用《山海经》例。《太平寰宇记》增以人物，又偶及艺文，于是为州县志书之滥觞。"梁启超曰："春秋时各国皆有史，如《晋乘》《楚梼杌》《鲁春秋》与夫'百二十国宝书'等。由今日观之，可谓为方志之滥觞……现存之《华阳国志》，虽叙政治沿革居十之七八，然亦分郡县记其交通险塞、物产土俗、大姓豪族兼及先贤士女之传记，实后世方志之权舆矣。"(《说方志》)上述谓《禹贡》等为方志之滥觞，《华阳国志》为方志之权舆，其说盖是。至宋代，方志基本定型，著作渐多，今存宋代志书近四十种。清代至民国为方志盛产期，各地志书尤多。几乎省、府、州、县，无不修志，且增续者再。1935年出版的民国时期方志目录学家朱士嘉编制的《中国地方志综录》总计著录宋、元、明、清、民国所纂方志5832种。1935年至1938年间，编者又陆续搜集到730种方志。1958年该书又经增订，著录7413种，并附台湾稀见方志232种。1975年，中国科学院北京天文台等单位费七年之力，在朱著基础上编制了《中国地方志联合目录》，共收录1949年前中国历代包括通志、府志、州志、厅志、县志、乡土志、里镇志、关志、岛屿志在内的志书8200余种，而山水、寺庙、名胜志等尚不在内。由此可见中国古代地方志数量之大，实为现存古籍中一大藏品，值得我们重视和充分利用。其中巴蜀(包括今四川及重庆)地区，人文繁盛，历代方志总数亦有670余种。

二

　　方志内容丰富，其中艺文志是区域文化最重要的史料。

宋代志书虽无艺文之目，已有艺文之实。高似孙《剡录》，凡 10 卷。其卷五有"书、文"，卷六为"诗"。所谓"书"，即书目，"文"、"诗"，则为单篇作品。王欣夫先生说："现存志书有目录的，没有比它再早的了。"（《王欣夫说文献学》）又说："《剡录》并不称为艺文志或经籍志，后来用其实而变其名，也是取法乎史志。"此外（绍定）《吴郡志》，50 卷，范成大撰。也无"艺文"之目，然实则收录诗文颇多，皆散入相关各卷。第 49 卷为"杂咏"，曰："吴中风物之美，骚人墨客，凡所赋咏，皆以类见。无所附丽者，则萃于此。"（开庆）《四明续志》，梅应发、刘锡撰。凡 12 卷。第 9 卷、10 卷为"吟稿"，收诗；11、12 卷为"诗余"，全为单篇作品。（咸淳）《临安志》，宋潜说友撰，100 卷。其卷 94 至 97 为"纪文"，即诗文之作也。（嘉泰）《会稽志》宋施宿撰，20 卷，其第 20 卷为"古诗文"。（咸淳）《重修毗陵志》，宋史能之撰，凡 30 卷，其 21 至 23 为"词翰"，收诗文。（乾道）《四明图经》，宋张津纂，凡 12 卷，亦无艺文之目，然第 8 至 11 卷所收皆单篇诗文。（绍熙）《云间志》上中下 3 卷，宋杨潜纂。其下卷收赋、诗、墓志、记、序、说、铭、箴、祭文等。（景定）《建康志》，宋周应合撰，凡 50 卷，其卷 33 至 37 为文籍志，分别为书籍、书版、石刻、诸国论、奏议、书、露布、表状、诗章、乐府。所谓"书籍"，即书目，此外皆为单篇。这个"文籍志"，应该是方志艺文最早的标名。

宋以后志书设立艺文的渐多。清及民国，凡方志必有艺文志（当然，名目间或有异），不设艺文的则极少。它们或录书目，或收诗文，或兼而有之。

谈及方志艺文志，一般以为直承《汉志》。从大势说是不错的。

艺文志创始于《汉书》，乃目录学之祖，此后《隋书》、新旧《唐书》、《宋史》诸史踵之，或称艺文志，或称经籍志，史有缺典，则后人补之，遂成定制。而后世之方志，亦从正史之制，渐收艺文，致成通例。正史，通代或一代之史也；方志，一地之史也。正史之艺文，纪一代之文献；方志之艺文，纪一地之文献。体或有别，职则相近，故其相承，实为顺理成章。

但宋代志书，既无"艺文"之目，所收又多为诗文，罕涉文献目录，说它直源于正史艺文志，尚非笃论。宋时如此，宋以后志书，虽胪列地方文献目录者渐多，而选录单篇诗文者仍为主流，故以为直源史志，不合实情。从宋代志书看，应该说艺文之设，与当时地理志如乐史《太平寰宇记》、王存《元丰九域志》、王象之《舆地纪胜》、祝穆《方舆胜览》之引用文籍以介绍胜迹的风气是有关的。

宋以后，一些著名学者参与编纂方志，他们在艺文的处理上，举措各异，这表明方志界对志书体例仍在继续进行探索。

明代文学家康海正德时编纂《武功县志》，凡 3 卷 7 目，不设艺文，但各目正文下时录相关诗文，如《官师志》叙及姚合，将其《武功县居诗》三十首全录。康志后以"文简事核，训词尔雅"称，至誉为"乡国之史，莫良于此"（见《四库全书总目提要》）。

大学者杨慎嘉靖时应邀参编《四川通志》，主持编辑了艺文部分，后单独印行，名《全蜀艺文志》，共 64 卷，分体收录 650 余人的 1800 余篇作品，堪称宏富。这促使志书收录单篇诗文的作法进一步发扬。

清大学者戴震乾隆时纂《汾州府志》，共 34 卷，明设艺文，其第 27 至 34 卷共 8 卷，首为御制，此后按体录单篇文诗，数量甚夥。

乾嘉文字学家段玉裁在任富顺县代理知县时主持编纂《富顺县志》，凡5卷25目，无艺文志，设文苑，在文学家传后附著作目录，相关类目选附诗文，考录精审。

清代在方志的性质与体例上独抒己见且影响最大者当数章学诚。章学诚提出："凡欲经纪一方之文献，必立三家之学，而始可以通古人之遗义也。仿纪传正史之体而作志，仿律令典例之体而作掌故，仿《文选》、《文苑》之体而作文征。三书相辅而行，阙一不可；合而为一，尤不可也。"（《文史通义·外篇·方志立三书议》）"或曰：'今之方志，所谓艺文，置书目而多选诗文，似取事言互证，得变通之道矣。今必别撰一书为文征，意岂有异乎？'曰：'说详《永清文征》之《序例》矣，今复约略言之：志既仿史体而为之，则诗文有关于史裁者，当入纪传之中，如班《书》传志所载汉廷诏疏诸文可也。以选文之例而为艺文志，是《宋文鉴》可合《宋史》为一书，《元文类》可合《元史》为一书矣，与纪传中所载之文，何以别乎！"（同上）他又说："今世志艺文者，多取长吏及邑绅所为诗赋、记序杂文，依类相附，甚而风云月露之无关惩创，生祠碑颂之全无实征，亦胥入焉。此姑无论是非，即使文俱典则，诗必雅驯，而铨次类录，诸体务臻，此亦选文之例，非复志乘之体矣。夫既志艺文，当仿三通、《七略》之意，取是邦学士著撰书籍，分其部汇，首标目录，次序颠末，删芜撷秀，掇取大旨，论其得失，比类成编，乃使后人得所考据，或可为馆阁雠校取材，斯不失为志乘体尔。至坛庙碑铭，城堤纪述，利弊论著，土物题咏，则附入物产、田赋、风俗、地理诸考，以见得失之由，沿革之故。如班史取延年、贾让诸疏入《河渠志》，贾谊、晁错诸疏入《食货志》之例可也。学士论著，有可见其生平抱负，则全录于本传，如班史录《天人三策》于《董仲舒传》，录《治安》诸疏于《贾谊列传》之例可也。至墓志传赞之属，核实无虚，已有定论，则既取为传文，如班史仍《史记·自序》，而为《司马迁传》，仍扬雄《自序》，而为《扬雄列传》之例可也。此一定之例，无可疑虑，而相沿不改，则甚矣史识之难也。"（《文史通义·外篇·答甄秀才论修志第一书》）此可见章氏于方志，特别强调他的史乘之体及文献方面的功能。他曾主修《湖北通志》，便分为《通志》、《掌故》、《文征》、《丛谈》四部分，又其主修之《和州志》、《永清县志》等志书，体例亦皆如其所说。

此后志书，奉行章学诚之说的渐多。他们设艺文志，只录文献目录，不录单篇作品，如何绍基光绪《重修安徽通志》350卷，其中335—346为艺文志，序云："兹编悉遵四库之例，类别部分，标其目而次第之。虽旨趣各有浅深，而博采旁搜，庶不没作者之用意焉。"又近代学者王闿运编纂光绪《湘潭县志》，凡12卷12目，其第10卷为艺文，亦全为典籍目录，无一单篇作品。又如彭文治、卢庆家等修纂的民国《富顺县志》，艺文亦仅录书目，且在序中说："汉隋唐宋，史志艺文，考其记载，均列次篇目，叙录意旨而已。马端临《经籍考》、晁公武《读书志》、陈振孙《书录解题》，皆仿其意为之。而明杨慎撰《全蜀艺文志》，则搜剔诗古文辞，分类排纂，启志乘家掊摭之例，识者讥之，以为似选家之总集，非作志之上裁。富顺人士，通雅代作，今兹所录，但取成书，例仿四库提要，部分经史子集。究其撰述志意所在，理论所归，间及文辞，征取众说，为叙订焉。"虽然没有提名，实际是重申章氏之说。

也有响应章氏之说，既收书目，也设《文征》以辑录单篇诗文的。如民国张森楷编纂的《合川县志》。此志凡83卷，首一卷，内第33—34卷为艺文，第36卷为金石，第69—83卷为《文在》。其艺文为文献书目，有序云："夫人口孳生，犹稽版籍；水土所产，犹列职方；况乎典籍文章，为学术源流之所自出，治功事绩之所流传，不于州县志书，为之部次条别，治其要删，其何以使一方文献无所缺失耶？"其《文在》曰："朱长文《吴郡图经续记》，于封域城邑等二十八门外，别撰古今文章为吴门总集，庶几辖轩观风之遗，惜其书帙不传，不知体例奚若？明杨慎辑吾蜀之个体文为《全蜀艺文志》之滥觞，使承学之士，不复知何等为艺文者以此。然其自为一书，不与地志相杂厕，犹吴门总集意也。旧合州志，承用杨例，为艺文五卷于篇末。先记论，终杂录，赋在次三，诗在次四。既非班志之旧，亦与萧选不符。特用章学诚说，厘而正之。仍依其三书之议，以文征为一书，嘱黄君道中蒐葺而进退焉。既成，于森楷意不惬，则以征之为谊，非有关于本志人地故事，例不得登；而关于本志人地故事之作未必皆佳，遂不免以人地故事之故而存其文，往往失于迁就。其名篇巨制，又或与人地故事无关，摈不甄录，斯两失之矣！欲救厥失，唯征其文于人，而不征其文于地与事。所谓人者，凡官师奉使流寓在本志有名之人，文果足采，皆具采之，而不拘拘以土著为断，亦不拘拘以地事为归。其有地事关系之文，则参用正史，及康海《武功志》、段玉裁《富顺志》之例，分载图经谱录列传各篇。本篇所收，大抵皆极一时之选，以文存，非以人地与事存也。庶于章氏之说，亦无字乎。名曰文在，以斯文在兹，尊我先达，非慕与薛熙《明文》同名，亦正不嫌与薛熙《明文》同名也。先诗赋，用《汉志》及柳州文、六一居士集例也。次试帖诗律赋，当时制也。诗余，备一格也。铭赞颂诔，及诸杂文，次之有韵之文。各以类从，不杂厕也。次论辩序跋赠序书牍传状碑志记事次之，无韵之笔，亦从其类，无夺伦也。官文书次之，一朝制也。时文又次之，犹试帖也。总而序之，后来者庶览观焉。"

就巴蜀旧方志说，清代中期以后艺文既设文献书目，又收单篇诗文者渐多。如嘉庆《华阳县志》《洪雅县志》、咸丰《隆昌县志》、同治《直隶绵州志》、同治《嘉定府志》、同治《仁寿县志》、同治《酉阳直隶州总志》、光绪《重修彭县志》、光绪《西充县志》、民国《绵阳县志》、民国《重修什邡县志》、民国《夹江县志》、民国《南川县志》等皆此。又体例如《合川县志》之设文征者亦日渐增多，如民国《新繁县志》之设新繁文征，民国《大邑县志》之设大邑文征、诗征，民国《崇庆县志》之附江原文征，民国《三台县志》之设文征，民国《蓬溪近志》之设诗存、文存，民国《中江县志》之设诗征、文征，民国《南溪县志》之附文征，民国《江安县志》之附文征，民国《巴县志》之附文征，民国《灌县志》之附文征，民国《合江县志》之附文征，民国《简阳县志》之附诗文存，民国《叙永县志》之附文征，民国《达县志》之有诗存、文存，皆此。这些都说明章学诚关于方志的主张，影响很大。

但也有不少方志艺文只收诗文，不辑地方文献书目的。如著名文学家郑珍编辑道光《遵义府志》，凡48卷，内42至46为艺文，全录单篇诗文，且云："地志之专载篇章，自《全蜀艺文志》始。而作者或以非班氏例，仅编目录，撮旨要，其文章则缘事附入，苟未从附者，则虽于山川风土，利弊因革，多借以明，而格于胶鼓，反致缺漏。此杨氏之书所以称立例最古也。"这明显是左祖杨氏，不从章学诚之例。

在巴蜀旧方志中，像郑珍这样只录诗文，不收文献书目的，反而占了大多数。

三

志书艺文志选录诗文，有的的确有讨好上官、迁就人情、良莠不齐等弊端，甚至有失考而误收者，但它的存在价值也是难以一笔抹杀的：

一、方志的艺文比较集中地汇录了历史上产生于本地或与本地有关的作品，不必四处搜求，即可置于眼底，这对于了解本地历史文化，是非常方便的。如果没有地方志，或虽有志书，我们未能持有，或毫无所知，而全靠我们自己从历代典籍中去搜求这些材料，那真是"大海捞针"！任何地方的文化建设，都有一个历史积累和承上启下的问题，掌握了方志中的历代艺文资料，对这个地方的历史文化特色及蕴含，就会有大致、准确的了解。历代大吏儒官，大凡到任，都要索阅志书，其因盖由于此。1958 年 3 月，毛泽东主席在成都召开中央工作会议。他这是首次到达蜀汉古都——成都，一来，便立即借阅《四川通志》、《蜀本纪》、《华阳国志》、《灌县志》等地方志书籍。此时，他便借方志之便，挑选了唐、宋、明三朝诗人写的有关四川的一些诗词，编为《诗词若干首》（内含《唐宋诗人咏四川》、《明朝诗人咏四川》），连同《华阳国志》一并印发给与会同志（据三联书店出版的《毛泽东的读书生活》），使与会者对四川的历史文化很快有大致的了解，这是使用方志以推荐方域文艺的范例。所以方志艺文在研究一地之文化方面，意义极为重要。举个现实的例子，如在旅游开发方面，方志艺文就很有价值，古代的文人雅士在本地风景名胜的题咏叙写，就记载了当年此地的盛况，启发我们去关注、开发、游览，这是很宝贵的历史资源。可是近来问世的一些旅游文学作品选本，其所选录，颇为匮乏，其原因盖多数限于条件，未能重视和利用方志艺文资料。

二、我国古代的文艺著作，多存于"集部图书"，但本集遗漏，在所难免，搜集佚作，是保存遗产很重要的一个方面，而方志之中，就常有佚作可得。如《全蜀艺文志》是嘉靖《四川总志》的一部分，《四库全书总目提要》说它"所载如宋罗泌《姓氏谱》，元费著《古器谱》诸书，多不传于今。又如李商隐《重阳亭铭》，为《文苑英华》所不录，其本集亦失载。徐炯、徐树穀笺注义山文集，即据此书以补入。如斯之类，皆足以资考核"。这就是认为它有辑佚之用。近世乡贤傅增湘先生曾辑录宋代蜀人"遗集之无存者"之文凡四百五十余家，成《宋代蜀文辑存》一书，规模甚大，其功甚伟，而收采所自，不少得于巴蜀志书。今人陈尚君的《全唐诗续拾》共收作者逾千人，逸诗四千三百余首，其中不少亦出之于方志。可见它对于各代诗文总集的编辑、完善来说，是大有帮助的。

三、方志艺文重要的价值，还在于它保存有很多没有别集或有集而已佚的文人的作品，他们往往在了解当代当地的文学状况具有重要意义，在方域文学研究上，是不可多得的历史资料，这是其他书籍所不能代替的，所以值得我们充分重视。如"遂宁三张"，除张问陶、张问安，尚有张问彤，而问彤的生平，唯见《遂宁县志》中李星根的《受之先生传》，不掌握此文，对遂宁张氏的研究就难得其实。方志中，这种例子很多。

四、方志艺文并非单纯的文艺作品，特别是一些应用体散文，多与地方历史或时事有关，它们对于了解和研究地方文化尤为重要。如关于望帝、鳖灵的诗文，是研究先蜀神话的资料；很多志书中收录了前人关于本地县学、书院的文章，是研究教育史的宝贵资料；关于寺观的诗文，是研宗教史的资料；一些城池、渠、堤、桥梁、厅堂、楼、亭题记，是地方建设发展历史的资料；而一些山水方面的诗文，也是今天发展旅游文化的非常宝贵的资源，都是很有使用价值的。其他有关氏族分布、民风民俗、物产商贸等等，内容也很丰富。

五、新中国建立后，各地多次修志，体例一新，颇多创获，但一般不立艺文之目，丰富的历史文化资源，不止未加利用，且有废弃湮没之虞。这种情况下，保存和整理旧志艺文，尤为重要。

当然，旧志艺文之不受重视，也与它内容既多，难于使用有关。志书寻找难，其中究竟有些什么东西，一般人也心中无数，自然想不到去利用它。所以，我们不仅要保存它，整理它，也要介绍它，让世人了解它库房里有哪些宝藏。

我国目前的古代文学研究，一方面题目重复，难以深入，而方域文学中一些值得探索的问题，又无人问津，盖由于对地方志中蕴藏的史料不甚了了。如有方志艺文之目录在手，无异揭开藏宝，一目了然，当令研究者步入新的天地，使地域文学、文化之研究得以开拓和加深。

《巴蜀方志艺文篇目汇录索引》，就是解决这一难题的尝试。

方志浩繁，查访为难，今有目录索引，搜阅使用可运于掌矣！

杨世明

2013 年 3 月于西华师范大学

目　　录

凡　例

一、本书所录艺文篇目,有蜀中省志 4 种,府州厅县志 160 种,共 164 种。今存巴蜀志书之有艺文者,当不止此数,此仅就藏书所及且读者易得者。然除个别外,今川渝一般市县之历史艺文资料目录,可称大备。

二、本书由三部分组成:《巴蜀方志艺文篇目汇录索引收书目录》《巴蜀方志艺文篇目汇录》、《巴蜀方志艺文篇目作者索引》。《巴蜀方志艺文篇目汇录》为全书主体。

三、《巴蜀方志艺文篇目索引收书目录》备列本书过录艺文篇目之所出,且各书编列代码,以便翻查。由于所录方志艺文,其书收入《中国地方志集成·四川府县志辑》者甚多,故各书排列顺序基本依从该丛书。

四、《巴蜀方志艺文篇目汇录》按代码顺序编排。各志书篇目之编排则一仍原书之旧。一般篇名居左,作者居右,然亦有志书作者在上(左),篇名在下(右)者,则亦从之。作者之朝代,各书或标注,或无;标注方式亦有别,今皆细加考订,一一用括号注明,标示于作者姓名之前。民歌风谣,一般不标明时代、作者。宸翰因词臣费考,皆依旧志归于皇帝名下。诗词为明同题异作,每题下加括号标出首句。

五、《巴蜀方志艺文篇目作者索引》为本书所汇录 164 种志书艺文篇目之作者索引。作者包括人名、书名。作者按其名称之汉语拼音顺序先后排列。每作者后列其存在作品信息。作品信息以"×/×"为单元表示,/后之数字,为方志书名代码,/前之数字为作者在该代码所指志书内出现作品的篇数。

六、各方志艺文篇目中间有缺字及漶漫不清者,未能深考,亦不强作解人,均以□号代之。

巴蜀方志艺文篇目汇录索引收书目录

代码	书　名	纂著者姓名	版　本	丛　书
1	全蜀艺文志	（明）杨慎编 刘琳、王晓波校点	嘉靖二十四年刻本、抄本、排印本	《四库全书》
2	补续全蜀艺文志	（明）杜应芳、胡承诏辑	万历刻本	《续修四库全书·集部·总集》（1677册），据万历本影印
3	万历四川总志	（明）虞怀忠、郭棐等纂修	嘉靖二十四年刻本	《四库全书存目丛书》影印本（史部第199—200册）
4	雍正四川通志	（清）黄廷桂等监修	雍正十一年刻本、抄本	《四库全书》
5	天启新修成都府志	（明）冯任修 张世雍等纂	天启元年抄本	《中国地方志集成·四川府县志辑》（第一册）
6	同治重修成都县志	（清）李玉宣等修 衷兴鉴等纂	同治十二年刻本	《中国地方志集成·四川府县志辑》（第二册）
7	民国双流县志	刘佶等修 刘咸荥等纂	民国二十六年铅印本	《中国地方志集成·四川府县志辑》（第三册）
8	续金堂县志	（清）王树桐、徐璞玉修 米绘裳等纂	同治六年刻印本	《中国地方志集成·四川府县志辑》（第四册）
9	温江县志	（清）李绍祖、徐文贲等修纂	清嘉庆二十年刻本	
10	道光重庆府志	（清）王梦庚修 寇宗纂	道光二十三年刻本	《中国地方志集成·四川府县志辑》（第五册）
11	道光江北厅志	（清）福珠朗阿修 宋煊、黄云衢纂	道光二十四年刻本，民国铅字重排道光本	《中国地方志集成·四川府县志辑》（第五册）
12	民国巴县志	朱之洪等修 向楚等纂	民国二十八年刻本	《中国地方志集成·四川府县志辑》（第六册）
13	民国长寿县志	陈毅夫等修 刘君锡、张名振纂	民国三十三年铅印本	《中国地方志集成·四川府县志辑》（第七册）
14	道光綦江县志	（清）宋灏修 罗星纂	道光六年刻同治二年增刻本	《中国地方志集成·四川府县志辑》（第七册）
15	民国四川綦江续志	（清）戴纶喆纂修	民国二十七年增刻本	《中国地方志集成·四川府县志辑》（第七册）
16	重修荣县志	（清）王培荀总纂	道光二十五年刻本光绪三年重刻本	
17	民国郫县志	李之青等修 戴朝纪等纂	民国三十七年铅印本	《中国地方志集成·四川府县志辑》（第八册）

代码	书　名	纂著者姓名	版　本	丛　书
18	民国崇宁县志	陈邦倬修 易象乾、田树勋等纂	民国十四年刻本	《中国地方志集成·四川府县志辑》（第九册）
19	民国灌县志	叶大锵等修 罗骏声纂	民国二十二年铅印本	《中国地方志集成·四川府县志辑》（第九册）
20	光绪重修彭县志	（清）张龙甲修 吕调阳等纂	光绪四年刻本	《中国地方志集成·四川府县志辑》（第十册）
21	民国重修什邡县志	王文照修 曾庆奎、吴江纂	民国十八年年铅印本	《中国地方志集成·四川府县志辑》（第十册）
22	嘉庆汉州志	（清）刘长庚修 侯肇元、张怀泗纂	嘉庆二十二年刻本	《中国地方志集成·四川府县志辑》（第十一册）
23	同治续汉州志	（清）张超等修 曾履、张敏行纂	同治八年刻本	《中国地方志集成·四川府县志辑》（第十一册）
24	民国新都县志	陈习删等修 闵昌术等纂	民国十八年铅印本	《中国地方志集成·四川府县志辑》（第十二册）
25	民国新繁县志	侯俊德等修 刘复等撰	民国三十六年铅印本	《中国地方志集成·四川府县志辑》（第十二册）
26	道光新津县志	（清）王梦庚原稿 陈霁学修 叶方模、童宗沛纂	道光九年刻本民国十一年铅印本	《中国地方志集成·四川府县志辑》（第十二册）
27	光绪蒲江县志	（清）孙清士修 解璜、徐元善纂	光绪四年刻本	《中国地方志集成·四川府县志辑》（第十二册）
28	嘉庆邛州直隶州志	（清）吴巩修 王来遴纂	嘉庆二十三年刻本	《中国地方志集成·四川府县志辑》（第十三册）
29	民国大邑县志	王铭新、解汝襄等修 钟毓灵、龚维琦等撰	民国十九年铅印本	《中国地方志集成·四川府县志辑》（第十四册）
30	民国崇庆县志	谢汝霖等修 罗元黼等纂	民国十五年铅印本	《中国地方志集成·四川府县志辑》（第十四册）
31	道光龙安府志	（清）邓存咏等纂修	道光二十一年刻本	《中国地方志集成·四川府县志辑》（第十四册）
32	光绪新修潼川府志	（清）阿麟修 王龙勋等纂	光绪二十三年刻本	《中国地方志集成·四川府县志辑》（第十五册）
33	同治直隶绵州志	（清）文棨、董贻清修 伍肇龄、何天祥纂	同治十二年刻本	《中国地方志集成·四川府县志辑》（第十六册）
34	民国绵阳县志	蒲殿钦、袁钧等修 崔映棠纂	民国二十二年刻印本	《中国地方志集成·四川府县志辑》（第十七册）
35	民国三台县志	林志茂、谢勷等纂修	民国二十年铅印本	《中国地方志集成·四川府县志辑》（第十七册）
36	光绪江油县志	（清）武丕文修 欧培槐等纂	光绪二十九年刻本	《中国地方志集成·四川府县志辑》（第十八册）
37	同治郫明县志	（清）牛树梅原本 何庆恩、韩树屏增修 李朝栋等纂	同治十三年刻本	《中国地方志集成·四川府县志辑》（第十八册）
38	民国重修广元县志稿	谢开来等修 王克礼、罗映湘纂	民国二十九年铅印本	《中国地方志集成·四川府县志辑》（第十九册）
39	同治剑州志	（清）李溶、余文焕修 李榕等纂	同治十二年刻本	《中国地方志集成·四川府县志辑》（第十九册）

代码	书　名	纂著者姓名	版　本	丛　书
40	民国剑阁县续志	张政等纂修	民国十六年铅印本	《中国地方志集成·四川府县志辑》(第十九册)
41	咸丰重修梓潼县志	(清)张香海修 杨曦等纂	咸丰八年刻本	《中国地方志集成·四川府县志辑》(第二十册)
42	乾隆盐亭县志	(清)张松孙等修 雷懋德、胡光琪纂	乾隆五十一年刻本	《中国地方志集成·四川府县志辑》(第二十册)
43	光绪射洪县志	(清)黄允钦等修 罗锦城等纂	光绪十年刻本	《中国地方志集成·四川府县志辑》(第二十册)
44	乾隆遂宁县志	(清)田秀荣等修 李星根纂	光绪补刻本	
45	民国蓬溪县近志	(清)伍彝章等修 庄喜泉、曾世礼等纂	民国二十四年刻本	《中国地方志集成·四川府县志辑》(第二十一册)
46	民国中江县志	谭毅武修 陈品全等纂	民国十九年铅印本	《中国地方志集成·四川府县志辑》(第二十一册)
47	民国德阳县志	雄卿云、汪仲夔修 洪烈森等纂	民国二十八年铅印兼石印本	《中国地方志集成·四川府县志辑》(第二十二册)
48	嘉庆罗江县志	(清)李桂林等纂修	嘉庆二十年刻本　同治四年刻本	《中国地方志集成·四川府县志辑》(第二十二册)
49	同治续修罗江县志	(清)马传业修 刘正慧等纂	同治四年刻本	《中国地方志集成·四川府县志辑》(第二十二册)
50	民国绵竹县志	王佐、文显谟修 黄尚毅等纂	民国九年刻本	《中国地方志集成·四川府县志辑》(第二十二册)
51	同治安县志民国安县续志	(清)余天鹏修 陈嘉绣等纂	同治三年刻本	
52	道光石泉县志	(清)赵德林等修 张沆等纂	道光十四年刻本	《中国地方志集成·四川府县志辑》(第二十三册)
53	民国北川县志	杨钧衡等修 黄尚毅等纂	民国二十一年石印本	《中国地方志集成·四川府县志辑》(第二十三册)
54	民国内江县志	曾庆昌原本 易元明修纂	民国三十四年石印本	《中国地方志集成·四川府县志辑》(第二十三册)
55	道光乐至县志	(清)裴显忠修 刘硕辅纂	同治八年据道光二十年刻本增刻	《中国地方志集成·四川府县志辑》(第二十四册)
56	道光安岳县志	(清)蒲瑗修 周国颐纂	道光十六年刻本	《中国地方志集成·四川府县志辑》(第二十四册)
57	嘉庆威远县志	(清)宋鸣琦鉴定 陈汝秋总纂	嘉庆十八年刻本	
58	光绪资州直隶州志	(清)刘炯原本 罗廷权续修 何衮等续纂	光绪二年刻本	《中国地方志集成·四川府县志辑》(第二十五册)
59	资阳县志	(清)范涞清等修 何华元等纂	同治元年据咸丰十年刻本增刻艺文	《中国地方志集成·四川府县志辑》(第二十六册)
60	民国简阳县志	林志茂等修 汪全相等纂	民国十六年铅印本	《中国地方志集成·四川府县志辑》(第二十七册)
61	嘉庆宜宾县志	(清)刘元熙修 李世芳等纂	嘉庆十七年刻本民国二十一年铅印本	《中国地方志集成·四川府县志辑》(第三十册)
62	富顺县志	(清)宋廷贞修 黄靖图纂	同治十一年刻本	

代码	书　名	纂著者姓名	版　本	丛　书
63	咸丰隆昌县志	（清）魏元燮、花映均修 耿光祜纂	同治元年刻十三年续刻本	《中国地方志集成·四川府县志辑》（第三十一册）
64	民国南溪县志	李凌霄等修 钟朝煦纂	民国二十六年铅印本	《中国地方志集成·四川府县志辑》（第三十一册）
65	民国江安县志	严希慎修 陈天锡纂	民国十二年铅印本	《中国地方志集成·四川府县志辑》（第三十二册）
66	嘉庆纳溪县志	（清）赵炳然修 陈廷钰纂	嘉庆十八年刻本	《中国地方志集成·四川府县志辑》（第三十二册）
67	民国泸县志	王禄昌、高觐光纂修	民国二十七年铅印本	《中国地方志集成·四川府县志辑》（第三十三册
68	民国合江县志	王玉璋修 刘天锡、张开文纂	民国十八年铅印本	《中国地方志集成·四川府县志辑》（第三十三册）
69	民国叙永县志	宋曙等纂 赖佐堂等修	民国二十四年铅印本	《中国地方志集成·四川府县志辑》（第三十三册）
70	古宋县志	佚名纂	民国十九年抄本	《中国地方志集成·四川府县志辑》（第三十四册）
71	长宁县志	（清）杨庚、曹秉让纂修	嘉庆十三年刻本	《中国地方志集成·四川府县志辑》（第三十四册）
72	珙县志	（清）冉瑞垌等纂修	光绪九年增刻本	《中国地方志集成·四川府县志辑》（第三十五册）
73	同治高县志	（清）敖立榜等修 曾毓佐等纂	同治五年刻本	《中国地方志集成·四川府县志辑》（第三十五册）
74	光绪庆符县志	（清）冉瑞垌等纂修	光绪九年增刻本	《中国地方志集成·四川府县志辑》（第三十五册）
75	同治筠连县志	（清）陈熙春修 文尔炘等纂	同治十二年刻本	《中国地方志集成·四川府县志辑》（第三十六册）
76	民国续修筠连县志	（清）祝世德纂修	民国三十七年铅印本	《中国地方志集成·四川府县志辑》（第三十六册）
77	乾隆屏山县志	（清）张曾敏修 陈琦纂	乾隆四十三年刻本	《中国地方志集成·四川府县志辑》（第三十六册）
78	光绪屏山县续志	（清）张九章修 陈藩垣等纂	光绪二十四年刻本　民国二十年铅印本	《中国地方志集成·四川府县志辑》（第三十六册）
79	同治嘉定府志	（清）文良、朱庆镛等修 陈尧采等纂	同治三年刻本	《中国地方志集成·四川府县志》（第三十七册）
80	嘉庆乐山县志	（清）龚传黻纂修	嘉庆十七年刻本　光绪十三年增刻本	
81	民国夹江县志	罗国钧鉴定 刘作铭纂修 薛志清总纂	民国二十四年铅印本	《中国地方志集成. 四川府县志辑》（第三十八册）
82	嘉庆洪雅县志	（清）王好音修 张柱等纂	嘉庆十八年刻本	《中国地方志集成·四川府县志辑》（第三十八册）

代码	书　名	纂著者姓名	版　本	丛　书
83	光绪洪雅县志	（清）郭世棻修 邓敏修等纂	光绪二十年刻本	《中国地方志集成·四川府县志辑》（第三十八册）
84	光绪青神县志	（清）郭世棻修 文笔超等纂	光绪三年刻本	《中国地方志集成·四川府县志辑》（第三十八册）
85	嘉庆眉州属志	（清）涂长发修 王昌年纂	嘉庆五年刻本	《中国地方志集成·四川府县志辑》（第三十九册）
86	嘉庆续修眉州志略	（清）戴三锡修 王之俊等纂	嘉庆十七年刻本	《中国地方志集成·四川府县志辑》（第三十九册）
87	重修彭山县志	（清）赵来震总裁 史钦义、陈作琴纂修	嘉庆十九年刻本	
88	井研县志	（清）张宁阳主修 陈献瑞、胡元善纂修	乾隆六十年刻本	
89	仁寿县志	（清）罗廷权修 马凡若编纂	同治五年刻本	
90	民国犍为县志	陈谦、陈世虞修 罗绶香、印焕门纂	民国二十六年铅印本	《中国地方志集成·四川府县志辑》（第四十一册）
91	嘉庆峨嵋县志	（清）王燮修 张希绪、张希珌纂	嘉庆十八年刻本	《中国地方志集成·四川府县志辑》（第四十一册）
92	宣统峨嵋县续志	（清）李锦成修 朱荣邦等纂	宣统三年刻本	《中国地方志集成·四川府志辑》（第四十一册）
93	民国新修合川县志	郑贤书等修 张森楷纂	民国十一年刻本	《中国地方志集成·四川府县志辑》（第四十三、四十四册）
94	民国重修大足县志	郭鸿厚修 陈习删等纂	民国三十四年铅印本	《中国地方志集成·四川府县志辑》（第四十二册）
95	光绪铜梁县志	（清）韩清桂等修 陈昌等纂	光绪元年刻本	《中国地方志集成·四川府县志辑》（第四十二册）
96	同治璧山县志	（清）寇用平修 陈锦堂、卢有徽纂	同治四年刻本	《中国地方志集成·四川府县志辑》（第四十五册）
97	民国潼南县志	王安镇修 夏璜纂	民国四年刻本	《中国地方志集成·四川府县志辑》（第四十五册）
98	江津县志	（清）曾受一纂修 王家驹校阅 徐鼎续修	乾隆三十三年刻本 嘉庆九年重刻本	
99	光绪荣昌县志	（清）文康原本 施学煌续修 敖册贤续纂	光绪九年刻本	《中国地方志集成·四川府县志辑》（第四十五册）
100	同治重修涪州志	（清）吕绍衣等修 王应元、傅炳墀等纂	同治九年刻本	《中国地方志集成·四川府县志辑》（第四十六册）
101	民国涪陵县续修涪州志	王鉴清等修 施纪云等纂	民国十七年刻本	《中国地方志集成·四川府县志辑》（第四十七册）
102	垫江县志	（清）丁涟纂修 夏梦鲤纂修 董承熙总纂	道光八年重修 咸丰八年刻本	
103	民国重修丰都县志	黄光辉等修 郎承诜、余树堂等纂	民国十六年铅印本	《中国地方志集成·四川府县志辑》（第四十七册）
104	道光补辑石柱厅志	（清）王槐龄纂修	道光二十二年刻本	《中国地方志集成·四川府县志辑》（第四十七册）

代码	书　名	纂著者姓名	版　本	丛　书
105	同治增修酉阳州总志	（清）王麟飞等修 冯世瀛、冉崇文纂	同治二年刻本	《中国地方志集成·四川府县志辑》（第四十八册）
106	光绪黔江县志	（清）张九章修 陈藩垣、陶祖谦等纂	光绪二十年刻本	《中国地方志集成·四川府县志辑》（第四十九册）
107	光绪彭水县志	（清）庄定域修 支承祜等纂	光绪元年刻本	《中国地方志集成·四川府县志辑》（第四十九册）
108	民国重修南川县志	柳琅声等修 韦麟书等纂	民国二十年铅印本	《中国地方志集成·四川府县志辑》（第四十九册）
109	明正德夔州府志	（明）吴潜 修辑	天一阁藏明正德刻本	
110	道光夔州府志	（清）恩成修 刘德铨纂	道光七年刻本	《中国地方志集成·四川府县志辑》（第五十册）
111	同治增修万县志	（清）张琴、王玉鲸等修 范泰衡等纂	同治五年刻本	《中国地方志集成·四川府县志辑》（第五十一册）
112	咸丰开县志	（清）朱肇奎等修 陈昆等纂	咸丰三年刻本	《中国地方志集成·四川府县志辑》（第五十一册）
113	道光城口厅志	（清）刘绍文修 洪锡畴纂	道光二十四年刻本	《中国地方志集成·四川府县志辑》（第五十一册）
114	大宁县志	（清）高维岳修 魏远猷纂	光绪十一年刻本	《中国地方志集成·四川府县志辑》（第五十二册）
115	巫山县志	（清）连山修 李友梁纂	光绪十九年刻本	《中国地方志集成·四川府县志》（第五十二册）
116	奉节县志	（清）曾秀翘修 杨德坤等纂	光绪十九年刻本	《中国地方志集成·四川府县志》（第五十二册）
117	民国云阳县志	朱世镛、黄葆初修 刘贞安等纂	民国二十四年铅印本	《中国地方志集成·四川府县志辑》（第五十三册）
118	同治忠州直隶州志	（清）侯若源、庆徵修 柳福培纂	同治十二年刻本	《中国地方志集成·四川府县志辑》（第五十三册）
119	光绪梁山县志	（清）朱言诗等纂修	光绪二十年刻本	《中国地方志集成·四川府县志辑》（第五十四册）
120	康熙顺庆府志	（清）李成林修 罗承顺等纂	康熙二十五年刻 四十六年增补 嘉庆二十年补刻本	《中国地方志集成·四川府县志辑》（第五十四册）
121	民国新修南充县志	李良俊修 王荃善等纂	民国十八年刻本	《中国地方志集成·四川府县志辑》（第五十五册）
122	道光保宁府志	（清）黎学锦、徐双桂等修 史观等纂	道光元年刻本	《中国地方志集成·四川府县志辑》（第五十六册）
123	民国阆中县志	岳永武修 郑钟灵等纂	民国十五年石印本	《中国地方志集成·四川府县志辑》（第五十六册）
124	民国苍溪县志	熊道琛、钟俊等修 李灵椿等纂	民国十七年铅印本	《中国地方志集成·四川府县志辑》（第五十七册）
125	同治仪陇县志	（清）曹绍樾、胡晋熙修 胡辑瑞等纂	同治十年刻本	《中国地方志集成·四川府县志辑》（第五十七册）
126	道光南部县志	（清）王瑞庆等修 徐畅达等纂	道光二十九年刻本	《中国地方志集成·四川府县志辑》（第五十七册）

代码	书　名	纂著者姓名	版　本	丛　书
127	光绪西充县志	（清）高培毂修　刘藻纂	光绪元年刻本	《中国地方志集成·四川府县志辑》（第五十八册）
128	同治营山县志	（清）翁道均修　熊毓蕃等纂	同治九年刻本	《中国地方志集成·四川府县志辑》（第五十八册）
129	光绪蓬州志	（清）方旭修　张礼杰等纂	光绪二十三年刻本	《中国地方志集成·四川府县志辑》（第五十九册）
130	光绪岳池县志	（清）何其泰、吴新德等修纂	光绪元年刻本	《中国地方志集成·四川府县志辑》（第五十九册）
131	新宁县志	（清）复成修　周绍銮、胡元翔纂	同治八年刻本	《中国地方志集成·四川府县志辑》（第六十册）
132	乾隆直隶达州志	（清）陈庆门纂修　宋名立续纂	乾隆十二年刻本	《中国地方志集成·四川府县志辑》（第五十九册）
133	民国达县志	蓝炳奎等修　朱炳灵、王文喜、吴德准纂	民国二十二年刻本	《中国地方志集成·四川府县志辑》（第六十册）
134	民国万源县志	刘子敬修　贺维翰等纂	民国二十一年铅印本	《中国地方志集成·四川府县志辑》（第六十册）
135	道光邻水县志	（清）曾灿奎、刘光第修　甘家斌等纂	道光十四年刻本	《中国地方志集成·四川府县志辑》（第六十一册）
136	光绪邻水县续志	（清）郑杰修　邱锡章纂	光绪三十三年抄本	《中国地方志集成．四川府县志辑》（第六十一册）
137	民国大竹县志	郑国翰、曾瀛藻修　陈步武、江三乘纂	民国十七年铅印本	《中国地方志集成·四川府县志辑》（第六十二册）
138	民国渠县志	杨维中修　钟正懋等纂　郭奎铨续纂	民国二十一年铅印本	《中国地方志集成·四川府县志辑》（第六十二册）
139	民国南江县志	董珩修　岳永武等纂	民国十一年铅印本	《中国地方志集成·四川府县志辑》（第六十二册）
140	民国巴中县志	张仲孝等修　马文灿等纂　余震等续纂	民国十六年石印本	《中国地方志集成·四川府县志辑》（第六十二册）
141	道光通江县志	（清）锡檀修　陈瑞生、邓范之纂	道光二十八年刻本	《中国地方志集成·四川府县志辑》（第六十三册）
142	乾隆雅州府志	（清）曹抡彬等修	乾隆刻光绪十三年补刻本	《中国地方志集成·四川府县志辑》（第六十三册）
143	民国雅安县志	胡荣湛修　余良选等纂	民国十七年石印本	《中国地方志集成·四川府县志辑》（第六十四册）
144	民国荥经县志	贺泽等修　张赵才等纂	民国四年刻本	《中国地方志集成·四川府县志辑》（第六十四册）
145	民国名山县新志	胡存琼等修纂	民国十九年刻本	《中国地方志集成·四川府县志辑》（第六十四册）
146	民国汉源县志	刘裕常修　王琢等纂	民国三十年铅印本	中国地方志集成四川府县志辑》（第六十五册）
147	咸丰天全州志	（清）陈松龄纂修	咸丰八年刻本民国传抄本	《中国地方志集成·四川府县志辑》（第六十五册）

代码	书　名	纂著者姓名	版　本	丛　书
148	民国松潘县志	张典、徐湘等修纂	民国十三年刻本	《中国地方志集成·四川府县志辑》(第六十六册)
149	民国汶川县志	祝世德纂修	民国三十四年铅印本	《中国地方志集成·四川府县志辑》(第六十六册)
150	道光绥靖屯志	(清)李涵元、潘时丹修纂	道光五年刻本	《中国地方志集成·四川府县志辑》(第六十六册)
151	同治直隶理番厅志	(清)吴羹梅、周祚峄修纂	同治五年刻本	《中国地方志集成·四川府县志辑》(第六十六册)
152	民国西昌县志	郑少成、杨肇基等修纂	民国三十年铅印本	《中国地方志集成·四川府县志辑》(第六十九册)
153	民国峨边县志	李宗镛等修 李仙根等纂	民国四年铅印本	《中国地方志集成·四川府县志辑》(第六十九册)
154	嘉庆马边厅志略	(清)周斯才修纂	嘉庆十二年刻本	《中国地方志集成·四川府县志辑》(第六十九册)
155	同治会理州志	(清)邓仁垣等修 吴钟崙等纂	同治十三年刻本	《中国地方志集成·四川府县志辑》(第七十册)
156	光绪会理续志	(清)蒋金生修 徐昱纂	光绪三十一年刻本	《中国地方志集成·四川府县志辑》(第七十册)
157	光绪越嶲厅全志	(清)马忠良修 马湘等纂 孙锵等续纂	光绪三十二年铅印本	《中国地方志集成·四川府县志辑》(第七十册)
158	光绪盐源县志	(清)辜培源等修 曹永贤等纂	光绪二十年刻本	《中国地方志集成·四川府县志辑》(第七十册)
159	咸丰冕宁县志	(清)李英粲修 李昭纂	咸丰七年刻本	《中国地方志集成·四川府县志辑》(第七十册)
160	丹棱县志	(清)顾汝萼等修 朱文瀚等纂	光绪十八年增修刻本	
161	广安州志	(清)周克堃等修纂	光绪十三年刻本	
162	东乡县志	(清)徐陈谟、苏炳奎等修纂	嘉庆年间刻本	
163	太平县志	(清)杨汝偕等修纂	光绪十九年刻本	
164	华阳县志	(清)吴巩、董淳修 潘时彤等纂	嘉庆二十一年刻光绪十八年补刻本	

1. 全蜀艺文志

六十四卷（明）杨慎编　明嘉靖二十四年刻本　四库全书抄本　刘琳、王晓波校点本（线装书局 2003 年 5 月出版）

（立春日进内园花）　　　　前人

宫词一百首其十

（三面宫城尽夹墙）　　　　前人

宫词一百首其十一

（离宫别院绕宫城）　　　　前人

宫词一百首其十二

（御制新翻曲子成）　　　　前人

宫词一百首其十三

（旋移红树斫青苔）　　　　前人

宫词一百首其十四

（修仪承宠住龙池）　　　　前人

宫词一百首其十五

（六宫官职总新除）　　　　前人

宫词一百首其十六

（才人出入每相随）　　　　前人

宫词一百首其十七

（春风一面晓妆成）　　　　前人

宫词一百首其十八

（小毬场近曲池头）　　　　前人

宫词一百首其十九

（梨园弟子簇池头）　　　　前人

宫词一百首其二十

（殿前排宴赏花开）　　　　前人

宫词一百首其二十一

（供奉头筹不敢争）　　　　前人

宫词一百首其二十二

（殿前宫女总纤腰）　　　　前人

宫词一百首其二十三

（自教宫娥学打毬）　　　　前人

宫词一百首其二十四

（翔鸾阁外夕阳天）　　　　前人

宫词一百首其二十五

（内人追逐采莲时）　　　　前人

宫词一百首其二十六

（新秋女伴各相逢）　　　　前人

宫词一百首其二十七

（少年相逐采莲回）　　　　前人

宫词一百首其二十八

（早春杨柳引长条）　　　　前人

宫词一百首其二十九

（婕妤生长帝王家）　　　　前人

宫词一百首其三十

（月头支给买花钱）　　　　前人

宫词一百首其三十一

（太虚高阁凌波殿）　　　　前人

宫词一百首其三十二

（寒食清明小殿旁）　　　　前人

花蕊夫人逸诗其一

（水车踏水上宫城）　　　　前人

花蕊夫人逸诗其二

（平头船子小龙床）　　　　前人

花蕊夫人逸诗其三

（苑东天子爱巡游）　　　　前人

花蕊夫人逸诗其四

（罗衫玉带最风流）　　　　前人

花蕊夫人逸诗其五

（沉香亭子傍池斜）　　　　前人

花蕊夫人逸诗其六

（薄罗衫子透肌肤）　　　　前人

花蕊夫人逸诗其七

（金画香台出露盘）　　　　前人

花蕊夫人逸诗其八

（六宫一例罗冠子）　　　　前人

花蕊夫人逸诗其九

（三月樱桃乍熟时）　　　　前人

花蕊夫人逸诗其十

（小小宫娥到内园）　　　　前人

花蕊夫人逸诗其十一

（锦城上起凌烟阁）　　　　前人

花蕊夫人逸诗其十二

（大臣承宠祠新庄）　　　　前人

花蕊夫人逸诗其十三

（舞头皆著画罗衣）　　前人

花蕊夫人逸诗其十四

（春早寻花入内园）　　前人

花蕊夫人逸诗其十五

（半夜船摇载内家）　　前人

花蕊夫人逸诗其十六

（春日龙池小宴开）　　前人

花蕊夫人逸诗其十七

（慢梳蛮髻著轻红）　　前人

花蕊夫人逸诗其十八

（别色宫司御辇家）　　前人

花蕊夫人逸诗其十九

（日高房里学围棋）　　前人

花蕊夫人逸诗其二十

（樗蒲冷淡学投壶）　　前人

花蕊夫人逸诗其二十一

（慢揎罗袖指纤纤）　　前人

花蕊夫人逸诗其二十二

（宣徽院约池南畔）　　前人

花蕊夫人逸诗其二十三

（丹霞亭浸池心冷）　　前人

花蕊夫人逸诗其二十四

（杨柳阴中引御沟）　　前人

花蕊夫人逸诗其二十五

（晚来随驾上城游）　　前人

花蕊夫人逸诗其二十六

（牡丹移向苑中栽）　　前人

花蕊夫人逸诗其二十七

（明朝腊日官家出）　　前人

花蕊夫人逸诗其二十八

（盘凤鞍鞯闹色装）　　前人

花蕊夫人逸诗其二十九

（翠辇每随城畔出）　　前人

花蕊夫人逸诗其三十

（高烧红腊点银灯）　　前人

花蕊夫人逸诗其三十一

（苑中排比宴秋宵）　　前人

花蕊夫人逸诗其三十二

（夜深饮散月初斜）　　前人

花蕊夫人逸诗其三十三

（宫娥小小艳红妆）　　前人

花蕊夫人逸诗其三十四

（池心小样钓鱼船）　　前人

花蕊夫人逸诗其三十五

（傍池居住有渔家）　　前人

花蕊夫人逸诗其三十六

（秋晚红妆傍水行）　　前人

花蕊夫人逸诗其三十七

（御沟春水碧于天）　　前人

花蕊夫人逸诗其三十八

（昭仪侍宴足精神）　　前人

花蕊夫人逸诗其三十九

（后宫阿监裹罗巾）　　前人

花蕊夫人逸诗其四十

（管弦声急满龙池）　　前人

花蕊夫人逸诗其四十一

（密室红泥地火炉）　　前人

花蕊夫人逸诗其四十二

（三清台近苑墙东）　　前人

花蕊夫人逸诗其四十三

（高亭百尺立春风）　　前人

花蕊夫人逸诗其四十四

（内人新宠赐新房）　　前人

花蕊夫人逸诗其四十五

（翡翠帘前日影斜）　　前人

花蕊夫人逸诗其四十六

（金碧阑干倚岸边）　　前人

花蕊夫人逸诗其四十七

（嫩荷香扑钓鱼亭）　　前人

花蕊夫人逸诗其四十八

（新翻酒令著词章）　　前人

花蕊夫人逸诗其四十九

同前(玉峰青云十二枝)　　　　　　(唐)陈陶

同前(下压重泉上千仞)　　　　　　(唐)罗隐

巫山高(湿云不收烟雨霏)　并序　　(宋)范成大

后巫山高一首(凝真宫前十二峰)　　　　前人

初入巫峡(钻火巴东岸)　　　　　　　　前人

瞿唐行(川灵知我归有程)　　　　　　　前人

嘲峡石(峡山狠无情)　并序　　　　　　前人

十二峰诗　　　　　　　　　　　　(宋)阎伯敏

　望霞峰(东皇君来流晓霞)

　翠屏峰(秋山黄落春山青)

　朝云峰(山头行云自朝朝)

　松峦峰(舟船摇摇大巫前)

　集仙峰(绿蒉鞋系青行缠)

　聚鹤峰(望夫石女春复秋)

　净坛峰(山头枝枝竹扫坛)

　上屏峰(黄魔白马功告成)

　起云峰(钗头袅娜山花枝)

　栖凤峰(山头凤鸣求其凤)

　登龙峰(散而成章合为龙)

　圣泉峰(灵源一派瑶池分)

巫山十二峰古风二十五韵

　(平生磊瑰山林姿)　　　　　　　(宋)袁说友

次韵(文昌仙伯天人姿)　　　　　　(宋)钱鍪

次韵(缣素巧貌溪山姿)　　　　　　(宋)毌丘恪

次韵(文昌老仙绝俗姿)　　　　　　(宋)黄人杰

客有自成都来者传制帅华学尚书年

　丈巫山诗辄次韵奉寄(岩壑岂是钟

　鼎姿)　　　　　　　　　　　　(宋)许及之

次韵(半雨半晴山弄姿)　　　　　　(宋)丁逢

次韵(舟行观山无定姿)　　　　　　(宋)闾丘泳

次韵(化工神伟开物姿)　　　　　　(宋)张缤

次韵(道人爱山出天姿)　　　　　　(宋)李嘉谋

广溪峡(广溪三峡首)　　　　　　　(唐)杨炯

天池(天池马不到)　　　　　　　　(唐)杜甫

峡中山(高唐几百里)　　　　　　　(唐)卢象

过巫峡(拥棹向惊湍)　　　　　　　(唐)李频

巫峡(巫山苍翠峡通津)　　　　　　(唐)曹松

望巫山(溪叠云深转谷迟)　　　　　(唐)张乔

巫山神女庙(巫山十二郁苍苍)　　　(唐)刘禹锡

酬人贻巴峡图(千叠云山万丈湖)　　(唐)薛涛

巫山(巫山不可见)　　　　　　　　(宋)曾慥

离巫山晚泊棹石滩下

　(黄昏风雨阻江滨)　　　　　　　(宋)李壁

入峡(自昔怀清赏)　　　　　　　　(宋)苏轼

入峡(舟行瞿唐口)　　　　　　　　(宋)苏辙

峡口(万里西南路)　　　　　　　　(宋)宋肇

瞿唐峡(庸蜀诸羌水)　　　　　　　(宋)陈谦

瞿唐峡二首(我行江南上峡来)　　　(宋)李石

　(花开归去客在船)

峡中(峡水方中驻)　　　　　　　　　　前人

峡山古调诗(滥觞岷山侧)　　　　　(宋)杜曾

云安下偶成(轻波飔鸭头)　　　　　(宋)邵博

泊云安下大风骤雨作柏梁体一篇

　(晴空赤日飞丹霞)　　　　　　　　　前人

云安龙脊滩(洞庭老龙时出没)　　　(宋)杨济

至瞿唐关戏用山名以成一绝

　(取友要如山胜己)　　　　　　　(宋)王十朋

云安下岩(涛江翻雪卷湖滩)　　　　(宋)杜东之

下岩避暑留题(古寺重来兴转添)　　(宋)杨迈

下岩(空岩静发钟磬响)并序　　　　(宋)黄庭坚

又(寺古松楠老)

按部留小诗命男明复同赋

　(地涉云安境)　　　　　　　　　(宋)郭印

又(道人昔日来开山)　　　　　　　(宋)郭明复

仆既于子应赋观瀑诗矣顷之雨定

　瀑小疏为水帘惊变态之迹之不

　穷也复记以诗(朝来雨急飞瀑雄)　(宋)张灏

岩下观瀑早晚异状子文有诗辄次

　其韵(瀑色清明气犹雄)　　　　　(宋)何麒

水帘(疏水成帘造化功)　　　　　　(宋)虞大博

游卧龙山(日长春老职司闲)　　　　(宋)丁谓

出郊题瀼东人家居屋壁二绝

田舍（田舍清江曲）	前人	潨玉亭（傍砌釂小渠）	
严中丞枉驾见过（元戎小队出郊坰）	前人	茅庵（竹间构圆庵）	
寄题杜二锦江野亭		水阁（架木浮水中）	
（漫向江头把钓竿）	（唐）严武	小亭（花边二小亭）	
同群公秋登琴台（古迹使人感）	（唐）高适	同前	（宋）许将
扬子云墨池（宅废经池在）	（宋）宋祁	西园（高牙负北郭）	
司马相如琴台（故台千古恨）	前人	玉溪堂（朱堂俯玉溪）	
题琴台（西汉文章世所知）	（宋）田况	雪峰楼（重楼起城阴）	
江渎亭（一辈掀翻压溪隅）	（宋）宋祁	海棠轩（海棠冠蜀花）	
夏日江渎亭小饮（飞槛枕溪光）	前人	月台（蜀地山四维）	
锦亭晚瞩（长夏宜高明）	前人	翠锦亭（阑干窦溜长）	
高亭驻眺招宫苑张端臣		潨玉亭（引泉注清渠）	
（蜀天向腊寒未极）	前人	茅庵（茨茅以为庵）	
和浣花亭（井络西南区）	（宋）葛琳	水阁（飞阁出方池）	
游弥牟王氏园（短彴疏篱入野扃）	（宋）文同	小亭（扁然沟上亭）	
张少愚书院（涧水浸断桥）	前人	同前	（宋）丰稷
剑州东园（群峰高拥碧嶙峋）	前人	西园（仙化二十四）	
盐亭县永乐山扣云亭（长江合高峰）	前人	玉溪堂（一水从何来）	
致爽轩（浓阴夹道水流渠）	（宋）赵汝愚	雪峰楼（雪峰在何许）	
锦屏山暮景（暝色轻烟罩郡城）	（宋）喻汝砺	海棠轩（文锦初动机）	
西园辨兰亭（手种丛兰对小亭）	（宋）吕大防	月台（石印鱼在屏）	
和（沙石香丛叶叶青）	（宋）李大临	翠锦亭（檐外列修木）	
和（绿叶纤长间紫茎）	（宋）李之纯	潨玉亭（养源在西山）	
万里桥西有僧居曰"圣果"后濒锦		茅庵（覆以洁白茅）	
江有修竹数千竿僧辩作亭于竹		水阁（长虹卧松江）	
中予与诸公自桥乘舟泝流过之		小亭（东西对孤骞）	
因名亭曰"万里"盖取其发源注		同前	（宋）孙甫
海与桥名同而实异因作小诗以		西园（外台富园池）	
识之（万里桥西万里亭）	（宋）吕大防	玉溪堂（华堂殿方池）	
运司园亭诗　并序	（宋）章楶	雪峰楼（金谷计浩穰）	
西园（古木郁参天）		海棠轩（高轩瞰方池）	
玉溪堂（堂因水得名）		月台（俗流嗜喧卑）	
雪峰楼（曾构压池塘）		翠锦亭（森森栋梁材）	
海棠轩（珍葩寄幽岛）		潨玉亭（回环引细泉）	
月台（蜀地饶夜雨）		茅庵（结茅作禅庵）	
翠锦亭（楩楠百尺余）		水阁（小阁连雪峰）	

溪生者称茂尤异元和十四年夏命

道士毌丘元志写惜其遐僻因题三

绝句云(如折芙蓉栽旱地)　　(唐)白居易

(红似胭脂腻如粉)

(已愁花落荒岩底)

山石榴寄元九(山石榴)　　前人

紫踟蹰(紫踟蹰)　　(唐)元稹

山枇杷(山枇杷)　　前人

门前柳(门前蜀柳早知春)　　(唐)崔珏

武侯庙古柏(蜀相阶前柏)　　(唐)李商隐

题筹笔驿(鱼鸟犹疑畏简书)　　前人

题筹笔驿(天下三分魏蜀吴)　　(唐)薛逢

题筹笔驿(抛掷南阳为主忧)　　(唐)罗隐

题风筝(夜静弦声响碧空)　　(唐)高骈

西川座上听金五云唱歌

　(蜀王殿上华筵开)　　(唐)陈陶

志峡船具诗　并序　　(唐)王周

　梢(制之居首尾)

　橹(用之大曰橹)

　戙(箭飞峡中水)

　百丈(少尝侍先君)

金盘草诗(今春从南陵)　　前人

露青竹杖歌(鲜于仲通正当年)　　(唐)顾况

竹枝　九首　　(唐)刘禹锡

(白帝城头春草生)

(山桃红花满上头)

(江上春来新雨晴)

(日出三竿春雾消)

(两岸山花似雪开)

(城西门前滟滪堆)

(瞿唐嘈嘈十二滩)

(巫峡苍苍烟雨时)

(山上层层桃李花)

竹枝(瞿唐峡口水烟低)　　(唐)白居易

(《竹枝》苦怨怨何人)

(巴东船舫上巴西)

(江畔谁人唱《竹枝》)

竹枝(门前春水白苹花)　　(五代)孙光宪

(乱绳千结绊人深)

巫山竹枝二首(封崇岭上细腰宫)　附　　(宋)李廌

(阳台门前六律山)

卷十九　诗　题咏下

竹枝(苍梧山高湘水深)　并序　　(宋)苏轼

竹枝(舟行千里不至楚)　　(宋)苏辙

巴女谣(巴女骑牛唱竹枝)　　(唐)于鹄

蜀笺(素笺明润如温玉)　　(宋)文彦博

万蝶花(谁唱残春蝶恋花)　　(宋)苏辙

蜀地海棠(蜀国天余煦)　　(宋)宋祁

《英》《韶》在前徒矜下里之曲《风》《雅》

　未丧岂系击辕之音不图缀绮靡之

　辞抑将导敦厚之旨耳海棠虽盛于

　蜀人不甚贵因暇偶成五言百韵律

　诗一章四韵诗一章附于卷末知我者

　无加焉(岷蜀地千里)　　(宋)沈立

海棠(君看海棠格)　　(宋)石延年

答朱公绰牡丹诗(珍蓏分清赏)　　(宋)宋祁

新繁县东湖瑞莲歌

　(火云烁尽天幕醒)　　(宋)王益

和(东湖七月湖水平)　　(宋)梅挚

蜀笺二轴献太傅同年叶兄

　(西来万里浣花笺)　　(宋)司马光

望日与诸公会于大慈闻海云山茶

　合江梅花开遂相邀同赏遂无歌

　舞实有清欢因成拙诗奉呈(野寺

　山茶昨夜开)　　(宋)王觌

蜀花以状元红为第一金陵东御园

　紫绣球为最(西楼第一红多叶)　　(宋)范成大

紫荷车(绿英吐弱线)　　前人

锦带花(妍红棠棣粧)　　前人

宝相花(水把柔条夹砌栽)　　前人

太平瑞圣花(云外扪参岭)　　前人

赠薛播州十四首(在昔天地闭)　　　(隋)杨素

(两河定宝鼎)

(五纬连珠聚)

(道昏虽已朗)

(有帛贲丘园)

(自余立端揆)

(荏苒积岁时)

(滔滔彼江汉)

(汉阴政已成)

(北风吹故林)

(养病愿归闲)

(所欲栖一枝)

(秋水鱼游日)

(衔悲向南浦)

送宋休远之蜀(求友殊损益)　　　(唐)张说

杜少府之任蜀州(城阙辅三秦)　　　(唐)王勃

重别薛升华(明月沉珠浦)　　　前人

艳情代郭氏答卢照邻

　　(迢迢芊路望芝田)　　　(唐)骆宾王

送殷大入蜀(禹山金碧路)　　　(唐)陈子昂

送金竞陵入蜀(金门去蜀道)　　　(唐)崔信明

淮南卧病书怀寄蜀中赵征君蕤

　　(吴会一浮云)　　　(唐)李白

江上寄巴东故人(汉水波浪远)　　　前人

送友人入蜀(见说蚕丛路)　　　前人

送友人内江范崇凯(青山横北郭)　　　前人

赠兄崇凯(洛阳纸价因兄贵)　　　(唐)范元凯

寄柏学士林居(自胡之反持干戈)　　　(唐)杜甫

寄常征君(白水青山空复春)　　　前人

赠花卿(锦城丝管日纷纷)　　　前人

人日寄杜二拾遗(人日题诗寄草堂)　　　(唐)高适

送梓州李使君(万壑树参天)　　　(唐)王维

送严秀才还蜀(宁亲真令子)　　　前人

送大理正摄御史判凉州别驾

　　(天子念西疆)　　　(唐)苑咸

送姚评事入蜀各赋一物得卜肆

(蜀严化已久)　　　(唐)张九龄

赋得青城山歌送杨杜二郎中赴蜀军

　　(蜀山西南千万重)　　　(唐)钱起

送裴頔侍御使蜀(柱史才年四十强)　　　前人

送友人入蜀(远路接天末)　　　前人

送张郎中还蜀歌(秦家御史汉家郎)　　　(唐)卢纶

送密秀才吏部驳放后归蜀

　　(蜀国本多士)　　　(唐)权德舆

成都送严十五之江东(江都万里外)　　　前人

送人赴黔中(一尊岁酒且留欢)　　　前人

送柳侍御裴起居(沱江水绿波)　　　(唐)武元衡

送李正字归蜀(已献甘泉赋)　　　前人

送温况游蜀(游人西去客三巴)　　　前人

送柳震归蜀(白日双流静)　　　(唐)司空曙

送夔州班使君(鱼国巴庸路)　　　前人

送崔校书赴梓幕(碧峰天柱下)　　　前人

送龙州樊使君(曾见邛人说)　　　(唐)许棠

送友人尉蜀中(故友汉中尉)　　　前人

蜀中将回留辞韦相公(宁体则云构)　　　(唐)欧阳詹

奉和淮南李相公《早秋即事》寄成都

　　武相公(八柱共承天)　　　(唐)刘禹锡

始至云安寄兵部韩侍郎中书白舍人

　　(天外巴子国)　　　前人

送任侍郎黔中充判官(不识黔中路)　　　(唐)刘长卿

赠黔府王中丞楚(旧说天下山)　　　(唐)孟郊

送蜀客(蜀客南行祭碧鸡)　　　(唐)张籍

送客游蜀(行尽青山见益州)　　　前人

贻蜀五首　并序　　　(唐)元稹

　病马诗寄上李尚书(万里长鸣望蜀门)

　李中丞表臣(韦门同是旧秦宾)

　卢评事子蒙(为我殷勤卢子蒙)

　张校书元夫(未面西川张校书)

　韦兵曹藏文(处处侯门可曳裾)

赠吴士则(忆昔分襟童子郎)　　　前人

赠薛涛(诗篇调态人皆有)　　　前人

寄薛涛(锦江滑腻峨嵋秀)　　　前人

送武士曹归蜀（花落鸟嘤嘤）　　　　（唐）白居易

送萧处士游黔南（能文好饮老萧郎）　　　　前人

自京将赴黔南（风雨荆州二月天）　　　　（唐）窦巩

送友人游蜀（万岑深积翠）　　　　（唐）贾岛

送朱休归剑南（剑南归受贺）　　　　前人

送李馀及第归蜀（知音伸久屈）　　　　前人

送雍陶及第归成都宁觐（不唯诗著籍）　　　　前人

送李评事使蜀（劝酒不依巡）　　　　（唐）王建

寄蜀中薛涛校书（万里桥边女校书）　　　　前人

送从舅成都丞广南归蜀

　　（巴字天边水）　　　　（唐）李端

送何兆下第还蜀（重河不可涉）　　　　前人

西蜀送许中庸归秦赴举

　　（春色华阳国）　　　　（唐）陈羽

梓州与温商夜别（凤凰城里花时别）　　　　前人

送李馀及第归蜀（蜀山高迢峣）　　　　（唐）姚合

送雍陶归蜀（春色三千里）　　　　前人

送林立归蜀（迢递三千里）　　　　前人

送任畹及第归蜀中觐亲（子规啼欲死）　　　　前人

送崔珏往西川（年少因何有旅愁）　　　　（唐）李商隐

寄成都高苗二从事（家近红蕖渠水滨）　　　　前人

寄成都高苗二从事是时二公从事商

　　隐座主府（红莲幕下紫梨新）　　　　前人

送蜀客（楚国去岷江）　　　　（唐）张祜

送人归蜀（锦城春棹沂江源）　　　　前人

送杨秀才游蜀（鄂渚逢游客）　　　　前人

送李长史归涪州（涪江江上客）　　　　前人

闽中送任畹端公还京

　　（燕台上榻玉为人）　　　　前人

赠蜀将一首（十年分散剑关秋）　　　　（唐）温庭筠

奉和门下相公《送西川相公兼领

　　相印出镇全蜀》诗十八韵（盛业

　　冠伊唐）　　　　（唐）杜牧

送人入蜀（蜀客本多愁）　　　　（唐）李远

贺裴廷裕登第（铜梁千里曙云开）　　　　（唐）李抟

又戏赠裴廷裕（曾随风水化凡鳞）　　　　前人

答李搏（何劳问我成都事）　　　　（唐）裴廷裕

寄王播侍御史求蜀笺

　　（蜀川笺纸彩云初）　　　　（唐）鲍溶

送马向游蜀（游子去咸京）　　　　（唐）徐凝

旅次遂州遇裴晤员外谪居因寄

　　（谁解登高问上玄）　　　　（唐）郑谷

送夏侯审游蜀（暮峰和玉垒）　　　　（唐）耿湋

送李馀及第归蜀（从得高科名转盛）　　　　（唐）朱庆馀

送壁州刘使君（王府登朝后）　　　　前人

将归蜀留献恩地仆射二首

　　（自持衡镜採幽沉）　　　　（唐）姚鹄

送李潜归绵州觐省（朱楼对翠微）　　　　前人

寄雍陶先辈（知音杳何处）　　　　前人

龙州韦郎中先梦六赤后因打叶子

　　以诗上（红腊香烟扑画楹）　　　　（唐）李洞

送东宫贾正字之蜀（南朝献晋史）　　　　前人

送西川梁常侍之新筑龙山城并赐

　　赉两川刺史及部落酋长等（圣主

　　忧夷貊）　　　　（唐）薛逢

送西川杜司空赴镇（黑眉玄发尚依然）　　　　前人

送人游蜀（别离杨柳陌）　　　　（唐）马戴

送友人游蜀（剑阁缘空去）　　　　（唐）张乔

蜀中上王尚书（梓潼花幕碧云浮）　　　　（唐）章孝标

送友人归邛州（鹤鸣山下去）　　　　（唐）唐求

邛州水亭夜宴送顾非熊之官

　　（寂寞邛城夜）　　　　前人

赠弟洎（十样蛮笺出益州）　　　　（后唐）韩浦

赠段文昌（昔日骑驴学忍饥）　　　　（唐）佚名

送李少府之临邛（邛南方作尉）　　　　（唐）释无可

送杜司马再游蜀中（为客应非愿）　　　　前人

上韦相公（闻道边城苦）　　　　（唐）薛涛

上蜀相周庠（一辞拾翠碧江涯）　　　　（前蜀）黄崇嘏

卷二十一　诗　赠送下

韩太丞同守成都三首（盛府佳招贵）　　　　（宋）范镇

（近境连桑陌）

卷二十二　诗　杂赋

（云南路出陷河西）

蜀城战后感事（蜀国英灵地）　　　　　前人

蜀中经蛮后寄雍陶（酉马渡泸水）　（唐）马父

独愁（闻道成都酒）　　　　　　（唐）李崇嗣

东郊诗（今日出东郊）　　　　　　（宋）郭震

资州宴行营回将诗

　　（几剑盈庭酒满卮）　　　　（唐）羊士谔

题郑处士隐居（不信最清旷）　　　（唐）唐求

浣沙女（江头女儿双髻丫）　　　　（宋）陆游

和范舍人永康青城道中作

　　（风驱雨压无浮埃）　　　　　　　前人

游华山张超谷（太华锁深谷）　　　（宋）鲁交

邛州东园晚兴（公林时得岸青纱）　（宋）文同

国朝自建隆至大中祥符七年垂五十

　　载谢颐素始奏名甫官太守

　　（死却王褒五百春）　　　　（宋）陈逸赏

山居（松韵笙竽径）　　　　　　（宋）张孝祥

代祀西岳至成都作

　　（我到成都才十日）　　　　　（元）虞集

大祀（礼严大祀肃千官）　　　　　（明）蹇义

早朝应制（龙楼曙色映晴曦）　　　　　前人

折杨柳（河桥残柳半无枝）　　　　（明）晏铎

临难（金声催击鼓声忙）　　　　（明）胡子昭

大同行（前年甘州城）　　　　　　（明）安磐

拾遗

与萧纪（回首望荆门）　　　　　　（梁）元帝

答元帝（水长二江急）　　　　　（梁）萧圆正

峨嵋老人别子歌（峨嵋有老人）　　（宋）谢翱

南充纪侯庙（闻道将军是邑人）　　　　佚名

卷二十三　诗　道释　附无名石刻二首

峨嵋山月歌送蜀僧晏入中京

　　（我在巴东三峡时）　　　　　（唐）李白

赠僧行融（梁有汤惠休）　　　　　　　前人

燕子龛禅师（山中燕子龛）　　　　（唐）王维

赠蜀僧闾丘师兄（大师铜梁秀）　　（唐）杜甫

送僧自吴游蜀（随缘忽西去）　　　（唐）卢纶

送少微上人入蜀（瓶钵绕禅衣）　　　　前人

送定法师归蜀（凤城初日照红楼）（唐）杨巨源

喜鸾公自蜀归（禁院闭生苔）　　　（唐）李洞

赠庞练师（家住涪江汉语娇）　　　　　前人

锦城秋寄怀弘播上人（极顶云兼冻）　　前人

吊草堂禅师（杖履疑师在）　　　　　　前人

送僧鸾归蜀宁亲（歌诗精外学）　　（唐）张乔

送阴先生归蜀（日暮远归处）　　　（唐）张籍

漫天岭赠僧（五上两漫天）　　　　（唐）元稹

访仙（孟兰清晓过平都）　　　　（唐）吕洞宾

（一鸣白鸟出青城）

至真观三言诗（坤所载）　　　　（后唐）杜仁杰

临刑诗（圣主何曾识仲都）　　　（前蜀）杨勋

伪蜀丁元和诗（九重城里人中贵）（后蜀）丁元和

戏仙亭（浓洄溪水泻高滩）　　　（宋）张商英

联句咏小桃源（门前碧蘸一溪斜）　（宋）龙旦

还丹歌（欲究丹砂诀）　　　　　（前蜀）尔朱真人

苏幕遮　绍兴间（不忧贫）　　　　（宋）韩仙姑

夔州罗氏园（知君行乐似神仙）　　无名道士

望江南（才举意）　　　　　　　　清源真君

（辽东鹤）

赠张浚入蜀（大漫天是小漫天）　　（宋）郭奕

（秦山未尽蜀山来）

闲闲宗师和前韵期望过当复用韵

　　以谢（草堂常忆蜀西郊）　　　（元）虞集

仁寿寺僧报更生佛祠前生瑞竹有

　　怀故园（闻道故园生瑞竹）四首　　前人

寄青城道士（海上别妻子）　　　　　　前人

赠道人简天碧画士（千仞青山里）　　　前人

重赠简画士（云气连山动）　　　　　　前人

张道士蜀山图（碧玉参天是蜀山）　　　前人

悟空赞三首（水泄人间本不通）　（元）赵世延

（沙界堂堂总法身）

（精蓝在昔紫云峰）

祥符访张三丰（交情久已念离群）　（明）胡濙

资州碑记

普州碑记

合州碑记

荣州碑记

昌州碑记

渠州碑记

叙州碑记

怀安军碑记

广安军碑记

长宁军记录文

富顺监碑记

夔州碑记

开州碑记

施州碑记

达州碑记

忠州碑记

涪州碑记

重庆府碑记

黔州碑记

万州碑记

梁山军碑记

南平军碑记

大宁监碑记

云安军碑记

兴元府碑记

利州碑记

阆州碑记

隆庆府碑记

巴州碑记

蓬州碑记

(附)金川碑记

大安军碑记

剑门关碑记

龙州碑记

卷五十三　谱

氏族谱　　　　　　　　　　　(宋)罗泌

氏族谱一　　　　　　　　　　(元)费著

　吴氏

　范氏

　郭氏

　李氏

　张氏

　宋氏

　勾氏

　常氏

　房氏

　吕氏

卷五十四　谱

氏族谱二　　　　　　　　　　(元)费著

　杜氏

　宇文氏

　北刘氏

　南刘氏

　北郭氏

　杨氏

　城南郭氏

　施氏

　杨氏

卷五十五　谱

氏族谱三　　　　　　　　　　(元)费著

　郫县何氏

　王氏

　邵氏

　申氏

　詹氏

　张氏

　王氏

　杨氏

　张氏

　文氏

2. 补续全蜀艺文志

五十六卷　（明）杜应芳　胡承诏辑　明万历刻本　《续修四库全书·集部·总集》(1677 册)
据万历本影印

卷之一　赋

太玄赋	（汉）扬雄
吊苌弘赋	（汉）王褒
剑阁赋	（唐）李白
慈竹赋并序	（唐）王勃
涧底寒松赋并序	前人
曲江孤凫赋	前人
墨竹赋	（宋）苏辙
石姥赋	（宋）文同
友筼轩赋	（明）方孝孺
渡泸赋	（明）何景明
伊兰赋	（明）杨慎
药市赋	前人
昆山赋并序	（明）卢楠
游峨赋	（明）来知德

卷之二

述悟赋	（明）来知德
嘉禾赋	（明）刘成穆
掌石赋	（明）赵贞吉
巫山奇赋	（明）林俊
游蜀赋	（明）王廷相
鞠鼠赋有序	（明）刘纲
再征赋	（明）刘纪
庆时雨赋	前人
施药赋	（明）蜀王（东府时作）

卷之三　风谣

涂山歌（绥绥白狐）	歌谣
巴谣歌（神仙得者茅初成）	歌谣
绵州巴歌（豆子山）	歌谣
僰道谣（僰溪赤水）	歌谣
矛俞新福歌（汉初建国家）	歌谣
弩俞新福歌（材官选士）	歌谣
安台新福歌（武功既定）	歌谣
行辞新福歌（神武用师）	歌谣
文石歌（谯登治涪城）	歌谣
罗尚谣（蜀贼尚可）	歌谣
巴州民谣（日出而耕）	歌谣
雪关谣（雪山关）	（明）杨慎
观音滩谣（观音滩）	（明）黄辉
运粮谣（前日粮）	（明）邹鲁

卷之四诗　都邑　城郭　楼阁　亭台　学校

蜀国弦（西蜀称天府）	（明）陈宗虞
锦城夕（锦波澄雾色）	（明）杨慎
登锦城观贡院试士（锦城高处瞰龙门）	（明）秦嵩
古成都行有序（黄河源星宿海）	（明）吴之皞
合州道中（云气昏江树）	（宋）喻汝砺
绵竹道中二首（水藤胃黄泽）	（明）王廷相
（晴春日蒙茸）	
嘉州壁津（壁津渔火照江城）	（明）杨慎
夜郎曲三首（夜郎城）	前人
（夜郎溪）	
（夜郎歌）	
蜀道难二首（蜀道五丁关）	（明）吴国伦
（巫山日日雨）	

上白帝城二首（江城合变态）	（唐）杜甫	夜宿磐石县学有感（黄昏	
（白帝空祠庙）		襆被土环桥）	（宋）孙督邮
白帝城（峡口风悲猿夜号）	（宋）黄庭坚	锦屏书院（艺苑文光耿不磨）	（明）陈讲
白帝城（峡口初分控百蛮）	（明）杨文霖	丹梯书院（书院属崖上）	（明）陈凤
东城即事（芙蓉城外浣溪东）	（明）雷叔闻	协士人寻白水源引入泮池便成春游	
出郭二首（高陵落残霞）	前人	（乘春二月咏沧浪）	（明）张文奎
又（野岸分流细）	前人		
出郭（出郭不数武）	（明）潘绍伊	**卷之五　江山**	
白帝楼（漠漠无虚里）	（唐）杜甫	巫山高（巫山高）	（汉）古铙歌
西阁（巫山小摇落）	前人	丈人山（自为青城客）	（唐）杜甫
登楼（花近高楼伤客心）	前人	郡斋平望江山（水路东连楚）	（唐）岑参
张仪楼（传是秦时楼）	（唐）岑参	泥溪（弭棹临奔壑）	（唐）王勃
制胜楼（绝塞依天险）	（宋）王十朋	峨眉山（浩然坐何慕）	（唐）陈子昂
子云阁（落景登临县郭西）	（明）杨慎	白盐山（徐步移斑杖）	（唐）杜甫
飞仙阁（飞仙阁上玄珠侣）	（明）赵贞吉	滟滪堆（巨石水中央）	前人
朱太守钱别澄清楼（雉堞全扶阁势平）	（明）张佳胤	峨眉山月歌（峨眉山月半轮秋）	（唐）李白
飞云楼次韵（相逢握手共登楼）	（明）谭缵	黄牛峡（黄草峡西船不归）	前人
夏日同张子常宪副任汝贤金宪		巫山高（玉峰青云十一枝）	（唐）陈陶
登澄清楼（飞阁朱阑比斗垂）	（明）陈文烛	龙章山（蓬莱缥缈神仙宅）	（宋）钦伯时
越王楼（楼自巍峨水自东）	（明）徐禬	失题（二水溪头车马行）	（宋）张方
望庚楼（鹿苑春风别）	（明）潘绍伊	登白鹿山（日月何促促）	（宋）苏轼
芙蓉楼（万花丛里有高楼）	（明）郑师玄	滟滪堆（江中石屏滟滪堆）	前人
宿云亭（清净当深处）	（唐）张籍	巫山曲（阳台云雨漫荒唐）	（明）刘基
琵琶堂（台上绿萝春）	前人	巫山高（巫山倚天外）	（明）魏裳
大观亭小憩（日出江逾净）	（明）傅光宅	前题（巫山高）	（明）陈宗虞
塞中丞招饮池亭赋谢（昔		前题（巫山高，天与际）	（明）吴国伦
年樽酒傍春台）	（明）张文耀	前题（巫山高不极）	（明）黎民表
同诸寅丈饮金碧台（万岭		前题（巫山高极青冥间）	（明）何景明
江头出孤亭）	（明）傅光宅	益门（益门通汉沔）	前人
白兔亭（白兔亭荒若个年）	（明）袁汝苹	曲水溪（青溪百折水溶溶）	（明）卢雍
登白兔亭（极天鸟道野烟垂）	（明）韩擢	虎头山（月浸碧溪清）	
到夔州（众水归三峡）	（宋）曾憓	眉山歌（白帝昔禀鸿濛匠）	（明）赵贞吉
文公讲堂（文公不可见）	（唐）岑参	和姜凤阿督学游峨山（老雪	
讲堂（文翁昔化蜀）	（明）雷叔闻	乌蒙万古寒）	前人
成都学舍遣兴二首（久客堕尘土）	（宋）李焘	出剑阁次罗念庵韵（短蒲	
（壮矣府中县）		溟溟已投闲）	前人

万里桥（成都与维扬）　　　　　　　前人
折柳桥（从来只说情难尽）　　　　（唐）雍陶
过雅州筶桥（束马悬车地）　　　　（明）杨慎
咏索桥（度索且寻橦）　　　　　　　前人
双飞桥（绝奇此玄圃）　　　　　　（明）余承勋
前题（摩娑天柱峰）　　　　　　　（明）程启充
河桥烟柳（温泉沸地依）　　　　　（明）何沧
天生桥（青溪百丈断青山）　　　　（明）张佳胤
于万里桥有作（牵组次炎方）　　　（明）王廷相
题驷马桥（泥途沦下国）　　　　　　前人
过司马长卿驷马桥（长虹
　　百尺抱氤氲）　　　　　　　　（明）饶景晖
天生桥（云根穿地起）　　　　　　（明）杜应芳
驷马桥（升仙桥畔草萋萋）　　　　（明）李仙品
万里桥（蜀客归吴日）　　　　　　（明）雷叔闻
春日仰山余尹招游疏江亭观新修
　　都江堰（疏江亭上眺芳春）　　（明）杨慎
都江堰（都江堰前江怒流）　　　　（明）游朴

卷之七　诗　（唐）陵庙

先主武侯祠（先主与武侯）　　　　（唐）岑参
谒诸葛庙（孤云何其高）　　　　　（宋）喻汝砺
巫山庙（山中庙堂古神女）　　　　（明）苏辙
王子渊祠（玮晔灵芝发芳翘）　　　（明）杨慎
武侯庙（数椽寥落白云对）　　　　（明）饶景晖
谒武侯祠四首（奉命来西蜀）　　　（明）吴之晖
又（出谷吟梁父）
又（古今多将相）
又（翠柏尚阴阴）
谒潜溪先生祠（金华草昧起成周）　（明）秦嵩
黄陵庙（石壁如城汉外凝）　　　　（明）鲁日唯
武侯庙（五丈原荒未可寻）　　　　（明）李仙品
张桓侯庙（将军遗庙枕巴山）　　　　前人
星精亭（星沉万古痕）　　　　　　（唐）郑损
江月亭（江山今古几英雄）　　　　（宋）王十朋
沧浪亭（雾回林苍黄）　　　　　　（宋）杨甲

蓉溪书屋（锦江之水天下清）　　　（明）杨一清
前题（绵州城东结书屋）　　　　　（明）邵宝
水竹居（归来物外好栖迟）　　　　（明）于德昌
又（溪堂静坐不胜清）
又（野人怀抱藐青丘）
宿广寒馆（朔风吹罢暮天寒）　　　（明）黄克缵
题杜少陵浣花草堂（平生
　　耽诵杜陵句）　　　　　　　（明）饶景晖
疏江亭即事（烟林寒鹊噪纷纷）　　（明）雷叔闻
春日过内江王可波园亭
　　（暮春啼鸟正喈喈）　　　　　（明）曹学佺
缺题（闲领孤亭趣悠然）　　　　　（明）傅振商
又（院静多悠致）
武侯祠（古柏森森地）　　　　　　（明）戴燝
青羊宫（寻真来紫府）　　　　　　　前人
三苏祠（仰止眉山望不赊）　　　　　前人
支机石（海上楂何在）　　　　　　（明）范汝梓
青羊宫（结伴寻仙迹）　　　　　　　前人
巫峡（一入巫山峡）　　　　　　　　前人
白帝城（白帝山县碧汉端）　　　　　前人
八阵图（永安宫殿已荒芜）　　　　　前人

卷之八　诗

巫山疑真寺（巫峡迢迢旧楚宫）　　（唐）李商隐
太清观（偶抛□笭隐重霞）　　　　（前蜀）杜光庭
登仙都观（道士白发尊）　　　　　（宋）苏辙
玄都秋兴紫极宫作（七煞
　　芳骞七宝林）　　　　　　　（明）韩懋
治平寺禅藻亭（驮经有石头）　　　（明）杨慎
开化寺（举堵灵波隔）　　　　　　　前人
游灵云台宿长潭有感（石磴
　　穿林上翠微）　　　　　　　（明）杨名
资阳觉林寺（卧林居士出林游）　　（明）赵贞吉
西坡寺（天门拥翠路岩峣）　　　　（明）周逊
登抱恩寺藏经阁限韵（城隅
　　高阁纳遥青）　　　　　　　（明）金皋

朱凤寺（春山野寺色蒙茸）　　　　　　（明）陈以勤

弥陀寺（自笑踈慵久）　　　　　　　　前人

金钟寺（石潭明月映清漪）　　　　　（明）孙岳

玉虚宫（山宫胜地数蓬瀛）　　　　　（明）王靖

游慈云寺（吟边乘兴八慈云）　　　　（明）范府

龙门寺（剑外烟花春可怜）　　　　　（明）任瀚

白鹤寺（迢递幨帷入翠微）　　　　　（明）郭钦华

布花寺有感（乘闲来访梵王家）　　　（明）王敕

登牛头寺（寻幽闲上牛头寺）　　　　（明）张肃

游云台宿长潭（千年灵岫留真馆）　　（明）陈于陛

云台引（昔梦太岳高峰）　　　　　　（明）孙应鳌

仙云观（仙已乘云去）　　　　　　　（明）朱奎

陶明府招饮王山寺（梵宫

　　楼阁倚嵯峨）　　　　　　　　　（明）卫承芳

峨眉绝顶礼普贤大士（流丹

　　积翠上重霄）　　　　　　　　　前人

过金沙寺访宝珠上人（欲将四

　　大借禅床）　　　　　　　　　　（明）于鹤

游灵泉寺（幽栖若忆赞公房）　　　　（明）陈讲

平都仙境（鸟道前朝树）　　　　　　（明）来知德

游云台（珠树分苔径）　　　　　　　（明）黄辉

白水寺（剑外名山聚）　　　　　　　前人

登太慈宝阁（上方佳气傍云流）　　　（明）王胤

又（宝阁巍巍祀大雄）

游玉局观（三月春风吹柳花）　　　　（明）郑士阶

鹅落寺（闲上鹅峰眼界奇）　　　　　（明）白恂

春日游玉局观（玄宫深锁翠云间）　　（明）李元龄

金沙寺观江涨（招提南枕大江隈）　　前人

与客饮石犀僧院（城西

　　一路景偏多）　　　　　　　　　（明）杨师心

过石犀寺听非上人琴（见

　　寺心先静）　　　　　　　　　　（明）潘绍伊

金沙寺（浊浪拍新渠）　　　　　　　前人

国宁寺（古苑何年见）　　　　　　　前人

汲龙泉水煮茶分得花字（洗铫龙泉水）　前人

游凌云寺（山水凌云最）　　　　　　（明）钟惺

凌云寺（击节登临最上台）　　　　　（明）吴之皡

盘陀寺（竹露松涛动酒卮）　　　　　（明）杨守敬

同羽士游花置寺

　　（绝壁修篁架屋崎）　　　　　　前人

登平都山凌云寺（平都称福地）　　　（明）陈大道

解脱坡（桥前解脱即神丘）　　　　　（明）方孔炤

双飞桥（琉璃泻影绝）　　　　　　　前人

雷洞坪（险绝蓝舆马鬣行）　　　　　前人

梅子坡（磈硊截干度梅坡）　　　　　前人

天门石（七重露地此门中）　　　　　前人

睹佛台（赞叹山灵巧放晴）　　　　　前人

净土庵（北上之北族云遮）　　　　　前人

龙门洞（练瀑飞珠瞰大渊）　　　　　前人

感张桓侯灵爽甚著口号

　　（嚄唶英标谁与同）　　　　　　（明）傅振商

卷之九

子云墨池（读书岂不好忧愤）　　　　（宋）喻汝砺

晚泛浣花宿草堂（扣桡泛澄虚）　　　前人

严颜碑（古碑残缺不可读）　　　　　（宋）苏辙

苏祠怀古（眉山学士百代豪）　　　　（明）杨慎

望杜工部故迹（杜子东归滞三秋）　　（明）王廷相

宿夔门怀孔明子美（舣舟

　　下席楚云生）　　　　　　　　　（明）张佳胤

涪州北岩谒伊川先生祠

　　（涪陵东去石岩虚）　　　　　　（明）陈鎏

射洪邑西有坊题金华胜境即陈子

　　昂读书台（金华胜地拾遗村）　　（明）范涞

鹤鸣观怀古（羽士全真地）　　　　　（明）蔡守愚

百花潭吊杜工部同舒尚孺宁寿卿

　　（悠悠一郙外）　　　　　　　　（明）曹学佺

王稚子墓即汉诗所称洛阳令也有石

　　阙画汉衣冠人物漫灭尚存新都

　　界中碑云新郪人（洛阳有贤令）　前人

白帝城怀古（空城久寂寞）　　　　　（明）杜应芳

朝天岭因怀孔明从此出师次讷庵年丈

（朝天岭上翠霞稠）　　　　　（明）任甲第

八阵怀石（遗垒不可数）　　　（明）李学诗

洪崖洞（幽奇知不少）　　　　（明）钟惺

蜀道怀古（往事慨孙刘）　　　（明）杜时芳

又（霜落剑门秋）　　　　　　（明）杜乔芳

过四安铺怀杜工部赵清献二公

　　（耽癖风骚客）　　　　　（明）冉崟

卷之十　纪行

过剑关刻绝壁上（剑阁横空峻）　（唐）玄宗

麻坪晚行（百年怀土望）　　　（唐）王勃

宿巴江（江声五千里）　　　　（唐）释栖蟾

过巴龙门（龙门非禹凿）　　　（唐）陈子昂

夜宿龙吼滩思峨眉隐者（官舍

　　临江口）　　　　　　　　（唐）岑参

瀼溪入宅三首（奔峭皆赤甲）　（唐）杜甫

又（乱后居难定）

又（宋玉归州宅）

海云囷按骁骑于城北原时有

　　吐蕃出没大渡河上有作（古道

　　风沙卷夕霏）　　　　　　（宋）范成大

成都即事（零落红成阵）　　　（宋）何耕

过戎州（江水通三峡）　　　　（宋）苏轼

行武担西南村落有感（骑马

　　悠然欲断魂）　　　　　　（宋）陆游

夔门即事（缥缈飞楼压旧城）　（宋）吴中复

晚次资中（蓬窗雨打水浮云）　（明）陈鹏

巴东道中（香魂吹转遇春风）　（明）赵贞吉

夜泊（夜泊中岩下扁舟）　　　（明）杨慎

嘉州登舟（马上风尘倦）　　　前人

渝江登陆（来往舟如屋）　　　前人

早发子云亭（夜宿杨云阁）　　前人

明月沱（客行无次序）　　　　（明）王廷相

峡中行（夔府城边阴霏霏）　　（明）张含

巫山秋兴（蜀中形胜千年在）　（明）何景明

忠州早行（晓发云根驿）　　　（明）江渊

晚泊射洪（金华瞻晚翠）　　　（明）方琴

巴阳夜泊（独棹三巴夜）　　　（明）施敬

巫山舟中梦彦党进士（桐川

　　别思真如梦）　　　　　　（明）刘节

驻兵石埡（露宿官山月转晴）　（明）林俊

资阳买舟东下（波静风恬舟去迟）（明）姚继先

晚过白帝城（早绕巫山翠云堆）　（明）范涞

峡中久雨（巫峡长云雨乾坤）　（明）胡定

潼川道中（曙发潼阳道）　　　（明）庄诚

夜渡阆中河（行尽隆山道）　　前人

入成都境（人情怀故土）　　　前人

送至泸水言别（虎帐宵岩饮正酣）（明）顾汝学

渝江（渝江夜望总晴烟）　　　（明）李学诗

泊渔家（菰蒲初湿雨纷纷）　　（明）钱仁

自夔门过巫峡（滟滪当江一片尊）（明）鲁日唯

忠州舟次书怀（寒汀冷露湿芦花）（明）江盈科

早过周道行山居（候暖占

　　晴始启门）　　　　　　　（明）杨师心

过汶川县（蛮岭合云平）　　　（明）雷叔闻

客中词四首（岩上晴花三两枝）　前人

（草店风烟杨柳春）

（石磴棱棱高复低）

（野店辣杨间落梅）

夔门即事十韵（井邑经夔府）　（明）钟惺

合江舟中早发（日叠寒流次第明）前人

忠州雾泊（渔艇官舟晓泊同）　前人

雨中三渡阻水憩莎萝寺偶成

　　（四围皆泽国）　　　　　（明）冉崟

卷之十一　时序

桐梓驿元夕（戴石孤峰古驿门）　（明）杨慎

九日遂宁县郭西登高（烟霞万里开）前人

冬夕拥炉即事两首（鸾刀切玉玉膏凝）前人

又（霜气侵帷月瞰窗）　　　　前人

七夕登观音阁次壁间韵（七夕

　　登高阁）　　　　　　　　（明）张文耀

（瑞迹犹题白兔）

海棠池（地盛生奇卉）　　　　　　（明）袁衍

前题（右称有色恨无香）　　　　　（明）戴宗儒

得请归蜀志喜（十载迷途觉已迟）　（明）杨玹

又（家山梧竹久相违）　　　　　　　　前人

浣花社友至（僻巷柴门草色远）　　　　前人

秋晚池上独坐（金风玉露锁池塘）　（明）于鹤

竹社（自任苔藓自扫尘）　　　　　（明）来知德

草阁中题（绿竹黄茅野水滨）　　　（明）杨珩

石鱼（工人劈山石）　　　　　　　（明）杨玠

移竹（只有官为累）　　　　　　　（明）曹学佺

蜀府园中看牡丹（锦城佳丽蜀王宫）　　前人

汶川王怀纯邸中赏牡丹

　（去年入川花事阑）　　　　　　　　前人

又（淮王宾客厂华筵）　　　　　　（明）沈朝焕

又（轻云霏雨养花天）　　　　　　（明）刘文徵

卷之十三　诗　赠送

江津送刘光禄不及（依然临送渚）　（陈）阴铿

送眉州穆少府（剑门倚青汉）　　　（唐）贾岛

寄赵征君蕤（吴会一浮云）　　　　（唐）李白

流夜即至西塞驿寄裴隐（扬帆惜天风）　前人

送崔五太守（长安厩吏来）　　　　（唐）王维

送杨长吏赴果州（褒斜不容幰）　　　　前人

渐至涪州先寄王员外（文教

　通夷俗）　　　　　　　　　　　（唐）戴叔伦

送严黄门拜御史再镇蜀川兼觐省

　（授钺辞金殿）　　　　　　　　（唐）岑参

送蜀都李掾（饮酒俱未醉）　　　　　　前人

送严诜擢第归西蜀（巴江秋月新）　　　前人

送蒲秀才擢第归蜀（去马疾如飞）　　　前人

送雍陶游蜀（春色三千里）　　　　（唐）陈羽

岷山亭送朱大游巴（岷山南郭外）　（唐）孟浩然

送林立归蜀（迢递三千里）　　　　（唐）姚合

送友人尉蜀（故友汉中尉）　　　　（唐）徐晶

赠郭纶（河西猛士无人识）　　　　（宋）苏轼

又（君行杳何许）　　　　　　　　　　前人

和余懋忠青衣别后追寄之作

　（拙簪画江沙）　　　　　　　　（明）杨慎

送徐用先归嘉州（客有归欤叹）　　　　前人

赠张生一鹏归涪江并柬太宰松泉夏公

　（嘉君新自涪州至）　　　　　　　　前人

留别刘珥江（东波南浦送轻航）　　　　前人

赠赵大洲太史（起风才华锦水头）　　　前人

送何柏村元戎（牛头妖氛指日平）　　　前人

秋夜别苟益之（锦城蜀文上）　　　　　前人

谢同乡诸公寄川扇（对青筠膜渍霞斑）　前人

送雷时若还蜀兼寄刘参之

　（离离剑上斗）　　　　　　　　　　前人

忆升庵（雁飞曾不到衡阳）　　　　（明）黄娥

送杨石斋（社稷功成后）　　　　　（明）薛蕙

送陆郎中奉使西川道归兰州

　（年少为郎日）　　　　　　　　（明）孙陞

送邹汝遇之石城四首（识君

　未三月）　　　　　　　　　　　（明）蔡清

赠邹处士还合州（人间忧

　喜也无期）　　　　　　　　　　（明）陈献章

出塞行赠刘草堂（紫薇枢

　极天之纲）　　　　　　　　　　（明）冯成龙

送升庵还滇南（子云辞天禄）　　　（明）余承业

送石斋杨先生（扬震辞官去）　　　（明）叶桂章

石斋歌（濯锦江中锦为水）　　　　（明）何景明

送彭总制赴西川（蜀道青天上）　　　　前人

送安松溪给舍三首（风急大江秋）　（明）叶桂章

又（大江含百川）

又（前年雪山来）

送余方池二首（孟冬饶朔吹）　　　　　前人

又（送子燕山暮）

白坪歌送高方伯（青坂赤

　城虽有名）　　　　　　　　　　（明）赵贞吉

送刘兵宪按蜀治叙泸（苏

　门豪士惠文冠）　　　　　　　　　　前人

（江头秋色换春风）

（最高峰顶有人家）

（清江白石女郎神）

（红妆女伴碧江汶）

（神女峰前江水深）

（上峡舟郎风浪多）

（无义滩头风浪收）

佛现（佛现，佛现，鸟语易随人意变）　　　　　前人

读余懋昭游青城山诗因寄韩飞霞

　　（白沙一百八）　　　　　　　前人

寄升庵（懒把音书寄日边）　　（明）黄娥

（丈夫本是四方客）

（闻道滇南花草鲜）

（才经赏月时）

山居（野人偏有水云情）　　　　（明）周逊

山居三首（日出三竿睡起）　　　　前人

（寄兴烟波钓艇）

（面蘖金兰瑞露）

和升翁春兴诗（天涯防守旧山川）　　前人

戎平行并序（圣治昌）　　　　（明）赵贞吉

与蒋道林金宪约游峨眉

　　（三年不见古藤蓑）　　　　　前人

曾中丞平蛮凯歌（高秋

　　幕府日南天）　　　　　（明）陈宗虞

（八阵风云崛□图）

（鏊弧一掣海西军）

（虎旅骁腾出大城）

（高江六月誓王师）

（一取名王万丑峰）

（放牛归马彻华阳）

（锦官杨柳日依依）

荡平九丝城因寄诸将（蚕

　　丛立国后）　　　　　（明）曾省吾

上督府李公平播歌（挽抢

　　画见参井灭）　　　　（明）张文耀

赠曾中丞平都蛮凯歌（油

幢一指大江溃）　　　　　（明）张佳胤

（凌霄拔尽犬羊群）

（使者劳歌六月诗）

（清霜秋净百蛮天）

（节制从容羽羽操）

（帐下何人不请缨）

（不将俎豆废干戈）

（古语星驰达建章）

病余束三台（一春扶病强加餐）　　（明）卫承芳

（柳䍐莺娇淑气催）

得李巽见怀之作（自怜多病合投闲）　　前人

独坐（客居常闃寂）　　　　　　前人

又（负郭连穷巷）

海观秋澜（回沱渺渺是灵湫）　　（明）夏宏

余甘晚渡（大江东面小溪斜）　　　前人

采巢妇（采巢妇，涩雨

　　酸风溪上路）　　　　（明）梁承华

望赵文肃公别墅（松坞

　　森森江水东）　　　　（明）姚继先

剑门有怀赵司马少保（剑阁

　　崔嵬倚碧天）　　　　　前人

郭乔林携石犀访琴僧（有

　　客相携到上方）　　　（明）何存教

夔门饮吴氏归夜坐二首

　　（赤甲栖迟鬓半华）　　（明）张翀

（里发两朝供奉官）

农家叹（忍饥待新谷）　　　　（明）王胤

春日同社友登东山观浮屠听张

　　君鉴山人弹琴小集夜归口

　　占（青春结客陟东山）　　（明）张正学

洞门小坐（古店依山麓）　　　（明）周赞

山庄避暑（长夏溪林暑气蠲）　（明）于鹤

怀中丞严寅所夫子（西南山岳气氤氲）　前人

林塘即事（翩翩白鸟下平沙）　　　前人

池亭集兴（一鉴清瑶落照鲜）　　　前人

春暮得道林翁寄凌云寺翠坪书院诗和韵

又（春日正融融）

同诸公游白马寺泛舟（临江
　清寂梵王台）　　　　　（明）李元龄

泛舟百花潭阻涨（缘江一夜动长风）　　前人

泸江遇杨东洲骑驴看山因有游江之饮
　（三十年前旧雁行）　　（明）曾曰唯

游雾中山开化寺遇雨（自
　临初地后）　　　　　（明）范鈁

中园（东风仍作冻）　　（明）潘绍伊

游浣花溪（丞相祠前花满溪）（明）林欲栋

同刘惟张况兼游云居寺登呼月亭
　（飞刹孤亭松树阴）　（明）杨守敬

点易洞晴望（苍苔古磴碧桃花）　　前人

九日同吴行可寅丈游犀牛寺观支机石
　（共有黄花兴）　　　（明）戴燝

芙蓉溪筵集（名园清宴向江开）

内江王园亭燕集时接报有永宁之捷
　（小山台榭胜神仙）　　　前人

道释　哀挽附

卷之十七

古诗三首（维予之先）　　（汉）阴长生
（予之圣师）
（维予垂发）

鸣鹤观（五气云龙下泰清）（前蜀）杜光庭

寄萝山寺僧（摹空古木苍）（宋）刘佳

咏纯阳山女冠范志玄（谁
　家游冶郎）　　　　　（宋）刘仪凤

游五云洞（君不见吕公昔日
　飞过青草湖）　　　　（宋）丁慰

赠张三丰（忆昔蓬来阆苑春）（明）蜀献园

宿养道窝和张三丰韵（岳势
　嵯峨雄此都）　　　（明）张佳胤

送福上人还青城（青城
　三十六高峰）　　　（明）杨慎

九老迁入洞（龙虎形成药已神）（明）周逊

送雾中山僧（雾山中有云寮子）（明）赵贞吉

和葛仙翁箕笔二首（寒山拾得何为者）前人
（太上教我岂不曰）

双林上人归吴诗以留之
　（且莫携笻东向吴）　（明）郑仕阶

寄凌虚上人（□路绕苍旻）（明）黄辉

游仙（烟霞谁解赏鸾鹤）（明）潘绍伊

石阁枕三江之会峨眉当槛伸
　手可探为过洗墨池望乌牛
　洞礼定僧肉身漫赋（多君雅
　负凌云翮）　　　　（明）罗宽

游卧牛井（瑶坛寂寂枕峰阴）（明）彭继作

悼陈子昂（暮川罕停波）（唐）卢照邻

书陈母贞节卷（竹柏有真性）（明）杨慎

孝津行（岷山青蟠空）　　前人

挽张来衮年兄（张网轮旐回江上）前人

挽太常张来衮先生（九死仍攀槛）（明）黄辉

田氏一门四节妇诗以挽之（漫
　道持门健）　　　　　　前人

挽顺斋弟（半世同依倚）（明）杨玹

挽李任庵（萧寺论文日）　前人

节妇诗为蒋母曹氏题
　（华堂有松桧）　　　（明）王俸

卷之十八　诗　古迹

蜀路石妇（道傍一石妇）（唐）白居易

石犀行（君不见秦时蜀太守）（唐）杜甫

古柏行（孔明庙前有老柏）　前人

琴台（茂陵多病后）　　　前人

前题（相如琴台古）　　（唐）岑参

君平卜肆（君平曾卖卜）　前人

草玄堂（吾悲子云居）　　前人

石犀（江水初荡潏）　　　前人

相如琴台（闻有雍容地）（唐）卢照邻

文君井（落魄西川泥酒杯）（宋）陆游

药师崖（此景又奇绝）　　（宋）文同

下岩(空岩静发钟磬响)	(宋)黄庭坚	一在新都弥牟镇(广汉南来近蜀都)	前人
岑公洞(肩舆欲到岑公洞)	前人	子美草堂一在夔府(夔门三载客东屯)	前人
太乙宫碑(茫茫禹迹奠梁歧)	(宋)史绳祖	一在浣花溪(子美羁栖久蜀州)	前人
隐贤岩(迢迢青牛溪)	(明)赵贞吉	太白读书处一在西岩(石	
内江城西圣泉歌(石发拂栏酿幽浑)	前人	岩湖水片云端)	前人
成都洗墨池(黑鳞拨浪游奇门)	前人	一在匡山(彰明小邑有光辉)	前人
梓潼观碑(飞霞龙洞接灵关)	(明)王敕	文君井(小檀霞罾艳烧春)	(明)范汝梓
过鹤山书台点易洞古刻琳琅僧人		(绿杨翠筱昼阴阴)	
苦观者之扰加以斧凿感而赋之		支机石(兀然一片石)	(明)吴用先
(易洞书台倚碧云)	(明)杨慎	匡山读书台(百篇斗酒盛才名)	(明)饶景晖
(敲火樵童砺角牛)		琴台(寂寂人琴草径荒)	(明)吴之皞
(嵲屃分明斧凿痕)		墨池(当年文赋首推君)	前人
毛伯玉点易洞(净林萧寺北山隅)	前人	君平卜肆(烟霞一径锁莓苔)	前人
芙蓉溪(两桥深锁小溪幽)	(明)朱奎	草堂(独怜工部祠何在)	前人
前题(溪上西风百卉收)	(明)徐禰	文君甕(蜀国山水奇)	前人
张真人三物(神菱散天风)	(明)张佳胤	草堂(诛茆开户牖)	(明)李仙品
右扇		禹穴(发祥从石纽)	(明)袁汝萃
(壁水苍龙化)		匡山书台(昌明山下读书台)	前人
右砚		飞云石(曾闻石有五)	前人
(瑞竹双龙干)		琴台(风流文彩擅西京)	(明)杨一鹏
右杖		洗墨池(自是玄心远世情)	前人
凌云洗墨池(赤日欲行且复留)	(明)许应元	薛涛井(古井临江思有余)	前人
仙台石(扫月来坐升仙石)	(明)张铎	离堆(青崖忽中断)	(明)雷叔闻
栖乐山(虹气西行水郭斜)	(明)黄辉	犀浦(石犀久已沉)	前人
金城山(不用仙家九节笻)	(明)陈于陛	琴台(故里求凰日)	前人
问岑公(峨岷玉垒东复东)	(明)来知德	上肆(古寺颓垣里)	前人
金碧台(高台金碧烂相辉)	(明)曾棨	墨池(扬子草玄处)	前人
前题(万岭江头出孤亭)	(明)傅光宅	草堂(锦里诛茅日)	前人
石犀(秦世镇江浒)	(明)杨惟淳	紫柏行(青城古柏苔藓积)	前人
石镜(冢镜表蜀妃)	前人	游岑公洞五首有引(几	
石妇(西郭傅石妇)	前人	道分流共一声)	(明)钟惺
石姥(鳌山一片石)	前人	(泉为晴雨石为芝)	
石笋(石笋森玉立)	前人	(昨者过询杜甫居)	
稠稉治(湖上髯龙去不回)	(明)杨师心	(也是贪幽住此源)	
武侯八阵图一在夔府(鼎		(山水宿生多系惹)	
足三分事已成)	(明)曹学佺	上白帝城望少陵东屯居止遂有此歌	

扬子云辩　　　　　　　　　　（明）简绍芳

诸葛武侯辩　　　　　　　　　　（明）赫瀛

巫山辩　　　　　　　　　　　　（明）王志远

扬子云投阁辩　　　　　　　　　（明）李长春

广正统论　补遗　　　　　　　　（明）杨慎

神女论　　　　　　　　　　　　（明）李三英

长卿渊云之文论　　　　　　　　（明）祝允明

解嘲　补遗　　　　　　　　　　（汉）扬雄

乞校正奏议　补遗　　　　　　　（宋）苏轼

诸葛辨　　　　　　　　　　　　（明）刘启周

卷之三十四　解　说　考

太玄准易解　　　　　　　　　　（明）陈于陛

文与可字说　　　　　　　　　　（宋）苏轼

读玄说　　　　　　　　　　　　（宋）司马光

龙说　　　　　　　　　　　　　（明）余承勋

理醝说　　　　　　　　　　　　　　　前人

东西两川说　　　　　　　　　　（唐）杜甫

遂宁民说　　　　　　　　　　　（明）潘士藻

劭祠考　　　　　　　　　　　　（明）乔缙

南安考　　　　　　　　　　　　（明）余承勋

青衣考　　　　　　　　　　　　　　　前人

青神考　　　　　　　　　　　　　　　前人

卷之三十五　传

陈氏别传　　　　　　　　　　　（唐）卢藏用

范景仁传　　　　　　　　　　　（宋）司马光

巢谷传　　　　　　　　　　　　（宋）苏辙

王公祠传　　　　　　　　　　　（明）严杰

胡子昭传　　　　　　　　　　　（明）罗廷唯

刘霖传　　　　　　　　　　　　　　　前人

杨文忠公传　　　　　　　　　　（明）王世贞

余肃敏公传　　　　　　　　　　（明）丘濬

邹立斋传　　　　　　　　　　　（明）崔铣

陈文端公传　　　　　　　　　　（明）陆光祖

陈文宪公传　　　　　　　　　　（明）范谦

（原缺）

林母两世贞烈传　　　　　　　　（明）杨慎

艾姬传　　　　　　　　　　　　（明）吴国伦

邵道人传　　　　　　　　　　　（明）李梦阳

卷之三十六　谱类

东坡年谱　　　　　　　　　　　（宋）王宗稷

年谱后语　　　　　　　　　　　（明）燕石斋

赠光禄卿前翰林修撰升庵杨慎年谱　（明）简绍芳

卷之三十七　箴　铭　赞　跋

主一箴　　　　　　　　　　　　（宋）张栻

四益箴　　　　　　　　　　　　　　　前人

克己箴　　　　　　　　　　　　（明）赵贞吉

居家箴　　　　　　　　　　　　（明）杨珫

明真井铭　　　　　　　　　　　（唐）杜甫

鼎砚铭　　　　　　　　　　　　（宋）苏轼

天砚铭　　　　　　　　　　　　　　　前人

文与可琴铭　　　　　　　　　　　　　前人

迈砚铭　　　　　　　　　　　　　　　前人

蜀舍铭　　　　　　　　　　　　（宋）刘跂

清澹杜氏宝田铭　　　　　　　　（宋）杜孝严

净慧岩铭　　　　　　　　　　　（宋）白麟

定远县牧爱堂铭　　　　　　　　（明）胡濂

嘉定府延详观钟铭　　　　　　　（宋）魏了翁

注易洞铭　　　　　　　　　　　（宋）陈嘉言

又铭　　　　　　　　　　　　　（明）刘隅

武侯八阵图铭并序　　　　　　　　　　前人

苏镇抚井铭　　　　　　　　　　（明）王元正

桃源山铜标铭　　　　　　　　　（明）李化龙

蜀扇铭　　　　　　　　　　　　（明）王志远

禹妻赞　　　　　　　　　　　　（魏）曹植

诸葛武侯画像赞　　　　　　　　（宋）张栻

杜甫赞　　　　　　　　　　　　（宋）狄遵度

东坡画像赞　　　　　　　　　　（宋）黄鲁直

又赞　　　　　　　　　　　　　　　　前人

又	佚名	朝霞洞题名	（宋）何厚
东岩纪游	（宋）杨樵	宝光洞石刻	（宋）白云真人
夜郎溪石刻	（宋）颜师贤	蓬州旧学钤记	（宋）太玄道人
龙泉洞纪游	（宋）张无咎	江津莲花石壁题名	（宋）李孝友
又	（宋）王齐贤	龙洞壁刻	（宋）文铎
龙潭纪游	（明）杨述美	中岩题石	（宋）黄庭坚
又	（宋）孙子山	宝珠寺题石	（元）虞集
夹江仙掌洞题壁	（宋）宋云龙	中岩记	（明）熊相
什邡龙□山留题	（宋）李谊伯	正学书社纪游	（明）赵贞吉
重龙石峡石刻	（宋）卢拜	天柱石纪游	（明）冷逢震
龙透岩石刻	（宋）赵权可	真相寺磨崖古字记	（明）杨瞻
宝华寺观音崖石刻	（宋）张和叔	游玉蟾寺记	（明）余承勋
银山公馆石刻	（宋）黄庭坚	游巴岳寺记	（明）金祺
绵州仙云观题名	（宋）顾审	游青城山记	（明）焦维章
朝霞阁题名	（宋）姚孳	游雾中山记	（明）范汝梓
虎鼻岭题名	（宋）文正伦	登太羲山记	前人
玉女泉题名	（宋）王伯宗	游峨山记	（明）陈文烛
又	（宋）杨甲	游大峨山记	（明）袁子让
富乐山题名	（宋）刘思齐	游峨眉山记	（明）曹学佺
又	（宋）何绍明	游鏊华山记	（明）曹楷
冷源题名	（宋）诸锺		

3. 万历四川总志

三十四卷　（明）虞怀忠、郭棐等纂修　北京图书馆藏万历刻本（内卷一至卷四配抄本）　四库全书存目丛书影印本（史部第199—200册）

卷之二十三　文一　赋　辞

蜀都赋	（汉）扬雄
吊苌弘赋	（汉）王褒
蜀都赋	（晋）左思
玄武山赋	（唐）王勃
剑阁赋	（唐）李白
万里桥赋	（唐）陆肱
击瓯楼赋	（唐）张曙
画桐花凤扇赋并序	（唐）李德裕
五丁力士开蜀门赋	（唐）陈山甫
长乐花赋　并序	（唐）苏颋
赴犍为经龙阁道	（唐）岑参
锦亭晚瞩	（宋）宋祁
悼蜀诗	（宋）张咏
梓潼神鼎赋	（宋）卢庚
仁寿镜赋并序	（宋）史翔
滟滪堆赋	（宋）苏轼
巫山赋	（宋）苏辙
凿二江赋	（宋）狄遵度
述贤亭赋并序	（宋）阎苑
悯相如赋	（宋）杨天惠
悯相如赋	（宋）郑少微
八阵图赋	（元）杨维桢
友筼轩赋	（明）方孝孺
伊兰赋	（明）杨慎
戎旅赋	前人
渡泸赋	（明）何景明
甘露赋	（明）蒋容
滟滪堆赋	佚名
楚辞　九怀	（汉）王褒
怀东坡先生词	（宋）杨万里

卷之二十四　文二　序类

华阳国志序	（晋）常璩
右述巴志	
右述蜀志	
右述公孙述刘二牧志	
右述刘先主志	
右述刘后主志	
右述李特雄期寿势志	
右述先贤士女	
右述后贤	
右述序志	
入蜀纪行诗序	（唐）王勃
晚秋游武担山寺序	前人
绵州北亭群公宴序	前人
宴梓州南亭诗序	（唐）卢照邻
七日绵州泛舟诗序	前人
送王侍御赴剑南序	（唐）陶翰
唐成都记序	（唐）卢求
陈氏集序	（唐）卢藏用
送冯定序	（唐）李翱
盛山十二景诗序	（唐）韩愈
唐使君盛山倡和集序	（唐）权德舆
送许协律判官赴西川序	前人
送班孝廉擢第归东川觐省序	（唐）柳宗元
唐李翰林诗序	（唐）李阳冰
易龙图序	（宋）陈抟

卷之二十七文五　记类

忠孝祠记	（明）张衍
学孔斋记	（明）方孝孺
孝思堂记	前人
正学斋记	（明）王绅
开元寺修法堂记	（明）解缙
神木山记	（明）胡广
西岷保障图记	（明）周洪谟
达县石城记	（明）李东阳
城池记	（明）安磐
平蜚颐滩记	前人
颜鲁公庙记	（明）钱福
内江县庙学重修记	佚名
内江县庙学重修记	佚名
杜工部草堂记	（明）杨廷和
八阵庙记	（明）杨慎
四川巡按御史题名记	前人
正学方先生祠堂记	（宋）任渊
三功祠记	（明）林俊
夔州府重修儒学记	（明）苏葵
会胜楼记	（明）席书
大益书院记	（明）陆深
四忠祠记	（明）杨瞻
忠州重修唐陆宣公祠墓记	（明）赵贞吉
尊经阁记	前人
战马记	（明）罗洪先
三节祠记	（明）张鲲
灌县治水记	（明）卢翊
剑门关记	（明）胡汝霖
汉昭烈庙记你	（明）张时彻
杜工部草堂记	前人
铁牛记	（明）陈銮
显忠院记	（明）任翰
忠节祠记	（明）刘应箕
曾公祠堂记	（明）刘侃
何公祠堂记	（明）劳堪

储书记	（明）赵正学
锦屏书院三贤祠记	（明）陈宗虞
巴州二关记	前人
陈节妇记	（明）许国
新修建武所城记	（明）李长春
崇报祠记	前人
崇报祠记	（明）陈文烛
生祠碑记	（明）朱茹
都江堰记	（明）陈文烛
瀼西草堂记	前人
建浣花草亭记	前人
修简州济川桥记	（明）卢怀忠
平蛮记	（明）周傚
重立褒恤祠记	（明）郭棐
新建巴中驿记	前人
禹庙记	（明）王廷瞻

卷之二十八文六　碑记类

汉故朝请巴郡太守樊府君碑	
樊敏碑跋	（宋）程勤懋
樊敏碑跋	（明）杨慎
新都县学先圣堂碑并叙	（唐）杨炯
唐左拾遗翰林学士李公新墓碑并叙	（唐）范传正
梓州射洪县武东山陈居士碑	（唐）陈子昂
诸葛武侯祠堂碑	（唐）裴度
赐修蜀堰碑	（元）揭傒斯
涂山古碑	（元）贾元
成都杜先生草堂碑	（明）方希古
岁享旌忠庙碑	（明）杨慎
六公祠碑	（明）张时彻
西蜀平蛮碑	（明）陈以勤
平蛮碑	（明）任瀚
平蛮碑	（明）李长春
重建涂山禹庙碑	（明）曹汴
祀大中丞集斋丘先生碑	（明）陈宗虞
宋特进左丞相赠太傅忠	

诸葛故垒立碣文	（晋）李兴	宋蒋堂字希鲁赞	
对蜀父老问	（唐）卢照邻	圣兴寺写真赞	（宋）范镇
考辨类		昭觉寺写真赞	前人
杜宇鳖令辩	（宋）罗泌	张尚书写真赞	（宋）田况
巴国考	（宋）王象之	自赞	（宋）张咏
蜀国考	前人	御制苏轼赞	（宋）孝宗
成都周公礼殿圣贤图考	（元）费著	蜀三贤画像赞	（宋）张俞
山川形胜述	（明）彭韶	扬子云	
六县非夜郎故地辩	（明）周洪谟	严君平	
蔡蒙辩	（明）杨慎	李仲元	
箴类		蜀三贤赞	（明）方孝孺
益州牧箴	（汉）扬雄	李冰赞	
讲台箴	（宋）韩绛	武侯赞	
观政阁箴	（宋）吕大防	李太白赞	
铭类		绿菜赞	（宋）黄庭坚
座右铭	（汉）庄遵	檄类	
剑阁铭	（晋）张载	破吐蕃露布	（唐）韦皋
卜肆铭	（唐）陆龟蒙	数陈敬瑄十罪檄	（唐）杨师立
蒙轩铭	（宋）赵抃	代成都帅檄	（宋）邵博
丞相张公祠堂铭	（宋）田枨	回云南牒	（唐）高骈
主一斋铭	（宋）张栻	征蛮谕檄	（明）曾省吾
泮宫达泉铭并叙	（宋）柳梦弼	议类	
武侯八阵图铭并叙	（明）刘隅	四川事宜议	（明）王廷相
鱼复扞关铭	（宋）李垕	旧唐刺史滕王元婴祀典议	（明）陈宗虞
赞类		修路议	（明）富好礼
石室赞	（唐）郑藏休	祭文类	
府学文翁画像十赞	（宋）宋祁	吊纪信文	（唐）卢藏用
汉蜀郡太守庐江文公赞		蜀先主庙祈晴文	（唐）唐次
司马相如字长卿赞		龙潭祈雨文	前人
王褒字子渊赞		祭范蜀公文	（宋）苏轼
严遵字君平赞		同前	（宋）苏辙
张宽赞		祭白帝庙文	（宋）何逢原
李仲元赞		谒昭烈庙文	（宋）王十朋
何武字君公赞		谒武侯庙	前人
扬雄字子云赞		祭汉先主昭烈文	（明）蜀献王
后汉蜀郡太守高矣赞		祭杜子美文	前人

祭屈原文	（明）许应元	同前（巫山凌太清）	（唐）郑世贤
立杜工部祠祭文	前人	同前（巫山望不极）	（唐）卢照邻
祭邹立斋文	（明）陈献章	同前（巫山峰十二）	（唐）沈佺期
同	（明）张吉	同前（君不见）	（唐）阎立本
同	（明）杨廉	同前（巫山十二峰）	（唐）乔知之
祭宋景濂文	（明）张时彻	同前（巫山与天近）	（唐）张九龄
祭方孝孺文	前人	同前（巫峡见巴东）	（唐）皇甫冉
祭胡子烈文	（明）曾省吾	同前（巫山十二峰）	（唐）李端

诔类

		同前（巫山丛碧高插天）	（唐）李贺
白云先生张少愚诔	（宋）蒲芝	同前（玉峰青云十一枝）	（唐）陈陶
乐善郭先生诔	（宋）杨天惠	同前（巫山幽阴地）	（唐）刘希夷
房季文诔		同前（下压重泉上千仞）	（唐）罗隐
		同前（湿云不收烟雨霏）	（宋）范成大
		同前（凝真宫前十二峰）	前人

卷之三十一　诗一　古诗类

		同前（巫山高）	（明）黄佐
古雅体		同前（巫山高）	（明）乔世宁
蚕丛国诗四章（川崖惟平）	古辞	同前（巫山高）	（明）吴国伦
（惟月孟春）		同前（巫峡之山崔嵬兮）	（明）郭庄
（日月明明）		同前（巫山高不极）	（明）黎民表
（惟德实宝）		同前（巫山依天外）	（明）魏裳
古乐府		同前（巫山高）	（明）陈宗虞
蜀国弦（铜梁指斜谷）	（梁）简文帝	**五言古**	
同（枫香晚花静）	（唐）李贺	登成都白兔楼（重城结曲阿）	（晋）张载
同（胡笳拍断玄冰结）	（明）刘基	登琴台（芜阶践昔径）	（梁）简文帝
同　（西蜀称天府）	（明）陈宗虞	蜀四贤咏（渤澥水浛岛）	（宋）鲍照
蜀道难（巫山七百里）	（梁）简文帝	赋得成都（列宿光舆井）	（唐）褚亮
同（玉垒高无极）	（梁）刘孝威	广溪峡（广溪三峡首）	（唐）杨炯
同（王尊奉汉朝）	（陈）阴铿	蜀城怀古（蜀土绕水竹）	（唐）刘希夷
同（梁山镇地险）	（唐）张文琮	白帝怀古（日落沧江晚）	（唐）陈子昂
同（噫吁嚱）	（唐）李白	登锦城散花楼（日照锦城头）	（唐）李白
同（蜀道五丁关）	（明）吴国伦	宿巫山（昨夜巫山下）	前人
巫山高（巫山高不穷）	（梁）元帝	荆门浮舟望蜀江（春水月峡来）	前人
同前（高唐与巫山）	（齐）刘绘	巴州（巴水急如箭）	前人
巫山高（南国多奇山）	（齐）虞羲	登峨眉山（蜀国多仙山）	前人
同前（迢递巫山好）	（梁）王泰	自巴东舟行经瞿唐峡登巫山最高峰	
同前（巫山高不极）	（梁）范云	晚还题壁（江行几千里）	前人
同前（巫山映巫峡）	（陈）萧诠		

韵赋之（人言忠孝不磨灭）　　　　　　（宋）李訦　　　（濯锦清江万里流）

白帝庙（蜀江万壑俱东奔）　　　　　　（宋）杨安诚　　（锦水东流绕锦城）

过黄陵庙（黄陵庙前江水绿）　　　　　（宋）李子材　　（秦开蜀道置金牛）

戒石亭（尔俸尔禄民膏脂）　　　　　　（宋）王十朋　　（水绿天青不起尘）

龙挂（成都六月天大风）　　　　　　　（宋）陆游　　　（剑阁重关蜀北门）

八阵图（武侯阵法洞万古）　　　　　　（宋）陈谦　　　峨嵋山月歌（峨嵋山月半轮秋）　　　　　　　前人

雪山天下高（巨灵劈断昆仑山）　　　　（明）周洪谟　　竹枝歌九首　　　　　　　　　　　　（唐）刘禹锡

眉山天下秀（大峨两山相对开）　　　　　前人　　　　（白帝城头春草生）

瞿塘天下险（两崖壁立何险巇）　　　　　前人　　　　（山桃红花满上头）

巫山天下奇（灵鳌一动海水翻）　　　　　前人　　　　（江上春来新雨晴）

剑阁图为王公济进士（岷　　　　　　　　　　　　　　（日出三竿春雾消）

　　峨山高连剑阁）　　　　　　　　　（明）李东阳　　（两岸山花似雪开）

剑阁行寄总制都宪彭公济物　　　　　　　　　　　　　（城西门前滟滪堆）

　　（老子轻裘豪且雄）　　　　　　　（明）孙太初　　（瞿唐嘈嘈十二滩）

长江万里图（我家岷山更西住）　　　　（明）杨基　　　（巫峡苍苍烟雨时）

孟蜀李夫人祠（春荒曲薄蚕丛土）　　　（宋）谢皋羽　　（山上层层桃李花）

成都扬子云洗墨池（黑鳞拨浪游奇门）　（明）赵贞吉　　竹枝歌（瞿唐峡口水烟低）　　　　　　（唐）白居易

无题（赤日欲行且复留）　　　　　　　（明）许应元　　《竹枝》苦怨怨何人）

都江堰（都江堰前江怒流）　　　　　　（明）游朴　　　（巴东船舫上巴西）

　　　　　　　　　　　　　　　　　　　　　　　　　（江畔谁人唱《竹枝》）

卷之三十二　诗二　歌类　　　　　　　　　　　竹枝歌（门前春水白苹花）　　　　　（五代）孙光宪

琴歌（凤兮凤兮）　　　　　　　　　　（汉）司马相如　（乱绳千结绊人深）

（凤兮凤兮）　　　　　　　　　　　　　　　　　　　竹枝歌（苍梧山高湘水深）　　　　　　（宋）苏轼

司马相如琴歌（凤兮凤兮）　　　　　　（唐）张祐　　　竹枝（舟行千里不至楚）　　　　　　　（宋）苏辙

阆水歌（嘉陵江色何所似）　　　　　　（唐）杜甫　　　东湖瑞莲歌（东湖七月湖水平）　　　　（宋）梅挚

花卿歌（成都猛将有花卿）　　　　　　　前人　　　　水月亭歌（阳来中坤坎波翻）　　　　　（宋）马俌

夔州歌（蜀麻吴盐自古通）　　　　　　　前人　　　　铜马歌（君不见）　　　　　　　　　　（宋）王灼

（忆昔咸阳都市合）　　　　　　　　　　　　　　　　楼上醉歌（我游四方不得意）　　　　　（宋）陆游

（阆风玄圃与蓬壶）　　　　　　　　　　　　　　　　上元竹枝歌（青春恼人思蹁跹）　　　　（宋）冉居常

（武侯祠堂不可忘）　　　　　　　　　　　　　　　　（学箫学鼓少年群）

上皇西巡南京歌十首（胡　　　　　　　　　　　　　　（珍珠络结绣衣裳）

　　尘轻拂建章台）　　　　　　　　　（唐）李白　　　竹枝歌（江草江花满眼新）　　　　　　（明）王廷相

（九天开出一成都）　　　　　　　　　　　　　　　　（郎在荆州妾在家）

（德阳春树似新丰）　　　　　　　　　　　　　　　　（郎在瞿塘侬自愁）

（谁道军王行路难）　　　　　　　　　　　　　　　　（野鸭唼唼一支飞）

（万国同风共一时）　　　　　　　　　　　　　　　　（赤霞帘幕晚氤氲）

（杨花作雪草连天）

同（夔州府城白帝西）　　　　　　　（明）杨慎

（日照峰头紫雾开）

（江头秋色换春风）

（最高峰顶有人家）

（清江白石女郎神）

（红妆女伴碧江濆）

（神女峰前江水深）

（上峡舟郎风浪多）

（无义滩头风浪收）

石斋歌（濯锦江中锦为水）　　　　　（明）何景明

眉山歌（白帝昔禀鸿蒙匠）　　　　　（明）赵贞吉

曾中丞平蛮凯歌（并序）

　　（高秋幕府日南天）　　　　　　（明）陈宗虞

（八阵风云崛壮图）

（鏊弧一掣海西军）

（虎旅骁腾出大城）

（高江六月誓王师）

（国中高调废阳春）

（出师横绝大峨颠）

（一取名王万丑降）

（放牛归马彻华阳）

（黑水金沙界不毛）

（玺书一日劳元勋）

（锦官杨柳日依依）

廉叔度歌（廉叔度）　　　　　　　　古辞

三节妇歌并叙（关关黄鸟）　　　　　歌谣

淫豫歌（淫豫大如马）　　　　　　　（梁）简文帝

灌令歌（天降神明）　　　　　　　　歌谣

樊守歌　　　　　　　　　　　　　　歌谣

丰年歌（习习晨风动）　　　　　　　歌谣

去思歌（望远忽不见）　　　　　　　歌谣

柳琮歌（得黄金一筥）　　　　　　　歌谣

金堂令歌六首为曾中丞大父题（讴乎）　（明）吴国伦

（金堂令）

（金堂令）

（曾侯挽不留）

（谓天无局）

（谓天不迩）

峡中行者歌（巴东三峡巫峡长）　　　歌谣

刺李盛谣（狗吠何喧喧）　　　　　　歌谣

巴郡谣（明明上天）　　　　　　　　歌谣

河内谣（王稚子）　　　　　　　　　歌谣

龙床滩谣（龙床如拭）　　　　　　　歌谣

先民谣（岷皋之山）　　　　　　　　歌谣

后汉时蜀中童谣（黄牛白腹）　　　　歌谣

行类

新都行（缥缈空中丝）　　　　　　　（唐）欧阳詹

石笋行（君不见）　　　　　　　　　（唐）杜甫

石犀行（君不见）　　　　　　　　　前人

古柏行（孔明庙前有老柏）　　　　　前人

离堆行（残山狠石双虎卧）　　　　　（宋）范成大

花卿冢行（湿云模糊埋秋空）　　　　（宋）谢皋羽

平蜀行（两蜀年来起群盗）　　　　　（明）朱导

孝津行（岷山青蟠空）　　　　　　　（明）杨慎

戎平行并叙（圣治昌）　　　　　　　（明）赵贞吉

出塞行赠刘草堂元帅（紫

　　薇枢极天之纲）　　　　　　　（明）冯成能

锦江行赠陆子使蜀（君不见）　　　　（明）王维桢

锦城曲（蜀山攒黛留晴雪）　　　　　（唐）温庭筠

织锦曲（大女身为织锦户）　　　　　（唐）王建

成都曲（锦江近西烟水绿）　　　　　（唐）张籍

蜀道篇（长吟李白蜀道难）　　　　　（宋）郭祥正

费烈女辞（拥康费氏女）　　　　　　（元）刘堪

巫山十二峰词（迭嶂千重碧）　　　　（元）赵孟頫

（片月生危岫）

（松鹤堆岚露）

（云里高唐观）

（绝顶朝云散）

（雨过苹汀远）

（碧水鸳鸯浴）

（芍药空投赠）

（碧水澄青黛）

（鹤信三山远）

（晓色飘红豆）

（袅娜江边柳）

早发白帝城（朝辞白帝彩云间）　（唐）李白

赠花卿（锦城丝管日纷纷）　（唐）杜甫

江畔独步寻花七绝（江上被花恼不彻）　前人

（稠花乱蕊畏江滨）

（江深竹静两三家）

（东望少城花满烟）

（黄师塔前江水东）

（黄四娘家花满蹊）

（不是看花即索死）

漫兴九首（眼见客愁愁不醒）　前人

（手种桃李非无主）

（熟知茅斋绝低小）

（二月已破三月来）

（肠断江春欲尽头）

（懒慢无堪不出村）

（糁径杨花铺白毡）

（舍西柔桑叶可拈）

（隔户杨柳弱嫋嫋）

卷之三十三　诗三　五言律诗类

游梵宇三学士（香阁披青蹬）　（唐）王勃

下江向鄂州（天明江雾歇）　（唐）张说

送姚评事入蜀各赋一物得卜肆

　（蜀严化已久）　（唐）张九龄

遂州南江（楚江复为客）　（唐）陈子昂

送梓州李使君（万壑树参天）　（唐）王维

送严秀才还蜀（宁亲真令子）　前人

送李评事使蜀（劝酒不依巡）　（唐）王建

送友人内江范崇凯（青山横北郭）　（唐）李白

宿巫山（昨夜巫山下）　前人

送友人入蜀（见说蚕丛路）　前人

龙州（岚光深院里）　前人

送韦郎司直归成都（窜身来蜀地）　（唐）杜甫

送窦九归成都（文章亦不尽）　前人

上白帝城（城峻随天壁）　前人

瀼西入宅三首（奔峭背赤甲）　前人

（乱后居难定）

（宋玉归州宅）

瞿塘峡三首（三峡传何处）　前人

（峡口大江间）

（时清关失险）

暮春题瀼西新赁草屋五首（久嗟三峡客）　前人

（此邦千树桔）

（彩云阴复白）

（壮年学书剑）

（欲陈济世策）

西郊（时出碧鸡坊）　前人

草堂即事（荒村建子月）　前人

春日江村五首（农务村村急）

（迢递来三蜀）

（种竹交加翠）

（扶病垂朱绂）

（群盗哀王粲）

白盐山（徐步移斑杖）　前人

白帝楼（漠漠无虚里）　前人

草阁（草阁临无地）　前人

宿高斋（暝色回山径）　前人

从瀼西移居东屯四首（白盐危峤北）

（东屯复瀼西）

（道北逢都使）

（牢落西江外）

滟滪堆（巨石水中央）　前人

入峡（不远鄂州路）　（唐）张祜

送柳震归蜀（白日双流静）　（唐）司空曙

送崔校书赴梓幕（碧峰天柱下）　前人

送鄂州班使君（鱼图巴庸落）　前人

失题（晓日照楼船）　（唐）皇甫冉

蜀先主庙（天下英雄气）　（唐）刘禹锡

观八阵图（轩皇传上略）	前人	方物亭（草木虫鱼部）	
初至犍为作（山色轩楹内）	（唐）岑参	翠柏亭（众木坠黄叶）	
蜀城春望（天涯憔悴身）	（唐）崔涂	圆通庵（坐对圆通境）	
巫山庙（双黛俨如颦）	前人	琴坛（潇洒琴坛上）	
峡中山（高唐几百里）	（唐）卢象	流杯池（结客乘公暇）	
过巫峡（拥棹向惊湍）	（唐）李频	乔楠亭（木占西园胜）	
瞿塘峡（万里西南水）	前人	锦亭（帘幕临雕槛）	
云安（滩恶黄牛吼）	（唐）李群玉	送钱驾部知邛州（细雨梅初熟）	（宋）梅尧臣
晚夏登张仪楼呈院中诸		涪江泛舟送韦班归京（追饯同舟日）	（宋）陆游
公（重楼窗户开）	（唐）段文昌	合州道中（云气昏江树）	（宋）喻汝砺
题剑门（奇峰百仞悬）	（唐）李德裕	观古鱼凫城（野寺依修竹）	（宋）孙松寿
汉州日久游房太尉西湖（丞相鸣琴地）	前人	到夔州（众水归三峡）	（宋）曾愭
送龙州樊使君（曾见邛人说）	（唐）许棠	白帝城（白帝城头路）	前人
送友人尉蜀中（故友汉中尉）	前人	巫山（巫山不可见）	前人
送雍陶游蜀（春色三千里）	（唐）陈羽	偶宴西蜀摩诃池（珍木郁清池）	（唐）畅当
送人游蜀（别离杨柳陌）	（唐）马戴	峡口（万里西南路）	（宋）宋肇
送友人游蜀（剑阁缘空去）	（唐）张乔	瞿塘峡（庸蜀诸羌水）	（宋）陈谦
送任侍郎黔中充判官（不识黔中路）	（唐）刘长卿	戏题索桥（织箪匀铺面）	（宋）范成大
送李正字归蜀（已献甘泉赋）	（唐）武元衡	峡中（峡水方中注）	（宋）李石
中秋夜锦楼望月（玉轮初满空）	前人	岑公洞（岑公来避世）	（宋）郭印
同前得浓字（此夜年年月）	（唐）柳公绰	制胜楼（绝塞依天险）	（宋）王十朋
送友人入蜀（远路接天末）	（唐）钱起	正月六日踏碛呈行可元章（踏碛逢危马）	
送友人游蜀（万岑深积翠）	（唐）贾岛	成都学舍遣兴五首（久客堕尘土）	（宋）李焘
送任畹归蜀（子规啼欲死）	（唐）姚合	（寂寞三秋节）	
赠杜二拾遗（传道招题客）	（唐）高适	（壮矣府中县）	
送马向游蜀（游子去咸京）	（唐）徐凝	（雨意忽如此）	
游武担寺西台（秋天如镜空）	（唐）段文昌	（长忆在家好）	
送人入蜀（蜀客本多愁）	（唐）李远	成都即事（零落红成阵）	（宋）何耕
寄成都吴龙图（照席烛花暖）	（宋）司马光	春日五首（闻道西楼下）	前人
司马相如琴台（故台千古恨）	（宋）宋祁	（寂寞城南寺）	
扬子云墨池（宅废经池在）	前人	（门前无俗物）	
扬子云宅（自负天人学）	（宋）邵博	（万里桥边水）	
西园十咏	（宋）吴中复	（唇齿辅车势）	
西楼（信美他乡地）		送夔门丁帅赴召（忆昔扪三峡）	（宋）崔与之
众熙亭（亭枕方塘上）		沱江（尚胜三年谪）	（宋）刘望之
竹洞（阴森过百步）		游华山张超谷（太华锁深谷）	（宋）鲁突

山居（松韵笙竽径）	（宋）张孝祥	涪翁胜概（日月常来往）	前人
合州写怀（忘却儒官冷）	（宋）梁潜	水帘奇观（后峤闭青璧）	前人
题剑阁图（开国自蚕丛）	（明）唐泰	余甘津渡（城北余甘渡）	前人
入夔州（独舸东川客）	（明）王廷相	久雨峡中（巫峡长云雨）	（明）胡定
梁山盘龙洞（薄伐申前令）	（明）林俊	蜀道伤怀（由来蜀道险）	前人
晚登牛头山（探花辞谷口）	（明）刘天民	扬子云墨池（门锁荒池静）	前人
送彭总制赴西川（蜀道青天上）	（明）何大复	锦城久雨见暮霞（河汉望冥冥）	前人
滟滪堆（霜落夔门树）	（明）何景明	贡扇（采采黄金烂）	前人
昭烈庙（漂泊依刘计）	前人	**五言排律**	
题中岩（度索且寻橦）	（明）杨慎	白帝怀古（日暮沧江晚）	（唐）陈子昂
治平寺禅藻亭（驮经自石头）	前人	夔府书怀四十韵（昔罢河西尉）	（唐）杜甫
宿大峨峰顶二首（平生怀隐约）	（明）赵贞吉	上白帝城（江城合变态）	前人
（太息大峨峰）		（白帝空祠庙）	前人
白帝城（往岁虚豪兴）	（明）甘为霖	谒先主庙（惨淡风云会）	前人
白帝城（石阁春风暮）	（明）曹天宪	诸葛庙（久游巴子国）	前人
送陆郎中奉使西川便道归兰州		西阁（巫山小摇落）	前人
（年少为郎日）	（明）孙阶	益州北池陪宴（临泛从公日）	（唐）司空曙
夔万（片帆去不尽）	（明）张佳胤	送林立归蜀（迢递三千里）	（唐）姚合
腊月二十一日过石门（石门不容轨）	（明）曾省吾	送西川相公领相印（盛业冠伊唐）	（唐）杜牧
眺白帝城（孤城标翠巘）	（明）陈宗虞	览蜀宫故城作（国破江山老）	（宋）宋祁
静边寺（十年长在路）	前人	集海云鸿庆院（地胜祠仍古）	前人
岑公洞同王引瞻少参赋（仙子何年去）	（明）陈文烛	蜀城战后感事（蜀国英灵地）	（唐）雍陶
张桓侯庙（旅泊云阳县）	（明）甘茹	开西园（春风寒食节）	（宋）田况
江楼春望（江楼延眺处）	（明）许应元	过戎州（江水通三峡）	（宋）苏轼
重游咸平寺（复到曾游寺）	（明）柳黄	岑公洞（武陵种桃人）	（宋）陈邕
岑公洞（尘中得清境）	（明）卢雍	游千佛崖（崖欹潭不极）	（明）余承业
岑公洞（岑公何处去）	（明）简胥	陪豫庵杨太守游中岩次韵（使君多道气）	
岑公洞（历览巴山胜）	（明）祝咏	（昔泛昆明池）	
梁山蟠龙门（每向俗边问）	（明）喻时	寄任少海内翰（五岳山人相忆）	（明）杨慎
梁山蟠龙门（日照千花见）	（明）吴国宝	呈升庵（道丧管儒叹凤）	佚名
翠屏龙蟠（翠巘凌秋昊）	（明）颜正	失题（疏凿徒为巧）	佚名
□江天堑（□郡雄南徼）	前人	梅溪（夹岸凝轻素）	佚名
仙侣高冈（我爱仙侣山）	前人	桃坞（喷日舒红锦）	佚名
星山连秀（传闻星陨石）	前人	茶岭（顾渚吴商绝）	佚名
石城霁雪（霁雪明初日）	前人	竹厓（不资冬日透）	佚名
天池晚照（池水澄空碧）	前人	绣衣石（崖巉雪中峤）	佚名

瓶泉井（绠汲岂无井）	佚名	巴女（巴女骑牛唱竹枝）	（唐）于鹄
宿云亭（清净当深处）	（唐）张籍	送人入黔中（一樽岁酒且留欢）	（唐）权德舆
绣衣石（山中无别味）	前人	寄薛涛校书（万里桥边女校书）	（唐）王建
梅溪（自庆新梅好）	前人	寄成都高苗二从事（家近红渠曲水滨）	（唐）李商隐
瞿塘峡（瞿塘天下险）	（唐）白居易	寄王播侍御乞求蜀笺（蜀	
滟滪堆（见说瞿塘峡）		川笺纸彩云初）	（唐）鲍溶
题中岩（岩雨晴犹滑）	（宋）范镇	赠第泊（十样蛮笺出益州）	（唐）韩浦
送杨孟容（我家峨嵋阴）	（宋）苏轼	蜀人为南蛮俘虏（但见城池还汉将）	（唐）雍陶
夔路十贤	（宋）王十朋	（大渡河边蛮亦愁）	
屈大夫（大夫楚忠臣）		（越巂城南无难地）	
严刺史（将军头可断）		（云南路出陷河西）	
诸葛武侯（卧龙起南阳）		题李白读书堂（山中犹有读书台）	
少陵先生（子美稷卨志）		（象耳山前水最深）	
陆宣公（敬舆避谗谤）		（少陵登览牛头寺）	
韦丞相（韦侯守盛山）		（太白当年此读书）	
白文公（赋咏穷三峡）		（丹青尘暗壁倾斜）	
柳文公（柳公本言生）		题龙华山（昔年曾到此山回）	（唐）郭震
寇莱公（莱公经济业）		成都（月晓已闻花市合）	（唐）萧遘
唐质肃公（子方筮仕初）		蜀国偶题（忽忆明皇西幸时）	（唐）钱翊
送邹汝愚之石城四首（识君未三月）	（明）蔡清	嘉陵江（借问嘉陵江水湄）	（唐）薛逢
（识君未三月）		锦江春望（蜀江波影碧悠悠）	（唐）高骈
（识君未三月）		出蜀门（北客今朝出蜀门）	（唐）欧阳詹
（北行如游学）		巫山凝真寺（巫峡迢迢旧楚宫）	（唐）李商隐
巴阳夜泊（独棹三巴夜）	（明）施敬	（非关宋玉有微词）	
七绝		同（巫峡云间神女祠）	（唐）李涉
漫兴九首（隔户杨柳弱袅袅）	（唐）杜甫	蜀笺（素笺明润如温玉）	（宋）文彦博
（眼见客愁愁不醒）		华阳巾（华阳山相遗巾去）	前人
（手种桃李非无主）		登普贤阁观桃树（比年薄宦守西瓯）	（宋）梅挚
（熟知茅斋绝低小）		失题（闻说桄榔南海头）	（唐）王素
（二月已破三月来）		寄黎眉州（胶西高处望西川）	（宋）苏轼
（肠断春江欲尽头）		下岩（空岩静发钟磬响）	（宋）黄庭坚
（懒慢无堪不出村）		岑公洞（肩舆欲到岑公洞）	前人
（糁径杨花铺白毡）		红梅阁（路入君家百步香）	（宋）韩驹
（舍西柔桑叶可拈）		题灵岩寺（古殿无人僧作佛）	（宋）冯时行
送蜀客（蜀客南行过碧鸡）	（唐）张籍	琅琊驿（弄臣宁复解输忠）	（宋）姚清叔
送客游蜀（行尽青山见益州）	（唐）张籍	过泸江亭（映水林峦影颠倒）	（宋）虞允文

剑门（峭壁横空限一隅）　　　　　　前人

井络（井络天彭一掌中）　　　　　　前人

送崔珏往西川（年少因何有旅愁）　　前人

题筹笔驿（鱼鸟犹疑畏简书）　　　　前人

南昌滩在达州（渠江明净峡逶迤）　（唐）元稹

蜀中三首（马头春向鹿头关）　　　（唐）郑谷

（夜多无雨晓烟生）

（清远江清碧簟纹）

蜀中春雨（海棠风外独沾巾）　　　　前人

过黄牛峡（黄牛来势泻巴川）　　　（唐）张蠙

初入汉州（北依初到汉州城）　　　（唐）韦庄

利州南渡（淡然空水带斜晖）　　　（唐）温庭筠

赠蜀将（十年分散剑关秋）　　　　　前人

梓州与温商夜别（凤凰城里花时别）（唐）陈羽

送人归蜀（锦城春棹沂涪源）　　　（唐）张祜

旅次遂州遇裴晤员外谪居因寄

　　（谁解登高问上玄）　　　　　（唐）郑谷

巫峡（巫山苍翠峡通津）　　　　　（唐）曹松

送李馀及第归蜀（从得高科名转盛）（唐）朱庆馀

题石室（文翁石室有仪形）　　　　（唐）裴铏

题济顺王祠在剑州

　　（盛唐圣主解青萍）　　　　　（宋）王铎

成都三首（五丁力尽蜀川通）　　　（宋）杨亿

二（镂肤剽俗恣边遨）

三（武侯千载有余灵）

挽苏明允（布衣驰誉入京都）　　　（宋）欧阳修

成都（风物繁雄古奥区）　　　　　（宋）宋祁

梦至成都怅然有作二首

　　（春风小陌锦城西）　　　　　　前人

（宦途元不羡飞腾）

雪中怀成都（忆在西川遇雪时）　　　前人

成都书事（剑南山水尽清晖）　　　　前人

北楼（少城西部之高楼）　　　　　　前人

春日出浣花（侧盖天长荡晓霏）　　　前人

程密学知益州（墀涂昼对别尧夔）　　前人

嘉州寄左绵王虞部（江山如画望无穷）（宋）石介

杨山人归绵竹（一别江梅十度花）　（宋）文同

邛州东园晚兴（公林时得岸轻纱）　　前人

复修府学故事（文翁石室已千秋）　（宋）韩绛

夏日过摩诃院（乌帽翩翩白纻轻）　（宋）陆游

再题青城山（万里清游不暇慵）　　（宋）范成大

白帝祠（西南割据几何年）　　　　（宋）冉居常

峨嵋县（穷乡未省识旌旄）　　　　（宋）范成大

鹿鸣宴（岷峨钟秀蜀多珍）　　　　　前人

海云回按骁骑于城北原时有吐蕃出

　　没大渡河上有作（古道风沙捐夕霏）　前人

游侍郎堤（晓从北郭过西城）　　　（宋）陆游

行武担西南村落有感（骑马悠悠欲断魂）前人

草堂诗五首（灿灿诗翁锦里西）　　（宋）喻汝砺

（远屿曲洲纵复横）

（朝元阁边瑶草芳）

（竹外清疏浸碧溪）

（锦官城西春草芳）

过朝天岭（双壁相参万木深）　　　（宋）文同

游弥牟王氏园（短约疏篱入野扃）　（宋）文同

新繁显曜院（绣地萦回宝势长）　　（宋）梅挚

留题清凉院（一水明如罨画溪）　　　前人

同（背倚青峰面枕溪）　　　　　　（宋）王益

（水中之月不可收）　　　　　　　　前人

武侯新祠复用前韵（山藏古寺柏青青）（宋）王十朋

题卧龙山（我辈逢山眼即青）　　　　前人

武侯祠（八阵图旁丞相祠）　　　　　前人

同（勋业场中托汗青）　　　　　　（宋）张震

卧龙山（山颠祠貌俨丹青）　　　　（宋）查籥

浮翠桥（隔溪苍翠各西东）　　　　（宋）何耕

寒碧亭（凭栏日日俯清湍）　　　　　前人

远色阁（小小楼居着散仙）　　　　　前人

江渎泛舟（晓来一雨过池塘）　　　（宋）吴中复

游海云寺（锦里风光胜别州）　　　　前人

夔门即事（缥缈飞楼压旧城）　　　（宋）冉居常

久留少城（好云相羊乌角巾）　　　（宋）刘望之

三峡堂（林峦十里上巉岩）　　　　（宋）宋肇

制胜楼（画省容台记并游）　　　　（宋）李泰

张飞刁斗（天下英雄只豫州）　　　（宋）张士环

挽蜀帅张公珏（玉垒云浮五十秋）　（宋）刘壎

代祀西岳至成都作

　（我到成都才十日）　　　　　　（元）虞集

张万户夫人贞节（白帝楼前巷陌深）（元）贡师泰

送虞伯生使蜀（送别因思旧所经）　（元）吴成季

送四川石廉使（霜落河梁柳影疏）　（明）陈嗣初

赠杨旭员外归蜀省墓（紫

　诰初颁焕玉音）　　　　　　　　（明）蹇义

祥符访张三丰（交情久已念离群）　（明）胡濙

吊邹汝愚卒石城（少年为意尽峥嵘）（明）陈献章

谒宣公墓（读公封事为公悲）　　　（明）徐用济

登翠屏山（凉风吹动木犀花）　　　（明）周洪谟

宴翠屏（翠屏山俯大江东）　　　　前人

又（布席开樽宝殿东）　　　　　　前人

叙州怀古（乱山围处古戎州）　　　（明）魏瀚

送骆参入蜀（回首鸰原感别离）　　（明）张光启

白帝城（峡口初分控百蛮）　　　　（明）杨文霖

飞练亭（危峰孤秀接天长）　　　　前人

蟠龙洞（去年烟雨入蟠龙）　　　　（明）刘节

同（夜宿蟠龙山馆幽）　　　　　　（明）苏葵

望杜工部故迹（杜子东归滞三峡）　（明）王廷相

咸平寺（夔州孤城寺亦孤）　　　　（明）吴潜

白帝城（谁送应商金）　　　　　　（明）张瓒

同（万里归舟动巴蜀）　　　　　　（明）卢雍

同（北来南去鬓幡如）　　　　　　（明）曹天宪

巫山感怀（秋风孤舫出乡关）　　　（明）甘为霖

同（黄泥随步下云霄）　　　　　　（明）丘道隆

八阵碛（客舟薄暮泊西瞿）　　　　（明）萧柯

同（遗编曾仰卧龙贤）　　　　　　（明）王崇文

白帝城（汉家郡国奄方舆）　　　　（宋）陈谦

哭毛用成同年有序（毛公心事有谁知）（明）安磐

峡中行（水下夔门滟滪堆）　　　　前人

同（夔府城边阴霏霏）　　　　　　（明）张含

巫山秋兴（蜀中形胜千年在）　　　（明）何景明

白帝城（峡口风悲猿夜号）

游草堂（西出秦关道路长）　　　　（明）陈南宾

驻兵石垭（露宿官山月转晴）　　　（明）林俊

得汉城驻师即怀（列堵城坚巧铸铜）　前人

（天然楼堞护云低）

郑立之中丞平蜀石城夷寨有诗纪事

　次韵二首（汉庭不动九天兵）　　前人

其二（秋入横江两洗兵）

秋林驿（桃花溪水绕山流）　　　　（明）杨廷和

盐亭县（几番寓宿盐亭县）　　　　前人

治平寺禅藻亭（上人结舍西山头）　（明）杨名

读景川曹侯开河碑（将军玉剑塞尘清）（明）杨慎

次韵咏宝光寺唐行宫遗础

　（唐帝行宫有露台）　　　　　　前人

宋潜溪方逊志二贤祠陪东皋狷斋

　燕坐（青萝太史赤城仙）　　　　前人

蚕颐滩吊孟拾遗（骆谷銮舆再播移）　前人

中岩留别方池草池兄弟（又别中岩二十春）

诸葛山（诸葛山前戎垒荒）　　　　（明）任瀚

万县广济寺二首（万山名胜数西山）（明）黄溥

又（西山兰若世尘稀）

岑公洞（石门泉窦境尤奇）　　　　（明）陆深

同（极目岑公洞可怜）　　　　　　（明）王元正

同（西峡峰回石径通）　　　　　　（明）冷宗元

登牛头山（暂停驲从谢庞头）

保宁诗六首（耽景登山寻古迹）　　（明）杨瞻

（锦屏山据长江胜）

（万丈屏山齐剑阁）

（滕王阁苑建崇台）

（缓步蓝舆上锦屏）

（锦屏从古称奇绝）

谒杜工部祠诗二首（诗名今古冠群英）（明）王廷儒

（庙貌巍峨寂更深）

凤凰山（乘兴天仙会处游）　　　　（明）朱簠

过打冲河督修索桥（石壁两崖称地险）　前人

雾中山（西山遥望白云封）　　　　（明）范瑟

4. 雍正四川通志

四十七卷　（清）黄廷桂等监修　雍正十一年刻本　文渊阁四库全书抄本

卷三十九　艺文　御制

御制泸定桥碑记	（清）康熙
御制平定西藏碑文	前人
皇帝勅命御前头等侍卫海青伍	
格朝峩眉山随赏御赐扁联诗章	
经卷散给成都府属	前人
御制惠远庙碑文	（清）雍正

□代御制

昭烈帝即位告天文	（蜀汉）刘备
唐明皇祭江渎文	（唐）玄宗
宋哲宗除范纯仁左仆射制勅	（宋）哲宗
孝宗御制苏轼赞并序	（宋）赵昚
明仁宗赐少师吏部尚书蹇义勅	（明）仁宗
宣宗元年遣永康侯徐安致祭江渎	（明）宣宗

诗

汉古辞蚕丛国诗（川崖惟平）	（汉）古辞
灌令歌（天降神明）	歌谣
丰年歌（习习晨风动）	歌谣
去思歌（望远忽不见）	歌谣
谯君黄诗（肃肃清节士）	歌谣
严王思诗（乘彼西汉）	（汉）应季先
三节妇歌　关关黄鸟	歌谣
古辞白头吟与棹歌同	
调　五解（皑如山上雪）	歌谣
峡中行者歌（巴东三峡巫峡长）	歌谣
黄牛歌（朝发黄牛）	歌谣
淫豫歌（淫豫大如马）	歌谣
水经注滟滪歌（滩头白浡坚相持）	歌谣
先民谣（岷阜之山）	歌谣
巴郡谣（明明上天）	歌谣
廉叔度歌（廉叔度来何暮）	歌谣
滟滪歌（滟滪如牛本不通）	歌谣
登成都白兔楼诗（重城结曲阿）	（晋）张载
蜀道难诗（巫山七百里）	（梁）简文帝
蜀道难诗（王尊奉汉朝）	（陈）阴铿
游三学山诗（秀岭接重烟）	（隋）僧智
游梵宇三学寺诗（香阁披青磴）	（唐）王勃
玄武山圣泉诗并序（披襟乘石磴）	前人
白帝怀古诗（日落沧江晚）	（唐）陈子昂
巫山诗（巫山幽阴地）	（唐）刘希夷
巫山高诗（巫山与天近）	（唐）张九龄
武担山寺诗（武担独苍然）	（唐）苏颋
利州北佛龛前重于去岁题处作	
（重岩载清美）	前人
晓行巴峡诗（际晓投巴峡）	（唐）王维
燕子龛禅师诗（山中燕子龛）	前人
同群公秋登琴台诗（古迹使人感）	（唐）高适
巫山高诗（巫山十二峯）	（唐）乔知之
临水亭诗（高馆基层山）	（唐）间丘均
蜀道难诗（梁山镇地险）	（唐）张文琮
成都诗（月晓已闻花市合）	（唐）萧遘
赋得蜀都诗（列宿光舆井）	（唐）褚亮
拨谷歌（白帝城边足风波）	（唐）李白
黄牛歌（巫峡夹青天）	前人
蜀道难（噫吁嚱）	前人
酬宇文少府赠桃竹书筒诗	
（桃竹书筒绮绣文）	前人
峨眉山月歌送蜀僧晏入中京	
（我在巴东三峡时）	前人

赠僧行融诗（梁有汤惠休）　　前人	锦城秋寄怀弘播上人诗（极顶云兼冻）　　前人
自巴东舟行经瞿塘峡登巫山最高峰	锦城曲（蜀山攒黛留晴雪）　　（唐）温庭筠
晚还题壁诗（江行几千里）　　前人	井络诗（井络天彭一掌中）　　（唐）李商隐
成都府诗（翳翳桑榆日）　　（唐）杜甫	武侯庙古柏诗（蜀相阶前柏）　　前人
谒先主庙诗（惨淡风云会）　　前人	庙诗（下马捧椒浆）　　（唐）张亚子
蜀相诗（丞相祠堂何处寻）　　前人	严孝子墓作（至性教不及）　　（唐）刘湾
严武寄题杜二锦江野亭诗	蜀中诗三首（马头春向鹿头关）　　（唐）郑谷
（漫向江头把钓竿）　　前人	（夜多无雨晓生尘）
成都为客作诗（蜀郡将知逮）　　（唐）田澄	（渚远江清碧簟文）
蜀城战后感事诗（蜀国英灵地）　　（唐）雍陶	西蜀净众寺松溪八韵兼寄小笔崔处士诗
题郑处士隐居诗（不信最清旷）　　（唐）唐求	（松因溪得名）　　前人
资州宴行营回将诗	渠州汧江寺诗（退居潇洒寄禅关）　　前人
（几剑盈庭酒满卮）　　（唐）羊士谔	渠州冲相寺诗（水流花谢两无情）　　（唐）崔涂
送定法师归蜀诗（凤城初日照红楼）　　（唐）杨巨源	题岳池县集虚观诗
成都曲（锦江近西烟水绿）　　（唐）张籍	（青蛇炼影月徘徊）　　（唐）吕洞宾
送阴先生归蜀诗（日暮远归处）　　前人	留题飞云道院诗（携筇来此步飞云）　　前人
送少微上人入蜀诗（瓶钵绕禅衣）　　（唐）卢纶	（偶乘青帝出蓬莱）　　前人
题凌云寺诗（春山古寺绕沧波）　　（唐）司空曙	巫山高诗（下压重泉上千仞）　　（唐）罗隐
蜀国弦诗（枫香晚花静）　　（唐）李贺	题济顺王祠诗（盛唐圣主解青萍）　　（唐）王铎
竹枝歌（瞿塘峡口水烟低）　　（唐）白居易	益昌行诗并序（驱马至益昌）　　（唐）欧阳詹
凌云寺诗（闻说凌云寺里苔）　　（唐）薛涛	至真观三言诗（坤所载）　　（后唐）杜仁杰
（闻说凌云寺里花）　　前人	题鸿都观诗（亡吴霸越已功全）　　（前蜀）杜光庭
谒先主庙绝句三首（扶顺继皇业）　　（唐）张俨	题都庆观诗（三仙一一驾红鸾）　　前人
（得股肱贤明）	题仙居观诗（往岁真人朝玉皇）　　前人
（雄名垂竹帛）	度世古元歌（始青之下日与月）　　佚名
祠祭毕题临淮公旧碑诗	蜀道观中凿井得一碑刻文似赋似赞
（齐庄修祀事）　　（唐）杨嗣复	有隐士言是汉时阴真人所著炼丹法
蜀先主庙诗（天下英雄气）　　（唐）刘禹锡	杂著于子玉碑（有物有物）　　佚名
题武担寺西台诗（秋天如镜空）　　（唐）段文昌	成都诗（五丁力尽蜀川通）　　（宋）杨亿
同前题（开阁锦城中）　　（唐）姚向	成都诗（武侯千载有余灵）　　（宋）钱勰
同前题（桑门烟树中）　　（唐）温和	云溪诗（幽居定何如）　　（宋）何耕
同前题（清净此道宫）　　（唐）杨汝士	浮翠桥诗（隔溪苍翠各西东）　　前人
同前题（台上起凉风）　　（唐）李敬伯	寒碧亭诗（凭栏日日俯清湍）　　前人
同前题（松径引清风）　　（唐）姚康	龙渊诗（门前大江何渺漫）　　前人
云灯寺诗（莽莽空中稍稍灯）　　（唐）薛能	忘机台（大虚生微云）　　前人
喜鸾公自蜀归诗（禁院闭生台）　　（唐）李洞	新都驿远平轩诗（霜晴木落送归鞍）　　（宋）刘望之

露香亭诗（北渚一帝子）	（宋）王灼	诸葛公遗像诗（白帝城西鱼腹浦）	前人
题新繁勾氏盘溪诗（胜簪不肯黑）	（宋）勾昌泰	武侯祠诗（勋业场中托汗青）	（宋）张震
游昭觉寺诗（炎蒸无处避）	（宋）范镇	西园辨兰亭诗（手种丛兰对小亭）	（宋）吕大防
悼蜀诗（蜀国富且庶）	（宋）张咏	万里桥诗（万里桥西万里亭）	前人
成都书事百韵诗并序		题巫山瞻华亭诗（峻嶒玉削三千丈）	（宋）邓谏从
（混茫丕变造西阡）	（宋）薛田	信相院水亭诗（青天行月地行水）	（宋）冯时行
谒江渎庙诗（坤轴东南倾）	（宋）喻汝砺	江郊亭新成赋诗二十三韵	
锦屏山暮景诗（暝色轻烟罩郡城）	前人	（蜀江千里东南倾）	（宋）杨咸亨
清晓坐四天王院诗（杳杳天雨凉）	前人	次韵何漕司小红翠亭诗	
集海云鸿庆院诗（地胜祠仍古）	（宋）宋祁	（少陵遗迹瀼西东）	（宋）刘士季
再游海云寺诗（十里云边寺）	前人	（花在中巴东复东）	
江渎亭诗（一羿掀翅压溪隅）	前人	控巴台诗（阅武弓刀劲利）	（宋）何异
夏日江渎亭小饮诗（飞槛枕溪光）	前人	（台上小留归客）	
锦亭晚瞩诗（长夏宜高明）	前人	次韵控巴台诗（翠岸红灯奇语）	（宋）李谌
谒希夷陈先生祠堂诗（仙馆三峯下）	前人	（谁道地拘偪仄）	
程密学知益州诗（墀头画对别尧蓂）	前人	谒丞相祠俯八阵图诗（人言忠孝不磨灭）	前人
东湖瑞莲歌诗（东湖七月湖水平）	（宋）梅挚	西园辨兰亭诗（绿叶纤长间紫茎）	（宋）李之纯
酬赠王益舜良殿丞诗（才地渊宏笔力恢）	前人	海棠轩诗（珍葩寄幽岛）	（宋）章粢
（风度幽闲识宇高）		西园诗（高牙负北郭）	（宋）许将
苏明允挽诗（布衣驰誉入京都）	（宋）欧阳修	诗同前题（一水从何来）	（宋）丰稷
谒白帝庙诗（孤山扦江口）	（宋）张俞	（石印鱼在屏）	
简州东溪碧波亭诗		（长虹卧松江）	
（赖简池台两蜀夸）	（宋）姚孳	诗同前题（回环引细泉）	（宋）孙甫
圣母山祈雨诗（锦里城东邑）	（宋）潘洞	（小阁连雪峰）	
三峡堂诗（林峦十里上巉岩）	（宋）宋肇	冠鳌亭诗（紫霄峰上读书台）	（宋）周敦颐
（初寻磴道踏云烟）		入峡诗（自昔怀清赏）	（宋）苏轼
白帝城诗（江雨霏霏白帝城）	前人	（冷翠多崖竹）	
题琴台诗（西汉文章世所知）	（宋）田况	送戴蒙赴成都玉局观归老诗	
和浣花亭诗（井络西南区）	（宋）葛琳	（拾遗被酒行歌处）	前人
游弥牟王氏园诗（短约疏篱入野局）	（宋）文同	寄黎眉州（胶州高处望西川）	前人
剑州东园（群峰高拥碧嶙峋）	前人	八阵碛诗（平沙何茫茫）	前人
题鹤鸣化上清宫诗（秘宇压屠颜）	前人	绝胜亭诗（夜郎秋涨水连空）	（宋）苏辙
青城山丈人观诗（群峰垂碧光）	前人	□国寺（薄宦区区可叹嗟）	（宋）张天觉
苍溪山寺诗（正午风色高）	前人	题双流保国观古柏诗	
题三峡堂诗（群山危立接云天）	（宋）张缙	（孔明庙前古柏奇）	（宋）胡宗师
奉陪安抚大卿登八阵台览观忠武侯		涪州十韵诗（地居襟喉重）	（宋）马提干

新繁县显曜院诗(梵宇萧条白日长) (宋)王益
留题重光寺罗汉院赠宪上人诗
(晓剃吟髭雪半零) 前人
留题清凉院诗(背倚青峰面枕溪) 前人
赠广都寓舍贤妇二喻诗
(尝闻赵清献) (宋)顿起
游华山张超谷诗(太华锁深谷) (宋)鲁交
送孙正忠臣移成都小漕诗
(升平芝菌效神奇) (宋)杨天惠
游金泉观诗(昔时谢女升天处) (宋)李宏
云安玉虚观南轩感事诗
(稗梧植岁首) (宋)杜柬之
夏日过庄严寺诗(十里溪桥梵宇新) (宋)晁公休
山居诗(松韵笙竽径色里) (宋)张孝祥
游呪土寺西台诗(偶到西城寺) (宋)蒲瀛
礼殿诗(蜀侯作泮锦水湄) (宋)李石
蜀道篇送别府君吴龙图诗
(长吟李白蜀道难) (宋)郭祥正
送钱驾部知邛州诗(细雨梅初熟) (宋)梅尧臣
嘉州寄左绵王虞部诗
(江山如画望无穷) (宋)石介
资州路东津寺诗(山行无晨暮) (宋)范祖禹
武侯新祠复用前韵诗
(山藏古寺柏青青) (宋)王十朋
戒石亭诗(尔俸尔禄民膏脂) 前人
从何使君父子游墨池分韵得名字诗
(蜀学擅天下) (宋)李焘
登道观诗(苍髯野褐予甚古) (宋)张浚
送朱元晦诗(君侯起南服) (宋)张栻
游三井观诗(三井久知名) (宋)陆游
观华严阁万僧会斋诗(拂剑当年气吐虹) 前人
饭昭觉寺抵暮乃归诗(自堕黄尘每慨然) 前人
汉嘉城中万景楼诗(左披九顶云) 前人
芳华楼赏梅诗(素娥窃药不奔月) 前人
龙挂诗(成都六月天大风) 前人
楼上醉歌诗(我游四方不得意) 前人
临别成都帐饮万里桥赠谭德称诗
(成都城南万里桥) 前人
浣溪女诗(江头女儿双髻丫) 前人
致爽轩诗(浓阴夹道水流渠) (宋)赵汝愚
中岩诗(赤岩倚玲娜) (宋)范成大
蜀西湖诗(闲随渠水来) 前人
游沧浪亭诗(雾回林苍黄) (宋)杨甲
登安福浮屠诗以高幖跨苍
天为韵得跨字(谁能于虚空) 前人
花卿冢行(湿云模糊埋秋空) (宋)谢翱
左右生题名诗(蜀地虽远天之涯) (宋)李石
古柏诗(思人谁复念婆娑) 前人
到夔门呈王待制诗(手挈东风上水关) 前人
题西门外笮桥下观音院诗
(雨砌风亭长绿苔) (宋)仲昂
游定林院诗(野阔连宫迴) (宋)岑象求
挽制置使张珏诗(坤维拓提封) (宋)刘埙
白帝庙诗(蜀江万壑俱东奔) (宋)杨安诚
送虞伯生使蜀诗(送别因思旧所经) (元)吴成季
雪山图为刘伯温监宪诗
(我家成都雪山东) (元)虞集
闲闲宗师和前韵期望过当复用韵
以谢(草堂长忆蜀西郊) 前人
张道士蜀山图诗(碧玉参天是蜀山) 前人
赠道人简天碧画士诗(千仞青山里) 前人
重赠简画士诗(云气连山动) 前人
仁寿寺僧报更生佛祠前生瑞竹有
怀故园诗(闻道故园生瑞竹)(三首) 前人
巫山十二峰词(迭嶂千里碧) (元)赵孟頫
(片月生危岫)
(松鹤堆岚露)
(云里高唐观)
(绝顶朝云散)
(雨过苹汀远)
(碧水鸳鸯浴)
(芍药空投赠)

（碧水澄青黛）

（鹤信三山远）

（晓色飘红豆）

（袅娜江边柳）

蜀国弦（悲筇拍断河冰结）	（明）刘基
游草堂诗（西出秦关道路长）	（明）陈南宾
蜀道易有序（美矣哉）	（明）方孝孺
题元天观诗（等闲钓罢海中鳌）	（明）张三丰
寄杨留耕先生诗	
（峨眉山头云气浓）	（明）李东阳
寄寄庵子诗寄庵子张鹏也洪雅人	
（嘤其鸣矣彼何求）	（明）李梦阳
送田国用镇抚还蜀诗	
（燕台花柳客徜徉）	（明）陶骥
祥符访张三丰诗（交情已久念离群）	（明）胡濙
正初同陈玉泉代巡饮青羊宫诗	
（丹室崔嵬傍郭幽）	（明）雷贺
次唐王勃元武山圣泉诗	
（青鞵布袜陟层巅）	（明）余子俊
同前题（丹厓翠壁接云巅）	（明）杨春
大司马梧山李公诗（吾受李公知）	（明）徐文华
费烈女吟（永康费氏女）	（明）刘堪
吊张士元诗（七载遐方谪）	（明）安磐
赋四亭诗四章（秀地名山出）	（明）何景明
（中田背北郭）	
（旧种三湘岸）	
（翠干盘仙树）	
宿玉蟾寺诗（川北湖南一水通）	（明）吴廷举
过千佛岩和察罕廉访韵	
（丹壁苍岩青铁楹）	（明）刘成穆
赠刘春刘台诗（君家兄弟好文章）	（明）杨廷和
竹枝歌（夔州府城白帝西）	（明）杨慎
（日照峰头紫雾开）	
（江头秋色换春风）	
（最高峰顶有人家）	
（清江白石女郎神）	

（红妆女伴碧江渍）

（神女峰前江水深）

（上峡舟郎风浪多）

（无义滩头风浪收）

孝津行诗（岷山青蟠空）	前人
送李都御史平播后奉命治水诗	
（何许山河有不臣）	（明）黄辉
巫山高诗（巫峡之山崔嵬兮）	（明）郭庄
巫山诗（巫山倚天外）	（明）魏裳
送杨升庵客还滇南（子云辞天禄）	（明）余承业
雪山天下高诗（巨灵擘断昆仑山）	（明）周洪谟
眉山天下秀（大峨两山相对开）	前人
瞿唐天下险（两崖壁立何险巇）	前人
巫山天下奇（灵鳌一动海水翻）	前人
成都扬子云洗墨池诗	
（墨鳞跋浪游奇门）	（明）赵贞吉
眉山歌（白帝昔禀鸿蒙匠）	前人

赋

蜀都赋	（汉）扬雄
蜀都赋	（晋）左思
万里桥赋	（唐）陆肱
长乐花赋并序	（唐）苏颋
题桥赋	（唐）无名氏
花萼楼赋以花萼楼赋一首并序为韵	（唐）范崇凯
仁寿镜赋并序	（唐）史翔
资州献白龟赋以泰平将治神物效灵	
为韵	（唐）独孤申叔
滟滪堆赋	（宋）苏轼
巫山赋	（宋）苏辙
凿二江赋	（宋）狄遵度
八阵图赋并序	（宋）刘望之
悯相如赋	（宋）郑少微
辨蜀都赋	（宋）王腾
八阵图赋	（元）杨维祯
连云栈赋	（明）杨廷宣

卷四十　艺文

表

前出师表	（蜀汉）诸葛亮
后出师表	前人
陈情表	（晋）李密

箴

益州牧箴	（汉）扬雄
官箴	（后蜀）孟昶
讲堂箴并序	（宋）韩绛
观政阁箴并序	（宋）吕大防

铭

座右铭	（汉）庄遵
剑阁铭	（晋）张载
梓州惠义寺重阁铭	（唐）杨炯
诸葛武侯庙古柏铭	（唐）段文昌
栈道铭并序	（唐）欧阳詹
石室铭	（宋）古仁
金堂南山泉铭并序	（宋）蒲国宝
月岩铭	（宋）冉木震
丞相张公祠堂铭并序	（宋）田楱
有斐阁铭	（宋）王赏
泮宫达泉铭并序	（宋）柳梦弼
鱼复扦关铭并序	（宋）李塈
主一斋铭	（宋）张栻
镜砚铭	（宋）黄庭坚
古砚铭	（宋）唐庚
泮池铭	（明）黄景夔
移建离堆山伏龙观铭并序	（明）冯伉

赞

石室赞	（宋）郑藏休
府学文翁祠画像十赞	（宋）宋祁
绿菜赞　石刻在芦山县古庙中	（宋）黄庭坚
蜀三贤画像赞并序	（宋）张俞
宋贤赞	（明）吴荐
自赞	（明）吴伯通

颂

圣主得贤臣颂	（汉）王褒
芝堂颂	（宋）孙渐
至道圣德颂并序	（宋）刘锡
解禅颂并序	（宋）司马光
成都府学讲堂颂并序	（宋）张俞
温江县二瑞颂并序	（宋）杨天惠
绍兴圣德颂并序	（宋）宇文仕

碑

汉故朝请巴郡太守樊府君碑	佚名
益州德阳县善寂寺碑	（唐）王勃
梓州郪县兜率寺浮图碑	前人
益州夫子庙碑记	前人
新都县先圣庙堂碑文	（唐）杨炯
梓州射洪县武东山陈居士碑	（唐）陈子昂
题故翰林学士李君碣记	（唐）刘全白
李白新墓碑并序	（唐）范传正
郫县蜀丛帝新庙碑记	（宋）张俞
唐安修城碑记	（宋）李大临
涂山古碑	（元）贾元
新建宋丞相魏国张公父子祠堂碑记	（明）杨廷和
雾中山开化寺碑记	（明）杨慎
定远县胡公祠堂碑	（明）张佳胤
平蛮碑	（明）任瀚
虞秦公世德碑	前人
重建涂山禹庙碑记	（明）曹汴
新修成都桥塔碑	（明）李长春
直指李公平险碑记	（明）黄辉
德阳县儒学复古经楼碑记	（明）樊鼎遇

记

城隍庙记	（唐）段全纬
南渎大江广源公庙记	（唐）李景让
唐兴县客馆记	（唐）杜甫
南门记	（唐）张延赏
诸葛武侯词堂记	（唐）裴度
前益州五长史真记	（唐）李德裕

重修先主庙记	（宋）任渊	遂宁县旌忠庙记	前人
张桓侯庙记	（宋）安刚中	吴道子画圣像记	（元）尚佐均
补夔州大晟乐记	（宋）张震	忠孝祠记	（明）张衍
唐质肃公祠记	（宋）王十朋	景山曹侯开道浚川记	（明）陈南宾
移建武侯祠记	前人	学孔斋记	（明）方孝孺
将相堂记	（宋）阎苍舒	神木山祠记	（明）胡广
南康郡王庙记	（宋）张缜	蹇忠定退思斋记	（明）黄淮
新繁古楠木记	（宋）蒲咸临	蹇忠定承恩堂记	（明）杨溥
游浣花记	（宋）任正一	战马记	（明）罗洪先
合江园记	（宋）蔡迨	三功祠记	（明）林俊
筹边楼记	（宋）陆游	忠义祠记	（明）刘丙
石经始末记	（宋）范成大	东坡书院记	（明）刘春
分弓亭记	（宋）范晫	嘉定州城池记	（明）安磐
砌街记	前人	平山书院记	（明）王守仁
修学记	（宋）杨甲	游青城山记	（明）焦维章
縻枣堰记	前人	六公祠记	（明）张时彻
新繁县朱真人祠堂记	（宋）刘光祖	新建诸葛忠武侯祠记	前人
万里桥记	前人	重修杜工部祠堂记	前人
驷马桥记	（宋）京镗	剑州钟鼓楼记	（明）杨慎
惜阴亭记	前人	江渎祠记	前人
修夔州东屯少陵故居记	（宋）于炌	岁享旌忠庙记	前人
讲堂记	（宋）景宜之	房公石记	前人
重修中江县儒学记	（宋）度正	大益书院记	（明）陆深
巴川社仓记	前人	中江县余岭新道记	（明）张翀
简州三贤阁记	（宋）魏了翁	四忠祠记	（明）杨瞻
紫府飞霞洞记	（宋）张神君	修复越巂东路记	（明）余承勋
相墨堂记	（宋）何缪	重开金水河记	（明）刘侃
漕司高斋堂记	（宋）费士戣	浮桥记	（明）任瀚
逸心亭记	（宋）章詧	禹庙记	（明）王廷瞻
盘溪记	（宋）范仲苣	新修扬子云草堂记	（明）范涞
		修诸葛井祠记	（宋）杨名
卷四十二　艺文		劝农记	前人
记		修建武所城记	（明）李长春
成都赡学田记	（元）罗寿	青居山重修慈云寺记	（明）陈以勤
庙学门记	（元）鲜瑈	顺庆府西溪新修广恩桥记	前人
金华书院记	（元）文礼恺	锦屏书院三贤祠记	（明）陈宗虞

巴州二关记 前人

西岷保障图记 （明）周洪谟

清献公祠记 （明）喻时移

忠孝节记 （明）刘应箕

合州重建邹汝愚祠堂记 （明）黄克缵

牛头山工部草堂记 （明）陈文烛

重修成都府儒学记 （明）曹楼

大儒祠记 （明）耿定力

陈文端公祠堂记 （明）郭子章

温江三烈祠记 前人

西南三征记 前人

复绿雪亭记 （明）沈朝焕

万县西太白祠堂记 （明）曹学佺

游峨眉山记 前人

成都使星亭记 （明）李廷谟

采木记 （明）黄辉

游蓥华山记 （明）曹楷

合州钓鱼城记　旧志未载名氏

卷四十三　艺文

疏

分巴疏 （汉）但望

乞谥宋濂疏 （明）刘菖

荐兵部尚书刘大夏疏 前人

钦崇天道疏 （明）邹智

回天变疏 前人

辞官疏 （明）来知德

孔庙缺典疏 （明）董翼

再议孔庙缺典疏 前人

劾权珰魏忠贤疏 （明）喻思恂

建文帝编年崇祀疏 （明）欧阳调律

请施卹乡官保城殉难疏 前人

题为培养圣寿有道万年疏 （明）王祥昌

平播疏 （明）李化龙

敬陈播地善后事宜疏 前人

请速靖水蔺疏 （明）余文燺

保蜀援黔疏 （明）倪斯蕙

传

陈子昂别传 （唐）卢藏用

范镇传 （宋）司马光

巢谷传 （宋）苏辙

黄泽世家 （元）赵汸

史母程氏传 前人

韩娥传 （明）刘惟德

杨学可传 前人

平蜀传　姓名旧志未载

王源传 （明）严杰

胡子昭传 （明）罗廷唯

刘霖传 前人

余子俊传 （明）丘浚

邹智传 （明）崔铣

王云芝传 （明）张鹤鸣

林母两世贞烈传 （明）杨慎

艾姬传 （明）吴国伦

杨廷和传 （明）王世贞

陈以勤传 （明）陆光祖

陈于陛传 （明）范谦

张振德传 （明）刘之纶

巴令王子美传 （明）刘道开

论

八阵论 （宋）李昭玘

八阵图论 （宋）范荪

五运六气论 （宋）王当

卷四十四　艺文

序

华阳国志序述 （晋）常璩

入蜀纪行诗序 （唐）王勃

宴梓州南亭诗序 （唐）卢照邻

七日绵州泛舟诗序 前人

李翰林诗序 （唐）李阳冰

盛山十二景诗序 （唐）韩愈

花释名	前人
牡丹谱	（宋）胡元质
海棠记序	（宋）沈立
海棠记	前人
糖霜谱	（宋）洪迈
氏族谱	（元）费著
楮币谱	前人
笺纸谱	前人
蜀锦谱	前人
器物谱	前人
岁华纪丽谱	前人
岁华游宴节	前人
杨升庵年谱	（明）简绍芳
旧志器物谱	

卷四十七　清艺文

诗

奉使江渎庙诗（江干远祀答神功）	（清）梁清宽
巴州歌（巴水遥连蜀道长）	（清）汪琬
送人司李成都（凤城垂柳为君攀）	前人
咏瑞麦诗（六载残疆叨重任）	（清）张德地
游锦屏山武侯祠诗（庙貌依然在）	（清）杨思圣
题阆城陈氏兄弟书岩诗（读书兄弟好）	前人
望青城山（云气连西域）	（清）王士禛
眉州谒三苏公祠（蠶颐山色腴不枯）	前人
登高望山绝顶望峨眉三江作歌	
（四海复四海）	前人
岑公洞（岑公昔学道）	前人
晚登夔府东城楼望八阵图	
（永安宫殿莽榛芜）	前人
瀼西谒少陵先生祠五首（选二首）	
（万古瀼西宅）	前人
（前人浩刼遗祠在）	
谒白帝城昭烈武侯庙（赤甲山头云气苍）	前人
题学宫爱兹石一端诗（爱兹石一端）	（清）张光祖
瑞麦行（皇帝八载月在午）	（清）南廷铉

游浣花溪访拾遗草堂诗	
（郊南十里浣花溪）	（清）朱嘉徵
小河道中诗（谁凿鸿蒙一线开）	（清）翁佶
瑞麦诗（尧廷推后稷）	（清）黄钫
流杯池山亭诗（节镇名藩控上游）	（清）孙如芝
七盘关诗（迢迢七盘山）	（清）郑日奎
阆中（旧说阆中地）	前人
马跑泉（桓侯转战处）	前人
天柱山（天柱山中路）	前人
蜀阆中一首（蚕丛古帝国）	前人
又七言律一首（芙蓉秋色满江城）	前人
登锦城南楼（危楼高峙锦江边）	前人
嘉定舟中望凌云山（东坡载酒时遊处）	前人
登叙州溪山一览楼（铁戟烟销戍垒残）	前人
登重庆府澄清楼（扁舟来过古巴国）	前人
吊断臂烈妇行并序	
（长沟之山蠹）	（清）李先复

赋

经史赋	（清）李钟峨
峨眉山赋	（清）李以宁

赞

瑞麦赞	（清）张德地

颂

瑞麦颂	（清）万文麟

碑记

重修青羊万寿宫碑记	（清）张德地
重修昭烈陵碑记	前人
夜郎采楠碑记	前人
树集棘院旧碣碑记	（清）李翀霄
少保武襄李公崇祀碑记	（清）冀应熊
重建诸葛忠武侯祠碑记	（清）金儁
重建杜工部祠堂碑记	前人
重修东岳庙碑记	前人
重修南渎祠碑记	前人
重修文庙碑记	（清）张明彩
荡平川东碑记	（清）沈巨儒

重修松潘卫文庙碑记	（清）曾王孙	壬子武闱乡试录序	前人
锦江书院碑记	（清）刘德芳	**疏**	
雷波卫关帝庙碑记	（清）黄廷桂	官职掌疏	（清）申明言
黄螂所关帝庙碑记	前人	敬陈管见疏	（清）李先复
记		打箭炉设镇疏	前人
修成都府学记	（清）佟凤彩	河防疆界疏	前人
眉州修学记	（清）张象翀	请复内帘监试疏	前人
嘉定州修学记	前人	楚民寓蜀疏	前人
登嘉州高望山记	（清）王士禛	楚省五县南粮疏	前人
登渝州涂山记	前人	**传**	
登白帝城谒昭烈庙记	前人	孝子赵延吾传	（清）沈汝霖
嘉州高幖书院记	（清）刘如汉	**墓志铭**	
柳边驿免解逃人记	（清）李先复	行健赵先生墓志铭	（清）王士禛
义学记	（清）宋璋	王璲暨元配熊氏墓志铭	（清）李仙根
序		**祭文**	
蜀道驿程记自序	（清）王士禛	祭简州济川桥孤魂文	（清）冀应熊
峨眉山志序	（清）金儁	**杂著**	
送宋荔裳之官四川按察使序	（清）杜浚	通江县星野考	（清）李蕃
东山集自序	（清）王新命	禹穴辨	前人
学统序	前人	治镜录	（清）张鹏翮
通江县志建置序	（清）李蕃	梁山县学碑记	（清）高人龙
唐山人诗序	（清）吕潜	高惕庵语录序	（清）吕潜
跋李锺峨太史所录保宁志序	（清）陈书	高霖公庐山纪游跋	（清）李仙根

5. 天启新修成都府志

五十八卷 （明）冯任修张世雍等纂 明天启元年抄本 1962 年四川省图书馆借抄本 《中国地方志集成·四川府县志辑》(第一册)影抄本

卷三十艺文志　正集　赋

太玄赋	（汉）扬雄
万里桥赋	（唐）陆肱
题桥赋	佚名
仁寿镜赋	佚名
蜀江春日文君濯锦赋	佚名
石姥赋	佚名
悯相如赋	（宋）杨天惠
悯相如赋	（宋）郑少微
画桐花凤扇赋并序	（唐）李德裕
长乐花赋并序	（唐）苏颋

卷三十一　艺文志　正集　诗

成都(月晓已闻花市合)	（唐）萧遘
成都府(翳翳桑榆日)	（唐）杜甫
上皇西巡南京十首	（唐）李白
(胡尘轻拂建章台)	
(九天开出一成都)	
(德阳春树似新丰)	
(谁道军王行路难)	
(万国同风共一时)	
(濯锦清江万里流)	
(锦水东流绕锦城)	
(秦开蜀道置金斗)	
(水绿天青不起尘)	
(剑阁重关蜀北门)	
成都曲(锦水近西烟水绿)	（唐）张籍
井络(井络天彭一掌中)	（唐）李商隐
蜀中三首(马头春向鹿头关)	（唐）郑谷

(夜多无雨晓烟生)	
(渚远江清碧簟纹)	
锦城曲(蜀山攒黛留晴云)	（唐）温庭筠
新都行(缥缈空中绿蒙笼)	（唐）欧阳詹
成都三首之一(五丁力尽蜀川通)	（宋）杨亿
成都三首之二(镂肤剽俗恣游遨)	（宋）刘筠
成都三首之三(武侯千载有余灵)	（宋）钱惟
成都书事百韵诗　并序	
（混茫不变造西阡)	（宋）薛田
成都(风物繁雄古奥区)	（宋）宋祁
成都行(倚锦瑟)	（宋）陆游
梦至成都怅然有作二首	
（春风小陌锦城西)	前人
(宦途原不羡飞腾)	
雪中怀成都(忆在西州遇雪时)	前人
成都书事(剑南山水尽清晖)	前人
奉和严中丞西城晚眺(汲黯匡君切)	（唐）杜甫
览蜀宫故城作(国破江山老)	（宋）宋祁
观古鱼凫城(野寺依修竹)	（宋）孙寿松
登成都白兔城(重城结曲阿)	（晋）张载
登锦城散花楼(日照锦城头)	（唐）李白
晚夏登张仪楼呈院中诸公(重楼窗户开)	（唐）段文昌
晚夏登张仪楼呈院中诸公(秦相架群材)	（唐）姚向
晚夏登张仪楼呈院中诸公(危轩重叠开)	（唐）温会
晚夏登张仪楼呈院中诸公(从公城上来)	（唐）杨汝士

晚夏登张仪楼呈院中诸公（层
　　屋筑城隈）　　　　　　　　（唐）李近伯
晚夏登张仪楼呈院中诸公（登
　　览值晴开）　　　　　　　　（唐）姚康
散花楼（锦江城外锦江头）　　　（唐）张祜
越王楼并序（危楼倚天门如闉）　（唐）樊绍述
散花楼（濯锦江边莎草浓）　　　（宋）喻汝砺
楼上醉歌（我游四方不得意）　　（宋）陆游
仁寿寺阁（半天钟鼓宴峥嵘）　　（宋）程公辟
彭州南楼（百尺压城端）　　　　（宋）文同

诗　宫苑

宣华苑宫词（辉辉赫赫浮玉云）　（前蜀）王衍
宫词一百首　　　　　　　　　　（后蜀）花蕊夫人
（五云楼阁凤城间）
（会真广殿约宫墙）
（龙池九曲远相通）
（东内斜将紫气通）
（殿庭新立号重光）
（安排诸院接行廊）
（夹城门与内门通）
（厨船进食簌时新）
（立春日进内园花）
（三面宫城尽夹墙）
（离宫别院绕宫城）
（御制新翻曲子成）
（旋移红树斫青苔）
（修仪承宠住龙池）
（六宫官职总新除）
（才人出入每相随）
（春风一面晓妆成）
（小毬场近曲池头）
（梨园子弟簌池头）
（殿前排宴赏花开）
（供奉头筹不敢争）
（殿前宫女总纤腰）
（自教宫女学打毬）

（翔鸾阁外夕阳天）
（内人追逐采莲时）
（新秋女伴各相逢）
（少年相逐采莲回）
（早春杨柳引长条）
（婕妤生长帝王家）
（月头支给买花钱）
（太虚高阁凌波殿）
（寒食清明小殿旁）
（水车踏水上宫城）
（平头船子小龙床）
（苑东天子爱巡游）
（罗衫玉带最风流）
（沉香亭子傍池斜）
（薄罗衫子透肌肤）
（金画香台出露盘）
（六宫一例罗冠子）
（三月樱桃乍熟时）
（小小宫娥到内园）
（锦城上起凌烟阁）
（大臣承宠祠新庄）
（舞头皆著画罗衣）
（春早寻花入内园）
（半夜船摇载内家）
（春日龙池小宴开）
（慢梳蛮髻著轻红）
（别色宫司御辇家）
（日高房里学围棋）
（樗蒲冷淡学投壶）
（慢揎罗袖指纤纤）
（宣徽院约池南畔）
（丹霞亭浸池心冷）
（杨柳阴中引御沟）
（晚来随驾上城游）
（牡丹移向苑中栽）
（明朝腊日官家出）

（翠辇每随城畔出）

（高烧红腊点银灯）

（苑中排比宴秋宵）

（夜深饮散月初斜）

（宫娥小小艳红妆）

（池心小样钓鱼船）

（盘凤鞍鞯闹色装）

（傍池居住有渔家）

（秋晚红妆傍水行）

（御沟春水碧于天）

（昭仪侍宴足精神）

（后宫阿监裹罗巾）

（管弦声急满龙池）

（密室红泥地火炉）

（三清台近苑墙东）

（高亭百尺立春风）

（内人新宠赐新房）

（翡翠帘前日影斜）

（金碧阑干倚岸边）

（嫩荷香扑钓鱼亭）

（新翻酒令著词章）

（画船花舫总新妆）

（西毬场里打毬回）

（年初十五最风流）

（春天睡起晓妆成）

（寝殿门前晓色开）

（海棠花发盛春天）

（晚日宫人外按回）

（朱雀门高苑外开）

（会仙观里玉清坛）

（老大初教作道人）

（法云寺里中元节）

（酒库新修近水傍）

（白藤笼揞白银花）

（金章紫绶选高班）

（安排竹栅与巴篱）

（内人深夜学迷藏）

（小院珠帘著地垂）

（岛树高低约浪痕）

（小雨霏微润绿苔）

（锦鳞跃水出浮萍）

（鸳鸯瓦上忽然声）

晚步宣华旧苑（乔木如山废苑西）　（宋）范成大

野望（西山白雪三城戍）　（唐）杜甫

野望因过常少仙（野桥齐度马）　前人

春日江村（种竹交加翠）　前人

奉观晏郑公厅事岷山沱江画图十韵

　　（沱水临中座）　前人

晦日益州北池陪晏（临泛从公日）　（唐）司空曙

云顶山（五色琉璃白昼寒）　（宋）王雍

锦江春望（蜀江波影碧悠悠）　（唐）高骈

游青城山六言（春冻晓鞯露重）　（唐）李真

题丹景山金华宫

　　（碧烟红雾扑人衣）　（前蜀）太后许氏

丹景山（丹景山头宿梵宫）　（前蜀）太妃徐氏

汉州三学山看圣灯

　　（虔祷游魂境）　（前蜀）太后许氏

汉州三学山看圣灯

　　（圣灯千万炬）　（前蜀）太妃徐氏

残冬客次资阳江（淡云残雪簇江天）　（宋）王岩

春日出浣花（侧盖天长荡晓霏）　（宋）宋祁

忆浣花泛舟（早夏清和在）　前人

避暑江渎池（溪浅容篙短）　前人

房公湖（酒压郫筒忆旧酣）　（宋）苏辙

锦江思（独咏沧浪古岸边）　（宋）李新

浣花溪（浣花溪边濯锦裳）　（宋）马俌

离堆行（残山狠石双虎卧）　（宋）范成大

再题青城山（万里清游不暇慵）　前人

卷三十二　艺文志　正集　诗　学校　陵庙

题石室（文翁石室有仪刑）　（唐）裴铏

益州州学圣训堂诗（益为藩捍西南隅）　（宋）何郯

复修府学故事（文翁石室已千秋）	（宋）韩绛
过府学遂谒文公台（绿荻负幽隐）	（宋）喻汝砺
府学十詠礼殿（蜀侯作泮锦水湄）	（宋）李石
石室（来为人所爱）	前人
殿柱记（苍龙甲戌岁）	前人
左右生题名（蜀地虽远天之涯）	前人
礼殿晋人画（成都名画窟）	前人
（阿筌千顷本胸中）	
古柏二首（骄荣落尽雪霜浮）	前人
（思人谁复念婆娑）	
秦城二绝（泮林堂后面狰嵘）	前人
（塑成雉堞绕蚕丛）	
石经室（我来一登石经堂）	（宋）席益
谒先主庙（惨澹风云会）	（唐）杜甫
蜀相（丞相祠堂何处寻）	前人
蜀先主庙（天下英雄气）	（唐）刘禹锡
谒先主庙绝句三首（扶顺继皇业）	（唐）张俨
（得股肱贤明）	
（雄名垂竹帛）	
武侯祠（执简焚香入庙门）	（唐）武少仪
祠祭毕题临淮公旧碑（斋庄修祀事）	（唐）杨嗣复
和杨嗣复祠祭毕题临淮公旧碑	
（古柏森然地）	（唐）杨汝士
戏赠裴廷裕登第（曾随风水化凡鳞）	（唐）李抟
答李抟（何劳问我成都事）	（唐）裴廷裕
谒江渎庙（坤岫东南倾）	（宋）喻汝砺
题先生庙（大地收霸气）	（宋）晁公遡
拜张忠定公祠二十韵（张公世外人）	（宋）陆游
武侯祠（勋业场中托汗青）	（宋）张震
卜居（浣花溪水水西头）	（唐）杜甫
西郊（时出碧鸡坊）	前人
田舍（田舍清江曲）	前人
严中丞枉驾见过（元戎小队出郊垧）	前人
寄题杜二锦江野亭（漫向江头把钓竿）	（唐）严武
同群公秋登琴台（古迹使人感）	（唐）高适
扬子云墨池（宅废经池在）	（宋）宋祁

司马相如琴台（故台千古恨）	前人
题琴台（两汉文章世所知）	（宋）田况
江渎亭（一辇掀翅压溪隅）	（宋）宋祁
夏日江渎亭小饮（飞槛枕溪光）	前人
锦亭晚瞩（长夏宜高明）	前人
和浣花亭（井络西南区）	（宋）葛琳
进弥牟王氏园（短约疏篱入野扃）	（宋）文同
运司园亭诗并序	（宋）章楶
西园（古木郁参天）	
玉溪堂（堂因水得名）	
云峰楼（层构压池塘）	
海棠轩（珍葩寄幽岛）	
月台（蜀地饶夜雨）	
翠锦亭（梗楠百尺余）	
潺玉亭（傍砌酾小渠）	
茅庵（竹闲构圆庵）	
水阁（架木浮水中）	
小亭（花边二小亭）	
同前（高牙负北郭）	（宋）许将
（朱堂俯玉溪）	
又（重楼起城阴）	
又（海棠冠蜀花）	
又（蜀地山西维）	
又（阑干窦溜长）	
又（引泉注清渠）	
又（茨茅以为庵）	
又（飞阁出芳池）	
又（扁然沟上亭）	
同前（仙花二十四）	（宋）丰稷
又（一水从何来）	
又（雪峰在何许）	
又（文锦初动机）	
又（石印鱼在屏）	
又（檐外列修木）	
又（养源在西山）	
又（覆以洁白茅）	

又(长虹卧松江)

又(东西对孤骞)

同前(外台富园池)　　　　　　　　(宋)孙甫

　又(华堂殿芳池)

　又(高轩瞰方池)

　又(森森栋梁材)

　又(回环引细泉)

　又(结茅作禅庵)

　又(小阁连云峰)

　又(萧森玉溪南)

冠鳌亭绵竹(紫霄峰上读书台)　　　(宋)周敦颐

亭馆下

赋双流郭信可隐居诗十一首　　　　(宋)何耕

　云溪(幽居定何如)　　　　　　　前人

　浮翠桥(隔溪苍翠各西东)　　　　前人

　寒碧亭(凭栏日日俯清湍)　　　　前人

　远色阁(小小楼居著散仙)　　　　前人

　假山(空庭幻出小嶙峋)　　　　　前人

　莲塘(色香无比出西方)　　　　　前人

　兰坡(兰与高人臭味同)　　　　　前人

　龙渊(门前大江何渺漫)　　　　　前人

　虚舟(君不见江皋车马纷相送)　　前人

　忘机台(太虚生微云)　　　　　　前人

　和光亭(枯木倚寒岩)　　　　　　前人

新都驿远平轩(霜晴木落送归鞍)　　(宋)刘望之

从何使君父子游墨池分韵得名字

　(蜀学擅天下)　　　　　　　　　(宋)李焘

题新繁勾氏盘溪(黄尘没车毂)　　　(宋)勾昌泰

　又(从俗鲜所得)

　又(客至辄命酌)

　又(胜簪不肯黑)

简州东溪碧波亭(赖简池台西蜀誇)　(宋)姚孳

游草堂(西出秦关道路长)　　　　　(明)陈南宾

卷三十三　艺文志　正集　诗　寺观　怀古　纪行

题武担寺西台诗(秋天如镜空)　　　(唐)段文昌

同前(开阁锦城中)　　　　　　　　(唐)姚向

同前(桑门烟树中)　　　　　　　　(唐)温和

同前(清净此道宫)　　　　　　　　(唐)杨汝士

同前(台上超凉风)　　　　　　　　(唐)李敬伯

同前(松径引清风)　　　　　　　　(唐)姚康

武担山寺(武担犹苍然)　　　　　　(唐)苏颋

宿成都松溪院(松持节操溪澄性)　　(唐)李洞

游昭觉寺(炎蒸无处避)　　　　　　(宋)范镇

新繁县显曜院(绣地紫回宝势长)　　(宋)梅挚

和韵(梵宇萧条白日长)　　　　　　(宋)王益

送戴蒙赴成都玉局观将老焉

　(拾遗被酒行歌处)　　　　　　　(宋)苏轼

题双流保国观古柏

　(孔明庙前古柏奇)　　　　　　　(宋)胡宗师

青羊宫(一再官锦城)　　　　　　　(宋)何耕

饮昭觉寺抵暮乃归(自堕黄尘每慨然)　(宋)陆游

青城山丈人观(群峰垂碧光)　　　　(宋)文同

资州路东津寺(山行无晨暮)　　　　(宋)范祖禹

题草堂寺(草堂禅寺北山陲)　　　　(宋)黄君瑞

题西门外笮桥下观音院

　(雨砌风亭长绿苔)　　　　　　　(宋)仲昂

过玄天观(福地喜重来)　　　　　　(明)蜀定王

题玄天观(等闲钓罢海中鳌)　　　　(明)张三丰

蜀四贤咏(渤渚水冷凫)　　　　　　(南朝宋)鲍照

登琴台(芜阶践昔径)　　　　　　　(梁)简文帝

蜀城怀古(蜀土绕水竹)　　　　　　(唐)刘希夷

汉州月夕游房太尉西湖

　(丞相鸣琴地)　　　　　　　　　(唐)李德裕

重题(晚日临寒渚)　　　　　　　　前人

奉和(太尉留琴地)　　　　　　　　(唐)刘禹锡

重题(静对烟波夕)　　　　　　　　(唐)李德裕

奉和(木落汉川夜)　　　　　　　　(唐)刘禹锡

重题(林端落照尽)　　　　　　　　前人

房公旧竹亭闻琴缅慕风流神期如

　在因重题此作(流水音在长)　　　(唐)李德裕

奉和(石室寒飚警)　　　　　　　　(唐)郑澣

奉和（尚有竹间露）	（唐）刘禹锡	成都遨乐诗以下共二十一章	（宋）田况
经杜甫旧宅（浣花溪里花多处）	（唐）雍陶	元日登安福寺塔（岁历启新元）	
武担（君不见蜀王妃子墓突兀）	（宋）宋京	二日出城（初岁二之日）	
龟化（君不见秦时张仪筑少城）	前人	五日州南门蚕市（齐民聚百货）	
礼殿（君不见汉人制作礼殿存）	前人	上元灯夕（予尝观四方）	
石室（君不见西汉文翁为蜀守）	前人	二十三日圣寿寺前蚕市（龙断争趋利）	
玉局（君不见青阳老人飞天下）	前人	二十八日谒生禄祠游净众寺（千骑出重闉）	
严真（君不见庄遵卖卜成都市）	前人	二月二日游江会宝历寺（昔者张复之）	
琴台（君不见成都西郭有琴台）	前人	八日大慈寺前蚕市（蜀虽云乐土）	
墨池（君不见子云草玄西郭门）	前人	寒食出城（郊外融和景）	
书台（君不见孔明书台遗庙旁）	前人	开西园（春风寒食节）	
草堂（君不见少陵草堂背西郭）	前人	三月三日登学射山（丽日照芳春）	
访古（访古城西话劫灰）	（宋）房伟	九日大慈寺前蚕寺（高阁长廊门四开）	
扬雄（云岭矗玉笔）	（明）戴锦	二十一日游海云山（青山缥翠一溪清）	
赴资阳经嶓峡汉水所出元和三		三月十四大慈寺建乾元节道场（赤精流景铄）	
年已授此官（宁辞旧路驾朱幡）	（唐）羊士谔	乾元节（感帝开鸿绪）	
初入汉州（北依初到汉州城）	（前蜀）韦庄	四月十九日泛浣花溪（浣花溪上春风后）	
新津道中（雨后郊原近）	（宋）范成大	伏日会江渎池（长空赤日真可畏）	
什邡道中（驱马下遥川）	（宋）文同	七月六日晚登大慈寺阁观夜市	
月夜船行入资州（忆昨卧碧山）	（宋）范祖禹	（万里银潢贯紫虚）	
发成都（落拓平生载酒行）	（宋）刘望之	七月十八日大慈寺观施盂兰盆（飞阁穹隆轶翠烟）	
（欲洗羁愁只自醒）		重阳日州南门药市（岷峨磅礴天西南）	
（一夜孤舟浪打头）		冬至朝拜天庆观会大慈寺（景至履佳辰）	
暑行憩新都驿（细细黄花落古槐）	（宋）陆游	次韵和季长学士正月二十八日	
早发新都驿（喔喔江村鸡）	前人	出郊见寄之什（雅俗传祠日）	（宋）宋祁
自汉州之金堂过沈氏竹园小		九日晏射（佳节凭高驻彩旗）	前人
憩坐间微雨（修修万竹压康庄）	前人	十日宴江渎亭（节去欢犹在）	前人
弥牟镇驿舍小酌（邮亭草草置盘盂）	前人	九日药市（阳九协佳辰）	前人
九月十日如汉州小猎于新都弥		七夕（翠幕瑶梯百尺楼）	（宋）范镇
牟之间投宿民家（适从邛州归）	前人	踏青（绮场纷纷十里赊）	（宋）梅挚
自广汉归宿十八里草市（月黑叩店门）	前人	其二（龟堞春游土著奢）	前人
过笮桥道中龙池小留（江边龙祠何年作）	前人	鹿鸣燕（岷峨钟秀蜀多珍）	（宋）范成大
自仁寿回成都（还乡思速去乡迟）	（元）虞集	三月二日北门马上（新街如拭过鸣驺）	前人
		游海棠寺唱和诗（残）	
卷三十四　艺文志　正集　诗　时序　题		和韵（佛木依山福远州）	（宋）苟士良
蜀城春望（天涯憔悴身）	（唐）崔涂	石笋行（君不见益州城西门）	（唐）杜甫

梅雨(南京犀浦道) 前人

江头五咏 前人

　　丁香(丁香体柔弱)

　　丽春(百草竞春华)

　　栀子(栀子比众木)

　　鸂鶒(故使笼宽织)

　　花鸭(花鸭无泥滓)

中秋夜锦楼望月(玉轮初满空) (唐)武元衡

同前得清字(德星摇此夜) (唐)王良会

同前得浓字(此夜年年夜) (唐)柳公绰

同前得苍字(高秋今夜月) (唐)张正一

同前得来字(玉露中秋夜) (唐)徐放

同前得前字秋字二篇(清景同千里) (唐)崔备

又(四时皆有月)

浪淘沙(濯锦江边两岸花) (唐)刘禹锡

织锦曲(大女身为织锦户) (唐)王建

蜀锦二首(布素豪家定不看) (唐)郑谷

(文君手里曙霞生)

倚槛大慈寺楼咏落叶(拭翠敛悲蛾) (唐)侯继图

武侯庙古柏(蜀相阶前柏) (唐)李商隐

西川座上听金五云唱歌

　　(蜀王殿上华筵开) (唐)陈陶

蜀笺(素笺明润如温玉) (宋)文彦博

新繁县东湖瑞莲歌(火云烁尽天幕醒) (宋)王益

和(东湖七月湖水平) (宋)梅挚

蜀笺二轴献太傅同年叶兄

　　(西来万里浣花笺) (宋)司马光

望日与诸公会于大慈闻海云山茶合江梅

　　花开遂相邀同赏虽无歌舞实有清欢因

　　成拙诗奉呈(野寺山茶昨夜开) (宋)王觌

蜀花以状元红为第一金陵东御园紫绣

　　球为最(西楼第一红多叶) (宋)范成大

紫河车(绿英吐弱线) 前人

锦带花(妍红棠棣妆) 前人

宝相花(谁把柔条夹砌栽) 前人

太平瑞圣花(雪外扪参岭) 前人

垂丝海棠(春工叶叶与丝丝) 前人

十一月十日海云赏山茶

　　(门巷欢呼十里村) 前人

清明日试新火作牡丹会

　　(再钻巴火尚浮家) 前人

蜀酒歌(汉州鹅黄鸾凤雏) (宋)陆游

偶过浣花感旧游戏作(忆昔初为锦城客) 前人

浣花赏梅(老子人间自在身) 前人

蜀苑赏梅(十里温香扑马来) 前人

席上作(绿波画桨浣花船) 前人

故蜀别院在成都西南十五六里梅至多有

　　两大树夭矫若龙相传谓之梅龙余初至

　　蜀赏为作诗自此岁常访之今复赋此(昔

　　年曾赋西郊梅) 前人

绵州录参军厅观楚公画鹰少陵为作

　　诗者(我来访古涪之滨) 前人

铜马歌(君不见武皇逸志凌九垓) (宋)王灼

梅林分韵诗并序 (宋)冯时行等

得旧字(竹村喜纤徐) (宋)杨仲约

得时字(巾冠堕城府) (宋)李流谦

得爱字(去城十里南郊外) (宋)吕及之

得酒字(平生慕英游) (宋)宇文师献

得陶字(蟠根寄荒绝) (宋)杨大光

得彭字(庭柯卧苍虬) (宋)于格

得泽字(江路岁峥嵘) (宋)僧宝印

得今日(兰亭久陈迹) (宋)杜舜举

得作字(一树知独秀) (宋)吕商隐

得梅字(霜朝马蹄无纤埃) (宋)冯时行

得花字(出郭岂惮远) (宋)吕凝之

沈黎使君与客饮王建梅林分韵作诗

　　过沉犀以诗相示缺树字令汉广补

　　之(墙头冉冉新阳露) (宋)樊汉广

得下字(郊原宿雨余) (宋)施晋卿

得僧字(春回九地阳潜升) (宋)张积

得诗字(寒梅如高人) (宋)吕宜之

赋成都碧鸡坊李氏石君

（造化小儿斫山骨）　　　　　　（宋）张松寿
弥牟镇孔明八镇图诗（我稽八阵图）　（宋）王刚中

卷三十五　艺文志　正集　诗　赠送

赠花卿（锦城丝管日纷纷）　　　　（唐）杜甫
人日寄杜二拾遗（人日题诗寄草堂）　（唐）高适
送严秀才还蜀（宁亲真令子）　　　（唐）王维
送姚评事入蜀各赋一物得卜肆

　　（蜀严化已久）　　　　　　（唐）张九龄
赋得青城山歌送杨杜二郎中赴蜀军

　　（蜀山西南千万重）　　　　（唐）钱起
成都送严十五之江东（江都万里外）（唐）权德舆
奉和淮南李相公早秋即事寄成都武相公

　　（八柱共承天）　　　　　　（唐）刘禹锡
赠薛涛（诗篇调态人皆有）　　　　（唐）元稹
赠寄薛涛（锦江滑腻蛾眉秀）　　　　　前人
送雍陶及第归成都宁亲（不唯诗著籍）（唐）贾岛
寄蜀中薛涛校书（万里桥边女校书）（唐）王建
送从舅成都丞广南归蜀（巴字天边水）（唐）李端
寄成都高苗二从事（家近红蕖曲水滨）（唐）李商隐
寄成都高苗二从事是时二公从事商

　　隐坐主府（红莲幕下紫梨新）　　　前人
奉和送出镇全蜀诗十八韵

　　（盛业冠伊唐）　　　　　　（唐）杜牧
送李潜归绵州觐省（朱楼对翠微）　（唐）姚鹄
送西川渠常侍之新筑龙山城拜赐赍两

　　州刺史及部落酋长等（圣主忧夷貊）（唐）薛逢
（黑眉玄发尚依然）
韩太丞同守成都二首（盛府佳招贵）（宋）范镇

（近境连桑陌）
程密学知益州（墀头尽对别尧蓂）　（宋）宋祁
送孙正忠移成都小漕（升平

　　芝菌效神奇）　　　　　　（宋）杨天惠
送吏部尚书张公率成都诗并序

　　（一代亨衢上）　　　　　　（宋）朱翌
临别成都帐饮万里桥赠谭德称

（成都城南万里桥）　　　　　　（宋）陆游
正初承陈玉泉代巡邀饮青羊宫

　　东山奉谢（丹室崔嵬傍郭幽）　（明）雷贺

杂诗

蜀城战后感事（蜀国英灵地）　　　（唐）雍陶
资州晏行营回将诗

　　（几剑盈庭酒满厄）　　　　（唐）羊士谔
浣溪女（江头女儿双髻丫）　　　　（宋）陆游
和范舍人永康青城道中作

　　（风驱雨压无浮埃）　　　　　　前人
代祀西岳至成都作

　　（我到成都才十日）　　　　（元）虞集
锦城秋寄怀弘播上人（极顶云兼冻）（唐）李洞
吊草堂禅师（杖履疑师在）　　　　　前人
寄青城道士（海上别妻子）　　　　（元）虞集
哀严郑公（郑公瑚琏器）　　　　　（唐）杜甫
挽绵汉简州诸公（绵汉风酸动杀机）（宋）刘埙
挽四川制帅陈公（狼烟又起锦城边）　前人

诗余

菩萨蛮（平林漠漠烟如织）　　　　（唐）李白
忆秦娥（箫声咽）　　　　　　　　　前人
清平乐（何处游女）　　　　　　　（唐）韦庄
河传（春晓风暖）　　　　　　　　　前人
其二（锦浦春女）　　　　　　　　　前人
女冠子（锦江烟水卓女烧）　　　　（唐）牛峤
江城子（浣花溪上见卿卿）　　　　（唐）张泌
好事近（别梦记春前）
满江红（锦里先生草堂筑）　　　　（宋）京镗
洞仙歌（三年锦里见）　　　　　　　前人
木兰花慢（阅邯郸梦境）　　　　　（宋）陆游
苏武慢（澹霭空濛）　　　　　　　　前人
月上海棠（斜阳废苑）　　　　　　　前人
柳梢青（锦里繁华）　　　　　　　　前人
齐天乐（角残钟晚）　　　　　　　　前人

卷三十六　艺文志　正集　诏

唐僖宗赐高骈筑罗城诏

赐程临收获劫盗逃兵奖谕诏

赐王靅父老借留奖谕诏

赐程戡修城奖谕诏

赐张方平父老借留奖谕诏

赐赵抃父老借留奖谕诏（附阎颙序）

赐王刚中训谕诏

赐范成大奖谕

表

上汉帝表　　　　　　　　　　（蜀汉）刘备

辞先主表　　　　　　　　　　（蜀汉）孟达

临发汉中上后主疏　　　　　（蜀汉）诸葛亮

乞伐魏书　　　　　　　　　　　　　　前人

乞立诸葛亮庙表　　　　　　　（蜀汉）督隆

谏后主疏　　　　　　　　　　　　（晋）谯周

代李侍御贺收成都府表　　　　　（唐）吕温

请筑罗城表　　　　　　　　　　（唐）高骈

又表　　　　　　　　　　　　　　　　前人

伪蜀王建草斩陈瑄田令孜表　　（前蜀）冯涓

上王建疏　　　　　　　　　　　　　　前人

上灾异疏　　　　　　　　　　（前蜀）李道安

贺江神移堰笺　　　　　　　　（前蜀）杜光庭

王衍降表　　　　　　　　　　　（前蜀）王衍

孟昶降表　　　　　　　　　　　（后蜀）孟昶

书笺

为人与蜀城父老书二首　　　　　（唐）王勃

上王建求贤书　　　　　　　　　（前蜀）许寂

梁聘书　　　　　　　　　　　　（后梁）朱温

　别幅

蜀答聘书　　　　　　　　　　　（前蜀）王建

　谢信物书

奏记王建兴用文教　　　　　　　（前蜀）王锴

谏孟昶书　　　　　　　　　　（后蜀）辛寅逊

与孟昶书　　　　　　　　　　（后晋）石敬塘

蜀王孟昶结河东蜡弹书　　　　（后蜀）孟昶

上蜀帅韩密谏书　　　　　　　　（宋）范镇

上蜀帅书　　　　　　　　　　　　（宋）张俞

上制置使书　　　　　　　　　　（宋）黄源

卷三十七　艺文志　正集　序

华阳国志序述　　　　　　　　　（晋）常璩

　右述巴志

　右述蜀志

　右述公孙述刘二牧志

　右述刘先主志

　右述刘后主志

　右述李特雄期寿势志

　右述先贤士女

　右述后贤

　右述序志

唐成都记序　　　　　　　　　　（唐）卢求

蜀梼杌序　　　　　　　　　　　（宋）张唐英

蜀梼杌序　　　　　　　　　　　（宋）陆昭迥

成都古今集记序　　　　　　　　（宋）赵抃

成都古今集记序　　　　　　　　（宋）范百禄

华阳国志后序　　　　　　　　　（宋）吕大防

重刊华阳国志序　　　　　　　　（宋）李壁

续成都古今集记序　　　　　　　（宋）王刚中

成都古今丙记序　　　　　　　　（宋）范成大

成都古今丁记序　　　　　　　　（宋）胡元质

成都文类序　　　　　　　　　　（宋）袁说友

成都志序　　　　　　　　　　　（元）费著

四川成都志序　　　　　　　　　（明）彭韶

代作集府尹石刻序　　　　　　　　　前人

晚秋游武担山寺序　　　　　　　（唐）王勃

绵州北亭群公宴序　　　　　　　　　前人

七日绵州泛舟诗序　　　　　　　　　前人

送李彝宰新都序　　　　　　　　（唐）任华

送彭学士序　　　　　　　　　　（宋）范镇

送冯枢密还朝诗序　　　　　　　　　前人

送益牧王密学朝觐序　　　　　　（宋）张俞

送赵大资再任成都府诗序　　　　（宋）文同

代送席帅序

德阳龟胜山道场记 (唐)郑宗经
修玉局观记 (宋)彭乘
天庆观五岳真君殿记 前人
金绳院记 (宋)杨亿
重修昭觉寺记 (宋)李畋
金堂县庆善院大悲阁记 (宋)黄庭坚
茂州汶川县胜因院记 (宋)文同
圣兴寺护净门屋记 (宋)李大临
灵泉县瑞应院祈雨记 (宋)侯溥
大中祥符禅院记 (宋)吴师孟
嘉祐禅院记 (宋)冯京
温江县龙兴寺无尽圜通会记 (宋)胡叔豹
金绳院五百罗汉记 (宋)姜如晦
新繁县朱真人祠堂记 (宋)刘光祖

卷四十三　艺文志　正集　记

墨池准易堂记 (宋)何涉
扬子云宅辩碑记 (宋)高惟几
汉州庄真君卜台记 (宋)郭印
李太白故宅记 (宋)杨遂
杜工部草堂记 (宋)赵次公
重修杜工部草堂记 (明)杨廷和
合江园记 (宋)蔡迨
勾氏盘溪记 (宋)李石
盘溪记 (宋)范仲芑
望岷亭记 (宋)张俞
合江亭记 (宋)吕大防
少休亭记 (宋)刘泾
唐故翰林学士李君碣记 (宋)刘全白
古柏记 (宋)田况
王稚子石阙记 (宋)刘泾
新繁古楠木记 (宋)蒲咸临
游浣花记 (宋)任正一
砌街记 (宋)范謩
彭州胡氏三遇异人记 (宋)文同
前益州五长史真记 (唐)李德裕
张益州画像记 (宋)苏洵
载酒亭群公画像记 (宋)范镇
大圣慈寺画记 (宋)李之纯
楞严院画六祖记 (宋)文同
彭州张氏画记 前人
左右生图记得 (宋)李石
唐吴道子画圣像记 (宋)尚佐均

卷四十四　艺文志　正集　记

成都府古寺名笔记 (宋)范成大
蜀名画记 (元)费著

卷四十五　艺文志　正集　檄

为东海王讨成都王檄文 (晋)孙惠
代成都帅檄 (宋)邵博
难蜀父老 (汉)司马相如
对蜀父老问 (唐)卢照邻

箴

益州牧箴 (汉)扬雄
讲堂箴 (宋)韩绛
观政阁箴 (宋)吕大防
三教铭 (唐)张说
卜肆铭 (唐)陆龟蒙
石室铭 (宋)右仁
金堂南山泉铭 (宋)蒲国宝
丞相张公祠堂铭 (宋)田楙
有斐阁铭 (宋)王赏
主一斋铭 (宋)张栻
移建离堆山伏龙观铭 (宋)冯伉

赞

石室赞 (唐)郑藏休
张尚书写真赞 (宋)田况
自赞 (宋)张咏
后赞 (宋)田况
汉府学文翁画像十赞 (宋)宋祁
汉蜀郡太守庐江文公赞

卷四十九　艺文志　续集　诗

白兔亭观瀑（十月谁喧万壑雷）　　　　前人
重宿邮亭（邮亭见说剩风流）　　　　　前人
早发邮亭夜尽抵内江界

　　（林外鸟啼星欲稀）　　　　　　　前人
夜过石盘公署用壁上韵

　　（炬引肩舆暝色开）　　　　　　　前人
晓望成都（星辨吏人鞍）　　　　　　　前人
题石犀（布下维摩榻）　　　　　　（明）杨玹
题草堂（疏烟迟日百花洲）　　　　　　前人
浣花社友至（辟巷柴门草色遮）
小斋高孝廉精舍（孝廉精舍雉城阴）（明）万砥
人日谒杜工部草堂（人日相将到草堂）　前人
晓望丹山（指点丹崖入望中）　　　（明）王国治
过四安铺怀杜工部赵清献二公

　　（耽癖风骚客）　　　　　　　（明）冉鉴
送杨太守（琴在纱囊鹤在笼）　　　（明）张蜀良
寄怀耿子健刺史（卧阁风流远近闻）（明）李商耕
暮春即事（窗外飞花自往还）　　　（明）郑源长
贤节诗为蒋母曹氏题（华堂有松桧）（明）王俸
广汉郡守邵立吾邀同入村劝农

　　（谁能注意恤疲癃）　　　　　（明）宋述祖
什邡道中感怀（七里山城一派流）　　　前人
（似缺页）

杜工部草堂（茅屋江干背郭深）　　　　前人
万福禅林（吏俗撄心不出游）　　　　　前人
青羊古肆（青牛法驾向西川）　　　　　前人
赠高白坪草堂（税驾辞薇省）　　　（明）杨慎
枣林怨（枣林之水不覆舟）　　　　（明）方豪
登镇江阁二绝（江阁凭阑入望清）（明）刘翾
（江阁凭阑入望清）
挽内江李芳湖赠君年伯一首

　　（锦里先生爱典坟）　　　　　（明）来宗道
登玉垒峰（地迥金城戍）　　　　　（明）蔡守愚
登玉垒峰（选胜跻攀玉垒晴）　　　（明）倪朝宾
观龙洞（玉垒峰前别洞天）　　　　　　前人
题玉垒山并龙洞（玉垒巉岩峭壁悬）

涪江泛舟（明夜沉清露）　　　　　（明）杨慎
春酣亭和唐子西韵

　　（古人命笔抑何严）　　　　　（明）李正芳
李养实刺史招饮越王台漫赋

　　（越王台上天五尺）　　　　　（明）谢奇举
同绵守登越王台一首（锦绣来仙境）（唐）王铎
片玉堂四首（白蛟行雨归）　　　　（明）李承露
（孤石危无垠）
（垂纶垂虹亭）
（岩端石溜滴）
天牙晓渡（悠悠江水绕绵城）　　　（宋）唐庚
望江楼（昔人曾构望江楼）　　　　（明）唐平
春酣亭（芙蓉溪上野亭开）　　　　　　前人
越王台（山上高楼北斗齐）　　　　（明）徐楠
题高司徒五老图（曾是高堂桂五枝）（明）杨慎
富乐寺（偶寻兰若避尘嚣）　　　　（明）金献民
题东山（日映山城水绕村）　　　　　　前人
蓉溪书屋三首（溪水溪花相映鲜）（明）边贡
又（绵江东会蜀江流）　　　　　　　　前人
又（秋溪明月夜经过）　　　　　　　　前人
寄绵中李墨潭片玉堂

　　（海北天西别梦遥）　　　　　（明）黄辉
桃源洞（桃源洞口可通津）　　　　（明）沈锐
冬日偶至春酣亭

　　（漫依孤亭望碧隈）　　　　　（明）郑师玄
巴字水（河北非苍颉）　　　　　　（明）李正芳
重阳前二日游子云亭观尔朱鼎

　　（玄月访禅关）　　　　　　　　　前人
又（兰若秋偏好）　　　　　　　　　　前人
宿绵左孙文学园亭（客里仍为客）（明）谢奇峰
游圣水湖亭（尘缰掣断走疏狂）
东山新开洞（何代岩楼久秘灵）　　（明）何光裕
净土寺（一带澄江抱郭斜）　　　　（明）俞绍
双柏亭（万木萧竦尔独贞）　　　　（明）袁汝萃
富乐山（玄德提兵向此中）　　　　　　前人
越王楼（缥缈危楼百尺阴）　　　　　　前人

望江楼(棱嶒楼阁枕江流) 前人
芙蓉楼(曾向芙蓉醉玉卮) 前人
洞灵观(云洞何年记此山) 前人
仙云观(乘云西望子云亭) 前人
巴字水(三川迴合渺无尘)
飞云石(河汉支机不计年) (明)李正芳
片玉堂歌(片石罗江谁传翮) (明)黄辉
醉眠石放歌(大霍山人原瑰异) (明)李正芳
同彰明阮令游香水寺(福地饶游兴) 前人
老君洞一绝(老君仙洞倒悬岩) (明)罗洪先
偶吟无言绝句四首(妇岂不畏蚕)
(贞烈诚可艳)
(近朱本非赤)
(殇子岂必夭)
南山歌(相彼南山)
过资中因岁荒有感(十日锦官行) (明)王建泰
雁江观涨(溪山瀑涨泻天河) (明)宋述祖
金安寺次韵三首(一页曾浮画里舟) (明)王岩
又(宝峰山下暂停舟)
又(身世飘零不系舟)
朝天岭因怀孔明从此出师次讷庵年丈
(朝天岭上翠霞稠) (明)任甲第
秋日即事(金凤雨露报秋深) 前人
雨余蝇集(雨余乘兴立苍苔) 前人
尊经阁(杰阁凭凌碧汉雄) (明)李长春
题崇正书院(四季遗编编六经) (明)余承勋
寄李时达(曲江曾共醉) (明)陈文烛
武侯祠(古树啼鸟相国祠) (明)潘伯翎
洗墨池(寻芳谁是子云墟) 前人
草堂寺(蜀客诗肠万古雄) 前人
支机石(博望乘槎出夜郎) 前人
君平古卜(数昔名流多隐君) 前人
浣花溪(芙蓉江上杜陵村) 前人
菊井(蜀国秋香秋气清) 前人
司马桥(升仙桥畔乱飞尘) 前人
薛涛井(锦笺新样出名娃) 前人
万花草堂(绯桃二月娇春花)
支机石(支机放仙槎) 前人
武侯祠(纶巾野服道人妆)
卖卜处(临邛仙籍客) 前人
驷马桥(旧日沉沦事可怜) 前人
又(桥柱如今景不殊) 前人
又(一策轩车满路尘) 前人

卷五十一 艺文志 续集 敕

昭烈皇帝立子永为鲁王理为梁王策 (蜀汉)刘备
大唐开元神武皇帝行书敕
庄公岳成都提刑苏泌利州运判诰 (宋)苏辙
太祖高皇帝御制平西蜀文 (明)太祖
杨廷和文忠赠谥诰文 (明)陈以勤
赐蜀王敕
书
为杜弢启上书 (晋)应詹
答李仁夫论转注书 (明)杨慎
与升庵杨太史书 (明)刘绘
赤牍
答孙权 (蜀汉)刘备
又(益州民富强) 前人
遗后主 前人
与蒋琬 (蜀汉)诸葛亮
答范蜀公 (宋)苏轼
又 前人
又 前人
与成都杨节斋珩 (明)蒋道林
与杨节卿弟玠 前人
序类
蜀鉴序 (宋)李文子
成都草堂诗碑序 (宋)胡宗愈
南轩先生文集序
送张安道赴成都序 (宋)张愈
虞忠肃公奏议序
杨升庵太史年谱序 (明)陈文烛

6. 重修成都县志

十六卷首一卷　（清）李玉宣等修　衷兴鉴等纂　清同治十二年刻本　《中国地方志集成·四川府县志辑》（第二册）　据同治十二年本影印本

卷九　艺文志第十一　赋

蜀都赋	（汉）扬雄
蜀都赋	（晋）左思
长乐花赋	（唐）苏颋
蜀江春日文君濯锦赋	（唐）张何
题桥赋	（唐）李远
画桐花凤扇赋并序	（唐）李德裕
茆茨赋赠成都隐士朱桃椎	（唐）薛稷
辩蜀都赋	（宋）王腾
凿二江赋	（宋）狄遵度
悯相如赋	（宋）杨天惠
悯相如赋	（宋）郑少微
苦樱赋并序	（宋）何耕
司马相如题桥赋	（清）许祥光

卷十　艺文志第十一　风谣

蚕丛国诗四章（川崖惟平）	古辞
（惟月孟春）	歌谣
（日日月月）	歌谣
（惟德实宝）	歌谣
丰年歌（习习晨风动）	歌谣
去思歌（望远忽不见）	歌谣
益部谣（贼来尚可）	歌谣
蜀中童谣（黄牛白腹）	歌谣
廉叔度歌（廉叔度）	歌谣
刺李盛谣（狗吠何喧喧）	歌谣
先民谣（岷阜之山）	歌谣
晋太康蜀中童谣（江桥头）	歌谣
唐咸通末成都童谣（咸通癸巳）	歌谣
蜀王衍时童谣（我有一帖药）	歌谣
张王二公歌（蜀守之良）	歌谣
蜀帅歌（彦博胜田况）	歌谣
成都谣颂（洪不支锅）	歌谣

卷十　艺文志第十一　诗　五古

登成都白兔楼（重城结曲阿）	（晋）张载
登琴台（芜阶践昔径）	（梁）简文帝
蜀都（列宿光舆井）	（唐）褚亮
蜀城怀古（蜀土饶水竹）	（唐）刘希夷
登张仪楼（传是秦时楼）	（唐）岑参
陪狄员外早秋登府西楼因呈院中诸公（常爱张仪楼）	（唐）岑参
龙女祠（龙女何时来）	前人
琴台（相如琴台古）	前人
扬子云宅（吾悲子云居）	前人
严君平卜肆（君平曾卖卜）	前人
升仙桥（长桥题柱去）	前人
题徐卿草堂（不谢古名将）	前人
同诸公秋登琴台（古迹使人感）	（唐）高适
寇清返草堂（昔我去草堂）	（唐）杜甫
泛溪（落景下高堂）	前人
成都府（翳翳桑榆日）	前人
溪涨（当时浣花桥）	前人
寄题江外草堂（我生性放诞）	前人
石妇（道旁一石妇）	（唐）白居易
君平古井（严平本高尚）	（唐）郑世翼
悼蜀（蜀国富且庶）	（宋）张咏
三月三日登学射山（丽日照芳春）	（宋）田况

上元灯夕（予常观四方）　　　　　　　　前人

二月二日游江会宝应寺（昔年张复之）　　前人

寒食出城（郊外融和景）　　　　　　　　前人

琴台（长卿本豪杰）　　　　　　　　（宋）邵博

与客游沧浪亭分韵得一字（雾

　　回林苍黄）　　　　　　　　　　（宋）杨甲

登安福寺浮屠（谁能于虚空）　　　　　　前人

览蜀宫故城（国破江山老）　　　　　（宋）宋祁

锦亭晓瞩（长夏宜高明）　　　　　　　　前人

九日药市（阳九协佳辰）　　　　　　　　前人

游西台院属雪轩观石镜（城中苦伊郁）（宋）喻汝砺

晚泛浣花溪遂宿草堂（扣枻泛澄虚）　　　前人

扬子云洗墨池（读书岂不好）　　　　　　前人

游长卿琴台（皋朔语类俳）　　　　　　　前人

清晓坐四天王院（杳杳天宇凉）　　　　　前人

运司园亭诗　　　　　　　　　　　　（宋）章粢

　　西园（古木郁参天）

　　玉溪堂（堂因水得名）

　　雪峰楼（层构压池塘）

　　海棠轩（珍葩奇幽岛）

　　月台（蜀池饶夜雨）

　　翠锦亭（梗楠百尺余）

　　潺玉亭（傍砌酾小亭）

　　茅庵（竹间构圆庵）

　　水阁（架木浮水中）

　　小亭（花边二小亭）

运司园亭和　　　　　　　　　　　　（宋）丰稷

　　西园（仙化二十四）

　　玉溪堂（一水从何来）

　　雪峰楼（雪峰在何许）

　　海棠轩（文锦初动机）

　　月台（石印鱼在屏）

　　翠锦亭（檐外列修木）

　　潺玉亭（养源在西山）

　　茅庵（覆以洁白茅）

　　水阁（长虹卧松江）

　　小亭（东西对孤骞）

运司园亭和　　　　　　　　　　　　（宋）许将

　　西园（高牙负北郭）

　　玉溪堂（朱堂俯玉溪）

　　雪峰楼（重楼起层阴）

　　海棠轩（海棠冠蜀花）

　　月台（蜀地山四维）

　　翠锦亭（阑下寋流长）

　　潺玉亭（引泉注清渠）

　　茅庵（茨茅以为庵）

　　水阁（飞阁出方池）

　　小亭（扃然沟上亭）

运司园亭和　　　　　　　　　　　　（宋）孙甫

　　西园（外台富园池）

　　玉溪堂（华堂殿方池）

　　雪峰楼（金谷计浩穰）

　　海棠轩（高轩瞰方池）

　　月台（俗流嗜喧卑）

　　翠锦亭（森森栋梁才）

　　潺玉亭（迴环引细泉）

　　茅庵（结茅作禅庵）

　　水阁（小阁联雪峰）

　　小亭（萧森玉溪南）

运司西园（池台密相望）　　　　　　（宋）杨怡

和运使学士浣花亭（井络西南区）　　（宋）葛琳

青羊宫（一再官锦城）　　　　　　　（宋）何耕

晓诣三井观（路转市声远）　　　　　（宋）范成大

从何使君父子游洗墨池分韵得名字　　（宋）李焘

陪孙之翰太傅登成都楼（龊龊古之人）（宋）张俞

梅林分韵得彭字（庭柯卧苍虬）　　　（宋）于格

梅林分韵得下字（郊原宿雨余）　　　（宋）施晋卿

梅林分韵得时字（巾冠堕城府）　　　（宋）李流谦

梅林分韵得陶字（蟠根寄荒绝）　　　（宋）杨大光

梅林分韵得花字（出郭岂惮远）　　　（宋）吕凝之

梅林分韵得作字（一树知独秀）　　　（宋）吕商隐

梅林分韵得诗字（寒梅如高人）　　　（宋）吕宜之

梅林分韵得令字（兰亭久陈迹）　　　　（宋）杜舜举

梅林分韵得泽字（江路岁峥嵘）　　　　（宋）僧宝印

梅林分韵得酒字（平生慕英游）　　　　（宋）宇文师献

梅林分韵得旧字（竹村喜纤徐）　　　　　　　佚名

和刘师文饮城西见怀（刘侯元祐家）　　（宋）孙应时

谒杜少陵草堂庙（诗自三百后）　　　　（宋）陆游

登安福寺塔（平生喜登高）　　　　　　　　　前人

游学射山遇景道人（肩舆适青郊）　　　　　　前人

寄成都蓬道人（卖药锦城中）　　　　　　　　前人

登城（我登少城门）　　　　　　　　　　　　前人

草堂拜少陵遗像（清江抱孤村）　　　　　　　前人

大醉梅花下走笔赋此（闭门坐叹息）　　　　　前人

玉局观拜东坡先生海外画像

　　（商周去不还）　　　　　　　　　　　　前人

游三井观（三井久知名）　　　　　　　　　　前人

四月一日蒙赐宴浣花新建草堂感恩怀古偶作（灵雨

　　过瑶阶）　　　　　　　　　　　　（明）方孝孺

扬子云故宅（雪岭矗玉笔）　　　　　　（明）周洪谟

游天庆观登众妙堂（琳宫宅兜牟）　　　（明）陈谟

游杜工部草堂（驱车出郭外）　　　　　（明）陈文烛

浣花溪纳凉（末夏多炎暑）　　　　　　　　　前人

题杜工部草堂（少陵冠古才）　　　　　（清）彭端淑

驷马桥（斥鹦守枋榆）　　　　　　　　（清）吴省钦

昭觉寺（春鸟呼春人）　　　　　　　　　　　前人

慰忠祠（王春岁癸巳）　　　　　　　　　　　前人

重修草堂寺（杜陵有一老）　　　　　　（清）方积

草堂寺和韵（我从癸亥春）　　　　　　（清）谭光祜

甲戌四月十九日李松云太守招同人

　　祀杜工部陆渭南两公于草堂是日为

　　浣花邀头日为记是篇（文章与勋名）　　　前人

春日草堂拜杜少陵遗像（春风吹野烟）　（清）许儒龙

青羊桥（忽闻介马声）　　　　　　　　（清）李调元

铜羊（西翰筑仙阿）　　　　　　　　　（清）严学淦

杜子美草堂题句（锦城传草堂）　　　　（清）叶吟

谒杜少陵（问讯诗人宅）　　　　　　　（清）宋沛霖

三月三十日集二仙庵饯春看芍药花

即席分赋（旧识仙庵路）　　　　　　　（清）彭旭初

君平卜肆（生贵益于人）　　　　　　　（清）杨燮

西郊梅龙（苍龙堕云中）　　　　　　　（清）张懋畿

工部草堂楷（日影不得见）　　　　　　　　　前人

仲秋偕友人饮成都北郭主人奉

　　酒索诗题壁上为赋二十四韵

　　（文字久不售）　　　　　　　　　（清）戴维新

卷十　艺文志第十一　诗　七古

人日寄杜二拾遗（人日题诗寄草堂）　　（唐）高适

石笋行（君不见益州城西门）　　　　　（唐）杜甫

戏作花卿歌（成都猛将有花卿）　　　　　　　前人

乞彩笺歌（浣花溪上如花客）　　　　　（前蜀）韦庄

题玉局观孙位画龙（前蜀）　　　　　　（前蜀）贯休

赠龙华寺僧贯休罗汉画歌

　　（西岳高僧名贯休）　　　　　　　（后蜀）欧阳炯

题景焕画应天寺壁天王歌

　　（锦城东北黄金地）　　　　　　　　　　前人

送戴蒙赴成都玉局观归老

　　（拾遗被酒行歌处）　　　　　　　（宋）苏轼

老杜浣花溪图引（拾遗流落锦官城）　　（宋）黄庭坚

寒食游学射山（疾风吹沙天茫茫）　　　（宋）杨甲

游山上废寺有段文昌种松石刻云乾

　　坤毁则无以见寺寺不可毁四松其

　　远乎寺今废木亦亡矣感而赋

　　之（木落石出荒山台）　　　　　　（宋）杨甲

浣花溪（浣花溪边濯锦裳）　　　　　　（宋）马俌

过子美草堂（栖迟九月锦水行）　　　　　　　前人

武担（君不见蜀王妃子墓突兀）　　　　（宋）宋京

玉局观（君不见青羊老人飞上天）　　　　　　前人

龟化城（君不见秦时张仪筑少城）　　　　　　前人

琴台（君不见成都郭西有琴台）　　　　　　　前人

严君平卜肆（君不见庄遵卖卜成都市）　　　　前人

扬子云洗墨池（君不见子云草玄西郭门）　　　前人

诸葛孔明读书台

　　（君不见孔明书台遗庙旁）　　　　　　　前人

草堂寺(君不见少陵草堂背西郭)　　　　　　　前人

送成都获戎韩舍人(戎符重析引丝言)　　　(宋)何泳

暇日与陈楚林游四天王寺

　　(陈侯招我古寺行)　　　　　　　　(宋)何耕

碧鸡坊李氏石君(造化小儿斫山骨)　　　(宋)孙松寿

信相院水亭(青天行月月行水)　　　　　(宋)冯时行

王建梅苑唱和并序(霜朝马蹄无纤埃)　　　　　前人

梅林分韵得爱字(去城十里南郊外)　　　(宋)吕及之

梅林分韵得僧字(春回九地阳潜升)　　　(宋)张积

梅林分韵得树字(墙头冉冉新阳露)　　　(宋)樊汉广

偶过浣花感旧游戏作(忆

　　昔初为锦城客)　　　　　　　　　(宋)陆游

铜壶阁望月(铜壶阁上看明月)　　　　　　　　前人

圆觉乾明祥符三院(成都再见春事残)　　　　　前人

成都行(倚锦瑟,击玉壶)　　　　　　　　　　前人

夜闻浣花江声甚壮(浣花之东当笮桥)　　　　　前人

夜登江楼(平生胸中无滞留)　　　　　　　　　前人

江楼吹笛(世言九州外)　　　　　　　　　　　前人

晚登子城(江头作雪云未成)　　　　　　　　　前人

城西接待院后竹下作(水边小丘因古城)　　　　前人

玉局歌(玉局祠官殊不恶)　　　　　　　　　　前人

过笮桥道中龙祠小留(江边龙祠何年作)　　　　前人

故蜀别院在成都西南十五六里梅至多

　　有两大树夭矫若龙相传谓之梅龙余

　　初至蜀尝为作诗自此岁常访之今复

　　赋此(昔年曾赋西郊梅)　　　　　　　　前人

蜀江春晓(蜀江二月桃花春)　　　　　　(元)丁复

扬子云洗墨池(墨鳞跋浪游奇门)　　　　(明)赵贞吉

周公瑕为余书浣花草堂碑寄谢

　　(浣花溪头数笮竹)　　　　　　　　(明)陈文烛

寄题杜拾遗草堂(襄阳必简君之祖)　　　(明)陈柏

青羊宫观铜羊(青羊宫左羊贴伏)　　　　(清)吴省钦

支机石(君不见筇竹无萌蒻无酱)　　　　　　　前人

张仪楼(张仪未断三寸舌)　　　　　　　(清)张邦伸

驷马桥(我生不如安期生)　　　　　　　　　　前人

君平井(不信世间有仙侣)　　　　　　　　　　前人

支机石(银河耿耿生秋风)　　　　　　　　　　前人

碧鸡坊(成都名坊一百二)　　　　　　　　　　前人

子云亭(西京作手谁第一)　　　　　　　　　　前人

重葺浣花草堂落成(杜陵野老行歌处)　　　　　前人

蚕市(春风煦物如济艰)　　　　　　　　　　　前人

驷马桥(男儿志气千里驹)　　　　　　　(清)邵塾

支机石(君不见银河之水常盈盈)　　　　　　　前人

慰忠祠(金蛮据寨独梗化)　　　　　　　　　　前人

蜀镜祠(古镜苍凉秋一片)　　　　　　　(清)吴锡麒

甲戌四月十九日李松云太守招同人

　　祀杜工部陆渭南两公于草堂是

　　日为浣花遨头(江流屈曲环青郊)　　(清)杨芳灿

卓文君铜印歌(青雷山人苍籀徒)　　　　(清)李调元

青羊宫观铜鼎歌(我性癖古过米芾)　　　　　　前人

锦城七叟吟(黄花灿烂正重九)　　　　　(清)王寿椿

贺衷雅堂太守五世同堂

　　(成都寓公三达尊)　　　　　　　　(清)周蔼联

青羊宫铜羊歌(丛树暗秋色)　　　　　　(清)张问安

游草堂后复至青羊宫历二仙庵归饮

　　庚堂斋中书事一首

(郊游问草堂)　　　　　　　　　　　　　　　前人

放翁生于宣和七年乙巳十月十七日莹以

　　乾隆乙巳年十月初七日生道光乙巳二

　　月五日展少陵先生及放翁之祀于草堂

　　有感(昔贤自嗟穷不死)　　　　　　(清)姚莹

锦江观涨歌(山不登太华)　　　　　　　(清)汪仲洋

支机石歌(忽见客星冲斗牛)　　　　　　　　　前人

薛涛吟诗楼(碧鸡坊里樱桃花)　　　　　(清)张怀溥

蜀瓦歌(金帝大星赤而芒)　　　　　　　(清)孙錤

青羊宫(屠伯至蜀人肉锦)　　　　　　　　　　前人

浴佛日拟游昭觉寺未果集锦城北郭

　　外丞相祠小西湖上即席拈韵得翻

　　字(城中一夜雨翻盆)　　　　　　　(清)王培荀

浣花遨头宴分韵得浣字

　　(君不见我别锦宫二十年)　　　　　(清)顾文光

蜀宫行(长桥跨波如卧虹)　　　　　　　(清)孙缵

扬子云洗墨池(锦城西畔黑云起)　　(清)秦印烓

惠陵(涿州桑盖童童起)　　(清)傅世逵

子云亭(万古纲常不可灭)　　前人

卷十一　艺文志第十一　诗　五律

送姚评事入蜀各赋一物得卜

　　肆(蜀严化已久)　　(唐)张九龄

石镜(古墓芙蓉榻)　　(唐)卢照邻

琴台(闻有雍容地)　　(唐)卢照邻

武担山寺(武担独苍然)　　(唐)苏颋

早春陪崔中丞同泛花溪

　　宴(旌节临溪口)　　(唐)岑参

石镜(蜀王将此镜)　　(唐)杜甫

相如琴台(茂陵多病后)　　前人

摩诃池泛舟(湍驶风醒酒)　　前人

西郊(时出碧鸡坊)　　前人

草堂即事(荒村建子月)　　前人

怀锦水居止(军旅西征僻)　　前人

送王侍御往东山放生池祖席

　　(东川诗友合)　　前人

春日江村五首(农务村村急)　　前人

(迢递来三蜀)

(种竹交加翠)

(扶病垂朱绂)

(群盗哀王粲)

送韦郎司直归成都(窜身来蜀地)　　前人

送窦九归成都(文章亦不尽)　　前人

舍弟占归草堂检校聊示此诗

　　(久客应吾道)　　前人

严公厅宴同咏蜀道画图得空字

　　(日临公馆静)　　前人

出郭(霜露晚凄凄)　　前人

成都送严十五之江东(江都万里外)　　(唐)权德舆

早秋西亭宴徐员外(鼎铉辞台座)　　(唐)武元衡

仲秋夜锦楼望月(玉轮初满空)　　前人

和中秋夜锦楼望月得来

字(玉露中秋夜)　　(唐)徐放

和中秋夜锦楼望月得清

　　字(德星摇此夜)　　(唐)王良会

和中秋夜锦楼望月得苍

　　字(高秋今夜月)　　(唐)张正一

和中秋夜锦楼望月得浓

　　字(此夜年年月)　　(唐)柳公绰

和中秋夜锦楼望月得前

　　字(清景同千里)　　(唐)崔备

和中秋夜锦楼望月得秋

　　字(四时皆有月)　　前人

题武担寺西台(秋天如镜空)　　(唐)段文昌

和题武担寺西台(开阁锦城中)　　(唐)姚向

和题武担寺西台(桑门烟树中)　　(唐)温会

和题武担寺西台(清净此道宫)　　(唐)杨汝士

和题武担寺西台(台上起凉风)　　(唐)李敬伯

和题武担寺西台(松迳引清风)　　(唐)姚康

晚登张仪楼呈院中诸公

　　(重楼窗户开)　　(唐)段文昌

张仪楼和(层屋架城隈)　　(唐)李敬伯

张仪楼和(从公城上来)　　(唐)杨汝士

张仪楼和(危轩重叠开)　　(唐)温会

张仪楼和(秦相架群材)　　(唐)姚向

张仪楼和(登览值晴开)　　(唐)姚康

吊草堂禅师(杖履疑师在)　　(唐)李洞

送从舅成都丞广南归粤(巴字天边水)　　(唐)李端

升迁桥(危梁枕路歧)　　(唐)罗隐

偶宴西蜀摩诃池(珍木郁清池)　　(唐)畅甫

成都为客作(蜀郡将知远)　　(唐)田澄

蜀城春望(天涯憔悴身)　　(唐)崔涂

扬子云墨池(宅废经池在)　　(宋)宋祁

西楼夕坐(炎氛随日入)　　前人

司马相如琴台(故台千古恨)　　前人

二十二日圣寿寺蚕市(垄断争趋利)　　(宋)田况

二十八日谒生绿祠游净众寺

　　(千骑出重闉)　　前人

严君平宅(卜肆垂帘地)	(宋)吕光弼	杜公祠(老病思明主)	(元)宋无
长卿琴台(烟树重城侧)	(宋)吕公弼	浣溪赠范宪副(杜老遗溪在)	(明)毛伯温
送罗郎中登管勾玉局观(官名为玉局)	(宋)司马光	支机石(一片支机石)	(明)曹学佺
杜工部祠(瞻拜荒祠下)	(宋)宋京	过元天观(福地喜重来)	(明)蜀定王
游昭觉寺(炎蒸无处避)	(宋)范镇	川扇(险绝蚕丛地)	(明)陈三岛
玉局观(匹马西归去)	前人	题杜少陵像(谁貌杜陵老)	(明)蒋灿
净众寺新禅院(金地西郊外)	前人	题杜拾遗像(国破家何在)	(明)谢应芳
扬雄宅(寂寞一区宅)	蒲瀛	人日同顾二江民表范浣溪师舜黄	
游呪土寺西台(偶到西城寺)	前人	月披尤吉张浮南南明远访少陵	
扬雄宅(自负天人学)	(宋)邵博	草堂(癸岁开人日)	(明)刘希尹
同杨元澈游杜子美草堂(万里桥西路)	前人	成都(鱼凫开国险)	(清)吴伟业
题暑雪轩(呪土台头寺)	(宋)吴栻	成都楼(秋老锦官城)	(清)王士禛
和题暑雪轩(崇台穷石照)	(宋)周焘	浣花溪(解缆江村外)	前人
和题暑雪轩(圣福轩重敞)	(宋)田望	书杜工部入蜀(少陵入蜀后)	(清)彭端淑
和题暑雪轩(地僻宜逃暑)	(宋)孙竢	过草堂吊工部(驻马浣溪傍)	前人
和题暑雪轩(望处凝蓬岛)	(宋)王澧	子美草堂(揖让初登地)	(清)钱源来
西园十咏并序	(宋)吴中复	武担山(玉鱼蒙葬地)	(清)吴省钦
西楼(信美他乡地)		重过慰忠祠(授命交呼吸)	前人
众熙亭(亭枕方塘上)		草堂(一世艰虞客)	(清)董大椿
竹洞(阴森过百步)		草堂(弟妹风尘隔)	(清)李元芝
方物亭(草木虫鱼部)		杜公祠(劳农出郭游)	(清)岳钟琪
翠柏亭(众木坠黄叶)		游草堂寺得谒放翁塑像(宋唐虽代隔)	前人
圆通庵(对此圆通境)		送宋西桥回成都(凉风吹落木)	(清)何椿龄
琴坛(潇洒琴坛上)		草堂(曾访城南杜)	(清)李尧栋
流杯池(结客乘公暇)		草堂(十载会游地)	(清)宋鸣琦
乔楠亭(木占西园胜)		草堂(牢落天边客)	(清)张庚
锦亭(帘幕临雕槛)		冬日游浣花草堂同林老松严朴园弟兄	
和共父游青羊宫(野兴偶所惬)	(宋)孙应时	作(怀抱经时结)	(清)张问陶
出成都西郊(笑指西山去)	前人	李棠阶招饮城北丞相祠侧小园即事	
武担山(北上武担寺)	前人	(谁知背城郭)	(清)张问彤
武担西台和师文作(西台在何许)	前人	冬夜即事时客成都(锦城繁丽地)	(清)宋沛霖
武担山感事(客里愁如积)	前人	少陵草堂怀古(楷林丰蔚处)	(清)邹登龙
西楼独上(竹日驻微暑)	(宋)范成大	九日偕诸友登琴台分韵得台字	
摩诃池(摩诃古池院)	(宋)陆游	(径深埋胜迹)	(清)尉方山
谒石犀庙(闲过石犀祠)	前人	春日同人集浣花草堂(径竹尖笼翠)	(清)陆㙃
和舍弟龙山宿天回镇元韵(出郊时向午)	前人	浣花草堂早秋苦雨(六月人间暑)	(清)孙镇

昭忠祠题朱总戎射斗像（浴血骑箕尾）　　前人

西城望岷山积雪（拔地塞云重）　　前人

夏日雨后登西城（空翠隐高楼）　　前人

游杜公祠探梅（万古草堂在）　　（清）赵桂生

游杜公祠探梅（不染尘中趣）　　（清）徐辅忠

游杜公祠探梅（花外联吟社）　　（清）黄鲁江

游杜公祠探梅（复作西园集）　　（清）黄绍赞

游杜公草堂分韵得邀字（已幸天无雨）　　（清）潘时彤

游昭觉寺（唐寺传城北）　　（清）黄绍赞

扬子云洗墨池（池上草痕青）　　（清）黄鲁江

登武担山西台（望帝归何处）　　（清）黄绍赞

司马琴台（太息琴心杳）　　（清）傅世熙

老君祠（紫气函关满）　　前人

游浣花草堂（我来瞻二老）　　（清）魁玉

卷十一　艺文志第十一　诗　七律

寄题杜二锦江野亭（漫向江头把钓竿）　　（唐）严武

南邻（锦里先生乌角巾）　　（唐）杜甫

院中晚晴怀西郭茅舍（幕府秋风日夜清）　　前人

堂成（背郭堂成荫白茅）　　前人

奉酬严公寄题野亭之作

　　（拾遗会奏数行书）　　前人

严中丞枉驾见过（元戎小队出郊坰）　　前人

严公仲夏枉驾草堂（竹里行厨洗玉盘）　　前人

将赴成都草堂途中有作先寄严郑公五首

　　（得归茅屋赴成都）　　前人

（处处青江带白蘋）

（竹寒沙碧浣花溪）

（常苦沙崩损药栏）

（锦官城西生事微）

卜居（浣花溪水水西头）　　前人

经杜甫旧宅（浣花溪里花多处）　　（唐）雍陶

摩诃池（摩诃池上春光早）　　（唐）武元衡

宿成都松溪院（松持节操溪成性）　　（唐）李洞

蜀中（马头春向鹿头关）　　（唐）郑谷

（夜多无雨晓生尘）

（渚远江清碧簟纹）

净众寺题水（竹院松廊分数派）　　（唐）郑谷

净众寺古松（百尺森疏倚梵台）　　前人

仲远龙图见邀游学射山

　　（几年魂梦寄西州）　　前人

蜀锦（布素豪家定不看）　　前人

题鸿都观（亡吴霸越已功全）　　（前蜀）杜光庭

题仙居观（往岁真人朝玉皇）　　前人

题都庆观（三仙——驾红鸾）　　前人

伤蜀（乐极悲来数有涯）　　远国僧

蜀王登福感寺塔三首（天

　　资忠孝佐金轮）　　（前蜀）贯休

（似圣悲增道不穷）

（步步层层孰可陪）

成都（武侯千载有余灵）　　（宋）钱勰

成都（五丁力尽蜀山通）　　（宋）杨亿

成都（风物繁雄古奥区）　　（宋）宋祁

春日出浣花溪（侧盖天长荡晓扉）　　前人

北楼（少城西隅之高楼）　　前人

清明日集西园（日日西园春思催）　　前人

次苏寀游学射山（锦川风俗喜时平）　　（宋）赵抃

赠玉局李垂应太师（坐观山水地幽清）　　前人

寄金绳院正因大师（僧中忆艺本超群）　　（宋）薛奎

还成都（匹马关山不自怜）　　（宋）孙应时

西园辩兰亭（手种丛菊对小亭）　　（宋）吕大防

和西园辩兰亭韵（绿叶纤长兼紫茎）　　（宋）李之纯

冬至日铜壶阁落成（走遍人间行路难）　　（宋）范成大

西楼晚秋（楼前处处长秋苔）　　前人

万岁池（芳春酒暖绛烟霏）　　前人

晚步宣华旧院（乔木如山废院西）　　前人

浣花溪泛舟（浣花溪上春风后）　　（宋）田况

草堂（九首录八）（灿灿诗翁锦里西）　　（宋）喻汝砺

（从教日日敞窗扉）

（远屿曲洲纵复横）

（乱后飘零歇此身）

（朝元阁边瑶草芳）

（竹外清疏浸碧溪）	
（锦官城西春草芳）	
（浣花四月天气和）	
梵安寺浣溪四老倡和（闻	
说悬车三老儒）	（宋）杨咸章
浣溪四老倡和（未抛名利尚区区）	（宋）杨损之
浣溪四老倡和（素发庞眉一老儒）	（宋）杨仲武
浣溪四老倡和（夫子关西出众儒）	（宋）任杰
题草堂寺（草堂禅寺北山陲）	（宋）黄君瑞
张仪楼（淋漓百盏宴江楼）	（宋）陆游
成都书事（剑南山水尽清晖）	前人
（大城小城柳已青）	
宴西楼（西楼遗迹尚豪雄）	前人
饭昭觉寺抵暮乃归（自堕黄尘每慨然）	前人
武担东台晚望（憔悴西窗已一翁）	前人
行武担西南村落有感（骑马悠然欲断魂）	前人
三月一日游学射山（北出升仙路少东）	前人
夏日过摩诃池（乌帽翩翩白苎轻）	前人
登子城新楼遍至西园池亭	
（狂夫无计奈狂何）	前人
游学射观次壁间诗韵（走遍人间鬓尚青）	前人
晚过保福（堂静僧闲普请疏）	前人
诸葛书台（丞相名垂汉简青）	前人
登筹边楼（极目关山万象秋）	前人
君平卜肆（君平卜肆有谁如）	前人
工部草堂（碧鸡坊外树苍苍）	前人
长卿琴台（归凤求凰又一时）	前人
子云墨池（著罢玄经墨未干）	前人
张仪楼（龟画成城锦水滨）	前人
谒告归卧晚登子城（此身真是抱官囚）	前人
人日饮昭觉（天涯羁旅逢人日）	前人
成都大阅（千步球场爽气新）	前人
伏日独游城西（幕府重来老令威）	前人
嘉祐院观壁间文湖州墨竹	
（石室先生笔有神）	前人
访昭觉老（久矣耆年罢送迎）	前人

野步至青羊宫偶怀前年尝酿饮于此	
（锦官门外曳枯筇）	前人
后陵（陵阙凄凉俯旧邦）	前人
成都晦叔没久矣访其遗文略然在者	
乃赋此诗（故人零落久山丘）	前人
浣花赏梅（老子人间自在身）	前人
蜀苑赏梅（十里温香扑马来）	前人
青羊宫小饮赠道士（青羊道士竹为家）	前人
成都（镂肤剽俗恣游遨）	（宋）刘筠
代祀西岳至成都作（我到成都住五日）	（元）虞集
自仁寿回成都（还乡思远速去乡）	前人
游草堂（西出秦关道路长）	（明）陈南宾
正初承陈玉泉代巡邀饮青羊	
宫柬此奉谢（丹室崔嵬傍郭幽）	（明）雷贺
祥符访张三丰（交情久矣念离群）	（明）胡潆
浣花溪（百花潭接浣花溪）	（明）范涞
题元天观（等闲钓罢海中鳌）	（明）张三丰
赠开元寺僧广海（深入浮屠断世情）	前人
蜀府园中看牡丹（锦城佳丽蜀王宫）	（明）曹学佺
杜子美草堂（性僻耽诗死不休）	（明）童琱
同李修撰高大行饮浣花草堂	
（金闺彦客到沙头）	（明）陈文烛
悼蜀王故宫（边徼锡封怜少子）	（清）吕潜夫
（陆海尘飞井络昏）	
游浣花溪访拾遗草堂（郊	
南十里浣花溪）	（清）朱嘉徵
同友人泛舟游草堂（闲	
来携友共寻芳）	（清）彭端淑
游草堂次刘康成先生韵	
（久欲卜邻终未得）	前人
送人成都（凤城垂柳为君攀）	（清）汪琬
昭忠祠（多少故人名姓在）	（清）方积
泛舟游草堂校剑南体（高树阴深见睡鸦）	前人
浣花日雨再效剑南体（更无可浣一支花）	前人
贡院蜀王故宫也校士日赋此	
（残堙断瓦尚参差）	前人

壬申九日同人游草堂步碑刻韵

　　（依人坐惜秋花晚）　　（清）彭肇洙

（感激郑公持节后）

（为感清秋来九日）

途次寄酬高白云同年暨及门诸子浣

　　花草堂送别之作（浣花溪畔好逢迎）　（清）周于礼

（风流谁继祖生鞭）

（弥望桤林一片黄）

（金雁桥头候雁乡）

偕同人游草堂（十九年前吟望处）　　（清）刘慈

少陵草堂（千首诗成史亦成）　　（清）林良铨

浣花溪（浣花溪上锦成堆）　　前人

益州怀古（孤吟重上浣花楼）　　（清）张问陶

成都留别吴少甫学使（一官高妙抵峨岷）　前人

西崖先生于宅后洗墨池旁新筑斋亭

　　赋诗纪胜（竹树萧疏映碧空）　　前人

十二月十九日东坡生日招集同人小

　　饮玉带桥西斋（渐听腊鼓起城闉）

抵成都（眼明城郭枕江开）　　（清）张问安

次温汉台人日游草堂寺韵

　　（花溪认取锦江头）　　（清）潘元音

敬陈四诗以志仰止（录二）　　（清）董肇勋

重游草堂（万里桥西溪水头）　　（清）董大椿

长卿琴台（落日西风上古台）　　（清）邵塾

浣花草堂咏古（去国离家老病身）　（清）易简

杜公祠（劝农视稼草堂游）　　（清）岳钟琪

琴台（少城西去有琴台）　　前人

贡院（扪参历井剧崔嵬）　　（清）杨揆

（万瓦鱼鳞压短檐）

题节孝詹孺人传后

　　（页上犹余泪滴斑）　　（清）衷以埙

观察郑静山先生别业（红螺山下旧知名）　前人

（诛茅辟地少城隈）

谒草堂寺（三百声诗后一人）　　前人

（浣花人去几千秋）

癸酉重宴鹿鸣纪　恩恭赋三首

（乐宾筵启集群英）　　前人

（尚忆槐黄应举时）

（六十韶华隙影过）

嘉庆丁丑会试之年余例得重宴琼林抱病

　　阻行不胜太息戊寅春忽遇吉君秉琦杨

　　君所宪彭君履坦于锦城皆丁丑年新进

　　士分发来川相见之顷喜出意外命酒小

　　酌诗以志之（琼林重宴古来稀）　　前人

草堂（无复藤梢咫尺迷）　　（清）李光绪

（尽得诗成真似史）

筹边楼（天府金城古益州）　　（清）傅作楫

初入成都（望中城郭出遥青）　　（清）陶澍

杜公祠（橘刺藤梢小径斜）　　（清）董新策

（江头眠钓迹俱陈）

锦江泛舟（阵阵和风到画船）　　（清）李元符

青羊宫（羊肆遗闻艳蜀封）　　前人

（宫府铜驼没草莱）

丞相祠（一代勋臣像欲仙）　　（清）张人龙

送西崖林方伯解绶归都门

　　（锦帆采鹢列江滨）　　前人

（鞭丝飘荡频催马）

（偻指燕云在马前）

西门外乞丐题壁（形骸放浪寄乾坤）　　佚名

题威凤山店壁（昔年弊政已全删）　　佚名

赋得万里桥西一草堂（卜

　　筑诛茅缘底事）　　（清）许儒龙

过明蜀王故宫（宫墙遗址郁嵯峨）　（清）葛峻起

拜少陵草堂（浣花溪畔水云凉）　　前人

立春日还成都（风光喜见锦城春）　　前人

容斋岳公招饮安素园即席偶感

　　（名园近接锦城边）　　前人

九日同人游青羊宫（紫

　　气葱茏郁不开）　　（清）何椿龄

司马相如故里（几度琴台落日昏）　（清）张怀滩

同易庵郊行遇曾蕴亭自丞相祠放

　　舟出金绳寺会饮分韵得通字（相

摩诃池送李侍御(柳暗花明池上山)　(唐)武元衡

锦江春望(蜀江波影碧悠悠)　(唐)高骈

成都(月晓已闻花市合)　(唐)萧遘

寄成都高苗二从事(二首)

　(家近红蕖曲水滨)　(唐)李商隐

(红莲幕下紫梨新)

净众寺忍公小轩(松溪水色绿于松)　(唐)郑谷

(旧游前事半埃尘)　前人

净众寺七祖院小山(小巧功成雨藓斑)　前人

净众寺传经院壁画松(危根瘦尽耸孤峰)　前人

蜀中赏海棠(浓淡芳春满蜀乡)　前人

寄王璠侍御求蜀笺(蜀川笺纸彩云初)　(唐)鲍溶

升仙桥(汉朝卿相尽风云)　(唐)江遵

(题桥贵欲露先诚)　前人

司马长卿(一自梁园失意回)　(唐)黄滔

题严君观(寒云古木罩星台)　(唐)王喦

琴台(西汉文章世所知)　(宋)田况

摩诃池(十顷隋家旧凿池)　(宋)宋祁

(池边不见舸闸船)　前人

发成都三首(落拓平生载酒行)　(宋)刘望之

(欲洗羁愁只自醒)

(一夜孤舟浪打头)

蜀笺(素笺明润如温玉)　(宋)文彦博

访古(访古城西话劫灰)　(宋)房伟

秦城(泮林堂后面峥嵘)　(宋)李石

(堑城雉堞绕蚕丛)

孟昶故宫(四十里城花发时)　(宋)张立

(去年今日到成都)　前人

二月二日北门上马

　(新街如拭过鸣驹)　(宋)范成大

花时遍游诸家园(看花南陌复东阡)　(宋)陆游

(为爱名花抵死狂)

(翩翩马上帽檐斜)

(花阴扫地置清樽)

(宣华无树著啼莺)

(枝上猩猩血未晞)

(重萼丹砂品最高)

(丝丝红萼弄春柔)

(飞花尽逐五更风)

(海棠已过不成春)

清明在成都作(清明郭外柳参参)　前人

山中望篱东枫树有怀成都

　(五门西角红楼下)　前人

昔在成都正月七日圣寿寺麻子市初

　春行乐处也偶晨兴闻邻村守麻有感

　(乐事新年忆锦城)　前人

梅花绝句(池馆登临雪半消)　前人

升仙桥(早过升仙不暇炊)　前人

(熨手金鞭天马驹)

(桥边沙水绿蒲老)

城南寻梅(老子今年懒赋诗)　(宋)陆游

(黯淡江天雪欲飞)

(青烟漠漠暗西村)

(篱边细路竹间庵)

石新妇(烟萝为髻雾为巾)　(样)左纬

题西门外笮桥下观音院

　(雨砌风亭长绿苔)　(宋)仲昂

题杜陵浣花园(春色醺人苦不禁)　(元)赵孟𫖯

赠薛涛笺(蜀王宫树雪初消)　(元)袁桷

(十样蛮笺起薛涛)

少陵春游图(杜陵野客正寻诗)　(元)程钜夫

杜少陵春游图(何处寻芳策蹇奚)　(元)郑允端

杜甫游春图(碧柳黄鹂三月画)　(明)陈宪章

陪魏大行浣花草堂(江清日暖不飞埃)　(明)刘侃

成都(鱼凫都会壮西南)　(清)果亲王

(教始文翁敞学堂)　前人

驷马桥送开制车之伊犁

　(河梁送别欲魂消)　(清)彭端淑

题驷马桥(在昔相如过此桥)　(清)张鹏翮

赛云台寺中有感(沧海桑田一粒中)　(清)潘元音

题驷马桥碑(凫旌已渺恨难留)　(清)啸生

花朝重到成都(风光回首过云烟)　(清)李天英

送孙正忠臣移成都小漕

　　（升平芝菌效神奇）　　　　　　　（宋）杨天惠

吊蜀宫殉难四近侍

　　（岷峨毓秀产名媛）　　　　　　　（清）王后槐

赋成都景物（湖山历尽漫栖迟）　　　（清）向日升

吊蜀宫殉难四近侍（极目烽烟破益州）　（清）佘绣

卷十二　艺文志第十一　诗　乐府

成都曲（锦水近西烟水绿）　　　　　　（唐）张籍

锦城曲（蜀山攒黛留晴雪）　　　　　　（唐）温庭筠

筑城篇（三十六里西川地）　　　　　　（唐）顾云

织锦曲（大女身为织锦户）　　　　　　（唐）王建

宣华苑宫词（辉辉赫赫浮玉云）　　　　（前蜀）王衍

摩诃池避暑（冰肌玉骨清无汗）　　　　（后蜀）孟昶

至真观（坤所载）　　　　　　　　　　（后唐）杜仁杰

烈暑可畏戏作夏白纻二首

　　（云母屏薄望如空）　　　　　　　（宋）陆游

（翔鸾矫矫离风尘）

锦城篇（我闻锦城好驾言）　　　　　　（清）李以宁

吊蜀府四近侍曲（宫中书法谁第一）　　（清）王端

（外城开）

（锦官城头鼓声死）

（汉殿仙）

机坊行（机工牵机夜继日）　　　　　　（清）李传杰

挽巫节妇（望夫石）　　　　　　　　　（清）冯国柱

荷池吟（银塘昨夜芙蓉泣）　　　　　　（清）李调元

御沟怨（群猪进城城甫闭）　　　　　　前人

银屏击（炮车轰轰城门闭）　　　　　　前人

汉殿仙（天上姮娥月中女）　　　　　　前人

狗皮道士歌（狗皮道士不知名）　　　　前人

青羊宫（文人怪事竟至此）　　　　　　前人

汉殿仙（芙蓉城破万花死）　　　　　　（清）张怀溥

银屏击（夔门不守烽火红）　　　　　　前人

御沟怨（深宫不见春尚有）　　　　　　前人

荷池吟（荷花开）　　　　　　　　　　前人

荷池吟（君如九霄露）　　　　　　　　（清）朱云骏

御沟怨（古井无波澜）　　　　　　　　前人

银屏击（有美人兮誓复仇）　　　　　　前人

御沟怨（柳郁郁兮）　　　　　　　　　（前）陆炳

汉殿仙（锦城碎兮）　　　　　　　　　前人

卷十二　艺文志第十一　诗余

雨中花（玉局祠前铜壶阁）　　　　　　（宋）京镗

汉宫春（浪迹人间喜闻猿）　　　　　　（宋）陆游

又初自南郑来成都作（羽箭雕弓忆呼鹰）　前人

柳梢青（锦里繁华）　　　　　　　　　前人

水龙吟（摩诃池上追游客）　　　　　　前人

月上海棠（斜阳废苑朱门闭）　　　　　前人

满江红（井络天彭论地势）　　　　　　（清）孙缵

百字令（浣花溪畔）　　　　　　　　　前人

卷十二　艺文志第十一　诗附载

段相国游武担寺病不能从题寄

　　（消瘦翻堪见令公）　　　　　　　（唐）薛涛

摩诃池赠萧中丞（昔以多能佐碧油）　　前人

筹边楼（平临云鸟入窗秋）　　　　　　前人

锦城春望（和风装点锦城春）　　　　　前人

贼平后上高相国（惊看天地白荒荒）　　前人

上川主武元衡相国二首

　　（落日重城夕雾收）　　　　　　　前人

（东阁移尊绮席陈）

潭畔芙蓉（芙蓉花发满江红）　　　　　（唐）浣花女

题天回驿（周游灵境散幽情）　　　　　（前蜀）徐氏

蜀宫应制（浓树禁花开后庭）　　　　　（前蜀）李舜弦

春愁（自有春愁正断魂）　　　　　　　（前蜀）韦庄

奉召入宋后宫词

　　（君王城上树降旗）　　　　　　　（后蜀）花蕊夫人

宫词一百首　　　　　　　　　　　　　（后蜀）花蕊夫人

（五云楼阁凤城间）

（会真广殿约宫墙）

（龙池九曲远相通）

（东内斜将紫气通）

（殿庭新立号重光）

（安排诸院接行廊）

（夹城门与内门通）

（厨船进食簇时新）

（立春日进内园花）

（三面宫城尽夹墙）

（离宫别院绕宫城）

（御制新翻曲子成）

（旋移红树斫青苔）

（修仪承宠住龙池）

（六宫官职总新除）

（才人出入每相随）

（春风一面晓妆成）

（小毬场近曲池头）

（梨园弟子簇池头）

（殿前排宴赏花开）

（供奉头筹不敢争）

（殿前宫女总纤腰）

（自教宫娥学打毬）

（翔鸾阁外夕阳天）

（内人追逐采莲时）

（新秋女伴各相逢）

（少年相逐采莲回）

（早春杨柳引长条）

（婕妤生长帝王家）

（月头支给买花钱）

（太虚高阁凌波殿）

（寒食清明小殿旁）

（水车踏水上宫城）

（平头船子小龙床）

（苑东天子爱巡游）

（罗衫玉带最风流）

（沉香亭子傍池斜）

（薄罗衫子透肌肤）

（金画香台出露盘）

（六宫一例罗冠子）

（三月樱桃乍熟时）

（小小宫娥到内园）

（舞头皆著画罗衣）

（春早寻花入内园）

（半夜船摇载内家）

（春日龙池小宴开）

（慢梳蛮髻著轻红）

（别色宫司御辇家）

（日高房里学围棋）

（樗蒲冷淡学投壶）

（慢揎罗袖指纤纤）

（宣徽院约池南畔）

（丹霞亭浸池心冷）

（杨柳阴中引御沟）

（晚来随驾上城游）

（牡丹移向苑中栽）

（明朝腊日官家出）

（盘凤鞍鞯闹色装）

（翠辇每随城畔出）

（高烧红腊点银灯）

（苑中排比宴秋宵）

（夜深饮散月初斜）

（宫娥小小艳红妆）

（池心小样钓鱼船）

（秋晚红妆傍水行）

（御沟春水碧于天）

（昭仪侍宴足精神）

（后宫阿监裹罗巾）

（管弦声急满龙池）

（密室红泥地火炉）

（三清台近苑墙东）

（高亭百尺立春风）

（内人新宠赐新房）

（翡翠帘前日影斜）

（金碧阑干倚岸边）

（嫩荷香扑钓鱼亭）

7. 民国双流县志

四卷首一卷　刘佶等修　刘咸荥等纂　民国二十六年铅印本　《中国地方志集成·四川府县志辑》(第三册)　影印本

卷四　艺文　赞

蜀郡人士赞(伯禽证将)	华阳国志
蜀郡烈女赞(公乘氏张)	华阳国志

颂

绍兴圣德颂并序	(宋)宇文仕

记

双流县令题名记	(宋)杨天惠
逍遥堂记	(宋)李焘
汉州庄真君卜台记	(宋)郭印
漕司高斋堂记	(宋)费士戣
徙建旌忠庙记	前人
逸心亭记	(宋)章詧
重修双流县学记	(明)桂嘉孝
修学碑记	(明)王景
新修双流砖城记	(明)黄克缵
重修双流县学记	(清)庄大椿
双流县城楼记	(清)郑方城
景贤书院记	(清)黄锷
修观成桥记	前人
伏虎寺碑记	(清)杨琮
商子祠碑记	(清)岳攀桂
第一桥记	(清)彭端淑
大朗堰记	(清)刘沅
双流圣灯山记	前人
云碾记	前人
筒车记	前人

序

蜀梼杌后序	(宋)陆昭迥
二江先生文集序	(宋)马涓

书

与景韦兄投宇文枢密书	(宋)郑樵

辨

灵星门辨	(清)黄锷

跋

石经跋	(宋)宇文绍奕

考

内江外江考	(清)刘沅

墓表

宇文使君墓表	(宋)张栻

墓志

向太宜人墓志铭	(清)帅承瀛
陶元庆墓志铭	(清)刘沅
处士樊志陛墓铭	前人

辞

宁魂	(宋)张商英

传

黄厚庵传	(清)徐文贲
解方来传	前人
刘隐君传	(清)王端
刘敬五传	(清)敬华南

诗

蚕丛国诗(川崖维平)	古辞
谢宇文少府赠桃竹书简	
（桃竹书简绮绣文）	(唐)李白
送柳震还蜀(白日双流静)	(唐)司空曙
题景焕画应天寺壁天王歌	

（锦城东北黄金地）　　　　　　　　（后蜀）欧阳炯

东郊（今日出东郊）　　　　　　　　（宋）郭震

广都道中（万花织篱凡几曲）　　　　（宋）李新

郭信可隐居诗十一首（录九首）　　　（宋）何耕

云溪（幽居定何如）

浮翠桥（隔溪苍翠各西东）

寒碧亭（凭栏日日俯清流）

远色阁（小小楼居著散仙）

假山（空庭幻出小嶙峋）

莲塘（色香无比出西方）

龙洲（门前大江何渺漫）

虚舟（君不见）

忘机台（太虚生微云）

保国观古柏（孔明庙前古柏奇）　　　（宋）胡宗师

广都寓舍贤妇二喻诗（尝闻赵清献）　（宋）顿起

送孙正忠臣移成都小漕
　　（升平芝兰效神奇）　　　　　　（宋）杨天惠

游上山废寺有段文昌种松石刻云乾坤
　　毁则无以见寺寺不可毁四松其远乎
　　寺今废木亦亡矣感而赋之（木落石
　　出荒山台）　　　　　　　　　　（宋）杨甲

郑下赵光道与余有十五年家世之旧守
　　官代郡之崞县闻余以使事羁留平城
　　与诸公相从皆一时英彦遂以应举自
　　免去驾短辕下泽车驱一僮二驴夫扶
　　病以来相聚凡旬日而归昔白乐天与
　　元微之偶相遇于夷陵峡口既而作诗
　　叙别离之情虽憔悴衰伤感念存没至
　　叹泣不能自已而终篇之意盖亦自开
　　恩况吾辈今日可无片言以识一时之
　　事耶因各题数句而予为之序夜将半
　　各有酒所语不复锻炼要之皆肺腑中
　　流出也（穷愁诗满箧）　　　　　（宋）宇文虚中

古剑行（公家祖皇提三尺）　　　　　前人

白菊（西风萧飒百草黄）　　　　　　前人

还舍作（燕山归来头已白）　　　　　前人

庭下养三鸳鸯忽去不反戏为作诗
　　（先生久忘机）　　　　　　　　前人

予写金刚经与王正道正道与朱少章
　　复以诗来辄次二公韵
　　（平生幸识系珠衣）　　　　　　前人

（前世曾为粥饭僧）　　　　　　　　前人

郊居（芒屦松冠野外装）　　　　　　前人

岁寒堂（洞户延清吹）　　　　　　　前人

重阳旅中偶记二十年前二诗因而有作
　　（旧日重阳厌旅装）　　　　　　前人

春日（北洹春事休嗟晚）　　　　　　前人

乙丑重阳在剑门梁山铺
　　（两年重九皆羁旅）　　　　　　前人

生日和甫同诸公载酒袖诗为礼感
　　佩之余以诗为谢（词人诗句压离骚）　前人

和题稽古轩（堆架缣缃粲蓊居）　　　前人

乙酉岁抒怀（去国匆匆遂隔年）　　　前人

泾王许以酒饷龙溪老人几月不至
　　以诗促之（先生寂寞草玄文）　　前人

从人借琴（峄阳惯听凤雏鸣）　　　　前人

过居庸关（奔峭从天折）　　　　　　前人

晚宿耀武关（山与烟云暝）　　　　　前人

安定道中（落日尘埃壮）　　　　　　前人

上乌林天使三首（平生随牒浪推移）　前人

（拭玉辕门吐寸诚）

（当时初结两朝欢）

姑苏滕惇礼榜所居阁曰斋心成都宇文
　　某作诗以广其志（不是凭虚避世喧）　前人

和高子文秋兴两首（沙碧平犹涨）　　前人

（摇落山城莫）

又和九日（老畏年光短）　　　　　　前人

醉经斋（傍人但笑腹便便）　　　　　前人

醉墨斋（旋汲清泉起）　　　　　　　前人

乌夜啼（汝琴莫作归凤鸣）　　　　　前人

游大隋山（我闻大隋名）　　　　　　（宋）郭印

岑公洞（岑公来避世）　　　　　　　前人

冬夜（孟冬寒草木）　　　　　　　　　前人

挝鼓吟（剧怜弥处士）　　　　　　　　前人

感怀（当年先业树蚕业）　　　　　（清）刘澐

　（东逐西驰岁又深）

过双流商子故里（凤昔仰高贤）　　（清）葛峻起

过双流次吴白华学使韵

　（二江衣带合）　　　　　　　　（清）姚兰泉

商贤故里（双流析新县）　　　　　（清）段世续

访徐十樵不值（广都道上再逶巡）　（清）车西

郊游过封神院小憩重赠僧森荣四首

　（亭皋木叶响萧萧）　　　　　　（清）李光绪

　（逍遥闲逐鸟声幽）

　（双流泯泯漾尘襟）

　（碧云深处试探梅）

双流八景和邑侯区谷樵原韵　　　　（清）刘澐

　　第一春波（山光草色翠岚拖）

　　山寺圣灯（灵境需从静处观）

　　簇锦凉风（凉生风穴水之滨）

　　金花夜月（毵毵堤柳拂吟鞭）

　　卦台锺晓（霜清午夜暗飞声）

　　塔桥响应（倚杖城南羍堵标）

　　涌泉山瀑（浅沫流珠细浪吹）

　　牧马响堂（荒祠犹枕翠峰颠）

赠彭玉山对翁（矍铄翁谁是）　　　（清）李调元

寿彭南圃封翁（家声奕奕绍商贤）　（清）宋锜

广都故城（铁马铜驼旧恨曾）　　　（清）刘澐

公孙述墓（江源无路可通秦）　　　（清）刘沅

簇锦桥（何人更散沅溪花）　　　　　前人

乐水桥（谁将双字障狂澜）　　　　　前人

　（放舟容易泊舟难）

重经板桥（三十年前旧板桥）　　　　前人

　（秋风瑟瑟酒旗飘）

　（水绕山环景物迢）

禅那院古柏（汉时庙柏蜀芙蓉）　　　前人

甘泉里（夕阳重过甘泉里）　　　　　前人

白丁香花联句同张念山刘芳皋郭成斋

　　郭小嵩同集芳皋听桐书屋共成甘韵

　（春夜才消雪）　　　　　　　（清）彭昭麟

浣花草堂怀古（天宝末年禄山乱）　（清）古淳

武侯祠怀古（荆门遥撤汉宫墙）　　（清）彭遵泗

闰重九和魏联晖（一年两度逢重九）（清）彭肇洙

大车行（浮云一片落秦塞）　　　　（清）宋沛霖

重掌教锦江书院作

　（文翁遗泽至今崇）　　　　　（清）彭端淑

望峨（峨眉峻极壮巴山）　　　　　　前人

锦城有感（宦游岭海几经秋）　　　　前人

赠李文轩都阃（山西出将古所云）　（清）千锺岳

簇桥行（簇桥丝好不救寒）　　　　（清）黄云鹄

赴剑南道任经双流葛陌口占

　（我马出蓉城）　　　　　　　　　前人

花魂（倩女芳魂久黯然）　　　　　（清）江怀廷

剑魂（百神追魄太阴精）　　　　　　前人

鸟梦（树阴如幕鸟飞来）　　　　　　前人

石情（石丈心肠铁样坚）　　　　　　前人

光绪九年冬月十二日辰刻云南省城

　　大德寺东塔上铜雀自鸣长句纪异

　（昆池有寺号大德）　　　　　（清）宋宝槭

滇闱揭晓旧门生中式者数人喜而有

　　作时光绪乙酉九月初四日也（忆来

　　锁院探天香）　　　　　　　　　前人

送双流刘侍御出守梧州

　（帝二十三载丁酉）　　　　　（清）刘光第

哭双流刘云坳太守（南斗霄晴北斗阴）前人

（额阖无力感衰年）

（与人骨肉总伤神）

（不忌寒蝉见讽余）

8. 续金堂县志

七卷首一卷末一卷　（清）王树桐、徐璞玉修　米绘裳等纂　同治六年刻印本　《中国地方志集成·四川府县志辑》（第四册）影印本

9. 温江县志

三十六卷首一卷　（清）李绍祖、张景槐、牛书田、沈学诗总裁　徐文贲、车西纂修　嘉庆二十年刻本

卷三十一　艺文　传

刘隐君传	（清）王端
刘敬伍传	（清）敬华南
竹锦堂传	（清）刘濬
胡都戎绶庭及其弟芳洲明府合传	（清）徐文贲
家先姊贞女传	（清）车西

考

江源考	（清）李元
岷江分合源流考	（清）周鹏翀

文

御祭任汉文	（明）世宗
祭任汉文	（明）乔宇
祭任汉文	（明）李克嗣
祭任汉文	（明）林茂达
水利详文	（清）王日讲
水利知照文	（清）佟世庸
祭韩城县城隍文	（清）向日升

序

朔方新志后序	（明）赵可教
樗斋诗余序	（清）刘遇年
代邱邑侯修源通桥碑序	（清）葛秉敬
重修双桥碑序	（清）葛荃
贞女行诗序	（清）刘濬

颂

二瑞颂	（宋）杨天惠
瑞芝颂	佚名

铭

有斐阁铭	（宋）王赏
王母刘庵人墓志铭	（清）葛运隆
刘母向太宜人墓志铭	（清）帅承瀛

记

三烈祠碑记	（明）郭子章
任汉碑记	（明）王遵
任汉碑记	（明）刘沂
科贡题名碑记	（明）赵纪
科贡他们碑记	（明）赵应奎
建修县署碑记	（清）萧永芄
万春书院碑记	（清）冯中存
买置书院田亩碑记	前人
水竹居记	（清）向日升
偶记	前人
德通桥碑记	（清）李天骏
嘉禾记	（清）万青选
蜀南风土记	（清）陈献瑞
观风示	（清）淡士灏

诗

陪李七司马皂江上观造竹桥即日告成往来之人免冬寒入水聊题短作简李公（伐竹为桥结构同）	（唐）杜甫
观竹桥成月夜舟中有述还李司马（把竹成桥夜）	前人
李司马桥成承高使君自成都回（向来江上手纷纷）	前人
盐井（卤中草木白）	前人
温江道中（温江离省近）	（宋）朱熹
早离温江夜泊白沙步（晓与诸孙别）	（宋）赵抃

游三井观(三井久知名)　　　　　　(宋)陆游

晓诣三井观(路转市声远)　　　　　(宋)范成大

山居(松韵笙竽径)　　　　　　　　(宋)张孝祥

万春道中(霜净波平水落湾)　　　　前人

题夏氏庄(平湖漠漠雨霏霏)　　　　前人

入桂林歇滑石驿题碧玉泉

　　(百折崎岖岭路头)　　　　　　前人

次东坡先生韵(微凉入船窗)　　　　前人

(悠然望江南)

(渔师来卖鱼)

(朝发良方矶)

野牧图(吴牛三十角)　　　　　　　前人

(秋晚稻生孙)

观古鱼凫城(野寺依修竹)　　　　　(宋)孙松寿

晓坐天王寺(杳杳天宇凉)　　　　　(宋)喻汝砺

暇日与陈楚材游天王寺

　　(陈侯招我古寺行)　　　　　　(宋)何耕

春词(卜筑罗河水岸旁)　　　　　　(明)张丞先

(楝花开后暖风时)

春日村居漫兴(杨柳青青散晓烟)

(绵芊细草遍春畦)　　　　　　　　前人

游三圣寺(三渡过前溪)　　　　　　(清)郭渐逵

仙人洞(积翠迥峰绕嵯峨)　　　　　前人

新秋过赵如川湔庄书斋偶憩

　　(凿开混沌息纷华)　　　　　　前人

乾隆丁巳仲春归里束装后走温江访

　　樗斋草堂留别(走马来寻郭外村)　(清)乔铎

送季妹归温江五首有序

　　(汝及于归日)　　　　　　　　(清)董新策

(姑舅俱垂白)

(闺中无外事)

(丝萝欣有托)

(母老身犹健)

六月十九日约中美同访息机庄先赴

　　文家场久待不至因宿刘家林期以

　　次日(不道邛须友)　　　　　　前人

二十日早赴苏桥待中美(复践前期去)　前人

文石叹寄柳晓春(天上两丸跳不止)　前人

画马歌题徐梅夫卷(世间名马风骨殊)　前人

平凉游击李将军杀虎图

　　(平凉城西人竞语)　　　　　　前人

谒选归邀葛瀛芝同访温泉至培风塔

　　(杖黎同访温泉池)　　　　　　前人

封使君化虎谣(封使君化虎回)　　　前人

(化为虎入虎群)

(封使君化虎身)

(化为虎使君归)

(封使君化为虎)

四禽言(不如归去)　　　　　　　　前人

(行不得哥哥)

(泥滑滑)

(姑恶姑恶)

病中遣怀集唐三首

　　(我依琴鹤病相攻)　　　　　　(清)车载育

(行乐三分减二分)

(闲题章句写心胸)

劝农即事四首(熟梅天气雨漫漫)　　(清)沈裕云

(竹阴深处野人家)

(危桥仄径独登攀)

(重到山口万口欢)

跋樗斋诗余(迦陵豪纵才如海)　　　(清)储掌文

邑竹枝词(细碾油枯和粪担)　　　　(清)李启芃

(隔年编草搭蓬庐)

(廉纤细雨种麻天)

(麦草挑齐满屋叉)

大乘院僧鞋菊(不向山巅与水浔)　　(清)朱曙荪

菁莪书院落成(卜筑城隅曲)　　　　(清)蔡宗建

龙回寺见樊泽达题翠集西垣额吟

　　(翠竹潇湘夹径疏)　　　　　　(清)刘琢章

宿唐奉若乡庄(鳣堂开锦幔)　　　　(清)葛荃

前题(雨霁青如画)　　　　　　　　(清)葛运际

过天牙石有怀(何处飞来物)　　　　前人

10. 道光重庆府志

　　九卷　（清）王梦庚修　寇宗纂　清道光二十三年刻本　《中国地方志集成·四川府县志辑》（第五册）影印

卷九　艺文志

著述目录（略）

诗

奉檄权渝州（屈指驹光六载徂）（清）王梦庚（下同）

荣昌道上（试问荣昌道）

荣昌峰高驿（昌元东去指邮城）

晓过永川东皋驿（晓雾连天暗东皋）

碧山来凤驿（古驿苍茫落照西）

白市驿（迢递征程近）

渝州十二景用前川东观察湘潭张橘洲九镒韵

金碧流香（渝江江水阔）

洪崖滴翠（古洞郁层崖）

龙门皓月（横江刻巨石）

桶井峡猿（峡束隘于桶）

字水宵灯（疏凿控三巴）

黄葛晚渡（归鸦夕照衔）

海棠烟雨（神酣春睡浓）

缙岭云霞（拔地横九峰）

云篆风清（灵山势绵亘）

华蓥雪霁（华蓥矗云表）

佛图夜雨（雄关踞天半）

歌乐灵音（天地有元音）

净因寺古编钟歌用昌黎石鼓歌韵
　（夙闻古钟出江浒）

涂山怀禹绩八首（芒芒禹绩奠重林）

　（缓步寻游石径斜）

　（奇峰面面漾晴晖）

　（绕岸良田似画棋）

（杜林高咏仰空山）

（明德明明在上头）

（赖垂万世告成功）

（穹碑突兀路逶迤）

龙门浩（巨石踞中流）

滴珠泉（悬崖散飞泉）

涂洞（洞府窈而深）

涂村（巢穴风既遥）

览胜寺（来登绝顶峰）

觉林寺（鹫岭辟禅林）

报恩塔（七级涌浮屠）

岣嵝碑（衡岳祝融峰）

放生池（清泉贮一泓）

丹凤石用陈邦器韵（春回荽蓁桐）

巴子石用王汴韵（何年特地标灵石）

太湖石（渝州谒郡庠）

文星石（一泓偃月池）

巴蔓子墓（渝州城西甃石固）

丰年碑（碑碣潜江心）

登涂山绝顶用曹能使（学佺）韵（疏凿三巴旧）

游海棠溪用龙鹤潭（为霖）韵（春阴二月正及时）

龙藏寺用王熊峰（尔鉴）韵（荧惑守心兆北兵）

莲花池用刘慈涵园韵（渝州城北陂陁起）

会课东川书院示诸生用朱晦翁斋居感兴二十首韵
　（侧身列儒修）

（学正崇四术）

（渝州清淑气）

（吾道无古今）

（中林有翘楚）

（载道藉乎文）

（学山必至山）

（静深不可极）

（寸心贮明镜）

（精铁出昆吾）

（日月悬不刊）

（末学堕卑猥）

（硕彦际休明）

（学古乃有获）

（经义宏汉学）

（多闻复多见）

（涂山炳厥灵）

（经师实人师）

（龙门耸双阙）

（贤能首乡献）

11. 道光江北厅志

八卷首一卷　（清）福珠朗阿修　宋煊、黄云衢纂　清道光二十四年刻本　民国铅字重排道光本　《中国地方志集成·四川府县志辑》（第五册）影民国本

卷七　艺文志

诰敕

明

仁宗赐少师吏部尚书蹇义敕	（明）仁宗
封王凤鸣为徵侍郎翰林院检讨	
敕　泰昌元年	（明）光宗
翰林院检讨王应熊授徵侍郎敕	前人
赠王凤鸣为中宪大夫詹事府少	
詹事诰　天启六年	（明）熹宗
日讲官詹事府少詹事兼翰林院	
侍读学士王应熊授中宪大夫	
诰　天启六年	前人
礼部尚书兼东阁大学士王应熊	
充经筵讲官敕　崇祯七年	（明）思宗

清

赠段君仲振威将军江南水陆提督敕	（清）道光
赠段祥云为振威将军江南水陆提督敕	前人
赠段万选为振威将军江南水陆提督敕	前人
封江南水陆提督段琨为振威将军诰	前人
赠袁洙为修职郎直隶资州资阳县教谕敕	前人

谕祭文

明

谕祭吏部尚书蹇义父源斌	
文　永乐十七年	（明）成祖
仁宗为太子时祭封尚书蹇	
源斌文　永乐十八年	（明）仁宗
谕祭翰林院侍读学士江朝	
宗文　弘治十七年	（明）孝宗

清

谕祭振威将军谥勤壮直隶	
提督唐俸文　道光二十年	（清）道光

传

明

冯缙云先生传	（明）王应熊
南京户部侍郎倪禹同传	（明）刘道开
东阁大学士礼部尚书王非熊传	前人

清

潮州知府鹤坪龙为霖传	
李妇毛少君传	（清）翟槐

疏

明

保蜀援黔疏	（明）倪斯蕙
募修藏经阁疏	（清）龙为霖

记

宋

修成都府学碑记	（宋）冯时行

明

蹇忠定承恩堂记	（明）杨溥
蹇忠定退思斋记	（明）黄淮
西南平播碑记	（明）蹇达
温泉寺碑记	（明）江朝宗
官济桥碑记	（明）安邦
野猪岩修路记	（明）陈计长
桶井观音寺碑记	（明）王应熊

清

泊畈山为守寺僧舆若记	（清）宋衡
天成桥百字碑记	（清）龙为霖

桶井峡猿(山锁疑无路)　　　　　　(清)王尔鉴

华蓥雪霁(最爱华蓥雪)　　　　　　前人

五排律

唐

入东阳峡与李明府舟前后不相及

　　(东岩初解缆)　　　　　　　　(唐)陈子昂

五古

清

晓发龙藏寺至石船场山行作

　　(雨歇钟磬鸣)　　　　　　　　(清)王尔鉴

明月峡(谁凿江壁石)　　　　　　　前人

桶井温塘峡(我爱山中趣)　　　　　前人

闻鹛嘴岩大雪为之洒然(久思净聪明)　(清)周开丰

步韦苏州韵集句自嘲(逍遥阡陌上)　(清)刘会

闻张彬孺复迁乡庄仍步韦苏州韵集

　　句寄之二首(江北旷周旋)

(岂不怀旧庐)　　　　　　　　　　前人

五绝

清

石笋峰(独峙万松中)　　　　　　　(清)邓迪

跳石(择石乃置足)　　　　　　　　(清)罗愔

桶井峡猿(鼓棹寻花源)　　　　　　(清)周绍缙

华蓥雪霁(霁雪浮林光)　　　　　　前人

七律

宋

温泉寺(借问禅林景若何)　　　　　(宋)冯时行

清

怀龙雨苍先生(风流文采照江滨)　　(清)张汉

会勘华蓥山二首(拾级登高高转幽)　(清)林兴泗

(漫障东南半壁阴)

重过紫霞山云台寺(乱山翠拥入云深)　(清)王尔鉴

再游香国寺(共挽兰舟到寺前)　　　(清)罗守仁

春日游香国寺(春山渺渺映江波)　　(清)张宗蔚

游香国寺(舨峰石嶝曲盘空)　　　　(清)沈鈇

月下登涂山澄鉴亭观渝城夜景

　　(清光远照涂峰顶)　　　　　　(清)刘会

溉兰溪访友(果然此地绝风尘)　　　(清)程衡

庚子避暑温泉(翠微深锁梵王宫)　　(清)鲜与尚

禅岩二首(水阔天空红树秋)　　　　前人

(每道禅岩远市尘)

亭溪(烟萝岸断翠岚熏)　　　　　　前人

亭溪八景　　　　　　　　　　　　(清)僧寂崇

双流春涨(草阁回栏俯涧东)

夹口吐舟(青山对峙碧流斜)

太公罢钓(尚父何年化石头)

补山飞凤(丹山晓日彩霞围)

石船载月(大荒野岸一舟横)

红花漾景(岸坠红英染绛纱)

狮盘烟市(金眸蓬尾撒青毛)

石鼓流声(江干石鼓几经年)

渝北十景　　　　　　　　　　　　(清)宋煊

花岩叠翠(远山如屐倚长空)

明月衔江(谁把山中石一拳)

华岩雪霁(未睹华蓥雪候峰)

桶井峡猿(层峦无处可寻幽)

白岩石燕(云岩耸立势崔嵬)

桃花瀑布(云岩百尺势高悬)

文笔摩霄(矗矗文笔插半天)

聚莲毓秀(一个峰头几瓣莲)

香国长春(数遍涂山六六峰)

金沙火井(平沙浅浅水洲中)

花岩叠翠(巴山翠叠几千重)　　　　(清)黄善燨

明月衔江(明月峡高沱复深)

华蓥雪霁(华蓥雪景冠渝东)

桶井峡猿(客经巫峡听猿愁)

白岩石燕(方药曾传石燕飞)

排花瀑布(排花山势夹长川)

文笔摩霄(踏遍蜀山万点尖)

聚莲毓秀(一峰特起众峰环)

香国长春(庄严宝刹枕江干)

金沙火井(东巴火井旧无闻)

题渝北新筑八门(朗朗文星照九重)　(清)黄勋

七绝

清

饿龙雨苍四首（峡中水涸趁残冬）　　　（清）张汉

（不应便老入山林）

（天生铁瓮压晴波）

（庖羲揖让姓来人）

望香国寺（香国曾吟花雨香）　　　（清）王尔鉴

龚家岩（悬岩竹树影参天）　　　前人

龙聚山八景录四首　　　（清）罗学源

龙山耸翠（环宫绿竹绕仙居）

古堰秋鲜（问渠何处是源头）

危桥跨水（长虹飞跨水粼粼）

飞泉瀑布（混混源泉到峡来）

桶井峡猿（游云杳杳入山时）　　　（清）姜会照

华蓥雪霁（银海光摇碎玉明）　　　前人

七古

宋

信香院水亭（青天行月地行水）　　　（宋）冯时行

明

大狱叹（翻天覆地乱如麻）　　　（明）刘道开

清

题梅岩十里梅花一草堂图

　（梅岩居士梅为骨）　　　（清）龙为霖

张彬儒索指书濡墨应之

　（漆书蝌蚪肇苍史）　　　前人

荔枝谣（海山仙人绝尘埃）　　　前人

龙藏寺（忆昔燕王靖难兵）　　　（清）王尔鉴

张关行（渝州门户东铁山）　　　（清）袁锡夔

观音峡（一叶舟入观音峡）　　　（清）王尔鉴

诗

禅岩八景　　　（清）崇　寂

禅岩叠翠（碧嶂绕崆峒）

天台晓日（山势碧崚嶒）

仙洞贻云（石洞自天开）

涪江秋月（霜落涪江秋）

白沙落雁（渠水浪生花）

东阳晚渡（日落半山红）

峡水拖蓝（峡水绿阴凉）

西山夕照（夕照落山前）

12. 民国巴县志

二十三卷附文征四卷　朱之洪等修　向楚等纂　民国二十八年刻本　《中国地方志集成·四川府县志辑》(第六册)影印本

附录

巴县文征上篇
宋
重修成都府学记	(宋)冯时行
金堂南山泉铭	(宋)蒲国宝

明
通州射圃记	(明)刘春
保蜀援黔疏	(明)倪斯蕙
邹刘遗疏合刻序	前人
蹇忠定公辨诬	(明)刘道开

清
答赵中丞论韵书	(清)龙为霖
募修藏经阁引	前人
滇行日记	(清)刘慈
西山慈云寺记	(清)李为栋
游华蓥山记	(清)周开丰
重修三忠祠记	(清)潘清荫
送女训言	前人
洪恭人墓表	(清)梅际郇
黎姬墓志	(清)冉慈

巴县文征下篇
宋
书渝州冯当可富家翁逸事后	(宋)王十朋

明
蹇忠定承恩堂记	(明)杨溥
蹇忠定退思斋	(明)黄淮
刘文简文集序	(明)赵贞吉
刘氏族谱序	(明)吴宽

答重庆太守刘嵩阳书	(明)杨慎
平播疏	(明)李化龙
奢寅叛重庆纪略	(明)朱燮元
恢复重庆纪略	前人
兵部覆巡抚徐可求应卹疏	
请旌卹乡官保城殉难疏	(明)欧阳调律
辨刘时俊冤疏	(明)周宗建
代刘时俊讼冤疏	(明)尹仲
建文亡臣赞	(明)王诏

清
特举贤能疏	(清)川督哈瞻
刘氏科第志序	(清)徐元文
蜀道驿程记(节录)	(清)王士禛
梦寻纪事诗集序	(清)龚懋熙
桔园诗序	(清)黄佩笈
本韵一得叙	(清)蔡时田
本韵一得叙	(清)彭端淑
冉慈传	(清)赵熙
刘徇□传	前人

巴县文征上篇(诗文辞赋)
宋
谢友人惠酒(六府萃百感)	(宋)冯时行
张明远自持其所居萃肠亭记来求 　诗为赋三篇(静躁固异秉)	前人
(百城何迢遥)	
(文章盖代手)	

僧有悟策者见予于珞碛江上诵程子
　山孙季辰李仁甫赋成都信相寺水
　月亭之什仆囊客成都朝夕过信相

鉴公求此诗至再三余谓诗于佛法

业于绮语每笑诃之不为作今策诵

二三公佳句起予追赋长句付悟策

令寄鉴公（天行明月地行水）　　　　前人

寓兴（乘轩知有负）　　　　前人

题友人南北江山图（地廓秦山壮）　　　　前人

思归（安用区区五斗为）　　　　前人

赠李西台（潇湘浓碧浸青天）　　　　前人

温泉寺（借问禅林景若何）　　　　前人

明

大祀（礼严大祀肃千官）　　　　（明）蹇义

早朝应制（龙楼曙色映晴曦）　　　　前人

赠杨员外归蜀省墓（紫诰初颁焕玉音）　　　　前人

冬日登毗庐阁（塞雁南飞迥）　　　　前人

曲水寺（朱明初丽日）　　　　（明）王应熊

五福宫（山从城内起）　　　　（明）刘道开

曲水寺次王相国韵（溪响杂新雨）　　　　前人

崇因寺和曹能使先生韵（年来画粥地）　　　　前人

畴昔（畴昔千戈里）　　　　前人

宿柏林驿（古殿临官道）　　　　前人

乱后初至成都（锦城丝管地）　　　　前人

和费此度杂诗（闻说吾生亦有涯）　　　　前人

涵园（倪园草木未全荒）　　　　前人

清

山居（树里半开门）　　　　（清）刘汉如

八阵图（连宵金鼓震）　　　　（清）简上

宿洞庭（日暮征帆歇）　　　　（清）赵良樃

黄鹤楼（吾蜀青莲曾阁笔）（九岁作）　　　　（清）周泗

送友人之渝州（战伐乾坤满）　　　　（清）李以宁

百丈梁（积石横江渚）　　　　前人

禹庙（朱薨绣柱临江渚）　　　　（清）刘慈

涂山春眺（踏翠上层颠）　　　　前人

双烈墓（寝园多荡没）　　　　前人

杂感（雁以不鸣烹）　　　　（清）龙为霖

邨晓（薄云漏曙景）　　　　前人

偶憩（避暑投遥林）　　　　前人

昼鹰歌（秋高飒飒风枝枯）　　　　前人

（字法变化如浮云）

木如意歌（君不见烈士暮年心未已）　　　　前人

雨后闻驱九头鸟（康熙戊戌五十七）　　　　前人

丰年碑（渝城西峙江水东）　　　　前人

观海（落日沧溟好）　　　　前人

再乞养还乡（薄宦忆南滇）　　　　前人

游温泉绍隆缙云石华诸山寺

（寻胜来中峡）　　　　前人

（同伴饶高致）

（夙爱缙云胜）

（微日寒杉隐）

（石华传古刹）

和王明府熊峰造访九龙别墅

（江皋养拙处）　　　　前人

汤阴谒岳忠武祠（崖山震荡九天昏）　　　　前人

出京日感赋兼寄邸中诸友

（投足金台百虑非）　　　　前人

海潮寺（车马尘寰一曲湖）　　　　前人

郊外即事（昌明河曲板桥东）　　　　前人

王贞女（谁能生来不识郎）　　　　（清）曹龙文

四忠吟（有明末造争门户）　　　　前人

元重庆三忠诗（元社行将圮）　　　　（清）周开丰

牛角沱吊明殉难司马董公

（欃枪夜见犯井鬼）　　　　前人

丰年碑（嘉涪合流来渝东）　　　　前人

古迹

苏碑（洋州三十咏）　　　　前人

双状元碑（巴国当南宋）　　　　前人

香蓊碑（花宫墙外地）　　　　前人

表忠石（造化生此石）　　　　（清）刘曾

同人约登涂山澄鉴亭观渝城夜景为

寒风所阻怅然有作（平生山水

非悭缘）　　　　（清）张以谷

丰年碑（城东门外水潺潺）　　　　（清）王清远

兵后入城经五福宫有感（花宫荒寂久）（清）黄钟吕

（荆棘复荆棘）

游华岩赠圣可上人（缓步林蘋向夕曛）　（清）邓迪

（石磴松阴度碧岑）

登白云山访僧不遇（九峰山下白云绕）　（清）何仕昌

九日饮渝州书院（今日是何日）　（清）俞德修

温泉寺泉水（舟舣温泉寺）　（清）周骧

九日登五福宫沽饮无酒（辜负登高约）　（清）罗醇仁

禅崖（水阔天空红树秋）　（清）鲜与尚

（每道禅崖远市尘）

亭溪（烟罗岸断翠风燻）　前人

龙鹤坪先生九龙滩别墅

　（为爱山居避世尘）　（清）张宗蔚

游宝翰寺（拨云寻古寺）　（清）陈亭闾

舟次金鳌寺亭子（两江环拥一危亭）　前人

金鳌寺（蹑步寻幽径）　（清）苗济

古剑（补履两钱锥）　（清）龚有融

山居示子珪（有竹万竿已不俗）　前人

唐榛山秋山图为刘穆参题

　（两山合沓结茅屋）　前人

题太白像次东坡韵（若言浮世若浮沤）　前人

题画（倦读茅斋上小船）　前人

（曲岸深潭一钓竿）

郊行（郊行浑不辨西东）　前人

戏遣（残年差喜未全枯）　前人

宿邯郸题（从来睡汉尽公侯）　（清）龚珪

班定远墓（断碑三尺字模糊）　前人

益门酒肆题壁（泼眼岚光笑口开）　前人

漫兴（百城坐拥乐忘疲）　前人

（底事难教笑口开）

题龚晴皋先生画石（钟王法云渺）　（清）王劼

同陈漱父太史校全唐文于新教寺为谢

　康乐故宅成二十韵献之（翰林官已达）　前人

上石琢堂先生二十韵（上古平情法）　前人

送包慎伯大令奉讳归金陵（我本沦落人）　前人

代题庆制军保泛月理琴小照

　（弹琴正宜水中坻）　前人

与苏厚子巾子山寻翠微亭

　（木犀香暖下方闻）　前人

中秋夜分月出偕友湖上

　（久坐都因左手鳌）　前人

吴子序约从军扬威将军幕辞

　之（飓轮吹落海东头）　前人

赠黄次诚大令（二十年中风雨别）　前人

宿浮图关（落日淡前山）　（清）文现瑞

甲午重九同人集武昌公桑园登高

　还宴两湖书院（久雨黯沈寥）　（清）潘清荫

赠姚君仲实即呈马通伯先生

　（济南明湖澄于颖）　前人

和也愚菊社（徙宅入山日暂回）　前人

（去年鄂渚预登临）

冬日行旅（路转峰回外）　（清）王永庆

慰江秋舫妹弟礼闱下第并柬潘季约

　同年（得失何劳系寸心）　前人

次韵沧白见怀（星海伏流漕渭川）　（清）梅际郁

秋雨怀董莱子用其紫云楼诗韵

　（雨中黴点上秋衣）　前人

方外

太白崖（太白危崖路）　（清）僧海明

坚牢嵌（大千尚有壤）　（清）僧德玉

晚归途中口占（曳杖归来晚）　（清）僧天一

巴县文征下篇

汉

安帝时巴郡太守连失道国人

　风之曰（明明上天）　歌谣

唐

度涂山（小年弄文墨）　（唐）寇泚

巴女词（巴水急如箭）　（唐）李白

巴女谣（巴女骑牛唱竹枝）　（唐）于鹄

送周使君罢渝州归郢中别墅

　（君思郢上吟归去）　（唐）刘禹锡

巴江柳（巴江可惜柳）　（唐）李商隐

峡口送友人（峡口花飞欲尽春）　（唐）司空曙

发渝州却寄韦判官(红烛津亭夜见君)　　　前人

送僧上峡归东蜀(巴字江流一棹迴)　　(唐)吴融

五代

会□岑山人(渝州江上忽相逢)　　(唐)王周

宋

渝州寄王道矩(曾闻五月到渝州)　　(宋)苏轼

恭州夜泊(草山硗确强田畴)　　(宋)范成大

游大林寺(三月山房暖)　　(宋)周敦颐

宿崇圣院(公程无暇日)　　　前人

悼制置使兼知重庆府张珏

　　(气敌万人将)　　(宋)文天祥

挽制置使张珏(坤维拓提封)　　(宋)刘壎

明

巴田(巴田不成并)　　(明)刘天民

渝城人日简字给事(访旧来何晚)　　(明)诸葛鲸

登涂山绝顶(百折来峰顶)　　(明)曹学佺

崇因寺(背江才入寺)　　　前人

渝城晚渡(风俗他乡异)　　(明)黄翼圣

赠刘春刘台(每爱西川玉一双)　　(明)李东阳

送萧若愚(送君南下巴渝深)　　(明)徐祯卿

秋日巴中旅行(巴东秋气早)　　(明)王廷相

木洞驿(蹩浪喷江门)　　　前人

巴人竹枝(杨花作雪草连天)　　　前人

赠刘春刘台(绣衣遗老未成翁)　　(明)谢迁

渝江登陆(来往舟如屋)　　(明)杨慎

挽任侍御乃尊(巴国指南思定祖)　　(明)杨继盛

(生刍庐外悲风鸣)

禹庙(披云载酒碧山头)　　(明)傅光宅

驻军佛图关(军驻严关驻扼上头)　　(明)刘时俊

巴阳夜泊(独棹三巴夜)　　(明)施敬

次云屏九日韵(海门孤屿涌)　　(明)谢东山

巴女词(巴川积水极岷峨)　　(明)谢遴

九龙潭(渝城日日雨)　　(清)朱嘉徵

莲峰三滩(三日下渝江)　　　前人

岷峨行送杨大夫应召北上

　　(我闻岷峨之山几千丈)　　(明)董光宏

渝州送别驾周子东擢工部员外郎

　　(清华官属大司空)　　(明)刘绘

重庆演武场呈夏兵宪

　　(森森羽骑汉军营)　　　前人

秋夜登重庆澄清楼(排树含云态)　　　前人

军中口号寄诸弟(重关烽火阵云寒)　　(明)王行俭

清

江涨(一望忘溟渤)　　(清)张安弦

(秋水高城堞)

蜀中人士有天生重庆之谣拟诗为记

八月十八夜梦题府署止忆额联醒而

　　续之上郡宪陈真亭(咄嗟南北几回湾)　　　前人

渝州夜泊(涂山斜月落)　　(清)王士祯

题三忠传(已失夔门险)　　　前人

涂山绝顶眺望(飞瀑落长虹)　　　前人

舟出巴峡(曲折真成字)　　　前人

泊木洞驿(灯火宿江皋)　　　前人

宋简谦居之右江(龙江象郡路何长)　　(清)施闰章

华岩寺小憩(鞅掌疲征途)　　(清)王孙蔚

华岩洞(石磴凌霄上)　　　前人

(仙路迷中散)

游华岩寺访圣可大师(远寻经舍虎溪边)　　　前人

(弥天何处问生涯)

游华岩寺赠圣可大师(地擅蜀山胜)　　(清)潘之彪

寻梅(闲评素月借精神)　　(清)王江源

(疏影横斜隔水遥)

由楚归蜀计程春杪当过湖南矣偶感

　　成句(宦游自苦归无计)　　　前人

还巴子园(霜乌落石城)　　(清)林确

题回龙桥店壁(小憩回龙脊)　　(清)傅峤

集饮巴字园黄懿庵书舍感旧

　　(春风吹草绿)　　(清)余德中

过明月峡(花影照江流)　　　前人

秋日怀华岩圣可上人(秋怀偏不昧)　　　前人

(执手去年别)

觉林寺送岳鲁公归会稽(山寺匆匆别)　　(清)陈卓

13. 民国长寿县志

十六卷　陈毅夫等修　刘君锡、张名振纂　民国三十三年铅印本　《中国地方志集成·四川府县志辑》(第七册)影印民国本

卷十五　文征上

专著存目(略)	
谕祭聂荣襄公文	(明)世宗
明嘉靖二十九年己酉三月望日追	
恩谕祭聂荣襄文	(明)世宗
定番州知州陈公殉难传	佚名
甘母萧氏小传	(明)王明选
孙氏母子节烈传	(明)文可茹
张氏节烈传	(明)陈计长
冉母刘氏贞烈传	(明)李开先
华氏忠节合传	佚名
胡母朱氏节孝传	佚名
李处士传	(清)何其徽
忠节录序	(清)王奕清
风木纪序	(清)严虞惇
西宁风土记	(清)王长德
雷公生祠碑记	(清)余文熠
请速靖永蔺疏	《四川总志》
奏陈四川应除积弊六条疏	(清)韩鼎晋
奏陈巩固海防以御倭寇疏	(清)汪叙畴
军余纪咏自序	(清)胡超
啸声楼诗序	(清)霍润生
项氏修谱序	(清)陶斯咏
藤荫轩诗草序	(清)周泽溥
李贞烈女征文启	(清)彭光远
募修复龙山海天寺疏	佚名
查覆南海举人康祖诒新学伪经考	(清)僧采薇
长邑傅氏族谱序	(清)僧采薇
覆李滋然书	(民国)梁启超

刘氏合谱序	(民国)刘君锡
廖树勋传	(民国)李鼎禧
长寿县团练养成所同学录序	佚名
周立鼎传略	佚名
李钟璜传略	(民国)萧湘
李氏三烈妇传	(民国)李宝士
向名镇自叙	(民国)张殿宣

卷十五　文征下

黄草峡(黄草峡西船不归)	(唐)杜甫
大热泪乐温有怀商卿德称 　(暑后秋逾浊)	(宋)范成大
巾子山又雨(百日篮舆困)	前人
张桓侯刁斗(天下英雄只豫州)	(明)张士环
谢某馈柑(弃却春光独爱秋)	(明)僧雪庵
白鸥(独立沙丘雪一团)	前人
同近台张侍御竹崖李金宪东冈余副 　郎登北真观炼丹台得二绝句 　(石屋萧疏丹灶虚)	(明)喻时
(峰头列市零千叠)	
侍御梅园楼宴龚侍御文选余于山 　(握手孤亭思渺然)	(明)戴锦
偶见(众芳既坠不上枝)	(明)王长德
乱后山居三首(晨光犹自及柴门)	前人
(我形我影自周旋)	
(小园卉木长春芽)	
癸未公车有阻迂道归里途中感赋 　(春山日日子规啼)	(清)李开先
使者归自滇南(使臣东下已经年)	前人

题兰木院（古寺幽深锁翠霞）　　　　（清）李士震

题行人杨乔然别业（郭外水之涯）　　（清）滕之伦

在黔遇同井人感怀故里

　　（客路逢迎半故乡）　　　　　　（清）李瑞鹤

公燕行（噫吁兮今昔何夕）　　　　　　前人

长寿县吊雪庵和尚（枳县秋风怆客魂）（清）王士禛

定慧晓钟（古刹鸣钟万户醒）　　　　（清）石如金

西岩瀑布（千尺灵源雪浪喷）　　　　　前人

秋日赠九十一翁传一先生

　　（高秋清洁乐佳晨）　　　　　　（清）李以宁

其二（南极流辉泛羽觞）　　　　　　　前人

其三（花甲开余三十年）　　　　　　　前人

送韩聚五之开化（同时捧檄着先鞭）　　前人

题东山废寺（当年古寺簇雕梁）　　　（清）李徵涛

游白崖（谁云野老无幽致）　　　　　（清）李皋侟

锦山草堂（锦山高枕是吾庐）　　　　（清）李世燕

谒桓侯祠（入庙瞻遗像）　　　　　　（清）刘慈

挽华成实先生（当年烽火逼孤城）　　（清）吴崇

养蚕堆（养蚕堆，可怜颜色如死灰）　（清）张问陶

送李平山太守任杭州（有用真才少）　　前人

送韩树屏侍郎省亲归长即题秋江归

　棹图（还山原比出山难）　　　　　　前人

烟霞石（昔登峨嵋颠）　　　　　　　（清）余暹

游北真观（闲从禅院印禅心）　　　　（清）李莒

宿荣斋韩二丈山馆凌晨观云海

　　（伯休隐灞陵）　　　　　　　　（清）胡益之

过旌表节孝孔吴氏墓下题句

　　（忠臣不二主）　　　　　　　　　前人

游观霄洞（通明何隐君）　　　　　　（清）黄嗣拭

题大夫岩（大风何似大夫贤）　　　　（清）李长仲

桃源洞（见说桃源洞）　　　　　　　（清）聂鸣

题陈节妇（夺刀争死瞑夫目）　　　　　佚名

青城五老赞　谯定（天授韬奇）　　　（明）杨慎

题文昌宫石壁（高阁凌空锁碧苔）　　（清）韩鹤寿

达州吟（两湖教匪未肃清）　　　　　（清）胡超

塔巴墩巴什玛杂获逆首卓霍尔奉

旨以总兵即用纪事（总领纶音下紫阁）　前人

铁盖山生擒首逆张格尔召见后以提督衔

　在乾清门侍卫上行走恭纪（一片承平奏

　凯旋）　　　　　　　　　　　　　前人

赴固原提督任（秋容淡扫景澄鲜）　　　前人

重游东湖谒东坡先生遗像

　　（策马城东趁晓游）　　　　　　　前人

赠采薇僧（沧海横流淹九土）　　　　（清）戴锡畴

三忠祠（雷将军面）　　　　　　　　（清）李文山

看山（微曤苍翠锁松关）　　　　　　（清）任应阶

成都武侯祠题壁（三国议纷纷）　　　（清）李端然

书谢孝子万程事（康熙某年七月

　二十日）　　　　　　　　　　　（清）扬德坤

书吴孝义鸿锡事（程婴杵臼善抚孤）　　前人

怀古（古人先鸟起）　　　　　　　　　前人

（古人慎守身）

成都纪咏（剑阁横云压大荒）　　　　　前人

金陵怀古（六朝金粉黯然销）　　　　　前人

邺城怀古（横槊当歌一世雄）　　　　　前人

张良（假托神仙任去留）　　　　　　　前人

挽潮州镇张军门

　　（三忠大节可同论）　　（清）李滋然（即采薇僧）

　　（一代英雄付逝波）

扬州梅花岭展史阁部墓

　　（□江春水绿沄沄）　　　　　　　前人

过汉阳（红羊劫换几经年）　　　　　　前人

晚泊夔门（穷途飘泊寄扁舟）　　　　　前人

挽袁世凯（奸谋未遂骨先寒）　　　　　前人

咏李贞烈女（夷齐未仕纣）　　　　　（清）段寿慈

咏李贞烈女（儿无父，母无夫）　　　（清）段成恪

咏李贞烈女（枳里乡，怀清台）　　　（清）郭用楫

咏李贞烈女（柏舟矢志古称贤）　　　（清）杨树棻

黄泉（黔江回忆尽忠时）

孤儿（那堪厄运到螟蛉）

咏李贞烈女（离鸾谱罢正凄其）　　　（清）戴锡畴

（能将一死报夫难）

咏李贞烈女(闺中殉义肯身轻)　　　(清)周钧

(正气长留画阁中)

咏李贞烈女(蜀魂夜叫山竹裂)　　　(清)骆成骧

题周云谷墓(濂溪门馆甚清幽)　　　(清)徐正儒

题何均成墓(英姿卓荦出尘寰)　　　　　前人

进士题名碑歌(西山片石高嵯峨)　　　(清)周本一

苦旱(到处祷甘霖)　　　　　　　　　　前人

夔州吊鲍忠壮超(盖世英名弱冠年)　　(清)彭光远

武昌访黄鹤楼故址(天公偏遣我迟来)　　前人

连夜梦与雷培生论文(恋恋古人情)　　　前人

垫江怀李西沤先生(英才大半出公门)　　前人

梁山怀破山和尚(曾将文字结姻缘)　　　前人

瞿唐峡(滟滪如马复如象)　　　　　　　前人

金山(金山俯瞰水晶宫)　　　　　　　　前人

焦由(镇住维扬水底天)　　　　　　　　前人

陶然亭(眼界忽玲珑)　　　　　　　　　前人

甲午感事(燕颔难邀万里侯)　　　　　(清)张葆彬

送张学愈归璧山

　　(通川一水逐飘蓬)　　　　　　　(清)邓宗藩

小憩吕氏园(帘幕摇新绿)　　　　　　　前人

次舒和轩韵兼怀舍侄春农北京

　　(新诗独唱大家风)　　　　　　　　前人

登城晚眺(结伴登临感素秋)　　　　　　前人

和赵芸苏大令乙卯感怀原韵

　　(官鼓无声暖阁开)　　　　　　　　前人

和赵大令感怀(羊胃羊头尽作官)　　　(清)邓屏藩

(悔不当初学壮游)

辛亥书怀寄元甫弟光乾

　　(未能绝域建奇功)　　　　　　　(清)李钟璜

(山川跋涉几星霜)

(大梦方酣何日醒)

(苔岑契合两无痕)

奉简采薇僧夫子三十二韵(泣忘山河改)　前人

青烟洞(峭削悬崖露石根)　　　　　　(清)郭荣炎

题天宝寺寿佛阁(大雄宫殿郁葱苍)　　　前人

赠采薇僧(靠水依茎负郭城)　　　　　(清)华宗智

(硕果孤存一瓣香)

怀韩镜如先生(傲骨天生迥不同)　　　(清)傅维乾

怀采薇僧(心如郎月映清潭)　　　　　　前人

怀左兰皋(家法渊源溯太冲)　　　　　　前人

夜宿凤山书院(门墙函丈故依然)　　　(清)李鼎禧

送华宗智庶常入京(中朝庶政待平章)　　前人

(弱冠文章伯仲间)

彭风和招饮北真观(凤城此高绝)　　　　前人

(雉堞偶登望)

挽经节妇(旷世遗才无蔡邕)　　　　　(民国)雷调鼎

祝雷尧平八旬有二寿(三元毓秀

　　孕菁英)　　　　　　　　　　　　(清)刘焜

(是翁矍铄好精神)

御封山吊雪庵和尚(御封山顶

　　植松柏)　　　　　　　　　　　　(清)余少珍

次督学何子贞猴背翁七古原韵

　　(翁之书法谁与同)　　　　　　　(清)王百原

题任香湄广文啸声楼诗集

　　(一□古涼云)　　　　　　　　　(清)霍雨霁

(谁与弹此调)

留别县中诸友(巍然望重鲁灵光)　　　　前人

(声华珂里久称贤)

(与仲同科止少年)

(文场酣战仰英姿)

(贡树分香忆紫宸)

(百里分苻愧一官)

(登天一第古原难)

(克绍家风中一科)

(矍铄精神近八旬)

(素封家世著巴东)

种花(要从香海觅生涯)　　　　　　　(清)任应沅

静意(轻寒一枕醉梨花)　　　　　　　　前人

游东山寺(灵迹闻仙乡)　　　　　　　　前人

禅悦(脚跟实地只尘埃)　　　　　　　　前人

维摩面壁图(戒律何从净六尘)　　　　　前人

(丹青一幅现奇观)

看人画佛（画工画意不寻常）　　　　前人

春日读梵书（新诗频写兔毫尖）　　　前人

登菩提山（平生具有看山癖）　　　　前人

怀清台（我访怀清台）　　　　　　　前人

白头滩怀古（滩声一角蒸断云）　　　前人

挽韩绿琴大令（清风伯仲古名流）　　前人

挽李鲁生广文（自拼沥血诉忠肝）　　前人

感怀杂咏（沧海横流变局开）　　（民国）赵维城

（误尽平生是一官）

（去来重到乐温游）

（养寇先为大府忧）

（故交相爱复相亲）

拜将（声灵赫濯足安邦）　　　（民国）周永锴

壬子感怀（身世频年感慨多）　（民国）李培业

白莲（冰饥玉骨抱仙胎）　　　（民国）余涛

桃花洞（行来何处觅春华）　　（民国）余书

顾影（我自平行汝倒行）　　　（民国）周光烈

（自到人间倩尔陪）

偕三弟及诸子登钟成寨绝顶

　　（四面云山堆地起）　　　（民国）黄铸

美人抱琵琶图（默默有所思）　（民国）张玉成

杜鹃词（别离何事费叮宁）　　（民国）陈一之

（柳絮清明黯五湖）

（蜀江千载恨难消）

（明月山头几度春）

（底事东皇惊欲驰）

（云满晴桥水满汀）

（江天漠漠夕阳斜）

（彻夜春云暗碧芜）

（掠影翩翩过翠微）

春柳（小桃开后燕飞时）　　　　（民国）雷汉宾

清明日念先慈殡宫不得祭扫诗以

　　志痛（黯淡青阳气不舒）　　（民国）段寿慈

和采薇僧（鼎湖云暗国寻空）　　（清）向名显

（群龙无首地天昏）

题邑宰霍润生藤荫轩诗草

　　（共类陶明宰）　　　　　（民国）邓宗藩

（风骚归惩劝）

题向抚屏先生长生会步原韵

　　（一生心气本和平）　　　　　　前人

题长生会步原韵

　　（直上昆仑路不平）　　　　（民国）彭述古

题长生会步原韵

　　（谁将礼教□昌平）　　　　（民国）周骏声

和采薇上人（世界茫茫歧路多）　（民国）张葆吉

渔家傲　凌云山东坡读书台怀古

　　（嘉陵翠扑峨嵋扫）　　　　　（清）彭光远

谢池春　工部草堂（每饭思君）　　　　前人

虞美人　薛涛井（十一节度消磨久）　　前人

点绛唇　涂山（绥尾庞狐）　　　　　　前人

浪淘沙　司马长卿（题桥几踌躇）　　　前人

锦堂春　扬子云（草元空说）　　　　　前人

两墓表辞（两墓表兮）　　　　　（民国）吴芳吉

浴普陀海岸（我生蜀山中）　　　　　　前人

14. 道光綦江县志

十二卷首一卷　（清）宋灏修、罗星纂　清道光六年刻　同治二年杨铭、伍浚祥增刻本　《中国地方志集成·四川府县志辑》（第七册）影印同治本

（天地生此人）

（吾生有天幸）

（诸君最有缘）

同治二年补修

题罗春堂孝廉瀛山绝顶远眺图

    （我昔乘轺走西蜀）　　　　　（清）俞恒泽

又（看水不嫌曲）　　　　　　　（清）伍辅祥

游铜鼓殿（危岩蹑千重）　　　　（清）陈洪宪

道光十五年增修

诗六十一首　　　　　　　　　　（清）罗星

温塘（天下几温泉）

天台寺月下露饮（天高月直来）

恭记邑侯邓厚甫刺史更修綦江县城

    垣并金埔堤及试院及创建魁星阁

    等工告成事实一百五十二韵（贤者有伟绩）

吊明将军张良贤并序（昨战至登铺）

登瀛山绝顶放歌（山盘百叠空依傍）

裂袍行为明府陈北海师作（北海明府古循吏）

为陈生文鸿题贤母节孝唐氏寒宵课子

    图（寒霜夜静风打屋）

真女完婚行（世间多少伤心事）

龙角溪王阁部墓（拨雾寻公墓）

安里节孝周王氏六秩（独抱乾坤正）

观堂先生墓（寂寞孤坟在）

读李梧庵志稿并序（先生遗稿在）

癸酉仲春游古剑山因止宿

    （春风吹我上山来）

重到白云观（十年重到旧山游）

古南州治（岩疆分镇已千秋）

古南平军（军启南平控百蛮）

□□□□（便道从师肯认真）

百户蒋懋赏（壤云低压昼昏昏）

周明府作乐四首（怆忙来补旧山河）

（南征欣逢霍嫖姚）

（平却南蛮剩此身）

（搦管沉吟漫费词）

忠国公王祥（夔门一坏走封狼）

总兵张奏凯（长戈西向黯魂销）

张奏凯妻节孝曹氏（良人报国肯亡身）

黎罗氏节孝（浮尘安受喜滋丰）

（侍奉翁姑敢惮劳）

（灯影荧荧彻夜寒）

（而今闺阁已流芳）

邑侯雪汀袁明府挽词（花封容易说循良）

（闻道袁安策马来）

（下里无端健鼠牙）

（不敲云板不悬钲）

（才作西方保障来）

（不喜形家忌讳多）

（宦途分辔各黄韩）

（守拙无心作壮游）

邑宰邓厚甫重修试院落成

    （巨制年年说改更）

古剑（古剑宵鸣太乙坛）

古镜（疑是秦宫照胆遗）

南平军榻宋刻多纸甚有磨灭不可

    卒读者（沿崖细读古人书）

安里响崖（一泓溪水浸云根）

白云观八景

石笋参天（天半何年长竹胎）

洞天玉井（凿破云根涌碧澜）

南岩仙奕（苔径斜通古洞幽）

飞泉喷玉（劈空无脉自飞泉）

梯步鸣琴（水作冰弦石作琴）

岩波双鲤（清浅岩波混碧霄）

丙申上元前二日送厚甫邓贤侯

    调任富顺（春江平地转恩波）

（旧典相沿创与因）

（尚忆轻车入境时）

（傲吏骄人不要钱）

（为政风流岂但才）

（□□□□□□□）

（漫演鱼龙扰未休）

（鳅生平素短谀词）

挽陈子肇堂文一（绮岁胸无物）

（昔予修邑乘）

（恋恋师门重）

卷十二　艺文下　五言律

宋

游观音崖（两载南州客）　　　　　　（宋）王坚

明

游胜果寺（胜果盈盘在）　　　　　　（明）罗文蔚

登观音崖（古阁悬天半）　　　　　　（明）杨为栋

题白云观（白云人已渺）　　　　　　（明）牟之鹏

游中峰寺（直向中峰去）　　　　　　（明）杨霏玉

望瀛山（瀛岭青天外）　　　　　　　（明）傅光宅

吊张房二将军（二将当关口）　　　　　　　前人

过綦江（孤城兵火后）　　　　　　　　　　前人

清

送李明府兼摄江津篆（正听鸣琴治）　（清）任立相

再游白云观（前林遮不断）　　　　　　　　前人

龙角溪王阁部墓步鲁明府韵四首

　（兵权宁不重）　　　　　　　　　　　　前人

（天恩曾再问）

（溪咽悲何急）

（烟景迷离候）

上李制府会剿功成（天子命专征）　（清）孟易吉

游水月殿（水月南平胜）　　　　　　（清）黄极

步前韵（石径登高处）　　　　　　　（清）杨春

步前韵（自昔龙山饮）　　　　　　　（清）杨岱

次宋王坚游观音崖题壁原韵

　（一阁凌霄汉）　　　　　　　　　　　　前人

罗汉寺守雪（避秦来古寺）　　　　　　　　前人

雪消有感（门外无声响）　　　　　　　　　前人

行乡勘民务因访古剑山（阳春满岑寂）（清）许国棠

还家（还家犹作客）　　　　　　　　（清）刘士衡

綦江登舟喜晴（历尽崎岖境）　　　　（清）李天英

甲寅上巳日五十三岁初度留别綦人

　士（花甲年非远）　　　　　　　　（清）张天禄

初至南平（地僻新诗少）　　　　　　（清）李楫

南平客楼（疆场百战返）　　　　　　　　　前人

晓发夜郎溪（鼓播喧天白）　　　　　　　　前人

重过中峰寺（石尚撑空立）　　　　　　　　前人

宿中峰寺（矗矗中峰立）　　　　　　（清）黄廷元

过西禅院次李豸山韵（见说西禅寺）　　　　前人

登古剑山（昔过白云观）　　　　　　（清）陈铭

同治二年补修

寄怀罗春堂先生（闻君结高契）　　　（清）文献瑞

游白云观（素有凌霄志）　　　　　　（清）饶履丰

望云阁对雨（斜阳收不及）　　　　　（清）杨端

南平送乡人归里（江晚送行舟）

同胞弟均甫登剑岭夜宿僧舍

　（古剑凌空矗）　　　　　　　　　（清）陈洪图

祀前明扬武将军祖墓（忠盖彰前代）（清）陈洪猷

（本是封侯骨）

丁未夏六月避暑白云观偶赋

　（历尽崎岖路）　　　　　　　　　（清）郭维键

（漫许峨嵋秀）

七言律

明

送张丞之郓城（当年一别各天隅）　　（明）李勋

行部过綦江（云山环绕驿楼低）　　　（明）陈述

送段广文之綦庠（落花飞絮点征衣）　（明）彭龙

送萧令之綦江（承恩侵晓立朝班）　　　　　前人

送萧大尹令綦江（宾贡当年与并行）　（明）欧阳鹏

重游胜果寺（忆昔为儒挟策游）　　　（明）罗文蔚

（风光相引漫徘徊）

寿刘三川视师川东（嵩岳重生甫与申）　　　前人

山中漫兴（城市山林去路赊）　　　　（明）王白云

步前韵（弱水天台道路赊）　　　　　（明）杨太明

平播凯旋述怀（韬略无能继父风）　　（明）刘綎

（逆竖频频西顾忧）

清

水月殿（平江潋滟水痕齐）　　　　　　（清）虞元枋

留别南平四首（七年草草一劳臣）　　　（清）孟易吉

（宦游天末楚身孤）

（斩棘披荆事惘然）

（一官束缚与心违）

送李明府秉真入都二首

　　（宦海从来叹渺茫）　　　　　　　（清）任立相

（北阙朝天去路赊）

李明府王阁部墓作诗奉答

　　（禾黍离离相业空）　　　　　　　　　　前人

壬申中秋夜甫城内禁歌舞音乐

　　（秋月年年此夕圆）　　　　　　　　　　前人

清风洞（天开石隙与云平）　　　　　　（清）任宣

桂香亭碑（昔闻芳迹半生疑）　　　　　　　　前人

咂酒（妙酿临邛得此方）　　　　　　　（清）夏宛林

和咂酒（酒国无人记此方）　　　　　　（清）印山

游古剑山（古道生苔险复荒）　　　　　（清）陈愚

秋日留綦有感（露落江枫去路遥）　　　（清）严简

观音崖（蓬辙年来转未停）　　　　　　（清）虞兆清

游白云观（王子何年到岭头）　　　　　（清）王后

印山义馆（分得青毡一片寒）　　　　　（清）唐有勋

九日登观音崖（登高何处觅秋清）　　　　　　前人

偕诸同城泛舟观鱼（懒向青州问布衫）　　　　前人

步前韵（江干草色映青衫）　　　　　　（清）石崇正

登古剑山（丹梯尽处接孤峦）　　　　　（清）杜兰

雅安署中忆南平小斋二首

　　（城南草舍恐荒芜）　　　　　　　（清）刘士衡

（阶前雨后长蘼芜）

白云观独步（峭壁摩天展画图）　　　　（清）鲁淦

宿夜郎菁（乱峰回合带斜阳）　　　　　（清）李天英

和熊峰王太尊浮图关原韵

　　（旭日春风天上来）　　　　　　　（清）骆应斌

仙源洞（天然佳胜控三巴）　　　　　　（清）僧海华

游白云观（仙苑崔嵬耸碧霄）　　　　　　　　前人

偕松崿邓明府游古剑山

　　（为访名山戴笠来）　　　　　　　（清）潘元音

（湿却衣衫垫却巾）

九日登崇山（芦白枫丹令节催）　　　　（清）蔡中

春日拜明阁部春石王公墓

　　（深山深处葬精忠）　　　　　　　（清）李楫

落成（半亩宫庭告落成）　　　　　　　（清）陈铭

观畬堂（堪唶问舍与求田）　　　　　　　　　前人

东溪营赠慰农八兄（跃马横戈无古今）（清）毛辉凤

登琵琶山（南望黔云扫不开）　　　　　　　　前人

同治二年补修

奉怀罗春堂先生（九峰松石留嘉遁）　　　　　前人

广文钱敬庵先生归崇宁索赠

　　（桃李欣看次第花）　　　　　　　（清）罗籍

（春风回首忆迢迢）

丁未仲秋之官晋阳途中口占

　　（诸兄衮衮近天闿）　　　　　　　（清）伍奎祥

琼甫翰屏两兄长责余不常寄书并谆

　　谆以携眷赴晋为劝赋此见意（欲

　　作家书字几行）　　　　　　　　　　　　前人

戊申嘉平九日为外舅罗春堂先生寿辰

　　敬赋一律奉寄（去冬祝嘏丈人峰）　　　　前人

送陈均甫同年赴山左大营（喜闻飞将自天来）

　　（年来岑寂隐蓬蒿）　　　　　　　　　　前人

扶欢坝（岩风渐渐度寒朝）　　　　　　（清）董淑昌

綦阳官署有感（学浅空邀一命荣）　　　（清）章文烈

高唐营中寄怀戴润珊同门

　　（记曾砚几接兰薰）　　　　　　　（清）陈洪猷

送曾卓如夫子总督四川（中原全局系西川）　　前人

其二（香山佳气应星辰）

其三（颍滨年少负清才）

其四（骊歌响咽沔滩流）

送胞兄均甫入都（骨肉相依正年少）　　（清）陈洪箴

筹防到綦和廖春湖明经韵兼呈局中

　　诸君子（为求贤达到边城）　　　　（清）孙濂

（买骨黄金早筑台）

同治二年补修

壬寅上巳八十作（公然八十杖于朝）　　（清）伍绍曾

（延龄何必问刘安）

（故吾相对感今吾）

（年年修禊水之湄）

壬子上已九十作（笑听吉语画堂前）　　　　　前人

（就养京华十六春）

懒餐云母饭青精修禊流觞韵再赓

　　（九十春光随处领）　　　　　　　前人

（花开时节辄心开）

和林戬门明府原韵

　　（会闻济济萃文冠）　　　（清）李毓璜

送钱敬庵学博归崇宁

　　（衣锦从来返故乡）　　　　　　　前人

署中夏日偶题（敢道他乡是故乡）　（清）杨端

挽伍燕堂先生（国朝岁月老峥嵘）　（清）萧鹏吉

五言绝

清

秋日晚眺（山庄秋色暮）　　　（清）任立相

望峨眉（对此峨嵋山）

同治二年补修

　　县治八景　　　　　　　（清）李毓璜

龙角溪声（夜来何处雨）

瀛岛云蒸（气起云千极）

月涵湖水（浩气自澄穆）

胜果呈刹（胜果几时有）

七言绝

明

夜郎溪（行到滇南欲尽头）　　　（明）杨慎

飞鹅石（石峭飞鹅久孕成）　　　（明）段师文

夜郎溪题壁（王师平播此经过）　（明）刘綎

瀛山（危石巉崖隐岱宗）　　　　（明）方运熙

观音崖题壁（佛阁依崖拟摘星）　（明）程春翔

东溪驿（登登山路高还下）　　　（明）刘瑞

播南吟（荒草犹传李白城）　　　　　　前人

（水交菁里有猿啼）

（百折羊肠一径微）

（小菁南头大菁邻）

（何人唤此老青冈）

（石虎关高似剑门）

（又向南溪入菁来）

松坎驿（九十春光欲暮）　　　　　　前人

（乍雨乍晴天气）

清

落花（花信于今可奈何）　　　（清）任立相

滇南署中遣怀（林峦向晚郁青青）　　前人

采楠木词（古树何年占地灵）　（清）唐有勋

（山深林密老檀栾）

（从此轮菌到水天）

温泉（羡煞塘边土著人）　　　（清）刘士衡

扶欢山下作（千回百折好烟峦）　（清）李天英

（领得妻孥破旅颜）

过夜郎坡（夜郎东去说三坡）　（清）顾汝修

次綦江蔡象五学博韵（自惭

　　姓字不能标）　　　　　　（清）李楫

答春圃吴广文（一琴一鹤一担书）　　前人

归家即事（人情今日尚繁华）　（清）陈铭

（刚逢令节届端阳）

白云观怀古（当日先生号白云）　　　前人

（蠢钝求真住此中）

修綦邑志摹搨古碑有感

　　（长风倒卷僰溪流）　　　　（清）宋灏

同治二年补修

题罗春堂瀛山远眺图（井

　　络天彭眼底收）　　　　　（清）蒋德馨

（羊脑蜿蜒鹅颈长）

又（瀛山绝顶小盘桓）　　　　（清）倪应观

秋夜沙湾同友辈泛月小饮

　　（凉夜风吹瑟瑟罗）　　　　（清）罗弼

（飞出龙宫赤玉盘）

（骊珠浴处久徘徊）

瀛山晚眺（天外天兮山外山）　　　　前人

（更无五色可迷人）

赖仙槎学博秉铎吾邑十五年矣与余

为忘形交告归赋此送别（汉嘉人去

书才寄）　　　　　　　　（清）伍奎祥

（卓荐荣膺鬓未皤）

（黔阳风鹤苦疑猜）

（旧游征逐记相从）

（离亭玉笛黯神伤）

八景诗

龙角溪声（乱石飞湍走怒涛）　　（清）任宣

牛冈雪牧（牛冈山上雪初残）　　（清）綦冕

马鞍负图（巨石□雕鞍亭亭）　　（清）杜长春

瀛鸟云蒸（谁挈瀛洲妥帖安）　　（清）杨荣

月涵湖水（万顷汪洋似镜湖）　　（清）綦冕

笋出天边（石峰如笋势崔嵬）　　（清）叚谏

胜果呈刹（凤岭何年秀结胎）　　（清）陈愚

玛瑙藏滩（滩中玛瑙巧缠丝）　　（清）杨炜

白云观八景

石笋参天（突兀擎霄不避风）　　　方□

天玉井（分明碧落泻寒泉）　　（清）徐振基

南衙仙奕（瞻彼南山石千秋）　　（明）李凤

琼枝连理（玉树交加兢逞芳）　　（明）封嘉蕴

龙头雪蔼（叠叠层层拥翠峰）　　（明）杨珂

飞泉喷玉（当年瀑布说庐山）　　（明）黄榜

梯步鸣琴（五丁开凿上天梯）　　（明）杨太明

崖波双鲤（石洞飞湍涌碧泉）　　（清）杨苏

词

水调歌头夜郎溪春泛（劝子一杯酒）　（明）刘望之

满江红卸万县事调綦（一自闻迁）　（明）周作乐

莅綦江视事（廿有七年）　　　　　前人

15. 民国四川綦江续志

四卷　（清）戴纶喆纂修　民国二十七年增刻本　《中国地方志集成·四川府县志辑》(第七册)影印本

卷四　艺文　文

宋

曹旦知南平军敕	（宋）苏轼

明

改置土沱黔南白渡三驿碑记	（明）张希召

清

扶元书屋记	（清）屈伸
建修节孝祠记	（清）彭旭初
查勘綦隘情形禀	（清）丁凤皋
创修建福楼记	（清）戴琛
募修城隍祠记	
游琵琶山记	（清）沈毓新

诗

清

赶水(唐置三溪县)	（清）赵旭
石濠(市形迥合市声喧)	前人
烈女叹为女甥戴凤姑作	
(吁嗟烈女有如此)	（清）刘有伦
连日苦雪步出綦城远眺有感	
(朝雪暮雪积深深)	（清）李蹇臣
僰江船户谣(綦阳之水绕城流)	前人
哀船妇(三船衔尾破江来)	前人
北渡(寒风瑟瑟泊滩舟)	（清）郭世元
谒前明阁部王春石先生墓	
(天南赫赫督王师)	（清）戴琛
瀛山二首次郭炼吾韵(晴岚时满郭)	前人
(峭拔倚空傍)	前人
谒刘大将军祠(飒爽英姿尚俨然)	前人
登雁鸣塔(檐风浩浩纵且横)	前人
胜果寺有感(寂寂诸天引胜情)	（清）戴如金
宿古剑山(腾空剑气枉纵横)	（清）陈树修
游白云观忆王白云	
(白云观内白云止)	（清）张先达
壬申生日登古剑山	
(危梯盘屈路潜通)	前人
渡桥坝河(五里城南水路通)	（清）张宗元
登老虎石(勃作登临兴)	（清）吴国栋
飞鹅石(几觅稻粱綦水浔)	前人
分水岭(分水岭分水处)	（清）陈树梁
柏花行(老翁厅前植二柏)	前人
南州竹枝词(时世偏宜淡淡妆)	（清）陈锟
(乘凉争上阆风台)	
登古剑山(古剑高难拔)	前人

艺文补遗

孝妇行(山何以有岩壑)	（清）戴纶喆
孝女行(生女与男孰重轻)	前人
烈女行(嗟嗟南山有虎兮)	前人
节妇行(南山之木古井水)	（清）危树忠
登奎星楼(一楼四拥苍烟堆)	（清）戴纶喆
吹角坝建安古碑歌	
(我昔北至大学读石鼓)	前人
谒刘大将军(铤)祠(凌烟褒鄂几人同)	前人
王春古阁部墓(狐鼠纷拿鸾凤讹)	前人
读史忠正公集书后(直北关山夕照斜)	前人
挽陈翔初(南州冠冕重乡评)	前人
(孔李通家文字缘)	
(横缠病竖扰情魔)	

16. 重修荣县志

三十八卷首一卷　（清）王培荀总纂　道光二十五年刻本　光绪丁丑年重刻本

松林禅馆(晚凉驱马来山寺)	(明)范渊	龙山竖笔(南山名虎又名龙)	前人
松林禅院用前韵(一登山寺道)	(明)高翀	翠壁凌霄(乘兴探幽景物饶)	前人
宿松林方丈(翠巘层峦策马行)	(明)余承恩	渔矶垂钓(荣隐先生乌角斤)	前人
过松林寺读锦衣都挥使兄诗		石笋排空(路接西南径转幽)	前人
(将军雄赋留僧舍)	(明)余承业	旭川纪事(戊寅六月二十一)	前人
再过松林方丈漫书		己卯秋补葺荣城工竣(敢言百	
(六年两度饭松林)	前人	废已俱兴)	前人
松林寺次前人韵(夜来		开浚西河(金碧岩前地脉通)	前人
匹马度禅林)	(明)刘儒	题此君亭有序(车驱雾晋复幽燕)	(清)涂逢豫
雨中晓发(山寺鸣钟杏霭闲)	(明)焦市程	(十载潜阳烟树浓)	前人
雨夜遇宿(山夜仍冲雨)	佚名	(去住行踪可自由)	前人
蜗角洞(蜗角虚名能几何)	(明)王文	(倏尔新亭在水涯)	前人
书荣公署二首		此君亭补植芙蓉杨柳歌并序	
(我祖当年此宦游)	(明)樊得仁	(池边既叹见山浅)	(清)龚巽
(再过三荣感旧游)		治官杂诗五首(阿衡诞降本空桑)	前人
追赋牟女打虎救母诗有序		(钓台千古首严陵)	
(猛莫猛于虎)	(明)范纯	(高台长啸说孙登)	
附　魏瀚跋		(赵宋分藩有绍熙)	
广教寺(一剑横腰漫尔游)	(明)赵远	(洞门烟水石粼粼)	
清富登临(名楼境界绝喧哗)	前人	丙寅仲夏观荷镜香亭小饮联	
啸台游赏(晓起东山日色晴)	前人	句用白香山新昌新居韵有	
荣德晴岚(和气熏微弄晓晴)	前人	序(旧地快新迁)	(清)宋鸣琦
筼山夕照(金支闪闪耀青聪)	前人	丙寅仲夏于役荣州观荷县斋	
枣崖之胜废驰久矣感锦川张侯为		归途得诗四章寄汇泉明府	
之再造赋此(松径行穿出绮霞)	前人	兼柬云阶别驾(小队凌云唤渡来)	前人
清诗		(荣梨山下万人家)	前人
送张容任青阳(九华卓立大江南)	(清)樊泽达	(山中竟夜雨离披)	前人
寄族侄容(数载青城教泽宣)	(清)张英	(归程那惜马蹄遥)	前人
凤鸣朝阳(凤鸣盛地焕丝纶)	(清)黄大本	和韵(朱盖青聪按部来)	(清)许源
龙湫夜月(天光水色本分明)	前人	(山城斗大几人家)	
万景岑楼(出郭登山杖履艰)	前人	(南帆昨岁记星披)	
双溪书阁(潜夫削籍数偏奇)	前人	(盖簪剧喜朵云遥)	
清富登临(当年景物已推迁)	前人	拟陆放翁高斋夜饮(夜长长似年)	(清)刘应蕃
啸台游赏(金碧岩前认啸台)	前人	题新筑此君轩仍次山谷原韵	
荣德晴岚(闻说希夷灶有丹)	前人	(涪翁小住戎州年)	前人
筼山夕照(筼山高兴白云霁)	前人	冬日晓登荣梨山(百八晨钟霜欲晞)	前人

登望景楼（人烟浮晓郭）　　　　　　前人

此君轩怀古（五陵佳气萃山城）　　（清）李醇信

重修大佛崖落成（锡杖飞来卓翠峦）　　前人

九日陪许明府登望景楼

　　（旭川百里古荣州）　　　　　　前人

讲教洞怀古（荣州王氏有两贤）　　　前人

培修宋廉逊处士王庠碑并序

　　（昔读坡公集）　　　　　　（清）杨岳东

杜孝女（父也天只）　　　　　　（清）王培荀

署中杂咏（炎蒸无地避骄阳）　　　　前人

（尝从画里见豳诗）

（夜雨潇潇湿绿苔）

（开轩北面小桥通）

（净绿池塘水涨初）

（瓦屋三间白板扉）

（但能积土亦成冈）

（海棠香国亦无花）

凝翠楼落成（支板为楼大半间）　　　前人

（一湾绿玉数峰云）

（落成才告已深秋）

（秋光到处绝纤埃）

（镜香亭外蓼花汀）

（山上松涛聒耳忙）

凝翠楼落成招饮（知稼亭原小）　（清）张轩鹏

（到此无尘境）

（讼简多余暇）

（听雨楼中住）

凝翠楼落成集宴（镜香亭

　　北起高楼）　　　　　　　（清）廖朝翼

凤鸣朝阳（朝来旭日望东升）　　（清）刘德煜

龙湫夜月（何年溪洞隐神龙）　　　　前人

万景岑楼（迎恩门外快西行）　　　　前人

双溪书阁（谁家书阁近双溪）　　　　前人

清富登临（曾闻清富擅风流）　　　　前人

啸台游赏（真如崖畔古荒台）　　　　前人

荣德晴岚（洞府神仙自有真）　　　　前人

筠山夕照（金乌飞出耀长空）　　　　前人

龙头竖笔（龙头山势最玲珑）　　　　前人

翠壁凌霄（突起危峰列画屏）　　　　前人

鱼矶垂钓（七里严滩溯古风）　　　　前人

石笋排空（天生石笋峙城西）　　　　前人

题天生桥（百里来龙两目分）　　（清）劭勷

九霄（蚕丛有路山犹茧）　　　　　　前人

（三荣缭绕乱山中）　　　　　　　　前人

苦孝歌（人事万变根本使）　　　（清）吴迈

雅烟曲并序（婴粟煮烟名作雅）　　　前人

吴王氏姑媳殉难（李花撩乱百花羞）　　前人

（出门携手指漪涟）

烈妇李邱氏（飞扬满地沙尘走）　（清）刘德纲

筠山曲并序（筠山西接峨眉峰）　　（清）汪涵

丙戌重九登荣梨山小饮

　　（荣梨之高出群鬟）　　　　（清）廖朝翼

前题（菊酒香含落帽风）　　　　（清）廖朝汇

宋牟阿回挞虎救母歌（我

　　闻汉缇萦）　　　　　　　（清）郝元琛

甲戌重游泮宫（泮水游来六十年）　（清）廖朝翼

（脱去朝衫事砚田）

（抽身宦海少风波）

（生当盛世重文明）

丁丑重游泮宫（泂水重逢甲巳周）　（清）丁光阶

（曾梯蟾窟会群仙）

（幸值琼筵酌今辰）

（褒衣博带一儒生）

偕友游仙人山（群山突起一峰高）　（清）刘炳勋

（金刚石上证前因）

宋词

荣州作水龙吟（樽前花底寻春处）　　（宋）陆游

游三荣龙洞蓦山溪（穷居孤叠）　　　前人

三荣横溪阁小宴沁园春（粉破梅梢）　　前人

题高斋桃源忆故人

　　（斜阳寂历柴门闭）　　　　　　前人

应灵道中（栏杆几曲高斋路）　　　　前人

（一弹指顷浮生过）

（城南载酒行歌路）

清赋

罗星阁赋　　　　　　　　　　　（清）邹学山

卷三十六　艺文志

书籍（略）

17. 民国郫县志

　　六卷　李之青等修　戴朝纪等纂　民国三十七年铅印本　《中国地方志集成·四川府县志辑》(第八册)影印本

卷五　艺文　赋

画桐华凤扇赋	(唐)李德裕
易学在蜀赋	(清)姜国伊
蜀四贤咏(渤渚水浴凫)	(南朝宋)鲍照
四君咏(蜀江导清流)	(北魏)常景
门有车马客行(门前车马客)	(隋)何妥
杜鹃行(西川有杜鹃)	(唐)杜甫
将归成都草堂途中有作先寄严郑公(得归茅屋赴成都)	前人
杜鹃(蜀魄千年尚怨谁)	(唐)罗邺
奏捷西蜀题沱江驿(野客乘轺非所宜)	(唐)唐彦谦
题张少愚屋壁(高隐郫城下)	(宋)范镇
题张少愚书院(涧水浸桥断)	(宋)文同
谒白帝庙(孤山扦江口)	(宋)张俞
铜马歌(君不见)	(宋)王灼
沱江(尚胜三年谪)	(宋)刘望之
入遂宁界(桑间三宿可回头)	(宋)范成大
寄题郫县蓬仙观四(沉犀浦上旧仙纵)	前人
怀古亭(朝来写得故人书)	前人
郫县道中思故里(衰发不胜簪)	(宋)陆游
送孙正忠臣移成都小漕(升平芝菌效神奇)	(宋)杨天惠
桐花凤(五色毛衣比凤雏)	(宋)僧可朋
梅林分韵得树字(露)(沈黎使君与客饮王建梅林分韵论诗过沉犀以诗相示阙树字令汉广补之)	(宋)樊汉广
赋成都碧鸡坊李氏石君(造化小儿斫山谷)	(宋)孙松寿

扬雄宅(寂寞一区宅)	(宋)蒲瀛
扬雄宅(自负天人学)	(宋)邵博
西郖篇(吾闻老莱)	(明)杨慎
郫县子云阁(落景登临县郭西)	前人
郫县除夕(除夕常年旅事微)	(明)杨本仁
父母弃小儿行(父母弃小儿)	(明)董扬清
杜鹃(霸业一时尽)	(清)费密
赠同年李少白赴郫邑任即次承寄原韵(漫说吾身老马如)	(清)郑方城
春暮村居杂诗(黄茅初葺屋)	(清)许如龙
自题负雪图(此客生平何所乐)	前人
堰决行并序(灌口之堰民所天)	前人
水南轩曝书以秋阳晒残卷为韵(经籍苦蒸溽)	前人
春池(户外春情潎)	前人
旧宅老梅(欲索檐边笑)	前人
秋日怀蔡雪南(园扉深闭染苍苔)	前人
秋夜(黯淡空林日已西)	前人
秋晓(梦随风雨返空江)	前人
秋雨(连朝阴晦失秋清)	前人
秋晴(曾摹霁景豁心胸)	前人
晚钓(清澄如镜藕花香)	前人
题许水南负雪春梅图(十年别我友)	(清)蔡时豫
冬日慈竹园养疴截句(每食必酒肉)	前人
清明日郫邑道中(簿书堆里叹劳生)	(清)李馨
郫县道中赍礼(行行桤树引春程)	前人
柬郫县李少白明府(栖栖薄宦十年余)	(清)金振豫
过许水南先生废宅	

（台榭都归想像中）	（清）韩崃	（堕泪碑犹在）	
（最爱襟怀色色真）		氾乡侯墓（呼号君父鉴精诚）	前人
（读书万卷腹便便）		孝子坊（天性纯孝萃吾门）	（清）袁师洛
（少陵有子读其诗）		题薛涛井（满庭春草今年碧）	（清）牛宗文
（君骸尚未卜佳城）		玉垒郑（五城仙子白衣裳）	（清）郑逢年
（妻子分驰夜处乡）		西邻翁（钲声昨夜城头起）	前人
劝农（好雨昨夜来）	（清）沈芝	黄胜关（十万人吹竽篥声）	前人
何公亭祠怀古（先生辞里日）	（清）赵国泰	饮友人家（出郭二三里）	前人
来仪亭（绿毛么凤来）	（清）赵遵素	寄孙瘦石（我欲调五经）	前人
桐花凤（凤毛绿桐花紫）	前人	都江放堰（缥缈插天百尺台）	前人
杜宇城（蚕丛拓疆土）	前人	吊故总戎罗声皋二律（万马横天布六花）	前人
鳖灵墓（杜宇行不归）	前人	（遭谪何尝坐失机）	
四月初十日白蓝轩孝廉招集犀池		孝僧（奉母黄金塔）	前人
步竺山城南韵（金丝剑舄向兰皋）	前人	扬黻村军门（楼阁倚晴空）	前人
子云亭（江汉汤汤独炳灵）	（清）金城	郫县道中遇塞参赞权摄松篆	
寒柳四首	（清）陈景初	（鼓盎随行百战身）	前人
（那得相逢在故园）		欧阳艺垣为羹甫先生题主（高情孔北海）	前人
（何忍攀条更折枝）		访宋张绍愚故宅（安车六召聘书催）	（清）徐发祥
（最难消遣是今年）		岷阳古帝祠览古（水田漠漠一川云）	（清）僧莲性
（好梦曾占柳柳州）		挽何贞女（凤侣鸾俦幼结盟）	（清）刘月娥
杜鹃城（沃野蚕丛国）	（清）卫道凝	游郫县赠李安之（八十蹒跚叟）	（清）张怀溥
赠周泽棠万里寻亲歌		汉氾乡侯何武墓（不作美新论）	前人
（君不见九折邛崃峻坂前）	前人	题郫县节妇王孺人七古一章	
鄱阳湖口占（三十年前锦水滨）	前人	（杜鹃城外飞白雪）	前人
苦节吟（达节圣所尊）	（清）彭昭麟	方镜（一奁秋水湛冰壶）	（清）李湘兰
贞女曲（读史兼读烈女传）	（清）张西铭	伯兄诸生树森女十七岁适林门三	
桐花村七言好句（两岸落霞烘夜月）	（清）朱近光	载即寡居后三十五年以苦节终	
赵太夫人李氏（岷山巉巉）	（清）范国章	诗以哭之（世堪怜惟女子）	（清）钟炳尧
彭太夫人抚孤图（自昔庐阜欧阳九）	（清）吴文光	题小阁（静坐爱鸣琴）	（清）黄鳌
送邑令杨文泉先生卸任诗		蜻蜓吟（秋风惨淡荻花州）	前人
（我本鹃城一酒徒）	（清）周泽浓	苦节吟并序（苦节吟，为谁作）	前人
墨韵堂（讼庭芳草绿荫斜）	前人	孙草桥王我斋以诗见寄依韵奉答	
移寓成都别业次瘦石韵（僻性宜疏放）	前人	（桐剩金徽茧剩丝）	（清）张怀泗
长安题壁（雪满梅枝柳满堤）	（清）余在修	（风风雨雨自年年）	
蚕丛望帝墓（风烟苍莽旧坟台）	（清）徐子来	同叶雪苏郎中至犀浦（西山	
邑令刘有容先生祠（香山游宦处）	前人	隐隐在郊扉）	（清）顾复初

扬子云故里（道过子云居）	（清）黄云鹄
舟夜秋怀（九月霜寒大火流）	（清）姜国伊
苏门山（蠢蠢苏门山）	前人
秋夜即事（露下草虫语）	前人
函谷关（惟天眷西顾）	前人
谒望丛祠（杜宇城头啼杜宇）	（清）袁森堂
秋夜梦与滇中旧日僚友游眺西山见 　崖谷间多白云觉而怀之即以寄怀 　（梦上西山第几重）	（清）余燮枢
种竹（手植琅玕叠土松）	（清）陈光谦
登绝顶（丹磴扪萝上）	（清）陈绍康
秋砧（肃风入林际）	（清）陈学□
浴佛日作（四月八日南风微）	前人
读赵瓯北诗题后（我读云松诗）	前人
放言（少年寓奇辟）	前人
蜘蛛网（凭虚万绪总萦回）	前人
汉张桓侯破魏将张郃时于八濛铭 　功勒石计二十二字都如凤翥龙 　蟠实可宝贵四兄克明按拓本双 　钩一册嘱余题其后（八濛片石巍 　然树）	

记

汉大司空何公祠堂记	（宋）侯溥
蜀望丛帝新庙碑记	（宋）张俞
望岷亭记	前人
杜宇鳖灵二坟记	（宋）陈皋
司马温公祠堂记	（宋）张成行
崇道观藏记	（宋）范镇
渊乐堂记	（宋）杨天惠
莫侯画像记	前人
犀浦国宁观古楠记	（宋）陆游
尊贤尚义碑记	（明）王敕
土主祠碑记	（明）莫文泰
申明亭记	（清）刘乃大
何公墓碑记	前人
玉泉寺装塑佛像碑记	（清）许如龙

重修沱江桥碑记	（清）赵瀚
建修关帝庙碑记	（清）李馨
郫邑改建砖城记	（清）沈芝
建修子云祠堂记	（清）边祚游
重建流芳亭记	（清）陆滋
重修岷阳书院记	（清）钱枚
增置义冢记	前人

骚

反离骚	（汉）扬雄

序

集府尹石刻序	（宋）杨天惠
传家谱序	（清）范希轼

劄子

史馆劄子	（清）毛奇龄

书

答张骏劝藩书	（晋）李雄
上田密谏书	（宋）张俞
下蜀帅书	前人

辩

杜宇鳖令辩	（宋）罗泌

赞

何武赞	（宋）宋祁
扬雄赞	前人
何随赞	前人
常勗赞	（晋）常璩
何攀赞	前人
桐花凤赞	（宋）宋祁
扬雄赞	（宋）张俞
白云先生配赞	（明）杨慎
征文献启	（清）李馨

示

观风示	（清）繆光绂
萧孺人墓志铭	（清）朱振元
白云先生张少愚诔	（宋）蒲芝
向修野文	（清）邢振翼

18. 民国崇宁县志

八卷首一卷　陈邦倬修　易象乾、田树勋等纂　民国十四年刻本　《中国地方志集成·四川府县志辑》(第九册)影印本

卷七

宸翰训饬州县　　　　　　　　　　　(清)乾隆
上谕刊县署牌坊　　　　　　　　　　前人
平定青海告成太学碑刊立学署　　　　前人
平定两金川告成太学碑刊立学署　　　前人

赋

金马碧鸡赋　　　　　　　　　　　　(清)蔡保世

传

易仁伟传　　　　　　　　　　　　　(清)刘体仁
节孝倪太夫人传
节孝景母顾太夫人传　　　　　　　　(清)易象乾
景孝子传

诗

过严君平古井(严平本高尚)　　　　(唐)郑世翼
古诗(君平既弃世)　　　　　　　　(唐)李白
严君平卜肆(君平曾卖卜)　　　　　(唐)岑参
严君平(汉皇举遗逸)　　　　　　　前人
杨梅(摘来鹤顶红)　　　　　　　　(宋)苏轼
君平故宅(一木难支大厦功)　　　　(清)刘慈
秋感诗二十八首之一(吾爱严君平)　(清)张庚
卜肆(皎皎君平子)　　　　　　　　前人
修复严君平先生墓建祠佑享诗
　(人生百岁金蛇掣)　　　　　　　(清)郑方城
修复蜀庄祠墓诗(少读蜀庄文)　　　(清)郑天锦
颂李少府修复严君平祠墓诗
　(蜀严沉冥躭高举)　　　　　　　(清)蔡时豫
李少府南陔修复君平祠墓
　(古寺临溪得沿溯)　　　　　　　前人

过君平墓(溪水沿边碧草芳)　　　　(清)许儒龙
君平遗镜(古铜一片汉所治)　　　　(清)朱彝尊
罗汉洞(寒林飒沓作瞑声)　　　　　(清)蔡时豫
睹光台(俯槛疑无地)　　　　　　　(清)蔡长世
逸圣祠歌(鲁论七逸风节奇)　　　　前人
劝农诗(万绿阴中一径斜)　　　　　(清)沈裕云
　(不问朝衙与暮衙)
　(饼炉酒碗口流津)
　(五风十雨熟梅天)
　(笔耕心织砚空磨)
杨梅山(物以罕为贵)　　　　　　　(清)李心正
节寿行为黎国玺母作(平生爱
　慕节与名)　　　　　　　　　　(清)蔡曾龄
朝天碑(既披将军坟)　　　　　　　(清)李心正
君平井(不信世间有仙侣)　　　　　(清)张邦伸
碧鸡坊(成都名坊一百二)　　　　　前人
长宁桥(列鹅之村羊膊岭)　　　　　(清)刘坛
八景黉宫古桂　(双树何年植)　　　前人
玉井梅花(石甃澄寒碧)
月照泉塘(妾心如此水)
灵宝流沙(沙积水之湄)
风洞烟霞(到此娱心目)
清江夜渡(烟水苍茫处)
竹林听雨(爽籁出花宫)
晓寺闻钟(山僧仗佛力)
人日游梓潼宫赠瑞庵和尚(偷得浮生暇)　前人
春日谒吕祖祠玉皇阁登眺
　(登临高阁逼青空)　　　　　　　(清)高近奎
其二(天悬翠笔蘸危楼)　　　　　　前人

新增

御祭沈公(洪)碑文

石龙窝行(我今散步石龙窝)　　　　　　　(清)山春

朱张故里(殷周有朱张)　　　　　　　　　(清)蒋勋

读书台怀古(先生读书时)　　　　　　　　(清)黄懋勋

洗砚池(回塘一槛入清幽)　　　　　　　　(清)蔡曾源

游敬跻园二首(先朝伐悦旧家声)　　　　　(清)李化楠

(傍舍横斜一径开)

前任崇宁县知事张扩廷先生留

　　别诗(撒手烟霞下玉京)　　　　　　　前人

陡溜子(西风吹面葛衣凉)　　　　　　　　(清)何彤云

谒崇宁王墓(佩玉鸣鸾化作泥)　　　　　　(清)刘烛

甲子几月十四日清乡途中口占

　　(单车问俗过西畴)　　　　　　　　　(清)陈邦倬

十五途中遇雨有感(早行冒雨怯秋寒)

公余有感二首(点金无术百忧攒)　　　　　前人

(强权世界乱如麻)

君平卖卜处(身世穷通早自占)　　　　　　(清)黄懋勋

七绝

张诺桃源(门前碧醮一溪狭)　　　　　　　(清)石东震

梅花井(落尽梅花惨不春)　　　　　　　　(清)易象乾

寻积金公主墓(荒坟累累树冥冥)　　　　　(清)周云骧

(一片江声绕墓台)

五律

江干即事(小隐在江干)　　　　　　　　　(唐)罗隐

夜宿古碧鸡祠(听雨纷禅榻)　　　　　　　(清)何云彤

游碧鸡祠(汉时有遗庙)　　　　　　　　　(清)易育涵

游中品乐(天下好山水)　　　　　　　　　(清)李专

春初游睹光台(青帝来招我)　　　　　　　(清)杨蔼

游通汉井(策杖来名井)　　　　　　　　　(清)杨庆鑫

和积金公主墓(幽宫何处树冥冥)　　　　　(清)易象乾

(朝天闻有旧池台)

留别唐昌绅耆士民四律

　　(半载衙斋托素餐)　　　　　　　　　(清)曾福谦

(行政居心秉大公)

(冒暑登程壮此行)

(忆昔夔门去邑时)

游朝天山题万福寺(古树藏山寺)　　　　　(清)张景新

雨后寄魂庄小憩(湿云挂破楼)　　　　　　(清)周云骧

吊水灾放歌(米如珠玉灾何苛)　　　　　　(清)易象乾

九月登平乐山读书台怀古

　　(层台坍塌径全荒)　　　　　　　　　(清)马绍融

秋日读书台怀古(城中久纡郁)　　　　　　(清)罗一新

卖卜巷(山不在高名以仙)　　　　　　　　(清)易象乾

游读书台(不尽横山景)　　　　　　　　　(清)杨庆鑫

游君平祠有感(人间卖卜天上闻)　　　　　(清)李文友

游圣像寺有感(禅关清净锁严城)　　　　　前人

游关岳庙有感(一样偏安痛昔年)　　　　　前人

游梓潼宫有感(艳说千秋孝友香)　　　　　前人

端午日纪异(辛已五日刚天中)　　　　　　(清)易象乾

游君平祠有感(两字千秋一贯闻)　　　　　(清)李鸿胪

游圣像寺有感(古佛西来自面城)　　　　　前人

游关岳庙有感(独木撑危各异年)　　　　　前人

游梓潼宫有感(刚斧摧残月窟香)　　　　　前人

卖卜巷(千秋以来)　　　　　　　　　　　(清)山春

登黄鹤楼故址(红羊劫后剩高台)　　　　　(清)马德骧

(危楼兴废几沧桑)

风洞烟霞(缘何洞口日迟徊)　　　　　　　(清)李鸿胪

清江夜渡(静夜长江活活流)　　　　　　　前人

月照泉塘(漫道泉塘窄与宽)　　　　　　　前人

竹林听雨(清净沙门寂灭天)　　　　　　　前人

灵宝流沙(一声清磬出丛林)　　　　　　　前人

和杨玉珊四绝(汉代书声邈不闻)　　　　　(清)周云骧

(寻芳随意到西城)

(东鲁春秋历有年)

(破屋颓垣野草香)

平乐寺登高(楼上神仙即玉皇)　　　　　　(清)杨瑞尧

大椿树歌(米家凋谢大柏乾)　　　　　　　(清)易象乾

游君平祠有感(注透希夷泯见闻)　　　　　(清)周维新

游圣像寺有感(春分南海到西城)　　　　　前人

游关岳庙有感(一炷香火共年年)　　　　　前人

游梓潼宫有感(敬爇氤氲一瓣香)　　　　　前人

谒严君平墓(山横水曲气常春)　　　(清)刘烛

游平乐山谒严君平墓(妖枳贼
　藤墓前舞)　　　(清)李常清

传

高士传(严遵)　　　(清)皇甫谧

王氏女纪传　　　(清)彭端淑

陈学了传　　　(清)蔡曾源

益州记　　　(梁)李膺

成都集记　　　(宋)赵抃

连品山翁善勋碑铭记　　　(清)牛里

崇宁县新建名宦乡贤祠记　　　(清)高公韶

重修法忍寺记　　　(清)高云衢

严君平墓记　　　(清)刘绍攽

严意堂记　　　(清)李心正

涧松斋记　　　(清)郑天锦

卷八　艺文下

节孝泉记　　　(清)蔡长世

一洞桥记　　　(清)唐焯章

修崇宁县城工碑记　　　(清)陈新槐

建修书院及置田记　　　(清)高炯

新修泮池碑记　　　(清)刘坛

长宁桥碑记　　　(清)米锦

镇远蔡侯碑记　　　(清)彭端淑

重修灵宫庙老君殿记　　　(清)高近奎

修复严君平先生墓建祠佑享序　　　(清)郑方城

逸圣祠歌序　　　(清)周长发

重建武庙碑序　　　(清)蔡谦

书复严子墓碑后　　　(清)张庚

书事　　　(汉)班固

严子生卒考　　　佚名

严子名字考　　　(清)李心正

刘宜人墓志铭　　　(清)彭端淑

逸圣祠记　　　(清)邱仰文

复严子墓碑记　　　(清)李心正

碑

道光廿四年创建考棚碑记　　　(清)金鉴

重修圣庙序　　　(清)黎成礼

序

重建城隍庙序　　　(清)黄懋勋

19. 民国灌县志

　　十八卷首一卷　附掌故四卷文征十四卷　叶大锵等修　罗骏声纂　民国二十二年铅印本
《中国地方志集成·四川府县志辑》(第九册)影印本

附:灌志文征

总目

卷一　政议

赐张敬忠敕	(唐)玄宗
青城山移寺表	(唐)张敬忠
封青城山为希夷公敕	(唐)僖宗
赐杜光庭诏	前人
谢恩令僧行真修丈人观表	(前蜀)杜光庭
贺江神移堰笺	前人
修濬都江堰疏	(清)佟凤彩
都江堰酌派夫价疏	(清)宪德
覆奏秦蜀郡守李冰父子封爵疏	前人
覆议四川巡抚硕色奏请石牛堰沙	
沟黑石二河动帑兴修疏	(清)户部
奏请成都水利同知专驻灌县疏	(清)何绍基
禁汉夷商人越界运茶示　咸丰六年	(清)知县
请加封杨四将军奏	(清)礼部
请为汉蜀郡守文翁建祠禀	(清)强望泰
濬黑石河禀	(清)叶炯
斜修深溪坎等处堰工禀	(清)喇世俊
上吴制军留任胡明府书	(清)陈炳魁
上吴制军恳拨捐输呈词	前人
请免缴解摊派加工银禀	(清)知县
请设水当禀	前人
四川布政使李按察使曹保护	
灵岩山示	(清)命政使
四川总督部堂赵札文	(清)赵尔巽
邑绅请崇祀乡贤呈	佚名

覆都江堰大修难缓请及早兴工议	(清)王昌龄
四川省政府令	

卷二　论著

东别沱解	(清)高升之
李冰凿离堆论	(清)郭维藩
深淘滩低作堰论	(清)何焕然
论三道岩不可复修	(清)刘廷恕
水性说	佚名
天时地利堰务说	佚名
岷江上源考	(清)陈炳魁
岷江各支流考	前人
都江堰水利说	(清)王昌麟

灌县文征卷卷一　序跋类

华阳国志引	(宋)吕大防
汉石刻治道记跋一	(宋)王象之
汉石刻治道记跋二	前人
杨济道纯斋集序	(宋)魏了翁
释奠仪注序	(元)张翠
张远善文集序	(元)吴澄
张达善文集序	前人
沙坪茶歌跋	(明)杨慎
宋灵岩先生文集序	(清)牛树梅
灌江定考序	(清)李演
朱霁轩忠孝诗钞序	(清)卫道凝
重刊深陶滩低作堰六字跋	(清)张文梵
余事吟序	(清)胡德述
常道观石刻岳忠武书出师表跋尾	(清)黄云鹄

芸香阁诗序　　　　　　　　　（清）陈廷先
茶谱跋语　　　　　　　　　　（清）郭维藩
青城山记序　　　　　　　　　　（清）彭洵
雅言集序　　　　　　　　　　　　　前人
辅廷文存序　　　　　　　　　　　　前人
书华阳国志后　　　　　　　　（清）宋树森
烬余集序　　　　　　　　　　　（清）游观
芸香阁诗草题词　　　　　　　（清）杨寅煦
卫桱园先生三稿合钞序　　　　　（清）王瑚
入药镜恒言序　　　　　　　　　（清）徐昱
春珊诗草序　　　　　　　　　　　　前人
养正摘钞序　　　　　　　　　（清）罗世勋
释耒轩诗序　　　　　　　　　（清）周恭寿
王雨芗老人村竹枝百咏序　　　（清）钱毓岷
逸园集序　　　　　　　　　　（清）曾学传
闇斋遗稿序　　　　　　　　　　　　前人
大陆蹄涔弁言　　　　　　　　　　　前人
芝山草序　　　　　　　　　　（清）陈作枢
云石图跋　　　　　　　　　　（清）马隽臣
遵训录吟草自序　　　　　　　（清）王昌南
随韵骈言序　　　　　　　　　（清）周兆熊
劝孝诗存序　　　　　　　　　（清）杨凤徽
劝孝诗存跋　　　　　　　　　　（清）子敬
跋永镇蜀眼碑　　　　　　　　　（清）钱茂
水利记序　　　　　　　　　　（清）彭锡畴
青城游草序　　　　　　　　　（清）沈崇垣
历代都江堰功小传序　　　　　（清）王人文
读泉桥遗稿序　　　　　　　　（清）游明徵
青城山记补正序　　　　　　　（清）罗元黼

灌志文征卷二　传状

宋承俸先生传　　　　　　　　（清）韩学潮
先考先妣行述　　　　　　　　（清）罗凤藻
宋灵岩先生事略　　　　　　　　（清）高溥
邑令李公传　　　　　　　　　　　　佚名
高城南先生传　　　　　　　　（清）黄云鹄

潘文澜先生传　　　　　　　　　　　前人
钱烈妇传　　　　　　　　　　（清）陈炳魁
任三元孙玉藻万景春父子合传　　　　前人
徐守先严思贤合传　　　　　　　　　前人
彭公传　　　　　　　　　　　　　　前人
高太夫子传　　　　　　　　　　　　前人
秀川公传　　　　　　　　　　（清）杨起凤
朱纯阳传　　　　　　　　　　　（清）李芳
张晴岚先生传　　　　　　　　　　　前人
何左泉先生传　　　　　　　　　　　前人
梁阶平先生传　　　　　　　　　　　前人
牟节妇程氏传　　　　　　　　　　　前人
张秉愚先生传　　　　　　　　　　　前人
杨贞孝女事略　　　　　　　　（清）郭维藩
陈子仁先生传　　　　　　　　（清）高升之
彭节母事略　　　　　　　　　（清）王昌麟
诸兄述略　　　　　　　　　　（清）罗世勋
傅秉忠传　　　　　　　　　　（清）李永昌
长女树芬行略　　　　　　　（民国）曾学传
何君宗武传　　　　　　　　　（民国）祝介

赠序

灌县崇义乡九老会序　　　　　（清）高升之
送眉州学正陈居辅廷序　　　　　（清）彭洵
王孚廷先生寿序　　　　　　　（清）周盛典
武德都尉唐君六十寿序　　　　（清）谢开一
朱孺人姑妇同寿序　　　　　　（清）陈炳魁
刘氏小清明会序　　　　　　　　　　前人
封翁马君赞臣六十晋一寿序　　（清）吴之英
何公喜亭寿序　　　　　　　　（清）郭仲达
萧公显有八旬晋四暨林孺人
　　七十双寿序　　　　　　　（清）周正坤
帅母朱孺人八旬晋二寿序　　　（清）蔡培基
请诰封奉直大夫萧文彬七秩寿序（清）李映棻

灌志文征卷三　碑志上

置丈人观碑　　　　　　　　　　（宋）徐太亨

焦夫子碑	（宋）周表	宋云桥先生教泽碑	（清）黄云鹄
移建离堆山伏龙观刻石文	（宋）冯伉	创建临江书院碑	（清）刘骥
蜀堰碑	（元）揭奚斯	味江书院碑	（清）傅秉常
迎祥寺碑	（明）陈节	司马曾公德政碑	（清）陈召南
新作蜀守李公祠碑	（明）阮朝东	重修文庙碑	（清）朱振源
重修灌口二郎神祠碑	（明）范时儆	培修慈云洞碑	（清）陆葆德
增修清凉寺碑	（明）齐准	灌城字库碑	（清）王笃
永续庵碑	（明）陈所尚	重修襄护王寝殿碑	（清）王祖源
御史刘公大修都江堰碑	（明）陈演	重修灌县灵岩寺碑	（清）李銮宣
复濬离堆碑	（明）杭爱	重修般若寺碑	（清）唐典翼
香乐寺碑	（明）任逊	福德桥碑	（清）梅春溥
重修丰都庙乐楼碑	（明）孟文洽	王时斋先生行述碑	（清）伍肇龄
重修通佑王殿碑	（明）朱介圭	上元宫碑	（清）郑翙清
重修文庙碑	（明）林镌	崇德祠刻石文	（清）文焕
重修文庙碑	（明）孙天宁	重修灵岩山玉皇殿碑	（清）马阶崇
重修太平桥碑	前人	利涉桥惠政碑	（清）唐述宗
重修城隍庙碑	前人	灌县重修安澜桥碑	（清）吴之英
白沙河新创导江桥碑	（清）刘应鼎	重修唐隐居祠碑	前人
重建关庙碑	（清）谭琏	宋公兆熊祠堂碑	前人
重建武庙碑	（清）史致信	普济桥碑	前人
重修通佑显英王庙碑	（清）黄廷桂	都江堰复笼工碑	佚名
创建武庙碑	（清）顾汝修	胡公新置义冢及栏马墙碑	（清）黄宗干
创建岷江书院碑	（清）周薰	补葺奎光塔碑	（清）朱锡莹
安澜桥碑	（清）马光型	孟庆元先生遗泽碑	（清）余汉章
当首应差碑记	佚名	丁公祠碑	（清）陆法言
重修常道观碑	（清）王梦庚	竹园档纪功碑	（清）王如曾
修建太平堤碑	（清）朱载震	傅孝廉碑	（清）张申五
灌县太平街修路碑	（清）强望泰	傅醇斋先生教泽碑	（清）高履和
重修灌县三险石路碑	前人	尹星垣先生教泽碑	（清）尹昌龄
新建通佑王庙碑	（清）李芳	彭氏姑妇节孝碑	（清）周家楣
灌县重修学宫碑	（清）何焕然	储秀书院碑	（清）王崧南
甘雨亭碑	（清）张思伟	重修城隍庙碑	（清）马继华
新建岷江书院碑	（清）李桂林	胡公行述碑	（清）谭继洵
新建慰农亭碑	（清）强望泰	丁公祠碑	（清）陈廷先
重建灌县奎光塔碑	（清）周因培	重修安澜桥碑	（清）朱锡莹
重建蜀郡守李公庙碑	（清）崇实	新开长同堰暨建祠碑	（清）王泽霖

周椿园先生祠堂碑　　　　　　（清）陈炳魁

重修盘龙桥碑　　　　　　　　　前人

灌志文征　卷四　碑志下

大唐故利州长史陈公墓志　　　　（唐）杨霁

宋知永康军柳公墓碑　　　　　　（宋）王汝霖

永康军通判杜君墓志铭　　　　　（宋）魏了翁

太孺人赐冠帔黎氏墓志铭　　　　前人

侄女端意墓志铭　　　　　　　　前人

故文林郎东平路教授张君墓碑　　（元）吴澄

刘善堂先生墓碑　　　　　　　　（清）李惺

文轩何公墓志铭　　　　　　　　（清）刘沅

何母王孺人墓志铭　　　　　　　（清）刘咸荥

渠县训导罗君墓志铭　　　　　　（清）高升之

贞孝杨文莲墓志铭　　　　　　　（清）高溥

刘昂轩先生墓表　　　　　　　　（清）陈炳魁

胡公墓表　　　　　　　　　　　前人

杨公墓志铭　　　　　　　　　　前人

蒋君墓志铭　　　　　　　　　　前人

钱君墓志铭　　　　　　　　　　前人

王孺人墓志铭　　　　　　　　　前人

诰封中宪大夫周府君墓志铭　　　前人

重刊张龚氏墓碑　　　　　　　　佚名

张太孺人墓志铭　　　　　　　　（清）郭维藩

何芋农先生墓志铭　　　　　　　（清）何璟

例赠修职郎唐公山桥墓志铭　　　（清）傅毓秀

诰封朝仪大夫彭君墓志铭　　　　（清）樊增祥

张公墓碑　　　　　　　　　　　（清）胡思劻

关堡阡墓表　　　　　　　　　　（清）罗世勋

柳塘阡墓表　　　　　　　　　　前人

灌县罗君墓志铭　　　　　　　　（清）林思进

刘公肯斋墓志　　　　　　　　　（清）刘炳琦

故明经魏公璧桥先生墓志铭　　　（清）游觐

陈公墓志铭　　　　　　　　　　（清）钱毓岷

罗黼臣先生墓志铭　　　　　　　（清）周凤翔

清诰授通议大夫张公晖阳墓志铭　（清）王泽膏

赠知府衔大挑河工知县何左泉

　先生墓碑　　　　　　　　　　（清）徐昱

眉州直隶州学正陈辅廷先生

　神道碑铭　　　　　　　　　　（清）王昌麟

翰林院编修周雅堂先生墓表　　　前人

汪公清奇墓志铭　　　　　　　　前人

先考王府君墓表　　　　　　　　前人

徐公宝吾墓志铭　　　　　　　　前人

附贡生徐公文焕墓志铭　　　　　前人

朱寿母墓志铭　　　　　　　　　前人

王太淑人邱氏墓表铭　　　　　　前人

余芗庭先生墓志铭　　　　　　　前人

甘肃候补知县周公子碑阴记　　　前人

先姚王母张氏太宜人碑阴记　　　前人

清封朝议大夫胡公墓表　　　　　（清）罗元黼

故铜梁县教谕王君墓志　　　　　（民国）宋育仁

师仲华墓志铭　　　　　　　　　（清）曾学传

曾贞女墓志铭　　　　　　　　　（清）尧阶

先祖吴府君墓志　　　　　　　　（清）吴开周

从善堂义冢地碑　　　　　　　　（清）陈炳魁

培修古官家场义冢碑　　　　　　（清）游观

灌志文征卷五　杂记

修诸观功德记　　　　　　　　　（前蜀）杜光庭

胜因院记　　　　　　　　　　　（宋）文同

圣母堂记　　　　　　　　　　　（宋）苏恽

吴船录节钞　　　　　　　　　　（宋）范成大

永康军评事桥免夫役记　　　　　（宋）魏了翁

永康军花洲记　　　　　　　　　前人

铁牛记　　　　　　　　　　　　（明）陈銮

铁牛记　　　　　　　　　　　　（明）高韶

临江记　　　　　　　　　　　　（明）劳堪

都江堰记　　　　　　　　　　　（明）陈文烛

灌县治水记　　　　　　　　　　（明）卢翊

游青城山记　　　　　　　　　　（明）焦维章

重建马祖寺记　　　　　　　　　（清）范承德

老人村赋	（清）丁国仲
夜合树赋	（清）刘清彦

谱牒

杜氏族谱	（元）费著
张氏族谱	前人
邵氏族谱	前人
江原常氏士女志	（明）张佳胤
杨氏七代述略	（清）杨巇
罗氏世系略	（清）罗永祥
邑中氏族略	（清）徐昱

杂文

僮约	（汉）王褒
汉祭金马碧鸡文	前人
祭丈人山文	（唐）僖宗
崇德祠祭文	（明）马如蛟
崇德祠祭文	（明）张士佩
祭玉垒王舜卿文	（明）杨慎
修路募疏	（清）仲纯信
代邑侯劝募培葺灵岩寺疏	（清）马光型
募捐重修书院加增膏火序	（清）李桂林
灌县二王庙上梁祝文	（清）王祖源
募增义冢地序	（清）罗恕
何贞女诗征启	（清）王肇基
募捐河工经费启	（清）陈炳魁

灌志文征卷七　五言古诗

寄青城龙溪奂道人（五岳之丈人）	（唐）岑参
石犀（江水初荡潏）	前人
阆中东楼筵奉送十一舅往青城	
（曾城有高楼）	（唐）杜甫
王阆州筵酬十一舅惜别之作	
（万壑树声满）	前人
丈人观（群峰垂碧花）	（宋）文同
孙知微画（太古奇伟士）	前人
龙门洞（我来香积寺）	（宋）陆游
古风（往昔游青城）	前人

寄题上清宫壁（造物因豪杰）	前人
客有言泰山者因思青城旧游	
有作（我登青城山）	前人
避暑江上（苦热厌城中）	前人
牡丹坪（有怀牡丹坪）	（元）虞集
烈女吟（永康费氏女）	（元）刘堪
咏古（西蜀称天府）	（明）周洪谟
游青城山（昨日辞丹景）	（清）李调元
将赴青城从离堆渡入筏村道中	
即景（过江指青城）	（清）蔡时田
由真人观入山口躐行至建福	
宫（一径入山口）	前人
初入青城寓常道观（入山森耳目）	前人
将抵灌口即目（十里一柳村）	前人
山中雨后（古寺高突兀）	前人
离堆（群峰从西来）	（清）冯世瀛
同治二年二月十三日由成都至灌	
县游伏龙寺看离堆谒二王庙观	
分水坝度绳桥至长生观入青城	
山宿天师洞览诸胜迹诗以纪之	
（予生去古远）	（清）窦埙
（步出城东门）	
（出寺归自东）	
（下城出西门）	
（灌口二郎庙）	
（二王宫外江）	
（绳桥喜到岸）	
（出院即入山）	
十四日由天师洞登后山渡偏桥至朝	
阳洞登上清宫观麻姑池阴阳井俯	
视丈人峰大而山牡丹坪诸奇胜寻	
旧路还天师洞一宿归成都再	
纪（杜策登后山）	（清）窦埙
登青城山（寻山遇良友）	（清）陆玑
（长生宫下路）	
（日暮多穷途）	

自馆冒雨归（频年为饥驱）	前人	（沱水临中坐）	前人
游香积寺遇雨留宿（犹忆廿年前）	（清）刘国瑞	警急（才名旧楚将）	前人
游青城山（青城盘鸟道）	（清）万金传	寄青城山颢禅师（怀师不可攀）	（唐）崔涂
青城山（甲寅肇新岁）	（清）刘恒堦	送友人游蜀（万岑深积翠）	（唐）贾岛
（著屐上崇山）		禁中送任山人（子去非长往）	（唐）李秘
（山好如翠屏）		送崔明府赴青城县（清冬宾御出）	（唐）耿湋
（楼外又斜阳）		题郑处士深居（闻说最清旷）	（唐）唐求
谒长生宫题赠张白庸炼师（范		赠行如上人（不知名利苦）	前人
贤神仙流）	（清）贾思徽	题金华宫（再到金华顶）	（前蜀）太后许氏
周梓常明府创建茶神祠落成		谒丈人观先帝御容（舜帝归梧野）	前人
（蓂荚与灵芝）	（清）傅鸿恩	谒丈人观先帝御容（共谒御容仪）	前人
偕梅隐游青城一百一十韵（光绪		送赵侍丞罢秩游青城山（公余长闭目）	（宋）张詠
乙巳冬）	（清）赵金鉴	戏题索桥（织簟匀铺面）	（宋）范成大
登玉垒关书怀（云护玉垒关）	前人	太平瑞圣花（云外扪参岭）	前人
游上竹林寺观藏经洞（悬崖篆碧云）	前人	题鹤鸣山上清宫（秘宇压屏颜）	（宋）文同
岷江书院观石刻梵经（般若证空空）	（清）伍彝章	张少宇书院（洞水浸断桥）	前人
行经三险（危峰耸孤高）	（清）丁国仲	飞赴寺（平林漏层巘）	前人
碧霞观（古观何崔嵬）	（清）陈大庆	昭庆观（琳崖盘玉霄）	前人
青城道中（行行走重茧）	（清）陈天锡	天苍山威仪观（群峰削琼瑶）	前人
瞻天师像（何年餐碧霞）		储福观（路转屏风叠）	（宋）陆游
		小憩长生观饭已遂行（清绝长生观）	前人
灌志文征卷八　五言律诗		寄醮先生（寄谢醮夫子）	前人
酬崔十二侍御登玉垒山思故园见寄		书近况寄蜀中道旧（遗事复遗荣）	前人
（玉垒天晴望）	（唐）岑参	托上官道人寄姚太尉（太尉关河杰）	前人
闻崔十二侍御灌口夜宿报恩寺		灌口初涨（所向愁无地）	（宋）王翥
（闻君寻野寺）	前人	圣母山祈雨（锦里城东邑）	（宋）潘同
野望因过常少仙（野桥齐渡马）	（唐）杜甫	青城山谒丈人祠（三十六峰峻）	（宋）赵抃
阆中奉送二十四舅使自京赴任青城		沱江（尚胜三年谪）	（宋）刘望之
（闻道王乔舄）	前人	寄青城道士（海上别妻子）	（元）虞集
西山（夷界荒山顶）	前人	登青城呈升庵海门二公（天汉标岷秀）	（宋）黄华
（辛苦三城戍）		望青城山（天谷仙分界）	（明）杨慎
（子弟犹深入）		天师洞（天师古洞门）	前人
赴青城县出成都寄陶王二少尹		雪山二首（谁将和氏玉）	（清）朱廷立
（老耻妻孥笑）	前人	（有峰夸九顶）	
出郭（霜露晚凄凄）	前人	望青城山（渴欲望青城）	（清）冀应熊
奉观严郑公厅事岷山沱江画图十韵		望青城山（云气连西域）	（清）王士禛

天柱山绝顶望见岷山（鞍马众峰头） 前人
雪山（未是峨眉境） （清）方象瑛
灌县（沃野自兹始） （清）朱云骏
离堆（一自金堤凿） （清）李调元
暮抵灌城（暝色来何速） （清）王梦赓
索桥（代木千竿翠） 前人
过青城废县（江水带平沙） （清）刘光旭
游导江适都人赛崇德庙因纪其事并
览离堆诸胜迹（报塞羊争刲） （清）金炜
挽自明道人（未践青城约） （清）孙天宁
登类鼓坪（地擅岷源胜） 前人
离堆通祐王庙（人杰山灵启） （清）金炜
都江堰（龙是何年伏） （清）吴文锡
上清宫（莫问几何丈） （清）李惺
由味江至熊耳山书示王叟（有地无尘土） 前人
慰农亭二首（占得无多地） 前人
（旧是湔溯地）
笮桥（一桥遥画断） （清）张野云
晓发玉垒关（策马霄投店） （清）叶祖轩
青城雅集图二首（看山遍西蜀） （清）杨秉璋
（小别巴山后）
登楼（直上危楼望） （清）何人鹤
同友人登伏龙观（千桴城下渡） 前人
丈人观（丈人今不见） （清）孙澈
访唐末诗人杜光庭墓不得（先生诗不朽） 前人
常道将废宅（散骑常侍宅） 前人
宿灌城（惊涛喧永夜） 前人
二王庙（帐殿山川古） 前人
山朝阳洞左折益上寻溪光亭不得
（天风腾客袖） 前人
灌阳十景（青城描不尽） （清）马玑
灌口瞰江（西来源委折） （清）何盛斯
伏龙观（盈盈一水隔） 前人
伏龙观（千年龙独卧） （清）何椿龄
灌口四首（四山围一县） （清）王再咸
（东下群龙走）
（形胜无今古）
（雷雨排空入）
青城丈人观（此地称天国） （清）朱凌云
（缥缈宁封室）
灌阳（重镇锁岷峨） （清）向熙敏
竹里烹茶（竹里馆初晴） （清）周盛典
将之青城留赠同人（天遣重还蜀） （清）黄云鹄
夜宿长生殿（到山日向曛） 前人
次王阮亭望青城山韵戏效反招饮体
（福地鸿濛启） 前人
闲步长生宫外小溪上（午倦呼僮起） 前人
自长生宫之香积寺（揖别逍遥公） 前人
承天寺园林散步（峻岭昨攀跻） 前人
望飞仙观未至（道妙不可说） 前人
夜雨晴发石羊场（夜来雨声粗） 前人
承天寺坐忆青城（久住青城巅） 前人
导江即事十首（玉垒浮云际） （清）缪延祺
（古刹临江口）
（西蜀天多漏）
（沧桑经岁改）
（淋漓濡大笔）
（人文此渊薮）
（名区重作宰）
（阡陌回环处）
（遍地多荆棘）
（三世司民牧）
题恒观察青城图二首（万古青城在） （清）郭京桓
（循吏多清福）
题恒观察青城图（揽胜群仙集） （清）晏湘
度索桥（一绳通彼岸） （民国）宋育仁
游青城归雨后道中作（群山皆入画） 前人
自太平场徙居望坡崖（不惯居尘世） （清）刘芳堂
步何竹友明经见赠元韵
（别去频三载） （清）马光型
望青城（生小青城近） （清）周泽溥
经石羊聚有感（记得承平日） （清）李芳

晓发灌江(倚枕听鸡鸣)　　　　　前人

赠别钱少崧明府(一见令人亲)　　前人

将赴渠县留别宗族亲友三十韵

　　(垂老荣方至)　　　　　(清)罗凤藻

伏龙观(潭深静如练)　　　　(清)陈桂林

宿王桂庵家夜饮(酌酒话寒温)　　前人

秋夜同罗心如黄湘琴作(客窗风雨里)　前人

喜蒋教庵生子(玉燕喜投怀)　　　前人

马丈东桥招饮城南别墅(红尘飞不到)　前人

(窗虚背城郭)

由李王庙归遇雨(黑风吹水立)　　前人

二王庙晓眺(大江飞百雨)　　　　前人

九日登镇夷关时松夷不靖(一水抱城流)　前人

伏龙观遇雨(满地石云顽)　　　　前人

夜过镇夷关时松州罢兵(秋风吹万马)　前人

和蔡馨亭读书上竹林题壁韵

　　(深林藏古寺)　　　　　(清)陈昭容

癸丑六月二十四日同外纳凉即和

　　其韵(坐到凉归候)　　　　　前人

青城山(直忘山路迥)　　　　(清)何思盛

青城道中(崖涧双流合)　　　　(清)孙澈

青城山(丈人一招手)　　　　(清)刘硕辅

赠徐敬斋(咫尺中山馆)　　　　(清)田廷栋

憩上清宫(灌州来作客)　　　　(清)洪用懒

宿长生宫(古木参天处)　　　　(清)李嘉秀

福建宫避雨(结构云松下)　　　(清)朱谷旸

上清宫偕善堂兄登览(万树运云际)　(清)朱正

哭易须无先生(舌耕三十载)　　　(清)朱谷旸

师仲华倩妙年志道作此嘉之

　　(世乱吾衰久)　　　　　(清)曾学传

花朝示仲华(问尔今何世)　　　　前人

庚申六月送女树芬归灌县师氏守贞

　　(老眼看儿大)　　　　　前人

周梓常明府创建茶神祠落成

　　(盛世茶园吏)　　　　　(清)吴中俊

周梓常明府创建茶神祠落成

(设教驭穷边)　　　　　(清)郑功惠

宿圣塔寺题壁(古塔何年隐)　　(清)陈政恒

太安寺(破晓行危磴)　　　　(清)陈大庆

镇夷关晚眺(远近山层出)　　　(清)陈上达

山居吟(避寇山中住)　　　　(清)彭良卿

题吴绍珊元园八首(不识延陵路)　(清)杨凤仪

(结构墙东舍)

(小园同庚子)

(凿石堆三径)

(却有山林趣)

(徼外方辞檄)

(远别初相见)

(亦作还山想)

忆叔祖兰村宦游楚北(一官千里外)　(清)官秉融

秋日田家(枣栗熟初尝)　　　　　前人

同里朱善堂兄传其尊人命索诗作

　　此谢之(筑宅青城下)　　　(清)王昌麟

朝阳洞(仙人已不见)　　　　(清)郑崇曾

戊午岁暮重到上竹林肄业(园

　　林好风景)　　　　　(清)宋树森

(空山人不见)

天成寺训蒙(梵宫随啸傲)　　　(清)黄梅

青城道中(倒骑碧驴去)　　　(清)赵金鉴

游离堆(凭栏危崖眺)　　　　　前人

游竹林寺(一经入寒竹)　　　(清)伍彝章

游灵岩寺(下马跂芒屦)　　　　前人

题周子渊都督余事吟(将军泄落河)　前人

(叱咤风云起)

由望坡岩入山诣上皇观(不尽回环路)　(清)徐昱

(地擅鸿蒙胜)

紫柏寺(千载山中寺)　　　　　前人

闻诸公登青城喜而有作

　　(见说仙山上)　　　　　(清)严绍平

留别强莑圃司马八十韵

　　(孝友传家远)　　　　　(清)陈政典

杨云程挽词(自好传乡党)　　　(清)罗世勋

挽吕仁山(生才夫岂偶)　　　　　　　(清)游观

己未秋卜居泉水桥东倚林傍竹聊可

　　自娱赋诗志之(一溪环绕处)　　　　前人

青城道中(翠璋三百曲)　　　　　　(清)僧松涛

朝阳洞(白云骀荡处)　　　　　　　　前人

过排坊冈望常道观(西影夕阳明)　　　前人

问道台(问道石栏前)　　　　　　　　前人

游青城山(世外真人迹)　　　　　　(清)段会昌

青城两首(石磴何迂曲)　　　　　　(清)邢丽江

(山境真奇绝)

游青城(高峰三十六)　　　　　　　(清)闵芳声

青城口占(直到山穷处)　　　　　　(清)厦幼乔

偕友青城道中(联袂青城道)　　　　　　佚名

(大江山容洗)

秋日雨中由灌城赴从子信伯家

　　(玉垒雄关外)　　　　　　　　　(清)王昌南

喜李惠春再至(未了三生约)　　　　(清)丁国仲

赠杨星五(吾师有孙子)　　　　　　　前人

馀福道(道自何年凿)　　　　　　　(清)刘清彦

晓发玉垒关(腊屐霜痕湿)　　　　　　前人

赠朱善堂(数月不相见)　　　　　　(清)陈毓琨

山居(不爱居城市)　　　　　　　　(清)杨发

挽僧某(孰砍菩提树)　　　　　　　(清)王春元

读青城游草再次梅隐见赠韵

　　(嵩阳有仙侣)　　　　　　　　(清)傅柏贞

自悼六首(计短谋三窟)　　　　　　(清)马继华

(为唯复为阿)

(生命当磨蝎)

(苦恼自寻出)

(五十无闻达)

(广武泪空堕)

丁亥游马祖禅院(十载乡关别)　　　(清)彭洵

(马祖谈经地)

(静夜僧寮敞)

(弥勒香龛古)

书感(文学吾家业)　　　　　　　　(清)罗万纬

大坪(古道拨云登)　　　　　　　　(清)董合初

由长生宫至牌坊冈(径曲苔痕古)　　　前人

(隔坞一声钟)

雨后过都江堰(夜雨洗青螺)　　　　(清)徐本衷

由都江至上元宫(一径穿云出)　　　　前人

寓常道观(峭壁飞泉落)　　　　　　　前人

天真观(瞥睹真灵窟)　　　　　　　(清)陈大庆

五言绝诗

因崔五侍御寄高彭州适(百年已过半)　(唐)杜甫

送灵澈归灌口山(苍苍竹林寺)　　　(唐)刘长卿

何同年书院(竹色侵晚帙)　　　　　(宋)范成大

导江铺(南条首大江)　　　　　　　(清)吕元亮

蜀守祠(江源挂巉崖)　　　　　　　　前人

离堆(凿石虎头崖)　　　　　　　　　前人

都江堰(啮山喷怒雪)　　　　　　　　前人

水则(深谷何冥冥)　　　　　　　　　前人

六言箴(堰浅渠常满)　　　　　　　　前人

誓水碑(石人立水中)　　　　　　　　前人

铁牛(范铁作鸟牛)　　　　　　　　　前人

自西缴归至灌县作(不从绝塞来)　　(清)徐邦屏

(灌水岷源口)

老霄顶(未入洞中洞)　　　　　　　(清)黄云鹄

题白龙池(我为斯民爱)　　　　　　　前人

吊叔弟存诚遇难(不以畏贼逃)　　　(清)傅秉常

灌县道中望青城(鸾鹤招诗侣)　　　(清)刘肇堂

九日雨不果登高关明府仲诒王君

　　　雨芗刘君桌堂丁君绍卿王君型之诸

　　　茂才皆载酒来院(夙有登高约)　(清)钱毓岷

(滴到空阶久)

(晓起天方雾)

(阴云倏变幻)

(胜会应难得)

重九后四日同诸公补游黄龙冈

　　(胜游重赴约)　　　　　　　　　前人

(老人村里过)

(一层复一层)

（远望黄龙寺）

喜官子涵解族人讼（骨肉虞凉德）　　（清）罗世勋

游大郎庙马上口号（溪小不成声）　　（清）伍彝章

游泉水寺（门临溪水曲）　　（清）何桢

题青城山祖师殿（窗前白云出）　　（清）周蝶与

（鸟声隔户啼）

春日小园集杜句（华馆春风起）　　（清）刘璞

（更深不假烛）

（精理通谈笑）

灌阳十绝句（生是灌阳人）　　（清）刘嗣勰

（斯地老斯人）

（夜静雨潇潇）

（寺启月初沉）

（野渡设何年）

（一炬出林稍）

（鬼斧凿鸿蒙）

（石峭白云生）

（行行出西郊）

（山远余落晖）

过蒙师江心斋百里故居（园里郁郁松）（清）朱谷旸

壬子重阳后偕友人观菊谢园客有以

　　秋月江亭菊不亚春江花月夜为言者惜

　　无张若虚咏之仆病未能聊赋

　　绝句五章以纪其事

（秋来陶令宅）　　（清）马继华

（月明三径好）

（江流伤逝者）

（亭外宜莳菊）

（菊圃当秋胜）

宿漩口场（人语杂江声）　　（清）陈大庆

谯岩（振翮离樊笼）　　前人

建福宫（建福以名宫）　　（清）刘永芳

上清宫题赠戴仰之道人（上清宫上望）（清）释含澈

贞女诗（人生天地间）　　（清）彭月遗

（松节傲雪霜）

（富贵不能移）

（郎面昧生平）

贞女诗（未嫁陨所天）　　（清）王继曾

（儿命竟如此）

（大节伸闺阁）

（一穴万古同）

贞女诗（少小字檀郎）　　（清）宋来宾

（守义从一终）

（全是铁石心）

（同穴本素心）

贞女诗（人怜贞女贞）　　（清）坤汇川

灌志文征卷九　七言古诗上

丈人庙（自为青城客）　　（唐）杜甫

石犀行（君不见秦时蜀太守）　　前人

赋得青城山送杨杜二郎中赴蜀军歌

　　（蜀山西南千万重）　　（唐）钱起

离堆行（残山狼石双虎卧）　　（宋）范成大

长生观翫月（碧天万里月正中）　　（宋）陆游

伏龙洞观孙太古画英惠王像

　　（岷山导江书禹贡）　　前人

登灌口庙东大楼观岷江雪山

　　（我生不识柏梁建章之宫殿）　　前人

丈人观（黄金篆书榜朱门）　　前人

视筑堤（江水来自松岭中）　　前人

神君歌（泰山可为砺）　　前人

和范舍人永康青城道中作

　　（风驱雨压无浮埃）　　前人

忆青城旧游（宦途到处不黔突）　　前人

予顷游青城数从上官道翁游暑中

　　忽思其人（往年屡游丈人祠）　　前人

储福观（弃形如遗但养神）　　（明）胡叔豹

雪山天下高（巨灵擘断昆仑山）　　（明）周洪谟

青城纪游赠刘珥江（爱山人少说山多）　　（明）杨慎

和章水部沙坪茶歌（玉垒之关宝唐山）　　前人

长江万里图画（我家岷山更西住）　　（明）杨基

长江行（大江西来是何年）　　（明）李东阳

遥见青城欲游不果(青城近接岷山南)　　(清)查礼

青城茶歌和余秀才(西川新茗孰第一)　　前人

登镇夷关晚眺(山气日夕重)　　(清)孙天宁

都江堰(浪架岭头滥觞水)　　(清)朱凌云

曾节妇行(君不见曾家妇)　　(清)蔡成辂

登青城山(三峰并出青天外)　　(清)马光型

九日偕诸友作上清之游长歌纪之

　　(山不凌空不奇特)　　(清)高溥

大字殿(昔闻大字岩)　　前人

伏龙观(峨峨青城山)　　(清)黄澍

青城雅集图(小园坐隐逃尘嚣)　　(清)崇实

青城雅集图(山在东南不肯大)　　(清)吴锡文

青城雅集图(五丁驱山西南走)　　(清)张香海

青城雅集图(昔我入蜀别嵩洛)　　(清)史致康

青城雅集图(饱饫白石驾鼋鼍)　　(清)吴鼎立

青城雅集图(青城山)　　(清)胡兴仁

青城雅集图(火敦胎结星河壖)　　(清)顾复初

青城雅集图(岷山之精络东井)　　(清)莫如德

青城雅集图(青城高青城之高干云霄)　　(清)宋燧

青城雅集图(名山如名士)　　(清)鲍源深

青城雅集图(平生想慕西蜀山)　　(清)汪炳熊

青城雅集图(前年欲作青城游)　　(清)彭崧毓

青城雅集图(我家青城东复东)　　(清)彭润芳

登青城绝顶放歌(乾坤何小山何多)　　(清)窦垿

游灌口有怀青城(浪架岭头山岜嶭)　　(清)张怀溥

读王蜀春秋感作(潇湘环珮悲烟空)　　(清)周起渭

访张少愚隐居不得为赋白云歌

　　(一峰两峰云不住)　　(清)孙澈

游青城山次顾晴沙韵(五丁天

　　遣开奇山)　　(清)王梦庚

游青城山(子美游青城)　　(清)顾光旭

过王绥斋古云山房见顾晴沙观察游

　　青城山诗次韵(我昔游青城)　　(清)沈清任

都江堰歌(都江堰)　　(清)陈炳魁

赠青城山道士(青城有客来蓉城)　　(清)黄云鹄

青城山(五岳之外孰可游)　　(清)张之洞

都江堰(汶阜零零函化古)　　(清)吴之英

青城张陵祠(地脉隆厚名山皴)　　前人

游青城(青城之山极幽邃)　　(清)汪逢源

唐钟(童子山前青铜钟)　　(清)陈禾生

唐钟(咄哉尤物不易逢)　　(清)易瀚

宝瓶寺撅地得鹦鹉衔杯古器也诗

　　以志之(天地菁华不终泪)　　(清)谢奉扬

登玉垒峰(荒城吹角乱烟起)　　(清)宋郁文

何贞女诗(天可荒,地可老)　　(清)黎邦献

何贞女诗(灌江澄清)　　(清)尹兴祐

游上清宫(忆昔青城游)　　(清)刘骥

梦游青城山留别士民

　　(我为二百六十九日青城主)　　(清)王宫午

索桥歌(江源之水始滥觞)　　(清)罗春恩

题贺星荣友竹山房诗集

　　(巨灵劈开苍峡口)　　前人

登离堆观江沱(我自关西来)　　(清)刘至贤

灌志文征卷十　　七言古诗下

题朱霁轩桂庭集(岷山自古称灵异)　　(清)卫道凝

中兴场舆梁落成(百尺洪涛数里滩)　　(清)宋煊

永续庵罗汉松(人生事业沤梦幻)　　(清)谭岱

杨妃池(蜀州司户杨氏女)　　(清)山春

落花诗(五更梦破百花里)　　(清)周益

伏龙观观涨(灵潭夜夜蛟龙吼)　　(清)宋树森

节孝诗(榆袆阁中谁不朽)　　(清)蔡国祯

安澜桥(波涛汹涌相击搏)　　(清)杨均

同李玉琤登鳌华山放歌

　　(癸亥之年月己未)　　(清)王昌南

横河堰望水(水从灌西来)　　(清)刘清彦

光绪辛巳端午大风(我家锦城西)　　(清)徐昱

敬和王宫午明府梦游青城山留别

　　士民原韵(藉问青城三十六峰谁为主)　　前人

老人村(青城山周八百里)　　(清)陈桂林

游盘龙山歌答桃源洞天主人

　　(桃源主人示我盘龙吟)　　(清)王昌麟

本竹观（楼阁层层冠此山）　　　　　　前人

哭道古诗（曾陈章疏忤昭皇）　　　　（后晋）郑遨

题青城谒丈人观（千寻绿

　　嶂夹流溪）　　　　　　　　（前蜀）太后许氏

题金华宫（碧烟红雾扑人衣）　　　　　前人

题青城山丈人观（早与元

　　妃慕至玄）　　　　　　　　（前蜀）太妃徐氏

祷青城山历丈人观元都观朝上清

　　宫谒先帝像（丹景山头宿梵宫）　　前人

游青城过皂江溺水有丈人以杖接

　　引旋失所在（青城峭出江水寒）　（宋）杨鼎夫

入蜀先寄青城张俞先生

　　（逾年青社得徘徊）　　　　　（宋）赵抃

赠道士李垂应（坐观山水气幽情）　　　前人

谒青城山（背琴负酒上青城）　　　　　前人

送鲜于都曹归蜀灌口旧居

　　（籍尽霜须照碧铜）　　　　　（宋）苏轼

再题青城山（万里清游不厌傺）　　（宋）范成大

青城山会庆建福宫（墨招东来汹驿传）　前人

上清宫（历井扪参兴未阑）　　　　　　前人

青城经何子方使君同年园池

　　（桤塍芋陇忆中行）　　　　　　前人

丈人观道院（断云浮月声声残）　　（宋）陆游

上清宫（九万天衢浩浩风）　　　　　　前人

自上清延庆观归过丈人观少留

　　（再到蓬莱路欲平）　　　　　　前人

将之荣州取道青城（倚天山作海涛倾）　前人

新岁颇健寄青城故人（骄气年来痛自锄）前人

登上清小园（楼观参差倚晚晴）　　　　前人

宿上清宫（永夜寥寥憩上清）　　　　　前人

丈人观（静见门庭紫气生）　　　　（宋）楚鸢

张道士蜀山图（碧玉参天是蜀山）　（元）虞集

游疏江亭观修都江堰（疏江亭

　　上眺芳春）　　　　　　　　　（明）杨慎

送福上人还青城（青城三十六高峰）　　前人

长生观（天谷隐者范长生）　　　　　　前人

登青城赠黄梓谷（浩浩洪流带白沙）　　前人

玉环池（妃子池连玉女房）　　　　　　前人

青城山（刚离丹景又青城）　　　　（明）玄谷子

谒秦蜀守李公祠寻离堆山故迹

　　（岷江分派入离堆）　　　　　（明）范涞

谒范长生观故址犹存用太史杨

　　用修生字韵（长拂红尘笑此生）　（明）范涞

雪山（岷岭高寒井络边）　　　　　（明）薛曾

灌阳十景诗（寻芳览胜会群仙）　　（清）马玑

　　（石径循岩过几弯）

　　（歧山鸣后久无啼）

　　（蜀首奇功著昔年）

　　（神功昭著是离堆）

　　（小洞幽声半壁空）

　　（夕阳西下荣光布）

　　（古刹灵岩傍碧空）

　　（竹林古刹傍山城）

　　（钟声何自响铮铮）

张节妇诗（已嫁终成未嫁人）　　　　　佚名

谒范长生祠（荒城落落傍青城）　　（清）黄俞

花蕊夫人宅（歌舞当年进蜀王）　　　　前人

观圣水池（拾级扶筇览圣泉）　　　　　前人

都江堰（岷水遥从天际来）　　　　　　前人

青城杂诗（炎风暑雨过青城）　　　（清）蔡时田

灌口谒李公祠望离堆（石磴盘

　　盘带女萝）　　　　　　　　　（清）查礼

兵至永康军书怀（自愧非才敢将兵）（清）杨南涧

花洲（策杖探奇去复回）　　　　　（清）刘应鼎

　　（春色当前望不收）

岷山（岷山西上杳难寻）　　　　　（清）石养愚

步家夫子花洲原韵

　　（积石成洲水激回）　　　　　（清）刘君成

　　（玉女房中镜影收）

青城名迹甚多乾隆乙卯秋予三人

　　游此恍然有天际真人之想因各赋

　　诗以志（洞天第五传青城）　　（清）修徐

（卅六峰回宛若城）　　　　　　　　（清）鲁钿

（万峰环绕似层城）　　　　　　　　（清）徐廷仪

登灌口都江庙阁留赠自明道人

　　（道人何处费幽寻）　　　　　　（清）朱道纯

和朱小滇郡守并示自明道人

　　（为爱梅花出郭寻）　　　　　　（清）沈清任

游青城（话倒青城意欲顾）　　　　　（清）蒋攸铦

（思量几载赋来游）

题双凤桥（平川种得善缘深）　　　　　　王口

赠青城道士（厌倦尘中光景促）　　　（清）来宁裕

（露浓如水洒苍苔）

宿马祖寺（十里钟声隔树闻）　　　　（清）王梦庚

青城（杰阁崔巍倚上清）　　　　　　　　前人

谒长生观用杨用修韵（清风

　　高节范长生）　　　　　　　　　（清）卫道凝

（山色苍苍爽气生）

赠汪南轩（天府从来数益州）　　　　（清）李桂林

泉水寺题壁（潮随春涨雪山倾）　　　　　前人

灌县雨夜怀王廷和同年

　　（乍喜同岑托弟兄）　　　　　　（清）朱琦

憩伏龙观观澜亭（药灶丹炉薜久封）（清）慕景祖

长生宫（隐隐琳宫隔石桥）　　　　　（清）李惺

灵岩寺（爱游禅境懒参禅）　　　　　　　前人

程定甫招同张淡如诸君游青城即

　　宿其南坪精舍（言偕胜侣践幽栖）　前人

忆青城天师洞旧游（十二楼高接玉京）　前人

登灌县西城作（岷山来自西蕃外）　　　　前人

送孝廉东桥马光型城南高溥敬堂陈

　　政典星桥张思伟暨武举马嘉宾北

　　上饯别（频年医俗藉芝兰）　　　（清）周因培

（五星朗照绮筵开）

再到青城留别邑人士（十年薄宦滞西川）　前人

（筑堰分江事隔年）

（载酒相邀父老同）

留别门人（朋来问讯束经装）　　　　　　前人

（十载琴弦且漫操）

辞青城自嘲（百岁流阴一刹那）　　　（清）黄云鹄

上皇观题壁（散吏何缘谒上皇）　　　　　前人

宿朝阳洞晓望（夜雨空山枕石眠）　　　　前人

下青城山再游长生宫道中口占

　　（几日浓阴忽放晴）　　　　　　　　前人

游上清宫（壮游兴到不知远）　　　　　　前人

游青城山归途作（天教重向蜀西来）　　　前人

和周莲塘送余北行原韵

　　（青山无数绕华堂）　　　　　　（清）高溥

麻姑祠（是谁凿沼最澄清）　　　　　　　前人

鸳鸯井（盈盈双井小廊西）　　　　　　　前人

青城山茶（黄帝当年驻跸村）　　　　（清）孙澈

经司马相如墓道（典策麟麟耀上台）（清）何盛斯

都江堰（凿断离堆万派平）　　　　　　　前人

老人村（飘飘鹤发映霞颜）　　　　　　　前人

灌口览古（群山如马渡江来）　　　　（清）何椿龄

初至灌口寄王西瓍同年

　　（水自东流我向西）　　　　　　　　前人

灌城（帽影鞭丝趁客身）　　　　　　　　前人

登灌城楼（雉堞嵯峨控上游）　　　　　　前人

岁暮书怀（琴剑飘零已半生）　　　　　　前人

留别岷江书院诸生（管领名山署寓公）　　前人

谢王西瓍司马青城茶（危崖千尺劚云根）　前人

王朴斋招同人宴集离堆即事有作

　　（出林钟磬一声清）　　　　　　　　前人

游青城（蝉声摇曳小溪风）　　　　　（清）张昭德

游青城（危径撑天石角横）　　　　　（清）王槐芳

青城山（不衫不履看山来）　　　　　（清）张香海

（阴森层接路湾环）

游青城（万里朝山到却回）　　　　　（清）沈棠

和刘方伯花洲原韵（一片清沧逝不回）（清）任文灿

（江接岷山势未收）

依刘方伯花洲原韵（峡口分江向北流）（清）孟其才

和江绍溪闻诸公登青城未获奉陪

　　原韵（恪奉慈帏慎卜居）　　　　（清）徐涵

崇福寺幽居诗（东堂草映竹亭西）　　　　前人

赠陈芗亭(南邻北里自耕耘)　　　　(清)田延栋

送杨春台之石泉(问字高高载酒通)　　　前人

贺杨春帆孪生子(南宫八士古称奇)　　　前人

贺刘昂轩师登贤书(频年落寞拥皋比)　　　前人

九日登龙山(纸帐愁眠已数朝)　　　(清)陈雨田

九日登龙山(襟期敢不与人同)　　　(清)姚挥五

哭清河殉难诸人(刀光雪亮鼓声阗)　　(清)陈政典

(初传捷报众争看)

(生离死别恨班班)

(河北豺狼扫未完)

辛丑秋晤孝廉周寿臣于导江欣悉椿

　　园明府起居赋诗志慕(名驹又向灌江游)　前人

石犀有序(奇语荒唐说斗牛)　　　(清)马莲舫

铁龟(锦城画地说遗基)　　　(清)马莲舫

绳桥(汶江出峡势难收)　　　前人

书怀(老去鸿泥迹未休)　　　前人

寄王孚廷(旧雨寥寥念凤因)　　　前人

走马坪怀古(参横斗转夜萧萧)　　(清)萧荐馨

登汉阳门城楼谒官胡二公祠

　　(四极云烟一望收)　　　(清)马继华

(一瓣心香数十秋)

(使节当年领八州)

(荆山衡岳两悠悠)

和刘卓如留别原韵(秋深犹自恋齐纨)　　前人

灌县(郫筒饮罢又鸣驹)　　　(清)刘肇堂

步邑侯胡若川青城留别原韵

　　(漫云宦迹等轻沤)　　　(清)王昌南

赠别邑侯陆以真夫子移篆巴江

　　(鸾披声华重帝乡)　　　前人

重九日承卓堂见招偕蔡曲江谢海田

　　诸公集饮其家借成二律索和

　　(锦城踏遍甫还乡)　　　前人

赠别刘嵩生卸寨子坪汛事

　　(离合由来信有天)　　　前人

同张凤梧董佐卿王舜卿登玉垒山

　　(玉垒高登第一峰)　　　前人

游蟠龙山赠柏乾上人(高凌天汉溯仙踪)　　前人

九日登黄龙冈同王晴川吴纬卿刘合浦

　　万虎臣诸人赋诗(龙山挈伴共攀跻)　　前人

己巳夏随牛雪樵及诸同人游青城方

　　伯嘱用前制军蒋砺堂旧题青

　　城韵各赋(上到青城喜欲颠)　　(清)刘璞

(洞天第五许遨游)

和龙德青城即景韵(上清宫殿远冥冥)　　前人

赠邑侯蔡公去任(中郎世胄使人钦)　　(清)陈上达

游灵岩寺(名山遥踏几重青)　　　(清)宋履中

赠尹省斋(十年鸿爪托交游)　　　(清)田嘉谷

丁酉季春游泉桥精舍(曲径通

　　幽绿满身)　　　(清)李问

梳妆台(山扫峨眉月涌珠)　　　(清)宋道衡

灌城(西有离堆东太平)　　　(清)山春

(两番曾出镇夷关)

选拔将赴都门同人饯于二王庙

　　赋此志别(年来意气尚纵横)　　(清)周盛典

(文字绸缪信有因)

留题延生观小堂(溪山愈好意无厌)　　(清)宋道诚

贺周雅堂入词林(稳步青云羡此身)　　(清)宋树森

代贾镜亭道士和丁雉璜宫保谒

　　二王庙感怀原韵(凿破鸿濛一窍通)　　(清)游观

奉和高城南师赴任广东

　　(洞天深秀毓灵芝)　　　(清)谢奉扬

挽曾晖山夫子(木铎声销二十年)　　　前人

在蒲江学署遥祝母寿欷然于怀

　　(年年次日省慈颜)　　　(清)杨楫

馆中偶吟(半榻松风俨啸歌)　　　(清)郭仲达

感怀(书箧行囊共一肩)　　　前人

登青城绝顶宿常道观(为探胜

　　境不辞慵)　　　(清)周振琼

(雨后晴初酒意阑)

截刀崖(不施椎凿崭然形)　　　(清)陈大庆

何贞女诗(高堂劝嫁计殊非)　　　(清)乐化戎

何贞女诗(红粉含愁永夜中)　　　(清)殷绳武

喜梅隐见过偕游青城（蓬莱仙

　　客冰雪容）　　　　　　（清）赵金鉴

宿天师洞（吟成拈断数茎髭）　　　　前人

由掷笔槽至轩皇台（扪壁攀萝拨莽榛）　前人

登第一峰观日出（晓日瞳胧射剑眸）　　前人

题周子渊都督余事吟（上马横戈下马诗）　前人

（一卷风云塞上歌）

青山常道观（海陆伤心黩化烟）　　（清）伍彝章

（金丸巧避笑鸿冥）

端午偕曾云衢宿长生殿

　　（日来依旧扣关迟）　　　（清）罗缤纶

青城山（山为城郭古来青）　　　（清）熊朝滨

题青城图（英光灏气郁青城）　　（清）王云栋

游青城（走马西来此大观）　　　（清）李篠康

游青城赠松暇道人（扑面松风气欲仙）　（清）谢祚卿

游青城赠至一道人（超出红尘已廿年）　（清）高汉升

仲夏游青城作（好趁晴天作胜游）　（清）张锡光

赠陈稼书（漫将文字话前因）　　（清）罗辑瑞

光绪乙酉季秋五日宿常道观（少年

　　游屐遍峨岷）　　　　　　（清）易顺鼎

游青城（鸣鹄山人此静修）　　　（清）张和廓

青城怀古（丹岩何处访宁封）　　（清）高凌霄

重游青城（风尘碌碌廿余年）　　（清）珍席赞

常道观至朝阳洞望上清宫

　　（洞天九室入云峰）　　　（民国）宋育仁

长生宫怀范贤（万木阴阴夏气凉）　　前人

宿伏龙观（昔闻今见离堆古）　　　　前人

离堆（神鬼人天灌口开）　　　　（清）颜楷

天师洞（悬崖密洞接天庭）　　　　　前人

上清宫（第一峰头夏似秋）　　　　　前人

游青城宿丈人观（少年游屐遍峨岷）　（清）张继

游长生宫（巍然庙貌枕平川）　　　　前人

白秋海棠（萧萧梧叶下柴门）　　（清）蒲春华

忆范长生（青城保障此栖迟）　　（清）刘永芳

游青城上清宫（巉巉青城万象开）　（清）朱源

岁暮忽调任庆符行有日矣念此邦人士不忘

赋诗留别（匹马蒲阳夜五更）　　（清）陈洪材

九日偕同人为上清之游

　　（万山如簇白云横）　　　（清）刘骥

崇德庙灾感赋（灌口灵祠谒已三）　（清）邢锦生

赴灌县葬仲华作此呈竹君亲家

　　（砚席书灯忆去年）　　　（清）曾学传

留别灌城二首（一行作吏便终年）　（清）刘建勋

（秋风容易卷齐纨）

柬萧作霖（一春花事已成空）　　（清）罗春恩

醉后寄贺慎之（年年不放酒杯空）　　　前人

卫贡三以文社见邀感而有作

　　（攻玉他山感不休）　　　　　　前人

绳桥（飞龙百尺破空来）　　　（清）宋郁文

哭杨春桥夫子（八年风雪倚门墙）　（清）丁国仲

（丁仪弱冠幸知名）

（家风清白岂寻常）

寄怀朱善堂（记哭杨修一首诗）　　　前人

得万虎臣云南书（近得滇南一纸书）　　前人

哭苏渔村（岁月滔滔感逝波）　　　　前人

冬夜宴刘合浦家（功罪分明判我曹）　　前人

周梓常明府创建茶神祠落成

　　（未必黄金铸伯熊）　　　（清）刘家桢

留别贾思徽（茫茫宇宙几知音）　（清）刘应奎

甲子元旦（甲子香焚午夜清）　　（清）王执中

咏杨贞女（闺中人作井中人）　　（清）杨发

偕杨兰皋李新畬新道常观

　　（西风吹我上青城）　　　（清）彭锡光

（龟山道学义山）

晤苟丈明轩（更漏频催月正中）　（清）姚滨洪

青城（一带萦纡曲径长）　　　（清）刘咸荥

（晴开半日趁天光）

灌志文征卷十三　七言绝诗

谢岩中丞送青城山道士乳酒一瓶

　　（山瓶乳酒下青云）　　　（唐）杜甫

送灵应上人（遍参尊宿游方久）　（唐）贾岛

由青城过平都山访友（一鸣白

　鸟出青城）　　　　　　　（唐）吕洞宾

寄杜光庭（试问朝中为宰相）　　（唐）张令问

与萧远雪夜同宿（数卷新游楚客诗）　（唐）张籍

甘州歌（月里嫦娥不画眉）　　　（唐）符载

大丹诗（混沌未分我独存）　　　（唐）李浩

（煮石烹金炼太玄）

无题（线作长江扇作天）　　　（五代）谭峭

青城丈人诗三首（深羡青城好洞天）（五代）孙紫微

（峨嵋仙府静沉沉）

（月砌瑶阶泉滴乳）

祷青城山回（周游灵境散幽情）　（前蜀）太妃徐氏

题青城丈人观（获陪翠辇喜殊常）　　　前人

（登寻丹壑到元都）

祷青城山回（翠驿红亭近玉京）　　　　前人

随驾游青城（因随八骏上仙山）　（前蜀）李舜弦

树下吟诗（一别銮舆经几年）　　（后蜀）张太华

谢李若仲（符吏匆匆叩夜扃）　　　　　前人

宫词一百首　　　　　　　　　（后蜀）花蕊夫人

（五云楼阁凤城间）

（会真广殿约宫墙）

（龙池九曲远相通）

（东内斜将紫气通）

（殿庭新立号重光）

（安排诸院接行廊）

（夹城门与内门通）

（厨船进食簇时新）

（立春日进内园花）

（三面宫城尽夹墙）

（离宫别院绕宫城）

（御制新翻曲子成）

（旋移红树斫青苔）

（修仪承宠住龙池）

（六宫官职总新除）

（才人出入每相随）

（春风一面晓妆成）

（小毬场近曲池头）

（梨园子弟簇池头）

（殿前排宴赏花开）

（供奉头筹不敢争）

（殿前宫女总纤腰）

（自教宫女学打毬）

（翔鸾阁外夕阳天）

（内人追逐采莲时）

（新秋女伴各相逢）

（少年相逐采莲回）

（早春杨柳引长条）

（婕妤生长帝王家）

（月头支给买花钱）

（太虚高阁凌波殿）

（寒食清明小殿旁）

（水车踏水上宫城）

（平头船子小龙床）

（苑东天子爱巡游）

（罗衫玉带最风流）

（沉香亭子傍池斜）

（薄罗衫子透肌肤）

（金画香台出露盘）

（六宫一例罗冠子）

（三月樱桃乍熟时）

（小小宫娥到内园）

（锦城上起凌烟阁）

（大臣承宠祠新庄）

（舞头皆著画罗衣）

（春早寻花入内园）

（半夜船摇载内家）

（春日龙池小宴开）

（慢梳蛮髻著轻红）

（别色宫司御辇家）

（日高房里学围棋）

（樗蒲冷淡学投壶）

（慢揎罗袖指纤纤）

望青城山(峰峦矗矗势高低)	(清)孙天宁	赠江百里(十载辛勤好自修)	(清)朱凌云
癸酉孟夏校阅松建营伍纪行		赠张石庵牡丹(胭脂平地起楼台)	(清)曾怀玉
(堰水回环绕陌阡)	(清)吴堂	题桃花夫人庙(桃花洞口桃花庙)	(清)田嘉谷
(卓荦英姿有父风)		劝孝诗存题词(青城名士老忘机)	(清)陈邦彦
西巡望青城山(萝衣薜磴簇云屏)	前人	寄李敦五(如罗最薄是秋云)	(清)宁涛
登类鼓坪(镇夷西峙敞雄关)	(清)吴文锡	(夜看银河落九天)	
青城山吊花蕊夫人(内家本事诗犹在)	前人	(我似刘伶为酒溺)	
再题小朝阳洞(游人惯说觅仙踪)	(清)黄云鹄	(闭门我亦养迂疏)	
游青城作(搔首何须问太空)	(清)铁瓢道士	题游子温梦觉堂(拈豪破晓写吟笺)	前人
游青城作(松风夜吼作龙吟)	(清)吕磨头	(庄周梦里为蝴蝶)	
青城雅集园(从来仙境说青城)	(清)王燕堂	颂邑侯盛一晋先生(盛世无非出好官)	(清)李椿林
(丹成都见宰官身)		别二弟(还家未得梦还稀)	(清)黄湘冷
(手携丘袖拍崖肩)		题朱善堂诗集(东云西岭适争奇)	(清)吕承一
(西来天府艳成都)		偕朱善堂谒方载龛师有感	
青城雅集图(披图苍翠落须眉)	(清)沈廷贵	(诗家三味悟空空)	(清)何星寅
(恨不偕游步后尘)		重九偕陈辅廷登三十六峰留题	
牛心山(卓立孤峰插碧霄)	(清)傅秉经	上清道观(又看花放小篱东)	(清)高溥
金鞭岩(金鞭岩影望模胡)	(清)傅秉常	(行行直到翠微颠)	
城南即事(梅花香满镜心亭)	(清)马莲舫	(踏破云霞绝顶来)	
自誓十首(烈女殉夫万古传)	(清)傅高氏	(三两村童话夕曛)	
(忆从君子到河洲)		(孤鹤前朝陟翠微)	
(大事何能任仔肩)		丈人峰(三十六峰峰不齐)	(清)刘永芳
(仰首长空唤奈何)		童子山古钟(天教云物助诗豪)	(清)翁祖烈
(想到倡随便断肠)		(拓本字镌五十七)	
(二老无须久叹嗟)		童子山古钟(西上蜀山童子颠)	(清)季安
(薄命如斯强自宽)		(彝鼎流风纪盛唐)	
(人世荣枯莫认真)		和杨卓斋垂钓原韵(鱼肥酒美易消愁)	佚名
(艰难誓守到而今)		家居(家在岷山西复西)	(清)姚滨洪
(堂堂大义凛纲常)		题回澜碑阴(百尺惊涛响怒雷)	(清)钟峻
题芝香阁诗草(憔悴伤心凝碧池)	(清)王风清	灌江竹枝词(人字堤边碧草萋)	(清)马光型
题芸香阁诗草(才名震似一声雷)	(清)雷燮阳	(山色青城一望赊)	
题芸香阁诗草(我曾蜡屐走青城)	(清)朱正鳌	题名陈馨山毓琨图照(郑虔三绝擅名高)	前人
题芸香阁诗草(高山流水寄遐心)	(清)田森树	镇夷关(锁钥西陲第一关)	(清)田延栋
题芸香阁诗草(诗境精微未易臻)		导江驿银杏(异色同荣赋蜀都)	(清)宋道恂
题芸香阁诗草题词(自古工诗便得穷)	(清)杨发	登类鼓坪(披襟躞蹀立青云)	(清)伍彝章
(同是程门立雪人)		挽何贞女(凤侣鸾俦幼结盟)	(清)刘月娥

（十年待字燕孤栖）

（已定乾坤那可移）

（绣帷寂寞细思量）

（莫道红颜命不强）

（底事投缳不顾生）

（我实怜卿亦自怜）

（诗成断尽九回肠）

赠税熙宇（天官书内识星文）　　　　　（清）罗世勋

李春林说诗有可喜者率用原韵答之

　　（斗酒百篇溯长庚）　　　　　　　前人

（听子说诗屡前席）

导江废县书事（导江旧址唐时县）　　　（清）徐昱

（杨君世业守郊居）

碧鸡庙题词（赤斧仙人去不还）　　　　　前人

（讹文既出费猜疑）

小游仙诗（谪近青城小洞天）　　　　　（清）马鲲

（风流本是神仙事）

题华阳国志（卅六青城峰势齐）　　　　（清）宋树森

题何子贞先生游玉垒山笠展图

　　（试罢西川锦绣材）　　　　　　　前人

灌阳树枝词（鹃声不住北门悲）　　　　（清）山春

（镇夷关下凤栖窝）

（都江堰水沃西川）

（伏龙山上约闲游）

（岁暮人争看蛰龙）

（嘉州刺史隐崖间）

游青城（孤峰峻极插苍穹）　　　　　　（清）卢光表

（银杏盘根岁月深）

游青城（爱山此次入山行）　　　　　　（清）刘恒埧

（谁向层崖凿半腰）

青城绝顶（直上高台俯翠微）　　　　　（清）周定华

陟上清宫望丈人峰（上到上清最上岑）　（清）罗缤纶

题青城吟草（铁是双眉不写愁）　　　　（清）刘咸荣

（石坛清静烛花红）

（天风吹雪落诗瓢）

（忆夕青城一夕留）

青城山诗（策杖看泉过竹林）　　　　　　前人

（山向白云深处合）

过虚阁见仙花（不计年华岁岁开）　　　（清）王昌南

甲午九重偕马朴之张蓉生周介眉郑

　　茂阑刘少牧诸人登奎光塔

　　（诗酒年年忆我曹）　　　　　　　前人

（老去升高力尚支）

老人村竹枝百咏（空山深邃绝尘缘）　　　前人

（沿溪枸杞绕龙蛇）

（百里深山深复深）

（风高怀葛久忘秦）

（晋代栖迟有范贤）

（锦水金川上下通）

（碧水如环茑脚楼）

（场名符实果兴仁）

（醢盐古昔最珍惜）

（草服黄冠古貌存）

（古道同登各自安）

（学校初成俗顿殊）

（颓垣破壁古官衙）

（古寺钟鸣日未曛）

（元宵灯罢又春分）

（踏青江畔水迢迢）

（种田人少种山多）

（寻芳几辈趁晴霞）

（御麦曾经进御前）

（三婆盛会月三三）

（蟠龙山麓野牛塘）

（炭秤归公历有年）

（狮子口前石作梯）

（韩胡攘去久销兵）

（揽胜西山出老场）

（蟠龙溪上路迂徐）

（开园放叶是谁家）

（黄龙冈耸寿江滨）

（村外清流水一渠）

（薄浣衣裳要及时）

（胜地谁知蜀道难）

（天府灾荒甲子年）

（子规声里日催耕）

（蛮城夙昔旧官衙）

（板厂沟深昔聚蛮）

（半边街里已无街）

（津粮纳罢尚难觅）

（卅里重重赴县城）

（照沙坝接大槽头）

（沟间恍惚见金羊）

（苍茫古迹委扶疏）

（崖悬青石接猫坪）

（云根谁凿老人桥）

（紫柏森森大十围）

（异术何人竟黑山）

（龙神冈顶祀龙神）

（朱夏登山烈燺）

（高冈谁与作牛栏）

（首义谁成永定桥）

（峻塔凌空亦自嘉）

（石磙荆榛噪暮鸦）

（松林寺僻境清幽）

（天然绝塞限群蛮）

（浓阴曀黯黑风槽）

（熊耳高张路曲盘）

（顶盘三鹤影蹁跹）

（檬荔森然大合围）

（高冈何事设官棚）

（黄厂巍然峙大冈）

（夭矫蟠龙百里遥）

（盘查当日最森严）

（崇文乡课拔英才）

（乡汛屯兵驻弁员）

（节孝长留百世芳）

（雅爱幽居远俗尘）

（山深容易度年华）

（桃花开遍杏花天）

（士女儿童底事忙）

（连朝鼓吹间箫声）

（梨园歌舞会场开）

（云鬟翠带体温柔）

（读书岂必为科名）

（山川云气毓菁华）

（崔嵬远上小峚华）

（石桥高捐石梯危）

（当年谁凿莺钟崖）

（韩婆岭外界夷疆）

（娴编竹器善操刀）

（御麦搬从白露时）

（寒露节交霜降辰）

（寻常每作看山游）

（绘罢梅花九九图）

（竹户差徭剧苦辛）

（忽官忽号忽商家）

（世际熙隆庆久安）

（秋高鸷鸟快飞腾）

（给排挂号赴官围）

（深密山林鸟最宜）

（翔游麟凤旸清时）

（野寺寻梅雪满天）

（商贩频来物价赊）

（水笋如林列市廛）

（佳酿泉香气味清）

（芟茅刈蕨趁晴天）

（细碾涎麻玉屑符）

（腊虫放树遍山冈）

（磨片薰干白似银）

（寻幽几辈遘奇缘）

（村号老人信有由）

（行经关口向西征）

（地灵人杰古皆然）

20. 光绪重修彭县志

十三卷首一卷末一卷补遗一卷　（清）张龙甲修　吕调阳等纂　光绪四年刻本　《中国地方志集成·四川府县志辑》（第十册）影印本

卷九　艺文门上

经籍志

（书目）

金石志

御制平定西藏告成太学碑　康

　　熙四十一年　　　　　　　　　　　　　（清）康熙

御制平定青海告成太学碑　雍

　　正八年　　　　　　　　　　　　　　　（清）雍正

御制平定两金川告成太学碑　乾

　　隆四十一年　　　　　　　　　　　　　（清）乾隆

秦

半两钱范

梁

大空禅院塔顶凤喙铜铃刻字

元

蒙古军百户印

蜀汉

繁长张禅题名碑　　　　　　　　　　　　（蜀汉）张禅

梁

上清观碑　　　　　　　　　　　　　　　（梁）刘孝先

唐

益州九陇县夫子庙碑　　　　　　　　　　（唐）王勃

彭州九陇县龙怀寺碑　　　　　　　　　　前人

九龙县独孤丞遗爱碑　　　　　　　　　　（唐）陈子昂

峰塔院铭　　　　　　　　　　　　　　　（唐）寺主文器

彭州再建龙兴寺碑　　　　　　　　　　　（唐）陈会

宋

彭州镇国寺新修塔记碑　　　　　　　　　（宋）王素

彭州重修大晟乐记　　　　　　　　　　　（宋）朱若冰

明

蒲江郡主圹志铭　　　　　　　　　　　　缺名

江津郡主圹志铭　　　　　　　　　　　　缺名

重修大隋景德寺碑记　　　　　　　　　　（明）黄辉

清

九峰书院碑记　　　　　　　　　　　　　（清）许伯政

陈氏让产碑　　　　　　　　　　　　　　（清）张龄度

重修白鹿禅院碑记　　　　　　　　　　　（清）欧阳方曜

凤凰山法藏寺碑记　　　　　　　　　　　（清）马维翰

东岳庙碑　　　　　　　　　　　　　　　（清）谢生晋

重修玉村关帝庙碑记　　　　　　　　　　（清）彭以懋

唐

光化寺石经

宋

涌华寺阴厓刻字

卷十　艺文门下　文章志　诗

赠柳九陇（提琴一万里）　　　　　　　　（唐）卢照邻

赠彭州权别驾（双流脉脉锦城开）　　　　（唐）苏颋

寄彭州高三十五使君适虢州岑二十

　　七长史参三十韵（故人何寂寞）　　　（唐）杜甫

哭侍御王彭州抡（挚友惊沦没）　　　　　前人

野望（西山白雪三城戍）　　　　　　　　前人

登楼（花近高楼伤客心）　　　　　　　　前人

西山三首（夷界荒山顶）　　　　　　　　前人

（辛苦三城戍）

（子弟犹深入）

彭州山行（峭壁连崆洞）　　　　　　　　（唐）高适

酬崔十三侍御登玉垒山思故园见寄

豆山人（惭对朋侪说宦游）

节妇行（夫君一病遽作鬼）　　　　　　　（清）彭维植

芝龛记题词（传奇原本为传奇）　　　　　　前人

（权珰焰炽忠良□）

（宰相头颅价太轻）

（奉圣由来祸水因）

（淋漓大笔写纲常）

（名将英雄从古有）

（秦淮风月画图夸）

（闯贼来时跪拜同）

（余烬何堪马阮焚）

（四人中有靖南黄）

（手刃仇家窃宛身）

邀同人游丹景山（我欲泛海探蓬壶）　　（清）黄大昕

夜行即景（举步明如昼）　　　　　　　　前人

桃关（大风吹未已）　　　　　　　　　　前人

德阳孝泉谒姜诗庙（纯孝岂沽名）　　　　前人

己丑北上留别瑞应山房

　　（年华弹指去滔滔）　　　　　　　　前人

七夕（七年乡国路迢迢）　　　　　　　　前人

（选来净土劈灵瓜）　　　　　　　　　　前人

次傅淇园少府杂感韵四首（记得春光艳）　前人

（梦回乡国迥）

（荒陋西戎俗）

（从戎都有幸）

赠两当李笏山少府（黄绶青袍品望纷）　　前人

夏日晓行（鸡鸣茅店客房空）　　　　　　前人

泰安县迎春即事（社夥喧阗鼓乐行）　　　前人

南楼夜月（天有万古月）　　　　　　　（清）吴好山

云水环居五绝十八首（地为庄主地）　　　前人

（黑犬亦非懒）

（提壶能敬酒）

（蝉响全无味）

（兵就要来也）

（瑟居西山西）

（一声李怪怪）

（客到家常饭）

（少有弦歌声）

（在山贱似泥）

（溉足禾乃茂）

（不朽名自荣）

（耕田且少知）

（补屋百束茅）

（间到李枝头）

（类而实不类）

（静坐正欲睡）

（花于人有益）

溪上（几月违溪上）

（偶尔逢邻叟）

（指我南山去）

七夕（织女连朝巧画眉）　　　　　　　（清）彭顺姑

游太白洞（天上神仙谪）　　　　　　　　前人

题宫子行明府明湖读书图

　　（疏柳荷花绕屋栽）

（斯人读书水之滨）　　　　　　　　　　前人

白石铺道中（行客无辰夕）　　　　　　（清）彭宝姑

扫云轩菊花盛开同诸姊弟拈题得

　　对菊（节到重阳合有诗）　　　　　　前人

沉疴累月苦不可耐假寐片刻忽觉

　　身在滕王阁上题壁云云时九月初

　　三日也（滕王阁外春如锦）　　　　　前人

读老子《道德经》（昔诵道德经）　　　（清）刘玉清

记

望雪楼记　　　　　　　　　　　　　　（宋）邓衮

彭州张氏画记　　　　　　　　　　　　（宋）文同

焦夫子像记　　　　　　　　　　　　　（宋）周表

游大隋山记　　　　　　　　　　　　　（清）许儒龙

传　序　约言　谱　赞

赵弼传　　　　　　　　　　　　　　　（清）陆廷抡

王氏小传　　　　　　　　　　　　　　（清）费密

萧杏园传　　　　　　　　　　　　　　（清）李惺

赠陈明府序　　　　　　　　　　　　　（清）李心正

彭邑团局同志约言	（清）戴师程	牡丹谱节录	（宋）胡元质
牡丹谱	（宋）陆游	益部方物略添色拒霜花赞	（宋）宋祁
花释名	前人	锦被堆赞	

21. 民国重修什邡县志

十卷　王文照修　曾庆奎、吴江纂　民国十八年年铅印本　《中国地方志集成·四川府县志辑》(第十册)影印本

卷八　艺文志正集

典籍(略)

金石

重修隋帝子蜀王庙记(绍兴碑)　　　(宋)任愿

大安王庙记(万历碑)　　　(明)马上

天启碑　　　佚名

王永坚墓碑　　　(宋)张若愚

王公康衢墓碑　　　(明)钱桓

谭能高墓志铭　　　(清)冯誉聰

重建学宫碑记　　　(清)胡之鸿

重修圣庙碑记　　　(清)顾汝修

重修圣庙碑记　　　(清)徐如澍

培修圣庙碑记　　　(清)王之俊

尊经阁序　　　(清)赵欜

重修方亭书院记　　　(清)胡德琳

方亭书院记　　　(清)周进爵

移建圣像楼记　　　(清)任思正

重修方亭书院圣像楼记　　　(清)刘斌

重修县署碑记　　　(清)胡之鸿

重建学署门坊碑记　　　(清)吴省钦

创修方亭书院序　　　(清)史进爵

石亭渡碑记　　　(清)马士升

方亭西圃记　　　(清)史在□

吴公泉碑记　　　(清)董大铨

捐买棚费膏火田亩记　　　(清)任思正

养济院碑记　　　(清)彭锡珖

普济桥记　　　(清)陶仁明

重修连云桥记　　　(清)胡德琳

金带桥碑序　　　(清)周熙

步蟾桥序　　　(清)史进爵

建修连云桥碑记　　　(清)纪大奎

新建考棚碑记　　　(清)黄鲁溪

增修城垣碑记　　　(清)汪登瀛

新修濯缨亭碑记　　　(清)徐辅忠

雪门渡截云桥碑记　　　(清)刘沅

重修印月桥序　　　(清)陶世熙

历坛建碑记　　　(清)史进爵

重修雪门渡联鍪桥功竣碑序　　　(清)孙荣

高景关初建乐善桥功竣碑记　　　前人

建修劝工局碑记　　　(清)钟寿康

重修石龙桥碑序　　　(清)杨荣嵩

重修三元桥更名三戒桥碑序　　　(清)王道和

公费局立案杜弊碑

书差案费铁碑

金铭

镜铭　　　(汉)李尤

摩崖题名

院壁题诗(君不见鍪华山)　　　(清)陈维

寺观碑记

修梓潼宫记　　　(清)刘绍颁

修回龙塔记　　　(清)米有年

创建龙神祠记　　　(清)任思正

桂籍祠记　　　(清)纪大奎

洪州开元寺石门山马祖塔碑铭　　　(唐)权德舆

罗汉寺新建五百阿罗汉碑　　　(清)李调元

重建火神庙碑记　　　(清)陈乃猷

重修鍪华精舍序　　　(清)朱音恬

登鋆华山（上得层岩万仞颠）　　　　（清）杨元敬

登鋆华山（石磴崎岖一径通）　　　　（清）高其哲

将相台（当年书策封雍齿）　　　　　（清）朱音恬

过盐井滩（高关犹在望）　　　　　　（清）张宗法

奉寄什邡尹刘瀛宾（咫尺迩花封）　　（清）郑方城

九日登奎星阁（城南高阁耸秋烟）　　（清）胡德琳

（劳人州郡不堪论）

（一官万里锦城隈）

（杳然天界与秋高）

题什邡令胡书巢入蜀纪行诗卷后

　　（蚕丛奇险入雕锼）　　　　　　（清）蒋士铨

（上界题诗下界听）

咏蜀中古迹四绝（什邡郊外雍侯墓）　（清）宁锜

（小湖宛似武陵西）

（半截碑沉古墓庭）

（羽衣缥缈孰能驯）

什邡寿叟原任江安广文戴国相年

　　九十五岁荣庆（万寿无疆届八旬）　　前人

（五代同堂古帝稀）

（九旬有五仰灵椿）

（吏奉宸章到古村）

推升开州留别什邡士名

　　（惭称古治什邡侯）　　　　　　　前人

（荐剡追承福郡王）

（花种西湖总若云）

（楚中邪说漫流川）

卫真人元嵩墓（乘鹤跨鸾总无凭）　　（清）李调元

赠王鲁斋同年（斜阳初下挂钟楼）　　　前人

方亭留别五首（行装累赘五车随）　　（清）彭锡珫

（家山万里梦常归）

（不向杯中问解愁）

（山城聚首洽寅恭）

（笔法相逢仙作尉）

谒二程夫子院二律（当年讲学空山里）　前人

（章山深处拥峰青）

重九前二日莹心堂宴集赏菊以秋菊

有佳色裹露掇其英分韵

　　（微雨过山城）　　　　　　　　　（清）胡德琳

自尚家场至杨场镇雨中偶成

　　（河坝荒芜晚罢耕）　　　　　　　前人

（高景关前雨洒尘）

晚宿古寺次日行田野中聊书即目

　　（晚烟生木杪）　　　　　　　　　前人

（下界仍风雨）

九日登奎星阁归饮露青轩赏菊分韵

　　（三年南菊易繁霜）　　　　　　（清）张鼎三

希微真人祠（听不闻曰希）　　　　　（清）黄绍赞

伴鹤亭远眺（城郭山林趣）　　　　　（清）邓樾

游慧剑寺集古（林色与溪古）　　　　（清）黄绍赞

次韵（上方重阁晚）　　　　　　　　（清）黄鲁江

次韵（十里寻幽寺）　　　　　　　　（清）黄绍赞

次韵（尘喧都不到）　　　　　　　　　前人

次韵（清晨入古寺）　　　　　　　　（清）姚近熙

什邡道中（野水满平川）　　　　　　（清）潘时彤

补祝李价臣先生八十寿

　　（绿字青箱公有后）　　　　　　（清）杨燮

偕游慧剑寺（波仑大师飞剑处）　　　（清）张潜

邑侯徐巽山新建濯缨亭落成恭纪

　　（何人樽酒载）　　　　　　　　（清）刘邦殿

送邑侯黄杏川夫子赴华阳任

　　（久将鸡肋弃）　　　　　　　　（清）陆浔

挽李载之（疆场战殁本英雄）　　　　（清）周冕五

兴贤院观李载之塑像（生寄人

　　人眼皮下）　　　　　　　　　　（清）叶炳堃

过蚕女墓（化作春蚕迹已空）　　　　（清）王玺

九日登鋆华山至接引殿

　　（石磴盘空上）　　　　　　　　（清）徐拱辰

长虹截渡（烟雾迷江岸）　　　　　　（清）吴宣

九日龙居山登高（函关爽气自西来）　（清）黄绍贡

壬戌初春登慈母山有感

　　（滕绕儿孙十万峰）　　　　　　（清）叶炳堃

（旁倚危峰卧石牛）

（巍巍山半岳公坟）

（山门前伏堰头低）

双烈祠吊二李氏（将军不降断头死）　　　　（清）刘泽

过雍侯墓（一抔西傍雒城幽）　　　　（清）张南珍

寿王母徐太孺人八秩（堂上槐阴森郁郁）　　　前人

送黄杏川夫子赴华阳任

　　（捧檄催尘迫）　　　　（清）张瑞桐

慧剑寺口占（舌剑唇枪不用掉）　　　（清）王崇朴

吊冯文举夫妇殉难（日月剥蚀天地槁）　　（清）史惇

吊施文光（我昔闻书佣）　　　　（清）冯朝桢

耕织图　　　　　　　　　（清）嘉庆

浸种（青阳序肇始）

耕（绿畦新水活）

耙耨（深耕继易耨）

耖（方春农事接）

碌碡（耨耖序咸度）

布秧（田畦既平治）

初秧（布种盈畦畛）

淤荫（土化沿周礼）

拔秧（韶光度九十）

插秧（好雨润阡陌）

一耘（良苗初发候）

二耘（再耘近炎暑）

三耘（去疾莫如尽）

灌溉（水利通沟洫）

收刈（耘春继耘夏）

登场（万宝幸成熟）

持穗（年康遍堆积）

舂碓（民力真艰苦）

簁（杵臼事差毕）

簸扬（欲令精粗判）

砻（砻礧及时用）

入仓（西成继栗烈）

祭神（田祖可多稼）

浴蚕（衣裳始上古）

二眠（治室务精洁）

三眠（已近清和月）

大起（倏度三眠序）

捉绩（欲老食偏健）

分箔（春深盆滋长）

采桑（采桑供蚕食）

上簇（丝肠欣既足）

灸箔（阴寒酿梅雨）

下簇（聚茧须精择）

择茧（众茧须精择）

窖茧（藏茧置深瓮）

练丝（离坎功相济）

蚕蛾（拣择作新种）

祀谢（蚕成申报祀）

纬（横丝互旋转）

织（作帛织机始）

络丝（缫轩继张桄）

经（层层排络籆）

染色（丝成皆洁白）

攀花（巧擅女工首）

剪帛（帛成良不易）

成衣（已届授衣候）

节孝罗母李孺人八十寿（笃节邀宸鉴）　　（清）华枋

（捧檄来斯土）

谒二程夫子院（凤栖峰拥雪门青）　　　（清）雷思恪

游慧剑寺（苍松翠竹倚云边）　　　　（清）陈鸿蠹

游罗汉寺（八祖道场今有无）　　　　（清）张怀溥

挽南江学博余章峰先生殉难

　　（国法妖氛尚敢干）　　　　（清）戴天良

（频年禄食尚投艰）

过三思桥（郭外如天外）　　　　（清）刘亨运

游龙居山（携酒登临兴欲仙）　　　　前人

答邑人士赋诗见赠并示父老

　　（子羔学未成）　　　　（清）纪大奎

雒水吟（河图称五位）　　　　前人

（易象三十六）

（遄哉复遄哉）

（雒水既曲折）

（寰中诸洛川）

鋈华山歌（玉垒山高高万四千丈）　（清）蔡曾源

劝籴歌（君不见汉州长者李君发）　（明）王迈

周贞女歌（昔我策蹇蒿山阳）　（清）杨荣宗

牛心石观张合三挂鱼歌

　（跳波喷薄作飞雨）　（清）罗堃

见蝗叹（今夏雨旸尚匀调）　（清）嘉庆

辟雍赋　（汉）李尤

平乐观赋　前人

东观赋　前人

函谷关赋　前人

时亿桥赋　（清）史进爵

二程夫子书院赋　（清）朱音恬

什邡署中即景（园林殊绝俗）　（清）牟思敬

（云澹风清际）

（清白轩名好）

（雨霁登城望）

（冬令严寒逼）

游龙居寺题壁（四围苍翠锁烟峦）　（清）王树桐

（白云渺渺最高岑）

和王树桐龙居寺题壁原韵

　（驴背寻幽上翠峦）　（清）冯誉骢

（精蓝结向翠微岑）

游慧剑寺（幽深古刹静无哗）　（清）夏清瑞

再过教孝台（孟宗哭竹冬生笋）　（清）甘梯云

流沙坡（沙流声不息）　（清）张通渠

题节孝甘母林太恭人诗

　（君不见鋈山之高高插天）　（清）甘棠

麻雀叹（亡国叹前清）　（清）曾庆奎

清孝廉方正廖公仲廉墓表　（清）李天根

艺文志下　无韵文　疏　论　谕　说　史记　经传
　序　传　记　序　祷祀文　告　启　赞　跋尾

谏安帝尊宠外戚疏　（汉）翟酺

代威宁杜镇台晓示乌蒙论　（清）李霖

先天卦气论　（清）杨元仁

慎刑论　（清）嘉庆

明慎用刑说　前人

邪教说　前人

汉封雍齿为什邡侯　史记

元包经序传　（唐）苏源明

元包经传注序　（唐）李江

元包经序　（宋）杨楫

重刻易元包经传序　（清）纪大奎

杨仁列传　后汉书

王连列传　三国志

陈堂前传　（宋）文同

艾姬传　（明）吴国伦

李氏二烈传　（清）丁士一

王烈妇传　前人

黄孝子传　（清）刘绍颁

张氏节孝传　（清）谭壮猷

李子实传　（清）陶仁明

北溪刘节妇传　（清）杨元敬

李氏节孝传　（清）纪大奎

双桂传　前人

王震宇传　（清）周道永

霞轩先生传　（清）叶炳垕

李载之传　（清）刘远怀

刘升高传　（清）甘雨培

耆姓二烈传　（清）青步云

贞烈王姑传　（清）王玺尊

节妇廖王氏传　（清）唐炯

节妇樊杨氏传　（清）谭能高

应梦楼记　（明）李时春

西雍寺记　（清）江文选

游鋈华山记　（明）曹楷

夫子院记　（清）丁士一

游鋈华山记　（清）杨蕃

夫子院记　（清）刘绍颁

游章山记　前人

丛桂坊记　（清）史进爵

观德亭记	前人	晚晴书屋题额跋	（清）胡德琳
兴贤院记	前人	罗唐氏节孝传	佚名
迴澜塔记	前人	三农纪叙	（清）张宗法
万人冢记	（清）王懋华	罗孝廉传	（清）何人鹤
宛在亭记	（清）谭壮猷	培修木牌坊记	（清）吴江
瑞槐堂义田记	（清）纪大奎	黄世敦先生传	（清）段铭新
前后白岩记	（清）王光甸	冯雨樵先生传	（清）刘宗海
巢凤山记	（清）叶炳堃	石鼓记	（清）欧阳泰运
节孝罗母李氏序	（清）何人鹤	曾宪炳殉团碑记	（清）曾庆奎
陈崐山先生寿序	（清）王杰	曾君海鱼事略	前人
陈鲁滨先生夫妇六秩寿序	（清）甘雨祥	张节妇传	前人
祭雍肃侯文	（清）丁士一	陶孝子诚孝跋	（清）孙荣
己亥五月祷雨文	前人	异端辨	（清）曾庆奎
六月再祷雨文	前人	谭凤珊先生遗像记	（清）甘棣秀
求晴告示	（清）纪大奎	刘公南山事略	（清）吴江
订月课小启	（清）丁士一	夏氏笃亲祠蒸尝会记	（清）李隆吉
桂香馆徐君小像赞	（清）周监	胡维彬小传	（民国）钟策勋

22. 嘉庆汉州志

四十卷首一卷末一卷 （清）刘长庚修　侯肇元、张怀泗纂　嘉庆二十二年刻本　《中国地方志集成·四川府县志辑》（第十一册）影印本

卷三十三　艺文志

宸翰　　　　　　　　　　　　　　　（清）康熙

圣祖仁皇帝御制

　宣圣孔子赞

　颜子赞

　曾子赞

　子思子赞

　孟子赞

世宗宪皇帝　　　　　　　　　　　　（清）雍正

　训饬州县

　谕劝农

　谕教士子责成学臣教职

　谕老人

　谕利弊辨

　谕举贡生生员

　谕礼义廉耻辨

　谕人子毋毁伤肢体

　令实报收成分数

　敕州县力查赌博

高宗皇帝　　　　　　　　　　　　　（清）乾隆

　严禁四恶

　令州县巡历乡村

　加孤贫口粮

　严加耗

　谕免征

　谕免征

嘉庆　　　　　　　　　　　　　　　（清）嘉庆

　御制邪教说

　御制慎刑论

唐睿宗太极元年御制孔子赞　　　　　（唐）睿宗

宋太祖建隆三年御制孔子赞　　　　　（宋）太祖

宋真宗大宗祥苻二年御制孔子赞　　　（宋）真宗

宋徽宗宣和四年御制孔子赞　　　　　（宋）徽宗

宋高宗绍兴十四年御制孔子赞　　　　（宋）高宗

宋理宗绍定三年御制孔子赞　　　　　（宋）理宗

宋太祖建隆三年御制颜子赞　　　　　（宋）太祖

宋高宗绍兴十四年御制颜子赞　　　　（宋）高宗

宋理宗绍定三年御制颜子赞　　　　　（宋）理宗

宋理宗绍定三年御制曾子赞　　　　　前人

宋理宗绍定三年御制子思子赞　　　　前人

宋理宗绍定三年御制孟子赞　　　　　前人

宋理宗绍定三年御制闵子赞　　　　　前人

宋理宗绍定三年御制冉子耕赞　　　　前人

宋理宗绍定三年御制冉子雍赞　　　　前人

宋理宗绍定三年御制宰予赞　　　　　前人

宋理宗绍定三年御制端木子赞　　　　前人

宋理宗绍定三年御制冉子求赞　　　　前人

宋理宗绍定三年御制仲子赞　　　　　前人

宋理宗绍定三年御制言子赞　　　　　前人

宋理宗绍定三年御制卜子赞　　　　　前人

宋理宗绍定三年御制颛孙子赞　　　　前人

明嘉靖御制程子四箴注释　　　　　　（明）世宗

　范氏心箴

　敬一箴

赋

德阳殿赋　　　　　　　　　　　　　（汉）李尤

平乐观赋　　　　　　　　　　　　　前人

东观赋　　　　　　　　　　　　　　前人

23. 续汉州志

二十四卷首一卷（清）张超等修　曾履张敏行纂　同治八年刻本　《中国地方志集成·四川府县志辑》（第十一册）影印本

卷二十一　艺文上

沉犀桥辨	（清）张怀泗
沱水释	前人
汉州释	（清）张怀泗
登朝阳楼记	前人
涌泉记	（清）刘文炳
三水关利渡桥记	（清）董鄂新
东岭朝霞（我闻老子骑牛函谷关）	（清）邓子骏
都江堰序	（清）郝乡
清白江序	（清）廖光远
金蛾亭记	（清）张敏行
金雁桥记	（清）郝乡
金雁桥记	（清）张培沄
汉州平贼记	（清）平心孚
明梅林胡公平寇论	（清）彭春霖
跋方正学先生传后	（清）曾懋
李廷凤父子殉难碑记	（清）秦用箴
公请唐子方方伯入名宦文	（清）张敏行
巩昌张镜如并其母谢氏殉难传	（清）郝乡
沉犀桥请水论	前人
新建纯阳阁碑	（清）陆璣
赠国子监学录郑君传	（清）黄云鹄

卷二十二　艺文中

答雒城老人书	（清）刘英选
故知州刘公炳斋政绩叙略	（清）汉州诸生公志
诔李荔仙进士文	（清）吴荣光
刘公玉峰传	（清）敖册贤
黄公嘉会墓志铭	（清）武来雨

黄公临早墓志铭	前人
曾公雨亭墓志铭	（清）刘沅
曾公寿水暨张孺人墓志铭	（清）李世彬
节妇赖孺人传	（清）李培炆
广汉汪贞妇传	（清）张敏行
唐贞女传	（清）陆璣
曾母李孺人传	（清）黄士谨
包母阳孺人暨两媳游孺人节孝传	（清）王炳墉
黄母申孺人传	（清）刘文运
郝母唐孺人传	（清）俸镇
吴节妇传	（清）汪毓文
张节妇传	（清）邓子骏
何节妇传	（清）刘文炳
曲全漂尸会序	（清）谢恩鸿

卷二十三　艺文下　古体近体诗并序

弥牟镇孔明八镇图（我稽八镇图）	（宋）王刚中
王节妇歌（关关黄鸟）	歌谣
王稚子歌（孝和帝在时）	古辞
初入汉州（北依初到汉州城）	（前蜀）韦庄
九月十日如汉州小猎于新都弥牟 　投宿民家（适从邛州归）	（宋）陆游
自广汉归宿十八里草市疑即今蓝 　家店以东也（月黑扣店门）	前人
苏云卿歌（东湖湖面波渺渺）	（宋）曾茶山
广汉胡刘氏苦节行（天有维）	（清）牛树梅
题节孝总坊（男儿守义妇守节）	（清）王嘉树
何贞女短歌（蜀山高）	（清）张怀溥
张耳陈余（公乘女儿工择嫁）	前人

（流水音长在）　　　　　　　　（唐）李德裕

奉和（石室寒飙警）　　　　　　（唐）郑澣

奉和（尚有松间露）　　　　　　（唐）刘禹锡

房公西湖（酒压郫筒忆旧酤）　　　　（宋）苏辙

广都寓舍贤妇二喻诗（尝闻赵清献）　　（宋）顿起

张万户夫人贞节（白帝楼前巷陌深）　（元）贡师泰

费烈女诗（永康费氏女）　　　　　　（元）刘堪

题孙氏苦节（皎皎孙家女）　　　　（清）李宗沆

李节妇词（一丛花）（梅花雪月淡）　（清）徐士毅

宣华苑宫词（辉辉赫赫浮玉云）　　（前蜀）王衍

宫词一百首（五云楼阁凤城间）　（后蜀）花蕊夫人

存三十二

（会真广殿绕宫墙）

（龙池九曲远相通）

（东内斜将紫苑通）

（殿廷新立号重光）

（安排诸院接行囊）

（夹城门与内门通）

（厨船进食簌时新）

（立春日进内苑花）

（三面宫城尽夹墙）

（离宫别院绕宫城）

（御制新翻曲子成）

（修仪承宠住龙池）

（六宫官职总新除）

（才人出入每参随）

（春风一面晓妆成）

（小毬场近曲池头）

（梨园子弟簌池头）

（殿前排宴赏花开）

（供奉头筹不敢争）

（殿前宫女总纤腰）

（自教宫娥学打毬）

（翔鸾阁外夕阳天）

（内人追逐采莲时）

（新秋女伴各相逢）

（少年相逐采莲回）

（早春杨柳引长条）

（婕妤生长帝王家）

（月头支给买花钱）

（太虚高阁凌波殿）

（寒食清明小殿旁）

逸诗六十六首

（水车踏水上宫城）　　　　（后蜀）花蕊夫人

（平头船子小龙床）

（苑东天子爱巡游）

（罗衫玉带最风流）

（沉香亭子傍池斜）

（薄罗衫子透肌肤）

（金画香台出露盘）

（六宫一例罗冠子）

（三月樱桃乍熟时）

（小小宫娥到内园）

（锦城上起凌烟阁）

（大臣承宠祠新庄）

（舞头皆著画罗衣）

（春早寻花入内园）

（半夜船摇载内家）

（春日龙池小宴开）

（慢梳蛮髻著轻红）

（别色宫司御辇家）

（日高房里学围棋）

（樗蒲冷淡学投壶）

（慢揎罗袖指纤纤）

（宣徽院约池南畔）

（丹霞亭浸池心冷）

（杨柳阴中引御沟）

（晚来随驾上城游）

（牡丹移向苑中栽）

（明朝腊日官家出）

（盘凤鞍鞯闹色装）

（翠辇每随城畔出）

（高烧红腊点银灯）

（苑中排比宴秋宵）

（夜深饮散月初斜）

（宫娥小小艳红妆）

（池心小样钓鱼船）

（傍池居住有渔家）

（秋晚红妆傍水行）

（御沟春水碧于天）

（昭仪侍宴足精神）

（后宫阿监裹罗巾）

（管弦声急满龙池）

（密室红泥地火炉）

（三清台近苑墙东）

（高亭百尺立春风）

（内人新宠赐新房）

（翡翠帘前日影斜）

（金碧阑干倚岸边）

（嫩荷香扑钓鱼亭）

（新翻酒令著词章）

（画船花舫总新妆）

（西毬场里打毬回）

（年初十五最风流）

（春天睡起晓妆成）

（寝殿门前晓色开）

（海棠花发盛春天）

（晚日宫人外按回）

（朱雀门高苑外开）

（会仙观里玉清坛）

（老大初教作道人）

（法云寺里中元节）

（酒库新修近水傍）

（白藤笼掐白银花）

（金章紫绶选高班）

（安排竹栅与巴篱）

（内人深夜学迷藏）

（小院珠帘著地垂）

（鸟树高低约浪痕）

今补入宫词三首　　　　　　　　（后蜀）花蕊夫人

（小雨霏微润绿苔）

（锦鳞跃水出浮萍）

（鸳鸯瓦上忽然声）

步宣华旧院（乔木如山废苑西）　　　　　（宋）范成大

24. 民国新都县志

六编　陈习删等修　闵昌术等纂　民国十八年铅印本　《中国地方志集成·四川府县志辑》（第十二册）影印本

第六编上　文征

弥牟八阵图记	（明）杨慎
八阵图修复记	（明）杨廷仪
复修杨升庵先生祠墓序	（清）顾汝修
桂湖记	（清）杨道南
重浚桂湖记	前人
重修桂湖记	（清）汪澍
重修桂湖记	（清）张奉书
重修文庙记	（明）郭纪
小蓬莱阁金石文字一	（清）黄易
小蓬莱阁金石文字二	前人
小蓬莱阁金石文字三	前人
小蓬莱阁金石文字四	前人
小蓬莱阁金石文字五	前人
谭苑醍醐序	（明）杨慎
全蜀艺文志序	前人
改修龙门书院序	（清）杨道南
重修龙门书院记	（清）张奉书
锦水河天缘桥记	佚名
重修毗桥记得	（清）贾焜
宝光寺罗汉堂记	（清）刘景伯
宝光禅院募修经楼记	前人
汉故征西将军马公墓碑记	（清）陈铦
汉骠骑将军凉州牧鬷乡侯谥威侯马公墓志	（清）马维祺
新都水司考	（清）魏用之
古榴赞	（清）朱膡
弥牟镇何孝童碑记	（清）春明
联云栈赋	（明）杨廷宣

新都南亭送郭元振卢崇道（竹径女萝蹊）	（唐）张说
暑行憩新都驿（细细黄花落古槐）	（宋）陆游
早发新都驿（喔喔江村鸡）	前人
新都驿平远轩（霜晴木落送归鞍）	（宋）刘望之
游弥牟镇菩提院（绛英翠叶亦佳哉）	（宋）陆游
游弥牟镇王氏园（短彴疏篱入野扃）	（宋）文同
月波池（西郊池馆讶天开）	（宋）方苪
直渠（渠直俨如矢）	（清）史钦
弥牟镇驿舍小酌（邮亭草草置盘盂）	（宋）陆游
九月十日如汉州小猎于新都弥牟镇之间投宿民家（适从邛州归）	前人
猎罢夜饮独孤生（客途孤愤只君知）	前人
谒诸葛丞相祠（汉中四百天所命）	前人
弥牟镇孔明八阵图（我稽八阵图）	（宋）王刚中
过新都弥牟镇阅武侯八阵图（弥牟镇前秋色碧）	（明）刘侃
弥牟道中望八阵图遗址（落日弥牟道）	（清）王士禛
弥牟八阵图怀古（葭萌辞旧堞）	（清）果亲王
八阵图（武侯遗迹蜀多有）	（清）许儒龙
八阵图歌（有客骑马来新都）	（清）李调元
八阵图（弥牟镇前旧土垒）	（清）张邦伸
观王稚子石阙二十二韵（东汉循吏）	（明）杨慎
王稚子阙旧拓本为黄秋盦题（安隩亭西荐弦歌）	（清）翁方刚
汉循吏王稚子墓（汉代重贤良）	（清）张邦伸
汉循吏王稚子石阙（新都城北岸山紫）	（清）王梦庚

25. 民国新繁县志

三十四卷首一卷　附新繁文征二十二卷　侯俊德等修　刘复等撰　民国三十六年铅印本
《中国地方志集成·四川府县志辑》(第十二册)

新繁文征

卷一　论辨类一

五瘴说	(宋)梅挚
统典论	(清)费密
弼辅录论	前人
道脉谱论	前人
古经旨论	前人
原教	前人
圣门传道述	前人
吾道述	前人

卷二　论辨类二

易对	(清)费锡璜
表余经论	前人
张文忠公论	前人
贺人龙论	前人
曹文诏论	前人
论晋书	前人
非同	前人
儒术	前人
三山解	前人
赤壁考辨	前人
刑辱诸臣辨	前人
附:被刑死难及被刑未死诸臣录	
统嗣论	前人
四灵论	前人
务知	前人
是非	前人

贵文	前人
五主	前人
桂说	前人
捕蟋蟀说	前人
蔡德文先生私谥议	前人
伐蛟解	前人
孔子世家	前人
公子纠公子小白考辨	前人
七十二侯辨	前人
焦矶考辨	前人
广陵涛辨	前人

卷三　论辨类三

易汉学举略	(清)曾瀛
纂述大旨	
易名义	
易源流	
易师承	
华阳国志证误	前人
巴志证误	
汉中志证误	
孔子删诗辨	(清)李之实
麟之定解	(清)杨桢
好是稼穑解	前人
野麕林鹿成礼考	前人
叔苴采茶薪樗解	前人
貉纶也解	前人
应田县鼓解	(清)王树滋
男女不相答拜解	前人

（人尽游方证佛心）　　前人

和王殿丞留题清凉院（一水明如罨画溪）　　前人

踏青（绮陌纷纷十里赊）　　前人

自和踏青韵（龟堞春游土著赊）　　前人

秀峰院（影共金田润）　　前人

琵琶亭（陶令归来为逸赋）　　前人

北轩倚枕（苦无勤瘁补台纲）　　前人

偶书小诗寄永叔内翰（酒户恭兵孰与俦）　　前人

新橘（千头霜熟摘来新）　　前人

题白头桥（白头桥奈白头何）　　前人

和吴中复太守春游海云寺

　　（佛土依山福远州）　　（宋）勾士良

天光观（古观千年屋）　　前人

到州有感呈通判（白云深处双轮过）　　（清）周洙

赋新繁周表权如诏亭（承家爱以义）　　（宋）阎灏

孙太冲守淮安（云顶峰崛奇）　　（清）勾涛

游仙岩次陆大参敬斋韵四首

　　（悬岩天造上宫隅）　　（清）马祯峨

（山横江束一泥丸）　　前人

（万仞谁题仙雀巢）　　前人

（嵯峨峭壁架楼台）　　前人

前题三十韵（积想名崖胜）　　前人

往定军山下潘氏授徒（国乱民生蹙）　　（明）费经虞

喜张象珅至扬州话旧（吾子何时至）　　前人

所闻（共传徐元直）　　前人

上梅花岭（传说隋朝苑）　　前人

遣儿密往襄城授徒（送汝出门去）　　前人

定军山下村居（倦起披衣独上台）　　前人

自汉中携家往江南（萧条故国赋东征）　　前人

雪（高城临水浩无涯）　　前人

思蜀（垂老无家只自怜）　　前人

扬州春日（缓步西郊日欲曛）　　前人

归田吟（出山未达便无家）　　前人

（家破犹余半亩塘）

卷十五　诗歌类二

古意（久已历艰辛）　　（清）费密

咏史（山东无足事）　　前人

（少年纵饮博）

北征（邦国遇涂炭）　　前人

丰城安汉看梅同徐时俊（天阴幕远雾）　　前人

斗鸡行（轻衫乐斗鸡）　　前人

黄州元日（乡关渺西极）　　前人

纺车口（七日五县路）　　前人

观涨（远山近山流一泓）　　前人

赣州（宗子称兵出）　　前人

仙霞岭（野寺无僧住）　　前人

冬菊（九日已陈事）　　前人

听解二弹琴（自我伤寥落）　　前人

移家定军山下（移家接村舍）　　前人

杜宇（霸业一时尽）　　前人

北岸山尽（山势巃嵸尽）　　前人

朝天峡（一过朝天峡）　　前人

山中（采药不知还）　　前人

隐者（老翁久深隐）　　前人

别友（既来不甚数）　　前人

赠客（屏迹屠沽内）　　前人

江夜（复载羁人梦）　　前人

泾县杂诗（故人无禽庆）　　前人

（异境绝尘俗）

浮溪（日暮入村落）　　前人

栈中（栈阁通秦道）　　前人

客（负釜出巴蜀）　　前人

沔县村居（故国不可到）　　前人

翟邨（二客乘秋艇）　　前人

（更欲求佳处）

梦中作（劳心望春水）　　前人

江晚（昏气满孤屿）　　前人

同蔡治田金游西山登秘魔岩望石壁

　　（绝壁几人到）　　前人

雨（急雨占红色）

高邮遇故人（相逢多难后）　　前人

阻风三江口（晚泊孤洲苇荻傍）　　前人

阆中(空有山川在)　　　　　　　　　　前人

栈道(鸟道与天齐)　　　　　　　　　　前人

雨中看荷花(一带垂杨绿)　　　　　(清)杨崐

蓬莱阁杂咏六首(嶒巘蓬莱阁)　　　(清)杨岐

(喷浪蛟龙出)

(田横人五百)

(仲连天下士)

(嗟我孤征客)

(弥望惊魂魄)

拟塞下曲(白草黄羊野色昏)　　　　　　前人

月夜(春寒月色映荆扉)　　　　　　　　前人

山中(不见花开处)　　　　　　　　　　前人

寄顾云美(忆昔与君别)　　　　　　　　前人

舟次燕子矶有感(楼阁倚江清)　　　　　前人

桃花岭对月(云气高无极)　　　　　　　前人

送吕石山先辈还蜀(江岸维舟日)　　　　前人

晓发(夜发缙云驿)　　　　　　　　　　前人

野梅(乍见梅花发路旁)　　　　　　　　前人

冬夜感怀(月到中庭四映辉)　　　　　　前人

红桥舟泛(日斜放艇向轻波)　　　　　　前人

上之回(上之回,回之中)　　　　　(清)杨元甲

陇头水(陇头水,东西流)　　　　　　　前人

柳毅井(附书自泾阳)　　　　　　　(清)李琂

遇仙桥(帝子思淮鼎)　　　　　　　　　前人

吊江油烈妇李氏(扫地衣冠剧可怜)　(清)李天锡

杂诗(叶落梧桐瘦)　　　　　　　　(清)杨宏绪

(园兰有素心)

归村舍有感却寄(重返孤村日)　　　　　前人

秋夜即事(含毫对孤月)　　　　　　　　前人

别倩情王子端(不欲与君别)　　　　　　前人

月(生时才耀魄)　　　　　　　　　　　前人

春日有怀(到处春风寒欲轻)　　　　　　前人

过访赵闵乡同年(兼葭白露动思君)　　　前人

小园移种花木次周宣子韵

　　(满怀清兴不曾阑)　　　　　　　　前人

过息机寺访性常上人不值

（任他裘马斗轻肥)　　　　　　　　　　前人

自昭化至剑阁即事(此行又值早春时)　　前人

淮安驿舟送人回蜀(眼底长江万里愁)　　前人

己酉春阆中大雪(漏转灯残倦未眠)　　　前人

望远(倦倚西楼望)　　　　　　　　　　前人

秋夜独坐(秋风桐叶未全凋)　　　　　　前人

卷十六　诗歌类三

綵云曲(画栏曲室珠簾垂)　　　　(清)费锡琮

少年行(少年出入羽临中)　　　　　　　前人

织妇词(吴娘小袖新上机)　　　　　　　前人

滁州道中(策骑入长林)　　　　　　　　前人

放鹤亭(鹤去孤亭在)　　　　　　　　　前人

黄河(灵脉来天上)　　　　　　　　　　前人

登北固山(绝岭横江岸)　　　　　　　　前人

边辞(新拜元戎宠命娇)　　　　　　　　前人

(绣甲群来衬短衣)

有所思(有所思,不知在何所)　　　(清)费锡璜

君马黄(君马黄,非君马之为黄)　　　　前人

惜哉志士行(惜哉志士亦何愚)　　　　　前人

卖儿行(人生贫慎勿卖儿)　　　　　　　前人

枯鱼过河泣(枯鱼过河勿复泣)　　　　　前人

来日当远奔行(来日当远奔)　　　　　　前人

估客乐(欢为千里别)　　　　　　　　　前人

将军起(将军起)　　　　　　　　　　　前人

儿语(摸鱼摸虾)　　　　　　　　　　　前人

禽言(姑恶姑恶)　　　　　　　　　　　前人

虫言(推车客,脚应断)　　　　　　　　前人

北征哀叹曲(北征复北征)　　　　　　　前人

杂诗(鸾栖必璠树)　　　　　　　　　　前人

(夭狐被九尾)

(李广射石虎)

(狻猊出西域)

(猿猱处崇柯)

(孤鸿飞天首)

(文皇开北都)

水后寄城中故人（老翁夜呼妇）	前人	倚阑（倚阑怜倦鹤）	前人
怪树（海中有怪树）	前人	晓渡焦山（一点苍茫外）	前人
火耗行（去年火耗增）	前人	良乡访祖中江明府（草色青官路）	前人
送刘德柔入秦（紫骝卸玉羁）	前人	道观（桂殿澄秋霁）	前人
长歌行（短歌声已急）	前人	桃源（灵山多奥秘）	前人
古意（莫揽匣中镜）	前人	固城湖（镜水合空明）	前人
太白酒楼放歌（天上有太白）	前人	马上（马上谁家女）	前人
答张永孚（张侯磊落气绝奇）	前人	燕京杂感（拂衣辞渤海）	前人
杨花曲（江南杨花三月飞）	前人	（一夜风如剪）	
乌栖曲（城东乌飞日欲低）	前人	（倾来南国酒）	
乞巧词（月烟微青树烟紫）	前人	（遂逢冠盖客）	
盐徒行（横眉广颡何陆梁）	前人	天津病中闻柝（不寐孤城客）	前人
昆阳行美叶令吕长在前辈		入房山县（余日蓬根白）	前人
（昆阳城郭忽无色）	前人	寻贾岛峪题留台尖（为访先生里）	前人
大铁刀歌（关侯庙中大铁刀）	前人	题淮阴酒家（昔贤称漂母）	前人
将敬酒（白日如黄金）	前人	金山夏日（水逢石暴怒）	前人
少年行（十二学击剑）	前人	杜鹃（让国飘然去）	前人
璚瑟谣（璚瑟凝霜难割晓）	前人	韩蕲王墓（遗庙千山雨）	前人
胭脂乱（战血入土鲜不老）	前人	黄河（万里黄河水）	前人
穿珠镫老人歌（穿珠老人抱珠泣）	前人	读书（引我兴滔滔）	前人
奉赠梁药亭前辈（昔读梁公六莹诗）	前人	沙堤同吕舟晚步（断岸千层剥）	前人
赵忠毅公南星铁如意歌		同宋豫庵先生入西山访天下大师墓	
（拗铁涂银银线走）	前人	因遍游隆恩善感宝珠诸名刹	
陇西公子行（陇西公子巴州客）	前人	（石塔青天闳）	前人
王文安公草书歌（稿书何人号第一）	前人	（山川不能语）	
润州闻箫（吴女窥明月）	前人	（闻叱髯龙去）	
归自独山湖（片帆摇瞑色）	前人	（墓尚名天下）	
笔锋（才人心尽死）	前人	听莺分韵（啼鸟不知数）	前人
墨池（秋窗漏明月）	前人	赠黄仪遄（山阴两奇士）	前人
曙星（尽匿众星影）	前人	（嗜酒人称圣）	
雨霁出都（远雨明疏点）	前人	染甲（绡裹啼猩血）	前人
白鹤（白鹤上青天）	前人	烟月（独爱昏黄月）	前人
夕霞（仙人吹凤管）	前人	仪真除夜（雨雪迟归兴）	前人
啸台（阮公不得志）	前人	潞河秋望（三关雄锁钥）	前人
挂剑台（三江犹脱匜）	前人	京口夜泊（江海孤镫瞑）	前人
留别孙郎（孙郎吹玉笛）	前人	同王谓升闵右诚梅卫瞻张历山杜书	

载萧征乂访石涛上人于净慧寺		入洧川山居（午辞卓茂庙）	前人
（吾闻汤惠休）	前人	邺夜（邺夜百机息）	前人
梅花堂雪中梅花（酒味来南国）	前人	塞下曲（青年随战伐）	前人
观海（万国周灵海）	前人	（大漠阴霾积）	
（日出太平东）		南楼闻雁（昨过甘宁庙）	前人
（阴火煎神瀵）		目病六七年不瘳偶检近诗见于唫叹	
（浑天净万象）		者十数处惨然自伤（眼病何时愈）	前人
（大鲲生羽翰）		蜀道难（金牛开九阪）	前人
（乘风扬巨舶）		朱仙镇（悬军三十万）	前人
（月皎兰沙地）		汴梁（河决如奔马）	前人
（大壑深无极）		郏县（流贼纵横日）	前人
（飓风吹海啸）		少年行（臂上角弓强）	前人
（秦皇昔好道）		江夜（夜景畅余清）	前人
后观海（昔登乌目顶）	前人	送友人入山（淮南木叶飞）	前人
（文章沈大海）		送李东侯入蜀（蜀国八千里）	前人
（晓日高楼望）		婕妤怨（双燕入高墙）	前人
（击节苍松隈）		官河晚望（畅然怀野适）	前人
（有客扬帆去）		古庙（断石迷年月）	前人
（星宿分诸国）		山中对月（开轩见山月）	前人
（独往不知处）		金陵秋夜因忆（又听金陵雨）	前人
野步（野步饶幽趣）	前人	迟抱雪不至（夕烟杳无际）	前人
沧海（沧海难涓滴）	前人	入邓城僧寺（浦树暝苍苍）	前人
关山月（独有关山月）	前人	为客（随身磨镜具）	前人
入房山县（路入渐幽邃）	前人	雨后过六合诸县（石溜穿沙急）	前人
楼观沧海日（楼出寒星上）	前人	钟声（莫打秋钟动）	前人
重别甘涵斋司马（昔日送君处）	前人	兴体送储礼执氾云昆玉（濯濯堤旁柳）	前人
临淮（四镇分屯日）	前人	送蔡枢原先生移家华亭（月镜临樽上）	前人
咏帆（平湖杳无际）	前人	湖上（碧澄千顷豁）	前人
扶沟晓发（今夜扶沟县）	前人	海邨杂咏（海楼秋易夕）	前人
猎（海色风吹断）	前人	金陵秋夜（雁度南江木叶黄）	前人
小塘（小塘不知满）	前人	书怀（食肉封侯事已虚）	前人
清明（一百五日节）	前人	（寒烛凝花影乍偏）	
送闵山长入都（江浦柳堪折）	前人	元夕登三义阁（昨日人日还苦雪）	前人
古战场（月冷战场空）	前人	送赵敏畏表弟还蜀至芜湖乃别	
侠客（长安樊仲子）	前人	（关山万里绝烽烟）	前人
初夏过高邮（燕乳花间屋）	前人	暮春雨中偶书（津亭三月冷于秋）	前人

怀故乡亲友(西蜀东吴万里思)　　　前人

黄州览古(樊城夏日郁苍茫)　　　　前人

(铜鼓声催战伐频)

(万里千峰拥大崎)

(直北雄关锁虎头)

(贪看水鸟戏兼葭)

春江杂述(岷山山势接昆仑)　　　　前人

(扬州重镇古城池)

大梁城东(大梁东去陈留县)　　　　前人

昆阳(平林新市屡兵戈)　　　　　　前人

送杨葛山舅氏之官嘉峪关

　　(秦帝长城沙漠间)　　　　　　前人

山家(石谷烟深十里松)　　　　　　前人

蝶(戏蕊穿枝故故斜)　　　　　　　前人

野田怡全堂读史杂诗(大父辞官归故庐)　　前人

老将(挽强超距旧雄图)　　　　　　前人

泰山墩岳武穆庙(风尘湖海屯兵地)　前人

黄溢阻雨(白鸟低飞树影摇)　　　　前人

吾庐(吾庐僻远多奇迹)　　　　　　前人

暮春雨中偶书(疏篱微霁唤班鸠)　　前人

军中(黄河月皎受降城)　　　　　　前人

(辕门落日净氛埃)

相逢(歧路不相识)　　　　　　　　前人

南溪(昨夜瓜蔓水)　　　　　　　　前人

江寺(江水何年绿)　　　　　　　　前人

变歌(东门杨柳枝)　　　　　　　　前人

西溪(西溪带长林)　　　　　　　　前人

采莲曲为汪圣郊赋(浦上生绿烟)　　前人

(相约采莲来)

(亦作采莲人)

杨花(高低浑似雪)　　　　　　　　前人

龙儿河(沙响船头涩)　　　　　　　前人

边辞(四月春风不度辽)　　　　　　前人

(十载从军戍朔方)

(百重犀甲攒成锦)

(燕将长城汉将坛)

(袂袂轻衣别妆样)

(旌旗惨淡照黄云)

(阏氏大猎向萧关)

(猿臂将军马上飞)

(马上铙歌不可听)

(黑水流冰夏日寒)

(年年铁骑护边州)

宫辞(禁城南畔御沟斜)　　　　　　前人

江上竹枝辞(邻舟谁唱采莲声)　　　前人

扬州杂诗(诸楼绿树影参差)　　　　前人

春夜曲(绣屏云净夜堂清)　　　　　前人

怀人杂诗(合肥相国李夫子)　　　　前人

(东山李白入长安)

(袖拂纱笼未足才)

(落雀诗成自笑奇)

(金坛于子不相识)

(北征哀叹一篇诗)

(古诗乐府擅京华)

铜雀妓(茱萸宝匣贮分香)　　　　　前人

居庸关(岁遣良家向北庭)　　　　　前人

少将(小侯白面领元戎)　　　　　　前人

偶成(小雨无妨燕子飞)　　　　　　前人

题繁川春远图(五十年前似此图)　　前人

辞新繁先暮(五十年来系梦思)　　　前人

吴姬劝酒(吴姬十五发鬌鬌)　　　　前人

少年行(玉勒紫骅骝)　　　　　(清)费冕

塞下曲(五月霜威劲)　　　　　　　前人

闲情(尘喧隔断野人家)　　　　(清)费轩

春闺(豆蔻风微二月时)　　　　　　前人

红桥柳色(画舫春归酒易销)　　　　前人

吴声曲(亳州轻纱若烟雾)　　　(清)费藻

春草(芙蓉堂上翠绵绵)　　　　(清)费盉

卷十七　诗歌类四

咏竹(清啸寥寥久不闻)　　　　(清)邢振翼

游华林寺(郭外禅林竹木幽)　　(清)程复生

陶靖节（汲汲彭泽叟）　　　　　　　（清）杨世储

游云顶山万年寺（古寺嶙峋嵌太空）　　前人

春日游云顶山（山势霭苍苍）　　　　　前人

早行（晨光犹未显）　　　　　　　　　前人

渝城远望（秋色茫茫上短陴）　　　　　前人

赴荣昌元日留别里间（离亭白日影婆娑）　前人

渔父词（绿笠青蓑白发翁）　　　　　　前人

春日山行（山势崎岖石径斜）　　　　　前人

使君井（玉甃银床尽藓纹）　　　　　（清）张宏仁

饯陆古山邑宰（昔读华阳志）　　　　（清）张谨度

晓望金山（山势如文势）　　　　　　　前人

重九晴湖宗刺史邀邑人登奎星楼宴

　　集分韵得重阳奎星楼登高诗八字

　　（佳会何凭记客踪）　　　　　　　前人

（株守林泉望帝乡）

（胞与何嫌物我齐）

（杰阁凌霄劈六丁）

（玉垒云寒蜀国秋）

（纵使今朝酒价增）

（得得登高不厌高）

（事藉人传知未知）

秋兴八首（浮云扫尽卧林泉）　　　　　前人

（百事无成腊此身）

（戆直原因本性豪）

（梧桐叶落锦江秋）

（秽浊原非大地心）

（粉面登场我未堪）

（野老舒慵席不争）

（三山学道隔天涯）

己卯仲秋前二日由石泉到顺庆教授任

　（虫臂依稀换鼠肝）　　　　　　　　前人

（短发蟠蟠首自搔）

宫梅（千树横斜太液池）　　　　　　　前人

春雪（筹边一抹白纷纷）　　　　　　　前人

拟东坡梅花诗（空山流水影横斜）　　（清）张照南

（镇日清吟耸瘦肩）

（傲骨支贫户欲局）

梅魂（踏雪难寻处士门）　　　　　　　前人

（寻遍山边与水边）

咏雪（推窗西望影迷离）　　　　　　　前人

修竹行（攒生犊角俄成丛）　　　　　（清）左基

过白石铺（才下白石山）　　　　　　（清）左作佐

李白读书台（仙客谪尘寰）　　　　　（清）姜兆璜

漫兴（萧萧落木竟深秋）　　　　　　　前人

（倦眼依稀山水容）

（缘阶曲折小阑干）

（砚田安得有丰收）

贾行舸员外夏日来繁招同成振夫贾

　　醇庵小集拟秋间再来不果

　　因忆（高轩一过稻花黄）　　　　（清）姜兆璜

贾行舸员外招饮成都寓斋

　　（相逢杯酒饮流霞）　　　　　　　前人

哭尉琴南（梁苑燕台路几千）　　　　　前人

自题小像（不堪回首客天涯）　　　　　前人

为周春山少府画扇（苍翠中间百仞泉）　前人

为人作画自题（溶溶春水涨平潭）　　　前人

（平山远黛写江乡）

巴东县（一到巴东县）　　　　　　　（清）贾应昌

孝廉方正刘琢唐八秩重偕花烛词

　　（堂坳双相簇浓阴）　　　　　　（清）黄酉山

（相敬如宾物序更）

思妇（春回燕草与秦乡）　　　　　　（清）徐凌汉

山径（山径昼冥冥）　　　　　　　　（清）向星阶

卷十八　诗歌类五

明月篇（长安一片月）　　　　　　　（清）杨益豫

白芨山（逢人问白芨）　　　　　　　　前人

长歌行送吕笥芸之武昌

　　（子规一声山花落）　　　　　　　前人

江村（落日空江晚）　　　　　　　　　前人

綦江道中怀吕笥芸（我去君安适）　　　前人

秋兴（万古此清气）　　　　　　　　　前人

久雨(风急雨潇潇)　　　　　　　　(清)邓光瑜

七夕遇雨(牛女欢犹昔)　　　　　　　　前人

春晓野望(尝过樱笋桃又肥)　　　　　　前人

初夏漫兴(修竹飞阴压屋前)　　　　　　前人

(扫地焚香静不哗)

题云坞上人诗集(上方钟磬有仙灵)　　(清)詹伟

春日偕杨达皆李西生虞铁臣登雄镇楼

　　远眺归而有作(黎峨之山高插天)　(清)胡乃陶

游龙藏寺挽云坞和尚(古寺云屯树影沉)　前人

月夜同雪堂登楼怀云坞上人

　　(活泼涛声不住流)　　　　　　(清)冉庚

赠雪堂上人(秋色西来杂梵钟)　　　(清)姜尔达

归家词(小儿见父归)　　　　　　　(清)蔡琴

莲池曲(食藕莫食丝)　　　　　　　　前人

和雪公长老题三生桥韵

　　(石上三生旧有因)　　　　　　(清)邓质

繁江竹枝词(沿堤竹树水云铺)　　　(清)周成基

无题(红雨纷纷冷碧纱)　　　　　　(清)黄秉彝

拟戒石词(官家一尺牒)　　　　　　(清)姚桐生

由江阴赴常熟道中率成(舟发江阴城)　　前人

登潼关东山亭(昆仑气脉何胚胎)　　　　前人

过鸡头关晓行月色中感赋

　　(惯从马上听鸡鸣)　　　　　　　前人

宿故人读书处(遥闻犬吠见山村)　　　　前人

戊子春偕同人游草堂寺

　　(诗王去后空留寺)　　　　　　　前人

汉沔怀古(溪柳萧然映晚霞)　　　　　　前人

繁江竹枝词(锦江桥畔白沙堤)　　　(清)杨益济

(香花供养故城边)

追忆昔游(燕语莺啼到处赊)　　　　(清)杨益洵

(楼台风景画难成)

(胜状巴陵足洞庭)

(放眼苍茫铁瓮城)

春夜风雨(轻寒恻恻上层楼)　　　　(清)周锡云

黄龙溪口占(日色黄龙市)　　　　　(清)龙炳垣

泊青神(萍踪渺无定)　　　　　　　　前人

石峡关山顶踏雪(朔风卷日藏)　　　(清)沈锡周

拟韩昌黎感春四首(金乌出兮青霞开)　　前人

(江南□北青山横)

卷十九　诗歌类六

论汉碑绝句二十首

　　(尼山秀气毓岷峨)　　　　　　(清)周煜南

(宏开石室振儒风)

(巍巍学殿费经营)

(灌口登临路几条)

(巨灵赑屃负碑阴)

(剑阁巍峨万古存)

(崎岖蜀道本难行)

(蚕丛险绝阻岩阿)

(景福能增汉业光)

(路过巴山壁似悬)

(英英太守记碑铭)

(碧鸡金马本荒唐)

(只因雄杰立崇碑)

(洛阳旧治忆王君)

(一官匏系任巴州)

(幽州刺史寄忠魂)

(崇山峻岭护风云)

(落落仙人郑子真)

(分符出守古梁州)

(米巫祭酒竞题镌)

长安旅次感赋(策马西风入雍州)　　(清)杨益咸

答徐硕泉见赠原韵(一声梧叶落)　　(清)吴文澈

游仙诗(昆仑山上几盘桓)　　　　　(清)罗玉霖

新月(白燕堂东月挂檐)　　　　　　(清)刘丙薰

拟杨升庵桂湖曲(湖水清,君始来)　　(清)周元斗

冬闺词(晓霜寒浸纱纹碧)　　　　　(清)耿树蕙

听杜鹃(昔泛瞿塘舟)　　　　　　　　前人

蜀荔支词(阳台仙子绛罗襦)　　　　　前人

(三百匀圆数绛胎)

(会江门外一株红)

渠江秋日书怀（风折芦花雁度关）　　　（清）吴仲薰

石桥道中（立马万山巅）　　　　　　　（清）吴兴儒

双石铺（霜气侵入骨）　　　　　　　　　　　前人

濛阳吊战场（大野白茫茫）　　　　　　　　　前人

宿龙泉驿（一鞭遥指锦城东）　　　　　　　　前人

癸丑元旦（老境偏惊易过年）　　　　　（清）陈顺彬

苍苔（地择清幽远俗尘）　　　　　　　　　　前人

小园春晚（三月风光绿正肥）　　　　　　　　前人

秋草（凄迷如梦复如烟）　　　　　　　　　　前人

夏日幽斋即事（身得幽栖兴洒然）　　　　　　前人

（世境全抛合退藏）

初夏即景（水田漠漠映当门）　　　　　　　　前人

乡居春暮杂咏（竹馆偏宜向日晴）　　　　　　前人

（槿篱茅屋自成村）

（灌江东下入繁川）

（几行溪柳碧毵毵）

春晓（好梦醒何处）　　　　　　　　　（清）严祖光

秋园杂咏（又见天边雁）　　　　　　　　　　前人

仲夏田家即景（一抹平畴垫绿秧）　　　　　　前人

拟渔洋郑州咏（残蝉雨霁暮烟低）　　　　　　前人

凭栏遣兴（池边菡萏又残秋）　　　　　　　　前人

春山（春色满春山）　　　　　　　　　　　　前人

感遇二首（凤凰不如鹰）　　　　　　　（清）钟炳麟

（才人嫁厮养）

怡兰堂蜀汉铁犁歌（赤精正统号章武）　　　　前人

元夕同友人宿张家寺（夜宿城西寺）　　　　　前人

江上晓望（晴川如画里）　　　　　　　　　　前人

秋夜（不必悲摇落）　　　　　　　　　　　　前人

园亭晓坐（日影初射地）　　　　　　　　　　前人

赠陈子珩先生二首（堂堂岁月忽蹉跎）　　　　前人

（我自好吟穷鸟赋）

丁未三月田家午饭（破竹编门土筑墙）　　　　前人

夏日江亭即景（雨过凉云淡淡生）　　　　　　前人

感怀（盗跖王公貉一丘）　　　　　　　　　　前人

锦城春感（重楼复阁郁嵯峨）　　　　　　　　前人

江上四时櫂歌（清溪曲曲泛孤篷）　　　　　　前人

（垂柳垂杨湾复湾）

（秋风淡淡芙蓉老）

（钟声摇落暮云端）

后江上櫂歌（桃花落尽李花开）　　　　　　　前人

（红藕花开唱采莲）

（妾性自甘莲子脆）

（缥缈君山一发青）

秋夜（愁中樽酒力难胜）　　　　　　　（清）任璞

卷二十一　诗歌类八

除夕示儿（一岁匆匆尽）　　　　　　　（清）李湘竹

春雨（湘簾钩外细无声）　　　　　　　　　　前人

清明（招魂插柳尚依依）　　　　　　　　　　前人

秋日寄子（秋风萧瑟动簾钩）　　　　　　　　前人

七夕（七夕银河风浪收）　　　　　　　　　　前人

对菊有感（年华逝水去如舟）　　　　　　　　前人

胭脂楼（家无擔石却忘忧）　　　　　　　　　前人

送春（红消绿剩小园非）　　　　　　　　　　前人

送大儿燮枢之眉州（琴剑书囊检点明）　　　　前人

送儿入馆（春风拂动柳条匀）　　　　　　　　前人

（新燕衔泥理旧窝）

送二子入楚作（检点琴书笔墨囊）　　　　　　前人

（庭前游子理征衣）

除夕（年华如水太匆匆）　　　　　　　　　　前人

（转眼光阴一岁除）

春夜独坐（独坐三春夜）　　　　　　　（清）樊莲芬

拟黄鹄歌（悲夫黄鹄之孤飞兮）　　　　（清）沈仪顺

行路难（蜀道盘云端）　　　　　　　　　　　前人

别湘中诸姊妹（有鸟名思归）　　　　　　　　前人

抵家后答蓉初兼寄长沙诸姊妹

　　　（客秋挂帆湘水上）　　　　　　　　　前人

枝江舟中（自出夔门峡）　　　　　　　　　　前人

泊洞庭（一碧天无际）　　　　　　　　　　　前人

不寐（漏永金镫暗）　　　　　　　　　　　　前人

屈原祠（贤士无名谗口张）　　　　　　　　　前人

贾谊祠（宣室遗贤且勿悲）　　　　　　　　　前人

留别（此别随春去）　　　　　　　前人

月夜（明月度阑干）　　　　　　　前人

送别（远树碧无情）　　　　　　　前人

杨柳枝词（春堤杨柳碧于烟）　　　前人

（清江一曲翠眉颦）

（年年雨雨风风日）

武侯祠（相业承伊吕）　　　　　　前人

杜公祠（西来空自泣途穷）　　　　前人

偶吟（黄鹄春深万里翔）　　　　　前人

过夔门（蜀都山水聚夔门）　　　　前人

留别湘中诸姊妹（岷山霁雪化春潮）前人

（惆怅同心伴）

（日暮上轻舟）

（忆昔难成寐）

班婕好怨（耿耿怨长夜）　　　（清）曾兰

卷二十二　诗歌类九　补遗

金花庵施屦（莫畏前途蜀道难）　（清）今玺

南参归省有作（省觐沱江畔）　　（清）圣铎

绝句（无限芳菲满绿溪）　　　　（清）超洪

题画（居山岂爱山）　　　　　　（清）碧眼

宝峰精舍偶吟（云海茫茫是也非）（清）崇远

呈云坞和尚（岂为希荣谒远公）　（清）远智

浴月溪听涛（静听禅关碧水新）　（清）含恪

偕月岩雅南散步（众山云拥树）（清）释含澈

赠文殊院乘三方丈（鬈龄离故土）　前人

和孙吉人明府题小照韵（劳君燕许手）前人

夔州览古（一过瞿塘峡）　　　　　前人

省亲（三间茅屋旧）　　　　　　　前人

秋夜途中（薄暮出城阙）　　　　　前人

霜降夜独坐（缠绵凄雨歇）　　　　前人

史新模学博过访叠前韵和之

　（都门有岐路）　　　　　　　　前人

由中正寺归访江潭禅宗于中泉寺与

　其徒觉悟大师畅谈以诗纪之

　（秋风吹雨霁）　　　　　　　　前人

和顾子远光禄题潜西精舍韵

　（世路多凹凸）　　　　　　　　前人

读香山集感赋（早岁好看工部集）　前人

题飘然云水一孤僧小照

　（云水苍茫天地宽）　　　　　　前人

壬申九日（老圃东篱菊未开）　　　前人

登楼次廖阳浦韵（五千里外一登楼）前人

乙酉九日作（黄花台畔独登临）　　前人

成都道中遇雪（芙蓉城外雪成堆）　前人

咏梅（共有岁寒心）　　　　　（清）融品

绿天兰若分韵得外字（浮生久住山）前人

绿天兰若分韵得俗字（空林深

　处起茅屋）　　　　　　　　（清）融参

和杨涤臣明府留别原韵

　（关河历历几经秋）　　　　（清）法溥

（莫道登车揽辔迟）

（峨眉山月照蓉城）

（阳关三叠曲声高）

新繁文征补遗

序跋类

英宗赐赵抃诏书序　　　　　　（宋）阎灏

奏议类

论铁钱请作一文行用不必改铸疏（宋）周尹

劾张谔陈绎等朋邪欺罔疏　　　　前人

再劾张谔疏　　　　　　　　　　前人

论遣李宪措置边事状　　　　　　前人

乞重使者之任状　　　　　　　　前人

论酒务陪填宜根究以防弊倖状　　前人

碑志类

自撰墓志　　　　　　　　　（宋）蒲远猷

杂记类

超悟院记　　　　　　　　　　（宋）郭印

浣花四老堂记　　　　　　　　　前人

独有堂记　　　　　　　　　　　前人

汉州庄真君卜台记　　　　　　　前人

新繁县新展六门寨记	（宋）周表权	箴铭类	
八功德水记	（宋）梅挚	介菴铭	（宋）梅挚
子隐台记	前人	颂赞类	
大阅堂记	前人	太原王公写真赞	（宋）彭乘
重修永大中安禅院记	（宋）彭乘	范文正公真容赞	（宋）阎灏

26. 道光新津县志

四十卷首一卷　（清）王梦庚原稿　陈霁学修　叶方模、童宗沛纂　道光九年刻本　民国十一年铅印本　《中国地方志集成·四川府县志辑》（第十二册）影印本

卷三十九　艺文上　诗

唐

送赵法师还蜀（道家奠灵简）　　（唐）玄宗

和裴迪登新津寺寄王侍郎（何恨
　　倚山木）　　（唐）杜甫

游修觉寺（野寺江天豁）　　前人

后游（寺忆曾游处）　　前人

题新津北桥楼（望极春城上）　　前人

皂江观作桥成夜月舟中有述还呈
　　李司马（把烛桥成夜）　　前人

暮登四安寺钟楼寄裴十迪
　　（暮倚高楼对雪峰）　　前人

陪李七司马皂江观竹桥成
　　（伐木为桥结拘同）　　前人

李司马桥成承高使君自成都回
　　（向来江上手纷纷）　　前人

送友人（青山横北郭）　　（唐）李白

五代后蜀

芙蓉城（四十里城花发时）　　（唐）张立

（去年今日到成都）

宋

过修觉山不果登览（前日泛江时）　　（宋）陆游

新津小宴之明日欲游修觉寺以雨不果
　　呈范舍人二首（风雨长亭话之离）　　前人

（新津渡头船欲开）

游修觉寺（上尽苍崖百尺梯）　　前人

中夜投宿修觉寺（陆走崔嵬水下泷）　　前人

纪胜亭（蜀汉羁游岁月侵）　　前人

十二月十一日视筑堤（江水来自蛮夷中）　　前人

将之新津过西湖作（闲随渠水来）　　（宋）范成大

新津道中（雨后郊原净）　　前人

谢王泽州寄长松兼简张天觉二首
　　（莫道长松浪得名）　　（宋）苏轼

（凭君说与埋轮使）

次韵答张天觉二首（车轻马稳辔衔坚）　　前人

（驭风骑气我何劳）

次韵孔长父送张天觉河东提刑
　　（送君□典鹓鹭裘）　　前人

送张天觉得山字（西登太行岭）　　前人

纪胜亭（夜郎秋涨水连空）　　（宋）苏辙

剑州道中见桃李盛开而梅花犹有存
　　者作投张天觉（桃花能红李能白）　　（宋）唐庚

内前行为张天觉作（内前车马拨不开）　　前人

次张天觉见赠原韵（别公归去养天和）　　前人

明

宝华寺摩崖诗（风吹千浪碧）　　（明）王道成

（二气轮回六道奢）　　（明）鲍道人

（金马河开素练）　　（明）马永嗣

清

行次新津（高跨红霓朗七星）　　（清）果亲王

新津县渡江（南过蚕丛国）　　（清）王士禛

修觉山下（田中处处稀秧马）　　前人

自成都至临邛经新津县
　　（出郭秋日佳）　　（清）马维翰

新津渡江（一江三四渡）　　（清）吴省钦

新津渡口占（扁舟舣待济）　　（清）徐长发

新津晓渡（不辨河流急）　　（清）郑成基

自锦里归雅新津途中喜晴

元丰四年重建当阳县武庙记	（宋）张商英	隆昌县重修泮池记	（清）李时敏
元祐初建三郎庙记	前人	诰封中宪大夫葛衷一公传	（清）杨凤阁
宁魂	前人	正觉寺碑辑略	（明）如镇
新津县题名记	（明）熊敦朴	重修迎仙桥记	（清）王曰榕
金虹桥碑记	（明）马千里	重修迎仙桥序	（清）吴浩恒
龙岩寺碑记	（明）王莐	蓝氏乡贤节孝记	（清）师世泽
广福寺碑记辑略	（明）陕才	兴和抬置义田以图久远碑	（清）陈在朝
张商英传	佚名	刘慕氏传	（清）李岱
新津县学记	（清）严虞惇	王耆老传	前人
重修通济堰碑文	（清）黄廷桂	岳双楠传	（清）高应口
复修通济堰碑记	（清）张之浚	创修复兴堰碑记	（清）彭仁湛
重修回龙寺碑记	（清）王汝骧	珙县驻防外委周廷彪传	（清）罗玮
衡石和尚寿塔碑铭并序	前人	里仁义学记	（清）童宗颜
明旨禅师序	（清）张才宸	诰封儒林郎仁宇胡公墓志铭	（清）岳东阳
创建铁溪石桥碑记	（清）姜毓	平冈治碑记	（清）彭好古
重修万寿宫记	（清）黄汝亮	嘉禾颂	（宋）张商英
与新津徐守斋论筒车书	（清）张凤翯	夔府制胜楼序	前人
长乐乡义学碑记	（清）戴之适	王潜夫墓表	前人
戴通桥碑记	前人	鄂州谢上表	前人
舞凤桥碑记	（清）鹿师祖	汉昭烈帝庙记	（宋）任渊
李承高捐修宫墙记	（清）唐映墀	丞相张公祠堂铭	（宋）田楙
岳氏双楠斋记	（清）孙树本	节孝岳田氏传	（清）俞恒泽
创修通津书院碑记	（清）王梦庚	诰封修职郎钝菴倪公墓志铭	（清）吉恒
西河义渡经始碑记	前人	关帝庙重修记	（清）宋灏
把总童公传	前人	修新津县南城记	前人
敕赠内阁中书童公墓志铭	（清）吴升	张家场字库记	前人
唐户部尚书兼御史大夫剑南节度使		嘉禾记	前人
章仇公传	（清）弓翊清	云笈七签序	（宋）张君房
义渡告成碑记	（清）陈霁学	修新津县署记	前人
捐设养济院记	前人	重建仁智动静碑序	（清）陈瓒
建观音堂碑记	（清）童明悫	刘公一斋暨原配旌节程孺人墓碑序	（清）叶芳模

27. 光绪蒲江县志

五卷　（清）孙清士修　解璜、徐元善纂　光绪四年刻本　《中国地方志集成·四川府县志辑》（第十二册）影印本

杨胥氏小传	（清）赵会颖
墓铭	
王伯祥墓志铭	（宋）姜如晦
王母安孺人墓志铭	（清）敬华南
解母李淑人墓志铭	（清）胡文楷
解琴五墓志铭	（清）邓仁
解英亭墓志铭	（清）郑济川
徐王田墓志铭	（清）陈家镇
何沛霖墓志铭	（清）严锡恩
徐拜昌墓志铭	（清）张日晟
曹辉猷墓志铭	（清）严锡恩

五言古诗

莫公堂（高高莫公堂）	（宋）许当
雁湖梅（阴阳互推移）	（宋）魏了翁
四春亭（皇天平四时）	前人
谒魏文靖公祠（我谒鹤山祠）	（清）马维翰
鹤山书院（华父宋理学）	（清）刘庶墭
蒲江即景（蒲山何青青）	（清）刘庶坛
九日登鹤山归憩观音堂小饮 　（登高不厌高）	（清）安中恺
游九曲水（古刹抱山阿）	（清）张云彦
六月三日同郝王二公观音堂看荷 　步徐瑶渚韵（徂暑未旬日）	（清）兰玉
奎阁落成赋五古一首（阁经始谁手）	（清）李廉

七言古诗

先得月楼（浓云掩幕衡响北）	（宋）魏了翁
七夕南定楼饮同官（谁将明星贴天宇）	前人
观涨（黄河汉江天下水）	（清）刘庶墭
谒鹤山先生祠（鹤山先生起宋时）	（清）杨凤庭
蒲江文庙古楠行（辉煌殿宇郁嵯峨）	（清）周文宦
文庙古楠行和周彤臣原韵 　（大成圣殿何巍峨）	（清）纪曾荫
谒刘公庙（刘公仙籍隶南昭）	前人
伏雨浃旬署斋闷坐殊甚作苦雨行 　（郡斋长夏连朝雨）	（清）兰玉

五言律诗

春日游白鹤寺（鹤山形胜地）	（清）李允文
题江府宪行乐图（澹荡风光好）	前人
重修文庙落成（鲁国冠裳古）	（清）张应曾
大塘铺夜归（衣绣何年事）	（清）纪曾荫
长秋山三首（温肃原相嬗）	前人
其二（王兴昔好道）	
其三（鸣琴惭雅化）	
次纪明府长秋山原韵三首（崒嵂 　饶秋色）	（清）周文宦
其二（一望钟灵处）	
其三（少有登高志）	
题蒲江文庙胜景（圣殿堂基竣）	前人
登蒲北城楼（北郭登楼峻）	前人
谒鹤山祠（心香焚已久）	（清）章发
鹤山怀古（蒲城里许北）	（清）左国权
石佛阁（石阁凭虚凿）	（清）彭勷
和瑶渚徐公热夜露生原韵（夜阑 　犹苦热）	（清）兰玉
长秋山（长秋山不老）	（清）杨开甲
登尖山寺（尽道朝天好）	（清）彭用华
初夏即事（众绿阴初结）	（清）张上云

七言律诗

巽崖书院（古往今来一貉丘）	（宋）魏了翁
李暨书院（前来呼舫下坡堤）	前人
题杨素墓（追思初摄大夫事）	前人
登碧云峰（些小陂陀近水渍）	（清）王蕃
九日偕孙彭诸公登天光寺 　（寻幽结伴步山隈）	（清）尹志伊
登礼佛堂得丹字（附木扳藤胜倚栏）	前人
九日尹明府天光寺招饮 　（缥缈高台四望宽）	（明）彭继作
次尹明府礼佛堂原韵 　（映日芙蓉绕画栏）	前人
次尹明府礼佛堂原韵 　（罗列群峰可作栏）	（明）孙礼

祈雨(官闲倚马看西畴)　　(清)李绅文

文庙初成设优觞集诸绅衿即事

　　(气象崔嵬焕两楹)　　前人

敬一亭(拔地山峦秀复奇)　　前人

长秋山雨(长秋雨抱四围山)　　(清)刘庶坛

蒲江道中(平畴四望敞帷襜)　　(清)葛峻起

清明游白鹤寺(榆火方新淑气浮)　　(清)周文宦

长秋山(列岫环蒲景色幽)　　前人

谒乡贤祠怀魏文靖公(先生立帜继皋比)　　前人

晚秋重游白鹤寺(极目秋光万汇均)　　前人

三游白鹤寺(兰若清虚景物涵)　　前人

文庙古楠(扶疏老干倚云霄)　　前人

题纪松符先生小照(碧梧荣发在高冈)　　前人

和周彤臣白鹤寺原韵(郊外风

　　光草际浮)　　(清)纪曾荫

和周彤臣谒乡贤祠怀魏文靖公原韵

　　(座开讲帷拥皋比)　　前人

送刘广文归养(文治宣来孝治光)　　前人

三月三日白鹤寺踏青邀集诸僚友

　　小饮(偶寻精舍步丹梯)　　前人

其二(清和上巳好风光)

其三(苍颜白发首推韩)

岁暮解馆偶作示同学诸子

　　(同人欲去漫伤神)　　(清)周世荣

入看灯寺(相呼选胜陟高巅)　　(清)彭勷

题杨少府陶然书屋(长才襟抱自陶然)　　(清)王能敏

飞仙阁(云间飞阁观音座)　　(清)陈鋐

山灯普照(层峦顶上异光生)　　前人

谒鹤山先生祠(景仰先生遍海隅)　　(清)朱景元

秋日游萧寺(遥寻古寺上崇巅)　　(清)张云彦

咏春燕(塞外高飞望楚天)　　前人

端午同诸友赏挹翠园(结伴寻芳小苑东)　　前人

白鹤寺(白鹤何之寺永传)　　(清)叶光轸

题纪父师桐荫觅句图照后

　　(人间咫尺有仙洲)　　(清)甘于涪

丹池晚荷(洗涤灵丹自昔时)　　(清)李彰吉

响水遥鸣(一道当空响急泉)　　前人

金仙寺(闲寻古迹眺城西)　　(清)仲景元

谒鹤山祠(揽胜寻幽钦往哲)　　(清)彭用华

天王寺送秋(秋色秋光辨未真)　　(清)王际熙

游九仙山(夹道丹枫翠柏分)　　前人

其二(峻岭嵯峨势接天)

莫公堂(奇绝巍台峙蜀流)　　(前蜀)杜光庭

题何靖山人隐居(锦屏山下何夫子)　　(宋)文同

同治辛未大旱同邑宰林振禧祈祷得雨

　　(官闲漫道不分忧)　　(清)萧柏青

谢陈沃堂明府游妙乐寺讲学

　　(传来衣钵各争看)　　(清)彭体元

和彭春麓咏妙乐寺讲学

　　(蒲泉山水画中看)　　(清)陈嘉谟

游玉泉观莫佛镇(梦想名山四十年)　　(清)华日未

冬杪郊游(荒衙坐困壮心违)　　(清)孙清士

伏日和吉人孙堂台原韵

　　(官卑名利两相违)　　(清)沈清淦

东郊闲居(竹阴深处度年华)　　(清)徐元荽

题邑侯郭公德政坊

　　(长吏原本是文星)　　(清)龚郁兰

咸丰九年篮逆扰境监生杨赞元被贼

　　胁去至天全乘间率贼千余人投庐

　　山邑侯李公光祖大悦为申宪请奏

　　得膺懋赏赞元受业门下并志以诗

　　(共道灵关属汉侯)　　(清)杨赞元

五言绝句

题同寅纪公桐阴觅句图小照

　　(科头倚长松)　　(清)张启愚

(材中清庙选)

(叶布如停云)

(入夜翻清露)

登白鹤寺(溪转危桥路)　　(清)王能敏

洗墨池(鹤山皆改色)　　(清)李廉

其二(我履池边地)

长秋仙迹(仙化何时事)　　(清)杨时新

28. 嘉庆邛州直隶州志

四十六卷首一卷　（清）吴鞶修、王来遴纂　清嘉庆二十三年刻本　《中国地方志集成·四川府县志辑》（第十三册）影印本

卷四十二　艺文志　制　诏　奏疏　表

制

宋

授柏贞节爨忠等州防御使制

授李师望定边军节度使制

魏了翁进封蒲江县开国男加食邑制

诏

宋

赐吏部尚书李垕乞归田里不允诏　　　　（宋）魏了翁

赐左丞相郑清之乞上印绶不允诏　　　　　　前人

奏疏

唐

请褒赠刘蕡疏　　　　　　　　　　　　（唐）罗衮

宋

论兵法疏　　　　　　　　　　　　　　（宋）赵卨

奏种谊擒鬼章赏未称功疏　　　　　　　（宋）常安民

论实录阙文疏　　　　　　　　　　　　（宋）魏了翁

论班固元成二赞特著亡汉之端疏　　　　　　前人

直学士院对疏　　　　　　　　　　　　　　前人

请重江南两淮荆襄四镇之寄疏　　　　　　　前人

论边事疏　　　　　　　　　　　　　　　　前人

屯田疏　　　　　　　　　　　　　　　　　前人

论人心与天地相似疏　　　　　　　　　　　前人

请尽下情疏　　　　　　　　　　　　　　　前人

论存心修德疏　　　　　　　　　　　　　　前人

论保身蕃嗣之要疏　　　　　　　　　　　　前人

论士大夫风俗疏　　　　　　　　　　　　　前人

请复台谏之典以公黜陟疏　　　　　　　　　前人

表

宋

潼川路安抚到任表　　　　　　　　　　（宋）魏了翁

卷四十三　艺文志　记　序　传　说

记

宋

邛州凤凰山新禅院记　　　　　　　　　（宋）文　同

禹庙记　　　　　　　　　　　　　　　（宋）计有功

重修泸州学记　　　　　　　　　　　　（宋）魏了翁

眉州江乡馆记　　　　　　　　　　　　　　前人

泸州重修学记　　　　　　　　　　　　　　前人

洪氏天目山房记　　　　　　　　　　　　　前人

泸州赡军田记　　　　　　　　　　　　　　前人

拙斋记　　　　　　　　　　　　　　　　　前人

四川制置安公生祠记　　　　　　　　　　　前人

简州三贤阁记　　　　　　　　　　　　　　前人

载酒亭群公画像记　　　　　　　　　　（宋）范镇

渊乐堂记　　　　　　　　　　　　　　（宋）杨天惠

无讼堂碑记　　　　　　　　　　　　　（宋）高典

明

修复邛州记　　　　　　　　　　　　　（明）尹淳

四川建昌兵备道题名记　　　　　　　　（明）杨慎

盘陀寺古佛全像记　　　　　　　　　　（明）高启新

邛州新城记　　　　　　　　　　　　　（明）胡缵宗

邛州修城记　　　　　　　　　　　　　（明）安磐

题名碑记　　　　　　　　　　　　　　（明）鞠以正

鹤山书院碑记　　　　　　　　　　　　（明）杨廷仪

重修鹤山书院碑记　　　　　　　　　　（明）安磐

题鹤鸣山（五气云龙下太清）	（唐）杜光庭
寄蜀客（君到临邛问酒垆）	（唐）李商隐
清明登奉先城楼（年来年去只艰危）	（唐）罗衮
清明赤水寺居（榆火轻烟处处新）	前人
赠罗隐（平日时风好涕流）	前人
荆溪道院（桑田一变赋归来）	（唐）梁震

宋

送钱别驾知邛州（细雨梅初熟）	（宋）梅尧臣
邛州青霞嶂（雾山环合自云山）	（宋）张俞
司马相如琴台（故台千古恨）	（宋）宋祁
琴台（西汉文章世所知）	（宋）田况
送李公素同年使北（云愁雪欲零）	（宋）司马光
哭公素二首（负书游上国）	前人
（丹旌倚辅车）	
寄临邛致政常郎中（东海抛官勇退时）	（宋）范纯仁
题醒心亭（我爱昌黎湖上句）	（宋）常安民
西湖在西关外（闲随渠水来）	（宋）范成大
邛州赏丰亭并序（人之创亭意）	（宋）文同
邛州倅厅三省堂（将欲言治人）	前人
题鹤鸣山上清宫（秘宇压层颜）	前人
题凤凰山后岩（此景又奇绝）	前人
赠兰溪先生（南□黄夫子）	前人
邛州东园晚兴（公休时得岸轻纱）	前人
太傅孙公游火景因寄（七盘云道与云浮）	前人
江原张景通善颂堂（庭前云气碧巉岩）	前人
题何靖山人隐居（锦屏山下何夫子）	前人
二色芙蓉（蜀国芙蓉名二色）	前人
大邑鹤鸣观所谓张天师鹤鸣化也其东北绝顶有上清宫（天气阴阴别作寒）	前人
中秋对月怀寄凤凰山邓道人（有客千岩万壑中）	前人
戏呈凤凰长老用师（七十头陀会语言）	前人
题雾中山碧玉潭（千崖角逐互吞吐）	前人
丰桥旅舍作（我本山林人）	（宋）陆游
白鹤馆夜坐（竹声风雨交）	前人
南津胜因院亭子（南江平无风）	前人
登邛州谯门门三重其西偏有神仙张四郎画像张盖隐白鹤山中（浮云在脚底）	前人
中溪（散人无俗事）	前人
次韵宁久使君山行（城中望西山）	前人
八月十四夜三叉市对月（去年看月筹边楼）	前人
山中得长句戏呈周辅并简朱县丞（鹤鸣山空无鹤来）	前人
赠宋道人（我不如昔人）	前人
自山中泛舟归郡城（我呼小艇浮南津）	前人
寄邛州宋道人（鸭翎铺前遇秋雨）	前人
安仁道中（千古临邛客）	前人
（三驿未为远）	
书寓舍壁（天与痴顽不解愁）	前人
次韵使君吏部见赠时欲游鹤山以雨止（蟆颐江上约）	前人
西岩翠屏阁（把酒孤亭半日留）	前人
余年十六始识叶晦叔于西湖上后二十七年晦叔之弟声叔来为临邛守相遇于成都晦叔没久矣访其遗文略无存者乃赋此诗（故人零落久山丘）	前人
题平云亭（满槛香醪何处倾）	前人
宿鹤鸣山（西游万里已关天）	前人
宿上清宫（永夜寥寥宿上清）	前人
上宫道人巢居山中（九万天衢浩浩风）	前人
宿江原县东十里张氏亭子未明而起（寸廪驱人卒岁劳）	前人
文君井（落魄西川泥酒杯）	前人
天台院有小阁下临官道予为名曰玉宵（竹舆冲雨到天台）	前人
山中小雨得宇文使君简问尝见张仙翁戏作（张仙挟弹知何往）	前人
雨中山行至松风亭忽登霁（烟雨千峰拥髻鬟）	前人
同王无玷罗用之访临邛道士墓（乐天诗句本嘲诙）	前人

铭		跋遂宁傅氏所藏濂溪伊川真迹	前人
汉		跋胡文靖晋臣橄榄诗真迹	前人
座右铭	(汉)庄遵	题普慈冯惟一率钱建贡院疏后	前人
唐		跋赵忠定公与游忠公仲鸿帖	前人
卜肆铭	(唐)陆龟蒙	跋陈了斋责沈文	前人
枕杖铭(有序)	(唐)罗衮	跋史岷之母家氏墓志	前人
枕铭		跋广汉赵燮论语说	前人
杖铭		跋潼川柳彦养墓碑阴	前人
栅门铭(有序)	前人	跋司马子已先后天诸图	前人
栅铭		跋家季文守富顺日拒吴曦伪檄事	前人
门铭		跋牛宝章大年记杨少卿事	前人
清		书泸士周挺读历代书	前人
蒲砚铭	(清)纪曾荫	陈猷春龙出穴图	前人
赞		书魏少申墓仲碑阴	前人
唐		跋南轩与坐忘居士房公帖	前人
严君平赞	(唐)李华	跋明道先生和康节打乖吟真迹	前人
宋		跋文忠烈公真迹	前人
庄遵画像赞	(宋)宋祁	跋李德文四勿斋四箴	前人
明		跋陈思王帖	前人
张三丰像赞	佚名	跋丹渊墨竹诗帖	前人
题跋		跋南轩所与李季允埴帖	前人
宋		跋山谷所书香山七德舞	前人
跋御书鹤山书院四大字	(宋)魏了翁	跋胡知院与季溥往来书帖	前人
跋司理德辅之父纪问辩历	前人	跋康节邵子逢春诗	前人
跋卢氏正岁会拜录	前人	跋米南宫帖	前人
跋李肩吾从周所书损益二卦	前人	跋诸贤帖	前人
跋丹稜彭君墓志铭	前人	跋王君诏诗	前人
跋思濛史氏遗安堂记	前人	跋刘氏以上书附元祐党籍	前人
跋眉人王庆长辩蜀都赋	前人	跋李文简公手记李梲等十事	前人
跋河东转运王愍陷虏后家书	前人	莫公堂诗后跋	(宋)费直彦
跋武运汤尉檄	前人	飞仙洞跋	(宋)文意
跋黄侍郎畴若送虞永康刚简赴召诗	前人	跋樊教谕六峰	(元)吴澄
跋金堂谢氏所藏伊川程氏真迹	前人	题樊教谕斋名六峰	前人
跋阆中蒲氏所藏石范文三家墨迹	前人	题鹤山魏公所撰李墓志后	前人
跋乐子仁新为洪雅王甲作寿乐堂记	前人	清	
跋任谏议伯雨贴	前人	绿云幌跋	(清)吴省钦

29. 民国大邑县志

十四卷附文征一卷诗征二卷　王铭新、解汝襄等修　钟毓灵、龚维琦等撰　民国十九年铅印本　《中国地方志集成·四川府县志辑》(第十四册)影印本

卷六艺文志　书目(略)

大邑文征

华阳国志序	(晋)常璩
华阳国志后序	(宋)吕大防
重刊华阳国志序	(宋)李壄
重修大邑县志序例	赵□
增修大邑县志序	(清)余上富
大邑县志补正误十条	(清)汪潓
大邑县学振文堂记	(宋)魏了翁
大禹庙记	(清)计敏夫
凤凰山禅院记	(宋)文同
龙神祠记	(清)陈钟祥
申明亭记	(清)姚宝铭
重修汉赵顺平侯祠墓记	(清)郭志融
汉顺平侯墓祠碑记	(清)李德耀
牟氏祠堂记	(清)李惺
唐诗纪事序	(宋)计敏夫
墨庄文选序	(清)李锡书
李见庵先生江原讲学序	(清)刘升谦
书歼贼日记后	(清)汪潓
游雾中山记	(明)范汝梓
游雾中山记	(明)王圻
平云亭记	(清)但象琦
平云亭记	(清)姚莹
书彭孝妇殉姑事	(清)黄□秋
书骆孝子事	(清)张全琮
贞女汪六姑归祔谯正明议	(清)傅守中
宋通直郎致仕张君简墓志铭	(宋)魏了翁
清文林郎刘封崟墓志铭	(清)徐凝绩
清陈彦升先生墓志铭	(清)汪潓
清广西镇安府知府张君垲墓志铭	(民国)谢卓蓥
刘府君墓表	(民国)宋育仁
清翰林院侍讲衔编修伍君肇龄墓铭	(民国)张森楷
清冷母传孺人墓志铭	(民国)谭焯
刘太公文刚墓志铭	(清)骆成骧
刘母陈孺人墓志铭	(民国)尹昌龄
清封朝议大夫康公墓志铭	(清)胡德明
王母康太夫人墓志铭	(民国)苏凤冈
清授修职郎国子监典簿衔西充县教谕牟君墓表	(民国)林思进
例授修职郎牟君墓表	前人
刘太翁化堂配夫人高氏墓表	

大邑诗征目录卷上

凭韦少府觅松树子(落落山群非桦柳)	(唐)杜甫
又于韦处乞大邑瓷碗(大邑出瓷轻且坚)	前人
送友人归邛州(鹤鸣山下去)	(唐)唐求
题鹤鸣山(五气云龙下太清)	(前蜀)杜光庭
青霞璋(雾山环合自云川)	(宋)张俞
题鹤鸣化上清宫(秘宇压屃岩)	(宋)文同
题凤凰山后岩(此境又奇绝)	前人
书鹤鸣化壁(晚气阴阴别作寒)	前人
安仁道中早行(行马江头未晚时)	前人
赠兰溪先生(南耤黄夫子)	前人
中秋对月怀寄凤凰山邓道人(有客千岩万壑中)	前人
戏呈凤凰长老用师(七十头陀会语言)	前人
寓大邑游山寺(炎蒸无处避)	(宋)范镇

（人家几处抱清流）

（槭槭微风缕缕烟）

（旧是传灯佛子宫）

甲戌夏五喜雨（炎风原应候好雨）　　　　　　前人

志成赋长句五十韵以殿之

　　（秦汉蜀郡江原秀）　　　　　　　　　　前人

题赵顺平侯墓（银屏高耸墓周环）　　　　（清）叶鉴

雾山秋雪（三秋犹晒黄金菊）　　　　　（清）张凤翥

重修汉赵顺平侯祠墓（建安之世

　　炎刘终）　　　　　　　　　　　　（清）张启愚

大邑名山歌（雾中之山何嵁嶪）　　　　（清）陈大文

喜雨次汪屏山广文韵（不工禹步

　　谁缩龙）　　　　　　　　　　　　（清）缪庭桂

书赠邑生张海峰游戎（三更风雨

　　五更星）　　　　　　　　　　　　（清）郭志融

（城南绿野北春山）

道光己酉秋重葺赵将军祠墓落成

　　（大邑名山天下知）　　　　　　　　　　前人

郊行（清明时节寒犹重）　　　　　　　（清）陈钟祥

平云亭（曾峦依县郭）　　　　　　　　　　前人

谒赵顺平侯祠（浑身都是将军胆）　　　　　前人

北乡道中（寒山石径晓烟扉）　　　　　（清）朱有章

谒赵顺平侯祠览壁间画梅忆亡弟铭舫

　　（见此思予季）　　　　　　　　　（清）朱凤枟

银屏山房题壁间画梅（十年飘泊

　　一身轻）　　　　　　　　　　　　（清）朱凤楠

（阅尽繁华悟性真）

（沿俗岂真本性迷）

（好生珍重护黄芽）

游白岩寺二首（桃花流水此重寻）　　　（清）敖立榜

（洁白如斯亘古今）

晋原即事（孰云治大邑）　　　　　　　（清）缪延祺

（又捧毛生檄）

（最好清和月）

（小队出城闉）

（云山环北郭）

（作宦如归里）

汪屏山先生自南溪司训告归赋赠

　　（喜见名儒享大年）　　　　　　　　　　前人

（龙马精神海鹤姿）

（何用金丹始驻颜）

（银屏山色更苍苍）

谒伍蕊生房师夜宿清源市

　　（花外斜阳晚云峰）　　　　　　　（清）张锡荣

明月池（明月光皎洁）　　　　　　　　（清）黄纯嘏

拜赵顺平侯墓（公随汉去千余载）　　　（清）王俅士

大邑赵顺平墓（上将行师地）　　　　　（清）张问安

汉顺平侯祠怀古（银屏峰顶望）　　　　（清）康敷盛

赵顺平侯祠墓（烟雨潇潇白日寒）　　　（清）李光绪

华顶三十六峰见吴青霞题诗壁间

　　寄赠（缺）　　　　　　　　　　　（清）甘曰懋

拜赵顺平侯墓（缺）　　　　　　　　　（清）李光绪

丽泽书院即事（滥厕儒师古寺偏）　　　（清）陶成模

志别刘享岐前辈（记得韶龄负笈时）　　（清）余彭年

（一时大雅仗扶轮）

（结绶金门敢怨贫）

（休言夜夜梦长安）

谒汉赵顺平侯墓（汉贼两字谁解此）　　（清）吴锦

题印台（不须观海到蓬莱）　　　　　　　　前人

和大邑张刺史垲思阳宫廨小楼新成韵

　　（前飞五马后三合）　　　　　　　（清）戴汝器

题唐万氏旌表石坊（诏书一纸自天颁）（清）刘化良

宿雾中山寺（万山戢戢拱山门）　　　　（清）李惺

游鹤鸣山即景（头上云销日已暗）　　　　　前人

大溪龙光寺题壁（水北迂回到水西）　　　　前人

题东郊接官亭（东郊行处盼飞凫）　　　（清）汪潋

龙坎门（连山忽断拓为门）　　　　　　　　前人

题纯阳观壁（神仙科第惭无分）　　　　　　前人

和汪屏山师兵火后喜晤元韵

　　（北郭曾经虏骑屯）　　　　　　　（清）牟毓培

白龙洞吟（龙洞有龙龙已走）　　　　　（清）王楚英

九日登平云亭（蹑级登临趁九秋）　　　（清）牟毓梴

暮宿鹤鸣道院(万籁杳然寂)　　　(清)牟廷燨

蓝逆退后登平云亭(犹有阑干拥翠云)　(清)傅衡

斜江渔子吟(绿杨阴里一江斜)　　　　　前人

(半蒿春水滑于油)

同友人游雾中山(生长雾山下)　　　(清)萧森林

蓝逆退后登平云亭和作

　(劫余犹剩一山青)　　　　　　(清)查体仁

土贼杨叛儿(光绪十年秋)　　　　　　　前人

贞女诗为汪六姑赋(蓝膏不煎香不烈)　(清)罗肃

贞女行为贞女汪六姑赋(吾邦坤维位)(清)包汝谐

30. 民国崇庆县志

　　十二卷　附江原文征四卷　谢汝霖等修　罗元黼等纂　民国十五年铅印本　《中国地方志集成·四川府县志辑》(第十四册)影印本

艺文十一(书目　略)

附江原文征

前代诏谕

清道光十五年	(清)道光
清道光十六年	前人
谕祭文	前人
入祀贤良祠祭文	(清)嘉庆
谥忠武碑文	前人
清同治三年	(清)同治
清同治四年	前人
清同治六年	前人
杨光坦袭爵敕书	前人

前代书牍

论戍姚州之弊疏	(唐)张柬之
请罢东川疏	(唐)高适
疏黑石河碑	(明)杨伯高
代陈乐输报效疏	(清)宪德
请设怀远镇州同疏	(清)孙士毅
附　设怀远镇州同吏部咨	
浚黑石河禀	(清)叶炯
协修深溪坎等处堰工禀	(清)申辚
会勘开浚药王坪水源利害覆禀	(民国)近人
四川省公署指令	(民国)张沅
禁狱弊示	(清)劳文琦
禁私售米谷以济振禀示	(民国)黄体则

县人纪事之文

徐氏族谱序	(清)徐之上
侯氏族谱序	(清)胡麟

柯华峰墓志铭	前人
刘本田墓志铭	(清)王体元
按察使黄公鼎墓表	
雷太夫人墓表	(清)谢焯莹
彭家荡墓表	(清)吴克让
王炜堂墓表	前人
晁太孺人墓志铭	前人
雷宜人节孝碑	(清)陈昌燮
西山振饥记	(清)李沛元
社田条规序	前人
恤嫠局募捐公启	(清)冯锡瓒

江原文征

纪述县事之文

李大卿繁罢籴序	(宋)魏了翁
跋宋常丞德之送行诗后序	前人
续修倪氏族谱序	(民国)章炳麟
赵氏支谱序	(清)汪溁
参议胡君彬祠堂记	(宋)魏了翁
龚槐阶殉义记	(清)童棫
祭张季长大卿文	(宋)陆游
哭将作少监张从祖文	前人
杨忠武侯遇春传	清史列传
按察使黄鼎传	清史列传
杨忠武公赞	(清)梅曾亮
太府少卿四川总镇领财赋李公墓志铭	(宋)魏了翁
承事郎胡君仲舒墓志铭	前人
杨忠武公墓志铭	(清)李惺
胡太夫人墓志铭	(清)孙治
赵恭人墓志铭	(民国)宋育仁

追酬故高蜀州人日见寄并序

  （自枉蜀州人）　　　　　　　（唐）杜甫

东湖瑞莲诗（火云烁尽天幕腥）　　（宋）王益

前题（东湖七月湖水平）　　　　　（宋）梅挚

五月五日蜀州放解榜第一人杨鉴具

  庆下孤生怆然有感（甲午五月

  之庚寅）　　　　　　　　　　（宋）陆游

忆唐安（南郑戍还初过蜀）　　　　前人

度筝（翩翩翻翻筝受风）　　　　　前人

约许侍郎奕诸公酒半（人生能得

  几回别）　　　　　　　　　　（宋）魏了翁

题何愚庐调鼎图

  （君不见太白漂泊黄河间）　　（清）李调元

和谢青莽刺史谢赠函海诗

  （两膝以外无一货）　　　　　（清）李鼎元

东海歌送周将军志林还蜀养亲

  （海童昼游波浩浩）　　　　　（清）吴振械

谒杨忠武侯墓（生则忠武之略汾阳功）　（清）刘稺

杨胡子歌（贼怕杨子胡）　　　　　（清）马履泰

五言律

送赵司马赴蜀州（饯子西南望）　　（唐）宋之问

和裴迪登新津寺寄王侍郎（何限

  依山木）　　　　　　　　　　（唐）杜甫

敬简王明府（叶县郎官宰）　　　　前人

重简王明府（甲子西南异）　　　　前人

逢唐兴刘主簿弟（分手开元末）　　前人

阆州奉送二十四舅使自京赴任青城

  （闻道王乔舄）　　　　　　　前人

王竟携酒高亦同过用寒字（卧疾荒郊远）

赠薜山人（长须垂似发）　　　　　（唐）李洞

送孟都官知蜀州（名郎辞粉署）　　（宋）欧阳修

得成都诸友书劝少留嘉阳戏做

  （一坐五十日）　　　　　　　（宋）陆游

自唐安之成都（出门犹苦雨）　　　前人

宿华岩寺（夜宿华岩寺）　　　　　前人

广都道重呈季长（天上石渠郎）　　前人

岁暮怀张季长（已迫桑榆景）　　　前人

得张季长书以大蓬见称盖以予寄禄

  官视昔秘书监也因作五字寄之

  （老病江湖上）　　　　　　　前人

老态（寡欲贫何损）　　　　　　　前人

岁莫老怀（粥美忘流歠）　　　　　前人

王宝谟勋（宁怀会稽绶）　　　　　（宋）魏了翁

（泸江鲛夜泣）

（昔我仕龟城）

知崇庆府致政何君惪固（外监名父子）　前人

喜张象狦至扬州话旧（吾子何时至）　（明）费经虞

题何愚庐斯迈草诗集（两蜀得佳士）　（清）胡德琳

寄蜀州何愚庐（万里江原道）　　　（清）郑天锦

（昔者身孤露）

（忆昨同编纂）

（来岁春风软）

蜀州四首（屯岭千秋雪）　　　　　（清）林良铨

（庭多围绿竹）

（门户零星立）

（尽道江原地）

题西山寺壁（偶尔来斯地）　　　　（清）淡士灏

五言排律

蜀州郑使君寄鸟觜茶因以赠答八韵

  （鸟嘴撷浑牙）　　　　　　　（唐）薛能

送赵虞部士宏知蜀州（春风跨腊至）　（宋）梅尧臣

送崇庆州白判官（宦迹标南郡）　　（明）杨慎

七言律

暮登四安寺钟楼寄裴十迪

  （暮倚高楼对雪峰）　　　　　（唐）杜甫

奉送蜀州柏二别驾将中丞命赴江陵

  起居卫尚书太夫人因示从弟司马

  位（中丞问俗画态频）　　　　前人

和裴迪登蜀州东亭送客逢早梅相

  忆见寄（东阁官梅动诗兴）　　前人

陪李七司马皂江上观竹桥

  （伐竹为桥结构同）　　　　　前人

（去年湖上看花时）

（寄语何郎且缓开）

天目晓钟（明发怀人不寐时）　　　　　　（明）杨高鹏

留别蜀州二首（唐安又报是行时）　　　　（清）徐念高

（蒲鞭敲朴不教苛）

题何愚庐太平春新曲（胭脂洗净

　　粉消匀）　　　　　　　　　　　　（清）闵鹗元

（等闲色相总成空）

挽任烈士敌群（头颅可断志难移）　　　（民国）张伯英

留别县立女校诸生（谬拥皋比

　　百六天）　　　　　　　　　　　（民国）王祥熙

（今朝分袂强题诗）

词

苏武慢（澹霭空濛）　　　　　　　　　　（宋）陆游

贺新郎（独立西风里）　　　　　　　　（宋）魏了翁

县人所咏之诗

五言古

古意（忆妾十五时）　　　　　　　　　　（明）刘成穆

梦中题石阿洞（逐谪十五年）　　　　　　　前人

南天门（盘道扶云上）　　　　　　　　　（清）何明礼

胥吏叹（凌晨集衙参）　　　　　　　　　（清）谢攀云

凤岭（群山蜿蜒来）　　　　　　　　　　（清）田捷元

卖新谷（稻苗未下田）　　　　　　　　　（清）张刘文

摘茶（箱中芋已空）　　　　　　　　　　　前人

梦黄彝封（月望得军书）　　　　　　　　　前人

起乡夫（塞上军书急）　　　　　　　　　　前人

腌狱引（堂上官如瓮）　　　　　　　　　　前人

过姑丈胡珍墓下作（我来唐安北）　　　　（清）高云松

饥鹰（饥鹰下乔木）　　　　　　　　　　（清）王体元

浮生（君子疾没世）　　　　　　　　　　　前人

怜贫处士诗并序（终日三餐饭）　　　　　　佚名

（三朝冷灶突）

（典衣衣已尽）

（贫人拼命钱）

（时闻叹息声）

（我思上古时）

（我闻昔循吏）

（亦闻足谷翁）

（同时有邻人）

（纷纷鸣珂者）

梧桐吟寄周式轩（梧桐生峥阳）　　　　　（清）何朝福

挽王子蕃同年（子敏有书来）　　　　　　　前人

岁晚咏怀五首（凄凄岁云暮）　　　　　　（清）文钰

（客从远方来）

（林间有奇鸟）

（休休长乐老）

（命驾发京都）

七言古

赠扬州郡帅郭侯（东南形胜惟扬州）　　　（宋）阎苍舒

次许及之十二峰韵（化工神伟开物姿）　　（宋）张缜

奉陪安抚大卿登八阵台览观诸葛公遗

　　像偶成长句（白帝城西鱼腹浦）　　　　前人

梅林分韵得树字（墙头冉冉新阳露）　　　（宋）樊汉广

宿宝鸡（宝鸡主人年已老）　　　　　　　（明）刘成穆

泰山乾坤亭（长子乘乾辟天门）　　　　　（清）何明礼

题庐伴樵百燕图（伴樵庐子书画癖）　　　　前人

读仲松岚明府蜀征日记为作长歌

　　（扪井络，上青天）　　　　　　　　　前人

与郑红泉谈杜诗（学杜甫者盈尘寰）　　　（清）门裔

自北来南馆君府庭旧矣礼貌有加而

　　教育无术述以赠别情见乎辞（北

　　向北辰发正玄）　　　　　　　　　　　前人

李墨庄太史自蜀入都以函海见贻作

　　歌奉赠（平生爱书如奇货）　　　　　（清）谢攀云

渡黄河放歌（一河南北分鸿沟）　　　　　　前人

谒王烈愍祠（蜀州城东春秋祀）　　　　　　前人

谒汉赵顺平侯墓（汉贼两字谁解此）　　　（清）吴锦

老女嫁（东邻女嫁年三五）

阻河叹（生小爱歌水调歌）　　　　　　　　前人

水灾行（己卯之夏游帝阍）　　　　　　　　前人

黑石江大水吟（无端灌口妖龙怒）　　　　（清）邢梦麟

麻都司（羞看六合都渣滓）　　　　　　　（清）张刘文

同题（天愁地泣腥风吹）	（清）李世瑛
黄彝封茂才自军归有入山意题长句	
赠之（毛锥不可用）	前人
大雪忆秉唐观察时率师未至	
（张侯倜傥气吐虹）	前人
安乐公主小玉印（龟顾螭蟠仅方寸）	（清）杨永清
有感（蝼蚁辄拟偃滇渤）	（清）王体元
白龙洞（龙洞有龙龙已走）	（清）王楚英
壬戌闰八月九日同年王子蕃偕周	
式轩姚筱士杨性初杨月帘赵彤轩诸	
人游锦屏分体捻韵得酒字（昨	
夜斗标犹指西）	（清）何朝福
题王子蕃同年柏下催耕图	
（团团笠影日将午）	前人
梦游孤山看梅（宣华之龙久不识）	（清）吴克让
故蜀别苑梅龙行（上清宫阙沦丛棘）	前人
十刹海同黄雨帆同年景春看荷花望大	
内作（五城车马殷如雷）	前人
李春浦君以费念慈太史遗编见示感而	
赋之（李生好古性成癖）	（清）文钰
天坛观礼器歌（圜丘禋祀夫如何）	前人
白狼行（陕寇纵横明社屋）	前人
大周五年案票（金简玉书古所贵）	（清）韩镇阳
擦耳崖吊吴汉墓歌（广都之西岷江曲）	前人
题绿萼梅斋遗稿（纹江计君投我	
新诗册）	（清）李春鉴
谒王烈愍墓（一抔古冢峙城东）	（民国）龙科殿
五言律	
题沔州诸葛武侯庙（赤伏终休运）	（宋）张缙
闻太原寇警（闻说青羊塞）	（明）刘成穆
赠高汝止（沙草坐倾壶）	（清）张象翀
游瓦屋中天池（带雨入荒寺）	前人
溪上（不为儒冠误）	（清）张象华
江口（汇得故园水）	（清）何明礼
入峡（夔门穿一线）	前人
春景（淑景凭谁造）	前人

秋仲赴馆陶（客邸随蓬转）	前人
雪中旅思（岱雪今如此）	前人
秋日江皋草堂小饮即席分韵	
（儿童惊剥啄）	（清）谢攀云
合葬二子诗（小劫龙蛇岁）	
（蜀国松楸在）	
秋日江皋草堂小饮即席分韵	
（小雨霏三径）	（清）胡世俊
同题（我是南邻老）	（清）方玫
夜酌（莫道愁能遣）	（清）门裔
重经县花庵题壁（留得青山在）	（清）张刘文
分州故墟（瓦砾填荒井）	前人
彝封书来知解绵围后骆制军以忠勇愤	
发战无不先入告得保广文志喜二首	
（才见平生志）	前人
（世尚存蓝李）	
道中感魏登云战殁事怆然有作	
（泪忽不可止）	前人
滇贼上窜邻境告急州民昼夜登陴	
（风鹤警频频）	（清）李世瑛
秦岭谒昌黎庙（辟佛心何壮）	前人
瓦渣梁暴雨宿俞乡长家（暴雨伤吾稼）	前人
（试问俞乡长）	
送毛诏岐还蜀（千古销魂事）	前人
留别定边县士民（驱马安边堡）	前人
古绵早行（匹马岩关起）	（清）胡麟
夜雨（不尽萧萧感）	（清）王体元
立秋（桐叶传秋信）	前人
罗江早发（马嘶人不见）	（清）张维铣
绵州梦亡室徐禄娘（白屋添薪景）	前人
绵州早发（百丈临江立）	前人
剑阁（苍茫留一线）	前人
朝天关（浩瀚嘉陵水）	前人
朝天镇梦马氏妹（天属三人在）	前人
宝鸡除夕书怀（行行方出栈）	前人
定兴杨椒山祠二首（忠魂今已矣）	前人

（万壑千溪注一川）

（军声十万夜汹汹）

（才免兵荒又水荒）

（昔凿离堆溉数州）

（薄有先畴早荡然）

李敬三书来询杨威肃公建专祠事诗

　　以代柬（双鲤东来一笑迎）　　　　　　　前人

家居偶咏（年来好读养生篇）　　　　　　　前人

（萧然四壁一灯青）

赠季祉庭布衣二首（樽前领略麈谈清）　　　前人

（是翁矍铄古稀余）

挽胡德玙二首（一枕黄粱梦竟成）　（清）李春鉴

（养气豪情罕与俦）

独坐（空庭独坐境沈沈）　　　　　（清）王体元

庶常黄啸州副车宋鼎臣与同学励志今

　　独予存怅然有作（那堪同砚忆当初）　　　前人

感时（岌岌行看大厦倾）　　　　　　　　　前人

冬日闲居（年来心颇厌嚣尘）　　　　　　　前人

挽方瑞廷夫子（横经忆昔列门墙）　（清）蔡晋元

和张刺史垲思阳宫廨小楼新成原韵

　　（前飞五马后三台）　　　　　　（清）戴汝器

无奈（无奈清愁扫不开）　　　　　（清）秦福绥

寄周森堂冯钟山两君从戎黔中

　　（明年杨柳拂鞭丝）　　　　　　（清）李沛元

武昌感事（地接荆扬据上游）　　　（清）何朝福

城陵矶感事（城陵矶上阵云横）　　　　　　前人

纪梦（神仙富贵两忘情）　　　　　　　　　前人

秋燕次周式轩韵（归心已绕五湖烟）　　　　前人

壬戌除夕（虚掷韶华又一年）　　　　　　　前人

九日集周式轩王子蕃小饮次式轩韵

　　（辜负重阳四十年）　　　　　　　　　前人

游圆明园十首（千门万户枕林阿）　（清）吴克让

（大驾南巡不计年）

（闻道华林赐宴回）

（銮跸仓皇驻密云）

（璧合珠联凤历颁）

（吴楚东南旧战场）

（夕阳海淀带残霞）

（忽惊烽火自回中）

（辇路沙平柳万条）

（杨柳阴浓罨大堤）

西湖谒岳武王庙

　　（栖霞山拥墓门高）　　　　　　（清）杨和埙

题左文襄祠二首（爵帅新祠画栋明）　　　　前人

（振羽云霄谢故人）

题蒋果敏祠（中丞年少早登坛）　　　　　　前人

登黄鹤楼（江汉汤汤抱槛流）　　　　　　　前人

吴门感事（少年振藻赋弹筝）　　　　　　　前人

莫愁湖怀古（汤沐曾颁异姓王）　　　　　　前人

芦沟道中作（金明杨柳几丝拖）　　　　　　前人

保阳初春同胡鲁生同年夜饮

　　（酒尽春寒半有无）　　　　　　　　　前人

送杨晓山贰尹回蜀（黄金台畔共行窝）　　　前人

铜雀台怀古（横槊歌声荡战尘）　　　　　　前人

沔县谒诸葛武侯庙（随蜀由来势建瓴）　　　前人

过剑门关（谁将长剑倚天阁）　　　　　　　前人

白马关谒庞靖侯祠墓（涪城号哭雒城歌）　　前人

拟工部咏怀古迹二首

　　（炎汉中兴铜马帝）　　　　　　（清）文钰

（誓扫边陲纾国难）

秋怀（秋来犹自客津沽）　　　　　　　　　前人

（羽檄交驰遍六州）

（将军分道扫欃枪）

（卷尽风云旷宇开）

陶然亭（过眼繁华梦欲醒）　　　　　　　　前人

再返津门（一篙秋涨涌银涛）　　　　　　　前人

（飘蓬踪迹话年年）

病中二首（深护炉温不上帘）　　　　　　　前人

（隐儿眠床自晓昏）

立秋后送臣尧归保阳（我留君去亦随缘）　　前人

六十自寿（留滞京南老布衣）　　　　　　　前人

（风尘雨雪满征衣）

邯郸道上(唱遍荒鸡夜境阑)　　　　前人

梦游峨眉山(惆怅峨山梦亦空)　　(清)韩镇阳

少城(天府垣墉壮益州)　　　　　　前人

庚子秋闻两宫西狩(天门上将列旌旗)　(清)程友琴

(大厦难凭一木支)

留滞粤西有感(秋深黄叶下林皋)　　(清)宋廷参

花魂(苦恼封姨太薄情)　　　　　　(清)王尚宾

竹夫人(纱幮方自护婵娟)　　　　　前人

书怀(频年作客向天涯)　　　　　　(清)邓畴九

晓起(晓起开帘四望晴)　　　　　　(清)张淑仪

夏日咏怀(数椽矮屋旧清幽)　　　　前人

五言绝

北河遇暴客(飞马响鸣髇)　　　　　(清)张维铣

七言绝

罗江万安驿(劲兵重旅付胡奴)　　　(宋)张缙

挽杨果斋(宇宙大名山水重)　　　　(明)杜朝绅

哀蜀藩(天社星隳古社坛)　　　　　(清)张象华

题毕彦升画竹(工部祠前竹万竿)　　(清)门裔

(旅馆娟娟对此君)

赋得清明无客不思家(清明无客不
　　思家,蜀水齐山道路赊)　　　(清)何明礼

(清明无客不思家,味水还同渤海涯)

(清明无客不思家,拜扫山头士女哗)

(清明无客不思家,一缕新烟绕绛纱)

(清明无客不思家,踽踽河湄老岁华)

(清明无客不思家,白马津边市柳斜)

得家书(万里三年一纸书)　　　　　前人

(手把家书心暗扪)　　　　　　　　前人

马嵬题壁(一骑红尘进荔支)　　　　前人

咏华不注(千古兵戈一笑秋)　　　　前人

大明湖(皎皎澄湖接玉京)　　　　　前人

题白崖寺僧房(秋云冉冉碧于纱)　　(清)任伦

工部祠(到此无人敢咏诗)　　　　　(清)谢攀云

有感(十二年来梦一场)　　　　　　(清)黄鼎

怀远镇即景(多融山影碧岩峣)　　　(清)周宗跃

(近年风俗半醇良)

(清溪关外雪霜寒)

(大隋山扼瓦司东)

(横原洞口植佳茗)

(清风亭下水潺湲)

(大厢炭厂古楼山)

寄怀蒋敬斋(九龙山馆傍青羊)　　　前人

和徐敬斋涵寻梅原韵(叶叶丹枫和雪飘)　前人

题凤林寺画壁(风带飘飘御碧虚)　　前人

观音堂(石蹬盘迂上翠微)　　　　　前人

上清宫(放眼青城第一峰)　　　　　前人

过天齐寺忆前辈周公宗翰
　　(夕阳红映古天斋)　　　　　　前人

锦城忆旧(天涯相别几相思)　　　　前人

吊拔贡生门裔(天生磊落是奇才)　　前人

忆王瀛士(更无消息寄浮槎)　　　　(清)张刘文

席上赠刘崧生提督(百战将军住锦城)　前人

水陆寺(廿年萧寺迹犹存)　　　　　前人

固原即事(猎猎龙旂卷暮烟)　　　　前人

祷雨靖远(是处疆圻合有神)　　　　前人

马嵬杨贵妃墓三首
　　(江山情重美人轻)　　　　　　(清)张维铣

(遐周一咏识环罗)

(千秋青史罪杨家)

前题(拼从玉碎静风尘)　　　　　　(清)李世瑛

过故人山庄(万壑晴开径不迷)　　　(清)毛荣封

和小楼见酬诗韵(句写鹅溪绢色新)　(清)戴汝器

丙子中秋后二日乡试归有作
　　(三年逐队入秋闱)　　　　　　(清)李沛元

(脱自飞黄事偶然)

赠龙生应铭(咫尺方塘一鉴开)　　　(清)舒应华

大散关(陕南天险此称雄)　　　　　(清)张师

题定军山武侯墓(有幸青山葬武侯)　前人

题岐山召伯棠(爱树思人未忍伤)　　前人

河南府(巍然城阙署东都)　　　　　前人

剑州古柏(云栈萦迂入剑州)　　　　前人

朝天关(万点山尖眼底收)　　　　　前人

31. 道光龙安府志

十卷　（清）邓存咏等纂修　道光二十一年刻本　《中国地方志集成·四川府县志辑》（第十四册）影印本

不见（不见李生久）	（唐）杜甫	（山色侵人冷）	
春日忆李白（白也诗无敌）	前人	（山路多秋草）	
梦李白二首（死别已吞声）		（残叶飘荒径）	
（浮云终日行）		同杨木老游匡山下院（鸟道蝉声竟日闻）	
天末怀李白（凉风起天末）		平武八景	
寄李白二十韵（昔年有狂客）		报恩晓钟（梵刹西天住美方）	（清）杜致远
读李白集（开元无事二十年）	（宋）欧阳修	清平晚渡（蛮江东注绕南濠）	
李太白赞（天人几何同一沤）	（宋）苏轼	南山积雪（南山苍翠郁嵯峨）	
龙州故城（峭壁阴林古木稠）	（宋）邵稽仲	北岭巢云（琳宫香火众神凭）	
吏隐堂（满耳溪声满目山）	（宋）赵寰	涪江夜月（残星耿耿斗横斜）	
前题（四望逶迤万叠山）	（宋）司马光	东皋晴眺（远近山村高下田）	
前题（花阴柳榻常欹枕）	（宋）范缜	孤村夕朝（斜日天低万里平）	
李白读书台（山中犹有读书台）	（前蜀）杜光庭	远浦归樵（伐木丁丁山色凋）	
太华观（古地新兰若标峰）	（明）杨慎	赠窦子明（子明澹荡人）	（清）朱樟
罗汉寺（觉路花非染）		过大明庵（过溪泉石足幽攀）	
宿罗汉寺（浮生何事托僧房）	（明）沈锐	又（洗眼曾眺碧涧泉）	
游窦圌山历明月关俱有罗两华题		飞天藏（上人手中无一钱）	
迹时闻两华从长阳告归怀望		鬼门关（百丈泠崄未可攀）	
赋此（窦圌山外隔仙踪）	（明）胡直	登岳殿绝顶效昌黎体（岳力惊飞超）	
秋日同戴西岭游大匡山觅李太白		游云岩寺（云岩乘百尺）	
读书台怀吊四首		（合掌见诸天）	
（清秋小队觅匡山）	（明）郭文涓	（欲问修持力）	
窦圌览胜（前朝栋宇只今遗）	（明）戴仁	登超然亭（孤宦留余迹）	
阳坡晚照（羲轮斜坠欲黄昏）		观雾山（杖锡住十年）	
天柱樵歌（奇峰匼匝树缤纷）		中和寺（开山始李唐）	
金光仙洞（洞深无处觅霞居）		（岩房宵且深）	
西平古渡（白石金沙水似油）		太白台孤松（酒中仙见小枝生）	
匡山贤迹（青莲居士读书台）		（遥闻石齿漱寒江）	
国朝		寻失鹤池（有鹤梳翎认故池）	
游窦圌山（仙吏何年隐名山）	（清）葛峻起	下庄坝（言寻樵径出）	
明月渡（江随峡里转）	（清）魏裔鲁	旧县（井径人烟合）	
（古墓依岩麓）		（满眼晴峦集）	
见龙崖（归卧田园半亩宫）		游匡山踵太白出山诗韵	
七夕游马头庙（雨洒新秋万壑来）		（文章尚觉光芒在）	
步太白辞山韵（溪山昨夜多风雨）		匡山（朝阳不满树）	
秋兴（曲折登高望）		（大匡何清幽）	

阳亭坝劝农（阳亭十里劝农桑）

武都坝劝农（无多案牍一朝清）

塘村劝农（送春风雨苦连绵）

罗汉坝劝农（双流遥睇眼分明）

读书台怀古（大匡山势郁崔嵬）　　　　（清）彭阯

太白读书台（山翠欲飞江上泊）　　　　（清）李显绪

窦子明仙坛（重岩之下）　　　　　　　（清）僧海明

登匡山（唐时仙令古时山）　　　　　　（清）詹履道

大匡山（拂草扪萝一径开）　　　　　　（清）张延基

游匡山步太白原韵

　　（为访匡山来古刹）　　　　　　　（清）朱镕

太华寺（旧雨高峣上）　　　　　　　　（清）李国祥

窦匡山次韵泰和胡先辈韵

　　（公余策杖觅仙踪）　　　　　　　（清）朱仲廉

同杨木老人游清虚观

　　（为访名山胜）　　　　　　　　　（清）王坚

清虚观和王谓升（古寺傍青坡）　　　　（清）杨廷杰

春日游罗汉洞（济胜本无具）　　　　　（清）罗经国

秋日游天尊寺（雨后天光净）

（山原秋气重）

（向晚寒烟积）

游窦匡山赠瑞翁上人

　　（天半巉岩石径开）　　　　　　　（清）李化楠

游窦匡踵先大夫韵

　　（岌立三峰云际开）　　　　　　　（清）李调元

（三朵芙蓉开向天）

江油八景　　　　　　　　　　　　　　（清）陈干

西平古渡（澄清江水碧于油）

匡岭飞桥（幻将铁索架飞桥）

龙门晓月（龙门胜迹喜相过）

阳坡晚晴（雨霁郊原叫暮鸦）

匡岫贤踪（谪仙台榭已成荒）

雾山灵雨（奇山奇景传天下）

天柱樵歌（古木长林野趣多）

金光仙洞（巉岩幽洞见仙源）

西平古渡（谁凿涪江绕郭偏）　　　　　（清）胡时锦

匡岭飞桥（传道江油窦子明）

龙门晓月（疏凿何年古洞存）

阳坡晚晴（放阳坡麓笠亭微）

匡岫贤踪（浮世浮名过眼埃）

雾山灵雨（万丈洪崖倚太空）

天柱樵歌（石骨何年此琢磨）

金光仙祠（太乙仙坛白玉楼）

江油使院题壁（城边一水泄弯环）　　　（清）葛峻起

吊太白读书台（人去台空爽气收）　　　（清）蒲中兰

游匡顶次壁间原韵（仙吏飞升处）

游匡山接待堂次壁间原韵

　　（未觑仙人躅先登）

青莲池（莲峰倒影翠相侵）　　　　　　（清）杨宾华

青莲书院（南郊旧宅草萋萋）　　　　　（清）冯三才

谒青莲池（松篁台殿拂云凄）　　　　　（清）胡整

谒青莲祠怀古（一醉颓然云雨凄）　　　（清）邓在珩

漫坡渡（江从险处过来平）　　　　　　（清）李显绪

青莲故里（青莲不可见）　　　　　　　（清）李光绪

兴文塔（天柱一峰标日月）

龙门寺怀古（漠漠寒烟掩古磻）　　　　（清）陈谋

青莲书院纪事（匡山之麓县彰明）　　　（清）瞿缉曾

青莲郁翠（绝世才华李谪仙）　　　　　（清）陈谋

彰明八景诗

涪水环清（巨浪排空荡沸声）

紫山耸秀（紫气连云别贮颜）

石鼓钟灵（奇质团团石鼓形）

溪亭皓月（弱水蓬莱何处论）

香水朝霞（水流花放泛仙香）

漫坡晚渡（澎湃崎岖出险滩）

澜桥春眺（路转峰回渡小桥）

青莲郁翠（谪仙人去已千年）

涪水环清（几度洪涛触石惊）

紫山耸秀（晴空四望白云连）

石鼓钟灵（搜奇何事读山经）

溪亭皓月（亭开爽气逼人清）

香水朝霞（叠嶂盘旋护水涯）

漫坡晚渡(浪涛汹涌石盘河)

澜桥春眺(一柱回澜涪水清)

怀李太白(束发诵君诗)　　　　　　　　(清)杨揆

白草歌(明运当中叶)　　　　　　　　　(清)姜炳璋

32. 光绪新修潼川府志

　　三十卷　（清）阿麟修　王龙勋等纂　清光绪二十三年刻本　《中国地方志集成·四川府县志辑》（第十五册）影印本

召试浚导直隶河道策　　　　　　　（清）张问彤
就竹山房诗集序　　　　　　　　　（清）左宗棠

新修潼川府志卷三十

诗文补遗下

唐

送梓州李使君之任（籍甚黄丞相）　　（唐）杜甫
春日梓州登楼二首（行路难如此）　　前人
（天畔登楼眼）
九日登梓州城（伊昔黄花酒）　　　　前人
相从行赠严二别驾（我行入东川）　　前人
奉赠射洪李四丈（丈人屋上乌）　　　前人
早发射洪县南途中作（将老忧贫窭）　前人
惠义寺送辛员外（朱樱此日垂朱实）　前人
寄题江外草堂（我生性放诞）　　　　前人
随章留后新亭会送诸君（新亭有高会）前人
客旧馆（陈迹随人事）　　　　　　　前人
通泉驿南去通泉县十五里山水作
　　（溪行衣自湿）　　　　　　　　前人
观薛稷少保书画壁（少保有古风）　　前人
通泉县署壁后薛少保画鹤（薛公十一鹤）前人
春日戏题恼郝使君兄（使君意气凌青霄）前人
去秋行（去秋涪江木落时）　　　　　前人
江亭王阆州筵饯萧遂州（离亭非旧国）前人
送王侍御往东川放生池祖席
　　（东川诗友合）　　　　　　　　前人
送裴五赴东川（故人亦流落）　　　　前人
答杨梓州（闷到房公池水头）　　　　前人
投简梓州幕府兼简韦十郎官
　　（幕下郎官安稳无）　　　　　　前人
题郪县郭三十二明府茅屋壁
　　（江头且系船）　　　　　　　　前人
冬狩行（君不见东川节度兵马雄）　　前人
逢唐兴刘主簿弟（分手开元末）　　　前人
敬简王明府（叶县郎官宰）　　　　　前人
重简王明府（甲子西南异）　　　　　前人

李潮八分小篆歌（苍颉鸟迹既茫昧）　前人
将适吴楚留别章使君留后兼幕府
　　诸公得柳字（我来入蜀门）　　　前人
去蜀（五载客蜀郡）　　　　　　　　前人
在淮南卧病书怀寄赵蕤（吴会一浮云）（唐）李白
送梓州李使君（万壑树参天）　　　　（唐）王维
赴职梓潼留别畏之员外同年
　　（佳兆联翩遇凤凰）　　　　　　（唐）李商隐
饯席重送从叔余之梓州（莫叹万重山）前人
哭遂州萧侍郎（遥作时多难）　　　　前人
梓州罢吟寄同舍（不拣花朝与雪朝）　前人
送知兴上人（久住巴兴寺）　　　　　（唐）贾岛
寄令狐相公（策杖驰山驿）　　　　　前人
将之泸郡旅次遂州遇裴晤员外
　　谪居此地话旧凄凉因寄（谁解
　　登高问上元）　　　　　　　　　（唐）郑谷

北宋

送岑著作（懒者常似静）　　　　　　（宋）苏轼
次韵李修孺留别二首
　　（十年流落敢言归）　　　　　　前人
（此生别袖几回挥）
送周正孺名尹知东川（得郡书生荣）　前人
次前韵再送周正孺（东川得望郎）　　前人
送周正孺自考工郎中归守梓潼兼简
　　吕元钧三绝（白发熙宁老诤臣）　前人
（十年符竹守吾州）
（东道如闻近稍安）
送苏公佐修撰知梓州（乘轺旧西蜀）　（宋）苏辙
送张兵部中庸知遂州（剑岭横
　　天古栈微）　　　　　　　　　　（宋）司马光

南宋

送杜起莘殿院出守遂宁　　　　　　　（宋）陆游
和燕龙图海棠（西汉欺卢橘）　　　　（宋）杨谔
遂宁府（春苗半没胫）　　　　　　　（宋）张震
送李制干季允擢第归蜀诗并序
　　（玉立身长太史公）　　　　　　（宋）杨万里

33. 同治直隶绵州志

五十五卷　（清）文棨、董贻清修　伍肇龄、何天祥纂　清同治十二年刻印本　《中国地方志集成·四川府县志辑》（第十六册）影印本

卷四十九　艺文志　艺文上

宋太宗书玉堂之署	（宋）太　宗
宋祥符元年加封孔子庙碑	（宋）真宗
明谕祭金献民文	（明）穆宗

诗

唐

冬日归旧山（未洗染尘缨）	（唐）李白
别匡山（晓峰如画色参差）	前人
访戴天山道士不遇（犬吠水声中）	前人
涪江泛舟送韦班归京（追饯同舟日）	（唐）杜甫
巴西驿亭观江涨呈窦十五使君二首	
（宿雨南江涨）	前人
（转惊波作恶）	
又呈窦使君（向晚波微绿）	前人
东津送韦讽摄阆州录事（闻说江山好）	前人
客夜（客睡何曾著）	前人
客亭（秋窗犹曙色）	前人
不见（不见李生久）	前人
奉霁驲送严公（远送从此别）	前人
寄李十二白二十韵（昔年有狂客）	前人
奉送严公入朝十韵（鼎湖瞻望远）	前人
送梓州李使君之任（藉甚黄丞相）	前人
酬别杜二（独逢尧典日）	（唐）严武
越王楼（危楼倚天门）	（唐）樊宗师
石石诗（白石溪边自结庐）	（唐）柳宗元
（寥落深木闭烟霞）	
绵州回寄蔡氏昆仲	
（一年两度锦江游）	（唐）罗隐

宋

杂兴三首（幽居观物变）	（宋）鲜于侁
（一气干元造）	
（三王贵养老）	
正月九日有美堂饮醉归径睡五鼓	
方醒不复能眠起阅文书得鲜于	
子骏所寄杂兴作古意一首答之	
（众人事纷扰）	（宋）苏轼
闻东坡先生贬惠州作（元气脱形数）	（宋）唐庚
嘉州寄左绵王虞部（江山如画望无穷）	（宋）石介
次文孺智仲韵（圣主宽仁念小臣）	（宋）师大卿
宿富乐山赠海公（山名富乐冠三巴）	（宋）冯如晦
前题（游遍西南转法轮）	（宋）宋球
寄彰明任光禄遵圣（轩轩任公子）	（宋）文同

元

辄绵汉简诸公（绵汉风酸动杀机）	（元）刘壎

明

扬雄（雪岭蠹玉笔）	（明）周洪谟
紫微山（拟登紫微山）	（明）胡汝霖
刘使君招饮富乐山	
（才向滩头罢钓船）	（明）胡汝翼
游西山（巍巍琳宇倚涪西）	前人
游西山（昨日东山今日西）	（明）尹襄
（扬子仙游不可从）	
游西山（赏花时节近清明）	（明）苏民望
再题（远骑西山访隐沦）	前人
游西山（众访群真何处寻）	（明）周淑
西山留题（一凭栏槛意无穷）	（明）白翱
（偶来江外寄行踪）	

西山留题(山树蔽仙云)　　　　　　(明)金皋

西山留题(载酒西崖访尔朱)　　　　(明)金深

富乐寺次韵(招提深处偶闲来)　　　(明)戴金志

望江楼次韵(凉飚入座暑如秋)　　　　　前人

游富乐山(富乐登临境最幽)　　　　(明)白翱

饮富乐山(使节凌秋入谷来)　　　　(明)高第

游桃源洞同侍御卢雍

　　(仙洞曾闻避暑来)　　　　　　(明)金皋

(洗耳溪流立晚风)

与卢侍御雍憩后山小亭

　　(曲径山椒翠竹遮)　　　　　　　前人

游冷源洞次桃源洞韵(寻胜冷源得来)　前人

重游冷源洞题(宿雾封泥山色迟)　　　前人

送李潜归绵州觐省(朱楼对翠微)　　(明)姚鹄

读李节士传(炎祚无光孺子幽)　　　(明)金献民

题李节士新祠(新祠轩豁对山城)　　　前人

游富乐山(左绵山水窟)　　　　　　(明)萧来凤

游富乐山和韵(燕集对平野)　　　　(明)金皋

清

绵州(左绵治界川东路)　　　　　　(清)果亲王

游大匡山觅太白读书台

　　(新秋小队觅匡山)　　　　　　(清)郭文涓

(词客西游访谪仙)

(岩岫逶迤绮树幽)

(缥缃旧积翠微巅)

谒五忠墓(绵竹城西谒墓碑)　　　　(清)杜兰

过绵州留别屠刺史(瀛洲列侍承恩久)　(清)张汉

(旧曾相识柳阴路)

登高望绵竹怀古(信有江山好)　　　(清)屠用谦

别绵八首(东轩犹近少微堂)　　　　　前人

(斗郡毗连沃野区)

(廨舍东邻泮壁旁)

(峥嵘气象破天荒)

(茧足初登六一堂)

(灵峰下瞰影蛾溪)

(载途行李仍书簏)

入绵州抵丰谷井(淡烟疏雨晚萧萧)　(清)葛峻起

夜次绵州(山城临薄暮)　　　　　　　前人

次沈少云成都咏古原韵

　　(汉相旌旗玉垒高)　　　　　　(清)吴升

(万里桥西卜宅偏)

再次前韵(隆中卧起将星高)　　　　　前人

(陈涛论救误情偏)

和少云续得咏古诗四首

　　(奋笔题桥敢自夸)　　　　　　　前人

(承明待诏得佳除)

(匡山抛却读书床)

(两庙储才继范韩)

富乐山怀古(富乐山前有人歇)　　　(清)陈中

寄绵州守(西南芳草路)　　　　　　(清)王士禛

绵州馆驿寄怀雨村

　　(官职本非有生有)　　　　　　(清)吴树萱

渡涪江(涪江江水抱山流)　　　　　(清)王士禛

咏鹿(抱郭涪江碧玉流)　　　　　　　前人

辛未初伏日李篆园刺史以倚椿新墅

　　落成诗书簏囊绣见寄次韵奉答

　　(倚椿开别墅)　　　　　　　　(清)孙文焕

(庐陵名父子)

励志诗(天地为橐钥)　　　　　　　(清)李在文

游富乐山(但觉林峦密)　　　　　　(清)李调元

越王楼故垒(生为磊落人)　　　　　　前人

扬子云遗像(四山冤鸟清昼闻)　　　　前人

绵州晓发(山雾晓未收)　　　　　　(清)罗绕典

翥鹤堰(晓渡安昌河)　　　　　　　　前人

绵州怀欧阳文忠公(淋漓大笔挽颓风)　前人

绵州渡口望芦洲(蜿蜒长堤筑白沙)　　前人

魏城驿用罗江东韵

　　(揖别乡园作远游)　　　　　　(清)汪仲洋

鸡鸣桥(鸡鸣桥上一声鸡)　　　　　　前人

抵绵州(青山千叠绕绵州)　　　　　　前人

抵成都(水宿风餐已九旬)　　　　　(清)俞廷樟

道出左绵见试院落成喜赋以志别

（祇缘校士少名场）　　　　　　　（清）陈耀庚

（宏规大起焕堂楹）

（从古文章声价重）

（竹马儿童笑语前）

修复汉蒋恭侯祠墓（一抔黄土尚留香）　（清）李象昺

登晓金山（莫道江南景最殊）　　　　（清）何人鹤

宿回龙寺（古寺老僧住廊堦）　　　　　　前人

登台山（半春多在醉中眠）　　　　　　　前人

游仙观（意期仙迹剩云房）　　　　　　　前人

赠聚峰庵老僧一楚（老僧一楚真堪笑）（清）何人鹤

涌泉寺（溪山爱与客盘旋）　　　　　　　前人

吊苟孝子用刺史屠公用谦韵

　　（片石留题姓字丹）　　　　　　　　前人

自罗江迎刺史刘公归任绵州

　　（薰风荡漾拂轻尘）　　　　　　　　前人

（潺亭别去过鸡鸣）

（我公不异宋欧阳）

（芙蓉溪上好风迎）

智林寺（重山缭如墙）　　　　　　　　　前人

赠清凉寺僧慈传（清凉乐界好风和）（清）严履丰

台山远眺（孤峰耸峙翠微间）　　　　　　前人

松山怀古（山以松称为种松）　　　　　　前人

观淘精泉井（山水适幽情）　　　　　　　前人

汉蒋恭侯祠墓（荆南才产何殊尤）　　　　前人

左绵杂韵（两江汇合一江通）　　　　（清）胡璎

（当年尽获尚留题）

观州牧杨缜亭先生赈饥奉赠

　　（我闻越州救荒赵清献）　　　　（清）何天祥

游富乐寺（芙蓉溪水碧潆洄）　　　　（清）孙崧生

忆芙蓉溪（管领何须乞镜湖）　　　　（清）孙桐生

戊子岁家大父课余西山僧寺寺楼幽

　　敞迥隔尘凡今秋同砚王草东自里

　　来言楼为风雨漂摇将倾圮孤灯岑寂

　　追感往时有作（年华弹指最怆神）（清）孙缵

（危楼半角裹秋烟）

（阴廊落叶散如鸦）

（旧题狼藉碧纱橱）

（虬松皮裂白云撑）

（绣铗摩挲转汗颜）

（奇贫古刹石田荒）

（愧无玉带镇禅门）

秋西山观感怀（半载钟声绕梦边）　　　　前人

（闲云只爱入山深）

泛舟芙蓉溪游富乐山饮王氏别墅

　　（富乐山前碧玉流）　　　　　　（清）伍肇龄

绵州试院楼望窦团山（闻道团山好）　　　前人

越王楼怀古（碧瓦朱甍接九天）　　（清）宋元翰

（身为敬业作先倡）

卷四十九　艺文志　艺文上

词

唐

菩萨蛮（平林漠漠烟如织）　　　　　（唐）李白

忆秦娥（箫声咽）　　　　　　　　　　　前人

宋

齐天乐（角残钟晚关山路）　　　　　（宋）陆游

贺新郎（一勺西湖水）　　　　　　　（宋）文及翁

清

醉蓬莱（看薰风岩畔绿树阴浓）　　　（清）汪广猷

卷四十九　艺文志　艺文上

传

蜀汉

蒋恭侯传　　　　　　　　　　　　　（晋）陈寿

唐

李白传　　　　　　　　　　　　　　（唐）范传正

宋

苏易简传　　　　　　　　　　　　　　　宋史

苏中令易简传　　　　　　　　　　　　　潼川志

苏舜钦传　　　　　　　　　　　　　　　宋史

元

邓文原传　　　　　　　　　　　　　　　元史

明

金献民传　　　　　　　　　　　　　明史

清

善庆寺光泰和尚传　　　　　　（清）熊文华

卷四十九　艺文志　艺文上

记

李太白故宅记　　　　　　　　　（宋）杨遂

载酒亭画像记　　　　　　　　　（宋）范镇

四川制置安公生祠记　　　　　（宋）魏了翁

魏城徐邑侯捐置学田记　　　　（宋）范于进

彰明县城记　　　　　　　　　（明）胡汝霖

何公生祠记　　　　　　　　　　（明）高第

重修诸葛武侯祠碑记　　　　　（明）李正芳

天泉碑记　　　　　　　　　　　（明）高第

崇富院碑记　　　　　　　　　（明）计尧俞

重修南山塔记　　　　　　　　（清）屠用谦

修复绵州旧治记　　　　　　　　（清）李棨

重修白衣禅院碑记　　　　　　（清）孙文焕

新建东岳行祠后殿碑记　　　　　　前人

惠泽堰记　　　　　　　　　　　（清）林俊

忠兴场火神庙重修乐楼记　　　（清）汪广猷

重修络水禅林记　　　　　　　　　前人

修筑左绵城堤记　　　　　　　（清）陈耀庚

重修文庙碑记　　　　　　　　　　前人

徐使君祠记　　　　　　　　　　　前人

重修绵城城堤记　　　　　　　（清）年昌阿

杨公祠碑记　　　　　　　　　　（清）龚礼

绵州保安堤记　　　　　　　　（清）毛震寿

南山寺记　　　　　　　　　　（清）伍肇龄

绵州魏城驿巡检吕廷樟殉难记　（清）文榮

卷四十九　艺文志　艺文中

德阳县

诗

鹿头山（马头春向鹿头关）　　　（唐）郑谷

送钤辖馆使王公（归骑翩翩去路赊）　（宋）程戡

姜公祠（清泉汩汩绕平芜）　　　（明）朱运昌

芦林怀古（一派荒凉数亩田）　　（清）王士禛

谒姜公祠（格天闻大孝）　　　　（清）王明理

方塔夜钟（亭亭树杪起岑楼）　　　（清）李峩

谒姜公祠（翠柏阴森覆短墙）　　（清）李调元

三造亭怀古（学士出益州）　　　（清）张邦伸

张孝女红雨祠（西城秋色黯苍苍）（清）张沛李

记

德阳县善寂寺碑记　　　　　　　（唐）王勃

德阳县孝感庙记　　　　　　　（宋）郑少微

德阳县儒学复古经楼碑记　　　（明）樊鼎遇

许旌阳祠堂记　　　　　　　　　（元）虞集

汉

铭

座右铭　　　　　　　　　　　　（汉）庄遵

卷四十九　艺文志　艺文中

安县

诗

罗浮感怀（百丈菩提迥太清）　　（清）王道纯

寄桃源陈器之明府

　（龙渊白鸽不易知）　　　　　　（明）李鉴

雨霁游九峰精舍（雨霁贪游未减癖）（清）蔡维镇

（徘徊未肯去禅关）

大安山九峰精舍（名山真足镇安州）（清）李鼎元

记

安县迁城碑记　　　　　　　　（明）张时彻

兴福寺碑记　　　　　　　　　（明）刘九思

铭

赵宗普墓志铭　　　　　　　　　（明）李鉴

国朝

序

创修山泉书院序　　　　　　　（清）彭作籍

绵竹县

诗

赠月峰僧（上人卓锡峰之巅）　　　（明）高第

咸丰庚申奉使再入西川道经七曲神祠礼成恭纪

　　（名山七曲应文星）　　　（清）完颜崇实

吊明给谏何石亭先生（太常抗节

　　批鳞风）　　　　　　　　（清）张香海

七曲山送险亭落成（益门栈险入川来）　　前人

（弹丸百里愧鸣琴）

牟子司马政绩文名脍炙人口久矣丁巳

　　入都于石牛驿壁睹其险亭落成两长

　　句意清词健景羡不已率成二律依韵

　　和之筝琶嘈杂得毋钟吕笑人耶（风吹

　　霖雨自东来）　　　　　　（清）徐昌绪

（一鹤翛然伴一琴）

送险亭歌（山椒险巇由秦栈）　　　（清）刘冕

赋

梓潼神鼎赋　　　　　　　　　　（宋）卢庚

记

礼殿柱记　　　　　　　　　　　（汉）文参

周公礼殿记　　　　　　　　　　　　佚名

文与可画筼筜谷偃竹记　　　　　（宋）苏轼

晋柏记　　　　　　　　　　　　（明）赵彦

毁张献忠遗像记　　　　　　　　（清）王成彦

秦列女记　　　　　　　　　　　（清）王纯

梓潼重修书院考棚碑记　　　　　（清）刘梦熊

梓潼县新修试院碑记　　　　　　（清）张香海

新津文塔碑记　　　　　　　　　（清）刘国策

序

福邑侯重修天仙桥序　　　　　　（清）刘冕

劝捐谷米平粜序　　　　　　　　（清）范陈鲤

传

节妇黄氏孝子刘密传　　　　　　（清）尹开治

书

上顺帝书　　　　　　　　　　　（汉）边韶

赞

梓潼人士赞　　　　　　　　　　（晋）常璩

梓潼列女赞　　　　　　　　　　　　前人

卷四十九　艺文志　艺文中

罗江县

诗

赠罗江杨明府（海上曾经钓巨鳌）　（清）李化楠

（春来喜气满农家）

白马关吊庞靖侯（富乐山前一尊酒）　（清）罗绕典

绵州（潺水依然绿）　　　　　　（清）张问陶

白马关谒庞靖侯祠（关前石磴树萋迷）（清）江国霖

䁥

与刘璋笺　　　　　　　　　　（蜀汉）法正

引

议复庞公寝室续引　　　　　　　（清）屠用谦

记

重修庞靖侯寝室记　　　　　　　（清）李德瀚

传

何易于传　　　　　　　　　　　　新唐书

李雨村先生年谱　　　　　　　　（清）杨懋修

新纂蚕桑宝要序　　　　　　　　（清）叶朝采

卷四十九　艺文志　艺文下

序

秋夜于绵州群官席别薛昇华序　　（唐）王勃

七日绵州泛舟诗序　　　　　　　（唐）卢照邻

彰明李翰林诗序　　　　　　　　（唐）李阳冰

李翰林集序　　　　　　　　　　（良）魏颢

秦中送涪城贺拔明府归蜀序　　　（唐）任华

苏氏文集序　　　　　　　　　　（宋）欧阳修

绵州志后序　　　　　　　　　　（清）屠用谦

重刊圣谕广训衍义序　　　　　　（清）常明

继勇德公碑序　　　　　　　　　（清）苏崇阿

卷四十九　艺文志　艺文下

疏

应诏上宝元元年正月戊戌朔日食甲

　　辰雷丙辰地震诏求直言疏　　（宋）苏舜钦

34. 民国绵阳县志

十卷首一卷　蒲殿钦、袁钧等修　崔映棠纂　民国二十二年刻印本　《中国地方志集成·四川府县志辑》（第十七册）影印本

卷九　艺文

书目（略）

诗

晋

绵州豆子歌（豆子山，打瓦鼓）　　　　　　　歌谣

唐

奉和圣制过温汤（凤辇腾宸驾）　　　　（唐）越王贞

奉和别越王（周屏辞金殿）　　　　　　（唐）刘伟之

绵州官池赠别同赋得湾字

　　（轺轩遵上国）　　　　　　　　（唐）卢照邻

奉送严公入朝十韵（鼎湖瞻望远）　　　（唐）杜甫

又呈窦使君（向晚波微绿）　　　　　　　　前人

巴西驿亭观江涨呈窦十五使君二首

　　（宿雨南江涨）　　　　　　　　　　前人

（转惊波作恶）

奉济驲送严公四韵（远送从此别）　　　　　前人

涪江泛舟送韦班归京（追饯同舟日）　　　　前人

寄李十二白二十韵（昔年有狂客）　　　　　前人

不见（不见李生久）　　　　　　　　　　　前人

送梓州李使君之任（籍甚黄丞相）　　　　　前人

海棕行（左绵公馆清江濆）　　　　　　　　前人

巴西闻收阙送班司马入京（闻到收京阙）　　前人

别酬杜二（独逢尧典日）　　　　　　　（唐）严武

越王楼诗并序（危楼倚天门）　　　　　（唐）樊宗师

辱绵州于中丞书信（一函垂露到云林）　（唐）李群玉

送李潜归绵州觐省（朱楼对翠微）　　　（唐）姚鹄

送绵州刺史李司马秩满归京因呈李兵

　　部（久客厌江月）　　　　　　　（唐）岑参

赠黄蘖山僧希运（曾传达士心中印）　　（唐）裴休

绵州回寄蔡氏昆仲（一年两度锦江游）　（唐）罗隐

宋

过左绵偶成（南东再守二年间）　　　　（宋）赵忭

杂兴三首（幽居观物变）　　　　　　　（宋）鲜于侁

（一气干元造）

（三王贵养老）

正月九日有美堂饮醉归径睡五鼓方醒

　　不复能眠起阅文书得鲜于子骏所寄

　　杂兴作古意一首答之（众人事纷扰）　（宋）苏轼

闻东坡先生贬惠州作（元气脱形数）　　（宋）唐庚

绵州魏城驿有罗江东诗云芳草有请皆

　　碍马好云无处不遮楼戏用其韵（老夫

　　乘兴忽西游）　　　　　　　　　（宋）陆游

嘉州寄左绵王虞部（江山如画望无穷）　（宋）石介

元

挽绵汉简诸公（绵汉风酸动杀机）　　　（元）刘壎

明

涪江泛舟（明月沈清露）　　　　　　　（明）杨慎

清

绵州（左绵治界川东路）　　　　　　　（清）果亲王

寄绵州守（西南芳草路）　　　　　　　（清）王士禛

渡涪江（涪江江水抱山流）　　　　　　　　前人

咏鹿（抱郭涪江碧玉流）　　　　　　　　　前人

过绵州留别屠刺史（瀛洲列侍承恩久）　（清）张汉

（旧曾相识松阴路）

入绵州抵丰谷井（淡烟疏雨晚萧萧）　　（清）葛峻起

夜次绵州（山城临薄暮）　　　　　　　　　前人

次沈少云成都咏古原韵

（汉相旌旗玉垒高）　　　　　　　　（清）吴升

（万里桥西卜宅偏）

和少云和得咏古诗四首

　　（奋笔题桥敢自诩）　　　　　　　　前人

（承明待诏得佳除）

（匡山抛却读书床）

（两庙储才继范韩）

绵州馆驿寄怀雨村（官职本非有生有）　（清）吴树萱

丰谷井登山有作（一区湫隘苦羁留）　　（清）林愈蕃

丰谷井留别（一身别陋庐）　　　　　　　前人

左绵道中（作客首春天）　　　　　　　（清）许儒龙

励志诗（天地为橐鑰）　　　　　　　　（清）李在文

绵州晓发（山雾晓未收）　　　　　　　（清）罗绕典

绵州怀欧阳文忠公（淋漓大笔挽颓风）　　前人

鹭鹤堰（晓渡安昌河）　　　　　　　　　前人

绵州渡口望芦洲（蜿蜒长堤筑白沙）　　　前人

暮春涪水同友人闲游（杨花点点

　　拂春衣）　　　　　　　　　　　　（清）杨宏绪

广元道中见梅花寄赠剑州广文何玉书

　　（扑鼻寒香处处闻）　　　　　　　（清）李化楠

戊午初冬彭田桥落解京师欲归未得

　　孙晓山明府资之偕行喜而送之与

　　凫塘同作（人似一轮月）　　　　　（清）李鼎元

丰谷井（千层瓦屋环抱冈）　　　　　　（清）李调元

魏城驿用罗江东韵（揖别乡园作远游）（清）汪仲洋

皂角铺题壁（长安过夏误归期）　　　　　前人

听孙卤堂度曲叠前韵歌以和之

　　（扑人衣袂吹兰风）　　　　　　　（清）王汝璧

道出左绵见试院落成喜赋以志别

　　（只缘校士少名场）　　　　　　　（清）陈耀庚

（宏规大起焕堂楹）

（从古文章声价重）

（竹马儿童笑语前）

绵州客夜（倦客辞家月易圆）　　　　　（清）张问陶

绵州（潺水依然绿）　　　　　　　　　　前人

宿绵州署六一堂与杨刺史龚茂才

夜谈（地以欧阳重）　　　　　　　　　（清）张香海

（官阁三更鼓）

左绵晓行（鸡鸣催起左绵行）　　　　　　前人

（好雨扶犁种小春）

寄怀孙梦华茂才外甥即用其题拙稿

　　四律原韵（不患无才患不奇）　　　（清）朱沣

（伫见飞黄去绝尘）

（架上琅嬛插采笺）

（非关宋玉独悲秋）

哭孙甥梦华（两载从游臭味亲）　　　　　前人

（辜负慈闱励节贞）

（寄我新诗感愤深）

（来因去果两茫然）

自罗江迎刺史刘公归任绵州

　　（薰风荡漾拂轻尘）　　　　　　　（清）何人鹤

（潺亭别去过鸡鸣）

（我公不异宋欧阳）

（芙蓉溪上好风迎）

过丰谷井有怀（平原漠漠晓霜天）　　　　前人

送晓山赴黄州（齐安云树远相迎）　　　　前人

和李雨村先生原韵（醒园乐趣在

　　秋天）　　　　　　　　　　　　（清）魏文鹤

绝句书便面呈孙晓山明府

　　（花外雕鞍柳外鞭）　　　　　　　（清）彭蕙支

（到处飞腾酒万场）

绵州道中（江水层层激碧罗）　　　　　（清）潘时彤

魏城雨霁同人游秔香铺

　　（春山如笑客心愁）　　　　　　　（清）孙澈

西湘祖席奉题赵介山李墨庄舍人

　　奉使琉球（闻道文章惮鳄神）　　　（清）王昙

再题李墨庄驾部册使琉球南台祖帐阁

　　（三百银刀水阵开）　　　　　　　　前人

春日龙门道中诗（晓发龙门坝）　　　　（清）汪麟图

题孙晓山太叔岳归牧图

　　（英雄退步即神仙）　　　　　　　（清）宋沛霖

寄怀熊丽堂比部（结辖年来气不舒）　　　前人

绵阳县志卷九　艺文志　金石(略)

35. 民国三台县志

二十六卷　林志茂、谢勷等纂修　民国二十年铅印本　《中国地方志集成·四川府县志辑》（第十七册）影印本

刘蜕文塚(兜率宫前骋瑰异)　　　　　　前人

柳溪书岩(为问柳溪隐君子)　　　　　　前人

游望山川小饮慈恩寺醉书壁间

　　(八面雄关四扇开)　　　　　(清)钟薇坦

(相携朋辈翠微间)

冯文之师挽词(青林啼月杜鹃飞)　(清)曾修五

李报三大令殁于粤中哀之以诗

　　(李侯宰岩邑)　　　　　　　　　　前人

(死难归故国)

梓州工部草堂(乱离自分老殊乡)　　　　前人

重九宴云台山佑圣观时将赴成都作

　　歌呈同游诸子(万松涌涛云薄胸)　　前人

代题杨海琴直牧辽海诗后(诗老北征作)

(忆我旧游地)　　　　　　　　　　　　前人

晚宿新店子对月有感(柳树梢

　　头挂玉龙)　　　　　　　　　(清)余志千

即事自咏(潼川孤客意何如)　　　　　　前人

野望用王绩原韵(蜀道关山险)　　　　　前人

九月晦日得句(连朝疑晦复疑明)　　　　前人

三台卸篆偶成三律写怀即以留别

　　(卅年宦辙等飘蓬)　　　　　(清)黄应泰

(主人能好客)

(炎热难却暑)

葫芦溪望涪城废县(西岸村墟暮霭生)　(清)张政

闰二月十五日鲁般桥(今年两次度花朝)　前人

金像(太岳骑箕后)　　　　　　　　　　前人

象笏(可书思对命)　　　　　　　　　　前人

御敕(道人捧敕出)　　　　　　　　　　前人

藏经(内钱修观后)　　　　　　　　　　前人

老马渠(日已长如岁)　　　　　　　　　前人

泗洲寺(老马渠边寺)　　　　　　　　　前人

再过三台(辟地何期见旧民)　　　　　　前人

成都奉怀润苍先生(不见王夫子)　　　　前人

庚午九月六日生辰有感自赋二律

　　(四十年华七尺身)　　　　　(清)甘梯云

(折得黄花插满头)

戊辰季春由蓉赴潼于山王庙道中作

　　(逐鹿中原举国兵)　　　　　　　　前人

36. 光绪江油县志

二十四卷首一卷末一卷 （清）武丕文修 欧培槐等纂 光绪二十九年刻本 《中国地方志集成·四川府县志辑》（第十八册）影印本

卷二十四 艺文志

唐

陈该石人铭	（唐）陈子昂
前蜀	
窦圌山记	（前蜀）杜光庭
宋	
江油县尉冯君墓志铭	（宋）魏了翁
明	
游天仓洞记	（明）叶松
重修匡山中和寺碑记	（明）饶旭
重修乐静菴记	（明）辛和
窦圌山超然亭记	（明）戴仁
清	
重修超然亭暨东岳殿记	（清）杨廷杰
二圣祠碑记	（清）朱樟
城隍庙碑记	前人
窦圌山东岳庙碑记	前人
栽花处赋	（清）彭阯
修建永安门升东城楼记	前人
修建长宁门拱北城楼记	前人
募建江油北关文昌阁疏	前人
宁孝子记	（清）瞿缉曾
天柱书院天地佃租碑记	（清）姜炳璋
龙王塘祈雨记	（清）李葵
李长先生生墓志	（清）公峨
特授江油县知县魏公墓表	（清）杨英燦
杨贞女传	（清）毛辉凤
女儿坟记	前人
登龙书院碑记	（清）桂星

重修学宫碑记	前人
重修文昌宫碑记	前人
重修武庙碑记	前人
南坛碑记	前人
北坛碑记	前人
吏隐堂记	前人
南雁塔记	前人
中坝场记	前人
窦圌山前说	前人
窦圌山后说	前人
敕旌百岁王母陈孺人家传	（清）孟毓勋
赠朝议大夫前江油县知县李公敬之传	（清）胡圻
百岁陈孺人传	（清）宴菜
上寿王母陈太安人百岁坊记	（清）张津源
重建江油登龙书院记	（清）李榕
王君仙舟墓表	前人
记江油知县李君殉难事	前人
匡山书院记	（清）徐大昌
小匡山学记	前人
蒋公德政坊序	前人
匡山书院记	（清）王麟荧
蜚英塔记	前人
江油蜚英塔记	（清）蒋德钧
匡山太白祠铭	（民国）宋育仁
重修龙安匡山太白祠征诗文启	（清）张琴
赠江油张鹤俦之官庐江序	（清）谭焯
重修江油县学文庙记	（清）潘炳年
重修北河堤记	前人
江彰公堤碑记	前人

诰封奉政大夫宝臣欧公家传	前人	**明**	
诰授武翼都尉饶公墓志铭	前人	罗汉寺(觉路花非染)	(明)杨慎
游匡山记	(清)唐棣华	太华寺(古地新兰若)	前人
游观雾山记	前人	宿罗汉寺(浮生何事托僧房)	(明)沈锐
节孝总坊记	(清)冯景文	窦圌览胜(前朝栋宇只今遗)	(明)戴仁
小桃源记	(清)刘宣	匡山(青莲居士读书堂)	前人
游艺学堂记	前人	秋日同戴西岭游大匡山觅李太白读	
殉难邑侯李公墓志	(清)涂殿	书台怀吊四首(清秋小队觅匡山)	(明)郭文涓
重修古桂花滩邓家桥碑序	(清)刘光奎	(词客西游访谪仙)	
武都乡重修川主庙碑记	(清)董清峻	(岩岫逶迤绮树幽)	
重修江油奎阁记	(清)张作珣	(缥缈旧迹翠微巅)	
从陈经畲先生游观雾山记	(清)胡朴	**清**	
书张道平练团御贼事	(清)欧培槐	明月渡(江随峡里转)	(清)魏裔鲁
游观雾山记	(清)欧培垓	(古墓依岩麓)	
书圌山守寨事	(清)欧培澋	见龙崖(归卧田园半亩宫)	前人
龙泉场重建奎星阁记	(清)王祖源	七夕游马头庙(雨洒新秋万壑来)	前人
龙郡新建龙王庙碑记	(清)胡梓	步太白辞山韵(溪山昨夜多风雨)	前人
弛封奉直大夫国子监典籍张		同杨木老游匡山下院(鸟道蝉声竟日闻)	前人
府君墓碣铭	(清)马其昶	和吏隐堂原韵(不须寻水更登山)	前人
唐		大匡山(拂草扪萝一径开)	(清)张延基
别匡山(晓峰如画碧参差)	(唐)李白	清虚观和王谓升(古寺蟊云阿)	(清)杨廷杰
访戴天山道士不遇(犬吠水声中)	前人	窦圌山(公余策杖觅仙迹)	(清)朱仲廉
题窦圌山(樵夫与耕者)	前人	春日游罗汉祠(济胜本无具)	(清)罗经国
太华观(石磴层层上太华)	前人	秋日游天尊寺三首(雨后天光净)	前人
题江油尉厅(岚光深院里)	前人	(山原秋气重)	
登敬亭山南望怀古赠窦主簿		(向晚寒烟积)	
(敬亭一回首)	前人	江油使院题壁(城边一水泻弯环)	(清)葛峻起
不见(不见李生久)	(唐)杜甫	自江油赴成都途中漫作	
前蜀		(半年笑作两川游)	前人
李白读书台(山中犹有读书台)	(前蜀)杜光庭	游窦圌山(仙吏何年隐)	前人
宋		窦圌山漫吟(重岩之下)	(清)僧破山
吏隐堂(满耳江声满目山)	(宋)赵寰	将游图山早发西平渡(幕历秋	
前题(四望逶迤万叠山)	(宋)司马光	烟晓渡空)	(清)朱樟
前题(花阴拂榻常欹枕)	(宋)范镇	(稠滩高撼浪头圆)	
读李白集(开元无事二十年)	(宋)欧阳修	韩童寺废址(兴来今日拟开怀)	前人
李太白赞(天人几何同一沤)	(宋)苏轼	飞天藏(上人手中无一钱)	前人

上窦圌山二首（逶迤一径高）　　　　　　前人

（子明澹荡人）

鬼门关（百丈玲珑未可攀）　　　　　　　前人

登岳殿绝顶效昌黎体（岳力惊飞超陕区）　前人

游云岩寺三首（云岩垂百尺）　　　　　　前人

（合掌见诸天）

（欲问修持力）

登超然亭二首（孤臣留余迹）　　　　　　前人

观雾山（杖锡住十年）　　　　　　　　　前人

匡山二首（朝阳不满树）　　　　　　　　前人

（大匡何清幽）

过大明菴二首（过溪泉石足幽攀）　　　　前人

（洗眼曾眺碧涧泉）

中和寺二首（开山始李唐）　　　　　　　前人

（岩房宵且深）

太白台孤松二绝（酒中仙见小枝生）　　　前人

（遥闻石齿漱寒江）

寻失鹤池二绝（有鹤梳翎认故池）　　　　前人

（爬梳神瀵许幽探）

下庄坝（言寻樵迳出）　　　　　　　　　前人

旧县二首（井迳人烟合）　　　　　　　　前人

（满眼晴峦集）

欲登天仓山不果（道人高居绛节宫）　　　前人

游匡山踵太白出山韵（文章尚觉光芒在）　前人

阳亭坝劝农（阳亭十里劝农桑）　　　　　前人

武都坝劝农（无多案牍一朝清）　　　　　前人

塘村劝农（送春风雨苦连绵）　　　　　　前人

罗汉坝劝农（双流遥眼眼分明）　　　　　前人

抵江油任寄都中亲友（廿载诗

　书债未酬）　　　　　　　　　　　（清）彭阯

浴佛日游窦圌山四首（为访仙踪去）　　　前人

（树头旛影动）

（百尺岩双峙）

（去年浴佛节）

新开山（清和节后麦齐抽）　　　　　　　前人

读书台怀古（大匡山势郁崔巍）　　　　　前人

乐静菴春眺（趁晴小队入山来）　　　　　前人

桂馥轩新茸（霉湿经旬滑似油）　　　　　前人

古厅新茸（东风吹遍柳条拖）　　　　　　前人

古厅杂咏（朔风鸣木叶）　　　　　　　　前人

宿塘村（晴和三月出东郭）　　　　　　　前人

园亭杂咏（公余解带课畦丁）　　　　　　前人

题窦圌山（层峦耸翠出天台）　　　　（清）李化楠

游窦圌山赠瑞翁上人二首

　（天半巉岩石径开）　　　　　　　　　前人

（城外三峰峭矗天）

游窦圌山踵先大夫韵（三朵芙

　蓉开向天）　　　　　　　　　　　（清）李调元

（岌立三峰云际开）

太白祠二首（太白祠前草欲芜）　　　　　前人

（绳床寂坐非求佛）

圌山歌（江城环恭诸峰列）　　　　　（清）司为善

登窦圌山放歌（噫欷歔炭炭乎高哉）　（清）聂铣敏

登圌山放歌（人生祇读洪濛濛

　洞以後书）　　　　　　　　　　　（清）杨曙

游圌山四首（莲社西来九华峰）　　　（清）孟毓勋

（鸿沟划处削岧峣）

（陵阳服食已还仙）

（饐厨芳味自江东）

江油试院四松歌（大匡山下轩车止）　（清）何绍基

匡山（谪仙台榭已成荒）　　　　　　（清）陈干

吊太白读书台（人去台空爽气收）　　（清）蒲中兰

匡山（浮世浮名过眼埃）　　　　　　（清）胡时锦

太白读书台（山翠欲飞江上泊）　　　（清）李显绪

读书台歌并记（读书台兮石粼粼）　　（清）杨宾华

登匡山歌（一生最有看山癖）　　　　（清）董炳章

按试龙郡过青莲乡望匡山

　（赤鲤跃渊化作龙）　　　　　　　（清）钟骏声

丙子五日偕门人游匡山

　（武强诸山多奇峰）　　　　　　　（清）李榕

丙戌八月重游匡山奉酬蒋少穆太守

　（龙州太守年卅五）　　　　　　　　前人

龙州蒋少穆太守重建太白祠并置匡
　　山书院于祠侧将以夏五落成移余
　　讲席清明日集登龙书院生入山中
　　以观土木从游者四十人（老人病瘦
　　骨如铜）　　　　　　　　　　前人
（暮年不逐上河图）
（压山楼阁起峥嵘）
（卖卜君平空有肆）
（平泉绿野两茫然）
寄题匡山太白祠（太白高名悬日月）　（清）伍肇龄
新修匡山太白祠二十四韵并记
　　（才名塞今古）　　　　　　　（清）蒋德钧
庚寅元夜匡山太白祠观灯
　　（白云深处早春妍）　　　　　　前人
蒋少穆太守新修太白祠二十四韵
　　邀余至匡山公宴而作也依韵和
　　之（抵郡月逢未）　　　　　　（清）高赓恩
大匡山李白读书处也旧有庙今就
　　颓土太守蒋君少穆改建匡山书
　　院主讲者方伯李君申夫文翁化
　　俗扬子说经一时而两逢其盛矣
　　率成二首（闻说匡山胜）　　　（清）赵以炯
（佳气郁葱葱）
重修匡山太白祠（栋宇周回列岫青）（清）陈同礼
（一掬频香洞壑幽）
（任城采石偶经过）
（姑熟青山系梦思）
丁亥七月江油试竣陪高熙亭学使蒋
　　少穆太守游匡山谒太白祠
（词曹星使抱云来）　　　　　　（清）徐大昌
立秋后一日游圌山题壁（地轴三峰裂）　前人
少穆太守命监匡山书院即事有作
　　（出山仍为管山招）　　　　　　前人
邀月亭独坐（此身始觉在鸿濛）　　前人
游太白洞二首并序
　　（萦回绝径细于弦）　　　　　（清）蔡世英

（洞与桃源一径通）
赠江油张鹤述之官庐江并序
　　（君唱江南曲）　　　　　　　（清）李铭稷
红庙至中坝作（渭泉夹道柳毿毿）　（清）陈潼
丙申九日同欧煦生明经及门徐生
　　景邃王生椿龄邱生雨苍游窦圌
　　山为展重阳之会见壁间徐小帆
　　学博旧题感而和此（一舸渡江去）　前人
（松鼠飞千尺）
己亥三月游窦圌山七绝四首
　　（劈破苍岩别有天）　　　　　　前人
（隔岁重来展齿经）
（青莲诗集有遗编）
（志乘无缘与校雠）
匡山书院借寓宾兴馆亦少穆蒋公
　　所建也（清绝城南尺五天）　　　前人
（茫茫学海苦迷津）
过蒋少穆太守德政坊有感
　　（我来公去我重来）　　　　　　前人
望翠屏山三首（五年前记翠屏游）　前人
（第一楼高望眼舒）
（东南二塔耸云间）
春日偕郡僚游圌山四首
　　（经年愁卧簿书堆）　　　　　（）清吴佐
（陟彼崔嵬我马疲）
（人如飞鸟度屏风）
（云里仙人似可呼）
江油除夕（生男安足重）　　　　（清）刘宣
（骨肉他乡隔）
辛丑作（壮怀作宦悔轻狂）　　　　前人
（身外浮名转累身）
癸卯秋调办闱差卸篆旋省龙
　　郡官绅士庶殷勤饯别厚感
　　其意作四诗以谢之　　　　　（清）潘炳年
别龙属寅僚（量移此地主恩深）
别龙属绅士（西风瑟瑟动行旌）

37. 同治彰明县志

　　五十七卷首一卷末一卷　（清）牛树梅原本　何庆恩、韩树屏增修　李朝栋等增纂　清同治十三年刻本　《中国地方志集成·四川府县志辑》（第十八册）影印本

题江油尉厅（岚光深院里）　　　　　　　前人

冬日归旧山（未洗染尘缨）　　　　　　　前人

别匡山（晓峰如画色参差）　　　　　　　前人

寄李白二十韵（昔年有狂客）　　　　（唐）杜甫

不见（不见李生久）　　　　　　　　　　前人

太白读书台（山中犹有读书台）　　　（前蜀）杜光庭

读李白集（开元无事二十年）　　　　（宋）欧阳修

李太白赞（天人几何同一沤）　　　　（宋）苏轼

寄彰明任光禄道圣（轩轩任公子）　　（宋）文同

涪翁问（呜呼涪翁独钓江上）　　　　（宋）杨叔兰

秋日游太白读书台四首

　　（清秋小队觅匡山）　　　　　　（宋）郭文涓

（词答西游访谪仙）

（岩岫逶迤绮树幽）

（缥缈旧积翠微巅）

太华观（古地新兰若）　　　　　　　（明）杨慎

游兴福寺六韵并序　　　　　　　　　（明）黄瑞

云关览胜（隐隐禅关锁白云）　　　　　　前人

凤山散步（风去山空草木深）　　　　　　前人

登楼凝思（百尺危楼势接天）　　　　　　前人

禅房夜话（四壁萧然绝点尘）　　　　（明）刘旺

凤山散步（峰峦高处卧云关）　　　　（明）张元启

禅房夜话（静虚深邃是僧房）　　　　　　前人

云关览胜（寂寂禅关草木秋）　　　　（明）唐奇

禅房夜话（蛩声唧唧月阴阴）　　　　　　前人

前题（匹马追随意未赊）　　　　　　　　前人

读李太白诗（三谢与鲍庾）　　　　　（清）魏裔鲁

怀李太白（束发诵君诗）　　　　　　（清）杨揆

谒青莲祠（彩鹏无风难举翼）　　　　（清）赵金笏

冬宿凝福寺二首（牢落僧居也自清）　（清）李化楠

（凝福寺前逢故友）

游龙门寺（孤亭浮水面）　　　　　　　　前人

重游龙门寺和玉斋邓广文留题原韵

　　（乾坤到处可安身）　　　　　　　　前人

太白祠二首（太白祠前草欲芜）　　　（清）李调元

（绳床寂坐非求佛）

太白故里（骑鲸人去迹犹留）　　　　（清）李化楠

访郭明经干（隐居深处白云遥）　　　（清）李调元

太白读书台（人去台空爽气收）　　　（清）蒲中兰

读书台怀古（忆昔风流辞赋才）　　　（清）蒲琮

晓坝道中饮泉（路僻苦崎岖）　　　　（清）万选

晓登匡山用太白辞山原韵

　　（溪山昨夜多风雨）　　　　　　（清）魏裔鲁

同杨木老游匡山下院

　　（鸟道蝉声竟日闻）　　　　　　　　前人

读青莲集（青莲诗负一代豪）　　　　（清）郑日奎

过彰明访廉让二水

　　（青山重叠水沦涟）　　　　　　（清）葛峻起

宿漫坡渡闻子规（骑鲸人去杳难期）　　　前人

彰明道中（岚翠重重亘蜿蜒）　　　　　　前人

次彰明怀太白（千古风流地）　　　　　　前人

登漫坡言怀（旌旗晓发冲烟雾）　　　　　前人

游匡山用太白辞山原韵

　　（萝烟暮霭影参差）　　　　　　（清）杨宾华

太华山（雪岭千寻白玉堆）　　　　　　　前人

读书台上歌并记（花朝抱琴载酒）　　　　前人

罗汉洞记事（山水之游览于人信有缘）（清）左基

踵太白出山诗韵（文章千古光芒在）　（清）朱樟

读书台怀古（大匡山势郁崔嵬）　　　（清）彭阯

重修青莲书院（唐祚中兴谁实启）　　　　佚名

谒青莲祠怀古（一醉颓然云雨凄）　　（清）邓在珩

乙酉春宿龙门寺西轩留题

　　（青毡白衲两闲身）　　　　　　　　前人

游匡山用太白辞山原韵

　　（为访先生来古刹）　　　　　　（清）朱镕

春日游罗汉洞（济胜本无具）　　　　（清）罗经国

谒太白祠（不是分巡役）　　　　　　（清）吉保陞

和前作（有托而逃此）　　　　　　　（清）周起瑶

彰明杂咏（青莲遗址有余清）　　　　（清）朱琦

（市廛寥落等山村）

（讼庭风静昼帘垂）

（小楼凭眺自开棂）

（山城多暇寄情遐）

（生涯自给四民和）

（何须得失论鸡虫）

重建青莲书院（听话荒祠满目凄）　　（清）叶光宗

寻青莲书院太白碑（大雅沈消久）　　（清）王念曾

夏日龙门寺普鉴上人招饮（果是
　　真初地）　　（清）李显绪

（谈经多附鹤）

龙门寺怀古（江从险处过来平）　　前人

将入彰明界（石陉曲曲通人迹）　　前人

青莲故里（青莲不可见）　　前人

彰明（荒城斗大俯江滨）　　（清）李光绪

青莲书院落成陈明府座中应教
　　（人间醉学士）　　（清）李显绪

太白读书台（山翠欲飞江上泊）　　前人

新塔（天柱一峰标日月）　　前人

纪徐节妇董氏旌表（黄鹄兴歌日）　　（清）陈中

青莲书院纪事（匡台山接涪江水）　　（清）瞿缉曾

龙门寺怀李元礼（古寺何年创龙门）　　（清）张士一

陇西院怀古（匡山高躅仰青莲）　　前人

留别诗并序（年余文艺共研摩）　　（清）徐凤翔

（修创黉宫节孝祠）

（此方民气最和平）

（待交卸篆待收琴）

谕乡学教读四首（从来可爱是蒙童）　　（清）牛树梅

（春风生意遍乡村）

（人师难得甚经师）

（口传手画务谆谆）

登匡山歌（一生最有看山癖）　　（清）董炳章

八景诗　　（清）何庆恩

常山郁翠（迎眸翠色拥平冈）

涪水环清（江流一派溯氐羌）

紫山耸秀（漫随关尹频瞻眺）

香水朝霞（洌洌清泉漱众芳）

溪亭皓月（波光亭影任分明）

青莲晚渡（浩渺长空连暝色）

澜桥春眺（一水萦洄泛碧潆）

石鼓钟灵（天然奇质郁嵯峨）

38. 民国重修广元县志

二十八卷首一卷　谢开来等修　王克礼、罗映湘纂　民国二十九年铅印本　《中国地方志集成·四川府县志辑》（第十九册）

卷二十五　艺文志一

益昌行并序（驱马至益昌）	（唐）欧阳詹
愁坐诗（高斋常见野）	（唐）杜甫
题望喜驿（满目文章堆案边）	（唐）元稹
题问津驿（嘉川之西过新栈）	（宋）文同
寄鲜于子骏利州转运使（西乡巴岭下）	前人
黎城酒（黎城酒贵如金汁）	（宋）唐庚
嘉川铺遇雨景物尤寄（一春客路厌风埃）	（宋）陆游
嘉川驿得檄遂行中夜次小柏（黄旗传檄趣归程）	前人
题蒙养洞（何年凿苍壁）	（明）刘崇文
题射虎碑（锦毛黄斑双耳缺）	（明）杨慎
题思贤铺（雨投急递铺）	（明）俞□
劝农东郊之雪峰院纪行（劝农十里梵王宫）	（明）汪镐
题何侯招饮皇泽寺泛月纪兴（碧玉嘉陵静不流）	（明）黄辉
题曹友闻祠（卷地胡尘可奈何）	前人
题兴隆道中（薄暮才寻荒寺宿）	（明）杨瞻
石樵夫歌（一个樵夫正伐柯）	（明）刘崇文
和雪峰石仙人樵歌诗依韵（一局棋烂斧柯）	（明）姚诚
咏六月蜀寇犯广元（蠢尔崔苻寇）	（清）周有德
题入蜀境（蜀门终古辟青天）	前人
咏七夕后一日蜀逆再犯广元（仗钺何辞启壁门）	前人
仲秋朔蜀逆余孽水路进攻四犯广元（狂蛮何跋扈）	前人
咏班师（绝似□遥河上师）	前人
送刘与生还广元（送尔西归意惘然）	（清）费密
和黄太史辉题武后石像（炼石空闻说女娲）	（清）鲁观
咏上贞观（金山暮霭睹飞烟）	（清）贯玉铉
赴木甄转两会等堡至百丈偶纪（偶出东门游）	（清）张赓谟
题蒙养洞（峭壁悬古洞）	前人
和岳容斋云栈感怀（雨后添衣尚觉单）	（清）尹继善
中秋夜两会河舟中作（晴江千尺澄清丽）	（清）张赓谟
西塘老树歌（磔砢老树何伛偻）	前人
题观音寺僧壁（应山之峰有寺古）	前人
题羊模坝（心倦蚕丛路）	前人
题大梅岭（萧萧落叶下）	前人
题过大沿（崖际云深苔径销）	前人
题闻画眉（一径巉巉环野水）	前人
纪邑侯张公延师开嘉陵书院（建学崇文教）	（清）石崇宪
赠书院李正庵先生（大雅文章萃）	前人
题雪峰寺游（不着黄冠不问禅）	（清）鲁观
避乱水帘洞（嵯峨疑凿自蚕业）	（清）石法鲁
游千佛崖（神工穿凿近江边）	前人
过水槽坪（踏雪山腰不待晴）	（清）张赓谟
劝农（甘雨连朝露气滋）	前人
题邑侯张公志书告成纪事（十年抚字怀冰清）	（清）王锡麟
纪邑侯张公延师开嘉陵书院德教	

卷二十六　艺文志二　文

39. 同治剑州志

十卷　李溶、余文涣修　李榕等纂　同治十二年刻本　《中国地方志集成·四川府县志辑》（第十九册）影印本

卷十　艺文　一

剑阁铭	（晋）张载
剑阁赋	（唐）李白
剑门铭	（唐）李德裕
剑门记	（唐）于邵
剑门铭	（唐）柳宗元
栈道铭	（唐）欧阳詹
剑州重阳亭铭并序	（唐）李商隐
剑州重阳亭记	（宋）吴师孟
洞真观横翠阁记	（宋）何朝隐
赵隐君墓志铭	（宋）黄裳
普成陈氏洁白堂记	（宋）张栻
剑州重建大成殿记	（宋）于贞
重修隆庆府学记	（宋）郭光选
明善堂记	（宋）赵大全
进士题名记	前人
普成县集瑞堂记	（宋）何鹏举
宋学士黄忠文公墓志铭	（宋）楼钥
枸杞赋并序	（宋）史子玉
察院陈公祠堂记	（宋）家子鉴
相墨堂记	（宋）何镠
三贤堂记	（宋）王辰应
礼部贡士鲜于君墓志铭	（宋）高尚午
剑州重建儒学记	（明）刘俊
剑州修城记	（明）于宽
题黄兼山读书台	（明）徐礼
重修广济桥记	（明）罗玉
吊宰木赋	（明）彭泽
剑州新设市场记	（明）李棠
安乐泉铭	（明）卢雍
剑州儒学科第题名记	（明）李璧
修复剑阁遗碑记	前人
剑州再建重阳亭记	（明）康海
诸葛武侯祠堂记	（明）张星
养济院先政堂记	（明）高贲亨
新修剑州城记	（明）邵宝
剑州名儒录序	（明）任维贤
剑州新城钟鼓楼记	（明）杨慎
剑州新学记	（明）易宽
剑州重修兼山书院记	（明）李熙阳
剑州建二贤阁记	（明）陈宗虞
社学义仓记	（明）万国钦
剑守题名记	前人
剑州右丞题名记	前人
重修文庙记	（明）朱綵
重建庙学奎楼记	（明）梁之栋
剑州重修桂香楼记	（明）张嗣谟
重建武侯祠记	（清）李梅宾
重建兼山书院碑记	（清）杨鹏羽
合建剑州书院考舍行台碑记	（清）张嗣居
蜀道难（梁山镇地险）	（梁）张琮
蜀道难（王尊奉汉朝）	（陈）阴铿
幸蜀西至剑门（剑阁横云峻）	（唐）玄宗
大剑送别刘右史（金碧禹山远）	（唐）卢照邻
蜀道难（噫吁唏，危乎高哉）	（唐）李白
上皇西巡南京歌十首之一	
（胡尘轻拂建章台）	前人
入剑门作寄杜杨二郎中时二公并	

40. 民国剑阁县续志

十卷首一卷　张政等纂修　民国十六年铅印本　《中国地方志集成·四川府县志辑》（第十九册）影印本

剑阁县续志　卷九　下

剑门（剑门兵革后）	（唐）戎昱
剑门（缓辔逾双剑）	（前蜀）王衍
和蜀主题剑门（孟阳曾有语）	（前蜀）王仁裕
和题剑门（闭关防老寇）	（前蜀）韩昭
剑门（谁运乾坤陶冶功）	（前蜀）杜光庭
入蜀（剑峰重迭抱巴天）	（宋）宋祁
次剑门（昔驱千骑往）	前人
留题剑门东园（剑州古要害）	（宋）赵抃
送剑州张□（名在乡书久）	（宋）李觏
梦张剑州（万里怜君蜀道归）	（宋）王安石
寄张建洲并示女弟（剑阁天梯万里寒）	前人
张建洲至剑一日以新忧罢	
（客舍飞尘尚满鞯）	前人
过建关（一别京华十七年）	（宋）吕陶
剑州道中见桃李盛开而梅花犹有	
存者漫赋短歌（桃花能红李能白）	（宋）唐庚
界首（几重岭隔几重湾）	（宋）胡希道
志公院在刘门东五里院东石壁间	
有若僧负杖者杖端仿佛有刀尺	
佛子之状（江东争夺缠妖褉）	（宋）陆游
剑门关（剑门天设险）	前人
平父求笋炙既并以法授之乃用	
往岁张安国诗韵为谢轺复和答	
（知君友竹居）	（宋）张栻
隆庆府（雁山突兀插青天）	（宋）汪元量
己丑重阳在剑门梁山铺	
（两年重九皆羁旅）	（宋）宇文虚中
出剑门（呕哑鸣橹下长川）	（金）杨兴宗
送友人之剑阁倅（往年登剑阁）	（元）虞集
出剑阁次罗念庵韵	
（短蒲瞑瞑已投间）	（明）赵贞吉
剑州察院壁间刑部郎中潮人林公	
厚题竹诗（此君有清风）	（明）卢雍
剑门道中（行行剑门近）	前人
剑门杂诗八首	前人
大剑山（崖峻溪壑深）	
小剑山（崖壑大如剑）	
文焰堂（蜀道天下难）	
思贤楼（四贤生异代）	
龙崖（寒流滴崖前）	
石牛道（蜀国利金牛）	
志公寺（古寺金荒凉）	
梁山寺（招提剑峰顶）	
阴平诸葛祠（隘失阴平主甚庸）	（明）罗文绣
岁暮旅怀柬赵剑门柱史	
（凤历远颁天上朔）	（明）杨慎
赠赵剑门侍御（穷海炎荒想震霆）	前人
黄兼山墓（溪流曲曲岭层层）	（明）李璧
东观怀古（距剑六十里）	（明）姜汉
别张南封（重阳亭上祖君行）	前人
游重阳亭（几年灯火宿重阳）	前人
重阳亭（匹马空山朔吹哀）	（明）姜玉洁
宿武连寺次玉垒韵（观风亭午到禅丛）	（明）杨瞻
次文冈韵（夕阳几到荒山寺）	前人
宿武连寺有感次陆放翁韵二首	
（人生只是百年期）	前人
（丈夫当以古人期）	
夏日过剑门（蟠地曲通周道贡）	（明）张鲲
兼山书院落成示诸子（弦诵闻溪畔）	（明）陈叔美
题剑门关（一关高峙万峰盘）	（明）易宽
寄题剑门（披图遥望剑门山）	（明）杨吉
游东山循溪路晚归（闻世青山古）	（明）李怀道
题朱士鹤村居二首	
（一曲清豁几曲田）	（明）聂世澄
（柴门时掩亦时开）	
重阳亭（八月八日元非节）	（明）杨一诚
蜀府赏杨妃木芍药应教	
（妃子胭脂迹未干）	（明）朱采
剑门关（剑门天下险）	（明）傅若金
剑阁（使节何时暇）	（明）陈惟直
剑阁图（剑阁云栈高嵯峨）	（明）王景彰

巴东县（大江横楚塞）	（清）赵宏览	云起观（炼性人何往）	前人
题任烈妇墓（侦逻追逐走西东）	（清）嘉天宠	剑门（长剑倚天门）	（清）彭端淑
望剑州怀乔文衣（次公狂自好）	（清）王士禛	剑门（乱山回抱蜀天昏）	（清）沈廉
金城寺（江昏山气黑）	（清）乔钵	宿武连驿（两山雄峙一溪流）	（清）李化楠
安乐泉（当日琅玡过剑前）	前人	将至剑州寄何玉书（三年冷官意如何）	前人
题邓艾庙（阴平北望尚嵯峨）	前人	谒姜伯约祠和大儿调元壁间韵	
登姜维城（大剑山高接太清）	（清）左敩	（露冷荒山伯约祠）	前人
剑门读碑（李白诗碑虽未残）	前人	五月五日剑关阻雨（剑门关下一夜雨）	前人
觉苑寺寻陆放翁诗碑即步原韵		广元道中见梅花寄赠剑州广文何玉书	
（偶游何必与僧期）	前人	（扑鼻寒香处处闻）	前人
冬日循龙拳涧寻安乐泉		颜鲁公逍遥游三大字碑	
（经霜落叶破林飞）	（明）张铎	（鲁公书法绝世无）	（清）许儒龙
剑阁（我行阅重关）	（清）李重华	剑阁姜平襄侯祠二首（雄关卧	
丙五九月过剑门（忆读谪仙蜀道难）	（清）薛禄天	虎控金汤）	（清）庄学和
过剑门（剑阁崔嵬一径通）	（清）王霖	（沓中岂是为身谋）	
腊月十六日早雪过剑门		雨登剑阁（漠漠迷秦塞）	（清）杨潮观
（旬日连云几欲残）	（清）彭阯	剑州路柏（剑州路旁多古柏）	（清）张邦伸
古剑门途中见早梅（剑阁寒云锁未开）	前人	晓发剑关（风雪年前惯）	（清）唐乐宇
暮宿武连驿和陆放翁宿武连县韵		晓发剑州（富贵会有期）	前人
（捧檄遄行虑后期）	前人	武连坡（我生自昔好奇险）	前人
过剑关怀诸葛武侯		剑门关（朝日不胜寒）	（清）潘元音
（奇险天开夏日寒）	（清）赵挺元	剑门（青峰插穹苍）	（清）陈大文
剑阁（蜀山处处险）	（清）刘绍攽	晋城废县古迹十首	
剑阁怀古（立马重门上）	（清）谭琎	（感发寒飙卷地长）	（清）嘉玉振
自昭化至剑门（兹行又值早春时）	（清）杨宏绪	（废瓦颓垣几度秋）	
剑阁怀古（剑关如剑指长空）	（清）王绍文	（荒原一望思悠悠）	
剑门（飞栈连云接剑山）	（清）李梅宾	（兼山遗范付东流）	
泮池落成（菁菁多士列黉痒）	前人	（洁白题堂惟故里）	
安乐泉怀古（霓裳欢舞一朝休）	（清）杨端	（巉岩古壁势峤峣）	
来青阁二首（来青阁废草萋萋）	前人	（跨鹤峰峦耸碧天）	
（昔年簪笏已成空）		（兰若招提半已非）	
登剑阁（奇险旧知名）	前人	（跨鹤题名寄紫霄）	
孤玉山吊魏征西将军邓艾墓		（西山祠宇峙千秋）	
（苍苍树色碧氤氲）	前人	剑门（剑门非刻划）	（清）李调元
游剑阁（剑山高矗耸云中）	前人	姜伯约墓（平襄怒气凛生祠）	前人
姜维城（绕岸攀上峭峰头）	前人	玉书送至武连废县同游觉苑寺看诸	

剑州登艾庙二首(奇兵未扼一丸泥)　　(清)张笃庆

(自古奇功未可居)

剑门三首(天设重门险)　　(清)何盛斯

(仕宦刀州梦)

(断碣蜗涎碧)

剑门(剑铓涌出排穷嵲)　　(清)刘硕甫

永安山下日暮口占(离情切切与谁论)　　(清)嘉石

宿剑阁(蜀栈萦纡剑阁高)　　(清)包云嵩

普城怀素跨鹤山草书(绿天书法妙)　　(清)李惺

剑州城观涨(惊看巨浪撼孤城)　　前人

过剑门感蜀亡作(兵屯汉寿甘延寇)　　(清)杨芳

登大剑绝顶(梁山寺顶豁游眸)　　(清)刘巘然

谒姜平襄庙(汉贼不两立)　　(清)涂鸿仪

早发武连驿忆弟(朝朝整驾趁星光)　　(清)曾国藩

钓溪吟(清江渔子深如鸥)　　(清)李榕

冬夜仪曹植宿(林末鸟飞飞)　　前人

嘉璞山老明经自制一棺为其童

　　时手种柏美哉此棺可不朽也

　　诗以张之(世问甲子何匆匆)　　前人

罢官去长沙将归蜀(天半孤鸿意渺然)　　前人

今年吾家插秧者百人喜赋其事

　　(百亩山田不食租)　　前人

柏堂落成(郁郁后堂柏)　　前人

答李星阶刺史食熊掌诗

　　(平生不嗜山海珍)　　前人

山居杂咏(破晓三杯未启关)　　前人

九月登鹤鸣山重阳亭乡父老子

　　弟会者三十一人是夕为菊俪

　　内子初度(我生麋鹿性不改)　　前人

山中杂咏三首(仆返南中妪返家)　　前人

(日日溪旁弄碧漪)

(恶子祠边杜宇灵)

剑门至三峰兴福寺与赵惠父同游

　　二首(竹舆鸣担肩)　　(清)李鸿裔

(径转山益幽)

剑阁姜平襄祠(阃外屯兵地)　　(清)孙澈

题亡友孙梦华辛卯科乡试荐卷后

　　(万马沉暗壁垒严)　　(清)嘉汝封

送黄楚波湘回剑州(飞云逐归鸟)　　(清)顾复初

剑阁铭(剑门设重险)　　(清)孙桐生

剑门(双剑横今古)　　(清)沈寿榕

秋日登鹤鸣山浮图古重阳亭感赋

　　二首(吟鞭遥指短筇扶)　　前人

(塔势孤高倒夕阳)

剑阁(万仞金城筑不全)　　(清)王佶

栈行三首(老柏参天合)　　(清)孙恕

(栈云高不落)

(瞎马夜临池)

入剑门(大壑深崖日月昏)　　佚名

自题脉学归原(考订灵经一卷新)　　(清)姚克谐

辛亥仲春游重阳亭(惊声杂还午晴时)　　前人

武连驿(武功春色惹人愁)　　前人

抵学署(半刺风流李义山)　　(清)郗之杰

南禅寺(寺小无余地)　　前人

署斋即事(四山围抱尽林园)　　前人

剑阳晓发(赀装刚又着归鞭)　　前人

姜平襄祠(箫箫风雨剑门秋)　　(清)江怀庭

剑门(果是刀州险)　　前人

剑阁姜平襄侯祠(潼关无拳石)　　(清)方积

剑阁(刘宗北去李雄来)　　(清)张之洞

忆蜀游(物苟有可欲)　　前人

拟杜工部剑阁(兹山亘秦蜀)　　(清)杨锐

下寺(下寺清江上)　　前人

二贤祠移建庆成敬赋四章用抒心注

　　(明德维馨僻亦宽)　　(清)方德坤

(后榭旁轩总步宜)

(民力不劳乐就功)

(顾聊多士解重梦)

武连驿夜雨(古驿镫昏夜雨前)　　(清)冯江

剑州客舍(书剑飘零悔壮年)　　前人

九日偕孙纪云吴少笙登重阳亭口占

　　(重阳亭子俯城隈)　　(清)戴锡龄

和戴石生明府登重阳亭原韵

　　（减却驺从石级排）　　　　（清）徐安成

剑州古柏（剑关南至柳池沟）　　（清）陈懋侯

武侯坡（清晨驱马去）　　　　　（清）魏用之

剑门（大风吼作怒鸥号）　　　　　　　前人

武连驿游觉苑寺读陆渭南诗碣感赋

　　（武侯坡前西日斜）　　　　　　　前人

剑门（历尽沧桑日又昏）　　　　（清）胡薇元

剑阁（巴蜀财赋地）　　　　　　（清）严岳莲

剑门二首（四山如四壁）　　　　（清）马天衢

（痴老矾头法）

剑州别李翼卿兼感怀（相逢相

　　别艳阳天）　　　　　　　　（清）王居中

北上旋家园作（富贵功名两未成）　　　前人

题桃花扇传奇（石头城内笙箫起）（清）尤雪新

剑门驿题壁（梅花消息几时传）（清）冯誉骢

剑阁谒姜伯约词（素仰如天胆）　　　　前人

剑门关（造化矜神奇）　　　　　　　　前人

宿剑门大风雨枕上作（苍天为我洗征尘）　前人

蒙恩遣戍过剑门次雨樵太守韵

　　（徒恨谣言塞外传）　　　　（清）张继

小剑山（磨刀割云去）　　　　　（清）陈漳

剑门驿夜雨（剑门废县罨松□）　　　　前人

汉源铺（古堠青缰店）　　　　　　　　前人

访重阳亭不果（山用信美古今谈）　　　前人

青桥至青凉山驿（剑门峠崿古梁山）　　前人

讲书台（昔贤已绵邈）　　　　　　　　前人

柳池沟（柳州柳太守）　　　　　　　　前人

垂泉道中望五指山（高掌拿云如五指）　前人

武侯坡丞相祠堂用工部蜀相韵

　　（万瓦皱鳞野店寻）　　　　　　　前人

觉苑寺（入门但荒岁）　　　　　　　　前人

哭李申甫先生二首（剑门不泄嵚崎气）　前人

（鹤鸣山寺忆涪东）

达摩树至志公寺作（达摩仅渡江）　　　前人

武连驿再次放翁韵（溽暑黄梅雨应期）　前人

重九游玉南山（卅年不到玉南游）（清）温恭

题梁氏节孝（严霜杀劲草）　　　　　　前人

剑门（剑门中断蜀山开）　　　　（清）章仪庆

题二贤祠二首（香火祠堂祀二贤）（清）马承基

（去年三月到官时）

剑阁怀古四首（大剑小剑如刀攒）（清）马炳文

（老柏婆娑怜晚春）

（走狗功名付槛车）

（老却三即鬓发斑）

重过剑州署西园三首（旧日诗

　　痕已暗消）　　　　　　　　（清）朱昌时

（疏竹微风过画廊）

（寒气萧森聚一楼）

谢张悔斋邑侯惠诗扇（捧读吟诗扇）（清）李开元

和悔斋邑侯宿大路河

　　（世路苍茫已历年）　　　　　　　前人

和悔斋邑侯觉苑寺放翁诗碑

　　（武侯坡下放翁诗）　　　　（清）石含璋

和悔斋邑侯九日重阳亭登高

　　（莫作烟云过眼看）　　　　（清）杜渐

民国元年元旦二首（天运回元旦）（清）王介

（一梦江山改）

织屦翁（老翁年六十）　　　　　　　　前人

九日望鹤鸣山感旧（横拖石岭抱东流）　前人

恭送悔斋邑侯荣归二首

　　（难将世事定升沉）　　　　（清）张鹏程

（忆昔下车难未平）

公留悔斋邑侯寓二贤祠修志

　　（数载钦承讵忍离）　　　　（清）赵树和

赴剑阁（羁滞蓉城一日还）　　　（清）萧堃

剑阁（险绝惟双剑）　　　　　　（清）僧溥睕

春游次古塘大舅父韵（鸟语唤人游）（清）王淑昭

归宁道中遣怀（万壑树苍苍）　　（清）徐慧贞

送外（穿云深入万山中）　　　　　　　前人

和悔斋先生九日游重阳亭

　　（层峦联步续前游）　　　　（清）王文渊

夜宿剑门关（黄昏旅舍客从横）	前人	凤栖梧题剑门群（蜀道青天烟霭翳）	（宋）卢氏
剑阁道上口号（扑面黄尘天半阴）	前人	水龙吟（层层迭嶂栖烟雾）	（明）姜玉洁
诗余		醉蓬莱（望葱葱）	前人
水调歌头（万里云间戍）	（宋）崔与之	点绛唇（寒翠摇空）	（清）辽东虬客

41. 咸丰重修梓潼县志

六卷　（清）张香海修　杨曦等纂　咸丰八年刻本《中国地方志集成·四川府县志辑》（第二十册）

卷四　艺文

紫府飞霞洞记	乩笔
石堂院高凉泉记	（唐）李沕
崔文公魏城县灵泉记叙	（宋）沈超
高凉洞石刻	
通济桥记	（宋）尹商彦
重熙桥记	（宋）陈季习
魏城徐邑侯捐置学田记	（宋）范于进
仁帝君敕	
文昌祠记	佚名
文昌行祠碑记	（明）何光裕
曲山新开三伯佛偈	（明）杜牟
重修七曲山文昌庙碑记	（明）薛镛
修理文昌庙记	（明）蒋士椿
施茶捐屋记	（明）傅淑和
勒制宪禁裴贾一姓入庙示	（明）邑令吉
新建文昌阁记	（清）潘永澈
增修汉议郎李公祠堂檄	（清）戴鳌
汉议郎李巨游祠堂记	（清）金皋
宋故张子厚岩记	（清）张光
宋张光墓叙	（清）何显达
道光寺落成记	（清）叶蓁
新建广生桥记	（清）士民
兴修宏仁堰碑记	前人
宏仁堰水规碑记	（清）张香海
双峰山寺记	（清）高简
双峰寺记	前人
兵科部给事中何公中节祠记	（清）劳堪
何公祠神道坊记	（清）潘长贵

晋柏记	（清）赵彦
胡邑侯重建西岩寺记	（清）仇储
请旌节孝记	（清）谢应禄
周公礼殿记	佚名
文与可画员笃谷偃竹记	（宋）苏轼
梓潼神鼎赋	（宋）卢庚
周旭公先生祠堂记	（明）周燦
高平白邑侯德政碑记	（清）李棠馥
梓潼刘邑侯三异记	（清）杨鹏羽
叶桂岩进士传	（清）张香海

卷五　艺文

重修梓潼庙募化缘簿记	（清）刘应鼎
详请修建文昌庙文	（清）屠用谦
重修七曲晋柏石栏记	（清）白玉藻
文昌庙桅杆碑记	佚名
节妇荒氏孝子刘密传	（清）尹开治
孝竹记	前人
西郊义塚记	（清）萧维耀
新建公安桥记	佚名
新建龙神祠记	（清）朱帘
新建石河桥记	（清）士民
冷公殉难记	（清）嘉玉振
秦烈女记	（清）王纯
毁张献忠遗像记	（清）王成彦
重建合益桥碑记	佚名
革面桥记	（清）萧维耀
白石臣墓志铭	（清）朱绍颜
重修太平桥记	（清）程立本

（骥足才舒蜀道东）　（清）刘文璃
（嗟予卅载转飞蓬）
和牟子先生送险亭落成原韵
（果然陂去见平来）　（清）高英玉
（仙吏风流此抱琴）
（五丁昔已鉴山来）　（清）史悠述
（忽听高山一曲琴）
（天涯有客自东来）　（清）李昌符
（曾携羽鹤伴瑶岑）
（一从云栈自西来）　（清）严珍
（邮程密迩听鸣琴）
（□教往迹骞心来）　（清）刘瑞璋
（无恙归来剑与琴）
（崔巍石笋矗空来）　（清）任凯
（棠封治理听鸣琴）
（定有山灵折简来）　（清）秦印煃
（瀑泉滴沥乱鸣琴）
（曾闻策蹇雨中来）　（清）朱勋恒
（重逢单父治鸣琴）
早歇梓潼遇雨（日光才上一竿红）　（清）陈本植
过送险亭（云痕山色压鞭丝）
七曲山谒帝君祠（盘陀石迳郁崔巍）
雨后风洞楼远眺（层楼对坐绿阴浓）
咏送险亭（阅尽崎岖古驿间）　（清）邵士钰
（陂去平来二百年）
咏送险亭七古（乾坤灵淑结大荒）　（清）张對
送险亭歌（山椒险巇由秦栈）　（清）刘冕
送险亭落成七古（溪山有急复有缓）　（清）李时新
送险亭落成（天涯尝险阻）　（清）郝达
（应有惊心客）
和送险亭落成原韵（亭名送险有山来）　（清）胡焯
（重来召父治鸣琴）
又和原韵（骡纲栈外一亭来）　（清）李蕃
（丁斧何如单父琴）
（双凫飞向曲山来）　（清）吕晟
（岩疆卧治理鸣琴）
咏送险亭（层岚叠嶂向西来）　（清）何栻元
（清献曾携鹤与琴）
（山势如龙蜿蜒来）　（清）陈肇胡
（轸调农瑟与羲琴）
（徐向新亭策马来）　（清）符瑞
（贤侯敷治若张琴）
（好风吹过曲山来）　（清）谢嘉绩
（不是当初解温琴）
（蜀道崎岖匝地来）　（清）王绍观
（卓午松阴一曲琴）
（使君独抱斧柯来）　（清）王汝为
（半理鹤粮半理琴）
（翠色晴岚拂面来）　（清）龚守先
（才非百里暂鸣琴）
（蚕丛迤逦自西来）　（清）黄西岐
（登临遣兴快张琴）
（仙凫飞过剑门来）　（清）傅成玉
（弦歌一曲听鸣琴）
重修送险亭七古（七曲山前九曲新）　（清）白永振
送险亭歌呈梓潼张使君
（袈裟展谒向琴堂）　（清）达空
重修送险亭长句（昔读蜀道难）　（清）江怀廷
奉和重修送险亭诗原韵
（昔闻蜀道却今来）　（清）张启昌
（流泉硐底响瑶琴）
和梓潼张邑侯重修送险亭落成
（公余间弄五弦琴）　（清）王居中
（蜀道崎岖几日平）
和送险亭落成原韵
（蚕丛刚到剑泉来）　（清）王心一
（邻境遥闻单父琴）
（群占星使向西来）　（清）朱世荣
（薰风遥忆奏虞琴）
咏重修送险亭五古（西南山水奇）　（清）宋焕章
集唐咏重修送险亭
（莫向金牛访旧踪）　（清）胡应旨

42. 乾隆盐亭县志

六卷　（清）张松孙等修　雷懋德　胡光琪纂　乾隆五十一年刻本　《中国地方志集成·四川府县志辑》（第二十册）

卷二　古迹

重修文湖州祠记	（清）刘堂
重修文湖州祠记	（清）吴宏
谒文湖州祠作（牙弦待钟子）	（清）张松孙
谒文湖州祠（不会丹青不会诗）	（清）胡光琦
重修凌云阁记	（清）张浦
次文湖州韵（垂老谢王事）	（清）蒋垣
虎溪云洞（年来几渡过溪洞）	（清）何锐
凌云阁诗（山迴秀结起重楼）	（清）石参
登凌云阁（湖州祠畔邻虚阁）	（清）胡光琦
旧东关县（万壑千岩南□东）	（清）董梦曾
严氏溪放歌行（天下甲马未尽销）	（唐）杜甫
永乐山叩云亭（长江合高峰）	（宋）文同
叩云亭记	（宋）任伯傅
墨竹赋	（宋）苏辙
石室先生画竹赞	（宋）苏轼
文与可画墨竹屏风赞	前人
戒坛院文与可画墨竹赞	前人
书文与可墨竹并序（笔与子皆逝）	前人
题文与可墨竹并序（斯人定何人）	前人
书文与可墨竹（竹倩词人作马班）	（明）陈文烛
（琳琅挥洒自班班）	
墨君堂记	（宋）苏轼
与可学士思君堂（虚堂竹丛间）	（宋）苏辙
过文太常故里（茅茨三五傍斜阳）	（清）方象瑛
前题（襟期高旷似晴云）	（清）吴树臣

山川志

董叔山（爱昔为官好）	（清）董梦曾

凤凰山（春风游兴两相逼）	（清）吴宏
光禄坂行（山行落日下绝壁）	（唐）杜甫
新晴山月（高松漏疏月）	（宋）文同
灵山界舍留别效庚信体（江汉迈遐轨）	（明）刘天民
过灵山次韵（灵山南下盐亭路）	（明）杨瞻
次灵山界有亭翼然登之偶成	
（蜀左频田路）	（明）杜朝绅
晚次江上（宛转下江岸）	（宋）文同
水南渡用石河滨韵（客临津渡处）	（明）甘为霖
水南坝观挞鱼（清浅波澜荡漾船）	（清）吴宏
云溪（幽居定何如）	（宋）何耕
（秋老东篱菊醉霜）	（明）赵琥

卷三　土地部

寺观志　丘墓附

圆觉寺（万顷波涵半亩阴）	（清）林鸣鹰
定光寺（踏破青苔到上方）	前人
过旧治有感（忆昔盐亭出宰时）	（清）张宽
超果寺（连朝荆棘路）	（清）吴宏
东关县建天禄观记	（宋）杜寅生
山行至天禄观坐雨有作（斗室裹苍□）	（明）吴宏
小憩天禄观（山人厌泉壑）	（清）张松孙
重修上乘寺记	（明）杨澄
雨华亭序	潘□
上乘寺重修碑记	（清）朱见乾
上乘寺（耽僻远城甫）	（明）王元正
衣禄寺碑记	（清）黄中昇
鹅溪寺碑记	（明）蒋其才
宪宗赐严砺谢封赠表	（明）宪宗

43. 光绪射洪县志

十八卷首一卷　（清）黄允钦等修　罗锦城等纂　光绪十年刻本　《中国地方志集成·四川府县志辑》（第二十册）影印本

卷之十六　艺文上

奏疏

诒调元气疏	（唐）陈子昂
谏开告密疏	前人
请兴明堂太学疏	前人
附谏武攸宜书	前人
谏绝十姓君长书	前人
奏论东都可营山陵疏	前人
谏开蜀山讨生羌因袭吐蕃书	前人
复上缓刑疏	前人
谏止希仙疏	（明）杨最
请黜方士疏	前人
奏广积储疏	（清）杨秉乾

卷之十六　艺文中

赋

麈尾赋	（唐）陈子昂
大弥江秋涛赋	（清）唐麟翔
环山楼赋	前人

诗　五古

感遇（兰若生春夏）	（唐）陈子昂
（白日每不归）	
（林居病时久）	
（市人矜衿巧智）	
（临岐泣世道）	
（逶迤世已久）	
（元蝉号白露）	
（可怜瑶台树）	
（呦呦南山鹿）	
（深居观元化）	
（本为贵公子）	
（浩然坐何暮）	
（吾观龙变化）	
（吾爱鬼谷子）	
（严霜知岁寒）	
（蜻蛉游天地）	
（微月生西海）	
（翡翠巢南海）	
（昔日章华宴）	
（乐羊为魏将）	
（荒哉穆天子）	
（贵人难得意）	
（挈瓶者谁子）	
（吾观昆仑化）	
（朝发宜都渚）	
（索居独几日）	
（金鼎合神丹）	
（朔风吹海树）	
（朝入云中郡）	
（仲尼探元化）	
（圣人去远久）	
（圣人秘元命）	
（圣人不利己）	
（去来豪游子）	
（元天幽且默）	
（幽居观大运）	
酬晖上人夏日林泉（闻道白云居）	前人

（皎皎白林秋）

南山家园林木交映盛夏五月幽然清凉

　　独坐思远率成十韵（寂寂守穷巷）　　　　　前人

秋园卧病呈晖上人（幽寂旷日遥）　　　　　　前人

冬到金华山观得陈公学堂遗迹

　　（涪右众山内）　　　　　　　　　（唐）杜甫

谒文公上方（野寺隐乔木）　　　　　　　　　前人

陈拾遗故宅（拾遗平昔居）　　　　　　　　　前人

奉赠射洪李四丈（大人屋上乌）　　　　　　　前人

早发射洪县南途中作（将老忧贫窭）　　　　　前人

通泉驿南去通泉县十五里山水作

　　（溪行衣自湿）　　　　　　　　　　　　前人

过郭代公故宅（豪俊初未遇）　　　　　　　　前人

观薛稷少保书画壁（少保有古风）　　　　　　前人

通泉县署壁后薛少保画鹤（薛公十一鹤）　　　前人

送岑著作（懒者常似静）　　　　　　（宋）苏轼

怀陈拾遗（射洪古名胜）　　　　　　（明）潘玮

金华山怀古（涪江绕绝塞）　　　　　（明）王玑

怀陈拾遗（独步访古迹）　　　　　　（明）郭镗

怀陈拾遗（书院人何在）　　　　　　（明）杨澄

题刘蜕文塚（唐拾遗刘蜕）　　　　　（清）张松孙

独坐山谒陈拾遗墓诗（涪江从东来）　（清）朱云骏

经陈伯玉先生故宅（独坐山上祠）　　（清）赵燮元

拜刘复愚文塚（累累一抔土）　　　　（清）杨芳春

读陈伯玉文集（大雅久寥落）　　　　（清）夏肇庸

读陈伯玉集（我昔登金华）　　　　　（清）舒云逵

绘龙洞峡图（蓬射生成限）　　　　　（清）斗池道子

五绝

春江曲（江水春沉沉）　　　　　　　（唐）郭震

刘蜕文塚（文章惜暗投）　　　　　　（明）郭镗

上方老泉（要知香积水）　　　　　　　　　　前人

石镜增光（岂是周王贵）　　　　　　　　　　前人

官冈凝瑞（日出官冈下）　　　　　　　　　　前人

七古

古剑篇（君不见，昆吾铁冶飞炎烟）　（唐）郭震

陪王侍御同登东山最高顶宴姚通泉

晚携酒泛江（姚公美政斲与俦）　　　（唐）杜甫

刘蜕文塚（扁舟落日念悲风）　　　　（清）张问安

金华书院合祀陈伯玉杨殿之

　　（金华山色高崔嵬）　　　　　　（清）何玉成

白崖行（仙人骑鹤下瑶阙）　　　　　（清）赵燮元

刘复愚文塚（噫嘘嘻，复愚子何太愚）（清）夏肇庸

七绝

赠钦老归蜀（几年别我去成都）　　　（宋）王安石

晚留上方寺（灯前自了读残经）　　　（元）虞集

（偶行幽径岂寻春）

（山中积雪到檐端）

蟠龙寺（杲杲红轮徹太空）　　　　　（明）澈慧

白衣庵（径仄峰回日影斜）　　　　　（清）唐麟翔

刘蜕文塚（坎坷何事怆知音）　　　　（清）吴树臣

射洪江行即事（晴天霭霭片云悠）　　（清）张华国

五律

过石镜寺（昔日朱轮守）　　　　　　　　　　古碑

题石镜寺（古墓芙蓉塔）　　　　　　（唐）卢照邻

同王员外雨后登开元寺南楼酬晖上人

　　独坐山亭有赠（钟梵经行处）　　（唐）陈子昂

陪王侍御宴通泉东山野亭（江水

　　东流去）　　　　　　　　　　　（唐）杜甫

舍弟占归草堂检校聊示此诗

　　（久客应吾道）　　　　　　　　　　　　前人

济川访别偶得数句致相思之意

　　（家近二十里）　　　　　　　　（清）杜南窗

蟠龙寺（蟠龙名古寺）　　　　　　　（明）郭镗

前题（古寺荒凉甚）　　　　　　　　（明）僧巳露

晚眺寺门（独步禅关外）

黄碌灏寺（古寺山间出）　　　　　　（清）唐麟翔

南泉寺晚留（信宿山之半）　　　　　　　　　前人

登读书台（诗品初唐重）　　　　　　（清）洪成鼎

读书台怀古（独坐金华者）　　　　　（清）沈诗杜

咏刘拾遗文塚（晚唐人独擅）　　　　（清）何玉成

咏金华山（金华开胜境）

（一路探奇胜）

文冢山吊刘复愚冢为前广文墙桂溪
　　新修立表志之（文章真有骨）　　（清）赵燮元
（绝代知音少）
乙亥二月望前三日出南郭祭陆使君
　　舆中口占（雨足晴刚好）　　（清）杨甲秀
（不负官民望）
登金华山陈伯玉先生书台
　　（特访前贤迹）　　（清）张兆兰
七律
野望（金华山北涪水西）　　（唐）杜甫
书通泉庆寿寺（修廊广厦日深沉）　　（宋）王默
次韵李修孺留别二首（十年流
　　落敢言归）　　（宋）苏轼
（此生别袖几回麾）
射洪怀古（金华山色久含悲）　　（明）范纯
（朝发潼川夕射洪）
金华山舒目（山上孤亭尽日开）　　（明）郭镗
文冢怀古（怀古登临竞落晖）　　前人
赠谢高泉（奕世盘盘出大才）　　（明）杨慎
广寒馆（朔风吹罢暮天寒）　　（明）黄克缵
金华毓秀（历尽崔嵬上碧空）　　（明）杨澄
伯玉书台（手接飞猱剥翠苔）　　前人
刘蜕文冢（荒凉大块日沉沉）　　前人
涪江幽趣（一曲清江绕县流）　　前人
西蝉暮鼓（落日垂垂已半山）　　前人
兜率晴霞（乱山围绕梵王家）　　前人
上方老泉（石罅流泉出处深）　　前人
石镜增光（从今鬼斧落空门）　　前人
官冈凝瑞（危冈一带接金华）　　前人
玉屏灵祠（天开绝壁俨如屏）　　前人
梧冈春坞（金华南望碧玲珑）　　前人
登读书台吊陈拾遗
　　（峻岭停骖宿雾开）　　（明）杨最
卧龙寺（几度招提几度更）　　（明）罗□贤
前题（招提堂构制频更）　　（明）杜洛
（太平缓步访禅宗）　　（明）罗以礼

蟠龙寺（云驭从龙蟠古寺）　　（明）杨澄
清平渡寺（清溪一曲抱孤庵）　　（清）唐麟翔
卧龙寺（禅门轩豁向东开）　　（清）李廷瑞
十二月十四日宿清平渡
　　（四十一年穷不死）　　（清）张问安
登读书台怀陈拾遗
　　（拾遗十载擅风骚）　　（清）吴树臣
前题（金华山色郁崔嵬）　　（清）葛起竣
登卧龙山晓望（百里龙蟠绕此乡）　　（清）赵燮元
赴射洪城晚次白崖道中
　　（盐井烟高叠嶂峨）　　前人
谒杨忠节公祠（沥血披来露肝胆）　　前人
夜宿射城纪将军庙（老树权枒光怪多）　　前人
登金华山（蔚蓝天外耸层峦）　　（清）李诗
咏香山寺（□馆春残客思深）　　（清）张素安
附挽章
忠节公杨最祭文　　（明）夏言
（维公正直）　　（明）樊德仁
挽忠节公诗（女娲今既灭）　　（明）顾鼎臣
挽忠节公兼慰二公子诗
　　（何处霜风泣路歧）　　（明）谢东山
挽忠节公诗（平生直道有青天）　　（明）吕枏
（萤窗白屋千言易）
挽忠节公诗（西风八月满京台）　　（清）张凤翼
吊刘映兰殉夫（未亡人亦继夫亡）　　（清）刘兆麒
吊烈女陈满姑殉节（白莲花开）　　（清）陈品金

卷之十六　艺文下

序

送齐少府序　　（唐）陈子昂
陈氏集序　　（唐）卢藏用
杨氏集序　　（明）谢诏
送杨果斋序　　（明）焦维章
廖柴坡寿序　　（清）郑开极
冶云堂课艺序　　（清）王俊
重修会灵寺碑序　　（清）杨应魁

陆公晴雨会碑序	（清）杨芳春	重修金带桥记	（清）傅京辉
记		广寒堰记	（清）李潜
御书阁记	（宋）陈鹏	杨孝子传	（清）胡文魁
拾遗亭记	（宋）文同	熊莘臣学博尽节传	（清）吴绍泗
重修县学记	（宋）李蕃	邑训导熊莘臣尽节事略	（清）余继曾
金华书院记	（元）文礼恺	铭碑赞说跋论	
明远亭记	（明）谯希亮	陈居士墓铭	（唐）陈子昂
题惠王陆弼庙灵应碑记	（明）李素	文林郎陈公墓志铭	前人
重修东岳庙记	（明）郑浚	陈孜墓铭	前人
盐井冈记	（明）马骥	文塚铭	（唐）刘蜕
云林庵碑记	佚名	杨忠节公墓铭	（明）杨名
建射洪东西塔阁记	（清）陈启泰	思补堂东铭	（清）唐麟翔
重修县学记	（清）杨鼎	思补堂	
培修县学记	（清）杨会极	振瑞和尚塔钜铭	（清）国栋
重修读书台记	（清）王浩	惠普寺碑	（唐）王勃
重修陈拾遗墓记	（清）能泰	新建城隍庙碑	（明）马廷用
修金华山观记	（清）庄大椿	重修儒学碑	（清）能泰
重修读书台记	（清）赵远熙	射洪洋溪镇新建盐神庙碑	（清）刘光谟
新建广寒书院碑记	（清）夏肇庸	陈子昂赞	（唐）卢藏用
四烈祠碑记	（清）胡圻	卧龙轩赞	（明）罗滇之
培修圣庙碑记	（清）夏肇庸	邑令钱秉德复斋留像赞	（清）杨芳春
改建禹庙山门记	前人	爱菜说	（明）杨澄
增修陈公读书台记	（清）舒云逵	罗氏义塚跋	（宋）韩南杞
重脩金华山殿宇捐赀记	（清）杨甲秀	陈伯玉先生遗像跋	（明）谢东山
永济万寿桥合记	（清）黄烈	金华书院讲堂跋	（清）沈清任
长生桥记	（清）沈诗杜	新魁字崖跋	（清）杨甲秀
万安桥记	（清）沈清任	崇正黜邪论	（清）钟体志
金带桥记	（清）何辰	资助宾兴旅费记	（清）杨甲秀

44. 乾隆遂宁县志

六卷　田秀荣、孙海、胡圻、傅亦舟修　李星根纂　光绪补刻本

劝农亭记	（明）杨名
旌忠庙迎飨送神辞记	（明）杨慎
玉山翔凤赋并序	前人
游灵泉记	（明）章评
宽严或问	（明）蒋信
王道街记	（明）章评
可为堂记	前人
斗阳子像自赞	前人
梵云寺讲学跋	（明）吕柟
广利寺记	（明）席书
广德寺碑阴记	（明）杨名
头陀寺石梯记	（明）旷腾霄
雨中得游南禅寺记	（明）刘天民
万峰禅师塔铭	
净严寺兴修碑记	（明）王勤
重修昭德寺石台记	（明）徐承嗣
白鹿观碑记	佚名
方进士怀乐暨宜人义粮碑记	佚名
教庵先生传	（清）韩菼
李实传	（清）张鹏翮
春秋论序	（清）李实
吕文肃公传	（清）陆廷抡
吕文肃诗序	（清）费密
文肃公诗跋	（清）吕潜
唐山人诗序	前人
高惕庵语录序	前人
半隐诗跋	（清）吕柳文
吕半隐怀归草堂诗序	（清）陆廷抡
吕半隐课耕楼诗序	（清）雷埏

卷四之下　艺文上之下

文

张鹏翮列传	满汉名臣传
第一山精舍读书记	
李子静先生传	（清）张鹏翮
李勤襄公培之制台墓志铭	（清）李星根

茶史序	前人
纪略序	前人
高霖公庐山游记跋	前人
彭觉山先生传	（清）张鹏翮
张封君传	（清）陈诜
景太恭人墓志铭	（清）熊赐履
重修大成殿碑记	（清）张烺
重修学宫记	（清）张鹏翮
修学碑记	（清）宋敏求
重修学宫碑记	（清）刘桐
增修学宫碑记	（清）张瑗
重修遂宁县学碑记	（清）涂鸿仪
重修圣庙碑记	（清）李星根
文昌宫记	（清）陈觐光
文昌宫记	（清）何毓聪
新建魁星阁记	（清）田朝鼎
培修武庙碑记	（清）程祚蕃
改修书院碑记	（清）汪世椿
补修书院碑记	（清）赵由忠
重建书台书院记	（清）鸣谦
创建龙翔书院碑记	（清）张问彤
安溪书院碑记	（清）曾守锐
继修旃山书院记	（清）詹矗宇
德阳书院碑记	（清）李星根
新修衙神祠碑记	（清）李培垣
重修丰泽庙碑记	（清）谢泰宸
重葺奎阁邓公祠碑记	（清）张知五
修理城垣记	（清）李培垣
三庆堤记	（清）田秀栗
重修安庆堤盐关记	（清）姜雯
施明府修堰记	（清）彭镕
重修施公祠记	（清）李星根
重修永清堰记	佚名
视远楼碑记	（清）夏诏新
龙潭记	（清）张仁培
重修百福院记	佚名

黄罗帐（帐罗一色染中央）　　　　　　前人

广利禅寺（王事勤劳来去忙）　　　　　前人

前题（出城数里即青山）　　　　（明）丁蓬

鉴亭（金风飒飒玉秋清）　　　　　　　佚名

得杨方洲书（逐客正伤南浦赋）　（明）杨慎

送内弟黄秀卿归遂宁（素舸涛江来）　　前人

幡幡林中叶别内兄黄峻卿（幡幡林中叶）　前人

太华山歌送陈子学巡方三秦

　　（五星坠地为五岳）　　　　　　　前人

九日遂宁郡郭西登高（烟霞万里开）　　前人

游灵泉寺寺有席司柬读书屋感怀兴

　　悼一首（司柬幽栖地）　　　　　　前人

灵泉寺（双旌岁晚入灵泉）　　　（明）卢雍

书乳泉壁送客（青丝络玉壶）　　（明）任瀚

大佛寺送弟象谪判夷陵

　　（寺下空江滚滚流）　　　　　（明）席春

登故弟象梅山书屋（琳字痛看藏息处）　前人

（谈元养素寄真如）

可渡桥（野渡无舟楫）　　　　　　　　前人

发张家湾（秋暮危樯倚路滨）　　　　　前人

甲马营阻风（甲马津头风怒号）　　　　前人

大佛寺留别之任夷陵（野寺萧

　　萧枫叶丹）　　　　　　　　　（明）席象

登梅山书屋（季甫云亡再岁除）　（明）席中

过大佛寺偶成三绝（秋水行舟波浪清）（明）席和

（崖上金仙九仞高）

（山水烟霞一望收）

题大佛寺（寺影山光浸水深）　　（明）席上珍

登梅山书屋（献纳先朝海内闻）　（明）黄华

登梅山书屋　有序（广汉江光新庙开）（明）杨名

龙潭（龙潭之胜缈何处）

登梅山书屋（十年司柬栖迟地）　（明）陈讲

（凤鸣鹊击昔何如）

偕席太常中大佛寺前游眺（携手出寺门）　前人

（多景十年怜独眺）

（呼晴呼雨任鸣鸠）

崆峒（石径松千尺）

（忆昔我闻崆峒山）　　　　　　　　　前人

葛仙岭（几次江头锁翠烟）　　　　　　佚名

春日怀天然和尚（茅屋荒城亦有年）（明）杨尧望

嶵山寺石洞（公务羁縻暂得闲）　（明）谢颙

又（金峦叠叠拥奇峰）

嘉靖壬子季夏按部遂宁微雨中憩禅

　　寺问民风僧云惟化龙关稍旱予快

　　然久之居无何云合雨霈弥漫四野

　　因赓韵以释怀云（此心原自爱鸣琴）（明）罗瑶

题大佛洞（两川多胜境）　　　　（明）曹恕

题大佛洞次前韵（平生好幽胜）　（明）童轩

石福寺（寺拥崇台数树青）　　　（明）杨瞻

头陀寺（一入禅林豁壮怀）　　　　　　前人

大佛寺次二檀韵（傍江开梵宇）　　　　前人

大善寺（水满冬田柏满林）　　　（明）刘戢

万历戊申孟夏偕王比部念一暨席渤黄

　　成章二孝廉游广利寺（广德千年寺）（明）方万山

憩大佛寺读三席留题次韵

　　（秋风不尽著山花）　　　　　（明）施天经

（尊严石像面江流）

（沉醉斜阳木叶丹）

梅花（钟鼓高城噪夕鸦）　　　　（明）章评

和武功尉姚合（县对终南坐）　　　　　前人

（拨闷消长昼）

（夜寒觉洒雪）

重游店张驿答父老相迎

　　（霜青槐里雪初红）　　　　　　　前人

明月寺（春云又到旧嵩丘）　　　（明）吕大器

凉水庄山居（我本山中人）　　　　　　前人

圣永寺（古梵石云上）　　　　　　　　前人

（潭寺如经削）

奉诏抚甘肃舟发嘉陵（已信余年老首邱）　前人

嘉江舟行时自五原解组还里

　　（草树青葱夹岸行）　　　　　　　前人

晚至阆州（重叠嘉陵路）　　　　　　　前人

锦屏山瓜皮洞(洞口云间日落迟)	前人	上元日怀两弟(已断江南梦)	前人
宿朝天关(去国七年行路难)	前人	豫章行(昔年入上谷)	前人
落索河有感(百折波涛险)	前人	过蜀府(铁卷金符付劫)	前人
阳平关(雨入孤城倚路斜)	前人	秋水园即事(近午过重溪)	前人
(犹是当年胼胝存)		邗江夏夜怀史诗豹萧寺(飞鸟不知处)	前人
镇羌道上有感(鹰眼何堪白草枯)	前人	吴园次罢守吴兴感怀(不悔无家计)	前人
昭化县(不堪百战后)	前人	江阴晤年友张四若志感(二十年前别)	前人
泊略阳下滩(祗争一带水)	前人	夜登君山(日与山相对)	前人
宁远(唐代新丰市)	前人	大水渡泗州(浩浩春涛阔)	前人
蓬江(孤身行万里)	前人	登开元塔(漠漠河山尽朔州)	前人
潭市(曲涧涵秋雨)	前人	上谷感怀(趋庭犹记少年游)	前人
湘潭道中(世路原多险)	前人	石亭寺楼与友人话旧(江涛如雪乱飞鸦)	前人
闲居(好山当面出)	前人	奉寄李制府(滟滪钦崎四百滩)	前人
晚次江门(世事何年定)	前人	汴梁(鱼龙去后息兵争)	前人
舟闻笛(梦余犹枕午风凉)	前人	成都杂感(陆海尘飞井络昏)	前人
阳平关酬友人席仲材(山河百二剑锋摧)	前人	(繁华闭关重诗书)	
渡皋兰作(相随洮水渡兰津)	前人	客中逢梅溪侍御为作画(往事已随春梦断)	前人
雪山(光摇旌旆五凉平)	前人	江望(横江郭外数帆樯)	前人
早发古浪(水剩山残接大川)	前人	遣兴(烟中白鹤独飞还)	前人
双塔道上(七月柳青麦未黄)	前人	(暮霭霏霏卷翠峰)	
靖边作(鸣沙万里忆芙蓉)	前人	(雨过郊原绿尚微)	
五凉郊行(旌旗舒卷出城埠)	前人	(西城闲访葛洪家)	
黑松岭(漠漠浓烟罩万松)	前人	(渡头初唱采莲歌)	
采石矶晚眺(矶头谁忍坐垂纶)	前人	(珍木文禽玉佩环)	
抵里(俨然成化鹤)	(清)吕潜	(溪溪绿树间红花)	
题李子静学士安南使事纪略		(笋蒲芹羹味最甜)	
(使臣归国重旂常)	前人	(罢钓归来酒满瓶)	
送友苍大师水西(飘笠叹无定)	前人	(蒲叶初长蕙叶齐)	
投赠邑宰郭德公(为有神明宰)	前人	题严子陵钓台(九十九峰梵云间)	前人
(少日辞乡县)		吴兴岘山(苍阜俯寒汀)	前人
九月望日谢郭明府召集(当年花县地全芜)	前人	赠兴化令张蔚生(誉望翩翩自八闽)	前人
课耕楼杂咏(郊埛邻并少)	前人	吕太常潜自归安移家海陵	
(故园归倦客)		(铜龙宫阙邈山河)	(清)费密
(新开花满架)		春闺曲(碧玉堂前柳絮飞)	(清)李实
(好山无远近)		岁暮感怀(门前五柳弃微官)	前人
呈姚岱麓中丞(一生踪迹老吴越)	前人	送王元倬(大江风送孝廉船)	前人

45. 民国蓬溪县近志

十四卷首一卷　（清）伍彝章等修　庄喜泉、曾世礼等纂　民国二十四年刻本　《中国地方志集成·四川府县志辑》（第二十一册）影印本

卷十三　艺文篇附诗文存

书目（略）

诗存

旌猫（署中一猫奴）	（清）潘之彪
读史（定远涉西域）	（清）樊宗源
黑水洋（朝发黄歇浦）	（清）梁仲舒
忆观察张孝侯俊生（使君宰吾邑）	（清）曾世礼
赠陈孟侠（孟侠今奇士）	（清）樊宗源

代韩贞女彩鸾过门守礼致祭未
　婚夫蒲诗（性命何尤正）　　　（清）何中权

奉和修五晚步飞云桥（我作蓬莱游）　（清）邬建侯

正月既望因公聚宿康关寺中地
　近长江旧县有怀贾浪仙之作
　（旅次春镫寂）　　　　　　　（清）宋家蒸

康家渡监大使古皖鹤子沈贤修
　题长江坝贾浪仙祠二首（先生今不作）

（我亦长江尉）　　　　　　　　　　前人

| 山居（地僻人偏静） | （清）江维藩 |
| 蓬莱杂咏（有塘临水寺） | （清）何炳森 |

（源自铜官出）

（谁画葫芦样）

（继勇膺嘉号）

（通梁兼素柱）

（在昔河阳令）

| 龙桥女子诗附传（天风洞灵境） | （清）曾世礼 |

（河山经浩劫）

| 砦居杂兴（室小得团圞） | （清）叶薰南 |

（邻舍园蔬美）

修五谱兄重续邑乘用杜工部敬简王明
　府潜诗韵以张之（蜀北灵光在）　（清）邬建侯

（小试鱼泉茗）

题龙多山（龙多山势突兀起）	（清）江维藩
大风歌（君不见天地茫茫浑无色）	前人
得胜崖诗碑（将军飞到民生活）	（清）章藩
明月寺怀古（自古诗人多客蜀）	前人
陈烈女（古塔一枝撑天地）	（清）钟瑞廷
周烈女诗（显皇御宇年十一）	（清）刘炳廷
咏石鱼山（君不见蓬莱之东有一山）	（清）何中权

代梁贞女过门祭未婚夫黎某
　（杞梁妻,将柩迎）　　　　　　（清）廖遇隆

| 火响行（一军淘淘声势危） | （清）曾世礼 |

奉题希元明经二兄秋山读书图
　（士元十载饮香名）　　　　　（清）杨希淦

（卓荦观书羡在斯）

国公驻蓬溪取县志阅之有怀而作
　（梼杌曾从故蜀传）　　　　　（清）宋家蒸

（教孝台边竹几竿）

（龙多山色人云苍）

（井养深牵百尺绳）

步白塔下时小病初愈未及登眺
　（涌出浮屠古寺前）　　　　　　　前人

送播之戴公明府（吏不通经致用难）	（清）江维藩
学愚（最险明途最利途）	前人
落花（萧萧雨夜半庭空）	前人
春日登蓬莱山（四围山色霭晴空）	（清）章藩

书蓬莱客馆序后
　（万山围住小蓬莱）　　　　　（清）钟永绍

清明日哭胞弟子谦（献罢时新泪不干）　　　前人
烟波楼序（仆本江南钧艇身）　　（清）沈贤修
（长吟西北有高楼）
（一江春水在吟边）
（新敞轩窗面面开）
（亚兰干外大江横）
（石径欹斜草不删）
（破晓林峦分外青）
（夕阳倒影淡无痕）
（杨柳梧桐手自栽）
（一声欸乃月轮孤）
补竹山房诗草题辞
　　（陶写灵源一卷传）　　（清）朱际亨
（帘掩飞花落讼庭）
秋日感事（海上蛟鼍孕祸胎）　　（清）梁仲舒
（鹰隼横飞塞草枯）
（铁舰艨艟急汽蒸）
（用赵廉颇急募兵）
（北来上相动星辰）
（桓桓天上落将军）
（天河壮士洗兵才）
（问字亭闲月岁徂）
题教孝台（荒台高耸白云巅）　　（清）何中权
夜巡岩墙（墙上溶阴月下看）　　（清）叶薰南
过兵（漫作墙隅蚁阵看）　　　　　前人
归至柏塘（一路塞风细雨斜）　　　前人
读钟止安龙溪后集
　　（先生吾党鲁灵光）　　（清）邬建侯
（花时我作象山行）
寄题希元年兄秋山读书图
　　（蓬莱八载听弦歌）　　（清）徐杨文保
晚吹乐兴铺（一村树拥一村楼）　　（清）卢几山
梓潼宫桂府（崔嵬桂府傍蓬莱）　　（清）江维藩
怀古（朝拥雕鞍夜枕戈）　　　　　前人
春日晚归（漓漓春城日影低）　　　前人
九月六日因公晚宿张家观

　　（山空寺古客来迟）　　（清）宋家蒸
白书课士拟作后（压金曾做嫁衣裳）　　前人
（伏枥何心骋九衢）
（簿书案牍总劳形）
寄庞际超（一别芝颜近十秋）　　（清）胥仁喜
（芒鞋布袜隐蓬莱）
（当年聚首尚垂髫）
（升斗驱人到几时）
咏古（长卿雄丽诗如赋）　　（清）樊宗源
（北上太行东碣石）
（一篇述酒意深微）
（康乐山泉称独步）
（各体兼长王右丞）
（飞卿古韵自珊珊）
文存
蓬溪县令题名记　　（明）朱应奎
朱勇烈公传　　（清）阮元
蓬溪知县陈山宗为潼川府城隍神状　　（清）裴显忠
修金容寺碑文　　（清）冯东曙
南将军祠纪　　（清）戴诠
续辑蓬莱县志序　　（清）李燧
洁泉井小序　　（清）江映奎
洁泉井记　　（清）谭光廷
重修鳌峙阁记　　（清）马宝书
新修蓬溪县署西园图记　　（清）何远庆
移修演武厅将台校场记　　（清）李维均
重修永兴寺记　　（清）王飞鲲
蓬莱镇宣灵龙君祠记　　（清）周学铭
隆盛场新修积庆桥碑记　　（清）钟永定
经义书院月课会序　　（清）张蓬山
降龙桥碑记　　（清）唐际虞
春祈秋报序　　（清）熊祥谦
薛永珍墓志　　（清）樊宗源
梁虚谷墓表　　（清）赵源濬
叶处士节之先生传　　（民国）吴保龄
致陈省长幼孜书　　（民国）吕志熙

问卢梭社会契约说中国周秦诸
　　子间与相符试举其证　　　　（民国）吕志熙
代川督锡清弼师寿两湖总督南
　　皮张公七秩序　　　　　　　（民国）曾世礼
代嘉陵道尹张澜檄所属各县征
　　求文献文　　　　　　　　　　　　前人

覆弥勒县知事胡郁荪书　　　　　　　前人
长江词自序　　　　　　　　　（民国）周彦威
叶氏双节传　　　　　　　　　（民国）李金锷
萧孝子碑记　　　　　　　　　（民国）钟永定
邓贞女凤姑纪略　　　　　　　（民国）陈允中
任贞女碑　　　　　　　　　　（民国）梁用光

46. 民国中江县志

二十四卷首一卷　谭毅武修　陈品全等纂　民国十九年铅印本　《中国地方志集成·四川府县志辑》(第二十一册)影印本

卷之十九　文征一

王涣传	后汉书
王堂传	后汉书
王长文传	晋书
梓州玄武县福会寺碑	(唐)王勃
道君庙赋	前人
梓州飞鸟县白鹤寺碑	前人
送张玄武序	(唐)元结
五代史赵延义传	
宋史苏易简传	
拟宋玉大言赋	(宋)苏易简
先公墓志铭	(宋)苏舜钦
溧阳令苏府君墓志铭	前人
郑氏墓志铭	前人
宋史苏舜钦传	
祭苏子美文	(宋)欧阳修
湖州长史苏君墓志铭	前人
苏子美文集序	前人
书沧浪集后	(宋)施元之
梓州中江县新堤记	(宋)文同
与苏东坡书	(宋)程建用
答程彝仲书	(宋)苏轼
岑公洞记	(宋)岑象求
赵侯祠堂记	(宋)杨天惠

卷之二十　文征二

黄鹿真人传	(宋)杨绩
大雄寺记	(宋)刘光祖
重修儒学记	(宋)度正

灵威庙神墓记	(宋)魏了翁
吴先之墓志铭	前人
杨伯昌先生墓志铭	前人
杨伯昌浩斋集序	前人
苏伯起振文墓志铭	前人
答苏伯起书	前人
答吴舍人叔永书	前人
吴昌裔传	宋史
吴泳传	宋史
陈六事疏	(宋)吴昌裔
沧浪亭记	(明)归有光
中江重建县厅记	(明)周洪谟
重修儒学记	(明)江朝宗
余岭新道记	(明)张翀
柏坡王氏约族奉先碑记	(明)王惟贤
铜陵纪胜碣	前人
皇明万历八年岁次庚辰秋九月吉旦	
戊年乡进士王似建铜山乡贤祠记	前人

卷之二十二　文征三

题中江王卓峰先生传后	(清)周元位
义犬论	(清)王一贞
广东乡试录序	(清)彭襄
彭副史襄传	(清)林愈藩
李公梦叶墓表	(清)袁守定
王氏始迁祖子享公家传	(清)王乃徵
王氏奇锡公家传	前人
李席文先生墓志铭	(清)葛荃
林公广泽墓表	(清)林愈藩

林青山先生墓志铭	（清）龚学海	邱岸山先生小传	前人
重修洪端寺碑记	（清）林愈藩	黄玉江先生传	（清）林有仁
增修关圣宫记	前人	先大父炯斋行略	（清）刘代骋
重修乡贤林公青山先生墓志铭	（清）王建中	张云程墓志铭	（清）李昂
中江孟封君寿序	（清）吴省钦	吴节母赖孺人墓志铭	前人
重修中江城垣碑记	（清）孟邵	李母王太宜人墓表	（清）陈品全
花园司巡检戴公文焕殉难始末	（清）李等	节孝李唐氏墓志铭	（清）王乃徵
岳秋塘墓志铭	（清）石韫玉	贞筠堂记	（清）陈品全
熊吉堂先生墓志铭	（清）张澍	毛母李太孺人百岁寿言	（清）王乃徵
就竹山房诗集序	（清）左宗棠	清文学张君墓碑	前人
铜山书院碑志	（清）杨澜	胡母沈安人寿序	（清）彭钊
铜山书院碑记	（清）孔昭焜	李友鹏先生墓志铭	（清）俞陛云
购复万柳培龙古迹记	（清）李福源	刘母唐太恭人墓志铭	（清）方旭
重修儒学碑记	（清）李福源	林先生爱山墓志铭	（清）刘德华
黄晓谷明经铜山集古录序	（清）戴汝先	傅贞女碑	（清）陈品全
邑侯林戟门先生去思碑	（清）李星根	刘烈妇碑	（清）刘洙源
江孟威传	（清）彭光弼	钟生景明墓志铭	（清）王乃徵
王雨农家传	（清）王乃徵	中江说	（清）陈品全
成仁录序	（清）彭于藩	东溪故道说	前人
邑侯王少卿寿序	（清）李星根	培植东溪水口议	（清）王乃徵
陈海峰家传	前人	五城水口辨	（清）陈品全
颜君竹愚墓表	前人	郪王城说	前人
重刊苏子美文集跋	前人	北五城县两西五城县两西五城郡及	
聂烈妇俞氏征诗文启	前人	刘怀归县考	前人
罗母游孺人六十寿序	前人	旧唐书玄武县为汉底道县地驳正	前人
文征四		康熙志李序	（清）李维翰
雷尚书纬堂墓志铭	（清）伍肇龄	康熙志李序	（清）李来仪
徐寿三先生传	（清）匡学源	康熙志王序	（清）王以丰
为王贞女募赀启	（清）王建中	康熙志王序	（清）王一贞
李眉生先生墓志铭	（清）黎庶昌	康熙志李序跋	（清）李藻
苏邻遗诗序	（清）强汝询	乾隆志张序	（清）张松孙
凌镜之先生墓表	（清）李超群	乾隆志陈叙	（清）陈景韩
王虚竹先生墓志铭	（清）王树楠	嘉庆志稿陈序	（清）陈此和
匡竹溪先生墓志铭	（清）陈品全	道光志杨叙	（清）杨霈
李荳原生圹志	（清）赵曦	县志补遗李叙	（清）李星根
书李斗垣先生遗集后	（清）游夔一	中江县志续编引	前人

西江（晚烟横江皋）

和戴琴风唐尧春圣寿寺壁间韵二首

　　（四十强而仕）　　　　　　　　（清）修仁

（释迦崇忍辱）

炼丹台（清虚古观壮崔嵬）　　　　　（清）万鹏飞

中江杂忆诗十首（忆昔西园客竞题）　（清）李调元

（忆昔遍访乐闲堂）

（忆昨仍题颐正堂）

（忆堂东首有潜阁）

（忆台名自榜观风）

（忆闻此地梦中俱）

（忆余曾上峨嵋顶）

（忆登栖妙话田真）

（忆昔廖君新筑堤）

（忆昔苏程中表亲）

游铜山访十贤祠（上宝奇峰峻）　　　（清）苏鼎甲

（落落九君子）

（卓尔王参议）

（我本眉山派）

留别中江士庶十二律（骊歌一

　　曲怅难禁）　　　　　　　　　（清）林振荣

（冯妇重来感凤因）

（欲作闲人不得闲）

（书生怜作叩头虫）

（稽滞名场愿尽违）

（世路羊肠本险巇）

（到老难将腐气除）

（倚楼何处定行藏）

（名节矜持励影衾）

（竞持名柬送离人）

（行行在抱是苍生）

（别后程遥意不遥）

谒铜山十二贤祠（名贤十二盛衣冠）　　前人

（二百余龄孰嗣音）

步玉窗子勒石诗原韵并序

　　（为访铜陵处处山）　　　　　　　　前人

铜山有冯丙之流觞故迹辑五宗兄率

　　其子孙雅集流觞绍冯氏韵事黄子

　　圣又绘为图亦佳话也时予告休寓

　　锦城闻之因步唐崔尉千秋亭韵题

　　记（诗翁偕少长）　　　　　　　　前人

同治乙丑仲春二次归里口占志感并致

　　中江阖邑诸绅庶二律（七秩终归算幸人）　前人

（曾学刘郎两度来）

留别黄晓谷征君（文字交情三十秋）　　　前人

留别中江士庶（偻指瓜期政未威）　　（清）邓洪荃

（胜迹铜山梦寐萦）

美秦贞女瑞兰（冰梅不知春）　　　　（清）杨玉堂

挽烈妇杨刘氏（世间有此奇女子）　　（宋）陈谦

题王孚堂太和镇殉难事略

　　（天上长星堕天狗）　　　　　　（清）孙桐生

诗下

禁林宴会之什（雨晴禁署绝纤尘）　　（宋）苏易简

赠翰林学士宋公（天子昔取士）　　　　　前人

题临兰亭序（有若象夫子）　　　　　　　前人

特吟诗送英公大师（乘舟南去惟寻酒）　　前人

题虎丘（虎踞标灵迹）　　　　　　　（宋）苏耆

南园（西施台下见名园）　　　　　　（宋）苏舜钦

游定林苑（野阔连宫迥）　　　　　　（宋）岑象求

河内调江都民遮道痛苦因口占云

　　（哭声载道拥如林）　　　　　　（明）王惟贤

铜山卜筑（几载经营绵力疲）

宋汝杰弟按黔（同堂踪迹异鬓年）　　（明）宋述祖

感怀（夜月深山空）　　　　　　　　（清）李植廷

题屈陶合刻（变风以后数灵均）　　　（清）彭襄

玄武山步杜工部韵（突兀此峰头）　　（清）李芃

游圣泉读王子安诗（不负登临兴）　　（清）李藻

圣泉文石（圣迹不泯灭）　　　　　　（清）孟侯

宁国寺步月（夜色浮金地）　　　　　　　前人

西江（夜静天空风谡谡）　　　　　　（清）孟佺

游栖妙山望飞霞（层峦势迢遥）　　　　　前人

红崖（瞻彼红崖锦簇霞）　　　　　　　　前人

（早稻黄已多）

（获稻起常早）

（篝车列在田）

（采棉兼采豆）

（秋风入庭树）

（绿没稻孙短）

（云破斜日出）

（黄犊一犁过）

（荒村澹白日）

（霜过草根白）

（轧轧机杼声）

（风寒兼气寒）

（野寒水气阴）

（绕屋皆种树）

（日出林霏开）

（割鸡除夕前）

挽烈妇杨刘氏（伍城城中珠市口）　　　　　前人

挽烈妇易银莲（生则姐妹花）　　　　　　　前人

金锁桥（日午金桥过）　　　　　　（清）林有仁

玉江（雨霁金桥路）　　　　　　　　　　前人

（日出岩壑曙）

白莲吟（白莲花色如银亭）　　　　　　　前人

烈妇行（君不见米价今岁贵如金）　　　　前人

守训书齐莫春杂诗（羲驭去如流）　　　　前人

（微风扇林薄）

（赤鲤跃巨海）

（六籍无诡辞）

（论儒分汉宋）

（晋宋盛文彦）

（姚江致良知）

（穷达自有命）

（蝇营逐名利）

（阴阳互消息）

清溪河（数家茅舍俯清溪）　　　　（清）谢绪岷

题罗尧阶先生遗像

　（春云澹沱秋月明）　　　　　　（清）陈品全

47. 民国德阳县志

五卷　雄卿云汪仲夔修　洪烈森等纂　民国二十八年铅印兼石印本　《中国地方志集成·四川府县志辑》(第二十二册)影印本

卷三　艺文志　文

德阳殿赋	(汉)李尤
上太守许靖荐秦宓书	(蜀汉)彭羕
报治中从事王商辞见州召书	(蜀汉)秦宓
荐处士任安书	前人
善寂寺碑文	(唐)王勃
龟胜山道场记	(唐)郑宗经
宇文德阳宅秋夜山亭宴序	(唐)王勃
秦中化韩众记	(宋)王子申
孝感庙记	(宋)郑少微
许旌阳祠堂记	(元)虞集
儒学复古经楼碑记	(明)樊鼎遇
经楼铭	前人
孝感庙序	(明)黄缵
孝感祠记	(明)朱屏
三梦庙记	(明)柯铧
秦中观纪	佚名
姜诗孝子祠堂词	(明)杨治
儒学碑记	(明)吴淑
会生墓碑记	(明)曾守身
三寸桥碑记	(明)罗舜元
古雒县塔记	(明)天元上人
重修莲池寺记	(明)黄钟
许真君传	(明)袁黄
重修梅泉寺记	(明)宋继祖
重理佛祠兼德宇记	(明)黄钟
余家庵碑文	(明)范儒
重修儒学记	(清)刘谦
重修姜公孝感祠庙殿序	(清)阚昌言

修筑河堤碑记	(清)夏诏新
修葺城楼记	(清)阚昌言
邻姑庙记	(清)钱林虎
孝感书院碑记	(清)周际虞
修理北河略记	前人
复修四面鼓楼记	(清)黄河清
敕赠奉政大夫陕西汉中府洋县知县曾公传略	(清)马永刚
欹螺山新修明本禅师庙碑记	(清)廖家骍
孝泉宝塔记	(清)陈荣宗
建学宫记	(清)刘宸枫
学宫岁修碑记	(清)刘锡畴
培修学宫并制礼乐器记	(清)杨藻
东汉江阳令姜公祀典碑	(清)陶揖绥
刘舍人集序	(清)李稷勋
公道阁藏书记	(清)李炳灵
张氏六修荷照桥记	(清)张仁卓
育婴堂记	(清)李炳灵
陈骆二公祠碑记	(清)江作霖
东桥记	(清)刘震枫
江明经仲珩建七贤墓碑并序	(清)廖翱
张建离明宫经楼记	(清)杨福安
崇果寺重建义林碑记	(清)萧芸荪
四言诗(阎河之桂)	(秦)韩终
先民谣(旻阜之山)	歌谣
远游诗(远游何所见)	(蜀汉)秦宓
旌阳民为真君谣(民无盗窃)	
善寂寺词(蜀江东渐)	(唐)王勃
鹿头山(鹿头何亭亭)	(唐)杜甫

鹿头山（马头春向鹿头关）　　　　　　　　（唐）郑谷

游梵宇诗（香阁披青磴）　　　　　　　　　（唐）王勃

游涌泉（缭绕澄江面面山）　　　　　　　　（宋）任道

次韵李修孺留别（此生别袖几回麾）　　　　（宋）苏轼

鹿头关过庞士元墓（士元死千载）　　　　　（宋）陆游

暇日与陈楚材游四天王寺

　　（陈侯招我古寺行）　　　　　　　　　（宋）何耕

梅林分韵诗（平生慕英游）　　　　　　　（宋）宇文师献

梅泉词（梅信一支聊寄远）　　　　　　　　（宋）韩父一

明成祖御制诗（姜诗夫妇孝通神）　　　　　（明）成祖

谒姜公祠（清泉呱呱绕平芜）　　　　　　　（明）朱运昌

题玉皇阁（春日浮舻天帝宫）　　　　　　　（明）樊鼎遇

（涉水登山谒帝宫）

姜公三墓碑刻（先生大孝世稀有）　　　　　（明）朱运昌

塞下曲（飞沙烟雾里）　　　　　　　　　　　　前人

落花（风雨移春远）　　　　　　　　　　　（明）朱怀瓛

古孝泉八景　　　　　　　　　　　　　　（明）无定住夫

东野天色其一（东向高台一望赊）

西林日色其二（西林不远夕阳边）

姜村明月其三（古□□镇即姜村）

诗里清风其四（至真孝道独姜诗）

孝感灵泉其五（姜庭夫妇昔登仙）

溪声长舌其六（一溪出自水云乡）

层空宝塔其七（招提□畔一浮图）

泰雨金田其八（皇风治化极中梵）

登玉皇阁步樊邑后原韵

　　（亭亭突兀玉皇宫）　　　　　　　　　（明）张健

游崇果寺怀勤正和尚

　　（时来绝听法雷声）　　　　　　　　　（明）樊鼎遇

庞氏祠（贤妇事姑孝）　　　　　　　　　　（明）杨鉴

春日游孝泉（不见鳞飞处）　　　　　　　　（明）周满

初度日游孝泉登古雒县塔

　　（漫为浮生说大年）　　　　　　　　　（明）曾守身

甘露篇（松崖瑞露珠玑润）　　　　　　　　　　前人

过德阳作（出险登坦途）　　　　　　　　　（清）果亲王

（绵竹环仙山）

连山铺夜雨（蜀雨常侵夜）　　　　　　　　（清）王士禛

旌阳怀古（天未穷山此渐低）　　　　　　　（清）丛方涵

谌公桥歌（绵阳有支河）　　　　　　　　　（清）黄河清

东山诗（峻岭横托远崎东）　　　　　　　　（清）杨元捷

秦子敕墓（嫩草残蒿土一堆）　　　　　　　（清）王一正

（一亩春田古墓孤）

三造亭（秦君懿文德）　　　　　　　　　　（清）郑王臣

谒姜公祠（翠柏阴森覆短墙）　　　　　　　（清）李调元

仙人桥（嬴氏剪六国）　　　　　　　　　　　　前人

谒邻姑庙（三间瓦屋祀隣姑）　　　　　　　　　前人

过石亭江（广汉本□水）　　　　　　　　　　　前人

过孝子姜公故里诗（人生重本根）　　　　　（清）张邦伸

过德阳三造亭怀古（学士出益州）　　　　　　　前人

（汉季多名材）

秦宓故宅（子敕善谈天）　　　　　　　　　（清）陶澍

秦子敕故里（乱世多隽才）　　　　　　　　（清）李藩

三造亭（闲访汉司农）　　　　　　　　　　（清）李德扬

鹿头关（行李夷犹树色寒）　　　　　　　　（清）李先本

九日暨同人游太平寺（鹿头秋欲老）　　　　（清）李濂

谒姜孝子祠（汲江水奉老母）　　　　　　　（清）张问安

姜孝子故里（至性无奇节）　　　　　　　　（清）李元绪

赠孝泉延祚寺海上人（海

　　师禀性喜枯禅）　　　　　　　　　　　（清）李调元

秦宓墓（官本□□□）　　　　　　　　　　　　前人

寒食姜诗墓观赛（姜公丘垅绝樵苏）　　　　　　前人

芦林怀古（一□荒凉数亩田）　　　　　　　（清）王一正

孟家店小憩（云中十八栈）　　　　　　　　（清）彭端淑

孟秋自南村起行赴德阳途中作

　　（多病惮远征）　　　　　　　　　　　（清）李化楠

题孝子姜公祠（飘风烈烈撼枯树）　　　　　（清）袠以埙

过姜孝子祠有感（爱敬本天性）　　　　　　（清）邹大训

姜孝子祠堂（圣朝□□孝）　　　　　　　　（清）李锡桂

过孝泉（驻马沈乡沧碧溅）　　　　　　　　（清）沈联芳

孝泉（跃鲤当年事本真）　　　　　　　　　（清）侯淑兰

孝泉（孝感乡前水漫流）　　　　　　　　　（清）李锡桂

红雨祠（□□□□□西城）　　　　　　　　（清）廖家驹

（仁人心事以诗描）　　　　　　　（民国）徐淦泉

和止戈孙县长重九登高韵

（□地流民不易描）　　　　　　　（民国）洪笠孙

再和止戈县长重九登高韵

（再和前诗信笔描）　　　　　　　　　　　前人

和孙县长重九登玉皇观

（惨淡秋光不忍描）　　　　　　　（民国）江履平

步徐馆长重九登玉皇观原韵

（剩有□□图未描）　　　　　　　（民国）李育才

追悼殉国烈士李大公并序　　　　　（民国）刘荣川

满江红（海上秋风）

望远行（飒爽英姿迈北平）

48. 嘉庆罗江县志

二十四卷　（清）李桂林等纂修　清嘉慶二十年刻本　同治四年刻本　《中国地方志集成·四川府县志辑》(第二十二册)

卷三十六　艺文志

传

汉庞统传	（晋）陈寿
唐知县何易于传	新唐书
宋烈女张氏传	宋史
明知县盛昶传	明史
高节传	（清）李调元
李化楠传	（清）吴省钦
李骥元传	（清）李调元
左擗子传	前人
略坪镇文明桥碑记	（宋）李良臣
迁建儒学碑记	（明）吴可美
重修城隍庙记	（明）吴瑛
凤凰山正觉寺碑记	（明）高第
重修云龙寺碑记	（明）吴士迁
学宫灵星门记	（明）高跃
明伦堂碑记	（清）李化楠
汉庞靖侯祠堂记	（清）安洪德
补修天台山记	（清）王嘉会
南塔记	（清）孙法祖
南塔文昌宫碑记	前人
罗邑修路碑记	（清）沈潜
补修罗江堰塘驿路记	（清）阚昌言
启运桥碑记	（清）计万安
万安桥碑记	（清）李桂林
太平桥碑记	（清）缪景勋
一篑桥碑记	（清）孙法祖
余庆桥碑记	（清）李化楠

月波桥碑记	前人
同善桥碑记	前人
玉京山石龛川主碑记	（清）朱光廷
观音寺补修碑记	（清）李化楠
月峰梓潼宫碑记	前人
新建文昌宫碑记	前人
梓潼宫记	前人
象鼻嘴五显庙记	（清）李调元
略平牛王庙乐楼碑记	前人
游马驰寺记	前人
重修奎星阁碑记	（清）李桂林

序

修庞靖侯寝室序	（清）王荣命
前题	（清）屠用谦
落凤坡记	（清）李德瀚

铭

座右铭	（汉）严遵
君平卜肆铭	（唐）陆龟蒙
署前石屏铭	（明）姚谟

赞

严君平赞	（唐）李华
君平赞	（宋）宋祁
诸葛武侯赞	（宋）张栻
汉龙凤二师赞	（清）屠用谦

赋

园林犬赋	（宋）王禹偁
精泉赋	（清）严履丰

诗

鹿头山（鹿头何亭亭）	（唐）杜甫

桃花犬歌呈修史郎钱若水

　　（宫中有犬桃花名）　　　　　　　（宋）李至

严真行（君不见庄遵卖卜成都市）　　（宋）宋京

罗江八景诗　　　　　　　　　　　　（明）卢雍

　　泮林古柱（双玉儒林秀）

　　景乐梵钟（苍鲸何处吼）

　　天台秀色（城南绣岭横）

　　龙洞仙踪（真人上升去）

　　马驰灵井（大旱祷辄雨）

　　大霍奇峰（灵表数峰清）

　　绞江夜月（波静罗纹细）

　　潺水秋风（潺山有清泽）

送余学官归罗江（豆子山打瓦）　　　（明）杨慎

东桥落成诗（云台阳平关）　　　　　（清）杨周冕

东门启运桥歌

　　（君不见两河口下临江）　　　　（清）李化楠

文昌宫惜字宫告成（奇偶起文字）　　　前人

圣恩诗（昊天储百福）　　　　　　　　前人

落凤坡（武侯浔大醇）　　　　　　　（清）朱云骏

前题（衮衮鹿头山）　　　　　　　　（清）葛竣起

前题（危坡下踞气如虎）　　　　　　（清）李调元

前题（耒阳醉卧日）　　　　　　　　（清）何人鹤

龙洞（罗江多灵山）　　　　　　　　（清）李调元

玉京山访琴道刘虚静（步屧玉京山）　　前人

老人二首（重访道人家）　　　　　　（清）何人鹤

（我厌城市居）

游云龙山（雨歇数峰清）　　　　　　（清）李调元

（上山赋采薇）

（支筇步清溪）

（松风榖日来）

（溪迥树色浓）

（苔华湿气清）

游观音岩（何年霹雳击铁壁）　　　　　前人

墨香泉并序（我生好远游）　　　　　　前人

醒园金鱼缸石刻（山一卷天半落水）　（清）李化楠

题醒园图（重庆太守能诗复善画）　　（清）程晋芳

前题（君才美如蜀锦段）　　　　　　（清）吴省钦

前题（蜀山西自蛮夷之中来）　　　　（清）姚鼐

前题（罗江山水清且妍）　　　　　　（清）陈墉

天然床并序（罗江奎阁齐云霞）　　　（清）李调元

五月初一日同墨庄游醒园

　　（久不到醒园）　　　　　　　　　前人

醒园杂诗八首　　　　　　　　　　　　前人

　　大观台（万松围一台）

　　木香亭（回廊深且幽）

　　栗亭（皴落听儿拾）

　　坐花馆（桃李满芳园）

　　清溪草堂（清溪溪水清）

　　洗墨池（石亭下有池）

　　临江阁（俯视江天青）

　　巢云堂（古有巢居者）

小筑四章章十句（水竹之居）　　　　　前人

（与其看花）

（谁谓我贫）

（生虽山居）

和张玉溪登万卷楼观金石古文歌

　　（我家有楼车山北）　　　　　　　前人

和玉溪登函海楼放歌

　　（爱君为人眼能白）　　　　　　　前人

南村（晨起眺南村）　　　　　　　　　前人

（春色满青畴）

蜀中（马头春向鹿头关）　　　　　　（唐）郑谷

罗江驿（数枝高柳带鸣鸦）　　　　　（唐）唐彦谦

万安驿（劲兵重作付胡奴）　　　　　（宋）张缙

过左锦偶成（东西再守二年间）　　　（宋）赵抃

罗江驿翠望亭读宋景文公诗

　　（扑马征尘拂不开）　　　　　　（宋）陆游

鹿头关过庞士元墓（士元寺千载）　　　前人

调罗江县任寄友人

　　（才劣岂宜居要地）　　　　　　（明）盛昶

墨香泉（泉源混混自天成）　　　　　（明）程宗道

挽泾阳令吴白崖（楚望家声旧）　　　（明）张素

白馬关龙凤二师祠诗

　（白马关前拜墓祠）　　　　　　　（清）果亲王

罗江驿夜雨（前旌已拂鹿头关）　　　（清）王士祯

落凤坡吊庞士元

　（沔上风流万古存）　　　　　　　　　　前人

前题（寻访当年龙凤姿）　　　　　　（清）张汉

（翠绕峰攒万树烟）

前题（仗策归龙种）　　　　　　　　（清）吴省钦

前题（王路驰驱谒靖侯）　　　　　　（清）周文麟

前题（魏氏岂能灭汉氏）　　　　　　（清）额尔德尼

前题（翠柏森森庙貌开）　　　　　　（清）刘桐

前题（白马关前落凤坡）　　　　　　（清）杨潮观

（襄阳旧隐白云开）

前题（汉室三分战日寻）　　　　　　（清）阚昌言

前题（夹道阴森汉代松）　　　　　　（清）李化楠

前题（江锁双龙合）　　　　　　　　（清）李调元

（谁言此州小）

游古潺亭（不尽双江水）　　　　　　　　前人

（科第争龙脉）

游南塔（官路高于树）　　　　　　　（清）张怀敷

（绿岫烟霞古）

东山景物（城外东山一片青）　　　　（清）周文麟

玉京山听刘虚静弹琴

　（到门琴忽止）　　　　　　　　　（清）李调元

（绕屋萧萧竹）

大霍山（奇花冬蓓蕾）　　　　　　　　　前人

再宿罗贞观（信是山人不肯闲）　　　　　前人

万安驿（遥遥驿亭路渺漫）　　　　　（清）邓林

（云栈迢遥九折盘）

金山铺东岳庙（森森无患木阴稠）　　（清）李调元

东岳庙迎孙补山节相二首

　（黄阁原勋再镇边）　　　　　　　　　前人

（和如薰日肃如秋）

重过丰都庙有感（此是当年旧书塾）　　　前人

游鹊鸽寺（信步来登第一峰）　　　　（清）赵亮

前题（信是祇园此日登）　　　　　　（清）李化楠

寓居鹊鸽寺读书二首

　（昏黑诸天列上头）　　　　　　　（清）李调元

（平林茅屋出枯丛）

试毕复归鹊鸽寺（归山重扫旧书床）　　　前人

重至鹊鸽寺（毕竟山中气味宜）　　　　　前人

宿云龙寺（天气初寒不可支）　　　　　　前人

观音寺（远坞深深古木稠）　　　　　（清）李化楠

龙神堂登楼远眺（升高寻远兴）　　　　　前人

偕周尤廷游龙神堂

　（禅林何处足堪投）　　　　　　　（清）李调元

（君家丰润我罗江）

金顶古松（天上何人下碧霄）　　　　（清）李化楠

雨中望金顶山（一山孤立众山宗）　　（清）李调元

千叟筵恭和御制原韵

　（春王正月正春妍）　　　　　　　（清）李化樟

醒园　并序（何处堪宜着此身）　　　（清）李化楠

（山居非吏亦非仙）

（牵衣直上七层台）

（看看两鬓白如丝）

前题（岁晚人闲后）　　　　　　　　　　前人

前题（半亩园中气味长）　　　　　　　　前人

前题（虽设柴门总未开）　　　　　　（清）李调元

（大观台向翠微开）

（怀抱时时亦暂开）

初秋宿醒园二首（高台接空翠）　　　　　前人

（路转千峰上）

宿醒园用杜工部游何将军山林韵

　十首（迹滞三秋后）　　　　　　　（清）祝德麟

（减从联双骑）

（林外波声活）

（渐近醒园路）

（柴荆无洒扫）

（握手读诗集）

（饮我郫筒酒）

（熹微寻石磴）

（雪岭明晴旭）

（一饭南村舍）

和前韵（忆昨金山驿）　　　　　　（清）李调元

（开缄鲸掉尾）

（疴抱年来久）

（三秋才谢菊）

（人到晨星后）

（留客斟清圣）

（高轩来过处）

（吾家潺水曲）

（并马送君去）

（写罢鸾笺寄）

醒园图（车家山下老农夫）　　　　　　　　前人

（自分途穷命里该）

（每到花开踟蹰频）

（再向天涯理客衣）

（烦恼诗人二月天）

（故山茅屋傍云龙）

前题（卜筑新堂绿野如）　　　　　（清）王懿修

（仙才未合住岩阿）

前题（吏部文章信有之）　　　　　（清）蒋熊昌

前题（桤林笼竹夹空垣）　　　　　（清）吴璜

（翰林奉使诗曾和）

游醒园（琴鹤贻谋远）　　　　　　（清）潘邦和

（已陟万松岭）

（才疏余短发）

（座上客俱醉）

和潘诩斋州牧游醒园原韵

　（好风今日至）　　　　　　　　（清）李调元

（寻花穷水墅）

（好古有奇癖）

（万卷足今古）

游醒园（暂作烟霞主）　　　　　　（清）何人鹤

游醒园和李司马园亭即事韵

　（园林幽敞乐闲身）　　　　　　　　　前人

（诗酒家风继谪仙）

（振衣疾步上高台）

（堤前杨柳暗垂丝）

梨园遣兴（笑对青山曲未终）　　　（清）李调元

（生涯空似李崆峒）

移居困园二首（奚童随我蹇驴回）　　　前人

（岭上白云只自怡）

困园杂咏（困园初筑亦悠然）　　　　　前人

（独坐园林百不思）

（老来意气尚纵横）

（一年一度出游邀）

夏初困园杂兴（夏初不是栽移候）　　　前人

（乙乙燕为梁上客）

前题（一枕蓬蓬日未昏）　　　　　（清）张怀湔

（大几明窗四坐清）

困园假山成二绝（困园本是水为国）（清）李调元

（有石玲珑似太湖）

前题（愚公移得此山至）　　　　　（清）张怀湔

（岩岩气象崚嶒骨）

荷花池红梅书屋落成（也有亭台

　　也有船）　　　　　　　　　（清）李调元

环翠轩（偶从环翠轩中坐）　　　　　　　前人

万柳堂四首（大厦初成俯碧波）　　　　　前人

（长安曾忆晓风吹）

（小西湖畔四围清）

（凤州曾见好垂杨）

和李雨村万柳堂原韵四首

　（别墅新堂映碧波）　　　　　　（清）何人鹤

（休说关山玉笛吹）

（南村袅袅各垂青）

（花开桃李间青杨）

小西湖看荷（谁开玉镜泻天光）　　（清）李调元

小西湖杂诗（小溪湖上柳条多）　　（清）何人鹤

（点点猩红映碧纱）

过访困园四桂轩（风雨过朝好驻车）（清）张怀湔

同张怀湔作（无端风浪走天涯）　　（清）李调元

精泉（明月坡前明月圆）　　　　　（清）何人鹤

（魏野山人嗜好殊）

河村(今年下雨太纷纷)　　　　　　(清)李调元　｜词

(菱溪衝雨过菱溪)　　　　　　　　　　　　　贺新郎(白马原非马)　　　　　　　　　前人

南村(南村乐事我能知)　　　　　　　前人　｜巩树斋广文传　　　　　　　　　(清)李桂林

49. 同治续修罗江县志

二十四卷　（清）马传业修　刘正慧等纂　清同治四年刻本　《中国地方志集成·四川府县志辑》(第二十二册)影印本

卷二十四　艺文志

50. 民国绵竹县志

十八卷　王佐、文显谟修　黄尚毅等纂　民国九年刻本　《中国地方志集成·四川府县志辑》（第二十二册）影印本

跋宇文中允传	（宋）张栻	张宣公书像赞	（清）罗伦
闻讣祭张魏公文	（宋）王十朋	谒南轩先生祠因怀魏公故里即次	
闻葬又祭文	前人	壁间石刻原韵（中原竟断大河南）	（清）黄步清
祭张魏公墓文	（宋）朱熹	咸丰甲寅谒张南轩先生祠二首	
先贤谱论		（主敬存诚道力坚）	（清）张香海
复宗法议	（清）冯桂芬	（修竹千竿隐小楼）	
九河鸣文		光绪乙酉初春乞假赴绵竹谒张宣	
重建绵竹县学记	（明）杨淮	公祠堂恭赋（南渡纷纷议战和）	（清）黄云鹄
募修文庙文	（清）陆箕永	（鹅湖鹿洞木同群）	
重修绵竹县文庙碑记	（清）杜兰	清高宗岳忠武王论	（清）乾隆
圣庙两庑暨戟门灵星门续修募化小引	（清）杨上容	绵竹县宋岳忠武王庙牌记	（清）张熙庚
辨关帝壮缪谥	（清）黄成章	历整岳武穆祠碑记	（清）黄步青
土主祠记	（清）王一正	重修绵竹县精忠观记	（清）李莲生
新建诸葛都护父子墓祠记	（清）安洪德	城隍庙万年灯碑文	（清）陆箕永
源机禅师建立诸葛双忠祠功绩碑记	（清）李调元	绵竹县乡忠祠碑	
重修拜殿功德碑记	（清）张怀湉	征求前清杨京卿事实著述令	（清）陈廷杰
诸葛祠重建山门并培修祠宇记	（清）钟灵秀	杨先生祠堂记	（清）黄尚毅
汉诸葛忠武侯传论	（宋）张栻	杨先生祠成己未正月小门生黄武毅	
诸葛武侯象赞	前人	亦铸像立庙滇南（美尽西南友与师）	前人
创修姜平襄侯祠堂记	（清）贾文召	孔庙乐器碑	（清）柴作舟
进德堂记	（宋）杨师鲁	举行乡饮酒礼说	（清）吴一璜
致昌鹿门明府复张魏公祀典书	（清）易泉斐	绵竹竹枝词十首（村墟零落旧遗民）	（清）陆箕永
张魏公祠联	（清）杨聪	（队队番夷作活来）	
改崇正祀以端风化告绵竹士民说	（清）安洪德	（和骡圣声杂笙箫）	
尊经阁记	（明）杨名	（山村社戏赛神幢）	
新建南轩祠碑记	（清）吕华宾	（一三五八四门场）	
张宣公祠记	（清）张继	（线磴回盘万仞冈）	
张敬夫赞	（宋）朱熹	（窄窄田塍浅浅塘）	
张南轩先生赞	（宋）吕祖谦	（花牒从将五恨留）	

51. 同治安县志

三十二卷首一卷　（清）余天鹏修　陈嘉绣等纂　同治三年刻本

卷三十一　艺文志

送胡鼎文同知赴安州诗（别驾安州去）　　（明）贝琼

城峰诗（山茫茫处水茫茫）　　（清）赵珀岩

自山归诗（穿萝载酒畅游情）　　（清）秦宗伊

赠悬石和尚诗（九峰宝刹远尘迹）　　（清）李如柏

雨霁游九峰精舍诗（雨霁贪游未减痴）（清）蔡维镇

游大安山诗（禅关乍入远尘封）　　（清）简昌璘

游大安山赋赠际德上人诗

　　（苍莽深林曲岛间）　　（清）陈樽

题大安山一草亭额后诗

　　（棕柱竹椽茅作覆）　　（清）秦武域

留别诸父老诗（圣代重守令）　　前人

赠赵纬诗（巴西有一士）　　前人

赠广文刘文山诗（家风留清操）　　（清）陈汝亨

浮山感旧诗（记别浮山十二年）　　（清）孙珘

大安山九峰精舍诗（十月汶阳霜未寒）（清）顾稷

汶江书院雨怀诗四律（峰照虚窗翠）　　前人

（奇字絷游踪）

（读有金银误）

（晚晴风动竹）

和沈蕺山浮山得句诗（吾闻罗浮山）　　前人

憩九峰精舍诗（上方幽径夹杉松）　　前人

大安山九峰精舍诗（云台昆季喜萧间）（清）张仲芳

恩达道中寄汶江山长顾德草诗（回

　　首京华别）　　前人

登浮山牡丹盛开因怀德草蕺山惜峰诸

　　君即次壁间原韵诗（蜀中山水佳）　　前人

次吴惜枫登浮山原韵诗（平生好游览）　　前人

春日自曲山抵石泉望禹穴即呈郑瓒

　　文同年诗（春日山行曲山曲）　　（清）赵巂

呈邑侯郭人庵夫子十六韵诗（当代文章伯）　　前人

游城武庙题住持僧正印诗

　　（路出东门尽是山）　　（清）李调元

题文昌宫洗墨池诗（何处乘凉有好风）　　前人

（不是仙居那有池）

题住持道官刘阳义诗（道家本与蓬莱近）　　前人

题赠道童来遂诗（道家好清净）　　前人

大安山九峰精舍诗（皂盖招游践宿盟）　　前人

大安山九峰精舍诗（名山真足镇安州）（清）李鼎元
文

书何易于事　　（唐）孙樵

兴福寺碑记　　（明）刘九思

文昌楼记　　（明）易以巽

重修儒学碑记　　（清）李鉴

重修罗浮山飞鸣禅院记　　（清）赵珀

重修东山阁记　　（清）郑羽逵

重修安县学记　　前人

增修安县学记　　（清）吕功

文昌宫讲书亭记　　（清）陈汝亨

重修明伦堂记　　前人

天后宫记　　前人

建广济桥记　　前人

城隍庙修葺完竣碑记　　（清）吴廷芳

培桂亭记　　（清）秦武域

城隍庙碑记　　（清）李标

重建汶江书院碑记　　（清）张仲芳

汶江书院字藏碑记　　前人

翼泉亭记　　（清）顾稷

重建武庙碑记　　前人

重修河堤记　　（清）张仲芳

52. 道光石泉县志

　　十卷　（清）赵德林等修　张沆等纂　道光十四年刻本　《中国地方志集成·四川府县志辑》（第二十三册）影印本

卷之十　艺文志

文

乞还总兵何卿疏	（明）张时彻
议征白草五事	（明）何卿
禹庙记	（宋）计有功
魏侯祠记	（宋）史子申
重修石泉县学记	（明）朱琳魁
重修军治记	杨音□
平白草番记	（明）张时彻
何公生祠记	（明）高第
志略序	（清）田邰苗
创建酉山书院记	（清）倪承宽
武圣殿记	（清）姜炳璋
重建夏禹王庙	前人
禹穴考	前人
石泉县志序	前人

卷之十　艺文志

诗

送姜白岩之官石泉（稽古循吏传）	（清）倪承宽
石纽歌（石纽盘盘摩青天）	（清）姜炳璋
白草歌（明运当中叶）	前人
（天朝振钺赫神武）	
石泉八景诗	（清）佘炳虎
酉山积翠（延山翠竹碧玲珑）	
奎阁连云（叠叠青山路几重）	
索桥晓渡（烟雨苍茫翠满楼）	
禹穴听泉（灵岩秀石本天成）	
悬崖滴水（万丈高崖远隔埃）	
石纽停云（烟萝绕处石崚嶒）	
双江分色（山到平坡水到头）	
血石流光（白石红斑点点新）	

53. 民国北川县志

八卷首一卷　杨钧衡等修　黄尚毅等纂　民国二十一年石印本　《中国地方志集成·四川府县志辑》(第二十三册)影印本

创建西山书院记	(清)倪承宽	禹穴考	(清)姜炳璋
送姜白岩之官石泉	前人	跋川北禹穴岣嵝石纽碑	(清)黄尚毅
北川艺文志小序	(清)黄尚毅	大小禹穴跋	(清)董得科
东坡与王郎启墨宝	(宋)苏轼	禹穴歌(百年无事兴礼乐)	(清)黄尚毅
黄尚毅跋	(清)黄尚颜	曲山关(为善如登不作难)	前人
赵孟頫书养竹记	(元)赵孟頫	(石泉岩邑古西封)	
吴宽跋	(明)辰宽	和黄仲笙先生禹穴歌步原韵	
黄尚毅跋	(清)黄尚毅	(关外忽传入倭寇)	(清)董得科
岣嵝碑跋	(明)高简	禹穴听泉(灵岩秀石本天成)	(清)余炳虎
曲山关记	(清)董得科		

54. 内江县志

八卷首一卷　曾庆昌原本　易元明修纂　民国三十四年石印本　《中国地方志集成·四川府县志辑》（第二十三册）

卷六　艺文志

诗

唐

赠范金卿（君于枉清盼） （范宰不买名）	（唐）李白
别范金卿（青山横北郭）	（唐）李白
赠兄诗（洛阳纸价因君贵）	（宋）范元凯
题翔龙山（城南山头春草生）	（宋）蔡德裕
习仪资圣寺（乱山稠叠苦纷纭）	（宋）侯亮
游圣水寺偶成（尽日苦征赋）	（宋）蔡逸
游圣水兴慈寺（二月春事半）	前人
柱湖澄碧（秋满花县城）	前人
送五清先生赴浙江提学歌 　（天台文宿冲紫霄）	（明）何景明
贬岭南别亲友（晚出黄门下九霄）	（明）萧文绶
春日泛江吟（九旬逸老日休休）	（明）阴子淑
九日登西林（山奇临寺一纵观）	（明）田登
三堆寺陪饮高太和（滇南冀北两言归）	（明）卢雍
和卢师邵题圣水灵湫（步入招 　提眼界宽）	（明）高公韶
和前韵（达人怀抱此能宽）	（明）张潮
醮坛月夜（瑶台醮空碧）	（明）吴讷
桂湖澄碧（桂湖潆清波）	前人
东林晚眺（东林飞阁傍江干）	（明）吴玉
醮坛月夜（方上烧丹液）	前人
般若寺灵芝台（拳头行道影）	前人
江莲歌（泮宫之前）	（明）刘瑞
同故人饮东林江阁（短棹南来又几程）	前人

凌风台观桃（红霞千树武陵弯）	前人
游翔龙山（与客山行日未斜）	（明）李克嗣
孟市舟中（万斛舟中橹一声）	前人
华岩江上（渡口遥听渔人歌）	（明）田玉
登高峰寺（白云万片拥遥岑）	（明）高公韶
资圣山下闻笛（日午禅林坐幽寂）	（明）王一言
送高三峰守大理（赤凤青骢近侍臣）	（明）杨慎
赠高白坪草堂（税驾辞薇省）	前人
圣水歌（石发拂栏□幽泽）	前人
过圣水寺赠赵大洲（起凤才华锦水头）	前人
题高司徒五老图（曾是高堂挂五枝）	前人
长乐山下杨□岩（楼头图画自天开）	前人
送张潮册封唐邸因归省母（鸣玉遥持节）	前人
又因张潮早发至古店回诗见寄次韵 　（开辖虚投夜）	前人
又闻张潮偕金鹤卿有彭门之会疾不 　容陪（一别黄金万里台）	前人
题醮坛（中川城外旧仙坛）	（明）黄福
题华尊寺（华尊清高地少邻）	前人
题三堆寺（三山屹立天之表）	（明）熊荣
过桦木镇拜五清观先生茔 　（秋云淡淡暗鸥汀）	（明）陆时雍
江上三峰歌（白龙天轿鲛绡薄）	（明）赵贞吉
龙山挹翠和朱真人（长生仙老炼黄芽）	前人
书圣水岩石（烂醉岩前抱玉琴）	前人
报恩寺（娑竭光中碧眼仙）	前人
书全像寺（昔有高世士）	前人
再游报恩寺（自我辞紫禁）	前人
题文曲峰碑有序（露布平戎骑满山）	前人

壬申春与同人修志资圣山房纪事

　　（为修邑谱入禅关）　　　　　（明）高如松

春日送庠师花芝房致仕还川北

　　（花飞有意乐林园）　　　　　　　　前人

省耕憩隆教寺次祝双塘壁间韵

　　（野航张巨彩）　　　　　　　（明）周竿

其二（待月速星轺）

和前韵（地迥绝尘轺）　　　　　　（明）陈力

和前韵（古刹驻公轺）　　　　　　（明）高公韶

和前韵（来访招提静）　　　　　　（明）王之臣

和前韵（循省劳劳出）　　　　　　（明）喻柯

祝双塘壁间原咏（两嶪山川暗）

其二（隆教憩尘轺）

明邑令周东陵竿省耕憩隆教寺次祝

　　双塘壁间韵邑绅和诗前志摘录佳

　　者今以明代诸家稿佚不忍弃之故

　　为补录（隆教宿傅佳丽地）　　　（明）陈力

（晨过隆教寺）　　　　　　　　（明）张作襄

（空门幸接轺）　　　　　　　　　　前人

（水作之玄抱）　　　　　　　　（明）吴瑯

（有客驻星轺）　　　　　　　　（明）喻曜

九日登西林寺（九月重逢游九日难）（明）罗晃

前题（采采东篱菊又黄）　　　　（明）陈经

寻诸葛井故址（云盖丹丘顶）　　（明）梅友松

九日登九子峰（襄萸载酒出城南）　　前人

大洲（水光山色淡明空）　　　　（明）刘养民

三堆纪胜（锦江雄镇势崔嵬）　　（明）刘养仕

游圣水湖亭（尘缰掣断走疏狂）　（明）邓翰

夏日圣水漫兴（熏风阜物正咸和）　　前人

葛仙胜迹（无人识得葛仙翁）　　（明）邓廷正

春游凌风台（春拥瑶台紫氣重）　（明）邓才正

重九游西郊雨中（重阳风雨暗郊扉）（明）邓九容

冬日元溪洞观樵闻笛见猎

　　（溪上坐磐石）　　　　　　　（明）邓林材

咏元溪洞口桃花（洞口元溪野水）

玉皇观纪兴（长夏移樽白玉泉）　（明）周瑶

望江楼纪兴（野云山色带萦回）

北浒渔矶谒赵文肃公祠

　　（鼎铉功业一鸿毛）　　　　　（明）周世科

登长生观凌风台（孤亭高插碧山东）（明）游官

西林纪兴（雨拂禅关玉漏长）

醮坛山夜月（依微斜月下江干）　（明）段民

华萼春晖（雨过园林翠作堆）　　　　前人

龙洞朝云（万山深处有重渊）　　　　前人

书楼画锦（高楼直上依晴空）　　　　前人

桂湖澄碧（江上平原一桂湖）　　　　前人

登高峰寺（古寺凌霄野雾濛）　　（明）刘翾

又小春登玉屏山（玉屏山上锦屏开）　前人

秋日游般若寺（招提开艳顶）　　（明）王三锡

西林宴别（月色江声别路长）　　（明）邱齐云

立春日登西林寺（春阳初煦景新收）（明）姚宗尧

同龚侍御怀川游西林寺

　　（偶寻山寺听钟声）　　　　　　　前人

题石笋山（奇石何年夺化工）　　（明）梁洪化

佛窟寺和胡邑尹（佛去空留窟）　　　前人

佛窟寺（可畏炎天候）　　　　　（明）何祥

龙洞观（枫林晚黄叶）　　　　　（明）刘彩

题醮坛夜月（生涯回北里）　　　　　前人

游挹翠亭（信步登云阁）　　　　　　前人

梧桐溪（梧桐清溪景色幽）　　　（明）李义嗣

五云寺送李寿溪（一骑苍山晚）　（明）李点

登高峰寺有感（高峰突兀一登游）（明）杨一瑞

长生观怀古（挹翠寻真印）　　　（明）杨祜

登江楼（一叶下沧洲）　　　　　（明）晏珠

极乐楼（杰阁笼岩出上方）　　　（明）龚懋贤

（极乐楼开古刹傍）

（烟龙峭壁远苍苍）

崇祯壬申资圣山房纪事

　　（家住玉溪头）　　　　　　　（明）杨所修

复居慈云庵（清江客榻老僧邻）　　　前人

寄夫会试（旅食京华岁月多）　　（明）汪氏

上元观灯（万籁玲珑漾水晶）　　　　前人

归自京华舟中作(河水急如箭)　　　　　　(明)李氏

圣水亭宴集二(避俗远从山馆)　　　　　　(明)史旌贤

(水圣偏怜诗圣)

题西林上寺(清虚直上野云收)　　　　　　(明)胡承诏

西林下寺(诸法无边一藏收)　　　　　　　前人

游小龙寺(万里清江一只船)　　　　　　　(明)潘棠

雁塔秋香(俊髦弦诵育菁莪)　　　　　　　(明)湛礼

游西林寺(老衲通三昧)　　　　　　　　　(明)王同道

咏三堆(禅宫拂拭倒金壶)　　　　　　　　(明)胡川楫

游资圣寺(披棘层阶上)　　　　　　　　　(明)周然

游三堆山(荆棘林中古佛堂)　　　　　　(明)邓霍山人

登渔台(七龄犹犯锦江杯)　　　　　　　　(明)丈雪

题明道人雷坛花树(琼枝玉树属仙家)　　　(明)张三丰

题化龙山(郭外郊西柳色芽)　　　　　　　(明)朱真人

题冷然洞(江山秀丽有奇峰)　　　　　　　前人

(不踏软红尘)

游般若寺(枯藤百折几攀萝)　　　　　　　(明)张平

黄市舟中答人(舟子问予何往还)　　　　　(明)张资

玄溪洞访邓氏伯仲不遇

　　(玄溪洞口访仙郎)　　　　　　　　　前人

游般若灵芝岩(一方明月千尊佛)　　　　　(明)张应登

张明辅别号古山述十龄初作并后序　　　　(明)张明辅

　　避兵道上(世事恍如梦遽遽)

　　往梅家寺(野望黄烟断)

　　往老君山洞(傍岩结屋便为家)

　　归跳墩祖庄(陶令自为五柳传)

　　又月夜怀范仲阍(旅舍无人愁月明)

游西林寺(翠微深处寺门开)　　　　　　　(明)杨化贡

(一个蒲团七尺床)

寿同里黄天文先辈(汉安托迹比桑麻)　　　(明)杨桐

张贞女诗四十三韵(鸾孤不双栖)　　　　　(明)杨化元

江阁晚眺(余霞散绮水铺罗)　　　　　　　(明)何显祖

鹭澜洞刻诗(信步山中一径通)　　　　　　(明)刘承祐

(一曲西江白鹭洲)

游西林寺步姚惟一原韵

　　(丈人携我听江声)　　　　　　　　　前人

留别内江士民(一年鞅掌累临戎)　　　　　(清)徐灼

(敌台棋布耳城高)

(焚掠更翻万骑屯)

(夺隘撄峰咽鼓鼙)

(积债如山看此行)

(愁听阳关四叠歌)

(豕狼奔突费惊猜)

(陆通舆马水行舟)

留别汉安士民四首

　　(秋风未起动离愁)　　　　　　　　　(清)张兆兰

(衣冠犹具古时风)

(匆匆捧檄住江干)

(来时书剑去时装)

甲申夏五郭君滋圃诸人重过古

　　高桥作古高桥长歌落之

　　(中川之水走如盘)　　　　　　　　　(清)王果

吊周显承(打虎美威世寡俦)　　　　　　　(清)周学濂

游莲花庵(汉安西郭外)　　　　　　　　　(清)陈功亮

邑南青杠坪有张三丰仙人井

　　(仙丹碧沉沉)　　　　　　　　　　　前人

登太白楼怀古(白子白子仙之偶)　　　　　(清)熊飞

张潮坟图(岂有丛枝生竹策)　　　　　　　(清)高敏良

内江道中(文物声名聚此间)　　　　　　　(清)卓秉恬

旅馆登楼(手拓西窗日影偏)　　　　　　　前人

乙酉十一月二十四日奉怀王六泉同年

　　(关里能安自在身)　　　　　　　　　前人

祝卓秉恬六十寿(传来佳话满江乡)　　　　(清)晏思垲

登插剑山(谁将石剑插江头)　　　　　　　(清)晏思洛

游鹭澜洞诗　　　　　　　　　　　　　　(清)胡薇元

鹪鹩洞(尔雅喻桃虫)

华萼洞(瑶华长不落)

鹭澜洞(故国冥鸿渺)

小有洞(空洞原无物)

景文洞(洞门多白云)

耳亭山(单椒忽秀出)

二乐堂(我闻至人心)

蠲园(云何见神奇)

(庄周论齐物)

西园观菊(渚荻汀苹花正开)　　　(清)曾庆昌

(亦清亦雅亦繁华)

(此地重来绝俗情)

(世尚纷华避者谁)

赋

唐

花萼楼赋　　　(唐)范崇凯

明

掌石赋　　　(明)赵贞吉

清

太白楼赋　　　(清)张兆兰

卷七　艺文志

宋

内江县重修儒学记　　　(宋)邓棐

萬里城记　　　(宋)刘达之

相机岩机　　　(宋)郭明道

雁塔题名引　　　(宋)李正炎

明

庙学重修记　　　(明)刘定之

新城记　　　(明)周洪谟

修学记　　　(明)郭棐

中州十景记　　　(明)康振

道法会同疏　　　(明)张三丰

科贡题名引　　　(明)杨慎

双节坊记　　　前人

科贡题名记　　　(明)高公韶

自陈疏　　　(明)赵贞吉

自陈疏　　　前人

论营制疏　　　前人

乞致仕疏　　　前人

乞致仕疏　　　前人

劝农记　　　(明)杨名

陇右道门秦锡佑图书序　　　(明)秦藩

长江万里图记　　　(明)门克新

杨文忠公墓祠碑记　　　(明)赵贞吉

刘文简文集序　　　前人

署篆本元马公生祠碑记　　　(明)郑璧

迎恩阁碑记代作　　　(明)黄似华

南社仓赎买基房小记　　　(明)胡承诏

内江修建膳堂学仓记　　　(明)刘翾

厘正土主名号记　　　(明)高镛

赵文肃公先生谱序　　　(明)邓林材

监察御史王君慕吉墓志铭　　　(明)吴伟业

季考谕　　　(明)韩莱曾

祝姜太史松亭山长寿序　　　(清)锦江书院诸生

内江县增筑城垣碑记　　　(清)张籀

内江县新铸守城枪炮记　　　(清)张□

南关新建禹庙记　　　(清)许源

重修内江龙王庙引　　　(清)徐丰

重修东关禹庙记　　　(清)王果

新建惠民宫记　　　前人

劝公举节孝启　　　(清)顾文曜

纸钱会碑记　　　前人

社稷坛重建序　　　(清)刘一衔

内江县重修万寿亭落成仿柏梁体
　一百韵(圣人有道临万方)　　　(清)顾文曜

重修文昌庙碑记　　　(清)弓翊清

重建三元塔碑记　　　前人

复修三元塔序　　　(清)艾荣松

增修永兴桥序　　　(清)王超

建修四美桥碑记　　　(清)弓翊清

见龙桥碑记　　　(清)顾文曜

古高桥坊记　　　(清)弓翊清

圣水寺碑记　　　(清)宋廷桢

圣水寺新建集福塔记　　　(清)王果

诰授文林郎保宁府教授刘公挽词

义行传　　　(清)王果

苏海泉象三父子合传　　　(清)谭言蔼

庄厚苏公暨孝慈杨孺人状略　　　(清)曹锡龄

55. 道光乐至县志

十六卷首一卷　（清）裴显忠修　刘硕辅纂　同治八年据道光二十年刻本增刻　《中国地方志集成·四川府县志辑》（第二十四册）

卷二　地理志　山川

砚山即事（居官若好游）	（清）陈瑞图
寻梅登砚山（访梅穷深山）	（清）张松孙
砚山拱案（晨夕静相对）	（清）尤秉元
砚山古梅（老干独凌寒）	前人
砚山即事（万峰招我上嵚崎）	（清）何显达
砚山放歌（终古此宇宙）	（清）李天锦
夜登西岩玩月（山城落日凉风度）	（清）张松孙
同作（郁郁城西岩）	（清）张智莹
龟山（四灵标瑞应）	（清）张松孙
修姑嫂坎路记	（清）杨佐龙
西炉归喜见姑嫂坎路修竣有作 　（几年姑嫂路）	前人
大小天柱山记胜（翠峰高峙五云端）	前人
（名山得伟名）	（清）张智莹
望笔山（谁抛不律白云堆）	（清）杨佐龙
乐至池赋	前人
乐至池（数亩方塘鉴里开）	前人
洗马潭（神骏浴往日）	（清）胡仲臣

卷四　建置志

新修乐阳城记	（清）唐莹
衙东斋记	（清）裴显忠
坦荡亭记	（清）杨佐龙
莱泉记	（清）裴显忠
衙斋十箴	前人
知稼台箴（伊维官赋）	
求牧坡箴（诗咏骒牝）	
莱泉箴（泉之深）	

琴舫箴（於维乐统）	
碧香阁箴（不素胡色）	
水鉴轩箴（渊宗息渊）	
冰壶秋月之室箴（壶以冰清）	
话雨廊箴（环乐皆山）	
小天池箴（濙然者泓也）	
坦荡亭箴（超然太虚）	
新建试院记	（清）胡丕昌

卷六　建置志

改迁学宫记	（明）张仁声
建复学宫记	（清）白云麟
重迁学宫记	（清）杨佐龙
象鼻山重建文庙记	（清）黄斌
重修文庙碑记	（清）张人龙
奎光阁记	（清）谭言蔼
城隍庙碑记	（清）王任
寇莱公祠堂记	（清）裴显忠
偶题（观阁云霄近）	（清）王应鹍
新建南华宫碑文	（清）王炳瀛
壬申九日宿倒流镇禹王宫（此 　地非高处）	（清）陈瑞图
倒流镇讲约宿禹王宫（江上 　词源记倒流）	（清）龚佩兰

卷七　建置志

重修乐至天池书院碑记	（清）黄斌
书院取租各产附记	前人
天池书院遵守规条记	（清）叶宽

56. 道光安岳县志

十六卷首一卷　（清）蒲瑷修　周国颐纂　清道光十六年刻本　《中国地方志集成·四川府县志辑》（第二十四册）

卷六　古迹志

贾司仓墓志铭	（唐）苏绛
吊贾浪仙（谪宦自麻衣）	（唐）杜荀鹤
（倚恃才难继）	（唐）程锜
（先生不折桂）	（唐）曹松
（一第人皆得）	（唐）李洞
（贾子命堪悲）	（唐）薛能
（秦楼苦吟夜）	（唐）李频
（忽从一宦远流离）	前人
（燕生松雪地）	（唐）僧宏秀
（雕琢文章字字精）	（唐）崔涂
（尘室寒窗我独看）	（唐）刘沧
（水绕荒坟县路斜）	（唐）郑谷
（曾搜景象恐通神）	（唐）黄滔
（此台如可废）	（唐）归仁
（渡江始见长江县）	（宋）孙谔
（声名自古多身患）	
（生为明代苦吟身）	（唐）张蠙
（乱峰青抱石溪寒）	孔□□
（百里桑干绕帝京）	（明）李东阳
（泪尽穷辕得旧京）	（明）顿锐
贾岛故宅（寂寞长江簿）	
登安泉山拜贾岛仙墓有序	
（苦吟一卷动千秋）	（清）刘庆适
（谁怜诗骨在山根）	（清）陈之恔
（空留白骨瘗安泉）	（清）徐紫芝
（深山冷翠微）	（清）沈清任
（此地遗仙蜕）	前人
（荒草西风里）	（清）徐观海
（归计生前恨）	前人
（乱山围四野）	（清）胡步云
（生为韩孟友）	前人
（明月长江阅古春）	（清）李光绪
（瘦尽诗魂尚有神）	前人
（细路平冈断壁隈）	（清）厉之锷
（竹寒沙碧水之涯）	（清）朱云骏
（偶遂淡泊游）	（清）朱琦
（池边仍夜月）	（清）王应鹍
寄题瘦诗亭（风树洒泠泠）	（清）吴省钦
（白苎青山曲）	前人
（迹往诗名在）	（清）洪成鼎
瘦诗亭铭（露草团绿）	（清）徐观海
瘦诗亭记	（清）吴省钦
重新瘦诗亭并建坊跋	（清）裴显忠
陪章留后宴南楼诗（绝域长夏晚）	（唐）杜甫
夏夜登南楼（水岸寒楼带月跻）	（唐）贾岛
贾墓杜楼序铭	（明）戴敬辰
工部楼（子规啼破月明空）	（明）黄承曾
（当年匹马去长安）	（明）康绍祖
（蜀都为客五经秋）	（清）王应鹍
读易洞（大云山白云飞）	（清）张松孙
（高隐千秋溯白云）	（清）朱云骏
翰林洞（古洞何年凿）	（明）王守贞
（前修遗迹后人看）	（明）杨思震
葛仙井（藤萝交映莫知年）	（明）陶允
（真人种满白玉霜）	（明）黄思烈
希夷池（一区重凿继希夷）	（明）杨廷仪
（方池多景趣）	（明）王守贞

吊先哲刘文龙洗墨池词(幽幽哲人)	(明)李有成	安岳山(何事日徘徊)	(明)胡缵宗
钓鳌台垂柏诗碑(岳阳风景真雄奇)	(明)李奇英	云居山(不上云居二十年)	(宋)冯山
(阳溪九曲绕簧宫)	(明)徐慎	(山中古寺石头路)	(明)王凤
(龙山灵异产洪材)	(明)黄承中	云峰山(峰上青云若个深)	(宋)冯澥
流杯池(胜日乘春出讲帷)	(明)颜公辅	(早炊千佛一炉香)	(明)崔旻
(争说兰亭趣何如)	(明)王守贞	(雨余风日正清清)	(明)杨明
均逸亭(亭宇跨城端)	(宋)文同	挂钟山(有山高出云)	(明)吴宪
东溪亭(短彴透迤渡)	前人	鱼龙山(南北登临此日情)	(明)王缙绅
碧厓亭(断巘绿溪边)	前人	香云山寺(绝胜丛林已遍参)	(明)汤佐
达观亭记	(明)杨思震	(取得如来四大经)	
岁暮采药经行普州道中感图南		香云山记	(明)邹长源
老人故墟把酒酹于其社怅然		孔雀山(晚下万云堆)	(明)刘天民
书怀二首(溪喧岸坼津树黄)	(明)任瀚	(闲步万峰堆)	(明)辛东山
(易数铺张赖有君)		宝积寺(薄暮临山寺)	(明)刘大谟
真相寺重刻摩崖古字记	(明)杨瞻	峰门山(邮亭午梦尚留醺)	(明)杨思震
净慧岩石像序铭	(宋)白麟	圣水山(荒山藏古刹)	(明)杨廷鹗
杜氏宝田铭	(宋)杜孝严	狮子山(屈曲道林寺)	(宋)杜孝严
茗山平寇录考	(清)邹绍京	三转山(五蕴山中绝往来)	(明)僧了悟
石刻诗(春阴柳絮不能飞)	(元)赵孟𫖯	回龙山(回龙百折度平冈)	(明)于瀛
(湘帘疏织浪纹稀)		大成山(清暇携壶陟大成)	(明)王缙绅
(古墨轻磨满几香)		**堤堰志**	
(竹林深处小亭开)		重修三元堤记	(明)杨思震
广慧桥题壁石刻诗(蜀道天开险)	(明)辛东山	重修三元堤记	(明)孙科
山川志		重修三元堤记	(清)沈清任
东林山(重上危峰思爽然)	(明)王缙绅	重修三元堤记	(清)徐观海
(凤山北去有东林)	(明)李思文	重修三元堤及新修迎恩隄证	(清)龚联辉

57. 嘉庆威远县志

六卷　（清）宋鸣琦鉴定　陈汝秋总纂　嘉庆十八年刻本

58. 光绪资州直隶州志

　　三十卷首四卷　（清）刘炯原本　罗廷权续修　何衮等续纂　清光绪二年刻本　《中国地方志集成·四川府县志辑》（第二十五册）影印本

卷二十一　艺文志

赋

洞箫赋	（汉）王褒
花萼楼赋	（唐）范崇凯
资中献白龟赋	（唐）独孤中叔
吊长宏赋	（唐）柳宗元
诛蚊赋	（宋）虞允文
八阵台赋	（宋）刘望之
掌石赋	（明）赵贞吉
井研县赋	（明）萧溥

骚

九怀	（汉）王褒
匡机（极运兮不中来）	
通路（天门兮坠户）	
危俊（林不容兮鸣蜩）	
昭世（世国兮冥昏）	
尊嘉（季春兮阳阳）	
蓄英（秋风兮萧萧）	
思忠（登九灵兮游神）	
陶壅（览杳杳兮世惟）	
株昭（悲哉于嗟兮心内切磋）	

诗

资州晏行营回将（几剑盈庭酒满卮）	（唐）羊士谔
郡中即事（晓风山郭雁飞初）	前人
泛舟入后溪（东风朝日破轻岚）	前人
（雨余芳草净沙尘）	
郡中玩月（月满自高邱）	前人
（桂华临洛浦）	
（圆景旷佳宾）	
郡楼酌酒（掾吏当授衣）	前人
西郊兰若（云天宜北户）	前人
郡守累年俄及知命聊以言志	
（南国疑通客）	前人
东渡早梅一树岁华如雪酣赏成咏	
（暇日留□事）	前人
题郡南山光福寺（传闻黄阁守）	前人
郡中咏怀（腰章非达士）	前人
寒食宴城北山池（别馆青山郭）	前人
资中早春（一雨东风晚）	前人
登郡前山（洛阳归客滞巴东）	前人
赴资阳径嶓冢山（宁辞旧路驾朱辋）	前人
雨后月下寄怀羊二十七资州	
（夕霁凉飚至）	前人
郡斋谈经（壮龄非济物）	前人
赠范金卿（君子枉清盼）	（唐）李白
（范宰不买名）	
赠兄（洛阳纸价因君贵）	（唐）范元凯
送陵州路使君赴任（王室此多难）	（唐）杜甫
还丹歌（欲究丹砂诀）	（唐）尔朱真人
游资县东岩（人事何时休）	（宋）何景南
游资县重龙山（何年卓锡倚层空）	（宋）刘大谟
府学十咏	（宋）李石
礼殿（蜀侯作泮锦水湄）	
石室（来为人所爱）	
殿柱碑（苍龙甲戌岁）	
左右生题名（蜀道难远天之涯）	
礼殿晋人画（成都名画窟）	

齐人画礼器(漆器侈初服)

黄筌画屏(阿筌千倾本胸中)

古柏(骄云落尽雪霜浮)

(思人谁复念婆娑)

秦城二绝(泮林堂后面峥嵘)

(堙成雄蝶绕残丛)

石经堂(我来一登石经堂)

到夔门呈王待制诗(手挈东风上水关)　　　前人

瞿塘峡(我行江南上峡来)　　　前人

资州路东津寺(山行无晨暮)　　　(宋)范祖禹

月夜船行入资州(忆昨卧碧山)　　　前人

资山(资山崖谷多神仙)　　　前人

(海阔横空锁蜀门)

(资水通巫峡)

(五月江流万里滩)

资治(县门依岩谷)　　　前人

醮坛山(醮坛高依碧云开)　　　前人

资中秀岩堂(长对江山即解颜)　　　(宋)虞允文

资水桥(二里桥头车马行)　　　(宋)张方

泊舟别故(瓣香杓杜老先生)　　　前人

游圣水寺偶成(尽日苦征赋)　　　(宋)蔡逸

游圣水兴慈寺(二月春事半)　　　前人

题化龙山(郭外郊西柳色芽)　　　(宋)朱真人

题冷然洞(江山秀丽有奇峰)　　　前人

三山即事(百货随潮船入市)　　　(宋)龙昌期

题龙岩寺文与可怪石墨竹

　(浅梢疏节似潇湘)　　　(宋)李新

冬夜(寒气侵人夜未央)　　　(宋)陈祐

利济桥亭(大夫官业世所惊)　　　(宋)韩驹

谢钱珣仲惠高丽墨(王卿赠我三韩纸)　　　前人

出宰分宁别旧同舍(公车八千言)　　　前人

(念我行老矣)

(昔惭云阁姿)

(益昌划移文)

(阳山昔御史)

人鸣水洞循源至山上(崇山蓄灵泉)　　　前人

送里人陈会往见江西漕使

　(劝君少留持一觞)　　　前人

曾大父有诗云三春拂楬花黏袖午

　夜淘丹月在池舍弟子飞归蜀与语及此

　因取为韵十四首(去蜀初游楚)　　　前人

次韵何文缜种竹(杜陵野老觅桤栽)　　　前人

次韵何文缜舍人后省致斋(夜直

　沉沉浴殿南)　　　前人

赋徽宗赐何文缜御画双鹊诗二章

　(君王妙画出神机)　　　前人

(舍人簪笔上蓬山)

挽韩待制(珮声曾到凤凰池)　　　(宋)曾几

可笑口占七章(可笑庭前小儿女)　　　(宋)文同

(可笑陵阳太守家)

(可笑此公何太惑)

(可笑生平事迂阔)

(可笑为官太侥幸)

(可笑儿孙亦满眼)

(可笑山州为刺史)

谢苏子瞻寄惠陈希夷先生服唐福

　山药方(蜀江之东山色尽)　　　前人

飞泉山(东城兀高峰)　　　前人

含辉阁(晓川嘉树照双扉)　　　前人

清晓坐四天王院(杳杳天宇凉)　　　(宋)喻汝砺

挽虞丞相(负荷偏宜重)　　　(宋)杨万里

(保奭方为左)

(一老堂堂日)

题东山精舍(木落天清远岭多)　　　(宋)李壁

题龙岩寺文与可怪石墨竹

　(风雨劳先别)　　　(宋)程壬孙

隆州(歇马隆州借夕凉)　　　(宋)汪元量

自仁寿回成都(远乡思速去乡迟)　　　(元)虞集

怀瑞竹故园四首(闻道故园生瑞竹)　　　前人

(闻道故园生瑞竹)

(闻道故园生瑞竹)

(闻道故园生瑞竹)

题石笋山(奇石何年夺化工)	(明)梁鸿化	(傍水依山李氏庄)
绝命词(生平报国矢忠贞)	(明)张亮	(炊烟漠漠接云生)
(吾家理学世传名)		(曲岸朱栏抱一湾)
(念儿乳臭未成人)		(庭轩高敞势凌空)
寄外(旅食京华岁月多)	(明)汪氏	(不爱朝衫爱布衣)
上元观灯(万簇玲珑漾水晶)		(从来世事等浮云)
归自京华舟中作(河水急如箭)	(明)李氏	(长松百尺荫高楼)
伤怀(堪怜薄命际颠危)	(明)宋氏	(泼泼池鱼出水鲜)
题明道人雷坛花树(琼枝玉树属仙家)	(明)张三丰	(老夫自笑兴如何)
山中杂咏(春蚕化为蛾)	(明)宏忍	登瀛洲阁(资中秀溪幽) 　(清)王尔鉴
晚归西村(扁舟乘夜归)	(明)杨栻	九日登重龙(穿龍哉,重龙之山云根深) 前人
题虞文靖公所赋鹤巢诗后		龙结桥落成(龙结之镇洞水环) 前人
(玉堂罢直鬓如丝)	(明)高启	题高山观(寻春寻到高山观) 前人
隆山道中(西山褰裳渡)	(明)杨廷和	次明韩擢白兔亭韵(不尽云山千万重) 前人
赠吴泰(麟山十里光如射)	(明)赵贞吉	登资中奎文楼(空翠围楼星汉齐) 前人
八景诗(西川山水奇更雄)	(明)许□	秋日同王署牧登奎文楼奉和原韵
千佛寺(野寺溪桥外)	(明)李时达	(锁江飞阁带山溪) (清)文纬
前题(岩从溪涧突)	(明)陈修	阅城(枕峰连岭面江涛) (清)赵遵律
巡井研过三教寺(于役过招提)	(明)杜如桂	(蜒蜒蜿蜿龙赴渊)
谒八贤祠(三百年来姓字香)	(明)余承勋	(秦灰汉劫百千过)
夜月宿福泉寺(落照舍风急佛灯)	(明)云屏	(规山叠石费经营)
餐霞洞(朝晖扫雾翠凝松)	佚名	重九登重龙山(也向龙山约旧游) 前人
过井研(使车五载愧句宣)	佚名	(连峰诘屈傍城隈)
		(怀古登高复探奇)
		(弥望灵龛万佛岩)

资州直隶州志卷二十二　艺文志　诗

重龙晴岚(非烟非雾锁重龙)	(明)张鉴	白兔亭辨讹(炳灵洞开火峰顶) 前人
珠江夜月(珠江澄净暮云收)	佚名	甘露寺八观 前人
前题(晴江一曲自悠悠)	(明)张元电	甘露门(明镜台,菩提树)
古渡春波(渡头有客唤扁舟)	佚名	界泉(资中山水窟)
前题(遥望岷山玉垒东)	(明)夏宏	龙洞(元牝谷神长不死)
灵岩泉韵(灵岩日照紫烟生)	(明)张鉴	凤山(曾开鸑岭作)
醮坛云梯(仙侣登真去不还)	(明)赵弼	珠江(珠江古迹城南门)
盘峰暮雨(层峦盘结秀而幽)	(明)孙衡	金带桥(登瀛桥,状元宰相夸宋朝)
渔灯晚照(晚空声断数归鸦)	(明)苏秉彝	箕笃谷(平生爱竹)
时己巳秋因公过东里游李景莲先		众妙峰(四围山色)
生庄园十绝(一路溪山步步幽)	(清)王裕疆	又题甘露门(纷纷墨蚁火城趋)

界泉（流珠溅玉洒皑皑）

龙洞（狞狰怪石老龙蟠）

凤山（鸳舍鸡园半寂寥）

珠江（以珠名郡言殊远）

金带桥（砺碌危桥跨石溪）

筼筜谷（檀栾影聚一林烟）

众妙峰（倚仗层巅野兴豪）

甘露寺（祇园开净域）　　　　　（清）张邦伸

界泉（界岭横盘石）

龙洞（神龙隐深渊）

凤山（九苞矞德辉）

珠江（一水抱城南）

金带桥（双虹锁清溪）

筼筜谷（修竹贱如蓬）

众妙山（松林亘西南）

甘露寺（岩岩广济山）　　　　　（清）张怀洵

界泉（纵步碧山阿）

龙洞（山下郁灵湫）

凤山（万山回合处）

珠江（远望城南隅）

金带桥（雁齿横郊岸）

筼筜谷（修竹何亭亭）

众妙峰（寿山兴未已）

甘露门（甘露寺，开重门）　　　　（清）张怀湛

界泉（原泉浩荡来汹汹）

龙洞（山岸如厂如堂皇）

珠江（我行珠江上）

凤山（丹山高峨峨）

金带桥（雷霆走江声）

筼筜谷（我家自园沱水曲）

众妙峰（平生好游山）

甘露门（万山层叠争崔嵬）　　　　（清）张怀渭

界泉（看山路逶迤）

龙洞（众山磊磊如连鳌）

凤山（昨从秦栈过凤岭）

珠江（苌宏之血化为碧）

金带桥（石梁高跨联长虹）

筼筜谷（千竿插地影迷离）

众妙峰（一朵青芙蓉）

甘露门（垂杨庵霭伏狮蹲）　　　　（清）戴昶

界泉（濯足泉还可濯缨）

龙洞（风萝云木互钩连）

凤山（灵鹫飞来镇道场）

珠江（蚌吐蛇衔瑞彩敷）

金带桥（闻道西来布施多）

筼筜谷（月僧不俗多栽竹）

众妙峰（甘露峰高一瞬眸）

甘露门（青鸳兰若开）　　　　　（清）唐德襄

界泉（畛域惧分明）

龙洞（龙去洞云空）

珠江（玉水记方流）

凤山（文章五色新）

金带桥（春涨溪流急）

筼筜谷（为僧已不俗）

众妙峰（不是参寥僧）

重龙晴岚（暮霞朝日彩斑斓）　　　（清）刘炯

古渡春波（东风吹春来）　　　　　前人

盘峰暮雨（巉岘上无际）　　　　　前人

北田秋风（一线太逼仄）　　　　　前人

醮坛云梯（石骨撑突兀）　　　　　前人

珠江夜月（水汽之精者）　　　　　前人

渔灯晚照（空江一片秋）　　　　　前人

重龙晴岚（枕郭起重龙）　　　　　（清）苟珣

古渡春波（鸭头新水油油绿）　　　前人

盘峰暮雨（金乌初下夕阳低）　　　前人

北田秋风（秋来眺北田）　　　　　前人

醮坛云梯（苍翠云深处）　　　　　前人

珠江夜月（明月常在天）　　　　　前人

渔灯晚照（夕阳西下飞白鹭）　　　前人

课余有感（门外清溪溪外山）　　　（清）周暹

九日登石宝山（佩菊携萸上磴斜）　前人

前题（宝山信至宝之山）　　　　　前人

卷二十三　艺文志

文

59. 资阳县志

四十八卷　（清）范涞清等修　何华元等纂　同治元年据咸丰十年刻本增刻艺文　《中国地方志集成·四川府县志辑》（第二十六册）影印本

卷四十六　艺文志上

赋

洞箫赋	（汉）王褒
吊苌宏赋	（唐）柳宗元
汉宫人诵洞箫赋赋	（唐）黄滔

骚

九怀	（汉）王褒

诗

赠周处士（我行无岁月）	（汉）王褒
资中早春（一雨东风晚）	（唐）羊士谔
府学十咏	（宋）李石
礼殿（蜀人作泮锦水湄）	
石室（来为人所爱）	
殿柱碑（苍龙甲戌岁）	
左右生题名（蜀道虽远天之涯）	
礼殿晋人画（成都名画窟）	
齐人画礼器（漆器侈初服）	
黄筌画屏（阿筌千顷本胸中）	
古柏二首（骄云落尽雪霜浮）	
（思人谁复念婆娑）	
秦城二绝（泮林堂后面峥嵘）	
（堑成雉堞绕蚕丛）	
石经堂（我来一登石经堂）	
到夔门呈王待制诗（手挈东风上水关）	前人
瞿塘峡（我行江南上峡来）	前人
月夜船行入资州（忆昨卧碧山）	（宋）范祖禹
资山（资山崖谷多神仙）	前人
（海阔横空锁蜀门）	
（资水通巫峡）	
（五月江流万里滩）	
资治（县门倚岩谷）	
赠孝光寺僧琴轩（早向溪山得趣深）	（宋）张方
资水桥（二里桥头车马行）	前人
泊舟别故（瓣香杓杜老先生）	前人
王子渊祠（鞞煜灵芝发秀翘）	（明）杨慎
王褒墓（古路黄花映翠岑）	（明）郭棐
赵逵墓（雄文倚马万言成）	前人
百福寺（百福前朝寺）	（明）方向
次韵（金银萧寺古）	（明）周谟
（使尘三月扰）	前人
次韵（云外千山杳）	（明）张元电
游书台二首（汉家谏议有书台）	（明）李中
（曾于读史读遗文）	
金安寺三首（一叶曾浮画里舟）	（明）方向
（宝峰山下暂停舟）	
（身世飘飘不系舟）	
白莲池（未许兰舟唱野塘）	（明）何渊
觉林寺题壁三首（旌旆摇摇驿路过）	（明）郑毅
（静定功夫自转车）	
（尘梦昏昏半未醒）	
觉林寺午饭（觉林迁入十分清）	（明）李中
过觉林寺（别去念年后）	（明）几山
再喝穆公韵（山结精英水带清）	前人
重过觉林寺并序（学士兼官使玉清）	（明）笑笑子
读觉林寺石刻诗（江上觉林寺）	（明）高公韶
觉林寺次韵（暗林一径入）	（明）张叔安
觉林寺次韵（一榻茶烟鹤梦醒）	（明）周廷用

资阳张氏族谱序	(清)吴省钦	塔成祭告城隍文	前人
蜀志外编自序	(清)詹尔庚	可可夫传	(清)周文言
蜀志外编序	(清)周煌	苍水王先生传	前人
四书读本通自序	(清)周文言	募修九龙寺疏	(清)陈珽
张命钦剑南小草序	前人	县摩崖跋	(明)杨慎
王香谷遗诗序	(清)张礼源	改建城隍祠碑	(明)何渊
四子讲德论	(汉)王褒	甘露庵夏公生祠碑	(明)冯修吉
祈雨祝城隍文	(清)张德源	移金马碧鸡文	(汉)王褒
塔成祭告山神文	前人	中江考	(清)蔡泽修

60. 民国简阳县志

二十四卷首一卷末一卷　附诗文存　林志茂等修　汪全相等纂　民国十六年铅印本　《中国地方志集成·四川府县志辑》(第二十七册)影印本

简阳县诗文存序	（民国）林志茂
简阳县诗文存序	（民国）汪金相
简阳县诗文存序	（民国）方于彬

简阳县诗文存卷一

诗　宋

运司园亭（高牙负北郭）	（宋）许将
（朱堂俯玉谿）	
（重楼起城阴）	
（海棠冠蜀花）	
（蜀地山四维）	
（阑下窦流长）	
（引泉注清渠）	
（茨茅以为庵）	
（飞阁出方池）	
（扃然沟上亭）	
游麻姑山（谢公好登山）	（宋）刘泾
（溪行爱宛转）	
（石鼓埋入地）	
和米元章龙真行（秦火荡焚天地赤）	前人
元章好古过人书画惊世起余作歌	
（天下爱奇人没量）	前人
贺米元章得王右军破羌帖八十一字	
（隋珠荆玉烂生光）	前人
（宝晋不空来夜光）	
题韩溪（豪杰三从意气中）	前人
巉岈崖（苍崖如堂石如踞）	前人
和郡守刘巨济重开石门洞	
（谢公箕颍流）	（宋）朱筠

答刘巨济（刘郎收书早甚卑）	（宋）米芾
龙真行（龙形真字芸香里）	
和巨济韵（通泉字法出官奴）	（宋）薛绍彭
次韵答刘泾（吟诗莫作秋虫声）	（宋）苏轼
宿州次韵刘泾（我欲归休瑟渐希）	
渡湘江（春过潇湘渡）	（宋）张祁
题灵仙关（楼殿起山巅）	前人
答人觅茶（内家新赐密云龙）	前人
麒麟砚滴分韵得文字（素王西狩麟）	（宋）张孝祥
诸公分韵蹑冒顿之区落焚老上之	
龙庭得老庭字（横槊能赋诗）	前人
（吴甲组练明）	
椰子酒榼（矮胡生南方）	前人
重入昭亭赋二十韵（我本山中人）	前人
登马氏永宁阁和朱漕元顺分韵	
（佛宫昔谁营）	前人
再用韵呈仲钦元顺（今时朱仲钦）	前人
咏雪（东皇携春来）	前人
寄题向彦绩史君采菊堂（史君天资高）	前人
止酒（饮酒见真性）	前人
赠朱远游（远游何方来）	前人
赭山分韵得成叶字（昨日一尺雪）	前人
（万生纷不同）	
和子云白莲（仙人玉步摇）	前人
金沙堆庙有曰忠洁侯者屈大夫也	
感之赋诗（伍君为涛头）	前人
暑甚得雨与张文伯同登禅智寺	
（老火陵稚金）	前人
福严（行行山益高）	前人

和沈教授子寿赋雪三首(北风吹来燕山雪)		送万老六言(桑下不须再宿)	前人
(今年米贵更风雪)		万杉寺(庄田总是昭陵赐)	前人
(天公作剧已三白)		(老干参天一万株)	
鄱阳史君王龟龄闵雨再赋一首		殿庐偶成(帘幙垂垂燕子风)	前人
(老农歌舞手作拍)	前人	题定山寺(千山苍茫月东出)	前人
赋王唐卿庐山所得灵璧石		腊梅(满面宫妆淡淡黄)	前人
(湘江竹深韶不传)	前人	蕲春道中(霜净波平水落湾)	前人
山居(松韵笙竽径)	前人	道间见梅(寒女生来不解妆)	前人
三塔寺阻雨(塔上一铃语)	前人	枫桥(四年忽忽雨经过)	前人
(倦客三杯酒)		题夏氏庄(平湖漠漠雨霏霏)	前人
赠江清卿(岭海适相逢)	前人	入桂林歇滑石驿题碧玉泉(百	
辛巳冬闻德音(帐殿称觞送喜频)	前人	折崎岖岭路头)	前人
(鞑靼奚家款附多)		偶得四月菊以奉提刑运使	
和总得居士康乐亭韵(尚忆池塘梦阿连)	前人	(午阴离落小裴回)	前人
中秋观月齐云楼用孙昌符韵(玉宇		(金缕裁衣玉缀裳)	
无尘夜气清)	前人	西湖(岸草汀花对夕阳)	前人
齐山(江山平远三千里)	前人	舟中(扁舟东去几时还)	前人
午憩道傍人家(一崦人家竹树凉)	前人	(山围平远水浮天)	
入清江界地名九段田沃壤百里黄云		(乱山深崦小蹊斜)	
际天他处未有也(野水弥漫欲涨川)	前人	广右道中(参天古木绿阴合)	前人
送张司户还蜀(似向川人有凤缘)	前人	夜半走笔酬寿翁(短蓬掀舞不得寐)	前人
释奠(又领诸儒款泮宫)	前人	过三塔寺(湖光潋滟接天浮)	前人
将至池阳呈鲁使君(珍重池阳鲁使君)	前人	(层峦叠嶂几重重)	
贺郊祀并序(汉统千龄接)	前人	送僧游天台(宝刹凭虚五百仙)	前人
次东坡先生韵(微凉入舡窗)	前人	题赵知府幕(翁仲无声石马闲)	前人
(悠然望江南)		题断堤寺(柔桑细麦绿油油)	前人
(渔师来卖鱼)		(堤边杨柳密藏鸦)	
(朝发方良矶)		(古寺留春最得多)	
题福严寺行者堂(挥毫高山岭)	前人	赠学士安国公敬简堂诗(煌煌定方中)	(宋)朱熹
归宗寺(两峰双涧水)	前人	赠于湖诗(桐花三月英)	(宋)张栻
题朱元晦所书凯歌卷后(我词不足录)	前人	京山道中(往日房陵怜逐客)	(宋)刘光祖
野牧图(吴牛三十角)	前人	锁翠(朝翠不可揽)	前人
(秋晚稻生孙)		浮香(绿树霜晨好)	前人
德化潋岚堂感二林碑六言(两林文章翰墨)	前人	幽作(宫室变穴处)	前人
钦夫和六言再用韵(君诗与物俱妙)	前人	香雪(春风撼玉龙)	前人
游湖山赠圆禅六言(素香无脂粉气)	前人	遁庵(心不与世竞)	前人

引见畅春苑蒙恩准卓异钦赐蟒服

　　恭纪二律（皇居潇洒近西山）　　　　（清）段仔文

（八年甑冷系微宫）

惠风活水破鲛冰（东风布九重）　　　（清）施成泽

剑门关（雄关连百二）　　　　　　　　　　前人

雁字（南来北去每乘时）　　　　　　　　　前人

塞外春思（两度春秋历塞边）　　　　　　　前人

得家书（无数乡关语）　　　　　　　（清）段朝伟

灞桥（华岳三峰似削成）　　　　　　　（清）张宿

同陈使君游刘仙岩纪游（仙人非楼居）（清）傅辉文

题雷松坞按剑图（鹤氅貂裘宫锦袍）　　　　前人

秋郊夜行（雨过西山雾）　　　　　　　　　前人

晚登万寿寺塔（风烟望不极）　　　　　　　前人

罢官归里（家住城西五马桥）　　　　　　　前人

和舅氏苏学博归休（举世轻肥逐马裘）　　　前人

觉苑寺观颜鲁公陆放翁遗迹步放

　　翁诗韵（寺外行人无尽期）　　　　　　前人

白石洞天（石峰晴起拥双鬟）　　　　　　　前人

伤春（几树莺啼酒未醺）　　　　　　　　　前人

（乍减东风二月寒）

（一炉香影静孤琴）

（送过斜阳几日晴）

古意（西南争战久）　　　　　　　　　　　前人

夜月观梅（君身自具神仙骨）　　　　　　　前人

悼亡（待字深闺近十年）　　　　　　　　　前人

（曾记当初始结褵）

（寒宵人静晚窗虚）

（三年疋马走长安）

（祇为虚名事远游）

（甥馆依违惜远离）

（嫁来未及事姑嫜）

（从来小别辄愁予）

（剩粉残香半已湮）

（长日难消似小年）

七月晦日宿双峰驿（劳生兹暂息）　　　（清）谭孔昭

松风坪（抱膝松风下）　　　　　　　　（清）谭世谦

解组归白衣庵故里（归来心力已俱慵）　（清）张绍

送别邑侯金公（同城五载甚绸缪）　　　（清）刘躬逢

伊家河闻王旭斋先归因寄一律

　　（朝来偶得先生信）　　　　　　　　　前人

吊友人（途穷事事与心违）　　　　　　　　前人

王氏莲塘（君家楼阁近莲塘）　　　　　　　前人

望磻溪（老对青山俛渭流）　　　　　　　　前人

过龙洞背（伏龙何日去）　　　　　　　（清）毛于逵

秋风（凉飔倐到锦江东）　　　　　　　　　前人

鸡头关（一发危峰势若悬）　　　　　　　　前人

瀛洲仙子诗碣（真仙原不定居山）　　　（清）严学尧

（飘来一叶向秋红）

谒杜工部草堂（忆从同谷入西川）　　　（清）李仙芝

岳池县学署咏怀（皋比坐拥老书生）　　　　前人

有感（石火光阴怅此身）　　　　　　　　　前人

闲居（幽居闻见少）　　　　　　　　　（清）傅化成

秋园漫兴（秋色淡秋园）　　　　　　　　　前人

秋日寄戢梧冈（秋风吹旷野）　　　　　　　前人

雨后山行（雨洗秋山净）　　　　　　　　　前人

寄戢梧冈（握手论交数十秋）　　　　　　　前人

寄汪柳桥（两度相逢共绮筵）　　　　　　　前人

壬子春暮长子树德自仁邑归言彼

　　处有桃而花牡丹者予为赋之（为

　　厌家园破竹篱）　　　　　　　　　　　前人

和州牧李侯留别乐山士民原韵

　　（权衡宽猛是良图）　　　　　　　　　前人

雨中即事（夜来山雨涨前溪）　　　　　　　前人

窗竹（几竿修竹傍檐生）　　　　　　　　　前人

十五夜对月（我性爱明月）　　　　　　（清）汪漱芳

九日（去年重阳时）　　　　　　　　　　　前人

病起（养生如养民）　　　　　　　　　　　前人

秋怀四首其末简曾少山秀才（落叶下庭除）　前人

（闻君好楮叶）

（昨夜曾有梦）

（我有同袍人）

玉簪花（后园半亩地）　　　　　　　　　　前人

过汤阴(岳家军势撼乾坤)	前人	访桃源不得(烟霞路觉武陵深)	前人
清明后二日诸生赴试独坐感怀		紫阳洞梅(道院梅花信手栽)	前人
(独坐荒斋有所思)	前人	庚寅人日潘紫垣孝廉胡茜香文学来	
立春后一日述怀(一曲高歌小院东)	前人	祠赏梅留饮分韵得看字(人日	
夏日慈云寺遣怀(祇园□辟径三三)	前人	分吟兴未阑)	前人
(物我相忘久不如)		由上元宫之赵公山访丈人村	
山居(别院桥通画阁西)	前人	(云烟面面出层峦)	前人
春日绝句(笑倚柴门半掩开)	前人	池边(袭人香气梦魂通)	前人
(困人天气且登台)		丈人观(万山环绕白云封)	前人
述所见(何处人家远傍江)	前人	东郭放舟(晴风吹客放轻舟)	前人
井(醴泉看活水)	(清)严廷襄	访薛涛墓(春风管领旧名门)	(清)陈治安
哭张雅南(茨菰叶发野塘秋)	(清)张颢	(隔江风景太苍凉)	前人
偶题(苦竹抽芽柳欲绵)	前人	哭段梦庭(岂信人间未肯留)	前人
红崖寺题壁(古寺踞山巅)	(清)段凤仪	山馆偶成(小立柴门外)	(清)唐祝三
北上留别诸友(征衣检点怕春寒)	前人	哭邓光霁(良友今何在)	(清)易尧堂
(燕语莺啼赋北征)		山行晚归(睡起当户坐)	(清)黄朴
牡丹(不倚茅墙与竹篱)	前人	醮妇行(三月子规啼不已)	前人
落花(竭来春雨又春晴)	前人	苦热行(祝融蟠腹居明都)	前人
和卓海帆少京兆偕昆季藕船纳凉		武连驿(石磴盘空入武连)	前人
原韵(人生不行乐)	(清)黄合初	剑门(万山突起列如墙)	前人
清浪滩(扁舟下浔阳)	前人	天雄关(览尽奇峰剑外行)	前人
古佛堰(朝发洪济桥)	前人	醉后(放下天涯万里情)	前人
窗前隙地杂莳花蔬诗以纪之(窗前一弓地)	前人	辛丑春日宁羌道中忆松山弟合苍作	
除夕歌(人生富贵须臾耳)	前人	(银鞍款款出关迟)	前人
赠琴引(我有空山侣)	前人	卢生庙(昨宵有梦自徘徊)	前人
飞云洞(路入东坡道)	前人	赠田大有学博(兵气销沈已廿年)	(清)胡懿修
泊洞庭湖(晚泊洞庭烟)	前人	送傅赞之之官绥定(渭雨燕云梦未收)	前人
龙马潭(访胜逢迟日)	前人	夏日雨后郊行(一番潺雨洗林峦)	前人
由长生宫至牌坊坡(径曲苔痕古)	前人	哭段凌云(缥帐遥闻下薄绡)	前人
(隔坞一声钟)		养须(儿时尚记学飞胡)	(清)张昶
灌口场望迎仙阁(已近迎仙阁)	前人	锦里春词(小梁州外骋幽怀)	前人
入山(半日峨山道)	前人	(上马娇声叹别离)	
大坪(古道拨云登)	前人	(传言玉女到龟城)	
春日过万里桥(万里桥边路)	前人	村夜(扁豆花初发)	(清)罗述
秋夜独坐(夜阑成独坐)	前人	答滋圃师(极知纱帐集筝笙)	前人
赠山阴陆文杰(一卷新诗手自携)	前人	送杨伯周之官闽中(闽州吾故乡)	(清)魏玉

寄余云峰(剑履萧萧两岸葭)　　　　　(清)徐沅

秋柳(东风不住又西风)　　　　　　　(清)张光地

大木戍(怪石郁嵯峨)　　　　　　　　(清)杨德源

暮春复到培杏书屋杂兴

　　(负笈三年遍四方)　　　　　　　前人

寄呈李醉月先生(绮年灯火读三更)　　前人

(山中有客感穷途)

广元留壁(公车小住石城边)　　　　　前人

橘村道中遥望三辅(西京楼阁隐玲珑)　前人

别家(残冬又复上公车)　　　　　　　前人

宜昌题壁(早趁轻风泛小航)　　　　　前人

和栗河壁间韵(公车北上去匆匆)　　　前人

送张云阁赴官公安(京华作客甫三年)　前人

都中杂感(干戈满地尚图官)　　　　　前人

(燕台重上望西梁)

送赵介藩明府之江苏(姑苏台上草离离)　前人

白帝城怀古(惆怅英雄末路难)　　　　前人

寄友人谌松岚(半生无可对通家)　　　前人

(吏隐茫茫路不分)

送险亭(淡月疏星过剑泉)　　　　　　前人

天雄关(催上篮舆趁晓晖)　　　　　　前人

邯郸闻警(看来佳梦亦前缘)　　　　　前人

即景(稻田秋水绿盈盈)　　　　　　　前人

张锡斋协戎荣县秀才坡战没柩经

　　简邑作诗挽之(豕突狼奔惨失群)　(清)王兆云

(飞沙落日阵云昏)

萧烈妇(玉质精莹绝点污)　　　　　　前人

(嫁得萧郎已十年)

(未甘填海作冤禽)

题徐五画松(毕宏已去韦偃死)　　　　(清)汪景辰

豆腐(合共山肴佐客餐)　　　　　　　前人

咏笋(渭川千亩未成阴)　　　　　　　前人

读后汉书姜肱传(不求名自韬)　　　　(清)汪炳恧

有感题天台仙子送刘阮图

　　(画里分明薄幸身)　　　　　　　(清)郑承恩

自马边归寄刘乙仙茂才

(频年冷落故园春)　　　　　　　　　前人

(西南形势控诸蛮)

简阳县诗文存卷三

诗　清

闺怨(云开皓月照西楼)　　　　　　　(清)李联奇

望雪(有酒何须挝鼓催)　　　　　　　(清)张景南

题米元章百蝶图(花草迷离入醉乡)　　(清)徐德良

午夜纳凉口占(夜月西风杳)　　　　　(清)曾纯修

友人赠绣球一盆初开时不甚耐观因

　　移置墙外后视之则花大如斗婀娜

　　夺目感而赋此(名花倾国占春芳)　前人

(怜卿的的好芳丛)

碎剪茸有红白二种花开五出每瓣锋

　　铓簇簇如剪碎然因名(裁成蜀锦满园新)　前人

牡丹(洛阳佳品绝红尘)　　　　　　　(清)黄沄

白菊(日傍陶公入醉乡)　　　　　　　前人

薛涛笺(美人妙制补天功)　　　　　　(清)黄镇中

子云亭(亭高西蜀论相于)　　　　　　前人

龙门阁(绝壁峙龙门)　　　　　　　　(清)张云龙

初夏漫吟(重阴深护小门前)　　　　　(清)张洸钊

壬午年秋赏菊廖君梦亭小园

　　用云杭夫子原韵志幸兼赠菊花主人

　　(我昔堕地时)　　　　　　　　　(清)吴鸿典

十二月十一日昧爽闻孙忠宣起焚香

　　读书感而赋此(衣冠长自对铭旌)　(清)胡仁钊

(可偷闲处即为家)

田家乐(雨过闲观水涨春)　　　　　　(清)胡仁怀

即事(秋色在渔家)　　　　　　　　　(清)易象离

读书(程子读汉书)　　　　　　　　　(清)傅为霖

秋夜(静夜辍清吟)　　　　　　　　　前人

别家(亲老我远行)　　　　　　　　　前人

(功名有何奇)

朝天峡(嘉陵富奇峰)　　　　　　　　前人

出长安南门由终南出汉中以白云

　　回望合青霭人看无为韵得诗十

（公孙起布衣）

（广厦须异材）

哭傅氏姊（姊老我亦衰）　　　　　前人

（常华无终荣）

（苦辛夫如何）

（对此百端集）

游峨眉（山色随处好）　　　　　　前人

（行行八十盘）

送人还江右（秋风萧萧天气凉）　　前人

读史杂咏（崔庆乱，三踊出）　　　前人

（弑君乃吾君）

（国士无双不易得）

（当涂既衰典午起）

重九寄怀润生次毛菽畇太史送润生诗韵

　　（我怀君兮乃在楚）　　　　　前人

行路难（虽有亲父，安知其不为虎）　前人

曾华臣以诗集见示却寄（君才有如苏玉局）前人

赠雨飔舅氏（雨飔居士目空前）　　前人

武侯祠（远望苍苍古柏寒）　　　　前人

杨升庵故里（一朝议礼剧纷纷）　　前人

李醉月挽诗（杜鹃声里尽凄然）　　前人

（年来更与世情疏）

（分明记得寿觞浮）

钞清渠诗稿讫灯下作（遗编钞就伯牙琴）前人

汪菊田先生以咏史诗见寄诗以代柬

　　即蕲惠示全集（老去林园万累轻）前人

次酉阳汪树田见赠原韵（郇书争艳五云笺）前人

送谢嵩生醋使（知君才似古奚斤）　前人

（阮籍何须泣路穷）

秋柳四首（摇落深悲宋玉魂）　　　前人

（空林落叶不禁霜）

（谁言柳汁染君衣）

（竭来相对剧相怜）

夹江道中（缘坡蓦涧困山行）　　　前人

秋试经毛赞亭孝廉故居（绿阴如画认君家）前人

闻骆宫保终成都节署（妖星东北起）　前人

哀雷生德三（雷生年二十）　　　　前人

灯节后四日戢朴斋以诗稿见示即次其

　　去年和傅润生重阳赏菊韵奉寄（知君

　　梦里笔花香）　　　　　　　前人

暇日理书（蜂钻蟫蚀味何如）　　　前人

褒姒（千金买笑恣沉酣）　　　　　前人

青神舟中（扁舟遥指鸭婆潭）　　　前人

（榜人为指中岩寺）

（溪上人家樵作篱）

生日宿金顶（六十年来步履轻）　　前人

上塚（佳节清明上塚来）

柳眼（三眠三起在章台）　　　（清）胡光基

苔须（雨密烟疏满石头）

闺怨（莫爇金炉百合香）　　　（清）王乃壮

古意（入夜北风寒）　　　　　　　前人

有感（家住曲江曲）　　　　　　　前人

夕次谢家桥（振策沿江行）　　　　前人

春阴（不寒不雨不新晴）　　　　　前人

哭亡儿（不是吾儿自不来）　　（清）李德聪

（晨起无聊足罔投）

（古寺游观忆昔年）

送杨生游学渝州（学道若观海）　（清）王周桢

出险行（六月廿七午）

麻池杂兴（小住黄河近）　　　（清）汪炳星

塞上感怀（塞上休夸豁达翁）　　　前人

丁卯游陕西延安府清凉山题壁

　　（古井千寻水最嘉）　　　　　前人

（力竭才逢百仞梯）

双流晓行遇雨（旅夜更筹永）　（清）汪濊恩

八月初二日舟泊江口（群鸦乱噪夕阳斜）前人

七夕（佳期初到早秋天）　　　　　前人

醉后放歌（雨连绵，风萧索）　（清）汪基鲁

自述（潦倒风尘笑此身）　　　　　前人

送春（萋萋王孙草）　　　　　（清）商国书

乡村四月谣（何事促依忙）　　　　前人

花桥雨后即景（隐隐卧桥低）　　　前人

遣闷二首（微风动疏林）　　　　　　前人

（霜气浸寒衾）

七夕（月波才上曝衣楼）　　　　　　前人

除夕（故乡遥隔路三千）　　　　　　前人

发归州（芙蓉山下江声转）　　　　　前人

元旦（驹阴易过好年华）　　　　　　前人

晓行（寒露衰草根）　　　　　（清）戢澍铭

题画（溪上有人家）　　　　　　　　前人

山行（群峰郁嵯峨）　　　　　　　　前人

赠钟生文聪（幽兰在空谷）　　　　　前人

四月一日同傅润生樊畅园毛赞廷游北

　　崖访梁四姨墓四姨为富阳张少府侧

　　室随少府赴富顺任至州病没葬此其

　　墓门有少府自题联云嗟我此来因志

　　大思卿未免过情深为低徊久之（落花

　　满地铺香雪）　　　　　　　　　前人

题吴六谦茂才山水画幅（虚堂咫尺峰峦起）　前人

灌县（到此平畴尽）　　　　　　　　前人

胡茂才自黔中归夜过听香楼（鸿雁数声秋）　前人

闻内人谈过巫山峡中景作诗纪之

　　（不知舟自下）　　　　　　　　前人

三水关峡中（奇峰撑两岸）　　　　　前人

题曹孟德赎文姬归汉图（胡天吹拍入笳声）　前人

九月二十日喜家瑞林茂才过访

　　（吾宗人士久无闻）　　　　　　前人

（坝簏吹到古蓉城）

和陈少府从军塞上之作（乱峰环绕列如墙）　前人

临邛怀古（一溪流水尚琴鸣）　　　　前人

春暮怀曾华臣（年华忽忽又残春）　　前人

闻蝉（但闻鸣蝉鸣）　　　　　　　　前人

同王翰才傅润生戏门诗牌得春夜即事

　　（深夜静横琴）　　　　　　　　前人

过新都（稻畦罫布水平铺）　　　　　前人

薛涛井（石阑干外碧亭台）　　　　　前人

（江头杨柳晚栖鸦）

咏淮阴侯九首存四（淮水汤汤古钓台）（清）汪品章

（登坛拜将一军惊）

（背水奇谋踞上游）

（明知汉使到齐来）

暮春（无端芳草自成窠）　　　　（清）汪钟珽

十二月廿三日过鸳鸯铺偶感

　　（自昔有鸳鸯）　　　　　　（清）方玺

拟韩昌黎荐士诗（虞廷起赓歌）　　　前人

忆家口占（万里驰东洛）　　　　　　前人

孔雀铺途中（匹马凌霄气倍雄）　　　前人

转龙场即景感怀（乱山高下起苍烟）　前人

除夕（竞从年暮逐风尘）　　　　　　前人

登楼外楼（三巴奇险壮神州）　　　　前人

过美人峰（十二巫峰迥隔尘）　　　　前人

（阳台往事苦茫茫）

题杨太真贵妃墓（文不知兵武不娴）　前人

（车骑纷奔气不扬）

过草凉驿（怪壑奇峰两岸撑）　　　　前人

拟杜工部秋兴八首（三峡云归澈暮砧）　前人

（萧瑟丛芦两岸花）

（紫塞秋高战马肥）

（苍茫落日动遐思）

（年少风云玉笋班）

（旧时冠冕起南州）

（巴童夔女楚乡翁）

（文皇膏渥普天垂）

过壁山县（隐隐危城众岭间）　　　　前人

泥头道中暮春（邮亭劫火烬余灰）（清）刘耀春

（巉峰隐隐露村庄）

（云峦四合拥泥头）

（飘忽行踪拂柳丝）

武连古柏（树色风声势郁盘）　　（清）吴大光

初五日同湖南孝廉陈晓湖州同张宝

　　吾渡黄河（疏凿怀神禹）　　　　前人

沙市开舟（棹歌声乍起）　　　　　　前人

归州牛肝马肺峡与兵书宝剑峡相去十余里

　　舟中望两岸高峰作（壁立三千丈）　前人

过留坝紫柏山谒留侯祠（功成身退果神奇）　前人

宿灵石县石子岭谒淮阴侯祠（从来

　　鸟尽必弓藏）　前人

四月十四日保和殿覆试

　　（龙楼凤阁九重深）　前人

留宜昌三日（行踪漂泊滞他乡）　前人

舟行阻风见波中黑物如猪数十嘱舟子

　　云唐人诗江豚吹浪夜还风想即此物

　　感赋一绝（胡竟上吹浪）　前人

大雪宿剑关（撒盐飞絮满风尘）　前人

定州旅店赠路慎皋同年

　　（如公衣钵有由来）　前人

抵唐县渡河即景（余霞成绮映江红）　前人

严子陵钓台（严滩一钓系千秋）　（清）汪文澜

蛛网（网结檐牙月色深）　（清）黄宗

拟苏端明雪后书北台壁二首

　　（弥天雪势久廉纤）　前人

（雪霁山头噪老鸦）

睡起即事（自怜自惜自徘徊）　（清）李文裕

秋暮怀朱静山并寄（秋风何处来）　（清）毛溥

送友人郭辅臣从军（骊歌一曲梅花开）　前人

草堂寺（春暖曲江晴）　前人

次韵答孟鼎臣（如酥夜雨洒莓苔）　前人

和胡贞二茂才旅怀韵（春来情绪太无聊）　前人

咏田家四首（两岸桃花夹一溪）　（清）彭海滨

（古木浓阴夏日长）

（今年秋好满田铺）

（一年容易又冬风）

骤雨（青天如拭骤时黑）　（清）贺可芳

感怀（年来世事不如常）　前人

上叔父评甫先生（荒落连年性传痴）　（清）汪全禄

山居（冷响有松风）　（清）李绍政

溪桥（百尺虹腰两岸连）　前人

春风（散步到园中）　（清）李先祥

山家（青山绕户白云堆）　前人

同外分韵（老屋俯青郊）　（清）余珍卿

过云顶寺（遥望寺门山）　前人

晓起（自开罗幕卷筠帘）　前人

闺思（春深花落子规啼）　前人

题画（翠竹编篱巷两条）　前人

简阳县诗文存卷四

诗　民国

十一月十三日南行省墓纪行

　　（大父苦怀归）　（民国）曾国才

（忆昔将母往）

（阿弟两三人）

过庐山下（别山如别友）　前人

（谁知彭湖风）

（过舟庐山下）

望象台（巍巍望象台）　前人

抵家（九月十七日）　前人

峨雪纪行（蜀客游峨眉）　前人

寄傅润生明府（岷江一勺水）　前人

赠释隆书（我受孔子戒）　前人

青城谣（青城三十有六峰）　前人

入瞿唐（瞿唐高高高逼天）　前人

湖行三首（青草湖心草如黛）　前人

（青草湖边半潭户）

（八月明湖天镜清）

月夜舟行与董老对酌（北船南去如飞鸟）　前人

涪州访黄山谷遗墨（元符庚辰涪翁来）　前人

九江江上（江州二月生春草）　前人

湘江行（蜀江之水三峡险）　前人

湘军行（二十年来世用兵）　前人

大慈寺铜佛篆拓歌（有客示我秦篆书）　前人

旧唐书武宗本纪题后（老氏子孙惟慕道）　前人

官运局（有客黔中来）　前人

三农叹（七月采黄棉）　前人

为差乐（山中有猰㺄）　前人

次韵答王翰才（自把诗篇笑局局）　前人

与胡等明谈周燮廷明府殉难

（吾友胡郎母氏周）	前人	（游子行渐远）	
蚕神歌（天上有桂无有桑）	前人	花黄牛谣（白莲开蜀州）	前人
拟李长吉新夏歌（谁家打麦声彭魄）	前人	读南史小乐府（西邸招文学）	前人
哀旧学（学堂学堂皆如此）		（昔日齐云观）	
（作文作文悔开笔）		（历阳三十战）	
（读书读书何其勤）		（弟累博棋子）	
（书生书生太文弱）		（浔阳号三）	
（老者老者称童生）		（万骨台城里）	
（执鞭不耻富难求）		珠江晤曾择辅孝廉（萍踪又得叙闲情）	前人
（有明士风轻薄煽）		娄妃墓（隆兴观侧雨凄凄）	前人
惠陵（天地收王气）		昭君村（丹青遗恨不须论）	前人
西凉神祠（将军昔破虏）	前人	（腻雨秋云护野花）	
合江雨泊（咫尺舟中地）	前人	巴东（飞桡拍拍峡云中）	前人
宜昌早发（放棹忽然喜）	前人	黄州舟上（残阳明灭竹西头）	前人
登武昌城（行行城上望）	前人	望湖亭下读彭大司马刻句（十万	
答外舅吴宝国（泸水莽苍苍）	前人	戈船报捷时）	前人
（亲旧今休问）		抵南昌（龙沙雪尽柳将春）	前人
（烦恼何能破）		读蒹葭（开国侈谈兵马富）	前人
（野馆人初到）		玉关行（放鹰调马玉门关）	前人
访涂山涂后祠（蜀州遍地禹王祠）	前人	（胡雪连天冻不辞）	
雨中至忠州（白沙荡击夜胶舟）	前人	枝江舟中（五两飘飘系一杠）	前人
许旌阳庙（柘枝蛮鼓昼冬冬）	前人	吴城鲍爵帅题名碑（蜀西自古多名将）	前人
渝州旅次（繁弦脆管太无聊）	前人	七夕即事（凉云一角倚山城）	前人
屈沱谒三闾大夫庙（终古离骚恨未伸）	前人	重至贾傅祠（长沙城上挂斜阳）	前人
武陵早发（湖南天晓客星孤）	前人	答徐星垣秀才询楚中近事（同舟有	
慈利渡江大雨宿村店不寐（旧馆重经事事非）	前人	客赴襄阳）	前人
过张策安山庄（犬声如豹客来时）	前人	（从车子弟半潭州）	
吊蒋松涛（癯癯瘦鹤竟何之）	前人	（卖烟楼上夜灯香）	
（曾记山城过往频）		（将相功高主眷隆）	
寄丰城傅梅卿孝廉（鲈乡风物近何如）	前人	（一家一只橛头船）	
（云山万里蜀东城）		（赤沙湖隔洞庭湖）	
访岳威信公墓（羽林星宿照云台）	前人	（衡山七十二峰前）	
祭墓（魂魄先人往）		（篙工鼓枻下彤关）	
御赐尊经书院匾额纪恩诗二十韵		汪菊田先辈以副贡登贤书北上饯别	
（讲院尊经辟）	前人	（万五千军拔帜初）	前人
月夜忆家（彼此不相见）	前人	（剑门关外朔风凉）	

（瑶笺写罢付传邮）　　　　　　　　　前人

拟曹唐小游仙诗（倒骑龙尾下神州）　（民国）曾可传

（瞥见江南魏伯阳）

（有客南游见八公）

（洞庭衡岳多真仙）

（益部传宣降使星）

（生涯一片小蒲团）

（化化生生未有涯）

（我自凡夫溷俗尘）

拟李长吉金铜仙人辞汉歌

　　（彤云黯淡天无色）　　　　　（民国）傅沛守

拟韩愈山石（山石错落烟霭微）　　　　前人

次韵答胡常明（忽见鱼笺至）　　　（民国）戢字林

晚登简城有感（江城百雉壮崔嵬）　　　前人

次同学韵寄呈业师颜小苏先生

　　（追随趋步到文场）　　　　　　　前人

（往年每负读书人）

拟古意答陈生（举世无伯乐）　　　（民国）王谦

（伯牙记见碎）

（森森夔门柏）

（西方有美人）

观书有感（俗儒坑不尽）　　　　　　　前人

戊午春答孚智论诗（世乱惊难定）　　　前人

咏瓶梅（新花开笑口）　　　　　　　　前人

评老（青牛紫气出关西）　　　　　　　前人

秋夜曲（牛女思相会）　　　　　　　　前人

（娇小绣鸳鸯）

（可惜姮娥影）

（长夜自忧煎）

咏子房（授书早拟归黄石）　　　　　　前人

北上道中口占（大风一起地飞沙）　（民国）刘声扬

（剑山岩水原无路）

哭寿安堂弟（脊令原上忽生哀）　　（民国）汪品光

（久困秋闱意未安）

（丧葬纷纷急一时）

感事（弥天荆棘实堪蹉）　　　　　（民国）谢绍光

予年登古稀值世丧乱思张平子之四

　　愁王仲宣之七哀不禁感慨欷歔以

　　俚言自述鄙怀（日月真如梭）　（民国）贺建中

读秦风（秦俗尚强悍）　　　　　　（民国）廖汝贤

退伍书怀（男儿誓报国）　　　　　　　前人

（圣贤贵守身）

（阿叔客汉上）

随雨辰叔之官剑阁（剑山高，剑水长）　前人

剑门关（不凿金牛道）　　　　　　　　前人

登武昌城楼（落日武昌城）　　　　　　前人

有感（得意裁诗吟转苦）　　　　　　　前人

甲辰四月闻汪辉宇孝廉下世怆然有感

　　（锦袍壮岁夺秋风）　　　　　（民国）李正保

（不接音尘已隔年）

吊郭鹤轩羽士（君垂白发我垂髫）　　　前人

（满腔悲愤向谁论）

喜梦元侄游泮（百年果得破天荒）　　　前人

秋江（滚滚江流远）　　　　　　　（民国）黄伟章

滕王阁（危楼高阁建洪州）　　　　　　前人

登太华（太华峰头极壮游）　　　　　　前人

拟孟东野游子吟（游子中宵起）　　（民国）邓梅修

拟冒雪登龙山小集永庆寺

　　（诸君衮衮登龙山）　　　　　　　前人

春日感怀寄外都门（碧桃枝上晚烟征）　前人

（好莺啼过绿阴稠）

拟雪霁宴廖园浴珠楼观梅

　　（我家有梅两三树）　　　　　　　前人

十月送弟锦堂赴院试（骊歌唱罢束轻装）前人

秋夜病中忆姊即景却寄

　　（支离叵奈渐昏黄）　　　　　　　前人

口号（春草遍天涯）　　　　　　　　　前人

吊秋瑾女士（革命风潮卷地来）　　　　前人

女师范红梅数株残后作

　　（神仙春属亦非夸）　　　　　　　前人

（绮窗好梦冷于烟）

赠日本某女士（天涯鸿爪信前缘）　　　前人

（三峡峰峦笔底生）		前题（楚楚吾家千里驹）	前人
孝犬吟（仁爱本天性）	（民国）汪晓梅	南乡子（江上送归船）	前人
早梅（北郊律始更）	前人	柳梢青（重阳时节）	前人
读五代史（天道报施乃如此）	前人	浣溪沙（腊后春前别一般）	前人
送铁村大兄从军藏卫（圣主筹边急）	前人	前题（宝蜡烧春夜影红）	前人
（边风吹客梦）		前题（行尽潇湘到洞庭）	前人
（投笔娴戎马）		望江南（朝元去）	前人
（泱泱唐古忒）		如梦令（花叶相遮相映）	前人
（攻心师葛相）		菩萨蛮（丝金缕翠幡儿小）	前人
（穷途六月寒）		满庭芳（笔走龙蛇）	（宋）石孝友
征人怨（边月冷于冰）	前人	南歌子（落日照楼船）	（宋）朱熹
咏史（六国兼并四海平）	前人	菩萨蛮（飞云障碧江天暮）	（宋）杨冠卿
（开疆辟土心何壮）		水调歌头（曳杖罗浮去）	前人
诗余		醉落魄（春风开者）	（宋）刘光祖
宋		昭君怨（人在醉乡居住）	前人
减字木兰花（凭谁妙笔）	（宋）刘泾	洞仙歌（晚风收暑）	前人
清平乐（深沉院宇）	前人	踏莎行（扫径花零）	前人
声声慢（梅黄金重）	前人	鹊桥仙（相逢一笑）	前人
夏初临（泛水新荷）	前人	临江仙（小院回廊春寂寂）	前人
六州歌头（长淮望断）	（宋）张孝祥	江城子（十分雪夜却成霜）	前人
水调歌头（猩鬼啸篁竹）	前人	朝中措（天公只解作丰年）	（宋）魏了翁
前题（濯足夜滩急）	前人	浪淘沙（楼外倚楼看）	前人
前题（江山自雄丽）	前人	清	
前题（青嶂度云气）	前人	风中柳（手把芙蓉）	（清）黄朴
前题（五岭皆炎热）	前人	临江仙（古寺斜阳云漠漠）	前人
前题（雪洗虏尘静）	前人	望海潮（戴鹇巢成）	前人
醉落魄（轻黄澹绿）	前人	西江月（三月烟光欲暮）	前人
水龙吟（竹舆晓入青阳）	前人	大江东去（楚些凄咽）	（清）王士元
前题（平生只说浯溪）	前人	意难忘（第一吾宗）	前人
念奴娇（洞庭青草）	前人	渔家傲（蝶老花残春去久）	（清）黄纪云
前题（弓刀陌上）	前人	定风波（来日黄花九日期）	（民国）曾国才
满江红（千古凄凉）	前人	好事近（转眼便重阳）	
前题（秋满滴源）	前人		
青玉案（红尘冉冉长安路）	前人	**简阳县诗文存补遗**	
蝶恋花（漠漠飞来双属玉）	前人	诗	
鹧鸪天（咏彻琼章夜向阑）	前人	宋	

（褒马文章妙手裁）

惠陵（远望杉松古庙多）　　　　　前人

（莫道偏安转瞬亡）

简阳县诗文存卷五

文

宋

王稚子石阙记	（宋）刘泾
畲刘巨济书	（宋）苏轼
金沙堆赋	（宋）张孝祥
论总揽权纲以尽更化劄子	前人
乞改正迁谪士大夫罪名劄子	前人
论涵养人才劄子	前人
乞修日历劄子	前人
论王公衮复雠议	前人
论谋国欲一劄子	前人
论先尽自治以为恢复劄子	前人
论用才之路欲广劄子	前人
龙舒净土文序	前人
上史参政	前人
与李太尉	前人
代总得居士与叶参政	前人
又刘两府	前人
原芝	前人
棠阴阁记	前人
衡州新学记	前人
观月记	前人
邕帅蒋公墓志铭	前人
中书舍人直学士院谢表	前人
抚州到任谢表	前人
代季父贺汤丞相	前人
洪帅魏参政	前人
除礼部郎官谢沈左相	前人
赠学士安国公敬简堂记	（宋）张栻
赠学士安国公归芜湖序	前人
祭于湖先生文	前人

乞留侍讲朱熹劄子	（宋）刘光祖
雍国虞忠肃公奏议序	前人
扪膝先生文集序	前人
杜起莘文集序	前人
新繁县朱真人祠堂记	前人
万里桥记	前人
重修资阳县学记	前人
大雄寺记	前人
丹稜程伯刚墓志铭	前人
乞留侍御史刘光祖疏	（宋）彭龟年
上丞相论刘侍御不当补外书	前人
与刘德修光祖书	（宋）朱熹
答刘德修	前人
答刘德修	前人
哭刘阁学光祖	（宋）魏了翁

明

沪阳智通禅人重续宗派序	（宋）楚山
布袋和尚图为同安思恭古道先生赋	前人
跋蚕骨老人墨迹	前人
跋灵山一会图	前人
跋古渝晶长老书金刚经	前人
示平凉乐平郡王	前人
示蕲州荆王殿下	前人
示锦川梁慧广居士	前人
示同安寿翁居士	前人
示广济月庭居士	前人
示京口普门居士	前人
示泸阳了幻居士	前人
示钦守太监阎公病中	前人
无相说	前人

简阳县诗文存卷六

文

清

| 族谱序 | （清）傅辉文 |
| 重修东关赋 | （清）刘躬逢 |

石室礼殿圣贤图石经考	（清）毛于遒	七十曰老而传论	前人
张烈文侯建庙序	前人	秦筑长城汉通西域论	前人
建修文昌宫两奎星阁及书院膏火叙	（清）罗成章	王船山论苏氏辩	前人
文塔记	（清）刘维植	华阳黑水为梁州解	前人
宋太祖传位太宗论	（清）汪漱芳	桓水考	前人
后武王论	前人	韩诗授受源流考	前人
后管仲论	前人	群经逸文述	前人
楚书辩	前人	同文会序	前人
送海山禅师移住观音堂序	前人	杨诚斋诗钞序	前人
刘氏天井坝阡记	前人	古诗选序	前人
傅公月溪传	前人	志学会序	前人
晋赠奉直大夫韦公传	（清）周维垣	赠辜辅之茂才序	前人
愚夫妇传	（清）傅宣化	陈丽生贡入辟雍序	前人
邹公世谱序	（清）黄朴	读五代史前后蜀世家书后	前人
刚德说	前人	宋史道学儒林传书后	前人
燕巢记	前人	答张仙洲书	前人
吴棠舟行略	前人	反师说	前人
黄旸谷公行略	前人	林仰山封翁暨喆嗣茂才祈雨颂	前人
豫章耆旧社序	（清）徐树棠	勤业斋记	前人
		高泽生墓碣	前人

简阳县诗文存卷七

文

清

		雪樵先生传	前人
		周茂生先生传略	前人
		李文公渊传	前人
王氏家谱题词并序	（清）傅为霖	方公启山家传	前人
赠常庵上人序	前人	刘母傅孺人家传	前人
书汪栗庵夏少尉墓志后	前人	挽缙堂从兄	前人
跋息园榜后	前人	挽韩如藩	前人
跋古舞法后	前人	祭韩九峰茂才	前人
与刘甥以新书	前人	募修学署序	（清）王周桢
家书	前人	补园跋	前人
家书	前人	为峨眉张骨董书两鼎轩横幅跋	前人
仁寿先正德教碑	前人	寄园记	前人
甲秀楼藏书记	前人	王雨村画册记	前人
莞天篗记	前人	王贞女墓志铭	前人
张先生墓表	前人	拟潘安仁笙赋	（清）黄纪云
驳汤来贺王彦章论	（清）王士元	种桃赋	前人

拟戴安道琴铭	前人	（先天非始后非终）
拟谢安石棋铭	前人	（大千刹境一微中）
拟顾夷仲笏铭	前人	（舒开白手展家风）
拟范浚心箴	（民国）曾国才	（分明两耳恰如聋）
拟程子四箴	前人	（白牛放去杳无踪）
拟崔子玉座右铭	前人	（应知芥子落针锋）
拟谢安石棋铭	前人	贻性爱禅人（志节超伦骨格奇）　前人
拟顾夷仲笏铭	前人	示明玄子（羡子毫端妙入神）　前人
		示行脚僧文赟（亲自日边飞锡下）　前人

简阳县诗文存补遗

文

唐

上灵台候仪奏	（唐）李淳风	赠风水僧慧满（岂是山夫好辩争）　前人
议僧道不应拜俗状	前人	翼善住山瑄玉峰掩关（高卧东山最上层）　前人
太元金箓金锁流珠引序	前人	端阳日示恕虚中（道由心悟学由师）　前人
大怪书序	前人	中秋玩月（今宵乘兴坐庭除）　前人
玉历通政经序	前人	奉萱堂为夷陵常千兵赋（每忆劬劳德莫忘）　前人
法蕴足论后序	（唐）靖迈	江湖游览卷（纵游览景道为谋）　前人
宋		蜀和王殿下薨世（草木悲风六合秋）　前人
宇文肃愍公文集序	（宋）刘光祖	蜀主定王薨世（久沐恩光感遇深）　前人
		次怀空和尚挽无际先师韵
		（妙相分明寓母胎）　前人

简阳县诗文存续

简阳县诗文存续序	（民国）廖锡直	恩荣义官郫筒张公（悲风忽动画堂前）　前人
		哭中山栖碧光泽和尚诗（西风吹没渡人航）　前人
		哀意海珠哭母（萱花不幸委霜风）　前人

简阳县诗文存卷上

诗

明

		哭徒祖玠珪庵（教毓成材忽夭亡）　前人
		挽承奉范安无相居士（王藩齿德独尊贤）　前人
锦城郑觉海请玉溪处士写师真		进辞蜀贤王殿下（祚土分茅王蜀川）　前人
（本来面目非形状）	（明）楚山	辞二内相暨合府诸位大人
进贺蜀王封袭（九重锡爵圣恩隆）	前人	（当年佛法付王臣）　前人
寄内贵陈了道（楚楚金门卓荦材）	前人	送玄孙亮晓[囱心]还乡（一锡孤飞万里游）　前人
答中贵临邛子（思均久不获相亲）	前人	无相为中贵范祖心赋（本来面目非名相）　前人
答黄侍御（暂将幽迹寄云林）	前人	鹫峰为内相滕如嵩作（跋地翔空势若飞）　前人
答锦溪邓宗明秀才（昨辱高车顾草亭）	前人	宗哲为中贵蔡祖才作（天产英姿德义全）　前人
寄李延用翠屏读易（暂向云林淹骥足）	前人	默默为张道玄作（虚堂兀尔坐忘言）　前人
答南山居士刘白夫（寓形天地泊西东）	前人	海湛然（汪汪巨浸涵空碧）　前人
		彻堂（拶透玄关正眼开）　前人
		逊庵（退以谦卑牧自心）　前人
		瞻堂（一从音响悟圆通）　前人

慧庵（掀翻般若悟天真）	前人	重庆口占（登城东望白云封）	前人
月庵（山房静掩月明中）	前人	隶菜歌（竹君怜我性好奇）	（清）傅辉文
慧山（慧日高升法性山）	前人	永通峡阻雨（片帆落峡口）	前人
素庵（跳出凡笼绝世求）	前人	挽苏子新作（宵来星落海天秋）	前人
镜庵（真心原不犯安排）	前人	（二十余年弟与兄）	
纳庵（数穷谁信言多失）	前人	（回思客岁走长安）	
示江西张志善无为居士（名号善无为）	前人	（如君真是可怜人）	
天真（紫云影里现天真）	前人	补团扇（已摈弃置随秋草）	前人
古林（空劫已前无影树）	前人	（彩色再添形尚在）	
示三池瑞宗方居士（心佛名殊体不乖）	前人	悼亡（年年漂泊客天涯）	前人
示蓉城常觉宽居士（混尘不作尘中客）	前人	（手把遗箱不忍开）	
示锦江周觉实善士（万法尽从心上起）	前人	仙人洞（升仙得洞成仙宇）	（清）罗成章
示锦城罗觉俸善士（罗俸为名字爵堂）	前人	放生池（峭壁中分潴作渊）	前人
示锦城胡觉纲居士（捨妄归真扣己寻）	前人	严公祠（一峰张拱为跨鳌）	（清）严学尧
石经住持节俭堂（住持节俭起家门）	前人	金马祠（为寻金马踏苍苔）	前人
清		瀛洲仙子诗碣（人间笔迹未消磨）	前人
游仙女石（博得高冈乐）	（清）段朝伟	（山过飞鸟水过舟）	
次孙雯镜游灵山四首韵（从公寻胜地）	前人	（瀛洲疑不在陵阳）	
（创建由来古）		（僧房遥跨万山开）	
（峭壁干宵上）		平原君（像绣平原欲买丝）	（清）毛丰荣
（万虑俱消处）		苏溪（云影天光入画图）	前人
宿竹全仁山庄（云锁芦溪处士家）	前人	昭忠祠有感（贼氛几次犯山城）	（清）李仙芝
白鹿洞（曾传白鹿事云遐）	前人	（庙貌城隅创建新）	
（鹿变瓜兮得未曾）		芝岭（步出县门前方春）	（清）郑彬伦
游灵山四首（素有登临约）	（清）孙雯镜	雷月峰（我爱雷月峰）	前人
（燃灯曾说法）		飞泉井（朝上飞泉山）	前人
（万叠山如抱）		艳阳洞（我县署门前）	前人
（夹道松篁合）		儳储太祝牧童词（求牧南山下）	（清）汪淑芳
由粤迁蜀留别同宗（万里行今日）	（清）钟应柱	杂咏（长门不作赋）	前人
靖川即事（一从春仲出羊城）	前人	考优不及贡偶作一首（成均萃诸生）	前人
云龙山（盘空突兀一山横）	前人	拟杜老高都护骢马行倒次前韵	
侍母登泸州五峰山闲望		（栈豆一升何足道）	前人
（广州奉母过泸州）	前人	秋山晚眺（远山秋色好）	前人
除日忆长乐兄弟（弹指驹光十七年）	前人	五日即事兼怀锦城诸友（作客年年惯）	前人
南雄望月（今宵望月月初圆）	前人	与友人登同庆阁（杰阁登临渺欲仙）	前人
万县早发（连宵风雨响鎯铛）	前人	丁卯揭晓后知拙卷经房老刘伯衡	

（花溪柳岸镇相寻）

即事（绛帷小饮酌新醅）　　　　　　（清）汪寓瑞

灵泉寺避暑题壁（行行游古寺）　　　（清）夏龙章

祭先师春楼夫子（回首皋比道谊隆）　（清）汪金锡

（先生蕴藉有操存）

挽傅玉山（来往情殷数十年）　　　　（清）蒋先声

（话到君家未易当）

（膝前桂蕊堕芳尘）

（呱呱黄口胜婴孩）

某贞女诗（卓哉归太仆）　　　　　　（清）汪鼎元

（我诗未终篇）

杂感（中庭双祝鸠）　　　　　　　　　前人

（灼灼紫荆花）

（人情恋妻子）

题克光侄纪梦诗后次原韵（阿咸年未壮）　　前人

曾潜庵明经清节雅望士林推重顷闻辞世
　　深堪悼叹同人欲赋挽诗以高山安可仰
　　徒此挹清芬为韵分得可仰二字（夫子
　　古遗直）　　　　　　　　　　　　前人

（晏子身不长）

解馆将归为积雨所阻赋诗志闷
　　（愁城一万丈）　　　　　　　　前人

魏贞女诗（魏氏有女慧且贤）　　　　　前人

答人索观拙稿作（吾生才一瞬）　　　　前人

留别诸生（凛凛岁云暮）　　　　　　　前人

古剑（自从沉狱底）　　　　　　　　　前人

古镜（镜是何年铸）　　　　　　　　　前人

重阳前一日同人置酒真武宫（久有登高兴）　前人

寄怀宗人屏山明经（十载闻名梦想余）　前人

（君是诗人陆剑南）

春日感怀（容易年光又一春）　　　　　前人

武侯祠怀古（千年汉相祠堂在）　　　　前人

将应乡试感赋（壮不如人老自伤）　　　前人

（六十年光石火如）

解馆题壁（几认山斋是我家）　　　　　前人

上宫庶侯先生（墨玉台前二月天）　　　前人

题刘鼎臣榆庄诗草（早年同学最情亲）　前人

生日自述（虚掷光阴七十秋）　　　　　前人

（赢得龙钟现在身）

（瞥眼年华电影过）

舆纤（误被人呼上水舟）　　　　　　　前人

（本是空行撒手人）

题画（众卉避霜雪）　　　　　　　　　前人

（清风飒然来）

与僧夜话（乱山深处佛灯幽）　　　　　前人

题郑瞻之画（十载相从慰寂寥）　　　　前人

（秋桃郁李早芬芳）

薛涛井次韵（楼外江波接远天）　　　　前人

咏史（削平六国见雄才）　　　　　　　前人

（登坛推挽灭重瞳）

（厄辄邪言未肯从）

（鸿门高会最仓皇）

（细柳营成壁垒新）

剿蚊凯歌（纷纷小丑势喧天）　　　　　前人

（傍晚妖氛大合围）

（暂去重来一夜中）

（睡乡仙境苦纷挐）

（白帝援师动地来）

赠易舒文同年（豪气元龙欲逼人）　　　前人

（忆昔曾从大父游）

（此去京华路几千）

剑门（一山才过一山来）　　　　　　　前人

鸡头关（鸡头山高高逼天）　　　　　　前人

（一落其如千丈何）

读史（鸟尽弓藏事可伤）　　　　　　　前人

（武帝雄风信有情）

（儒将临戎意气闲）

（莫道饥鹰饱便飏）

（鼻端火出耳风生）

（特简名贤付子孙）

（雨零铃夜最伤神）

（牛李纷纷党祸深）

甘蔗(琼浆玉液个中含)　　　　　　　前人

渔蓑(一滩风雨兴偏幽)　　　　　　　前人

拟王建宫词(溶溶软縠窄衣裳)　　　　前人

(画栋双双燕子窠)

(樱桃颗颗万珠红)

(轻寒轻暖落花天)

(年年七夕盼牵牛)

安乐寺怀古(汉鼎难扶火德衰)　　(清)汪克光

杜公祠怀古(板荡乾坤一草堂)　　　　前人

山泉铺夜宿(策马上层峦)　　　　(清)毛鸿猷

送外舅周康侯以兵部差官赴召入都

　　(萧疏白发六旬翁)　　　　　　　前人

(倭船海上激雷霆)

赠崔金子割股愈亲(烈忠臣,苦孝子)　(清)夏龙光

题马庶侯守戎春郊走马图

　　(播州城外春如海)　　　　　　(清)汪梦龄

月夜忆友(自赋骊驹后)　　　　　　　前人

土桥沟吊毛海客刺史(遗蜀今安在)　　前人

(记得乾嘉际)

登望江楼(形胜古刀州)　　　　　(清)曾泽溥

登长松山(长松奇拔甚)　　　　　　　前人

小桃源(牛鞞城外雁江滨)　　　　　　前人

中秋泛月(婵娟不改古来秋)　　　(清)徐朝章

登丹景山绝顶(碧嶂丹梯出翠微)　　　前人

途中即景(出门未亭午)　　　　　(清)张光地

秋日江行(小立江干上)　　　　　　　前人

客感(年来几度到巴东)　　　　　　　前人

秋夜待易环继不至(露下中庭白)　　　前人

薄暮田间口号(春烟春雨杂春花)　　　前人

重九张君过访(桑麻鸡犬野人家)　　(清)陈价人

送兄子鼎巡赴京入陆军中学堂(大

　　阮栽培小阮身)　　　　　　　　前人

大匡山怀古(清平一曲悟君难)　　　　前人

小游仙(一谪红尘十二年)　　　　　　前人

田家遥(老翁垂泪啼山阿)　　　　(清)曾学诗

白牡丹(不作骄人态)　　　　　　　　前人

读先君子途中偶成二语泫然有感为

　　足成之(极目蚕丛在)　　　　(清)张仙洲

酬谢郫县姜尹人寄书家谱后诗

　　(辱惠新诗句)　　　　　　　　　前人

闲居自叹(流光冉冉去)　　　　　　　前人

寄家皋如京官(见说芳名达上林)　　　前人

除夕漫吟(莫恨春风尚来年)　　　　　前人

春夜遣兴兼忆王翰才师(绮窗危坐学心斋)　前人

哭谭间昞先生(莫春天气丽初晴)　　　前人

读澹斋诗草恭记(神龙老去气犹豪)　　前人

斋民感怀兼酬陈丈凤楼(年来警报日纷驰)　前人

闻从兄仲选生生子命名定策作此贺之

　　(筵开汤饼正强时)　　　　　　　前人

岁暮将解馆示谢许二生作(尔来气味更相宜)

偶饮豆腐有感(淡泊家风久自娱)　　　前人

旅邸思亲(未知安否近如何)　　　　　前人

经薛涛墓(门巷枇杷忆旧居)　　　　　前人

垂老述怀(人生百年如一梦)　　　(清)段均义

峨嵋山月(不见团圞月)　　　　　(清)罗章绮

丞相祠堂怀古(铜雀荒凉付劫尘)　　　前人

丙戌初冬望六日同廖小康茂才月下

　　作(梅花明月两悠悠)　　　　　　前人

读王云河先生诗书后二律(半生事业总成空)

　　(己信公非百里才)　　　　　　　前人

秋声(银汉无声玉漏沉)　　　　　　　前人

七夕怀人诗(珠江雁水各分流)　　　　前人

成都七夕(阑干十二绕回廊)　　　　　前人

小桃源(幽溪密堑遍桃花)　　　　(民国)杨永澧

瑞莲池(阳安积瑞旧城隅)　　　　(民国)罗章素

癸卯春有日本之约因未遂其游乃

　　作望海行一首(海山高耸色苍苍)　前人

城陵矶(城陵矶畔草萋萋)　　　　　　前人

上海忆寄家书(昨寄家书自汉关)　　　前人

拟东坡和子由记园中草木(惜花

　　花自好)　　　　　　　　　(民国)曾国才

荆州(往事随流水)　　　　　　　　　前人

诗余

清

贺新郎（忽漫春风度）　　　　　　　（清）汪漱芳

金缕曲（楚些声凄切）　　　　　　　　前人

百字令（人琴未远）　　　　　　　　　前人

怨东风（几日清明近）　　　　　　　　前人

补遗

诗

清

杜若洲明府招游蒙山（昔从华阴游）　　（清）黄朴

简阳县诗文存续卷下

宋

乞成都路依旧例便宜从事疏　　　　　（宋）刘孝孙

条奏水利八事条奏水利八事　　　　　（宋）刘将

论郡县水土利害疏　　　　　　　　　（宋）刘泾

请以圣谕具申本省　　　　　　　　　（宋）刘光祖

请封殖人才　　　　　　　　　　　　前人

论潜邸琐隶吴端除带御器械　　　　　前人

两朝圣范　　　　　　　　　　　　　前人

建显惠庙记　　　　　　　　　　　　前人

应诏言事　　　　　　　　　　　　　（宋）许弈

建鳌峰书院记　　　　　　　　　　　（清）游文璇

祭俞尔昌文　　　　　　　　　　　　前人

王大章传　　　　　　　　　　　　　（清）李仙芝

韩肇洙传　　　　　　　　　　　　　前人

爱书记　　　　　　　　　　　　　　（清）郑彬伦

鲁之郊禘辩　　　　　　　　　　　　（清）汪漱芳

祭毛氏姻姆母及婿文　　　　　　　　前人

祭陈氏三女文　　　　　　　　　　　前人

祭外舅镜湖先生文　　　　　　　　　前人

祭堂兄若天文　　　　　　　　　　　前人

祭段母刘孺人文　　　　　　　　　　前人

祭姻泊毛某文　　　　　　　　　　　前人

代人祭堂婶罗刘氏　　　　　　　　　（清）汪鼎元

王用亨于岐山解　　　　　　　　　　前人

其浸颖湛解　　　　　　　　　　　　前人

读史记卫青霍去病传书后　　　　　　前人

皇侃论语义疏跋　　　　　　　　　　前人

问贾谊陈政事疏皆系求世急务　　　　（清）王士元

春秋颖义论　　　　　　　　　　　　前人

十三经论　　　　　　　　　　　　　前人

北朝总论　　　　　　　　　　　　　前人

辽金总论　　　　　　　　　　　　　前人

明代总论　　　　　　　　　　　　　前人

十七史商榷论　　　　　　　　　　　前人

廿四史论　　　　　　　　　　　　　前人

仁寿高家场字库序　　　　　　　　　前人

读管子书后　　　　　　　　　　　　前人

皇侃论语义疏跋　　　　　　　　　　前人

公募佽助节妇汪李氏启　　　　　　　前人

代人祭高宅三文　　　　　　　　　　前人

祭阚光亭大母高孺人文　　　　　　　前人

书烈妇陈刘氏传后　　　　　　　　　（清）扬子江

夏金敬承前辈墓志铭　　　　　　　　（清）张仙洲

水仙花赋　　　　　　　　　　　　　（清）罗章绮

梅聘海棠启　　　　　　　　　　　　前人

桂赋　　　　　　　　　　　　　　　（民国）李之淮

茧赋　　　　　　　　　　　　　　　前人

礼聘宾筵位图说　　　　　　　　　　前人

赞礼妇筵位图说　　　　　　　　　　前人

聘宾释币于祢图说　　　　　　　　　前人

大射宿悬位图说　　　　　　　　　　前人

数获图说　　　　　　　　　　　　　前人

长衣图说　　　　　　　　　　　　　前人

劳觌侯图说　　　　　　　　　　　　前人

士丧用夏祝商祝说　　　　　　　　　前人

上下射拾取矢图说　　　　　　　　　前人

象形不成字据说　　　　　　　　　　前人

电赋　　　　　　　　　　　　　　　（民国）曾可传

咏秋诗序　　　　　　　　　　　　　（民国）李正保

棕赋　　　　　　　　　　　　　　　（民国）江镇清

蛮触议和约录序	前人	户铭	前人
苌叔谏	前人	牖铭	前人
拟太白惜春风赋	(民国)郑锡主席	剑铭	前人
唐玄宗开元致治天宝致乱论	(民国)陈新荣	茶庵座右铭	(清)汪漱芳
广博弈论	(民国)吴文颐	为从伯父暨配点主赞	前人
杂文		笔铭	(清)罗章绮
清		砚铭	前人
王德元铭略	(民国)罗成章	剑铭	前人
程鹏鹭赞略	前人	补遗	
鉴铭	(清)郑彬伦	温公家范序	(宋)刘光祖
杖铭	前人	贾铸考信录序	前人
带铭	前人	补孝篇序	(清)胡仁至

61. 嘉庆宜宾县志

五十四卷首一卷　（清）刘元熙修　李世芳等纂　嘉庆十七年刻本　民国二十一年铅印本
《中国地方志集成·四川府县志辑》（第三十册）影印本

卷四十八　艺文志

赋

苦笋赋　　　　　　　　　　　　　　（宋）黄庭坚

诗

宴戎州杨使君东楼（胜绝惊身老）　　（唐）杜甫

荔枝（忆过泸戎摘荔枝）　　　　　　　　前人

天池晚照（舟浮十里芰荷香）　　　　（唐）韦皋

廖致平送绿荔枝为戎州第一王公权荔枝绿

　　酒亦为戎州第一（王公权家荔枝绿）（宋）黄庭坚

次韵李任道晚饮锁江亭

　　（西来雪浪如煮烹）　　　　　　　　前人

再次韵兼简履中南玉三首

　　（李侯诗律严且清）　　　　　　　　前人

（江津道人心源清）

（锁江亭上一樽酒）

味谏轩（方怀味谏堂中果）　　　　　　　前人

金鱼井（姚子雪曲）　　　　　　　　　　前人

寄翠岩禅师（山谷青石牛）　　　　　　　前人

过宜宾见夷牢乱山嘉佑四年

　　（江寒晴不知）　　　　　　　　　（宋）苏轼

夜泊牛口（日落江雾生）　　　　　　　　前人

牛口见月时嘉祐元年始举进士至

　　京师作（掩窗寂已睡）　　　　　　　前人

戎州（乱山围古郡）　　　　　　　　　　前人

宣化道中（瘦草萧疏已似秋）　　　　（宋）范成大

七夕至叙州登锁江亭山谷谪居时屡登此

　　亭有诗四篇敬和其韵（水口故城丘垄平）前人

题无等院在南门外鲁直以元符间

作槁寮死灰庵（文章何罪触雷霆）　　（宋）陆游

牡丹（春工殚巧万花丛）　　　　　　（宋）程公许

西楼（西楼何似古东楼）　　　　　　（宋）刘翼之

早春同郡伯刘三乐郡丞李廷谦别驾

　　周时烈登元武山作石刻在山顶无

　　量殿前（元武山从郡北开）　　　　（明）顾汝学

游流杯池（洞自巨灵辟）　　　　　　　（明）潘鉴

前题（鬼斧辟云根）　　　　　　　　　（明）谢瑜

乙卯夏日峰招饮曲池

　　（使君有佳兴）　　　　　　　　　（明）姜子羔

癸丑春同人游流杯池

　　（联翩来幽境）　　　　　　　　　（明）涂瑜

又次壁间韵（江锁涪翁洞）　　　　　　　前人

前题次韵（宦迹原无定）　　　　　　　（明）赵远

（瑰玮植天根）

涪翁亭（昔贤游息地）　　　　　　　　（明）戴望

前题次韵（乾坤留胜迹）　　　　　　（明）傅应诏

题涪翁洞二首（卓荦如翁负重名）　　　（明）郑浚

（涪洞逶迤趣本清）

武侯祠（松潘事了得投闲）　　　　　　（明）胡沣

游流杯池（朔气马头催）　　　　　　（清）张德地

游流杯池（谁将怪石辟为门）　　　　（明）李春先

题石牛（片石依云化作牛）　　　　　　　前人

牛口发舟泊贞溪聊述所历

　　（江行每娱心）　　　　　　　　　（明）尹伸

哭刘元诚司马三首（解愤非凡韵）　　　　前人

（任让俱无当）

（尔日惊超拜）

与王忘机饮观音阁忘机将访楚中

62. 同治壬申新镌富顺县志

三十七卷首一卷　（清）宋廷贞修　黄靖图纂　同治十一年刻本

卷二十二　文苑

九峰山行（曲径源流上下）	（明）晏铎
赠朱瑞州子羽诗序	（明）熊过
送林君于石守安南序	前人
赠王晋叔兵备平阳序	前人
寄曾明府诗（放舟临云浦）	前人
赠别诗（一笑相逢在翠微）	前人
龙腾寺别熊南沙诗（忆昔与君少壮时）	（明）杨名
咏巴江柳三首（早是春之半）	（清）范璐
（之子莫相送）	
（夹道来车骑）	

中秋后得富顺范生嘉州帅生书知其陷贼不辱
　伪命遂有是作（几载豺狼横巴蜀）　（清）王士禛

答友（两日才溪住）	（清）周祀
送人从军（负羽频年出塞劳）	
圣驾南巡恭纪七言排律三十韵	（清）晏珝
（万国升平达海隅）	

以上旧志

新增艺文

豫章会馆记	（清）范琚
建修同心观记	（清）李长笏
奎星楼添建廊屋山门厨室记	（清）黄靖图
回澜塔碑记	（清）陈长墉
回澜塔记	（清）朱坚
上东水口寺重装佛像佛龛记	（清）朱鉴成
水口寺铸钟序	前人
四川武闱乡试录序	前人
上粤督黄制军书	前人
宁海县水利易行说	（清）朱斗南

大葛仙山记	（清）王果
南征赋　有序	（清）朱鉴成
募川南会馆启	（清）朱基
云台庵（山势如鹤啄）	（清）王廷弼
咏古（洪迈举词科）	（清）朱钜成
（龙门良史祖）	
（世有庂性人）	
（曾参竟杀人）	
（太元拟周易）	
与张羲文刺史论书（六文始羲轩）	（清）罗文玉
对酒偶成（饮酒不肯醉）	前人
杭吴氏节孝（松柏何青青）	（清）尹敬尧

读小谷火轮船行别有感触作火轮
　船歌（东西南朔千万程）　（清）朱鉴成

杭吴氏节孝（大峨东下接巴涂）	（清）刘光代
题通州英济祠古槐（潞河城里古槐树）	（清）廖煜明
峡中（出峡复入峡）	（清）李芝
游东山寺（昔年游胜地）	（清）尹敬元
己亥重饮鹿鸣（恩纶一例贲三川）	（清）朱倔
其二（当年同日詠霓裳）	
其三（廿年宦辙驻湘东）	
其四（锦城风物倍清华）	
吊鄂太傅（不奉芳型已八年）	（清）晏珝
舟行（晴川曲曲抱河堤）	（清）陈景雯
出洋二首（大手终推古玉皇）	（清）朱鉴成
（通明阙启绿章腾）	
拟老杜诸将五首（北风雨雪密如丝）	前人
（红旗千万照惊泷）	
（吉林武骑溃千群）	
（筹边终古峙危楼）	

（南海波澄问几年）

得大兄北来书却寄（离家明月十回圆）　　　　前人

（无双逐鹿迩神京）

（去岁泾南送别时）

（代雁孤飞怯失群）

（吾宗才调沦亡甚）

山馆（课余何事坐忘机）　　　　　（清）李荣安

读易洞（湖口清光洞口云）　　　　　（清）刘匡

中秋夜东山寺对月（影暗长空记去年）（清）廖煜明

五云山馆（绿树重阴护宅新）　　　　（清）尹敬修

钟秀山晚眺兼寄张刺史

　（危峰高衬晚霞明）　　　　　　（清）罗文玉

月明如昼大雪不已作雪月诗

　（雪花如掌月如盘）　　　　　　（清）朱鉴成

（步虚声里玉妃忙）

（汉皋神女压尘沙）

（江湖蓬转望春回）

岳墓（葬骨青山七百秋）　　　　　　　　前人

（苍苍松柏暗征云）

（极目永昌陵上草）

（惺惺难说惜惺惺）

（金牌传诏太仓皇）

（驱廉容易倒戈行）

（谁把金陀野史修）

十景诗　　　　　　　　　　　　（清）杜受廉

东津台曜（生成巨石有神功）

北洞春秋（山水幽深地自偏）

南浦书台（儒士穷经日下帷）

西湖易洞（理数皆从一画藏）

青山锁峡（两峰高并势嵯峨）

釜水环江（山色周回水四邻）

云峰夕照（郭外奇峰似夏云）

月岩甘泉（月满千岩露气横）

翠屏天榜（百里青山似画图）

马瑙乾关（一重关枕百里山）

川主辩　　　　　　　　　　　　（清）荣天宠

63. 咸丰隆昌县志

四十二卷首一卷　（清）魏元燮、花映均修　耿光祜纂　同治元年刻十三年续刻本　《中国地方志集成·四川府县志辑》（第三十一册）影印本

卷三十六　艺文　赋　记　铭　诗　传

赋

金鹅洞赋	（清）黄文理
石城山赋	（清）喻其黄
墨溪赋	（清）郭卓
楼峰耸翠赋	（清）郭通
水峡口赋	（清）郭其俊

记

隆昌县志记	（明）江汝明
护国寺建坊碑记	（明）申时行
关帝庙碑记	（明）熊应占
杨贞烈祠记	（明）王应熊
建修学宫记	（清）方觐
重修泮池记	（清）李时敏
高洞寺记	（清）祁苏
普济寺记	（清）刘琨
重修学宫记	（明）胡克开
五皇庙碑记	前人
文星庵上殿佛前万年灯序	（清）彭严
修建城楼记	（清）刘琨
建祠修塔碑记	（清）于中行
建阁修学记	（清）黄文理
三进士墓记	前人
开台记	（清）陕以成
重修学宫碑记	（清）邓文端
拙轩记	（清）黄文理
达海寺万年灯记	（清）彭湜
楼峰寺记	（清）杜梁

高岩山记	（清）王梦桂
重建莲峰书院碑记	（清）盛世绮
重修隆昌县城碑记	前人
修水城楼记	（清）耿光祜
重修文庙碑记	（清）郭书

铭

断香铭	（明）钟惺
彭汝敬墓志铭	（清）王命来
郭南冈墓志铭	（清）何裕承
志孝碑铭	（清）于中行
志友碑铭	前人

诗

杂兴三首（大江催日夜）	（明）刘时俊
（宿雨鸣不歇）	
（春风何习习）	
别诗（浮云起天末）	前人
山水吟（平生爱山水）	（清）黄文理
东岳庙（磴曲盘空壁）	（清）朱云骏
雪后登楼峰寺（巉岩斧劈成）	前人
县斋书事（不材任剧邑）	前人
署后小圃（雨露恩不私）	前人
冬夜宿云龙寺（严飚卷地寒）	前人
题石笑斋东岩遗迹兼赠曾笑斋	
（落落乾坤鸟兔走）	（清）刘时俊
苦风行（北来道上苦多风）	（清）刘泌
梦亡夫（灵灯悄悄明虚壁）	（清）朱怀琼
闻边警（上将临东北）	
平望驿恭谒先君生祠四	
首（遥望我心恻）	（清）刘泌

（四载松陵治）	
（心手经营地）	
（犹忆庚辰岁）	
鹅洞留别（临别金鹅洞）	（清）王赞化
春日谐邓希直广文同游楼峰寺	
（晴朗宜人日）	（清）朱云骏
重游云龙寺（忆昔游初地）	前人
三台石（危石列三台）	（清）黄文理
土坎重关（障据东南险）	（清）江懋勋
正觉晓钟（古刹名山著）	（清）邓文端
鹅洞飞泉（一派从东下）	（清）唐德一
楼峰晚眺（不少名山景）	（清）晏恒
隆桥夜月（坐玩隆桥月）	（清）刘腾龙
楼峰登眺（突兀凌云起）	（清）徐昶
早朝（严城漏彻曙光瞳）	（明）刘时俊
江边独叹（自叹生涯计太疏）	前人
北伐（万乘躬行讨不庭）	（清）郭廉
和僧澄栩韵（偶向晴皋踏乱山）	（清）朱云骏
道观凭眺（终南蟠结势峥嵘）	（清）黄文理
乡校留徽（嵌崎刻画岭云边）	前人
楼峰耸翠（一望楼峰只麽青）	前人
响石遗音（何处飞来石有声）	前人
廻龙砥柱（凌云揰汉挺祥州）	前人
正觉晴云（霁色轻笼正觉禅）	前人
隆桥夜月（郭外溪流跨彩虹）	前人
鹅洞飞泉（峭奇壁立洞横开）	前人
闺怨（芳草斜阳独倚楼）	（明）刘时俊
梅花（东风吹断朝烟冷）	（清）尹纫兰
春晓（晓来孤岫淡拖光）	前人
疏枫（秋水浑连岸）	（清）朱怀琼
圣水灵鹫（小照临江对日斜）	（清）郭其钊
犀湾萦带（曲水如犀曲抱来）	前人
中岩双节（光岳千年正气存）	前人
雩泉飞瀑（碧水奔来触石摧）	前人
白鱼口观瀑（犀湾如带水临滩）	前人
正觉山水歌（天地有奇气）	前人

回龙塔碑诗（凌空宝塔山之麓）	（清）于中行
黄明府文理和韵	
（峰回旋礴江心枭）	（清）黄文理
云峰塔碑诗（云峰突起压城楼）	前人
游高洞寺（桥势两龙蹲）	（清）张云行
传	
贞烈杨孺人传	（明）马之骐
书杨贞烈遗书后	（明）董其昌
又诗（悽憾分双影）	前人
杨贞烈赞	（明）张鼐
杨贞烈练铭	（明）陈继儒
又诗（绝笔传来欲断肠）	前人
颂杨贞烈诗（为妇依稀识嫁裳）	（明）姚士慎
颂杨贞烈诗（石琢肝肠铁铸心）	（明）沈国华
颂杨贞烈诗（藁砧声断向谁悲）	（明）陈启运
郭克广传	（清）王奕清
郭孺人传	（清）彭端淑
彭崑山传	（清）彭肇洙
彭湜传	（清）彭端淑
郭千三传	（清）彭肇洙
彭大贵传	（清）唐德一
董子能传	（清）秦先明
熊准传	（清）熊皋
熊皋传	（清）孟邵
唐德一传	（清）杜源琳
唐德嘉传	（清）刘一衡
耿东申传	（清）何增元
熊殿元传	（清）熊皋
彭氏传	（清）李辉斗
万上选传	（清）孔广其
晏绍祖传	（清）李春暄
郭书传	（清）耿光祜
耿履端传	前人
李可庵先生纪略	（清）邹峄贤
刘定选传	（清）耿光祜
耿昂传	（清）张澍

64. 民国南溪县志

六卷　附文征四卷　李凌霄等修　钟朝煦纂　民国二十六年铅印本　《中国地方志集成·四川府县志辑》(第三十一册)影印本

（岁头珍重新年坟）	（读书盈万卷）	
（昨宵元夕又今宵）	（才人经过处）	
（春台只唱上文昌）	（自古诗人笔）	
（不过社日上新坟）	七十自寿并序（口授遗经自祖廷）	前人
（路出东门东复东）	（送世名贤重了翁）	
（农人谁识养花天）	（更思莘老孙包陈）	
（阑干十二数芳辰）	（无多益友共居平）	
（学修蚕福祀蚕娘）	（壶关三老开先路）	
（揭新货舆卖空仓）	（论兵平日岂空谈）	
（观音寺里法筵开）	（处世何能见独超）	
（家园茶数宝林寺）	（汉安泸水锦官城）	
（小春收罢又端阳）	（何事鳏鳏叹老夫）	
（男事缫车女纺车）	（时经春暖又秋凉）	
（新迁首事遍城乡）	（我抚华颠我怅然）	
（夏布浆纱逊纺纱）	夏日斋居（茶瓜消夏午风清）	（清）廖景游
（遗爱祠中觅午凉）	太公岩石歌（盘古以前石自有）	（清）高明烈
（六十早逢六月天）	夜坐感怀（长天横北斗）	（清）高明曜
（文字何人解乞灵）	早发（征鞍催梦断）	前人
（截边正路纸分行）	鸳鸯圻吊烈女黄帛	
（朝来拌桶一声声）	（一江风浪鸳鸯死）	（清）高友适
（稻叶铺床谷上仓）	秋夜有怀寄景坡兄	
（夜深筶鼓向谁家）	（疏林惨淡悲风厉）	（清）高友益
（公项经田照录存）	梦内兄包云皋（霜空月色昏）	（清）高友欧
（龙山九日惯登临）	叶烈女行（百丈铁，尚可折）	（清）包本芳
（文昌宫内两把称）	女贞树（女贞树）	前人
（黄秧自觅成都种）	宿明进士阚可山先生小山草堂	
（歇鸡毛店胜粑毛）	（古月生丛桂）	前人
（糖房处处起蜗庐）	（一雨百花放）	
（篓如五石葫芦大）	寿谷（曲径入盘谷）	前人
（女嫁男婚择吉期）	仙临寺梅花（暗香多近水）	前人
（曾经食粥小儿孩）	南广夜泊（乱砧敲客梦）	前人
（取当三分减一分）	桂溪禅院（一犬吠寒竹）	前人
（流流场赶一肩挑）	明侯将军故里（将军老屋横虚垄）	前人
（纷纷馈岁日辞年）	武侯祠（汉阙荒凉紫气沉）	前人
（油盐柴米逼残年）	晚泊瀛洲阁（晚天沙与泊扁舟）	前人
题翁寄塘夫子南溪游草（史馆曾供职）　前人	白云寺梅花（暗香清处畏人知）	前人

园居（艺竹还应艺果蔬）　　　前人

村居（数家茅屋自成村）　　　前人

山居（树底科头手一编）　　　前人

溪居（蓼滩枫岸水为家）　　　前人

徐颖山招饮赏菊兼以采菊图索题

　（渊明爱菊兼爱酒）　　　前人

祷雨词（小巫纷纷击土鼓）　　　前人

题温验修诗册（格调天然不炫奇）　　　前人

遣怀（百感茫茫付劫灰）　　　前人

哭万师黄夫子（束发从游早）　　　前人

（忆在龙蛇岁）

（当代诗文伯）

（锦里文旌返）

贞烈歌（天地有正气）　　　（清）黄炳章

遇贼行（赤帻红衣面如铁）　　　（清）陈春田

泸阳题壁（身世浮沉感芥舟）　　　（清）万甡

（春风春雨滞归期）

山馆春日（翦翦清寒上锦袍）　　　前人

（向晚开窗对竹丛）

拟东坡聚星堂咏雪禁体

　（朔风一夜声怒号）　　　（清）萧鸿图

秋夜感怀（秋风一叶一萧萧）　　　前人

丁巳夏月六日作（一落风尘数十年）　　　前人

寄阆意琴（东海归来懒钓鳌）　　　前人

闲居（小小疏篱短短垣）　　　前人

（一曲阑干一酌量）

（兰麝初烧篆影微）

（幽居乐事信无涯）

感事杂咏（一著棋差种祸胎）　　　（清）曾绍一

哀流民（七月八日岁辛酉）　　　前人

排闷二十韵（天遣为儒老）　　　前人

自嘲（频年世路历崎岖）　　　前人

检书示本儿（士爱积书农积谷）　　　前人

社前扫墓志痛（去年春二分）　　　前人

金银花（争夺宝气识金银）　　　前人

偶成（百年已半勉加餐）　　　前人

闻长宁城陷诸友骈死学宫泮池诗

　以哭之（请缨无自款君门）　　　前人

五十初度（儿时嬉戏恋庭帏）　　　前人

双节妇诗（呜呼钟母之法郝母礼）　　　（清）包汝云

舟泊铜鼓滩（老鹳惊寒知漏信）　　　前人

半月池（禅罄一声寒日堕）　　　前人

夏初晴眺（团扇单衣偶出城）　　　（清）包汝谐

赴新城（惘惘新城行）　　　前人

（欲渡白沟去）

蜀北李侍郎所书拔薤图为其子七

　华中翰题（益州耆老今无辈）　　　前人

久雨柬舒文（客窗清书云溟溟）　　　前人

辛巳初冬月夜在釜香山馆作（凉月一片白）　　　前人

西园有怀用东坡西斋韵（天游有高展）　　　前人

寄崇祐安岳（新年景物谁收拾）　　　前人

晓行龙泉山有感宵梦（山云翳月村鸡声）　　　前人

次韵王晋卿大令追忆序园游宴

　之作有序（重龙山势控天门）　　　前人

为饮和画折枝有感题此（壮年喜作画）　　　前人

嘉定晓发（嘉阳开曙天）　　　前人

晓发伏虎寺（朝摩伏虎行）　　　前人

行至大乘寺（禅意优昙现）　　　前人

登峨眉顶（三十余年抱奇想）　　　前人

宿洗象池（香象骇人汗不流）　　　前人

峰顶大雷雨云有龙竟未见也（高峰走雷车）　　　前人

杂感（鹤胎等腥秽）　　　前人

冒雪登龙山会饮永庆寺醉后放歌

　得中字（蜀雪连日胡为者）　　　前人

为吴子元山长作墨竹大幅（先

　生书楼一百尺）　　　前人

自寿（谁韫天西井络精）　　　前人

下釜江望旧馆车轩作（滩如旋磨浪如筛）　　　前人

璧生同年赏拙画赠诗十二首逾年未敢和

　也兹过简州适得其稿且快且读因次题

　画韵答之（壮游凌渝泸）　　　前人

（近看华顶云）

（日里廷议罢专征）		芦亭晚渡（一声欸乃惊霞散）	前人
（万派岷源嚣郊廷）		谢致和甥赠梅花（笃生异众绿）	（清）包汝璠
感事（惊烽断处梦争天）	前人	春草早雨（懊恼不成梦）	（清）高瑞葵
（长秋星霭瑞云端）		春日偶成（歧路思悠悠）	前人
（秦望西辉敞帝城）		生日感赋（岁月蹉跎五十余）	前人
（旅獒训后西封渺）		生日并序（男儿今尚未翱翔）	（清）黄鼎
（邸报陈陈纸百番）		对酒（有酒且吟）	前人
（孰挥神剑断长鲸）		放怀歌（登高山，涉深谷）	前人
（扈跸兴元怆流贼）		梦登最高峰作歌（一峰如盖撑青空）	前人
重有感（不尽长亭更短亭）	前人	秋日吟（去年秋日乐）	前人
（危时经武待粮储）		永宁道中作（山蠹层霄水贯虹）	（清）钟毓灵
（玉帛兵戎总有伦）		登鹰坐山（入山不见山）	前人
酬刘晓峰即柬拙园主人懋周老人		发戛河（一步经三省）	前人
（炎天有冰心）	前人	秋夜不寐闻秋雨潇潇感赋	
题金鹤筹太守为张绍欧茂才画		（井梧怒作不平声）	前人
峨眉踏雪图即用绍欧自书长		（秋来依旧恋重裘）	
句原韵（蜀天神斤开秦关）	前人	作家书（拈笔写家书）	前人
次韵也樵遥传三首（朝局年来孰主持）	前人	晨行大雨雪（满耳风声杂雨声）	前人
（新赋西都且止戈）		柳林店（不识滇中路）	前人
（天为苍生制朗霄）		不寐（何事难成梦）	前人
陈园赏菊醉歌（陈园突出沱江南）	前人	军至吴马口（山风溪水两相加）	前人
晴旭（晴旭上林早）	前人	夏日游云峰洞（径随山涧曲）	（清）万永祺
乘舟南返（轻舟晚出水西门）	前人	舟中望峨眉（黛色苍茫接太清）	前人
雪吟四首（愚民喜预卜）	前人	惜别（聚首百余日）	（清）温以忱
（一夜寒不禁）		割臂行（古有截耳妇）	前人
（寂寂忽形失）		贞女篇（东汉出烈女）	前人
（地底胲豕蛇）		惜春（雨洗轻红作锦团）	（清）钟鼎荣
有感（北楼高望久徘徊）	前人	暮春（闻到荼蘼又晚芳）	前人
月夜（竟郁空窗里）	前人	春怀（瑶阶春色锦城围）	前人
（独立空庭下）		闲望（日暮牛羊下涧阿）	前人
九日（天含雨意雁消声）	前人	流水（清溪雨后水争流）	前人
感怀（一个琴樽影）	前人	感怀（妙悟奇思若涌泉）	前人
内江道中（倚桌沱江澹不流）	前人	（桃园欲问已迷津）	
忆亡友诗并序（市氛散浮云）	前人	重徙旧居（荏苒年华二十春）	前人
张万全字冠三……（我手有奇气）	前人	春夜（诗成腹稿未标题）	前人
周祖敬字伯楚……（锦城富人士）	前人	秋夜（琴书理罢数更筹）	前人

65. 民国江安县志

　　四卷　严希慎修　陈天锡纂　民国十二年铅印本　《中国地方志集成·四川府县志辑》(第三十二册)影印本

江安文征卷上

东林寺大藏记	(明)傅兆台
答李瑶圃书	(明)杨鼎和
周氏家训序	(清)雷宏震
火井赋三首	(清)杨卓
重建鸣滩口文昌祠碑记	前人
修梅桥序	前人
关帝庙长明灯引	前人
柳荫垂钓图跋	(清)雷伊
自题按剑图	前人
旧志稿记后	前人
覆瓿集序	(清)蔡中
傅五郎原聘邹真女征诗启	(清)李常澍
为呈请高明府学□入名宦启	前人
六制	(清)陈尊荣
戊己解	前人
戊己归中解	前人
再致程晓岚书	(清)黄沐澍
医罅刍言	(民国)黄中美
论精白乳白血赤之源	前人
书陈节母传后	(民国)傅增湘
治乱学派之五序	(民国)朱青长
博演序	前人
庄子解自序	前人
庄子解书后	前人
老子文言讲义序	前人
全球太平世教科书序	前人
北来词稿序	前人
申江南行诗稿自纪	前人

博演外篇第十八	前人
博演外篇第十九	前人
赐赠宜人陈母罗太宜人墓志铭	(民国)傅增湘
仲兄学渊先生家传	前人
动箴	(民国)陈天锡
言箴	前人
菇酒箴	前人
眉寿堂记	前人
熙春园记	前人
芳夏园记	前人
为李贞女请旌禀词	(清)罗远钊
游剑州重阳亭记	(清)朱昌时
忆梦辞叙	(民国)冯飞

江安文征卷下

赠邑侯吴若谷二首(汉家治行伟吴公)	(明)杨晋
(文献凋残泮璧荒)	
和林广心四首(玉关休壮志)	前人
(咫尺风尘外)	
(漫说城居好)	
(新故诗几束)	
望海吟(於戏嘻嘻)	(清)杨卓
奉昌黎明府林俨斋先生(天下何人惬素心)	前人
题戴副戎绿杨走马图(青门之外柳荫碧)	前人
寄二弟荦二首(别汝何多日)	前人
(锦里分飞后)	
忆三弟皋(若自西山来)	前人
题安济庙(丛祠高跨北城湾)	前人
忆八景诗(一管惊人笔)	(清)杨维亿

道祝山（名山钟孕蜀南塥）　　　　（清）冯良金

清浮坝亭子（竹林葛氏今已矣）　　　　前人

题杨忠节传后（烟瘴迷离血未干）　　（清）冯贞忠

题杨忠节传后（力阻秦封胆气遒）　　（清）蒋云麟

秋江一首（独客正悠悠）　　　　　　（清）朱山

感秋三首（眼中历历旧山河）　　　　　前人

（莽莽秋阴见国门）

（酒侪诗伴好同归）

别赵直刺澧泉先生（铮铮铁骨更峨冠）　前人

游胡佯洞（谁谓太山高）　　　　　　　前人

赠马少卿（上马听阌下楼风）　　　　　前人

绵州（山到绵州淡欲无）　　　　　　　前人

罗江（青青河草客行行）　　　　　　　前人

汉州（黄叶光中正落晖）　　　　　　　前人

苦泞雨（秋霖十日泥淖车）　　　　　　前人

雷祠曲（雷池打鼓江波晚）　　　　　　前人

秋柳二首（老大桓郎且自怜）　　　　　前人

（总觉霜华入鬓丝）

旅夜（凉夜哀笙断续吹）　　　　　（民国）冯清忠

游钟鼎山（古寺隐隐插碧虚）　　　　　前人

中江道中（万种愁心千叠山）　　　（民国）黄沐衡

读爱冬诗社集感怀（十年
　为客滞天涯）　　　　　　　　（民国）陈才良

十月十日集嘉荫阁赏菊（虫沙
　猿鹤几惊惶）　　　　　　　　（民国）文良煦

感秋（一堤芳草怨王孙）　　　　　（民国）郑崇曾

66. 嘉庆纳溪县志

十卷　（清）赵炳然修　陈廷钰纂　清嘉慶十八年刻本　《中国地方志集成·四川府县志辑》（第三十二册）影印本

卷九　艺文志上

唐

峨嵋山月歌（峨嵋山月半轮秋）　　　　　（唐）李白

明

水峡驿观瀑布泉行（水峡群山日月昏）　（明）杨慎

清

清溪（蛮云漏日影凄凄）　　　　　　　　（清）王士禛

望纳溪县（枯藤维野艇）　　　　　　　　（清）董新策

纳溪转江（大江南岔小江通）　　　　　　　前人

江门访曹侯庙不得（断岩行马峡行舟）　　　前人

观音岩（纳溪有数险）　　　　　　　　　（清）朱迁绍

江门峡舟行二首（峡门衣带似）　　　　　（清）陈五典

（两山天一线）

巡纳溪（水绕黄云远）　　　　　　　　　（清）林良铨

江门峡（两岩苍翠绿云屯）　　　　　　　　前人

鲤鱼春跳（无限风光一望收）（县八景）　（清）蔡琏

仙鹅出洞（幽静山巅绝俗尘）

玉琳晓钟（禅门高耸映朝晖）

锦江晚渡（漫云河广不容刀）

清溪夜月（溪水漪漪漾素涛）

方山夕霁（层峦面面静云烟）

紫囮流丹（重重危石列江旁）

掇旗献瑞（巨石三枝射水西）

鲤鱼春跳（杏雨初晴候鲤鱼）　　　　　　（清）萧问松

仙鹅出洞（传说荒唐久空遗）

玉琳晓钟（溪水环南郭）

锦江晚渡（锦水横舟渡）

清溪夜月（薄暮绕晴景）

方山雪霁（只道西山雪）

紫囮流丹（峭壁缘溪岸）

掇旗献瑞（锦江东注处）

送李广文悬车（齿豁头童滞极边）　　　　（清）储掌文

退休杂咏（苍莽孤城夕照开）　　　　　　　前人

（简邑偏于老拙宜）

（寸衷耿耿念民艰）

（巴梁无处不氛埃）

（生平怕踏利名场）

（挂冠幸免挂弹章）

三乡父老来谒诗以酬之

　（斗大空城此子遗）　　　　　　　　　　前人

由纳溪入小河一带多滩石山谷狭

　隘水木清华最足临玩因而赋之

　（泊舟纳溪口）　　　　　　　　　　　（清）葛峻起

过江门峡（峡口云深断复连）　　　　　　　前人

三滩留咏（江流千里曲）　　　　　　　　（清）王用仪

奉和三滩留咏元韵（岷江汩汩来）　　　　（清）石峰

其二（纳邑坎有险）

奉和三滩留咏元韵（纳溪入岷江）　　　　（清）沈世垲

次泸州王刺史三滩元韵

　（岷江千百里）　　　　　　　　　　　（清）甘隆滨

次三滩元韵（蜀山蜿蜒来）　　　　　　　（清）段玉裁

和三滩元韵（岷源可滥觞）　　　　　　　（清）温清

奉和三滩元咏（女娲能补天）　　　　　　（清）吴视

恭步三滩元韵（岷江天下险）　　　　　　（清）杨玺

奉和三滩元韵（岷江浩浩来）　　　　　　（清）杨卓

奉和三滩元韵（禹导岷江水）　　　　　　（清）王以孚

奉和三滩元韵（蜀山曲复曲）　　　　　　（清）赵巂

三滩即事（我来岷山下）　　　　　　　　（清）张依仁

次张司马三滩元韵（大仁本不仁） （清）朱簾

岷江溺魂集古吊之（青山万里一孤舟） （清）石峰

（眼波江上使人愁）

（湘水无情吊岂知）

（丈夫漂荡今如此）

云溪留别四章（十载家山入梦迷） 前人

（依依清梦到滇阳）

（莫漫临岐说宦成）

（一饯江上说风流）

步云溪留别四章元韵（服古应

　知政不迷） （清）杨玺

（云溪今日胜河阳）

（仁人抚字政初成）

（万石家声第一流）

咏种菜（老圃生涯讵不如） （清）沈廷陛

（长鑱托命尽堪携）

（天慰清瘤茁此徒）

（蔬谱排笺取次陈）

咏朱石愚四景文石（云溪文石看无遗） （清）王启焜

（何年削出碧芙蓉）

（细草幽花晓露轻）

（定州瓷碗浸陂沱）

吊忠义傅生（忠孝全时死亦安） （清）黄道孚

戊辰行岁考事纳邑童生不下三百人虽

　文理清顺者不乏其人而佳篇不可多

　得……姑就管见爰成小诗三首以示

　作文之则未知有当否（作文第一要

　清真） （清）杨道南

（作文本自读文来）

赠张广文同年（同科同仕又同庚） 前人

三滩七律（余收尔骨果堪悲） 前人

次黄中亭吊忠义傅生原韵

　（劲节独完死亦安） 前人

双河场舟中即事（云溪衣带接泸州） 前人

留别云溪诸子（祥麟威凤不凡材） 前人

云溪八景（八景生成画亦难） （清）黄道孚

次和杨梅村制文石原韵

　（采石江边本不疲） 前人

赠清溪刘年丈殿臣山居

　（不秦不汉古天民） （清）谢赐元

卷十　艺文志下

明

景川曹侯庙碑记 （明）杨慎

清

修建泮池记 （清）张麟英

石令循迹记 （清）钱鋆

记石令循迹 （清）杜玉林

瘗溺记 （清）林俊

瘗溺记 （清）王用仪

瘗溺记 （清）甘隆滨

纳溪县三滩掩骼埋胔永行勿替碑记 （清）石峰

增置三滩义冢记 （清）王用仪

修葺文庙碑记 （清）石峰

重修节孝祠碑记 （清）吴视

重修东门城楼记 （清）邓世禄

敬字碑记 （清）石峰

新建养济院并置义金碑记 前人

天后宫放生会记 前人

万寿宫济棺会碑记 前人

渠坝驿公善记 前人

改修泮池宫墙记 （清）黄道孚

重修武庙记 （清）储掌文

文石会小序 （清）王启焜

三滩公捐序 （清）石峰

纳邑新建魁星阁序 前人

季考榜文 （清）储掌文

三滩祭文 （清）石峰

观风榜文 （清）杨道南

诰封宜人王马氏墓志铭 （清）石峰

王以孚墓志铭 （清）林基深

孔圣生卒年月日考 （清）王以孚

67. 民国泸县志

八卷　王禄昌、高觐光纂修　民国二十七年铅印本　《中国地方志集成·四川府县志辑》(第三十三册)影印本

卷第七　艺文志

书目(略)

文

筹国用疏　(宋)李鸣复
论用兵可忧者五疏　前人
谨释宪法疏　(清)高树
沥陈四川乱象请更换川督折　(清)高枬
緽咽噜议　(清)王正常
招民榜文示　(明)吴登启
赡军田碑记　(宋)魏了翁
社仓养济院义冢记　前人
重修州治碑记　(明)邓卿
学田碑记　(明)王藩臣
重修云峰石桥碑记　佚名
科举题名碑记　(明)王掞
马夫人墓碑记　(清)于士埰
修考棚碑记　(清)张含辉
改建明伦堂碑记　(清)储掌文
雁塔题名碑记　(清)夏诏新
改建永宁道署碑记　前人
四川高等法院第三分院移建碑记
重修马鞍寺碑记　(清)林基深
新修老云峰重建山门碑记　(清)江世春
州判阮公德政碑记　(清)王正常
重修董侍中墓碑记　(清)沈昭兴
改义学为书院记　(清)刘辰骏
重修水星阁记　(清)朱棫
重修城隍庙碑记　(清)王正常
重修文昌阁暨二程子祠碑记　前人
花意台记　前人
梦灯树记　前人
修坡仙亭记　前人
古佛洞碑记　(清)雷良楷
金鸡义渡记　(清)何飞凤
检骨亭碑记　(清)曹元琛
云谷洞记　(清)黄云鹄
报恩塔记　前人
拙溪记　前人
体仁堂八事章程记　(清)敖册贤
体仁堂六所章程记　前人
游方山记　(清)马滕骧
龙马潭记　(清)陈受
余园记　(清)万慎
移馆治平寺记　(清)高枬
重葺珠崖草庐记　前人
游方山记　前人
冬夜独宿珠岩记　前人
三费局度支记　(清)陈銮
滇军救火记　前人
送张鹏远归泸阳序　(明)薛瑄
韩丹水诗文集序　(明)艾南英
创修泸州雁塔序　(清)何飞凤
马氏一门三节序　(清)李惺
郭公纯先生诗集序　(清)万慎
国朝文类编序　(清)陈铸
谭大司寇五篮约跋　(清)王正常
跋王烈妇传后　前人

刘霖传	（明）罗廷唯	履霜操（母兮儿憎）	（明）周瑛
忠烈泸州苏公传	（清）曹履吉	履霜操（霜皑皑兮泸之浒）	（清）盛锦
彭敏斋先生传	（清）高楷	堰北水（堰北水一日高一尺）	（清）先著
邹潇舫黄小庐合传	前人	诗（五古）	
王元本倪印垣合传	前人	輓泸州守苏公阖门殉难（古来犍为地）	（清）杜潘
清封中宪大夫署湖北按察使安襄郧		游云峰寺并序（万山围古寺）	（清）彭润生
阳道王公正常神道碑	（清）杨所宪	同李琴台夫子游方山得窥秦宓碑诗	
黄葛树考	（清）吴省钦	（伟哉李琴台）	（清）闵兆麟
渡泸辨	（清）林基深	奉和宋怀山山中诗（人生会有涯）	（清）王正常
尹太师故里辨	（清）吴省钦	（昔者庞德公）	
驳吴省钦吉甫非泸里辨	（清）林基深	（武子信豪华）	
诛少正卯辨	（清）王正常	（吾庐当风月）	
书泸士周挺历代书	（宋）魏了翁	题杨右侯先生行乐图（牧令亲民官）	前人
杨君画像赞（并序）	（宋）黄庭坚	有感（饥鹰不择肉）	（清）李含志
滴乳泉赞	（清）黄云鹄	与崧生（声气苟相投）	前人
石枕铭	（宋）黄庭坚	寄邹潇舫（多才造物嫉）	前人
尊经阁铭	（明）章懋	咏怀（飘萍无根蒂）	（清）苏启元
泸南诗老史君墓志铭	（宋）黄庭坚	送罗绍棠同年之官广东（羡君好兄弟）	（清）陈铸
诰封宜人高母王太宜人墓志铭	（清）敖册贤	（四十百无成）	
五明山重修佛殿小引	（清）张学古	题纪念碑（粟帛资天府）	（清）蒲伯英
募资重修泸县特凌桥引	（清）万慎	夏题鹅坊壁（出城二三里）	（清）高树
与王泸州书	（宋）黄庭坚	自箴（读书期自用）	（清）高枬
又与王泸州第十七书		（省财须省事）	
致李汇川广文书	（清）高枬	（忠胜流于鄙）	
翰林院检讨韩君行状	（清）韩葵	鹤侪以中秋节偕儿辈游云谷洞并登	
泸州高氏两世遗事	（清）黄云鹄	忠山赋诗见示步答（佳节等闲过）	（清）孙煃
穆清祠祠文	（清）陈矩	饮酒（机巧竞相胜）	前人
祭泸州苏琼及其妻舒氏文	（明）卢怀忠	（丰城泄剑气）	
告高祖墓文	（清）林中麟	看牡丹有感（春深花盛开）	（清）何锡璠
祭董樗斋先生文	前人	文石（泸阳古治南）	（清）何锡璠
祭陈蕳南文	（清）万慎	游红佛寺和邱芸帆（胜地在人境）	（清）高楠
江山平远堂跋	（清）赵藩	高泸县红会引渡妇孺出险安置救	
重修江山平远堂记	前人	济院四十韵（烽火未宵静）	（清）罗顺馥
诗（乐府）		咏怀（江介有佳人）	（清）陶开永
履霜操并序（父兮儿寒）	（唐）韩愈	寓斋遣兴（闲曹便养疴）	（清）王沛霖
听履霜操并序（灵宫窈窕兮）	（宋）黄庭坚	书事（寇引兵而西）	前人

诗(七古)

过新息留示乡人任师中

　（昔年尝羡任夫子）　　　　　　　（宋）苏轼

石人行（忠山巃嵸压江浒）　　　　（清）董新策

题宋怀山溶梧桐夜月图

　（我家中外合水流）　　　　　　　（清）王正常

从军行（城头飞黑鸟）　　　　　　　前人

题守拙草堂课孙图（先生岂曰拙者流）（清）贾汉生

蓟州问故乡重修海观楼作此寄邹

　潇舫（掷怀不饮思江阳）　　　　　（清）李含志

榕山怀古（君不见榕江之山）　　　　（清）王元本

冯李氏节孝诗（相思树连理枝）　　　（清）周作楫

鞿马节母（男儿重忠烈）　　　　　　（清）邹容彦

朱节妇诗（夫在时妾有耦）　　　　　（清）罗经学

黄雀行（羽虫三百六十属）　　　　　（清）黄绍谋

严烈女（常山不作平原死）　　　　　（清）周于高

邹烈女（泸江江水不曾深）　　　　　前人

胡烈女（世间淫妇心最毒）　　　　　前人

高烈女（风烈日烈女更烈）　　　　　前人

余烈女（秀英身赴泸江水）　　　　　前人

杜母节孝诗（古钗无光掩黄土）　　　（清）李于彤

迎佛骨（佛已死骨犹灵）　　　　　　（清）曾名毅

过伯安画鱼歌（庄惠安知有鱼乐）　　（清）敖册贤

秋夜有感（秋风瑟瑟兮）　　　　　　（清）何锡璠

堤上柳（送客上沙堤）　　　　　　　前人

城南桑（城南桑）　　　　　　　　　前人

粥厂开（粥厂开）　　　　　　　　　前人

沟渠通（开沟渠）　　　　　　　　　前人

官街路（官街路）　　　　　　　　　前人

醉后放歌（江水满眼酒一杯）　　　　（清）税绍武

夫马行（正月已过）　　　　　　　　（清）高楷

代闺人怨（昔妾嫁君时）　　　　　　（清）罗凤翮

答闺人怨（去年何事与君别）　　　　前人

大火行（灯笼夜半凌江起）　　　　　（清）邹宣律

凤来乡刘老人遇华百岁征诗长歌

　纪盛（我生不逢八百彭铎翁）　　　前人

悼松歌（只园古松不知数）　　　　　前人

有怀城都旧游因作长歌

　（忆昔文翁开石室）　　　　　　　前人

拉夫行（拉夫复拉夫）　　　　　　　（清）罗顺馥

牛衣泣（北军来北军来）　　　　　　前人

荔枝洲（昌华苑古丹垣）　　　　　　（清）陈铸

去蜀行（我来非迟去非早）　　　　　（清）沈守廉

木碗子树（大槐钟灵杳无迹）　　　　（清）樗木智

登宝山行（宝山崴嵬高百丈）　　　　前人

次绍棠喜晴韵（阳灵停曜朱光死）　　（清）陈铸

题城南试卷（二十年前写试策）　　　（清）高树

题彭云石匹马出关图即送归夔州

　（烽火千山照辽沈）　　　　　　　（清）高枬

云根（苍石矗立万松里）　　　　　　（清）苏启元

余甘曲（余甘渡口树栖鸦）　　　　　前人

梨园曲（忆昔先朝全盛日）　　　　　（清）陶开永

格鸥鹎（格格鸥鹎鸥鹎待哺声嗷嗷）（清）罗经学

恤涸鲋（恤涸鲋涸鲋无声）　　　　　前人

海船（分风劈流霹雳吼）　　　　　　（清）高梢

燕哺雏（巢梁燕飞复飞）　　　　　　前人

悲合江（我军受降在符邑）　　　　　（清）陈銮

悲昌平（孟冬泸合富人子）　　　　　前人

狼兵谣（寇兵来狼与豺）　　　　　　（清）王沛霖

和赵樾村观察登忠山（我生最好游名山）（清）苏俊

三月三日流觞曲水醉后放歌

　（三月青春深）　　　　　　　　　前人

五月十五夜泊安庆（昨夜烂醉辞武昌）（清）阴懋昭

题忠山诗（江阳名胜闻忠山）　　　　（清）赵藩

诗(五律)

汉嘉送别孟琢庵（一年同作客）　　　（清）王正常

题王方山鞿葛超亭诗后（江上报哀声）（清）林基深

为尧生题岳色图（大陆七万里）　　　（清）陈铸

送梅东阁龙少坚两孝廉归泸

　（世局杳难问）　　　　　　　　　（清）高枬

同杨叔峤顾印伯傅彤丞曾奂如刘

　裴村游花之寺（旧额留题在）　　　前人

老境（渐老知交少）　　　　　　　　（清）孙煃

偶成（一觉迟然悟）　　　　　　　　　　前人

和县长张公晓发牛背石至天仙洞

　　（欲遂攀辕意）　　　　　　　　　　前人

乙巳岁暮有感二首（冉冉木叶下）　　（清）罗顺蕃

（繄古学道者）

代友人次韵和曼公忠山补禊三首

　　（宝山兵火后）　　　　　　　　（清）陶开永

（几度玄黄战）

（自惭樗散甚）

哭苏仲荣法曹（负才游上都）　　　　（清）王沛霖

石屏朱济南直刺同年越日复招饮于

　　此又成五律并以灾石（离愁消一醉）（清）赵藩

诗（五排）

四峰山（独步凌霄顶）　　　　　　　（清）董廷策

敬生师馆予家十五年甲戌冬辞归

　　作诗志别（忆昔孩提日）　　　　（清）高枏

诗（七律）

书扇赠薛曲泉（大贤为政即多闻）　　（明）杨慎

夏旱祷雨（漫拟休琏戏广川）　　　　　　前人

病中秋怀（八月江阳暑未修）　　　　　　前人

（南定楼前碧草春）

（江郭西偏寂不喧）

（迢遰城西百尺楼）

舟中留别韩臾庵任苍岩诗

　　（梦醒浑疑未别离）　　　　　　　　前人

舟晓（鸂鶒将雏护石根）　　　　　　（明）朱琏

送孙彦博之泸州判官（新除二守向泸州）（明）管讷

董侍中墓（功著两朝存故里）　　　　（明）阮时升

赠谭驿丞（一官耻不与清流）　　　　（明）毕瑜

游天竺寺（本为入山医鹤病）　　　　（明）杨慎

□于都门杂咏（东西强虏竟鸥张）　　（清）陈铸

（伤鸿病鹤坠纷纷）

题纪念碑（饮江滇马忽千群）　　　　（民国）宋育仁

题鹅坊壁（散吏驱车去复来）　　　　（清）高树

和乔勤孙（怀刺权门履舄阗）　　　　　　前人

（砚冻蟾酴秃笔横）

和赵尧生（风舞垂杨缕万条）　　　　（清）高枏

漫兴（功名慢诩属春官）　　　　　　（清）华国清

闻翔云观察致仕将归怅然有感赋呈

　　（慈云将去大江东）　　　　　　（清）罗经学

（常年谔峨好丰姿）

游朝阳洞（杖藜寻胜翠微颠）　　　　（清）高桐

颐和园（鼎湖龙去剑弓藏）　　　　　（清）王沛霖

闻高晴岚编修补河南道监察御史

　　（玉堂仙吏旧祠臣）　　　　　　（清）杜应鸣

客舍偶成（行囊检点一身轻）　　　　　　前人

赠慧安和尚（州治之南三十里）　　　（清）温靖

访圣可上人（远寻精舍虎溪边）　　　（清）王茂衍

辞郡述怀（茌苒边陲宦迹孤）　　　　（清）张润

（几回稽首对彤墀）

薄暮闲眺南关马路（南关流水涌车声）（清）艾希濂

（山连苍翠水沦漪）

淝水（投鞭意气不胜骄）　　　　　　（清）罗顺蕃

端午日大雨阻游郁郁不乐感赋

　　（西汉文章漫数公）　　　　　　　　前人

诗（五绝）

龙马潭石刻（龙马归何处）　　　　　（清）黄云鹄

庚申秋夕旅店题壁原作白首录五首

　　（晓日暗无光）　　　　　　　　（清）周于高

（太息张睢阳）

（闲坐话他乡）

（巾帼忽英雄）

（万里君门远）

采莲曲（朝泛采莲舟）　　　　　　　（清）杜应芬

古别离（语君明早起）　　　　　　　（清）陈金华

客思（月半他乡客）

拟古（相别难相见）

计梦（昨夜羲皇民）

月下赏梅（一片空明心）　　　　　　（清）任谦

古意二首（凉风起天际）

（秋闺不成寐）

纳凉(晨起纳新凉)

小市夜渡(星月黯无色)　　　　　　　(清)罗凤翅

雨中寄柏隐二首(兄弟别离久)　　　　前人

(怀人听雨声)

题李仙宝画四首(谁遗双鲤鱼)　　　　(清)施藻章

(有笔今已秃)

(盆盎生古香)

(空山寂五人)

春日泛舟(春水绿悠悠)　　　　　　　(清)马腾骧

珠岩杂诗(明代古墓存)　　　　　　　(清)高枬

诗(七绝)

丁巳元宵韩炅庵送灯诗

　　(多病新春减醉狂)　　　　　　　(明)杨慎

纪梦(梦里江阳荔子单)　　　　　　　前人

南州歌(南洲春草江蓠生)　　　　　　(明)曾璞

题玉蟾山(川北湖南一水通)　　　　　(明)吴廷举

挽泸州守苏公阖门殉难

　　(三百年来养士多)　　　　　　　(明)韩大宾

(阴风吹散锦江寒)

挽苏忠烈(背黔忠孝已多年)　　　　　(明)冷时中

(淑清气骨本天生)

(臧获从征夏与刘)

(死主曾传义婢三)

送苏丈之黄陂任六首(才云吴

　　曲奏云和)　　　　　　　　　　(明)王世贞

(仙籍虽通未便收)

(百徧行杯到手空)

(欲将何物赠神君)

(萧郎到处共仙斑)

(与君相见即相怜)

病起(移植甘蕉为绿荫)　　　　　　　(清)先著

赠海云子(相逢炎月亦萧森)　　　　　前人

生生庵(江边一径榜篱笆)　　　　　　(清)周其祚

别友(破车羸马出京都)　　　　　　　(清)李含英

题崖壁倒垂兰花画扇(一花一叶亦风流)　前人

泸州杂咏(飞签火急等追捕)　　　　　(清)罗经学

(万千烟火绕城看)

纪事(符离韬略丧军威)　　　　　　　(清)高枬

(重门两日无消息)

(廉威人说海刚峰)

(军府离筵唱凯歌)

(净性明心老大臣)

(瞽目伥伥手索钱)

(北人归见一家春)

(先帝联姻爵上公)

(巍巍相业贾公间)

(相府骁雄得奉先)

(榜示初张报捷音)

(拔去官条署白旗)

(司农新擢倍光华)

(刘草除根五大臣)

(冰雪聪明赵京兆)

(七人从事六人回)

(重门双启未曾关)

(真信传来自不同)

晚归(宝子山头落日黄)　　　　　　　(清)李于镇

脩武县道中口占(夏苗如草色青青)　　(清)杜应鸣

宿邯郸作(历历风尘念已休)　　　　　前人

长新店早发(银河耿耿月微茫)　　　　前人

邯郸(秋阳如火灼征鞍)　　　　　　　前人

马嵬坡(无端葬玉竟埋香)　　　　　　前人

(南内无人夜月凉)　　　　　　　　　前人

大散关(大散关前路几重)　　　　　　前人

灞桥(诗思而今竟若何)　　　　　　　前人

(两岸垂杨俯碧流)

舟中杂咏(江天水国是生涯)　　　　　(清)杜天堉

(素心三五共盘桓)

(水乡真足胜山居)

(朔风吹雪撼扁舟)

铁路股东会会议有感(众说纷纷意见歧)

琴台(江水潺湲咽古台)　　　　　　　(清)何锡璠

龙潭(百尺深潭一鉴开)　　　　　　　前人

（山围潭水水围山）

拙溪（嵯峨片石傍溪横）　　　　前人

吕仙祠（跨鹤仙人爱远游）　　　　前人

余甘渡（一水潆洄绕郡城）　　　　前人

（余甘渡下月笼沙）

四香亭（小筑园亭号四香）　　　　前人

飞云洞（穹窿一洞枕江湄）　　　　前人

（白云飞处洞天开）

江阳儿祠（江阳人道有丛祠）　　　前人

（徒劳仗履方山觅）

李实园刺史以余辞郡有赠依韵答之

　　（束发趋庭早授书）　　　　（清）张润

（宣勤芒部未酬庸）

陈雪岩招赏荷花（黄鸡白酒兴偏长）　前人

咏菊（风乱篱边金万点）　　　　前人

感旧（山来孔李属通家）　　　（清）高楷

无极杂咏（好官不过近人情）　　　前人

方山（名山面面涌莲花）　　　（清）陈金华

春日信笔（一村花柳为谁春）　　　前人

大街即事（大街深巷几条斜）　　　前人

田间（坏云苍莽漫天飞）　　　　前人

云上人生日寄怀（峨眉绝顶雪山西）（清）任谦

卜居（九十九峰高插天）　　　　前人

登忠山（骑鹤卧龙何处去）　　（清）罗凤翅

独酌口占（朝来小饮对清樽）　　　前人

夜如虎门口占（星月无光海气昏）　　前人

重九思家（鱼泉久滞客星槎）　　　前人

（柏溪隔岸是桃溪）

（题句非夸糕字新）

（十年禅榻一身闲）

清明节泸城女子师范学校种树口占

（学圃归迟老莫嗟）　　　　　　前人

隆昌晓发（杨柳青青缩别情）　　（清）邹宣律

锦江待发（谈到看山气便雄）　　　前人

即景（一望平畴尽种蔬）　　　　前人

（款客求鱼仆辈忙）

（雨过园林翠欲流）

漫成一绝（神仙富贵两无缘）　　　前人

秋日杂咏（累累龙眼压枝低）　　　前人

（种得芙蕖半亩塘）

（新笋芽倚旧笋生）

（立秋连夜雨淋浪）

江楼晚眺（红树江楼对晚秋）　　　前人

题贾似道半闲塘（癖爱西湖水与山）　前人

梦游西湖访林处士家有作醒而志之

　　（处士高风世已移）　　　　　前人

舟过福州啖干荔子（安得红囊注玉浆）（清）陈铸

壬寅元宵日游忠山晚归

　　（风淡春和宿雨收）　　　（清）罗顺蕃

（大江小江灯火明）

山居即景（苦中寻乐混朝昏）　　（清）艾希濂

（鸡黍殷勤解劝餐）

周官（不火周官错怨秦）　　　（清）王沛霖

山高洞桥舟行至花背溪

　　（溪上风清白鹤飞）　　　（清）罗顺馥

喜成功（烈烈轰轰午夜惊）　　　（清）吕韬

（一隅安用众军攻）

甲辰在汴游二曾祠（遭遥梁园思前代）（清）熊焘

（韬略英风迈九州）

艺文志附词一阕

送薛曲泉之镇雄勘夷手卷词　凤栖梧

　　（借寇歌廉）　　　　　　（明）杨慎

68. 合江县志

六卷附文征四卷　王玉璋修　刘天锡、张开文纂　民国十八年铅印本　《中国地方志集成·四川府县志辑》(第三十三册)影印本

幽怀（幽怀不适）	前人	书怀（气运匪萧条）	（清）李光祜
清夜（幽轩独坐）	前人	采芳歌（城隅彼姝爱采花）	前人
鸦伏雏（鸦伏雏老鸦苦）	前人	夏日晚步（林烟透夕阳）	前人
自题梅溪鸥村别墅（我不愿封万户侯）	前人	山居即景（家在葫芦汇水间）	前人
养拙（已惯谋生拙）	前人	逸居八咏（金鸡三唱晓云排）	前人
再过西村田舍（旧识西村路）	前人	（万山罗列一坪铺）	
杂感四首并序（拍遍阑干唤奈何）	前人	（满林筱荡日西斜）	
（回首都门感壮游）		（鸥汀鹭屿岂能如）	
（楚豫迢迢路欲迷）		（岂只兰成有赋题）	
（莫轻弹我竹皮冠）		（荒井沦束已有年）	
雪中与友人作消寒集（客来强半挟丰貂）	前人	（玉花乡里旧村名）	
排闷二首（龙伯归来罢钓鳌）	前人	（金穰万斛布黄云）	
（记曾聊步上天梯）		初冬偶成（料峭寒风势欲狂）	前人
偶检行箧得母病时家报怆然感赋二首		上巳后六日以菊种送安溪舅氏縢诗	
（一纸家书恨太迟）	前人	四首（一枝分作数枝栽）	前人
（片札西来唤我归）		（异种奇葩辨伪真）	
项羽（少年书剑苦匆匆）	前人	（名花位置称名山）	
桓温（从古英雄自有真）	前人	（此去分秧认未真）	
题南将军庙二首（风卷长淮咽鼓鼙）	前人	秋日栈道中作（古塞堆红叶）	（清）方思圣
（断指淋漓举座惊）		怀归（关山千里梦）	前人
题吴采三墓（世德可传谁善继）	前人	出内江道中（云树苍茫烟水间）	前人
题潘悒斋少府秋窗话旧图二首		游叶桂林花园（一沼一亭点缀新）	前人
（沪渎城边有旧庐）	前人	己巳除夕成都旅次示族子紫璈	
（风怀想见举家清）		（人家儿女团圆乐）	（清）李光澈
题村落小景二首（矮屋如瓢枕水光）	前人	呈邑侯高秀东先生四十韵即以送别	
（书剑当年结客忙）		（仕版传循吏）	（清）刘堃
雨后野望（云绕山头水抱村）	（清）陈朝璲	花朝日游安乐山（飞来天外峰）	（清）何文翔
叙怀篇（滋树山人疏且狂）	（清）吴光廷	登安乐山（年来书卷苦尘封）	（清）张维机
小夕除感事（坐看儿辈捡春灯）	（清）许治安	题画二首（春雷霹雳梦初惊）	前人
春游（东风吹暖嫩晴天）	（清）刘文骧	（净几明窗翰墨家）	
初夏（虚堂瑟瑟度南薰）	前人	少岷山（少岷高处出蒙泉）	（清）戴映奎
登白帝城远眺遂谒武侯祠堂题壁		结客少年场行（结客少年场）	（清）蒋肇龄
（乱山横锁水争流）	（清）陈本植	侠客篇（男儿重意气）	前人
重馆北岩寺（一席名山讲学初）	（清）贾汉生	游览八首（落日唧西山）	前人
冬日偶作（拥炉儿女怯衣单）	前人	（良禽集高树）	
借筇轩饮酒（蝉鸣森木晚凉天）	前人	（二月正中和）	

（迎送纷纷接火牌）
（军行到处拉民夫）
（五百兵堪十万当）
（孤军办贼竞先尝）
丙子秋闱后同李玉振茂才蓉城旅
次口占（试罢蓉城尚久羁） （清）王洪祚
幽居（静对一溪碧） （清）赵维城
秋夜（芦穗环村竹绕楹） （清）赵思铭
秋日山齐漫兴二首（山窗凉信已先催） 前人
（风透疏林日影斜）
秋日山居遣怀四首（记从徙宅近陶篱） （清）赵镡
（本无田舍亦须归）
（昔年佳气慢江楼）
（绵绵瓜瓞溯生民）
题吴春海观察巴川送别图（巴
川争送客） （清）吴湘
和贵州普定宰席春渔挽殉难总兵沈公
归柩诗二首（怒握睢阳爪透拳） 前人
（忆昔椿萱共一堂）
丁酉四月中浣登天平绝顶望太湖四首
（十载吴中侍板舆） （清）李超元
（绝巘登临眼界宽）
（酒痕犹忆剩杭州）
（名贤胜迹尚依然）
将去阳湖留别士民六首（毗陵文翰区）（清）李超琼
（西飞不易归）
（蔼蔼横山云）
（昔圣于民牧）
（世变日以棼）
（昨我乘秋来）
海上吟四首（十里烂若银虹铺） 前人
（舡棱千尺天阊开）
（金鞍玉轸矜连镳）
（羲娥辉曜不敢争）
丙戌中秋后二日初莅溧阳述怀
（腐儒生长穷山谷） 前人
初赴澄江舟过惠麓（好山过雨如新浴） 前人
江阴皂并序（江阴皂） 前人
前刘海行并序（噫吁嚱，吴中佻薄乃若此） 前人
黎旦渡黄浦戏为短歌（黄浦江头波浪高） 前人
乡思（符江北城北五里） 前人
舟次叙州望弔黄楼哭表叔赵鹏飞
（滇尘乍起蜀无兵） 前人
答高拙园六首并序（年时木介早惊心） 前人
（钩钤星朗育菁莪）
（□黄佳气满青门）
（车前莫恨八驺无）
（使节新移汉上旌）
（旧游忆到十年前）
（一官潦倒病庐中）
答叶临公同年（根本陪都系梦思） 前人
俞曲园先生以雪后口占一律见示敬
次其韵（闲愁似冻结难开） 前人
五十生日感赋十二首（嬉戏为儿尚宛然） 前人
（□□和雪□阑干）
（客舍归来未接裲）
（草茅何幸入瞻天）
（风雪单车远出关）
（水輭山温感赠言）
（如画江城濑水滨）
（传舍何因到葑溪）
（清贫共识范莱芜）
（本无政绩博虚称）
（生与石湖同丙午）
（感时成病奈无才）
石船行窝（西城睥睨枕山限） 前人
初至南汇（盐铁塘西沃壤宽） 前人
雨后登凤凰城楼晚眺（树色岚光翠作堆） 前人
关外杂诗十首（出关车路尽朝东） 前人
（兴王南下武功高）
（深谷车如入瓮声）
（高桥市外停车早）

（少年豪气压三吴）

（重城画角动严更）

（坐拥愁城又一春）

徐母汪太孺人节孝生牌入祠

　　（履怀真并玉壶莹）　　　　　　　　　　（清）蹇启明

读刘君畴九哭子百绝致唁兼柬李正

　　秋君四首（伤心又见刘郎浦）　　　　　（清）萧宗濂

（身世南来又几秋）

（无双江夏誉黄童）

（征马萧萧猎火红）

贺刘君畴九得子（九秋佳气郁葱呈）　　　（清）董济川

贺刘君畴九得子（两绾铜章补漏巵）　　　（清）雷崇鼎

寄刘君畴九（鲁殿灵光在比邻）　　　　　（清）杜光馗

登江油窦圌山四首（奇峰端台号飞来）　　（清）陈世濬

（也如太华倒三峰）

（紫府琳宫次第开）

（窦家主簿信神仙）

云台寺题壁（何处息尘扰）　　　　　　　（清）刘煜章

读桃花源记（人间何处有桃源）　　　　　（清）任大荣

书怀（回首频年事）

客况二首（恩私骨肉并朋侪）　　　　　　　　前人

（桃花红雨湿征衣）

桂园牡丹秋放二首（重重叠叠起楼台）　　（清）滕慎先

（东风占尽又西风）

春夜行（春夜更深灯明灭）　　　　　　　（清）张玉辉

夜登日本东京凌云阁（槎枒万感不胜愁）　　　前人

书感（仕途堪笑半猴冠）　　　　　　　　（清）杨润

贼中纪梦（征马思故乡）　　　　　　　　（清）萧德亭

遣兴四首（雄才赵王父）　　　　　　　　（清）郑明允

（步出城西门）

（长岁十□万）

（老儒死牖下）

谢问疾并序（道人不是悲秋客）　　　　　（清）萧鉴春

小仓山房诗集题词八首

　　（少微星象翊昌明）　　　　　　　　　（清）徐麟

（诏赐金门咏结褵）

（蓬馆三年绶带除）

（作宰河阳复种花）

（黑头解组挂朝冠）

（太史才华盛一时）

（舞衫歌扇自年年）

（垂老勋华艳著书）

挽李子英二首（不尽人琴感）　　　　　　　　前人

（气概生前爽）

秋海棠（猩红一抹露初干）　　　　　　　　　前人

罗汉松（几层风雨剥龙鳞）　　　　　　　　　前人

废书久矣又理旧书感赋（也分终投笔一支）　前人

寄怀张鹿秋（劳燕分飞各一天）　　　　　　　前人

金陵紫金山怀古（苍莽烟云暗九州）　　　　　前人

雨花台谒方正学墓（四海沦夷九鼎翻）　　　　前人

漂母祠题壁（漂母仁吕后忌）　　　　　　　　前人

咏剑（匣中三尺青珊瑚）　　　　　　　　　　前人

题何海波书槐鸟（绿叶丛中野鸟鸣）　　　　　前人

题雄关立马图（危岑百丈峙雄关）　　　　　　前人

书怀（拈毫吮笔几曾停）　　　　　　　　　　前人

上奉天巡抚程德全中丞（边阵锁钥重陪都）　　前人

落拓申江时谬为高竹园前辈契重密荐于

　　当道不知也后回用始知之而前辈已逝

　　世为哭以四绝（城南小筑春复秋）　　　　前人

（远道入归拜墓迟）

（樽酒从游杖履安）

（无端亡命等逋臣）

扬州杂感四首（隋堤杨柳绿周遮）　　　　　　前人

（萋萋芳草满雷塘）

（半壁江山怅黍禾）

（画舫银灯暖玉巵）

寄讽张侠琴（前古名姝说李香）　　　　　　　前人

沪上接张侠琴来函已由日本返国不日

　　临沪喜极口占（未悉函中事）　　　　　　前人

为人题白头翁牡丹画扇（绝代名花绝世姿）　　前人

甲辰客南沙题小照寄刘君畴儿

　　（碌碌风尘貌）　　　　　　　　　　　　前人

69. 民国叙永县志

八卷附文征　宋曙等纂　赖佐堂等修　民国二十四年铅印本　《中国地方志集成·四川府县志辑》（第三十三册）影印本

卷八　文征篇

文征

叙永文庙记	（清）吴重任	创修叙永合志序	（清）宋敏学
重修文庙记	（清）刘组曾	续修叙永合志序	（清）杜枢
永宁卫重修学记	佚名	增修叙永合志序	（清）刘组曾
关帝庙碑记	佚名	续修叙永合志序	（清）周伟业
重修武庙记	（清）常发祥	续修叙永合志序	（清）徐甫陈
培修丹山书院记	前人	谋复老龙崖浮图募资序	（清）李维汉
蓬莱义学记	（清）杜枢	培修朝阳洞序	（清）向文澜
开永宁河碑记	（清）曹震	重修景江桥序	前人
景川曹侯庙碑记	（明）杨慎	王重光传	（清）李维贞
景川侯开河碑记	（明）陈南宾	明都督同知张令传	（清）刘景伯
建蓬莱桥碑记	（明）熊文灿	宋调阳传	（清）朱胜敬
重修永和桥记	（清）陈汝睿	李芝岩传	（清）傅云龙
补修镇南桥记	（清）刘国相	沈夫人传	前人
重修五龙宫记	（明）沈权	李孺人传	（清）洪良品
南坛寺烈女碑记	（清）但祖荫	郭通传	（清）铁崖
永宁迁古蔺记	（清）周观涛	山蚕演说	（清）徐矩易
永宁县迁古蔺记	（清）赵维城	赤水考	（清）吴培
重修叙永东门记	（清）万慎	平奢安论	（清）谷应泰
高桥记	前人	普水脑吴荣辨	（清）王尊仁
丹崖记	（清）向楚	主敬箴	（清）宋铖
红岩记	（清）李生春	行恕箴	前人
大坝记	（清）王尊仁	静虚箴	（清）任鏦
湾溪洞龙神祠记	（清）袁毓崧	赤水赋	（明）周文焕
叙永城隍庙记	前人	丹岩赋	（清）徐心泰
复修南郊福会桥碑记	（清）李鹏	护国崖记	（清）蔡锷
刘氏祠堂记	（清）刘铭	护国崖铭	前人
		规复永宁关税则跋	（清）谢鹄显
		培修叙永县文庙募捐引	（民国）宋曙
		培修叙永县文庙碑记	（民国）安庆澜

僧昌道为设蔬饭走笔答之(楼高

　九鼎望中尊)　　　　　　　　　(清)朱孝纯

己丑七月奉调打箭炉留别丹岩士民八章

　(军需三载费支持)　　　　　　　　前人

(妄许循声达近畿)

(粒米曾闻贵比金)

(笔捲秋涛气吐虹)

(望远黔山一水分)

(心血惟凭质九原)

(慷慨身披铁金两裆)

(郡舍荒凉几役宵)

庚寅上元日以卸篆得暇游郡北红岩遂宿

　岩顶道观作诗十二首(报鼓才辞案牍侵)　前人

(盘梯宛转灵官阁)

(横空一殿影苍茫)

(窗泻流泉壁隐辰)

(地蟠万古冰霜窟)

(映日丹砂照眼明)

(残基久作道家看)

(孝顺同征守四夷)

(道人味道自堪脒)

(仙师护法斩龙台)

(西来几载费艰辛)

(神灯隐见隔云梯)

寓一舫楼(楼前无数溪山好)　　　　　前人

题五龙宫壁(皇恩只许住三年)　　　　前人

(清风家世老迂儒)

(鬓影苍茫宦味疏)

(谁教白傅老江州)

(一笛横江江水深)

峡中行(江门峡口真险绝)　　　　　(清)何湜

送鹤汀田先生(滇南才子客西蜀)　　　前人

游丹岩(寻山披绿径)　　　　　　　　前人

(放眼乾坤窄)

和思堂朱司马游红岩原韵十二首

　(行春不畏晓霜侵)　　　　　　　　前人

(原是蓬瀛三岛客)

(罗天谁道路茫茫)

(紫殿阴阴近北辰)

(何当一鹤东川守)

(山似青锋耀日明)

(王道平平被偎夷)

(山梁好作图画看)

(清癯道貌自华腴)

(龙去何年剩有台)

(谁云悟道甚艰辛)

(危楼绕遍上丹梯)

题思堂太守画百巷为何司铎寿

　(朱门公子髯御史)　　　　　　　(清)田荣庭

望江楼晚步(能狂故态非关酒)　　　　前人

范肃夫明府招饮观剧(明府风流即古人)　前人

(十年驴背走风沙)

芥舟(天地一稊米)　　　　　　　(清)祝万年

采蕨菜(上山採蕨根)　　　　　　　　前人

题普照寺山房(出郭寻初地)　　　　　前人

刺撤堡道中(来往荒山顶)　　　　　　前人

峰岩道中(地逼鸟蒙近)　　　　　　　前人

海螺堡(四山围若瓮)　　　　　　　　前人

自乾溪铺上至茶店(沿溪行曲折)　　　前人

摩泥(要害川南地摩泥)　　　　　　　前人

风水桥(无桥宁有水)　　　　　　　　前人

晓发中坝(侵晨发中坝)　　　　　　　前人

天池舟次(江山风吹雨)　　　　　　　前人

江门峡(扁舟初入峡)　　　　　　　　前人

九日登斗阁晓望(风雨连朝吏放衙)　　前人

斗阁望中坝口占(千竿翠竹涌波涛)　　前人

是日招同人集文昌阁小饮

　(西连城郭碧云遮)　　　　　　　　前人

江门道中(半月泸阳费往还)　　　　　前人

雪山关(岩关形势压天雄)　　　　　　前人

将之巫山留别定水诸父老

　(推挤不去笑三春)　　　　　　　　前人

（灔滪瞿塘路几千）

饮斗姥阁（飞阁横颠积翠环）　　　　　前人

登青龙阁（最爱龙头阁）　　　　（清）祝熙

偕同人游定水寺（隔岸苍峦耸）　　　　前人

过江门关（地接滇黔界）　　　　（清）吴国鸿

城南新建层楼重阳日司马招饮其上

　　（胜地占星聚）　　　　　　　　　前人

雪山关（白日走青霄）　　　　　（清）李骥元

雪山关（谁劈山岩两秀峰）　　　（清）张□

雪山关（相如草檄论诸蛮）　　　（清）胡琏

雪山关（峍嶤万仞雪山嵬）　　　（清）杨晁

四卫歌（西黔四卫无千里）　　　（清）朱珍

咏怀旧游十四首（饥驱曾记少年场）（清）宋之睿

（佛图关下古渝州）

（瞿塘峡口作羁栖）

（台访章华迹已残）

（往来鄂渚一帆轻）

（茫茫天地寄蜉蝣）

（靖节祠边五柳荒）

（同安城上月凌空）

（二分明月记依稀）

（灵岩山北虎丘东）

（路入琅琊马疾驱）

（八年两人帝都中）

（奉檄梁园溯宦游）

（一隅僻处万山中）

蓬莱桥观涨（似有蛟龙斗）　　　　　　前人

春日题一舫楼（一舫楼空半掩扉）　　　前人

解馆日示诸生（滥拥皋比岁又终）　　　前人

夏日偕友万寿寺小集（苦厌嚣尘杂）　　前人

题宋思堂同年中州诗集（宋玉老词客）（清）杨庚

（把君诗一卷）

朝阳洞（路转峰回一洞开）　　　（清）周兆岐

再游朝阳洞（川南同行军）　　　　　　前人

雪山关（虚檐断残溜）　　　　　（清）赵树吉

自永宁买舟至沪途中有作（前日雨留人）　前人

双忠行并序（君不见孝侯射虎难射鼠）（清）傅云龙

更生行（草市一楼飙风惊）　　　　　　前人

永宁纪事二十二首之二（周郎名将亦名儒）　前人

（伊州唱罢又凉州）

丁丑秋去官定水留别诸子

　　（定水重来又一秋）　　　　（清）李泳平

（一落风尘便受羁）

（赀薄无缘再入官）

（声声杜宇不如归）

癸巳三月游朝阳洞（平畴十里路纡回）（清）李登淮

（洞门高敞石玲珑）

（是谁掷笔署名山）

（归昌有约话当年）

纳溪至江门送中即景（晴川

　　百里千盘曲）　　　　　　　（清）赵藩

永宁杂咏（险滩凿后有行舟）　　　　　前人

（雾箐冰台路百盘）

（血溅侯郎铁金两裆）

（负盐人去负船来）

（石笋森森玉一林）

（剽掠椎埋盛结盟）

大洲驿舍往来凡三宿矣题壁（空桑不三宿）　前人

晓发（天末树微茫）　　　　　　　　　前人

赤水河（亦是故乡水）　　　　　　　　前人

至叙永束奕潜（豁眼觉川宽）　　　　　前人

趋太平渡过仁怀河行黔境至二郎滩

　　（流泉绕榻水磷磷）　　　　（清）邓元鏸

（川边尽处少人家）

（秋山野草行人少）

（山中几日晴兼雨）

永宁城下登州（朝发铁炉城）　　（清）马世珍

江门舟中（又过江门峡）　　　　　　　前人

蔺州春兴（性无多癖爱山游）　　　　　前人

（东风吹艳满山城）

（暮春寒食嫩晴天）

（城东□□接城西）

（芭蕉池馆绿阴凉）
（霖雨盐梅舟楫用）
（滔滔流水下江门）
（买醉尊壶不厌多）
题画（三两渔舟泛晚潮） 前人
为张亮辅画扇并题（残阳蒸影上天红） 前人
花朝游小河（桃花滩上泊轻舟） 前人
读桃花扇传奇（选舞征歌继后陈） 前人
翠蛾眉传奇（巧笑何人画翠眉） 前人
夜中即景（香烛金猊火尚温） 前人
指路碑（南来北往欲如何） 前人
水西道中（数家临水画难如） 前人
禽言诗六首（提葫芦提葫芦） 前人
（春去了春去了）
（泥滑滑泥滑滑）
（行不得也哥哥）
（不如归去不如归去）
（得过且过得过且过）
同子懋登奎文楼（欲挽年光何处留） 前人
大方城怀古（高登北郭望茫茫） 前人
水西道中（万里牂牁路） 前人
德胯□（混沌谁开盘） 前人
乱后再游灵峰寺（庙貌仍如旧） 前人
逍遥游（昨夜我梦逍遥游） （清）余昭
登最高峰望云海（一峰突出群峰表） 前人
时园中诸葛铜鼓歌（儒将风流诸葛公） 前人
阅罗浮志梦游梅花村纪之以诗
（我慕罗浮三十春） 前人
老君营（古戍停鞭坐）
江门峡（乱山中忽断）
九日北镇关登高（白镇雄关接远荒） 前人
登威宁州观海楼（乌门烟柳六桥秋） 前人
宣威州（水绕平芜郤少田） 前人
题平彝海氏□云楼（千里奇缘意外通） 前人
弔周华轩李静亭（书生投笔系安危） （清）刘廷植
（磊落高谈倚剑游）
（湿云低压阵云高）
（宝刀脱赠系交情）
（众口嚣嚣苦铄金）
弔周华轩李静亭（仗剑别家山） （清）胡其湘
（绝代睢阳志）
和李星阶明府留别定水诸子
（梦想□□有几秋） （清）程佩箴
（天马从来不受羁）
（部名何幸得同官）
（骊歌已唱径须归）
孙萧之三兄随侍南旋完婚赋此赠别
（东风已绿王孙草） （清）王文肃
和李星阶夫子卸任留别原韵
（叶落梧桐雨送秋） 前人
（安仁喜奉板舆归）
谢静安石枕（半榻黄粱梦未安） （清）许汝璋
读范蠡传（十年生聚破勾吴） 前人
题胡晓帆四景楼（苍苍烟树带斜晖） （清）曹秉鉴
（轩窗开豁对遥岑）
登云头峰（云头绝顶碧摩空） （清）袁德斐
沪上杂感（谁将混沌盘天荒） （清）徐敏中
追忆（记得云英一笑时） 前人
九月九日同蒋伯霞张值三刘陶安登
申江酒楼（千年申江作重九） 前人
己丑八月天坛灾（己丑八月天坛灾） 前人
屈见奎同年招同张子绂刘建卿阶云
姪夜饮（宿雨初霁秋空清） 前人
送万裴成出都（劳薪析尽叹天涯） 前人
怀古（六代龙兴古大梁） （清）刘铭
（金风飒飒古大梁）
（兴王定伯后先苻）
（宸濠叛国势汹汹）
（汴水横流灞水干）
（瀛国称公宋杜迁）
（八闽文教胜中州）
（平凉西望古愁多）

（相如文教武侯兵）

（拟将金筑臂滇池）

资阳道中（日见万重山）

酬黄仲宣兼呈李盘谷两茂才

　　（我生不识天下才）　　　　　　　前人

朝阳洞（闲步溪桥渡野塘）　　（清）周显仁

春日晓望（庭树生新绿）　　　（清）李维汉

春日晚眺（日入暮山紫）　　　　　　前人

和万慎子从军海疆感事留别十二首

　　（麈尾萧疏玉柄寒）　　　　　　　前人

（花发枌榆江上楼）

（乐浪元菟已荒荒）

（高歌弹铗鬓成丝）

（唇齿荒寒祸早胎）

（跌宕江湖惯酒狂）

（渐离短筑自声声）

（荡荡儿头虮虱空）

（斫地王郎歌莫哀）

（分擅千秋扬马笔）

（走也昏庸梅慕毡）

（珊瑚的皪玉璁骄）

贺李密沅尚书（絮帽绒鞞出汉关）　　前人

（油幢大纛遍天涯）

（大海颓波赖主持）

（十日为欢未觉多）

咏古（国士真无双）　　　　　　（清）赖霆

劝学（自古在昔）

杂感（身入空门心不空）　　　（清）贾清德

（情波垒垒复重重）

述怀（自家心事自家知）

（半是痴顽半是慵）

李锦湘宅赏紫牡丹（廿年海上看花回）　（清）万慎

（讵同凡卉共摧残）

（笑我漂飘零百不支）

游江门九鼎山（江门偶尔作闲游）　（清）傅治安

（石锁江门两扇排）

重登万里箐游龙吟寺（一峰争出一峰巅）　前人

登一舫楼闲眺（重九不惬意）　　　　前人

朝阳洞（不奇不是山）　　　　（清）曾薰南

孝犬行并序（嗟哉枭獍本禽兽）　（清）刘涵

雪山天下高（记我选胜）　　　　　　前人

眉山天下秀（君不见濯锦江流二千里）　前人

巫山天下奇（我闻神禹）　　　　　　前人

瞿塘天下险（驱车切莫上九折）　　　前人

田家杂兴（五晴逢一雨）　　　　　　前人

（蔬圃有余地）

读睢阳张许传（腥羯上冲天）　　　　前人

赠医士王恕庭茂才（蜀南奇士真傭子）（清）李象谦

和送孟陬春日杂咏二首

　　（滇濛翠霭罩幽斋）　　　　　　　前人

（云容漠漠黯青螺）

红岩晴望（红岩之峰三十六）　　（清）李生春

丹岩对雪柬李盘谷宋孟陬

　　（冻云压山山欲颓）

题宋孟陬梦园图（忆我束发始）　　　前人

丹岩元夜春灯谣（丹岩暮色青沉沉）　前人

题苏武牧羊图（沙漠茫茫瀚海边）　（清）李兆莲

题王尊叱驭图（羊肠九折路）　　　　前人

赠李锦湘茂才（去年结客罗英雄）　（清）杨庶堪

望江楼（秋心片片付东流）　　　（清）郭通

东渡口占（春南秋北燕飞孤）　　　　前人

东坡读书楼（万古才人尽数奇）　　　前人

晓卧（梦余枕上暗香清）　　　　　　前人

夔门（鸟带影云飞秋风）　　　　　　前人

秋感（富人厌膏粱）　　　　　　　　前人

不寐（远析何为者）　　　　　　　　前人

偕友游上野（同是天涯客）　　　　　前人

夜游白上（百年此地几沧桑）　　　　前人

诗歌新增

过彝陵（黄陵咽吸几沧桑）　　　（民　国）杨维

感时（黑狱三年铁网开）　　　　　　前人

江门峡（路入江门峡）　　　　（民国）李德安

自永宁买舟下江门(仆马双桥外)	前人	(世际艰难竞贼风)	
邢公事略歌(君不见张巡		(六朝人无数渊明)	
许远守睢阳)	(民国)杨世祚	追悼烈士马耀武(伏波真有后)	前人
仿左太冲咏史(丁年喜负笈)	(民国)傅治安	辛亥反正永宁西郊事变(纨绔谁家子)	前人
(老柏挺高古)		(书生好戎马)	
南园诗社成立(二月天和雨复晴)	前人	时事杂感(隆隆砲雨任纵横)	前人
(弹指年华已八旬)		(南船北马各争先)	
和刘友三明府(不期岩下邑)	前人	(强权时代竞称兵)	
苦热(赤帝司权气焰扬)	(民国)袁毓崧	(政苛虎猛感今时)	
初入南园诗社(香山旧社今犹昔)	前人	(灿乐灯球照眼明)	
田家乐(适志渔樵外)	前人	废读行(人生贵读书)	前人
(作息无余事)		述怀(读史慕忠孝)	(民国)宋曙
竹林七贤(晋代凡流成弊俗)	(民国)杨学适	(才士好大言)	
咏蒲剑(宝剑何人遗曲江)	前人	登一舫楼怀朱子显(天道有盈庐)	前人
咏黄纪堂义鹤事(高谊如黄石)	前人	感时(大盗倾天下)	前人
(世人多负义)		(吾永界滇黔)	
七夕(修到神仙事有无)	(前人)李象鼎	悼李盘谷(猿啼风急岷山秋)	前人
柬南园诸舍友(南园诗社成)	(前人)僧修基	双十节与王绍武旅戎郑绍臣明府分	
月中桂(广寒高处澹香浮)	前人	赋得七古一章(天数始一终于十)	前人
洛下耆英会(绿发朱颜鹤发仙)	前人	和赵鹤琴(举目河山感)	前人
咏史四首	(民国)张丽霄	(万里成焦土)	
淮阴垂钓(豪杰起山东)		(萧萧班玛鸣)	
买臣采薪(采薪事晨炊)		(自由真幸福)	
南阳躬耕(南阳数顷田)		(同室操戈久)	
仲舒下帷(去来不读经)		(蜗角争蛮触)	
感怀(逐北征南事往来)		(高台登广武)	
汩罗江怀古(楚天荒唐云雨昏)	前人	(秦筑发哀歌)	
怀故友杜柴扉黄仲宣杨莘野三首		悼郭遂五(雪涕神州怅落沉)	前人
(高楼风雨感斯文)	(民国)曾重光	(绛帐新开斗姥宫)	
(少年头角挺英姿)		(西风愁对夕阳斜)	
(死生出入寻常事)		(玉关何必尽生还)	
咏史(感激先施许致身)	(民国)郑大纶	永宁杂感(莽莽中原尽战场)	前人
(上将专征拥节旄)		(杜父哀词且细论)	
(状元忠孝非偏颇)		(征夫未罢又催租)	
(却聘书传谢叠山)		(连朝阴雨暗江城)	
(义胆忠肝铁石心)		(粒米何堪贵比金)	

（寒食清明说禁烟）

禁烟改令（灵苗毒草贵如珠）　　前人

读陋室铭分韵（闲步芳园草色新）　　前人

（浅浅春波细细鳞）

（南阳冈上日躬耕）

（三字题成莽大夫）

为郑绍臣明府题画（小李将军金碧铺）　　前人

（自辟荆榛扫绿苔）

（疏篱矮屋老农家）

宾园赏牡丹（不作寒酸态）　　前人

（一曲鹧鸪天）

（几度探花信）

（吾宗愧宋玉）

宾园赏牡丹（宾园春宴正春浓）　　（民国）李象鼎

感时叠韵（茫茫我欲问苍天）　　（民国）文麟玉

乡乱行（国家慎选吏）　　（民国）李继文

学记（今上廿七秋）　　前人

抒愤（莽莽古神州）　　前人

民国二十二年元月二日访孟陬即景

　（溯回小桥西）　　（民国）侯树涛

丹崖晴雪（三十六峰钟秀丽）　　前人

游定水寺（也从梦里问萍踪）　　（民国）李端临

数月不读父书（曦车生朝晖）　　前人

答日本女士藤野真子四首

　（乡如伏女大名驰）　　前人

（书如谏果味回甘）

（难禁风是女儿花）

（自家甘苦已浑忘）

护国岩词（护国岩护国军）　　（民国）吴芳吉

（忆当日几纷争）

（报将军敌来矣）

（棉花坡上贼兵满）

（进营门报将军）

（今日者崖无恙）

70. 古宋县志

初稿　佚名纂　民国十九年抄本　《中国地方志集成·四川府县志辑》(第三十四册)

卷十一　艺文志

培修九姓乡文庙碑叙	(清)钟世标
昭忠祠碑序	(清)母志瀛
重建观音阁序	(清)谢腾霄
温卢氏节孝碑序	(清)卢曙瞻

刘母马孺人传(萧孺人附传)	(民国)宋育仁
壶瓶嘴建塔序	前人
游青山岩记	前人
慎我园诗稿序	(清)林中麟

71. 嘉庆长宁县志

十二卷　（清）杨庚、曹秉让纂修　嘉庆十三年刻本　《中国地方志集成·四川府县志辑》（第三十四册）影印本

长宁城中晓望（山高半出云）	前人	明	
丁卯岁馆涪州秋雨匝月庭坳积水生萍		梦游八极赋	（明）周洪谟
客中感此作诗纪之（化工不放生机停）	杨庚	御沟鱼赋	前人
自涪水还家舟中志喜		九日登高赋	（明）侯启忠
（时怀绕膝劝加餐）	前人	清	
海棠洞（羯鼓冬冬敲不住）	前人	罂粟花赋	（清）杨庚
小桃源（化工不解翻新意）	前人	春咏绿波赋	前人
佛来山（香风吹出旃檀林）	前人	好鸟鸣高枝赋	前人
五车石书（嫏嬛福地不可窥）	前人	藕花洲赋	前人
登云亭（朝登敛阁云随马）	前人	明	
虞公峡（雷雨喧豗黑蚁怒）	前人	令难说赠长宁李腾海作宰武进	（明）钱福
游天宁寺（东溪之水如鸣雷）	前人	佛来山普贤光辨	（明）李天禄
一匹绢（秋风一夜知银河）	前人	凤翔尚少府赞	前人

72. 光绪珙县志

　　十五卷首一卷　（清）冉瑞垌等纂修　光绪九年增刻本　《中国地方志集成·四川府县志辑》（第三十五册）影印本

卷十二　艺文志

赋（因旧增订）

堂桂赋	（明）李亨
附堂桂赋跋文	（明）丁潞
登芙蓉山赋	名　缺
洞居赋　秉序	（明）李如金
南广书院落成赋并序	（清）胡玉伯
松柏有心赋	（清）王聿修

诗（因旧增订）

鱼孔磬音（石室生成傍水隈）	（明）李公
和前韵（直溯清流傍曲隈）	（明）颜灿如
题半边寺隐居石洞	
（紫气生辉日正东）	（明）李如金
赠如金宗弟隐居（何须采椽与蓬蒿）	（清）李之藻
白村垦荒（名山招我往）	前人
双洞子（大书崖上纪天兵）	（清）阮镇
僰人崖（重云惨结僰云秋）	前人
麟峰献瑞（麟兮仿佛踞城隈）	（清）陈名俭
芙蓉竞秀（戎僰南来千万山）	前人
白崖霁雪（娲皇炼石色迷离）	前人
平畴石笋（嶂远山长禾黍匀）	前人
鱼孔磬音（天然洞壑一泓清）	前人
西江画屏（夷部山川失水经）	前人
洛浦涌泉（清江曲曲浩无穷）	前人
妹涡镜涧（盈盈秋水涧之阿）	前人
梅坞冰容（能抽冷药着寒条）	前人
罗渡渔舟（水碧沙明篛画溪）	前人
草堂风雨（短短篱围草草庐）	前人

小山双桂（小环山筑讼堂偏）	前人
甲戌秋杪奉檄同曾明府会勘邑民与邻	
邑互争边界往返旬月盘桓周至因赋	
长句以纪之（我生素慕君子交）	（清）叶体仁
奉赠曾明府二律（青山叠叠绕城隅）	前人
（风流儒雅旧知音）	
遇游春园孝廉庄二章（才识山居胜）	前人
（卜居别辟迳）	
油渔四绝（石窦泉分曲曲流）	前人
（鲜鲫银丝已足嘉）	
（潜伏深潭谁识真）	
（戏鼎须知漫爇膏）	
罗汉竹诗余二首　江城子	
（南山丛竹色青青）	前人
剔银灯（奚事袈裟不着）	
怀符山范孝子（亲恩天罔极）	（清）曾受一
甲申秋陪富顺叶明府会勘高珙边界	
承赠佳章敬酬六绝	前人
（阀阅勋高著楚荆）	
（一旌簇拥上芙蓉）	
（下邑何当辱大宾）	
（蜀南滇北漏天低）	
（诗句琳琅次第投）	
（罗星黑水泛铺航）	
堪界杂吟（讼田虞芮入周埛）	前人
（如农有畔不相侵）	
（径道稀微石荦确）	
（穿山构讼十经秋）	
（罗汉林高矗入云）	

（庆长交错帽檐山）

（龙湾坡尽将军坡）

（九十九峰珙所瞻）

（频年辞舌纷嘲嘲啁

（石门鸟岭水潺湲）

（秋尽重来勘石门）

（去来三度石门开）

咏珙邑层山（一望渺尘寰）　　　　　　　（清）韩莱曾

阿亚耸峙（阿亚千叠嶂）　　　　　　　　（清）张灼

和鱼孔洞中原韵（天然一洞近城隈）　　　前人

过山路乡（春色泛碧水流红）　　　　　　（清）徐宓

入珙县道（浓阴结条暗无华）　　　　　　前人

蛮丫岭（崎岖攀登跻蛮丫）　　　　　　　前人

妹妹涡（何处妆台觅玉英）　　　　　　　前人

底洞堡（夕阳望里一孤舟）　　　　　　　前人

过水路乡（沿江花发草蒙茸）　　　　　　前人

送陈令之珙任并寄珙学者

　　（蜀道如何昔所传）　　　　　　　　（清）宋在诗

宿将军碉（试拂戎衣赋远征）　　　　　　（清）朱孝纯

虎牢山（虎豹深丛夜扃关）　　　　　　　前人

官舍书楼（危楼俨与众山齐）　　　　　　前人

鱼孔洞口（一窍玲珑傍水隈）　　　　　　前人

阿椏老树（托根净谷已多年）　　　　　　前人

两河口雨渡（层崖中断水双流）　　　　　前人

睹将军坡石阵遗迹偶属

　　（将军磊荦裕兵韬）　　　　　　　　（清）查淳

前题变韵（昔日将军驻此坡）　　　　　　（清）范欇

白崖（银笺幅幅展嵯峨）　　　　　　　　（清）袁汪坛

夏斋即事（蛮烟散处夏风清）　　　　　　前人

珙溪竹内梅花（溪隈竹外一枝长）　　　　前人

览珙邑节妇刘氏传为属七言一律

　　（心坚竟自竖纲常）　　　　　　　　（清）王聿修

览珙邑节孝袁氏传为属七言古风

　　（麟凤之山对峙起）　　　　　　　　前人

山行见暮烟野水口占二绝四语五山四

　　语五水聊以抒意非敢云诗

（山烟幕晚山）　　　　　　　　　　　　前人

珙署试士赋得卓牢观群书（两画清宁奠）　前人

辛卯仲春查珙界自朐膝脑渡老鹤沱登

　　仰天窝下黄泥洼夜宿木滩一日之间

　　所经山水大小不止百余灯下无纸笔

　　口占一绝以志其概（水水山山叠叠呈）　前人

木蹟二滩自明万历年间开凿以漕军饷本朝

　　乾隆七年动帑疏浚以运军铜迩来大石□

　　塞行船□□舟子却顾不前□□绕陆而去

　　余睹有感偶成一绝（滩中船路昔年开）　前人

珙符二水两岸之居民多以水车运水灌田其

　　轮高至二三丈箭多至四五十一车可灌田

　　数十余亩诚济旱之良策也此制宜广其传

　　因以俚言志之（轮车翻水水翻轮）　　　前人

庚寅下五不雨农民忧旱而部□□催城工

　　又甚急余了无异策因登阿亚山巅默昼

　　书晴夜雨两无所碍后果然也因赋其事

　　（夜降甘霖白昼晴）　　　　　　　　　前人

辛卯春日苦旱步祷山麓水源在处叩祝因

　　于罗星道上口占一绝（旱山草不花）　　前人

三月雨恭谢洛浦龙神（久传洛浦有神龙）　前人

珙署偶成（造物知予性爱山）　　　　　　（清）蔡珍焕

到珙未涉旬连日因公远出晚宿歇马

　　坝口占（转尽危坡又陡山）　　　　　　前人

雨中过两河口（滚滚清流灌两河）　　　　前人

德行山（阿亚山头望对峰）　　　　　　　前人

署中杂咏（人言清净巩州城）　　　　　　前人

（万山堆里一孤城）

（峻岭清溪绕□城）

（偏隅旧属夜郎城）

（萧瑟休言住小城）

题珙志刘节妇传后（水为质性铁为肠）　　前人

南湖绝壁（峭壁危然立）　　　　　　　　（清）胡思敬

平畴石笋（山骨结平畴）　　　　　　　　前人

德行端拱（巍巍耸峙镇边城）　　　　　　前人

游半边寺石洞（幽洞无枨阒）　　　　　　（清）范垕

73. 同治高县志

三十四卷首一卷　（清）敖立榜等修　曾毓佐等纂　同治五年刻本　《中国地方志集成·四川府县志辑》（第三十五册）影印本

同心室记	前人	长洲烟雨(芳草凄凄翠若铺)	
另建学署碑记	(清)郭鉴庚	竹堂夜读(翠竹深深护草堂)	
乡社祠碑记	(清)曾毓佐	山市晴岚(高平如掌古边关)	
丁公祠碑记	(清)马珮玖	龙潭春涨(空潭如镜照天青)	
冬日牡丹记	(清)张泳	远寺晚钟(寂寞禅林长闭门)	
重修临渊阁记	(清)敖立榜	白岩夕照(悬岩千仞照斜晖)	
附载临渊阁判		鸟岭晴云(冈峦崛起势嵬峨)	
创建剑南十三关记	(清)郭鉴庚	龙冈晓日(九山盘远势)	(清)路以周
赋		七宝山(七宝高山巇屼连)	(清)李洪材
临渊阁赋	(清)李鸿楷	梯云山(梯云独上几云山)	前人
望江楼赋	(清)周霆	芙蓉山(如波山势滔天来)	前人
诗		前题(天外飞来大小峰)	(清)敖立榜
县城八景	(清)李鸿楷	五车书石(磊落轩昂画不如)	前人
阁梯连云(纡径层层自作梯)		五车书石(□□□石秀何如)	(清)王用仪
芙蓉晚霁(四面削成拥翠屏)		沙滩渔歌(渔舟晚集蓼花滩)	(清)黄志莘
七宝连珠(七阜相连宝气成)		南村耕雨(雨丝云墨泼南村)	前人
三台峙月(层峦矗起压全城)		游临渊阁(抠衣同上水云隈)	(清)李光琳
沙滩渔歌(山城直扼复宁河)		九日登西山寺看菊(西风飒飒碧天高)	前人
红岩牧笛(牧童牧队未还家)		秋日书怀用杜工部秋兴八首元韵	
春浪跃鱼(流水桃花二月天)		(文江书院枕荒林)	(清)金科豫
南村耕雨(雨满花村烟满溪)		(关心愁见雁行斜)	
东流绕带(澄江如炼水朝东)	前人	(正好乘轩月掩晖)	
西峙峨冠(山山珠贯竹溪西)		(胜负争如一局棋)	
南峰晴云(雨霁天高现蔚蓝)		(一言九鼎重如山)	
北屏晓岚(晴嶂插天斜转北)		(凯歌闻唱大刀头)	
安宁八景	前人	(从戎四载奏肤功)	
笔峰吐露(中峰高卓笔)		(羁縻何事苦栖迟)	
芦洞聚萤(岩麓萤飞照)		古瓦歌(徙西城市已奔骞)	(清)周曰瑛
绿岩瀑布(古木拏云立)		仙人洞	(清)胡廷献
佛座灵泉(澄水一泓静)		其一(洞空空洞洞空中)	
仁村调鹤(随客到西蜀)		其二(猗歟仙窟不须惊)	
石室蒸云(洞门云脚驻)		其三(洞里仙人别有天)	
合江晓月(沙渚双流合)		解组归里留别邑绅士(聚首何容易)	(清)王世瑞
平陇晚风(青畴连远陌)		其二(和风生紫陌)	
定边八景	前人	苦雨歌(吾闻羁縻古称小漏天)	(清)金科豫
天门积雪(天门中断一江开)		高州山城脊苦向未举行宾兴庚莅此	

74. 光绪庆符县志

四十九卷　（清）孙定扬修　胡锡祜等纂　光绪二年刻本　《中国地方志集成·四川府县志辑》（第三十五册）影印本

卷四十九　艺文

宸翰

训敕州县	（清）雍正
谕各官课农	前人
御制见蝗叹（今夏雨旸尚调匀）	（清）嘉庆
慎刑论	前人
题耕织图　有序	（清）乾隆
锓种（青阳序肇始）	
耕（绿畦新水活）	
耙耨（深耕继易耨）	
秒（方春农事接）	
碌碡（耨秒序咸度）	
布秧（田畦既平治）	
初秧（布种盈畦畛）	
淤荫（土化沿周礼）	
拔秧（韶光度九十）	
插秧（好雨润阡陌）	
一耘（良苗初发候）	
二耘（再耘近炎暑）	
三耘（去疾莫如尽）	
灌溉（水利通沟洫）	
收刈（耕春继耘夏）	
登场（万宝幸成熟）	
持穗（年康偏堆积）	
臼碓（民力真艰苦）	
簁（杵臼事差毕）	
簸扬（欲令精粗判）	
砻（砻礱及时用）	

入仓（西成继粟烈）	
祭神（田祖司多稼）	
浴蚕（衣裳始上古）	
二眠（治室务精洁）	
三眠（已近清和月）	
太起（倏度三眠序）	
捉绩（欲老食偏健）	
分箔（春深益滋长）	
采桑（采桑供蚕食）	
上簇（丝肠欣既足）	
炙箔（阴寒酿梅雨）	
下簇（邻里欣相贺）	
择茧（众茧须精择）	
窖茧（藏茧置深瓮）	
练丝（离坎功相济）	
蚕蛾（捡择做新种）	
祀谢（蚕成申报祀）	
纬（横丝互旋转）	
织（作帛织机始）	
络丝（缴轩继张枇）	
经（层层排络鼍）	
染色（丝成皆洁白）	
攀花（巧擅女工首）	
翦帛（帛成良不易）	
成衣（已届授衣候）	

碑

重修天宁寺碑	（明）周洪谟
重修三清殿碑	（明）何源
学博罗先生祠碑	（明）张景贤

75. 同治筠连县志

十六卷　（清）陈熙春修　文尔炘等纂　同治十二年刻本　《中国地方志集成·四川府县志辑》（第三十六册）影印本

76. 民国续修筠连县志

七卷　（清）祝世德纂修　民国三十七年铅印本　《中国地方志集成·四川府县志辑》（第三十六册）影印本

文征

定川山水图说	（清）詹绍文
天香吟馆诗序	（陈桂义）
天香吟馆诗序	（清）张灿祖
天香吟馆诗序	赵一涵
错又错草自叙	佚名
知非草序	（清）尹以斋
跋鲁之先生遗墨	（清）高树
跋先君子鸦笑轩诗稿	（清）曾小鲁
母序宾先生翠竹山房诗集序	（民国）樊显绪
读苏梓榕先生诗集书后	（民国）张骥
归吟拾遗序	（民国）张敬忱
归吟拾遗跋	（民国）张绍岐
归吟拾遗自序	（民国）甘韶夙
见山簃诗词序	（民国）陈新燮
啸庐山三种序	（民国）襄平桂芬
筠连县志原序	（清）邓禄勋
二	（清）丁林声
三	前人
四	（清）何源浚
五	（清）夏琼
第一次重修筠连县志序	（清）陈善纲
第二次重修筠连县志序	（清）程熙春

77. 乾隆屏山县志

八卷首一卷　（清）张曾敏修　陈琦纂　乾隆四十三年刻本　《中国地方志集成·四川府县志辑》（第三十六册）影印本

卷之六　艺文志

明艺文

神木山祠记	（明）胡广
清凉山天宁寺碑记	（明）周洪谟
万寿观铜像记	（明）刘忠
重修城隍庙碑记	（明）茹宁
建楼山书院记	（明）周惠
建马湖府治记	（明）前人
署马湖事戴公去思碑	（明）□迥
重修关圣庙碑记	（明）韩子允
慈云寺记	（明）王咏
重修万寿寺记	（明）杨一元
楼山书院遗化亭记	（明）杨养湛
府丞吴公生祠记	（明）王咏
府尹李公遗爱祠记	（明）周爻
中宪高公平叙马险道记	（明）尹廷俊
建居敬堂吾兼亭记	前人
修三公桥记	（明）李文绩
文昌祠记	（明）刘应科
马湖府职官题名记	（明）米万钟
重修万寿寺藏经阁碑记	（明）陈禹谟
府尹郑公戎功德政碑	（明）杨楷
翠云桥碑记	（明）王时隆
惠心图序	（明）胡璇

卷之七　艺文志

清艺文

火神祠记	（清）史允庚
重修马湖府儒学碑记	前人
马湖府勘验枏木记	（清）何源浚
马湖府旧志序	前人
刘公桥碑记	（清）萧韶
建立义学田碑记	（清）何焕
三公溪渡碑记	（清）冯文兴
重修文庙记	（清）陈象枢
捐置渡船碑记	（清）徐梦楷
邑令刘公去思碑记	（清）方苟
得清轩记	（清）彭建修
重修凤关记	前人
邑令彭公去思碑记	（清）罗应运
新垦马边碑记	（清）孟端
锦屏山记	（清）徐梦楷
建镇江庙记	（清）吴廷杰
名贤祠考	前人

诗

马湖踏勘枏木（万里遵阳士）	（清）张德地
踏勘枏木泊叙州府将之马湖	
（廿年天上路）	（清）姚缔虞
龙湖十二景	（清）史允庚
凤岭回环（碧峰千仞碧云间）	
龙跃天津（嶙峋怪石压龙湖）	
宝堆春眺（凤关西畔宝堆东）	
万涡晚渡（村村暝色远天低）	
赤崖晴雪（吹来大地白漫漫）	
龙湖夜月（千叠云峰万顷湖）	
书楼笔架（自昔名贤过化地）	
桂阁石栏（丹桂婆娑忆往年）	

锦屏积翠（因屏名县亦名山）　　　　　　　　（当年设险垒重关）

沙洲渔网（云影天光浸碧涟）　　　　　　　　（左插云偏烟草花）

三溪合秀（溪水合流燕尾分）　　　　　　　　（茯苓琥珀满凉山）

五峰献奇（青天削出玉芙蓉）　　　　　　　　（日淡风高古夜郎）

甫至龙湖观察王人岳先生以诗见寄　　　　　　（西南魅昔魑纵横）

　依韵次答（夜郎西渡合江深）　　（清）何源浚　（全师轻入虎狼群）

揽腾楼晚宴即事（云渡西山雨）　　　　前人　　（方略犹传李广才）

课农至沐川值初度感怀用冯子驭丹　　　　　　（边地重收不合围）

　原韵次答（天涯何日傍宸游）　　　　前人　　（千山啼破子规魂）

察木山行宿干溪（安营大麓傍江边）　　前人　　夏日屏山城东即景（旧日龙湖地）　　（清）张基

过中渡坝（千尺高峰万丈渊）　　　　　前人　　初抵马湖喜晤故乡戚友

古竹溪石上（古渡滩头几折湾）　　　　前人　　　（万里西来古僰疆）　　　　　　（清）陈琦

烂泥漕（烂泥漕下滑如指）　　　　　　前人　　送张西瓯归里就试金陵（同来才几日）　　前人

和刘金宪过赤峰原韵（丹崖碧水总无情）前人　　望宝屏山云（岭上白云压茅屋）　　　　前人

书楼山（奇峰突兀俨如楼）　　　（清）蔡琨　　晚坐得清轩（槛外碧昭峣）　　　　　　前人

游泥溪（吟鞭偶尔过芳塘）　　　（清）系乾峰　久晴喜雨（凭栏久坐桂堂东）　　　　　前人

游泥溪次韵（萋萋草绿种鱼塘）　（清）罗应运　中秋同顾豫州登锦屏山云居寺访僧

登桂香阁有感（曾闻桂阁植仙葩）　　　前人　　　（佳节闲寻物外缘）　　　　　　　　前人

过十八滩（鹈鹕泛江干）　　　（清）胡启鹏　　登南城揽胜楼（玉宇澄清夕霭收）　　　前人

万涡晚渡（附郭堤边汇水沱）　　　　　前人　　夜听蚂蝗沟泉声（山气酿云云满天）　　前人

桂阁石栏（亭榭秋深万籁残）　　　　　前人　　游云居寺（结伴闲行物外缘）　　　（清）顾忻

沙洲渔网（晴川云树傍沙洲）　　　　　前人　　太平石（石碛天然江岸横）　　　　　　前人

龙湖夜月（云饮潭空霁色开）　　　　　前人　　锦屏山（锦屏削四壁）　　　　　（清）张曾敏

随军进雷黄初宿乾溪（鸟道　　　　　　　　　　涪翁洞（石壁瞰江流）　　　　　　　　前人

　羊肠路飞沙）　　　　　　　　（清）邓瑛　　梯田行（成都沃野号千里）　　　　　　前人

中秋（边外中秋月）　　　　　　　　　前人　　薛文清公讲堂遗址（胜代儒宗仰大贤）　前人

九月军营登高（高峰凌碧落）　　　　　前人　　青孤山老君庙规模甚巨覆以铁瓦相传

夏日登老君山（最难勘破是名山）（清）刘嘉宾　　为安氏故迹安氏明初归城世为马湖

（故乡长忆夏秋时）　　　　　　　　　　　　　守宏治间安鳌不法夺职庙独存居人

（才行作吏拟归休）　　　　　　　　　　　　　祠之（庙貌巍然绿树遮）　　　　　　前人

（幼赋青莲蜀道难）　　　　　　　　　　　　　屏山杂咏（龙说滇南万里遥）　　　　　前人

踏山吟（山形阅历几春秋）　　　　　　前人　　（龙湖山色景重重）

（不信偏隅案牍多）　　　　　　　　　　　　　（舟到安边放眼宽）

宿观音寺（窄径披兰若）　　　　　　　前人　　（书楼山势最嵯峨）

宿杨村（一行偏入蜀）　　　　　　　　前人　　（山腰径窄半临渊）

烟峰城杂咏（湿峰青葱暝色涵）　（清）王启焜　（江干黄葛午阴凉）

78. 光绪屏山县续志

二卷首一卷　（清）张九章修　陈藩垣等纂　光绪二十四年刻本　民国二十年铅印本　《中国地方志集成·四川府县志辑》（第三十六册）影印本

卷下　艺文

跋

题花厅韵堂跋	（清）李长清
题万寿寺客堂揽胜跋	（清）戴师程
题万寿寺客堂小辋川跋	（清）张秉堃

记

沐川寨记	（清）张无尽

赞

邑侯金公像赞	（清）赵士忆

诗

祝马湖太守李公祖（前春御李自京华）	（清）樊泽达
邑侯金公重修东城楼落成	
（循良懋绩重康宁）	（清）倪体元
屏山县（金江抱城来）	（清）何人鹤
屏山即日（花放屏山草木薰）	
丹霞洞（野外黄冠此石门）	（清）何钟
屏山怀古（春雨出晴叫白鹇）	（清）邱晋成
壬申除夕感怀六首（梅城南望路漫漫）	（清）龙锡光
（鬓龄负箧肆毛诗）	
（蓬山何处问前因）	
（弟兄文史足三冬）	
（若女伶仃偶慰情）	
（迢遥昆明有劫灰）	
癸酉夏日同游万寿禅院二首	
（天涯有客抵边城）	（清）龙声扬
（重修琳宇两三房）	
神木山（天外波涛地上起）	（清）潘曾绶
游锦屏山（锦屏山莽山崔巍）	（清）聂汝佶

书楼山怀薛文清公（马湖城东东复东）	前人
游锦屏山（江城山势拥奇峰）	（清）聂米鋆
锦屏山放歌（君不见东坡跌宕金山游）	
自双流假归初入屏山（十年	
冷宦滞他方）	（清）聂铃
道光壬午春邑侯李菡农先生于普济堂	
查点时见瞽男一盲女一各年二十余	
带回大堂令其配合交拜随带至各书	
房叩头封赏群相笑为韵事各有诗咏	
余亦戏占十韵（公堂花烛配松萝）	（清）彭应芳
道光辛巳春衙斋同事诸友游锦屏山	
归作三十韵（巨灵神奇夺天工）	前人
答邑侯刘申甫（龙门感遇古今同）	前人
颂邑侯钱香士（初试牛刀即马湖）	前人
（半生才得解征裳）	
颂邑侯张子敏（筹边欲建赞皇楼）	前人
赠邑侯周东渠（手自如来化象真）	前人
（果若蟠桃不计年）	
赠长都戎（去年西徼靖妖氛）	前人
题万寿寺藏经（穷窿古刹峙郊东）	前人
览彭香谷集有感（不见公颜十几载）	（清）宋元枢
太平石（水碧沙寒翠绕烟）	（清）聂炼
秋日薄暮登凤岭（蹑足城西隅）	前人
游福延溪（数家如罨小桥西）	前人
游锦屏山（清晨登锦屏）	前人
涪翁洞（味谏轩前曾试果）	（清）聂培惺
东关题壁（金沙无禹迹）	前人
风土诗（洒网收筒便悄然）	前人
（田头不及土头深）	

79. 同治嘉定府志

四十八卷首一卷　（清）文良、朱庆镛等修　陈尧采等纂　同治三年刻本　《中国地方志集成·四川府县志》(第三十七册)影印本

卷三十八　艺文志

宸翰

康熙四十一年壬午年十一月二十五日御赐峨眉山
　　伏虎寺离垢园三大字　　　　　　（清）康熙
御书诗一章(宿世身金粟)　　　　　　前人
御书十字　　　　　　　　　　　　　前人
又御书赐大峨寺十字　　　　　　　　前人
赐洪春坪三大字　　　　　　　　　　前人
御书十字　　　　　　　　　　　　　前人
御书赐白龙洞十字　　　　　　　　　前人
御书赐毘卢殿诗一章(钓艇去悠悠)　　前人
御书赐雷洞坪二大字　　　　　　　　前人
御书赐铜殿藏经阁三大字　　　　　　前人
御书十字　　　　　　　　　　　　　前人
御书赐卧云庵二大字　　　　　　　　前人
御书诗一章(何所问津梁)　　　　　　前人
御书赐卧云庵三大字　　　　　　　　前人
御书赐光相寺四大字　　　　　　　　前人
宋太宗普贤殿简板　　　　　　　（宋）太宗
明英宗灵岩寺敕书　　　　　　　（明）英宗
世宗谕祭勑赠光禄寺少卿宿进文　（明）世宗
神宗慈延寺敕书　　　　　　　　（明）神宗
白水寺敕书　　　　　　　　　　　　前人

卷三十九艺文志

赋

唐

幽兰赋　　　　　　　　　　　（唐）仲子陵

洞庭献新橘赋　　　　　　　　　　　前人
清簟赋　　　　　　　　　　　　　　前人
珊瑚树赋　　　　　　　　　　　　　前人

宋

对青竹赋　　　　　　　　　　（宋）黄庭坚

明

佛现鸟赋　　　　　　　　　　（明）廖大亨
甄奥赋　　　　　　　　　　　　　　前人

国朝

峨眉山赋　　　　　　　　　　（清）李以宁

卷四十艺文志

诗

唐

泥溪(弭棹凌奔壑)　　　　　　　（唐）王勃
麻坪晚行(百年怀土望)　　　　　　　前人
感遇三十八首录二(金鼎合神丹)　（唐）陈子昂
(浩然坐何暮)
赠怀一上人(法师东南秀)　　　　（唐）崔颢
登峨眉山(蜀国多仙山)　　　　　（唐）李白
听蜀僧浚弹琴(蜀僧抱绿绮)　　　　　前人
峨眉山月歌送蜀僧晏入中京
　　(我在巴东三峡时)　　　　　　　前人
峨眉山月歌(峨眉山月半轮秋)　　　　前人
酬宇文少府赠桃竹书筒
　　(桃竹书筒绮绣文)　　　　　　　前人
宿青溪驿奉怀张员外十五兄之绪
　　(漾舟千山内)　　　　　　　（唐）杜甫
寄岑嘉州(不见故人十年余)　　　　　前人

狂歌行赠四兄（与兄行年较一岁）　　　　前人

陪章留后惠义寺饯嘉州崔都督赴州

　　（中军待上客）　　　　　　　　　前人

上嘉州青衣山中峰题慧净上人幽居寄兵

　　部杨郎中并序（青衣谁开凿）　　（唐）岑参

登嘉州凌云寺作（寺出飞鸟外）　　　　前人

峨眉东脚临江听猿怀二室旧庐

　　（峨眉烟翠新）　　　　　　　　　前人

东归发犍为至泥溪舟中作

　　（前日解侯印）　　　　　　　　　前人

江行夜宿龙吼滩临眺思峨眉隐者

　　兼寄幕中诸公（官舍临江口）　　　前人

初至犍为作（山色轩楹内）　　　　　　前人

题凌云寺（春山古寺绕沧波）　　　（唐）司空曙

送张炼师还峨眉山（太一天坛天柱西）　前人

犍为城下夜泊闻夷歌（犍为

　　城下泮舸路）　　　　　　　　（唐）陈羽

所居寺院凉夜书情呈上吕叔温郎中

　　（庚公念病宜清署）　　　　　（唐）何元上

与峨眉山道士期尽日不至（倾

　　景安在中）　　　　　　　　　（唐）鲍溶

寄峨眉山杨炼师（道士夜诵蕊珠经）　　前人

九日嘉州发军亭即事（三江

　　分注界平沙）　　　　　　　　（唐）薛逢

夏夜宴明月湖（夏夜宴南湖）　　　　　前人

醉春风（去年春似今年春）　　　　　　前人

舟行至平羌（貔虎直沙嶋）　　　　（唐）薛能

凌云寺（像阁与山齐）　　　　　　　　前人

石堂溪（三面接渔樵）　　　　　　　　前人

荔枝楼（高槛起边愁）　　　　　　　　前人

圣冈（古迹是何王）　　　　　　　　　前人

暇日寓怀寄朝中亲友

　　（命与才违岂自由）　　　　　　　前人

春日寓怀（幽拙未谋身）　　　　　　　前人

监郡犍为舟中寓题寄同舍

　　（一寝闲身万事空）　　　　　　　前人

边城作（行止象分符）　　　　　　　　前人

峨眉圣灯（莽莽空中稍稍灯）　　　　　前人

留题（茶兴复诗心）　　　　　　　　　前人

初发嘉州寓题（劳我是犍为）　　　　　前人

荔枝诗有序（颗如松子色）　　　　　　前人

游嘉州后溪（山屐经过满径踪）　　　　前人

监郡犍为将归使府登楼寓题

　　（几日监临向蜀春）　　　　　　　前人

过象耳山二首（一色青松几万栽）　　　前人

　　（到处逢山便欲登）

天柱山赠峨眉田道士（古称

　　天柱连九天）　　　　　　　　（唐）施肩吾

送谭远上人（下视白云时）　　　　（唐）贾岛

送僧人蜀过夏（师言结夏入巴峰）　（唐）曹松

筼山虎（筼山高极入穹苍）　　　　　　佚名

峨眉山（万仞白云端）　　　　　　（唐）郑谷

蜀江有吊（孟子有良策）　　　　　　　前人

秋日犍为道中（久客厌歧路）　　　（唐）崔涂

赠峨眉山弹琴李处士（峨眉

　　山下能琴客）　　　　　　　　（前蜀）韦庄

赠形如上人（不知名利苦）　　　　（唐）唐求

夜上隐居寺（寻师拟学空）　　　　　　前人

黄葛树（叶如羽盖岂堪论）　　　　（唐）刘兼

去年今日（去年今日到荣州）　　　　　前人

郡斋寓兴（依约樊川似旭川）　　　　　前人

初至郡界（嘉陵江畔接荣州）　　　　　前人

登郡楼书事（偶奉纶书莅旭川）　　　　前人

旭川祁宰思家而卒因述意呈秦川

　　知己（岁稔民康绝讼论）　　　　　前人

凌云寺（古寺临江间碧波）　　　　（唐）李习

忆荔枝（传闻象郡隔南荒）　　　　（唐）薛涛

思乡（峨眉山下水如油）　　　　　　　前人

赋凌云寺二首（闻说凌云寺里苔）　　　前人

　　（闻说凌云寺里花）

题竹郎庙（竹郎庙前多古木）　　　　　前人

宋

嘉州作（俗遇腊辰持药献）		（宋）杨徽之
秋夜有怀寄副翰宋白舍人		
（秋风萧瑟北山椒）		（宋）田锡
寄田锡舍人（当年心计此心知）		（宋）李维
答劝农李渊宗嘉州江行见寄		
（嘉月嘉州路）		（宋）宋祁
谒陈抟祠（仙馆三峰下）		前人
寄持正都官按部嘉眉（使者		
观风过晚春）		（宋）范纯仁
以眉州绿荔枝寄吴仲庶有诗次韵		
（嘉州荔子着芳名）		前人
峨山（蜀山天下奇）		（宋）赵抃
初殿（前去峨眉最上峰）		（宋）范镇
真人洞（天柱嵯峨列五峰）		前人
嘉州寄左绵王虞部诗（江山		
如画望无穷）		（宋）石介
留题白崖（金地枕岩壑）		（宋）庞其章
郭纶（河西猛士无人识）		（宋）苏轼
初发嘉州（初发古圌阓）		前人
犍为王氏书楼（树林幽翠满山谷）		前人
题孙思邈真（先生一去五百载）		前人
庆源宣义王丈人以累举得官为洪雅主		
簿雅州户椽遇吏如家人人安乐之既		
谢事居眉之青神瑞草桥放怀自得有		
书来求红带既以遣之且作诗为戏黄		
鲁真学士秦少游贤良各赋一首为老		
人光华（青衫半作霜叶枯）		前人
和沈立之留别二首（而今父老千行泪）		前人
（卧闻铙鼓送归艎）		
送吕昌朝知嘉州（不羡三刀梦蜀都）		前人
送张嘉州（少年不愿万户侯）		前人
送贾讷倅眉二首（当年入蜀叹空回）		前人
峨眉县（峨眉山西雪千里）		前人
白水寺（但得身间便是仙）		前人
初发嘉州（放舟沫江滨）		（宋）苏辙
登金釜观（道士白发尊）		前人

海棠（岷蜀地千里）		（宋）沈立
清风洞（万壑森寒如泼水）		（宋）员兴宗
东津院赠圆照大师（赤旆坛塔六七级）		（宋）黄庭坚
次韵裴尉过马鞍山（青山如马路盘旋）		前人
题丁东水（古人题作丁东水）		前人
此君轩为王元公题（王师学琴三十年）		前人
戏用题王元公此君轩诗韵奉答周彦		
公起予之作（此道沉埋多历年）		前人
涪翁亭（清音妙绝东坡老）		（宋）黄然
万景楼（左披九顶云）		（宋）范成大
凌云九顶（聊为东坡载酒游）		前人
戏题方音洞（隔凡冰涧不可越）		前人
问月堂酌别（半明灯火话悲酸）		前人
别后寄题汉嘉月榭（隐吏诗情卜筑幽）		前人
过燕渡望大峨有白气如层楼拔起丛中云		
（围野千山暑气昏）		前人
苏稽镇客舍（送客都回我独前）		前人
峨眉县（穷乡未省识旌旄）		前人
初入大峨（烟霞沉痼不须医）		前人
华严寺（众峰攒壁直）		前人
雷洞平（行人魄动风森森）		前人
娑罗平（仙圣飞行此是家）		前人
思佛亭晓望（栗烈刚风刮病眸）		前人
光相寺（封顶四时如大冬）		前人
七宝岩（天如碧玉瓯）		前人
淳熙四年六月廿七日登大峨之巅一名		
胜峰山佛书以为普贤大士所居连日		
光相大现赋诗纪实属印老刻之以为		
山中一重公案（胜峰高哉摩紫青）		前人
请佛阁晚望雪山数十峰如烂银晃耀		
曙光中（累块苍然是九州）		前人
孙真人庵（何处仙翁旧隐居）		前人
龙门峡（插天千丈两碧城）		前人
既离成都故人送者远至汉嘉分袂其尤		
远而相及于峨眉之上者六人范季申		
郭中行杨商卿嗣勋李良仲谭德称口		

卷四十一艺文志

诗

明

峨眉县晓发次韵（渡水蓝舆稳）	前人
东川即事（柞树寻荒径）	（明）胡子昭
（人道山行好）	
临难（金声催击鼓声忙）	
题峨眉山图（峨眉春月斗婵娟）	（明）解缙
木莲花（东风吹雨入烟霞）	（明）顾禄
蜗角洞（蜗角虚名能几何）	（明）王文
眉山天下秀（大峨两山相对开）	（明）周洪谟
大石门（石门门外白云飞）	（明）龚□
宿松林（翠巘层峦策马行）	（明）余承恩
手植海棠于学（曾于雨里觅苍苔）	（明）廖俊
凌云寺（一麾来作嘉阳守）	（明）魏瀚
追赋牟女打虎救母诗有序（猛	
莫猛于虎）	（明）范纯
广教寺（一剑横腰漫闲游）	（明）赵远
寄寄庵子有序（嘤其鸣矣彼何求）	（明）李梦阳
月珠寺（月珠古名蓝）	（明）张鹏
游毗卢寺（世态多浮沉）	（明）章寓之
游灵岩寺（灵岩一径入青苍）	前人
游毗卢寺（胜览遍丛林）	（明）王宣
伏虎寺（几年尘土梦）	前人
游灵岩寺（翠屏天敞玉龙盘）	（明）张凤翀
赠别安鸿渐给谏（西驰万里道）	（明）陆深
（青城多异境）	
凌云寺（竹林斑斑日上迟）	（明）安磐
（青衣江上水溶溶）	
（金身难凿与云齐）	
入山（昨宵风雨晓来晴）	前人
游毗卢寺即景（孤城带山雨）	前人
同人登万景楼（梦觉东园春气浮）	前人
吊张士元诗（七载逞方谪）	前人
猢狲梯（万壑千峰路转赊）	前人
（龙蛇驱逐上猢狲）	
峰顶（二仪未分剖）	前人
（兹山从开辟）	
七宝岩作（拄杖游峨眉）	前人

下山（笑拂衣裳半有莓）	前人
天杜峰（真人采药天门峰）	（明）徐文华
游毗卢寺（信宿毗卢寺）	前人
凌云寺（我到嘉州才一日）	（明）杨慎
归云阁（云从石上起）	前人
（晓钟有云出）	
神水（山僧言此泉）	前人
歌风台（楚狂千载士）	前人
和余懋忠青衣别后追寄之作	
（抽簪画江沙）	前人
送徐用先归嘉州（客有归欤叹）	前人
雨夕梦安公石张习之觉而有述因寄	
（滇越邻天竺）	前人
安公石馆赏并蒂莲得井字（何处同心花）	前人
首夏送东城邵园饯彭子充给谏得送字	
（迟迟东暑移）	前人
嘉州江上邂逅李蟠峰天使即事一首	
（皇华原隰素丝行）	前人
嘉州登舟（马上风尘倦）	前人
孝津行（岷山青蟠空）	前人
佛现（佛现，佛现）	前人
由高凤竹箐入雅安（策马□车地）	前人
凌云寺（谁从云际结孤亭）	（明）彭汝寔
解脱坡（登山常是爱新晴）	前人
雨宿西坡寺（竹里潇潇雨）	（明）程启充
探仙洞遂游金釜山（阴洞秋弥冷）	前人
卧云庵（行游三十日）	前人
珠月寺明月楼（眼前景物情诗收）	（明）熊相
宿胜上人山房有怀（忆昔旻公室）	（明）叶桂章
（忆昔禅关住）	
清溪渔隐（粼粼溪头水）	（明）宿进
登凌云山寺同黄门安公石同寅徐用	
先程以道诸公宴集（巴蜀观风遍）	（明）黎龙
席上送安松溪（夜堂尊酒坐深更）	（明）曾玙
过千佛岩和察罕廉访韵	
（丹壁苍岩青铁槛）	（明）刘成穆

白水寺（草路王孙游）　　　　　　　（明）赵贞吉

眉山歌（白帝昔禀鸿蒙匠）　　　　　　　　前人

峨眉道人拳歌（浮屠善幻多技能）　　　（明）唐顺之

宿胜上人山房有怀（野草春风草复生）（明）杨仲琼

归云阁（桥纤凉风回）　　　　　　　（明）朱子和

双飞桥（天柱峰头水）　　　　　　　　　　前人

宿胜上人山房有怀（凌晨出郭门）　　（明）张可述

山寺（寺外清江转）　　　　　　　　　（明）毛起

再过漫书（六年两渡饭松林）　　　　（明）余承业

西园（回环引细泉）　　　　　　　　　（明）孙甫

（小阁连雪峰）

次云屏九日韵（海门孤屿涌中流）　　（明）谢东山

初夏止宿和文荣州（青春作伴不归去）（明）杨瞻

大石门（久慕东川景）　　　　　　　　（明）王永

山寺同毛翰林作（披雾走寒岑）　　　　（明）王圻

凌云寺（尘迥三天净）　　　　　　　（明）陈于陛

解脱坡（欲到三峡去）　　　　　　　　（明）严清

牛心寺（山半招提宫）　　　　　　　　（明）翁溥

凌云寺（石磴盘云仄）　　　　　　　（明）李长春

（已返凌山驭）

万年寺冒雨蹑顶心坡（凭虚

　　砌齿凿空升）　　　　　　　　（明）龚懋贤

下峨从云中行（惭无道奇配闲瓢）　　　　　前人

（迭迭云岚下不开）

赠僧大慈（曹溪云暖锁香龛）　　　　　　　前人

（片片旃檀印密多）

过夹江石洲王君邀邑先生宿二峨李松

　　坞同晏毗卢寺二先生益先君旧游也

　　感赋（寂历招提境）　　　　　　　（明）杨芷

送陈仲道饷延绥归嘉定州

　　（司马西游赋笔间）　　　　　　（明）汤显祖

凌云寺（莲身凭岸起）　　　　　　　（明）李时华

（物外尘都净）

蔡发吾廉宪招饮凌云时积雨初晴落照

　　挂翠峨上妙不可言即席漫赋（使君

　　选胜绮筵开）　　　　　　　　（明）范醇敬

登峨（谓天难梯升）　　　　　　　　　　　前人

洗墨池（江上高山山上亭）　　　　　（明）袁子让

宿临江寺（关山游子目）　　　　　　　　　前人

登孝女祠（孝矣叔先雄）　　　　　　　　　前人

凌云寺（放棹官情远）　　　　　　　（明）（高任重

（惊顾朝霞散）

送峨山僧清源请香檀佛佛像所镂甚精

　　（师从峨眉来往返）　　　　　　（明）袁宏道

峨眉山歌金陵为松谷上人作

　　（峨眉山上月）　　　　　　　　（明）曹学佺

又歌（君不见，太行诚险阻）　　　　　　　前人

清溪朱邑宰里人也以荔枝名绿扶

　　包者见饷（一湾亭子寄山坳）　　　　　前人

歌风台（逃名只合远人间）　　　　　　（明）尹伸

访金釜观（珠树分苔径）　　　　　　　　　前人

峨眉山（剑外名山聚）

雨中登刹适邑令至（江山回和处）　　（明）顾汝学

凌云寺（高适才名旧）　　　　　　　　（明）胡定

（古寺郁招邀）

游峨（山灵如有意）　　　　　　　　（明）范文光

峨眉山万年寺送费此度往荣经省观

　　（敝衣犹剩老莱斑）　　　　　　　　　前人

自凌云登舟怀程初亭（芒履

　　乘春凌九岛）　　　　　　　　（明）冉宗穆

过千佛岩（使者风尘色）　　　　　　（明）廷征贤

前提（三千法界祇园沙）　　　　　　　　　前人

探原洞访张来仪（洞口春风吹野花）　（明）汪琼

梧桐沟（云树阴森水石幽）　　　　　（明）王本初

题万寿观叚刺史种松

　　（几番风卷白云开）　　　　　　　　　佚名

和胡宗伯菊潭梦游峨眉山

　　（三峨不可即）　　　　　　　　（明）柳寅东

（八十四盘道）

（家山十载别）

凌云山近河亭为俞给事赋

　　（山撑玉笋真崔巍）　　　　　　（明）任有龄

卷四十二　艺文志

诗

清

送张玉甲宪长之官邛雅
　　（秋水连天棹五湖）　　　　　（清）吴伟业
（剑外新传一道通）
（岷峨凄怆百蛮秋）
（锦官春色故依然）
石门（云峰人不到）　　　　　　（清）宿士敏
道宫（绛关开清壁）　　　　　　前人
幼年梦句未有所属今举似归云寺
　　（担头担云来）　　　　　　（清）胡世安
中峰寺（茫茫傀儡场）　　　　　前人
（云岫竞来宾）
书赠贯之和尚（猎火樵渔自一村）（清）僧海明
卧云庵（七重天末号峨眉）　　　（清）僧通醉
文殊院（紫玉屏风敞佛筵）　　　（清）蒋超
诗偈（翛然猿鹤自相亲）　　　　前人
寄朱峨眉方庵兼怀蒋修撰虎臣
　　（绝域相逢感鬓华）　　　　（清）王士禛
夹江县（地近川南好）　　　　　前人
夹江道中二首（沈黎东上古犍为）前人
（嘉阳驿路俯江流）
九盘望峨眉（绀壁临千仞）　　　前人
竹公溪二首（漏天未放十分晴）　前人
（竹公溪水绿悠悠）
入嘉州问丁东院无知者过高望山
　　趾废寺郑生曰丁东寺也访方响
　　洞尚存感而赋诗（廿年梦想丁东院）前人
登高望山绝顶望峨眉三江作歌（四
　　海复四海）　　　　　　　　前人
三登高望楼作（风流曾说荔支楼）前人
晚渡平羌江步上凌云绝顶（真作
　　凌云载酒游）　　　　　　　前人
汉嘉竹枝五首（龙游城郭碧玻璃）前人
（城头山色入虚无）

（侧生一树会江门）
（竹公西口水茫茫）
（平羌峡里府江来）
嘉阳登舟（青衣江水碧鳞鳞）　　前人
江行望乌尤山（墨鱼吹浪一江浮）前人
犍为道中（潮音阁下戒舟航）　　前人
中秋后得富顺范生嘉州帅生书知其陷
　　贼不辱伪命遂有是非（几载豺狼横巴蜀）前人
挽蒋虎臣先生（西清三十载）　　前人
访华阳山人于伏虎寺志别（山
　　游得峨眉）　　　　　　　　（清）郑日奎
别峨眉（昔闻蜀中山）　　　　　前人
舟中怀华阳山人用贻上韵
　　（朔气侵衣感岁华）　　　　前人
游峨眉山歌（伊昔披山经）　　　（清）许缵曾
大峨石（名胜日相亲）　　　　　（清）饶桂阳
寄费二参军此度嘉州（刀铤
　　初出骨空存）　　　　　　　（清）邱履程
重游伏虎寺别可闻和尚
　　（踏雪峨眉三月游）　　　　（清）江皋
送方庵叔之官峨眉（万古峨眉雪）（清）朱彝尊
访昆谷禅师（深殿幽廊映竹开）　（清）朱升
中秋嘉州江楼看月同乔铭止张之一
　　（秋风袅袅动江津）　　　　前人
峨眉山月歌送许时庵使蜀
　　（我闻峨眉山）　　　　　　（清）吴苑
见华阳道人蒋虎臣先生壁上和女郎诗
　　题其后三首（闻道华阳句曲仙）（清）吴雯
（看尽名山杖古藤）
（曾与芭蕉作晚参）
绝顶（直到菩提顶）　　　　　　（清）方觐
子规啼（平羌江日江水平）　　　前人
揽山访何季长何赤木水竹居
　　（归鸟择深木）　　　　　　（清）向上达
见州食墨鱼感赋（嘉州有嘉鱼）（清）龙为霖
行经子云亭（落月摇双旌）　　　（清）张芑

白沙河(江流彻夜风雨加)　　　　　(清)李源

丁酉二月游龙泓寺醉后题(春

　　游正二月)　　　　　　　　(清)阮鸣鸢

龙池春涨(一鉴横开百亩池)　　　(清)李元模

游凌云次岑嘉州韵(我欲识伟人)　　(清)张瑞

嘉定晚泊买得茉莉珍珠兰二花戏作长句

　　(君不见,十八娘,云烟孔翠照平羌)(清)范祖武

嘉定早发(怒湍蹴天花)　　　　　　　前人

登嘉州凌云山望江(大江从西来)　　(清)严学淦

大佛崖(我生既乏珊珊仙人骨)　　　(清)邵玺

方响洞(言登高嵚山)　　　　　　　　前人

清明忆嘉阳(芙蓉九朵隔乌尤)　　　(清)汤健业

过嘉州作(苍茫一点认乌尤)　　　　(清)刘傅经

云墅太守新建九峰讲院于高嵚山麓

　　舟行过嘉州一登览焉志以长律(一

　　帆夜宿平羌驿)　　　　　　(清)温承萘

登周公山望峨眉寄家秋坪司马四首

　　(朝渡周公水)　　　　　　　(清)陈一津

(上方不可到)

(登山极四望)

(开卷益已多)

龟都峡上有石刻江陈公分手处及诗盖

　　乾隆中雅安令江世琳擢农部家大人

　　送之至此邦人重两公名镌此事隔三

　　十余年矣舟行过之谨赋(先公舣州处)　前人

舟行龟都峡中(十里万雷鸣)　　　　　前人

(当年秦太守)

荔支湾(好山无数偎云忙)　　　　　(清)汪中洋

舟过大佛滩望凌云山作

　　(凌云山色明于画)　　　　　(清)杨揆

河楼写望(极目烟霞远吞河)　　　　(清)许第

方响洞(古井寒无波)　　　　　　　　前人

经杨将军展墓下作(有明之季群盗茁)(清)唐张友

登峨眉绝顶作(下界曾闻井络泉)　　　前人

登高嵚绝顶即送友人巴东之行

　　(蓬莱楼阁正新秋)　　　　　　前人

凌云歌(君不见,凌云之山山无脚)　(清)陈宗源

青衣江打渔歌(涨泛桃花簇浪纹)　　　前人

(大佛终日笑口开)

(一领蓑衣一叶舟)

(芦花深处是吾居)

(九龙滩涸响如雷)

(渔租渔税一齐蠲)

人日同陈竺山山长登高游泌水院

　　观鱼成二律(高阁嶙峋壮一方)　(清)郑成基

(曲栏小院一泓泉)

九峰书院望观察旧署问高望楼遗址

　　(何处相寻高望楼)　　　　　　前人

初春借钟邻浦太守王谨斋明府陈竺

　　山山长宋杏坊秀才游凌云即事二

　　件(凌云一桁自嘉阳)　　　　　前人

(东坡亭畔俯清波)

海棠(谱拟神仙有别裁)　　　　　　(清)何椿龄

茉莉(竹王祠畔土膏匀)　　　　　　(清)唐张瑶

诗增

清

留别邑中父老(我本书生耳)　　　　(清)孙㓂

红花台吊古(嘉阳城中大如斗)　　　(清)袁文藻

烈妇行(玉屏山色青簇簇)　　　　　　前人

嘉州秋兴(年光冉冉逝如流)　　　　(清)董承熙

憩园远眺(寂寞佳山水)　　　　　　(清)史致康

登嘉州城楼(晴容都在郡城头)　　　　前人

憩园感怀(清池春水生)　　　　　　　前人

卷四十三艺文志

文

蜀汉

费诗列传　　　　　　　　　　　　三国志

晋

费诗志　　　　　　　　　　　　华阳国志

费立志　　　　　　　　　　　　华阳国志

唐

正觉寺记	前人
唐球录	（明）邵经邦
田锡录	前人
王庠录	前人
明勒赠光禄寺少卿故刑部员外郎宿 君进墓表	（明）刘黻
嘉定州学储书碑	（明）赵正学
嘉定州增葺庙学记	（明）马理
夹江县增置学田记	□光
崇仁祠记	（明）陈鎏
永济桥记	（明）范文彦
续刻茶经序	（明）郭子章
注易洞铭并序	（宋）陈嘉言
注易洞铭	前人
理磋说	（明）余承勋
山潮记	（明）高光
新堰记	前人
夹江县名宦祠告文	（明）陈邦宝
徐公报德祠记	（明）赵可怀
李氏旌节录识后	（明）林俊
吏部文选郎中张庭墓表	（明）余承勋
褒录田献翼公奏议记	（明）陈惟直
峨眉县题名碑	前人
灵泉观记	（明）李宽
袁氏旌节录	佚名
夹江县诸葛祠记	（明）董继舒
嘉定府志序	（明）李采
辛丑游峨记	（明）曹学佺
眉山得士录序	（明）袁子让
游大峨山记	前人
峨眉凌云二山志序	前人
洗墨池亭记	前人
重修尔雅台记	前人
忠孝祠记	（明）刘应箕
重修崇仁祠记	（明）陈文烛
改建洪雅县修文书院记	（明）牟光大

洪雅县志序	（明）王振奇
筑堤御水议	（明）陕嗣宗
洪雅县志序	前人
峨眉县志序	（明）范醇敬
峨眉令江之湘德政碑	前人
续莲社序	（明）范文光
佳山说	前人
稚川溪记	（明）祝之至
瓦山紫菜记	前人

卷四十五　艺文志

文三

清

高幖书院条约引	（清）张能鳞
征聘士子文	前人
嘉定州修学记	（清）李仙根
重修学宫记	（清）张象翀
嘉州高幖书院记	（清）刘如汉
登峨眉山道里纪	（清）胡世安
张公堰记	（清）彭钦
李联芳令怀集膺荐序	（清）何吾驺
修复学宫记	（清）刘世璋
送朱方庵之任峨眉序	（清）李良年
峨山志序	（清）曹熙衡
峨眉县重建平远桥纪事	（清）杨世珍
改建文庙碑记	（清）张宏眹
峨眉县文公堰记	（清）马人倬
倪节女传	（清）倪象恺
寄子书	
重修资圣寺记	（清）余光祖
重修犍为县志序	（清）张廷珩
议修子云书院启	（清）李长馥
中议大夫倪公传	（清）钱陈群
重修犍为县学记	（清）李拔
陈氏家谱序	（清）李芝
李氏学田碑记	前人

卷四十六　艺文志

典籍金石附　略

80. 嘉庆乐山县志

十六卷首一卷　（清）龚传黻纂修　嘉庆十七年刻本　光绪十三年增刻本

卷之十二　艺文志　诗

唐

泥溪（弭棹凌奔豀）　　　　　　　　　　　（唐）王勃

麻坪晚行（百年怀土望）　　　　　　　　　　前人

峨嵋山月歌（峨嵋山月半轮秋）　　　　　　（唐）李白

宿青溪驿奉怀张员外十兄之绪

　（漾舟千山内）　　　　　　　　　　　（唐）杜甫

寄岑嘉州（不见故人十年余）　　　　　　　　前人

狂歌行赠四兄（与兄行年较一岁）　　　　　　前人

陪章留后惠义寺饯嘉州崔都督赴州

　（中军待上客）　　　　　　　　　　　　前人

上嘉州青衣山中峰题慧净上人幽居

　寄兵部杨郎中并序（青衣谁开凿）　　（唐）岑参

登嘉州凌云寺作（寺出飞鸟外）　　　　　　　前人

题凌云寺（春山古寺绕沧波）　　　　　（唐）司空曙

九日嘉州发军亭即事（三江

　分注界平沙）　　　　　　　　　　　（唐）薛逢

夏夜宴明月湖（夏夜宴南湖）　　　　　　　　前人

舟行至平羌（貔虎直沙𡌨）　　　　　　　（唐）薛能

凌云寺（像阁与山齐）　　　　　　　　　　　前人

石堂溪（三面接渔樵）　　　　　　　　　　　前人

荔枝楼（高槛起边愁）　　　　　　　　　　　前人

圣冈（古迹是何王）　　　　　　　　　　　　前人

暇日寓怀寄朝中亲友

　（命与才违岂自由）　　　　　　　　　　前人

初发嘉州寓题（劳我是犍为）　　　　　　　　前人

游嘉州后溪（山屐经过满径踪）　　　　　　　前人

监郡犍为将归使府登楼寓题

　（几日监临向蜀春）　　　　　　　　　　前人

蜀江有吊（孟子有良策）　　　　　　　　（唐）郑谷

赠形如上人（不知名利苦）　　　　　　　（唐）唐求

夜上隐居寺（寻师拟学空）　　　　　　　　　前人

凌云寺（古寺临江间碧波）　　　　　　　（唐）李习

忆荔枝（传闻象郡隔南荒）　　　　　　　（唐）薛涛

赋凌云寺二首（闻说凌云寺里苔）　　　　　　前人

（闻说凌云寺里花）

题竹郎庙（竹郎庙前多古木）　　　　　　　　前人

宋

嘉州作（俗遇腊辰持药献）　　　　　　　（宋）杨徽之

答劝农李渊宗嘉州江行见寄

　（嘉月嘉州路）　　　　　　　　　　　（宋）宋祁

寄持正都官按部嘉眉（使者

　观风过晚春）　　　　　　　　　　　（宋）范纯仁

嘉州寄左绵王虞部诗（江山

　如画望无穷）　　　　　　　　　　　（宋）石介

留题白崖（金地枕岩壑）　　　　　　　（宋）庞其章

郭纶（河西猛士无人识）　　　　　　　　（宋）苏轼

初发嘉州（初发古嵩阆）　　　　　　　　　　前人

送吕昌朝知嘉州（不羡三刀梦蜀都）　　　　　前人

送张嘉州（少年不愿万户侯）　　　　　　　　前人

初发嘉州（放舟沫江滨）　　　　　　　　（宋）苏辙

清风洞（万壑森寒如泼水）　　　　　　　（宋）员兴宗

题丁东水（古人题作丁东水）　　　　　　（宋）黄庭坚

涪翁亭（清音妙绝东坡老）　　　　　　　（宋）黄然

万景楼（左披九顶云）　　　　　　　　　（宋）范成大

凌云九顶（聊为东坡载酒游）　　　　　　　　前人

戏题方响洞（隔凡冰涧不可越）　　　　　　　前人

问月堂酌别（半明灯火话悲酸）　　　　　　　前人

别后寄题汉嘉月榭

　（隐吏诗情卜筑幽）　　　　　　　　　　前人

苏稽镇客舍（送客都回我独前）	前人	迎诏书（忆瞻銮仗省门前）	前人
尔雅台（隐迹江山郭景纯）	（宋）王十朋	送客至江上（多事经旬不出城）	前人
和嘉州通判贾元升见赠（山城鸟雀喜）	（宋）冯时行	雨中至西林寺（胸中荆棘费锄耘）	前人
驿舍见故屏风画海棠有感		休日登花将军庙小镂（林间缥缈出层楼）	前人
（厌烦只欲长面壁）	（宋）陆游	夜读岑嘉州诗集（汉嘉山水邦）	前人
思政堂东轩偶题（羁愁酒病两无聊）	前人	次韵师伯浑见寄（眉山汉嘉东西州）	前人
荔枝楼小酌（碧瓦朱栏已半摧）	前人	八月二十二日嘉州大阅	
又（病与愁兼怯酒船）	前人	（陌上弓刀拥寓公）	前人
嘉阳官舍奇石甚富散弃无领略者余始		重九会饮万景楼（粲粲黄花手自持）	前人
取作假山因名西垒曰小山堂为赋短		初报嘉阳除官还东湖有期喜而有作	
歌（昔人何人爱岩壑）	前人	（塞上经秋几醉醒）	前人
望云楼晚兴（小阁东南独咏诗）	前人	初寒（江路常逢雨）	前人
护国天王院故神霄玉清万寿宫也废圮		嘉阳绝无木犀偶得一支戏作	
略尽而规模尚极壮丽过之有感（太霄		（久客红尘不自怜）	前人
帝君神霄府）	前人	雨后登西楼独酌（老觉人间无一欣）	前人
登荔枝楼（平羌江水接天流）	前人	晓出城东（渺渺长江下估船）	前人
再赋荔枝楼（只道文书拨不开）	前人	十月一日浮桥成以故事宴客凌云	
能仁院前有石像丈余盖作大像时样也		（阴风吹雨白昼昏）	前人
（江阁欲开千尺像）	前人	出城至吕公亭按视修堤（翠霭横山淡日升）	前人
谒凌云大像（出郭寻幽一笑新）	前人	登楼（从来好景遍人间）	前人
凌云醉归作（峨眉月入平羌水）	前人	嘉州守宅旧无后圃因农事之隙为种花	
独游城西诸僧舍（我是天公度外人）	前人	筑亭观甫成而归戏作长句（吾州山	
西林院（一邦尽对江边像）	前人	水西州冠）	前人
听事前紫薇花二本甚盛戏题绝句		十月十九日与客饮忽记去年此时自锦	
（红药紫薇西省春）	前人	屏归山南道中小猎今又将去此矣（去	
同何元立蔡肩吾至丁东院汲泉煮茶		年纵猎韩坛侧）	前人
（一州佳处尽徘回）	前人	雨中登楼望大像（去年寒雨中）	前人
又（雪芽近自峨眉得）	前人	冬日（幸是元无了事痴）	前人
癸巳夏旁郡多苦旱惟汉嘉数得雨然未足		快晴（地辟天开斗柄回）	前人
也立秋夜三鼓雨至明日晡后未止高下		十二月十一日视筑堤（江水来至蛮夷中）	前人
霑足喜而有赋（画檐鸣雨早秋天）	前人	舟中对月（百壶载酒游凌云）	前人
又（五十衰翁发半华）	前人	离嘉州宿平羌（初絜囊衣宿水村）	前人
晚登望云（一出修门又十年）	前人	乌尤山（竹桥沙水乌尤渡）	（宋）张方
又（吏退庭空剩得闲）	前人	续和曹司高斋韵（坦性渠浓嫌我真）	（宋）薛绂
得成都诸友书劝少留嘉阳戏		元	
作（一坐五十日）	前人	送张可道赴嘉定太守	

（秦中百二汉关河）　　　　　　　（元）成廷珪

明

凌云寺（宿雨朝来霁江边）　　　　（明）蔡桢

手植海棠于学（曾于雨里觅苍苔）　（明）廖俊

凌云寺（一麾来作嘉阳守）　　　　（明）魏瀚

赠别安鸿渐给谏（西驰万里道）　　（明）陆深

（青城多异境）

凌云寺（竹林斑斑日上迟）　　　　（明）安磐

（青衣江上水溶溶）

（金身谁凿与云齐）

同人登万景楼（梦觉东园春气浮）　　　前人

凌云寺（我到嘉州才一日）　　　　（明）杨慎

和余懋忠青衣别后追寄之作

　　（抽簪画江沙）　　　　　　　　　前人

送徐用先归嘉州（客有归欤叹）　　　　前人

雨夕梦安公石张习之觉而有述因寄

　　（滇越邻天竺）　　　　　　　　　前人

安公石馆赏并蒂莲得井字（何处同心花）　前人

首夏送东城邵园饯彭子充给谏得送字

　　（迟迟东暑移）　　　　　　　　　前人

嘉州江上邂近李蟠峰天使即事一首

　　（皇华原隰素丝行）　　　　　　　前人

嘉州登舟（马上风尘倦）　　　　　　　前人

凌云寺（谁从云际结孤亭）　　　　（明）彭汝寔

雨宿西坡寺（竹里潇潇雨）　　　　（明）程启充

探仙洞遂游金釜山（阴洞秋弥冷）　　　前人

卧云庵（行游三十日）　　　　　　　　前人

登凌云山寺同黄门安公石同寅徐用先

　　程以道诸公宴集（巴蜀观风遍）　（明）黎龙

席上送安松溪（夜堂尊酒坐深更）　（明）曾玙

凌云寺（尘迥三天净）　　　　　　（明）陈于陛

凌云寺（石磴盘云仄）　　　　　　（明）李长春

（已返灵山驭）

送陈仲道饷延绥归嘉定州

　　（司马西游赋笔间）　　　　　　（明）汤显祖

凌云寺（莲身凭岸起）　　　　　　（明）李时华

（物外尘都净）

蔡发吾廉宪招饮凌云时积雨初晴落

　　照挂翠峨上妙不可言即席漫赋（使

　　君选胜绮筵开）　　　　　　　（明）范醇敬

洗墨池（江上高山山上亭）　　　　（明）袁子让

凌云寺（放棹官情远）　　　　　　（明）高任重

（惊顾朝霞散）

凌云寺（高适才名旧）　　　　　　（明）胡定

（古寺郁招邀）

自凌云登舟怀程初亭（芒履

　　乘春凌九岛）　　　　　　　　（明）冉宗穆

凌云山近河亭为俞给事赋

　　（山撑玉笋真崔巍）　　　　　　（明）任有龄

赠杨将军展（高悬绛节报诸侯）　　（明）费密

清

送张玉甲宪长之官邛雅

　　（秋水连天棹五湖）　　　　　　（清）吴伟业

（剑外新传一道通）

（岷峨凄怆百蛮秋）

（锦官春色故依然）

庚午初秋游凌云山（何人不思凌云游）（清）龚传圭

辛未春闰二十九日梅生太守暨云舫明

　　府邀同幕中登凌云寺读书楼泛舟至

　　泌水院晚集心铁石斋小饮席间率成

　　七律五首（旬余小憩古嘉州）　　（清）赵佩湘

（小小兰舟两桨开）

（清才雅调齿牙芬）

（方亭半亩水涟漪）

（心斋铁石广平居）

奉陪云浦学使游凌云寺登东坡读书楼

　　泛舟至泌水院晚集心铁石斋小饮拥

　　步原韵五首（青衣山水冠梁州）　（清）龚传黻

（春帆遥指百蛮开）

（坡公到处诵清芬）

（傍岩凿沼漾春漪）

（铁石心斋水竹居）

泊舟嘉阳望凌云（嘉州清绝冠峨岷）　　　　前人

谢泗亭太守招游凌云先此赋谢

　　（高望山头薄朝旭）　　　　　　　　　前人

嘉阳登舟仍泊凌云峰下僧德新送蒙

　　茶峨松诗以志之（晓起出郭门）　　　　前人

峨山松歌赠新德上人（非休非远颜颇丰）　　前人

同人登凌云山和吴偶堂孝廉韵

　　（化工流峙险益奇）　　　　　　　（清）李棨

和李沧云学使游凌云山纪游原韵

　　（天上星使穷幽奇）　　　　　　（清）彭锡珑

和李沧云学使凌云山原韵

　　（秋云如波不可扬）　　　　　　　（清）邓横

嘉定晚泊（斜照落乌尤）　　　　　　（清）周厚辕

十月四日偕诸同人登眺凌云山归途放

　　舟复至龙泓寺访龙岩古迹薄暮始返

　　（一载未陟凌云巅）　　　　　　（清）宋鸣琦

重九日偕诸同人高标山登眺遂至万福

　　寺归饮衙斋赏菊用杜工部九日七律

　　原韵（秋心如水讼庭宽）　　　　　　前人

（丰年差免雁鸿哀）

（不厌更寻城北路）

（折腰私愧柴桑宅）

青衣江打渔歌二首

　　（会江门外江之津）　　　　　　（清）袁凤孙

（赤壁重游客俱集）

嘉州杂韵（作赋成三壤）　　　　　　　　前人

（蚕丛非旧日）

（地与蒙山近）

（共说犍为郡）

壬戌十月望日偕诸同人侍宋梅生郡游

　　乌尤凌云二山晚泛舟观打渔分韵得

　　山字（剧喜朝来霁）　　　　　　（清）刘应蕃

（舟小堪容膝）

（沂流沿北郭）

（七月今秋望）

丁酉二月游龙泓寺醉后题

（春游正二月）　　　　　　　　　　（清）阮鸣鸾

游凌云次岑嘉州韵（我欲识伟人）　　（清）张瑞

嘉定晚泊买得茉莉珍珠兰二花戏作长句

　　（君不见，十八娘，云烟孔翠照平羌）（清）范祖武

嘉定早发（怒湍蹴天花）　　　　　　　　前人

登嘉州凌云山望江（大江从西来）　　（清）严学淦

大佛崖（我生既乏珊珊仙人骨）　　　（清）邵玺

方响井（言登高幖山）　　　　　　　　　前人

清明忆嘉阳（芙蓉九朵隔乌尤）　　　（清）汤健业

过嘉州作（苍茫一点认乌尤）　　　　（清）刘傅经

云墅太守新建九峰讲院于高幖山麓

　　舟行过嘉州一登览焉志以长律（一

　　帆夜宿平羌驿）　　　　　　　　（清）温承恭

荔支湾（好山无数偎云忙）　　　　　（清）汪仲洋

卷之十三　艺文志　文一

蜀汉

费诗列传　　　　　　　　　　　　　　三国志

晋

费诗志　　　　　　　　　　　　　　华阳国志

费立志　　　　　　　　　　　　　　华阳国志

唐

送张都督赴嘉州亭　　　　　　　　　（唐）于邵

嘉州凌云寺大像记　　　　　　　　　（唐）韦皋

宋

郝节娥列传　　　　　　　　　　　　　　宋史

清音亭记　　　　　　　　　　　　　（宋）邵博

藏丹洞记　　　　　　　　　　　　　（宋）陆游

跋岑嘉州诗集　　　　　　　　　　　　　前人

嘉定府延祥观钟铭　　　　　　　　　（宋）魏了翁

明

安磐列传　　　　　　　　　　　　　　　明史

徐文华列传　　　　　　　　　　　　　　明史

程启充列传　　　　　　　　　　　　　　明史

彭汝寔列传　　　　　　　　　　　　　　明史

尊经阁碑记　　　　　　　　　　　　（明）张瓒

81. 民国夹江县志

　　十二卷　罗国钧鉴定　刘作铭纂修　薛志清总纂　民国二十四年铅印本　《中国地方志集成·四川府县志辑》(第三十八册)影印本

卷十　艺文志　诗

桂花楼(金波银液泛仙槎)　　　　　　　(宋)吴宗旦

和曹司马高斋咏(坦性渠侬嫌我真)　　　(宋)薛缓

游灵岩寺(翠屏天敞玉龙盘)　　　　　　(明)张凤豇

清溪渔隐(磷磷溪头水)　　　　　　　　(明)宿进

滠江排律(天地张机轴)　　　　　　　　前人

游毗卢寺(世态多浮沉)　　　　　　　　(明)章寓之

过千佛岩(使者风尘色)　　　　　　　　(明)廷征贤

过千佛岩(三千法界祇园沙)　　　　　　前人

雨中登刹适邑令至(江山回合处)　　　　(明)顾汝学

山寺(寺外清江转)　　　　　　　　　　(明)毛起

前题和韵(披雾走寒岑)　　　　　　　　(明)王圻

游毗卢寺即景(古刹在高岗)　　　　　　(明)张子仁

游毗卢寺(胜览遍丛林)　　　　　　　　(明)王宣

前题(孤城带山雨)　　　　　　　　　　(明)安磐

前题(信宿毗卢寺)　　　　　　　　　　(明)徐文华

卧云庵(行游三十日)　　　　　　　　　(明)程启充

龙脑石(百尺深渊潜蛰久)　　　　　　　(明)杨东淅

安国院(偶经安国遣年华)　　　　　　　(明)李淳

毗卢寺席上赠程明府尚礼与张凤豇章
　　寓之王宣安磐徐文华程启充联句(畦
　　畛香秔百里春)　　　　　　　　　　(明)杨仲琼

千佛岩用石间(两山青对晴光浴)　　　　前人

过夹江石洲王君邀邑先生宿二峨李松
　　坞同宴游毗卢寺二先生盖先君旧游也
　　因感赋二首(寂历招提境)　　　　　(明)杨芷

其二(寺忆毗卢胜)

与滠江宿二峨李松坞毛青城三先生再
　　游游毗卢寺(云林山雾晓光还)　　　前人

灵泉百蟹(绝巘凌空积翠幽)　　　　　　前人

弱滠晚渡(落日衔山媚景幽)　　　　　　前人

千佛胜境(多佛何人结幻缘)　　　　　　前人

安国禅院(刹忆先唐创制年)　　　　　　前人

化山瀑布(化山崒嵂顶摩穹)　　　　　　前人

九盘羊肠(自古竞传蜀道艰)　　　　　　前人

凤凰翱翔(远岫平铺入翠微)　　　　　　前人

牛仙古迹(招提境静白云浮)　　　　　　前人

龙池秋月(白龙池在眉山麓)　　　　　　(明)张庭

前题(万壑阴森玉树林)　　　　　　　　(明)余承勋

游白龙池(骊龙蟠处水轮清)　　　　　　(明)周英

探原洞访张来仪(睡起苔寒润石床)　　　(明)李钺

前题(洞口春风吹野花)　　　　　　　　(明)王漫

前题(洞口花开鸟弄音)　　　　　　　　(明)石玠

前题(两画未陈原有易)　　　　　　　　(明)杨庭仪

石门(云峰人不到)　　　　　　　　　　(明)宿士敏

道宫(绛阙开青壁)　　　　　　　　　　前人

夹江道中(沉黎东上古犍为)　　　　　　(清)王士禛

(嘉阳驿路俯江流)

夹江县(地近川南好)　　　　　　　　　前人

千佛岩(川流横老眼)　　　　　　　　　(清)张学

江头石(江头一块石)　　　　　　　　　(清)郭衡宸

盘望峨嵋(绀壁临千仞)　　　　　　　　前人

读宿光禄进遗事题后(前车不
　　鉴覆将旋)　　　　　　　　　　　　(清)彭肇洙

其二(风窗午夜读遗文)

前题(狐鸣枭赫愿驱除)　　　　　　　　(清)宋惟

前题(阉嗣终昭代)　　　　　　　　　　(清)周璠

前题(可怜朱镇国)　　　　　　　　　　前人

前题（天马峰高泾水寒） 　　　　　　　（清）毛上炱

过丈人峰泫然出涕赋以志痛

　　（恻恻九盘道） 　　　　　　　　　（清）李炳奎

夹江访两杨君阙（两杨石阙邑乘谱） 　（清）何绍基

到夹江县斋马复两大令共酌衙西有大

　　菜园大堂衙门向不开（一半衙斋半菜园） 　前人

千佛岩（十里好岩壁） 　　　　　　　　　　　前人

过石面渡至三宝寺（仙溪谁溯稚川家） 　　　前人

咏古柏五古（古柏皮不存） 　　　　　　（清）王运钧

夹江试士拟作四律　秋桑

　　（原蚕罢后半林空） 　　　　　　　　（清）宋家蒸

秋草（寒到西郊绿尚肥）

秋雁（健翮随阳恣远游）

秋鹰（锦鞲脱去势雄豪）

己卯由夹江舟赴会城中途游中峰寺

　　（扁舟苦拘迫） 　　　　　　　　　　　　　前人

云吟书院校士题（院门深锁寂无闻） 　（清）陈遇赞

木城慈航义课校士题（终年案牍苦劳形） 　　前人

志载王渔洋称夹江沟塍棋布烟村蔼然类

　　吴中风物以余所见信然喜而有作（薄书

　　丛里减吟情） 　　　　　　　　　　　　　　前人

（白云几缕接炊烟）

（溅玉跳珠瀑布飞）

（行穿竹底步苔岑）

卷十一　艺文志　文

费诗列传 　　　　　　　　　　　　　　　　三国志

费诗志 　　　　　　　　　　　　　　　　华阳国志

费立志 　　　　　　　　　　　　　　　　华阳国志

皇甫坦列传 　　　　　　　　　　　　　　　　宋史

碧玉亭记 　　　　　　　　　　　　　　　（宋）杨翚

敕赠光禄寺少卿故刑部员外郎

　　宿君进墓表 　　　　　　　　　　　　（明）刘黻

明光禄寺少卿宿公进配安人傅

　　氏合葬墓志铭 　　　　　　　　　　（明）程启充

题请故刑部员外郎宿进加赠谕

祭修坟荫叙疏 　　　　　　　　　　　　　（明）世宗

世宗皇帝诰敕　谕祭敕赠光禄

　　寺少卿宿进文

吏部文选郎中张庭墓表 　　　　　　　（明）余承勋

修学记 　　　　　　　　　　　　　　　　（明）洪畴

儒学题名碑记 　　　　　　　　　　　　　　　前人

名宦祠告文 　　　　　　　　　　　　　（明）陈邦宝

赠置学田记 　　　　　　　　　　　　　　（明）高光

平川书院记 　　　　　　　　　　　　　（明）张凤矼

宝子山菩提寺碑记 　　　　　　　　　　　　　前人

庞坡洞记 　　　　　　　　　　　　　　　　　前人

诸葛祠记 　　　　　　　　　　　　　　（明）董继舒

灵泉观记 　　　　　　　　　　　　　　　（明）李宽

正觉寺记 　　　　　　　　　　　　　　　（明）毛起

探本记略 　　　　　　　　　　　　　　　　　前人

重修定慧寺记 　　　　　　　　　　　　（明）宿九万

正觉寺别院记 　　　　　　　　　　　　（明）宿光溥

安国禅院记 　　　　　　　　　　　　　　（明）张庭

依凤山记 　　　　　　　　　　　　　　（明）王世忠

漹江书院记 　　　　　　　　　　　　　（清）刘希周

祭宿公进祝文 　　　　　　　　　　　　　（清）万素

诸宿一厓先生忠谏遗迹跋 　　　　　　（清）彭肇洙

节烈吴干氏小传 　　　　　　　　　　　（清）吴伯毅

青云桥碑记 　　　　　　　　　　　　　（清）李华峰

青云桥开桥祝文 　　　　　　　　　　　　　　前人

依凤寺 　　　　　　　　　　　　　　　（清）王汝贤

丈人山 　　　　　　　　　　　　　　　　　　前人

土著人 　　　　　　　　　　　　　　　　　　前人

刘益斋传 　　　　　　　　　　　　　　（清）李炳奎

跋南安郭夫人墓志碑二则 　　　　　　　　　　前人

劝瘗旅榇启 　　　　　　　　　　　　　　（清）祥稣

创宿夹江县学署明伦堂并建

　　峨楼碑记 　　　　　　　　　　　　（清）傅世逵

李石筠小传 　　　　　　　　　　　　　（清）孙桐生

古柏引 　　　　　　　　　　　　　　　（清）王运钧

慈航义课叙 　　　　　　　　　　　　　（清）曾景福

82. 嘉庆洪雅县志

二十五卷首一卷　（清）王好音修　张柱等纂　嘉庆十八年刻本　《中国地方志集成·四川府县志辑》（第三十八册）影印本

卷十七　艺文志

赋	
周	
邛竹杖赋	（北周）庾信
宋	
人文化成天下赋	（宋）田锡
圣德合天地赋	前人
西郊讲武赋	前人
不阵而成功赋	前人
五声听政赋	前人
圣人并用三代礼乐赋	前人
泰山父老望登封赋	前人
诸葛卧龙赋	前人
鄂公夺槊赋	前人
春云赋	前人
春色赋	前人
依韵和吕杭早秋赋	前人
长至赋	前人
群玉峰赋	前人
叠嶂楼赋	前人
望京楼赋	前人
斑竹帘赋	前人
菊花枕赋	前人
筹笔赋	前人
积薪赋	前人
倚天剑赋	前人
杨花赋	前人
雁阵赋	前人
晓莺赋	前人

卷十八　艺文志

诗	
唐	
江行夜宿龙吼滩临眺思峨眉隐者兼寄幕中诸公（官舍临江口）	（唐）岑参
宋	
秋夜有怀寄副翰宋白舍人（秋风萧瑟北山树）	（宋）田锡
送田锡下第归宁（念别孤亲去）	（宋）僧怀古
寄田锡舍人（当年心计此心知）	（宋）李维
庆源宣义王丈人以累举得官为洪雅主簿……（青衫半作霜叶枯）	（宋）苏轼
和沈立之留别二首（而今父老千行泪）	前人
（卧闻铙鼓送归艎）	
登金釜观（道士白发尊）	（宋）苏辙
海棠（岷蜀地千里）	（宋）沈立
题洪川驿（倦游征人鬓欲丝）	（宋）唐庚
金釜灵泉（泉来有脉去无痕）	（宋）吴宗旦
月珠寺明月楼（秀爽盘空翠不收）	（宋）程少逸
三宝寺（渺渺烟波一钓舟）	（宋）谢兴
元	
赠月珠居士（退居潇洒寄林禅）	（元）王仁仲
秋日登明月楼（柏径青萝老）	前人
明	
游金釜山（江上数峰青削出）	（明）李吉
禅寺有感（乘间来访梵王家）	（明）王敕
宿西京寺即事二律（古树笼烟挂夕阳）	（明）曾介
（白云深处是禅林）	
寄奇庵子（嘤其鸣矣彼何求）	（明）李梦阳

83. 光绪洪雅县志

十二辑首一卷　（清）郭世棻修　邓敏修等纂　光绪二十年刻本　《中国地方志集成·四川府县志辑》（第三十八册）影印本

卷六　艺文

传扎奏详序记引跋	
曾璧光传	国史
各宪详文	（清）赓音
劝捐义卷簿序	前人
议建文武童生卷结费记	前人
创建试院记	（清）邓仁堃
义卷录序	前人
得仙人之旧馆跋	（清）王好音
建修奎阁序	（清）吴辉
新建奎星阁序	（清）鲍芸棠
劝修洪雅县学宫小引	（清）张锡路
铁索桥记	前人
田公祖墓碑记	（清）高理亨
文昌宫祀田记	（清）高迁
联元塔记	（清）解开祥
古字千言序	（清）刘济瀛
重刻雅江新政序	（清）王翱
创建龙神祠碑记	（清）张那钧
祭龙神祠文	前人
峨嵋瓦屋游草序叙	（清）朱鉴成
何子贞学使诗草序	（清）顾复初
旌表义夫王公毓秀传	（清）敖翊臣
节孝王母彭孺人传	（清）王果
观风示	（清）段莹
观风示	（清）敖立榜
观风示	（清）郭世棻

卷七　艺文

论记启序呈书志铭	
猛以济宽论	（清）傅大贞
回澜阁记	前人
修文桥碑记	前人
重建奎星阁文昌庙忠义祠启	前人
邑侯芳山梅公德政坊叙	前人
邑侯亮廷王公德政叙	前人
奉政大夫云樵王公墓志铭	前人
请详宋梅生邑侯入名宦祠呈	前人
公恳申详段烈妇呈	前人
神赛序	前人
费氏族谱序	前人
代阆邑公恳修城禀	前人
致朱晓霞太守书	前人
邑侯赓廷飔治洪善政纪略	（清）张柱
训导袁公墓志铭	（清）曾璧光
募修官禄亭序	（清）傅大亨
段烈妇纪略	（清）李代琳
重修雅雨楼记	（清）张德均
张霞泉邑侯文集序	（清）罗锡忠
茂才周鹤亭公墓志	（清）王致中
墓铭	（清）周道昌
防堵记	（清）邓敏修
观察彭公器之德政序	（清）邑绅
雅歌堂跋	（清）温均
乡课小序	（清）解开祥
师虚斋跋	（清）冯会
重修洪雅捕署记	前人

乃前明成化汪太守李分教诸公诗

因遵韵和之以申企仰

（珠玉长留雅水涯）　　　　　　（明）李恒吉

（宦辙同方乐靡涯）

84. 光绪青神县志

五十四卷首一卷　（清）郭世棻修　文笔超等纂　清光绪三年刻本　《中国地方志集成·四川府县志辑》（第三十八册）影印本

卷四十八　记　志

游玉蟾寺记	（明）余承勋
眉山苏氏祀田记	前人
修复老泉先生坟祀记	前人
中岩记	（明）熊相
修复越巂东路记	（明）余承勋
修理余甫敏公茔域记	（清）王玥
文昌宫田碑记	（清）林鸿
修鸿化堰记	前人
改修鸿化普兴两堰记	（清）王承燨
补修城垣记	前人
重修养济院记	前人
修凿松柏滩上水槽记	前人
后游中岩记	（清）顾汝修
重修鸿化堰记	（清）顾谨
游峨嵋集序	（明）余承勋
史子深墓志铭	（宋）唐庚
亡妻王氏墓志铭	（宋）苏轼
张太夫人合葬于公祥墓铭	（明）万安
中岩山碑记	（明）圆睿
重修青江书院记	（清）朱调元
奉政大夫明府邵棠溥先生行述	（清）李宗羲
创建义学碑文	（清）刘伯蕴
遭贼后县中建醮募化簿序	前人
奉诏修理余肃敏公茔域记	（清）王玥
续刘公伯蕴德政坊序	（清）张序
张公德政坊序	佚名
观风文	（清）左元烺
续刻成化御制祭文	（明）朱见深

陈希亮传	宋史
陈与义传	宋史
史母程氏传	（元）袁桷
杜莘老传	佚名
杨大全传	宋史
杨泰之传	宋史
杨栋传	宋史
余子俊传	明史

诗

中岩尊者洞（额上明珠已露机）	（宋）苏轼
石笋（灵岩寺外石三峰）	（宋）许仁
石笋（我爱壁立双橡笔）	（宋）祝旦
陈季常见过三首（仕宦常畏人）	（宋）苏轼
（送君四十里）	
（闻君开龟轩）	
寄蔡子华（故人送我东来时）	前人
中岩韵（赤岩倚玲珑）	（宋）范成大
酌别次陆务观韵二首（送我弥旬未忍回）	前人
（明朝真是送人行）	
再韵答刘文潜司业二首	
（平羌江上首空回）	前人
（回廊月下短歌行）	
访借景亭（造朝下白帝）	（宋）陆游
晚泊慈母岩二首（慈母矶头月纤纤）	前人
（山断峭壁立江空）	
中岩石笋（古院无人僧作佛）	（宋）冯时行
挽杜莘老殿院三首（流落杜莘老）	前人
（亲擢逢明主）	
（我昔游一馆）	

中岩寺(岩雨晴犹滑)　　　　　　　(宋)范镇

题青衣饲蚕古诗(养口资财赖以桑)　　　前人

次唐王勃元武山圣泉诗

　　(青鞿布袜陟层岭)　　　　　　(明)余子俊

送杨升庵客还滇南(子云辞天禄)　　(明)余承勋

中岩留别余芳池草池(又别

　　中岩二十春)　　　　　　　　　(明)杨慎

中岩(步入中岩日已斜)　　　　　(明)余子俊

游龙池寺(万壑阴森玉树林)　　　(明)余承勋

游中岩(良夜嘉招遣驿来)　　　　　前人

游中岩次草堂韵(莫言此处非幽僻)　(明)王一麟

水月楼(水自峨村发)　　　　　　　前人

中岩(殷勤携杖访禅关)　　　　　(明)王文杰

石鼓寺二首(石鼓沉兮石记镌)　　　佚名

(一樽何处可相携)

中岩寺二首(偶寻尊者控雕台)　　　佚名

(跨鹤仙人海上来)

谢嗣(敬向瑶台拜至尊)　　　　　(明)余子俊

中岩(二十年前扣此关)　　　　　(明)余青野

三岩(三寺庄严倒壁悬)　　　　　(明)郭子章

游三岩寺(寺辟烟霞里)　　　　　(明)吕调音

中岩次韵(新水侵晨发)　　　　　(明)余承业

除夕(放浪无终极)　　　　　　　(明)余楅

(营营亦何为)

(今晨气宜朗)

古中岩(数里阴浓一径幽)　　　　(明)王一麟

上岩(盘空石磴临危阁)　　　　　　前人

南岩(岩危寂寞处)　　　　　　　　前人

玉泉坎(厓窦落琼浆)　　　　　　　前人

罗汉洞(浪闻飞锡透)　　　　　　　前人

秋日登中岩(乾坤何处不淹留)　　(明)罗瑶

同王少峰年丈登中岩时万历乙酉

　　元宵后八日(红云踏破自天来)　(明)赫瀛

游中岩二首(为揽中岩万里来)

(性僻从来爱十洲)

游中岩唤鱼池(洞大深处烟霞满)　　前人

答草池约泛芙蓉溪

　　(春来花鸟总关情)　　　　　(明)余承恩

芙蓉溪泛舟(芙蓉溪水三尺强)　　　前人

游三岩(诸天悬绝壁)　　　　　　(明)余承业

唤鱼池(唤鱼自昔羡坡公)　　　　(明)蔡挺

石笋(石笋分枝不计年)　　　　　(明)余青野

春日中岩次韵(春岩若翠昼阴濛)　(明)余承恩

步前韵(云暗春山小雨濛)　　　　　佚名

步前韵(闻登仙界接鸿蒙)　　　　　佚名

步前韵(中岩绝顶雾溟濛)　　　　(明)刘儒

步前韵(春日登临雾雨蒙)　　　　(明)余承勋

步前韵(春深淑气曙蒙蒙)　　　　(明)张拱文

步前韵(灵岩春入气溟蒙)　　　　　佚名

步前韵(春山春晓春雾濛)

康令君邀游中岩二首(碧笋竞摩空)　　佚名

(石佛庄严地)

季冬游中岩(两到中岩兴若何)　　(明)顾汝学

长至前三日邀游中岩(选胜

　　中岩带雨来)　　　　　　　(明)周伯思

游中岩(栖虚拖元癖)　　　　　　　前人

游中岩(诸讵何年镇此关)　　　　　佚名

游中岩(绝壁超尘界)　　　　　　　佚名

游中岩(轻帆乍卸指林丘)　　　　(清)葛峻起

和游中岩三首(不愧名家众口称)　　前人

(山光十里不容称)

(冷落荒台幸有称)

杂咏十八首(境辟蚕丛古)　　　　(清)吴汝翼

(锦江从东来)

(郭绕鱼沱水)

(水向中岩落)

(白菜波流急)

(哑婆称绝险)

(五渡乘流便)

(仙池流夜月)

(东郭水溶溶)

(三岩号名胜)

85. 嘉庆眉州属志

十九卷　(清)涂长发修　王昌年纂　嘉庆五年刻本　《中国地方志集成·四川府县志辑》(第三十九册)影印本

卷十二　艺文志

宸翰　列传	
赠杨邠内史策	(晋)司马睿
赠苏轼太师敕	(宋)孝宗
孝宗苏轼文集赞并序	前人
赐吏部尚书李壁归田不允诏	(宋)理宗
诏祭阵亡守备彭承绪文	(清)乾隆
张皓传	后汉书
张纲传	后汉书
杨戏传	后汉书
杜抚传	后汉书
杨洪传	三国志
张翼传	三国志
李密传	晋书
苏味道传	唐书
田锡传	宋史
孙抃传	宋史
石扬休传	宋史
陈希亮传	宋史
苏洵传	宋史
苏轼传	宋史
苏辙传	宋史

卷十三艺文志

列传	
巢谷传	宋史
吕陶传	宋史
朱台符传	宋史
程之邵传	宋史
任伯雨传	宋史
宋愿传	宋史
唐重传	宋史
孙昭远传	宋史
刘汲传	宋史
孙道夫传	宋史
唐伯虎传	宋史
唐文若传	宋史
陈与义传	宋史
李焘传	宋史
杜莘老传	宋史
史次秦传	宋史
宋德之传	宋史
杨大全传	宋史
杨泰之传	宋史
杨栋传	宋史
家铉翁传	宋史
苏嗣之传	金史
余子俊传	明史

卷十四　艺文志

文	
霸州文安县主簿苏君墓志铭	(宋)欧阳修
与石舍人	前人
与苏编礼	前人
又	
又	
又	
又	

赠职方员外郎苏君墓志铭	（宋）曾巩	察言论	前人
苏明允哀辞	前人	重修思政堂记	前人
苏氏族谱引	（宋）苏洵	三国杂事序	前人
木假山记	前人	读巢元修传	前人
苏氏族谱亭记	前人	史南寿墓铭	前人
丹棱杨君墓志铭	前人	亡兄墓铭	前人
与杨节推书	前人	史子深墓志铭	前人
老翁泉铭	前人	古砚铭	前人
送石昌言使北引	前人	先君真赞	前人
经史阁记	（宋）吕陶	异箴	前人
苏廷评行状	（宋）苏轼	直箴	前人
四菩萨阁记	前人	子西文集序	前人
眉州远景楼记	前人	唐子西先生文集序	（宋）郑总
石氏画院记	前人	唐子西先生文集序	（宋）吕荣义
众妙堂记	前人	书先集后	（宋）唐文若
亡妻王氏墓志铭	前人	进长编奏状	（宋）李焘
保母杨氏墓志铭	前人	新修四斋记	前人
苏氏乳母任氏墓志铭	前人	双流逍遥堂记	前人
宝月大师塔铭	前人	古经后序	前人
陆道士墓志铭	前人	胸朋记	前人
思子台赋序	前人	赵待制开墓铭	前人
与眉守黎希声	前人	云安曲水留题	前人
与李端伯	前人	东坡手迹诸跋	（宋）朱熹
与林济甫	前人		
与杨济甫	前人	**卷十五艺文志**	
与杨子微二首	前人	文	
与眉守黎希声	前人	绿菜赞跋	（宋）徐闵中
与子由	前人	丹棱巽岩	（宋）岳珂
与王庆源	前人	鱼复扦阁铭	（宋）李畺
与王元直	前人	鄂州重修北榭记	前人
大雅堂记	（宋）黄庭坚	舆地纪胜序	前人
绿菜赞	前人	重刊华阳国志序	（宋）李垔
东坡像赞	前人	四十九章经序	（宋）李壁
辨蜀论	（宋）唐庚	苏子由古史跋	前人
存旧论	前人	跋唐子西帖	（宋）周必大
名治论	前人	棚头镇夫子庙记	（宋）冯时行

铁脚板传　　　　　　　　　　　　前人

浮屠祖印重建洪塔桥碑记　　　（清）王我师

重修忠孝桥碑记　　　　　　　（清）张凤翥

修鸿化堰记　　　　　　　　　（清）林鸿

补修城垣记　　　　　　　　　（清）王承燨

改修鸿化曾兴两堰记　　　　　　前人

丹溪遗编跋　　　　　　　　　（清）王家驹

重修文庙碑记　　　　　　　　（清）邓克明

眉州书院记　　　　　　　　　（清）郭天录

重修眉州学记　　　　　　　　（清）徐长发

重修眉州城垣记　　　　　　　（清）涂长发

创建南坛记　　　　　　　　　　　前人

捐置义冢记　　　　　　　　　　　前人

卷十七　艺文志

赋诗

六孝赋　　　　　　　　　　　（宋）文霆

南征赋　　　　　　　　　　　（宋）唐庚

玻璃江赋　　　　　　　　　　（清）汪柽

萃龙山赋　　　　　　　　　　（清）彭端淑

戏作花卿歌（成都猛将有花卿）　（唐）杜甫

耘田鼓（农舍田头鼓）　　　　（唐）僧可朋

中秋玩月（登楼仍喜此宵晴）　　　前人

龙鹄山（抽得闻身伴瘦筇）　　（前蜀）杜光庭

李白读书台（山中犹有读书台）　　前人

木假山（空山枯楠大蔽牛）　　（宋）梅尧臣

赠苏明允（客心如萌芽）　　　　　前人

老人泉（泉上有老人）　　　　　　前人

挽苏明允（布衣驰誉入京都）　　（宋）欧阳修

磐石山石刻（穷幽访磐石）　　（宋）范镇

游三游洞（洞中苍石流成乳）　（宋）苏洵

水官诗（水官骑苍龙）　　　　　　前人

寄黎眉州（胶州高处望西川）　　（宋）苏轼

董储郎中尝知眉州兴仙人游过安邱

　访其故居见其子西甫留诗屋壁

　（白发郎潜旧使君）　　　　　　前人

书刘君射堂（兰玉当年刺史家）　　前人

送贾讷倅眉山（当年入蜀叹空回）　前人

（老翁山下玉渊回）

老翁井（井中老翁悟年华）　　　　前人

木山（木生不愿回万牛）　　　　　前人

异鹊（昔我先君子）　　　　　　　前人

次韵水官诗并引（高人岂学画）　　前人

罢徐州往南京马上走笔寄子由（卜

　田向何许）　　　　　　　　　　前人

和子由踏青（春风陌上惊微尘）　　前人

和子由蚕市（蜀人衣食常苦艰）　　前人

子由将赴南部与子会于逍遥堂做两绝

　句读之殆不可为怀因和其诗以自解

　（别期渐近不堪闻）　　　　　　前人

（但令朱雀长金花）

次韵表兄程正辅江行见桃花（曲士赋怀沙）　前人

表弟程德孺生日（杜下千官散紫庭）　前人

送表弟程六知楚州（炯炯明珠朝双璧）　前人

送程七表弟知泗州（江湖不在眼）　前人

次京师韵送表弟程懿叔赋夔州运判

　（与子甥舅氏）　　　　　　　　前人

仲天贶王元直自眉山来见余钱塘留半岁

　既行作绝句五首送之（仲君岂弟多学）　前人

（海角烦君远访）

（三人一日同行）

（更欲留君久住）

（为余远致殷勤）

送任伋通判黄州兼寄其兄孜

　（吾州之豪任公子）　　　　　　前人

答任师中次韵（闲里有深趣）　　　前人

答任师中家汉公（先君昔未仕）　　前人

京师哭任遵圣（十年不还乡）　　　前人

任师中挽辞（大任刚烈世无有）　　前人

阅世堂诗赠任仲微（任公镇西南）　前人

送程建用（先生本舌耕）　　　　　前人

陈季常见过三首（仕宦常畏人）　　前人

（送君四十里）

（闻君开龟轩）

大寒步至东坡赠巢三（春雨如暗尘）　　　　　前人

元修菜并引（彼美君家菜）　　　　　　　　　前人

次韵子由送家退翁知怀安军（吾州同年友）　　前人

送家安国教授归成都（别君二十载）　　　　　前人

庆源宜义王丈以累举得官为洪雅主簿雅
　　州户掾遇吏民如家人人安乐之既谢事
　　居眉之青神瑞草桥放怀自得有书来求
　　红带既以遗之且作诗为戏请黄鲁直秦
　　少游各为赋一首为老人光华（青衫半作
　　霜叶枯）　　　　　　　　　　　　　　前人

寄蔡子华（故人送我东来时）　　　　　　　　前人

送戴蒙赴成都玉局观归老
　　（拾遗被酒行歌处）　　　　　　　　　　前人

朝阳峰东阁（月落星稀露气香）　　　　　　　前人

游三游洞（昔年有迁客）　　　　　　　（宋）苏辙

人日游蟆颐（江上冰消岸草青）　　　　　　　前人

逍遥堂诗有序（逍遥堂后千寻木）　　　　　　前人

（秋来东阁凉如水）

子瞻诗句妙一时乃云效庭坚盖退之戏效
　　孟郊樊宗师之比以文滑稽耳筌后生不
　　解故以韵道之（我诗如曹郐）　　　（宋）黄庭坚

赠苏子瞻二首（江梅有佳实）　　　　　　　　前人

（青松出涧壑）

跋子瞻和陶诗（子瞻谪岭南）　　　　　　　　前人

次韵子瞻题郭熙书秋山
　　（黄州迁客未赐环）　　　　　　　　　　前人

次韵子瞻和子由观韩干马因论伯时
　　画天马（于阗花骢龙八尺）　　　　　　　前人

双井茶送子瞻（人间风月不到处）　　　　　　前人

次韵子瞻寄眉山王宜义（参军但有四立壁）　　前人

湖口人李正臣蓄异石九峰东坡先生名曰壶
　　中九华并为作诗后八年自海外归过湖
　　口石已为好事者所取乃和前篇以为笑
　　实建中靖国元年四月十六日明年当崇

宁之元五月二十日庭坚系舟湖口李正
臣持此诗来石既不可复见东坡亦下世
矣感叹不足因次前韵（有人半夜持山去）　　　前人

追和东坡题李亮功归来图
　　（今人当愧古人少）　　　　　　　　　　前人

次韵子瞻春菜（北方春蔬嚼冰雪）　　　　　　前人

再和寄子瞻闻得湖州（天下无相知）　　　　　前人

闻东坡贬惠州（元气脱形数）　　　　　　　　唐庚

送乡人下第还乡（闭户诵诗史）　　　　　　　前人

到任复寄家兄（君子所就三）　　　　　　　　前人

风树吟（树欲静兮风不止）　　　　　　　　　前人

剑州道中见桃李盛开而梅花犹有存者
　　（桃花能红李能白）　　　　　　　　　　前人

题洪川驿（倦游征人鬓欲丝）　　　　　　　　前人

受代还眉（久客念吾士）　　　　　　　　　　前人

病鹤行（鹤兮鹤兮何处来）　　　　　　　　　前人

清明日示弟侄（岁华忽忽又清明）　　　　　　前人

醉眠（山静似太古）　　　　　　　　　　　　前人

人日（人日伤心极）　　　　　　　　　　　　前人

夜坐怀舍弟（无云仍露坐）　　　　　　　　　前人

春日谪居书事（四十缁成素）　　　　　　　　前人

送外甥之广州（田也久从我）　　　　　　　　前人

九日独酌（登高无老伴）　　　　　　　　　　前人

书斋即事（书生不事事）　　　　　　　　　　前人

春归（东风定何物）　　　　　　　　　　　　前人

寓精道斋有感怀穴山（论兵作赋两匆匆）　　　前人

次张天觉见赠韵（别公归去养天和）　　　　　前人

南迁（去去宽乡托此踪）　　　　　　　　　　前人

哀词（云霄才业逝山东）　　　　　　　　　　前人

赴益山（岂有登台衮衮）　　　　　　　　　　前人

题泸州城楼（百舸黄鲈鲙玉）　　　　　　　　前人

春日即兴四首（羲阳潇洒燕台诗）　　　　　　前人

（短帽轻衫信马行）

（月团新碾破春醒）

（故人不见空凝睇）

甲午元日（非贤幸脱龙蛇岁）　　　　　　　　前人

漱泔泉（一滴涓涓昼夜通）	（宋）张明远	蝮蛇行有序（官廨有古柏）	（明）吕禧
翠碧轩（门前世尘网）	（宋）姚舜徒	兴福寺（早出丹陵郭）	前人
		宿宝华寺（吾本青衫吏）	前人

卷十八艺文志

诗

		（杯渡何年至）	
中岩（步入中岩日已斜）	（明）余子俊	校士（处囊君已久）	前人
中岩留别余方池草池兄弟		题连鳌山东坡墨迹（一举何人得六鳌）	前人
（又别中岩二十春）	（明）杨慎	三真观（城闉百步转沧浪）	前人
赠吕芹州（为政风流远近传）	前人	谒三苏先生祠（徙倚孤城半草莱）	（明）李长春
赠吕神童（七泽三湘万里流）	前人	（槎牙老干倚云间）	
孝津行（岷山青蟠空）	前人	（百坡何处问荒亭）	
登白塔（崒堵昭崝出半空）	前人	游三岩（良夜嘉招遣驿来）	（明）余成勋
圣灯寺（苍烟丛里圣灯红）	前人	答草池约泛芙蓉洞（春来花鸟总关情）	（明）余承恩
龙池秋月（骊龙蟠处水偏清）	（明）周瑛	芙蓉洞泛舟（芙蓉溪水三尺强）	前人
前题（一泓澈底古灵湫）	（明）王敕	游三岩（诸天悬绝壁）	（明）余承业
前题（一簇丛林百尺渊）	（明）曲锐	游中岩次草堂韵（莫言此处非幽僻）	（明）王一麟
龙池寺会赠（妙年颖敏克岐嶷）	（明）吴节	水月楼（水自峨村发）	
游龙池寺（秋日长歌过远林）	（明）徐霖	中岩（殷勤携杖访禅关）	（明）王文杰
前题（竹林郁郁接松林）	（明）许楫	丹棱杂咏七首（日暮城西路）	佚名
前题（酷爱诗篇三复吟）	（明）喻文碧	（晓入相公乡）	
前题（万壑阴森玉树林）	（明）余成勋	（大雅堂倾久）	
前题（白龙池外清凉寺）	（明）尹觉	（桂树何年种）	
前题（白龙池在眉山麓）	（明）张廷	（龙鹄山前过）	
前题（龙池地迥占祇林）	（明）袁袭裳	（塔影依城郭）	
眉山杂咏八首（可人千载尚流芳）	（明）许仁	（簧宫新製美）	
（灵岩寺外石三峰）		除夕前（放浪无终极）	（明）余楄
（蟆颐洞上树层层）		（营营亦何为）	
（万仞青山势欲摧）		辛酉元日（今晨气宣朗）	前人
（水边杨柳岸边村）		简友（岁暮增无那）	前人
（郡城南下路悠悠）		独酌（友人惠我酒）	前人
（名山高与斗牛齐）		新晴得月（云静天益高）	前人
（玻璃江岸着亭台）		广陵季春十有三日忆沈子禹甸生日	
蟆颐观（蟆颐观古号仙灵）	前人	对酒怀之（虎邱何郁葱）	前人
九日游蟆颐观（眉山几度赏黄花）	前人	侯月歌（老夫候月夜不寝）	前人
蟆颐山顶纵目（偶来遥见贯虹晶）	（明）祝旦	蜀都行（自我之成都）	前人
和巽崖韵（旋折虹枝当策筇）	（明）王敕	卜居（卧隐仍无定）	前人
		梅花三首（市上何人识故侯）	前人

卷十九　艺文志

86. 嘉庆续眉州志略

　　(清)戴三锡修　王之俊等纂　嘉庆十七年刻本　《中国地方志集成·四川府县志辑》(第三十九册)影印本

艺文志		(滴水冲融昼夜流)	
新建眉州督学使者官署记	(清)梁敦怀	早发(水云残梦在)	(清)僧德果
眉州新建考棚记	(清)彭锡珫	瀑布(高源云外落人寰)	前人
宝录寺杂咏四首		菊花(淡红浅白杂娇黄)	前人
(峻分鹫岭屹巉岩)	(清)王襄	病马歌(昼食不厌苜蓿草)	前人
(蜿蜒虬肆是和机)		过东坡先生读书台并序	
(霜岩十月见苍蚪)		(藤梢草蔓几经春)	前人

87. 重修彭山县志

六卷　（清）赵来震总裁　史钦义、陈作琴纂修　清嘉庆十九年刻本

卷四　艺文志　上

宸翰（略）

赋

天柱神灯赋	（清）朱载
江口观鱼赋	（清）周洪
米洞赋	（清）蒋佩韦

诗

井络诗（井络天彭一掌中）	（唐）李商隐
戏作花卿歌（成都猛将有花卿）	（唐）杜甫
巽厓书院（古往今来一貉丘）	（宋）魏了翁
孝津行（岷山青蟠空）	（明）杨慎
宿彭山县通津驿大风邻园多乔木	
终夜有声（木欲静风不止）	（宋）陆游
游平盖观（旧殿魏峨新落成）	（明）樊瑾
夜泊彭山江口（锦城平日暖）	（明）曹学佺
平盖即景（岷山来未远）	（清）周粲
吊彭祖墓（洛邑名臣长佩珂）	（清）金一凤
吊张纲墓（荒残故国表余光）	前人
吊李密墓（沦落芳踪不可寻）	前人
汉广陵太守张纲故里（崐峣草	
木几春秋）	（清）周璘
双梅树歌（君不见武阳官舍风韵古）	前人
咏彭山十景之四　长桥夜月	
（我家宅近古扬州）	（清）袁锡爨
双江渔唱（千家返照入蓬窗）	前人
龙潭春雨（龙潭新雨嫩如丝）	前人
秋浦芦花（木落高原静）	前人
含素华轩梅花六咏　含蕊	
（欲探罗浮消息难）	（清）徐兰
乍放（几度冲寒出故宫）	（清）张凤翥
盛开（放遍南枝又北枝）	（清）金锡类
半谢（东君催卸缟衣裳）	（清）叶鉴
乱落（飘风飘雨更飘烟）	（清）张城
剩瓣（已逐东风犹恋枝）	（清）宋凤起
忠孝桥吊古（桥是北门钥）	（清）郭伟人
丙子清和梧冈相约乘筏按视通济堰	
渠行三十里登岸至翻水口观二十	
八渠归县时已二鼓先承梧冈作诗	
寄谢奉和原韵（茂树疏烟两岸齐）	（清）徐尧
（课雨占晴四月天）	
（夹岸新秧映翠微）	
（绿油一泻势潺湲）	
（飞珠溅瀑激流添）	
（漱石穿云荇藻寒）	
（烟郊荒径草生花）	
（土膏雷动报新疏）	
（归途月色影模糊）	
商大夫葬衣冠处（连罡翻翻蒸白云）	（清）王喆
拜岑彭庙（凛冽征南气若生）	前人
张纲故里（崐峣山畔孝廉居）	前人
张纲故里（都尉今何在）	（清）闻肇埕
李密故里（至性高今古）	前人
系龙潭（平盖山麓石高矗）	（清）金瓯
游平盖观呈张明府（城北行数武）	前人
彭祖墓（彭祖何年墓）	前人
彭山杂咏（木落天气清）	（清）胡德琳
（芙蓉已罢采）	
（清兮可濯缨）	
（平盖何迤逦）	

泛渠十绝句奉寄新津明府

　（金马河边放筏齐）　　　　　　　前人

（清渐演迤漾晴天）

（穿林远径影霏微）

（遥通银汉水潺湲）

（宫橱携得菜根香）

（源头活水势频添）

（泠泠清石漱风寒）

（细麦轻摇蘸浪花）

（山回水曲土膏疏）

（翠微山色影模糊）

丙子秋闱邑弟子梁生奇蜀获隽为兹邑破

　荒喜而赋此并以相勉（圣世集麟凤）　　前人

劝农四首（乡村引䎀艳阳天）　　（清）史钦义

（社鼓频敲西复东）

（半犁新水涨春泥）

（岂是闲游览物华）

（陌外春和听鸟啼）　　　　　　（清）唐景勋

（披蓑荷笠逐人忙）　　　　　　　前人

（榆花风暖长新苗）　　　　　　（清）袁楷

（布谷催耕四月天）　　　　　　　前人

晋洗马孝令伯汉都尉张文纪故里　　（清）史沅

（血性当留天地清）

（巍巍绀宇接遥天）

象耳摩崖（象耳岗崟状若何）　　　　前人

天柱神灯（雪峰高插月华开）　　　　前人

平盖烟霞（平盖梵宫昔有名）　　　　前人

龙潭春雨（四面风回水渺茫）　　　　前人

双江渔唱（江到彭门汇众流）　　　　前人

寂照风篁（古庵岑寂紫云深）　　　　前人

秋浦芦花（白云黄叶两悠悠）　　　　前人

长敲夜月（桥畔垂杨绿满堤）　　　　前人

东山晚眺（黄昏闲步看山来）　　　　前人

龙溪即事（莫道龙溪迹已残）　　（清）方可佐

夜泊江口（未是山阴访戴舟）　　　　前人

江口闲步（霏微宿雾淡朦朦）　　　　前人

（涧竹岩花到处幽）

游观岩寺和韵（登登山路谒瞿昙）　　前人

（佛地花香即是昙）

仙女洞题壁步余峰桐韵

　（石楼云护隔尘烟）　　　　　　　前人

游江口竹枝（夜泊春江短竹篱）　（清）袁怀瑄

（几只渔船欲剪波）

（花港层楼隐翠微）

（烟街一带挂青帘）

彭山竹枝词（绣壤芳塍一片新）　（清）唐景勋

（锄罢嘉禾憩树荫）

（祈蚕叠鼓里间间）

（腥风一派飐沙洲）

（晒网人家落照中）

（朝采樵兮暮采樵）

（十亩新畲五亩荷）　　　　　　（清）袁楷

（西山脚下路三叉）

（急掉船头过曲江）

（打鼻山连鼎鼻山）

（山隈历尽复林隈）

张皓传　　　　　　　　　　　　后汉书

张翼传　　　　　　　　　　　　三国志

张纲传　　　　　　　　　　　　东汉书

杨戏传　　　　　　　　　　　　后汉书

杜抚传　　　　　　　　　　　　后汉书

杨洪传　　　　　　　　　　　　三国志

李密传　　　　　　　　　　　　晋书

李令伯传

吕陶传　　　　　　　　　　　　宋史

唐重传　　　　　　　　　　　　宋史

宋德之传　　　　　　　　　　　宋史

杨歧之传

敏肃公行述　　　　　　　　　（清）张之浚

威信公（岳钟琪）传　　　　　　（清）袁枚

卷之五　艺文　下

经史阁记　　　　　　　　　　（宋）吕陶

重建彭山县儒学	（明）朱徽	文庙落成碑记	（清）张京鲤
重修平盖观落成记	（明）李万仁	培葺桂香书院记	（清）饶觐光
重修毗卢寺碑记	佚名	重修文庙碑记	前人
修复老泉先生坟祠记	（明）余承勋	添设桂香书院膏火田碑记	（清）史钦义
重修范忠文先生读书亭记	（明）樊瑾	重修忠孝桥记	前人
重修平盖观山门石梯落成碑记	（明）杨孟时	古文昌祠落成碑记	（清）袁楷
忠孝祠记	（明）张衍	陈情表	（清）李密
重修忠孝桥记	（明）王用才	彭祖墓表	（清）杨京
重修宝峰山普照寺碑记	前人	彭望山辨	（清）李元
游彭山县记	（明）李敩	老泉墓辨	前人
重修彭山县学记	（明）李瑜	鼎鼻山辨	前人
圣寿寺碑记	（明）余子俊	打鼻山论	（清）朱载
重修忠孝桥碑记	（明）张凤翥	新建仓颉祠暨字库落成赞	（清）朱怀玉
重修彭山县城隍庙记	前人	妻王氏墓志铭	（宋）苏轼
重修彭山县文庙碑记	前人	宋故归东吴陈氏幽堂志	佚名
浮屠祖印重建洪塔桥碑记	（清）王我师	祭岳厚川师文	（清）张之浚
增广学额碑记	（清）陈永清	重修通济堰碑文	（清）黄廷桂
学田碑记	前人	修彭山县志征艺文启	（清）张凤翥
张梧冈重修忠孝桥记	（清）张之浚	新修彭山县城工记	（清）史钦义
复修通济堰碑记	前人		

88. 井研县志

十卷　张宁阳主修　陈献瑞、胡元善纂修　乾隆六十年刻本

又(新城石堰接沙堤)		又(半部残编绪未分)	
尊经阁成眺八景(屏山壁立映层楼)	前人	贺雷友堂寿诗四首(喜从尘壒识龙媒)	(清)潘鹭
又(经阁新裁古凤东)		(裙屐清游客路赊)	
四李祠(四李遗编缀六经)	(明)余承勋	(飒爽英姿迥不同)	
谒八贤(三百年来姓字香)	(明)杜如桂	(节逢长至景初延)	
登关帝庙阁(清秋乘兴上楼台)	(明)李时达	游尖山寺(迢迢一线岭)	(明)杜如桂
天王寺(古庙萧森山更幽)	前人	夏日即事二首(暑夜挝添疾)	(清)陈献瑞
中秋集寺中(秋山雨过真如画)	前人	(日斜亭午后)	
游天王寺(层楼叠阁出云烟)	(明)杜如桂	仙泉虞童子郎使者闻诸朝三年不加考故作	
又(层台古刹势裁云)	前人	二绝以赠之归(七岁澜翻数万言)	(宋)韩驹
镇江寺新春(柳梅争艳岁华新)	(明)李时达	(不作两京童子郎)	
福泉寺(新春问俗憩禅林)	(明)杜如桂	锦屏山暮景(暝色轻烟罩郡城)	(宋)喻汝砺
又(灵岩古寺何年裁)	前人	麟山瑞霭(曾比周家子姓隆)	(明)丁锐
憩千佛寺(云镇岩端露未稀)	(明)关士麟	凤岭祥霞(奇峰盘绕九苞形)	前人
宿尖山寺(晚到尖山第一重)	(明)马应泰	前题(鸣罢卷阿久矣哉)	(明)杜如桂
登石马寺(一山才上又登山)	(明)韩邦儒	前题(翩翩彩凤倚空岑)	(明)傅可大
和前韵(石马岩林高倚山)	(明)陈东	龟峦晚照(毛生放后几千春)	(明)丁锐
前韵(笑指旌旗到此山)	(明)周希贵	前题(毛生放活楚江边)	(明)杜如桂
又前韵(拂柳西来石马山)	(明)杜如桂	龙潭秋月(水澄风静暮云红)	佚名
夜月宿福泉寺(落照含风急佛灯)	(明)云屏	翠屏烟雨(绿树凄迷锁晓烟)	佚名
又(竹屋禅房空自闲)		竹溪堰涨(春满芳堤水满溪)	(明)杜如桂
又(白头非昔却谁游)		餐霞洞(朝晖扫雾翠凝松)	佚名
千佛岩(千佛岩头倚碧空)	(明)李时达	执笏名宅(雨翼拖烟山尽碧)	(清)胡元善
前题(谁将石室勒诸天)	(明)杜如桂	又(人才滚滚宋青阳)	
壬寅仲春出都二首(三纪鹓班总梦游)	(清)胡世安	石马奇踪(堆峰巨石似神雏)	前人
(匏系京华四八春)		过催滩(山环苍翠水鸣琴)	(明)杜如桂
宿获鹿(滹沱西渡走空蒙)	前人	虎渡溪(溪头夜酌傍云烟)	(明)余承勋
井陉道中(绵流蜿碧带屏山)	前人	过井研(使车五载愧旬宣)	佚名
晋祠(悬瓮蒙泉泛派分)	前人	福泉寺偶憩(白云谷口石开屋)	(明)李参政
问舍(半身传舍作家乡)	(明)雷翀霄	福泉寺(春日春郊兴可乘)	(明)李时达
求田(投簪此日始归耕)	前人	又(狮峰崒崒路逶迤)	前人
再宿天界庵(因公又憩梵王家)	(清)南曰廷	又(古木森森石磴斜)	前人
和菊潭(应在寒温戒远游)	(清)陈献瑞	又(苔深径窄石门幽)	前人
又(未睹瑶笺锦字春)		玉皇观(中天楼观锁烟霞)	前人
又(栈阁愁看野雾蒙)		颂县令周达(双凫飞去已多年)	(明)吕颙
又(曾不归休向故山)		福泉寺(勿剪亭前古佛堂)	佚名

又(僻性由来爱千洲)

偶成(来时行李去时装)　　　　　　　(清)万咸燕

题雷霄峰山居垂钓图(深柳阴

　　藏小小舟)　　　　　　　　　　(清)毕沅

又(蓬莱回首记前尘)

又(少逐天随侣钓徒)

又(乞湖拟返旧山庐)

招饮张广文二首(逃虚庄叟爱跫音)　　(清)邓伦

(垂杨垂柳荫溪隈)

书院紫荆六月花(春归顿觉减繁华)　　(清)南九重

又(方干繁英傍砌花)

又(隔花扑面度香风)

又(拂云荆树拥晴峦)

题江上四楼(江上谁欤建画楼)　　　　(清)陈献瑞

井研县赋　　　　　　　　　　　　　　(明)萧溥

撰家藏御书相何□跋　　　　　　　　　(宋)魏了翁

国初修县城碑文　　　　　　　　　　　(清)陈献瑞

振衣堂跋　　　　　　　　　　　　　　(清)杨宗岱

续刻艺文

建炎以来朝野杂记序　　　　　　　　　(宋)李心传

建炎以来朝野杂记乙集序　　　　　　　(清)吴城

建炎以来朝野杂记序　　　　　　　　　(清)李调元

旧闻证误序　　　　　　　　　　　　　前人

异鱼图赞补引　　　　　　　　　　　　(清)胡世安

客感客形与无感无形维尽性者一之论　　(清)雷轮

拟报贡禹诏　　　　　　　　　　　　　前人

拟治河疏　　　　　　　　　　　　　　前人

重修城隍庙碑记　　　　　　　　　　　(清)陆文祖

重修县城碑记　　　　　　　　　　　　前人

修明伦堂记　　　　　　　　　　　　　前人

胡氏家谱序　　　　　　　　　　　　　前人

来风书院汲福井记　　　　　　　　　　前人

新建蟠龙桥记　　　　　　　　　　　　前人

观风示　　　　　　　　　　　　　　　前人

建立义冢记　　　　　　　　　　　　　(清)杨宗岱

天心桥记　　　　　　　　　　　　　　(清)王传

重修报恩桥记　　　　　　　　　　　　(清)刘平格

钱玉卿封翁八旬寿序　　　　　　　　　(清)阮鸣鸢

邑侯陆羲华寿序　　　　　　　　　　　(清)雷轮

祝王定海先生六十五寿序　　　　　　　(清)李振音

培修万善宫记　　　　　　　　　　　　(清)胡元善

幼年梦句未有所属今举以属归云寺

　　(肩头担云来)　　　　　　　　　(清)胡世安

歌风台(老干埋苍藓)　　　　　　　　　前人

和陈实庵同年续峨游梦八首有序

　　(客尘赊日月)　　　　　　　　　前人

(昔年襁褓梦)

(并辔跻初地)

(三游有译籁)

(胜峰云海澜)

(无端顿缩锡)

(西峤乘风便)

(德林满宇植)

峨嵋峰顶(西越灵陵记胜游)　　　　　　前人

(梵天色界幻瑶京)

(绘雨描云总浪歌)

(爽霁严扃倚汉开)

光相台(竹裂啼鸦惬昔闻)　　　　　　　前人

圣积寺(初地介烟阛)　　　　　　　　　前人

凉风桥(焚轮带饮虹)　　　　　　　　　前人

中峰寺(茫茫傀儡场)　　　　　　　　　前人

双飞桥(乐净牛心石)　　　　　　　　　前人

梅子坡有序(既渴始求梅)　　　　　　　前人

万年寺(冯虚砌齿凿空升)　　　　　　　前人

崆峒岩(为爱秋痕落碧苔)　　　　　　　(清)雷珽

乡梦(湖北湖南正好秋)　　　　　　　　(清)李如泌

越巂官署寄乡中友人(驹隙

　　如驰岁月残)　　　　　　　　　(清)王育才

游千佛岩(谁劈铁围山)　　　　　　　　(清)陆文祖

盐井歌(仙井之乡盐井湾)　　　　　　　前人

劝农(阎闾生计食为天)　　　　　　　　前人

调士(何时拔擢出蒿莱)	前人	重九日同僚馈白菊四首(重九三秋日)	前人
优老(苍颜今始识官衔)	前人	(不谓瀛瑛地)	
恤囚(圜扉一入骨毛寒)	前人	(佳植来何处)	
麟山瑞霭(不与群山伍)	前人	(客舍秋容淡)	
凤岭祥霞(丹穴九苞凤)	前人	鹿耳门登舟阻雨(东风送客趁和暄)	(清)雷轮
龟峦晚照(暮色苍然至)	前人	渡海还厦门(鹭岛与台阳)	前人
龙潭秋月(潭空潦已尽)	前人	乙卯暮春之任赣南集东坡句七首	
翠屏烟雨(远岫如屏列)	前人	留别吴兴(吴越溪山兴未穷)	前人
竹溪堰涨(竹堰春波满)	前人	(一枕清风值万钱)	
执笏名宅(八贤栖止地)	前人	(莫把存亡悲六客)	
石马奇踪(巨石凌空起)	前人	(风卷花飞自入帷)	
麟山瑞霭(花县趋庭暇)	(清)陆树英	(峨嵋翠扫雨余天)	
凤岭祥霞(凤冈千仞高)	前人	(两本新图宝墨香)	
龟峦晚照(龟峦带夕晖)	前人	(但愁新进笑陈人)	
龙潭秋月(寒月印空潭)	前人	复得七律四首(久携琴鹤出长安)	前人
翠屏烟雨(烟雨浓前浦)	前人	(同舟宦海本和衷)	
竹溪堰涨(空山一夜雨)	前人	(胜地追寻韵海楼)	
执笏名宅(旧是青阳宅)	前人	(饮饯何心听管弦)	
石马奇踪(羁勒不到处)	前人	步聚奎堂壁间佟法海和前朝王衷白	
新建学署漫题(署亦如官冷)	(清)李振音	先生庚戌取士原韵二首时奉命监	
泮池香泉(汩汩香泉水)	前人	试武闱(一载兰台资未深)	前人
黉宫桂(夫子之墙数仞间)	前人	(重门铁院望中深)	
谒四李祠(三苏益地孰能先)	前人	闱中感怀二首再叠前韵	
赠许国极有序(井研布衣许国极)	(清)陆滋	(报称勤劳结愿深)	前人
自厦门赴台湾渡海(全闽山水饶奇致)	(清)雷轮	(台班涸迹每居深)	

89. 仁寿县志

十五卷　清同治五年刻本　（清）罗廷权修　马凡若编纂

卷十一　艺文志

书目(略)

前代诗文

竹支词(门前春水白萍花)	(五代)孙光宪
(乱绳千结绊人深)	
杨柳支词(阊门风暖落花干)	前人
(有池有榭即蒙蒙)	
(根柢虽然傍浊河)	
(万株枯槁怨亡隋)	
采莲词(菡萏香连十顷陂)	前人
八拍蛮词(孔雀尾拖金线长)	前人
浣溪沙(两岸风多桔柚香)	前人
(桃杏风香帘幕闲)	
(花渐凋疏不耐风)	
(揽镜无言泪欲流)	
(半踏长裾婉约行)	
(兰沐初休曲槛前)	
(风递残香出绣帘)	
(轻打银筝坠燕泥)	
(乌帽斜欹倒佩鱼)	
(风撼芳菲满院香)	
(碧玉衣裳白玉人)	
(何事相逢不展眉)	
(落絮飞花满帝城)	
(静想离愁暗泪零)	
(试问于谁分最多)	
(叶坠空阶折早秋)	
(月淡风和画阁深)	
(自入春来月夜稀)	

(十五年来锦岸游)	
河传词(太平天子)	前人
(柳拖金缕)	
(落花烟薄)	
(风飐波漱)	
菩萨蛮(月华如水笼金砌)	前人
(花冠频鼓墙头翼)	
(小庭花落无人扫)	
(青岩碧洞经朝雨)	
(木棉花映丛祠小)	
河渎神词(汾水碧依依)	前人
(江山草芊芊)	
虞美人(红窗寂寂无人语)	前人
(好风微揭帘巾起)	
后庭花词(景阳钟动)	前人
(石城依旧)	
生查子词(寂寞掩朱门)	前人
(暖日策花骢)	
(金井坠高梧)	
(春病与春愁)	
(为惜美人娇)	
(清晓牡丹芳)	
(密雨阻佳期)	
临江仙词(霜拍井梧干叶堕)	前人
(暮雨凄凄深院闭)	
酒泉子词(空碛无边)	前人
(曲槛小楼)	
(敛态窗前)	
清平乐词(愁肠欲断)	前人
(等闲无语)	

更漏子词（听寒更）	前人
（今夜期）	
（烧荧煌）	
（掌中珠）	
（对秋深）	
（求君心）	
女冠子词（蕙风芝露）	前人
（淡花瘦玉）	
风流子词（茅舍槿篱溪曲）	前人
（楼倚长衢欲暮）	
（金络玉衔嘶马）	
定西番词（鸡禄山前游骑）	前人
（帝子枕前秋夜）	
何满子词（冠剑不随君去）	前人
玉蝴蝶词（春欲尽）	
思帝乡词（如何遣情情更多）	前人
上行杯词（草草离亭）	前人
（离棹逡巡）	
谒金门词（留不得）	前人
思越人词（古台平）	前人
（渚莲枯）	
望梅花词（数支开与短墙平）	前人
渔歌子词（草芊芊）	前人
（泛流萤）	
定风波词（帘拂疏香断碧丝）	前人
南歌子词（艳冶青楼女）	前人
（映月论心处）	
应天长词（翠凝仙艳非凡有）	前人
遐方怨词（红绶带）	
三山即事诗（百货随潮船入市）	（宋）龙昌期
锦江思诗（独咏沧浪古岸边）	（宋）李新
观前古美人图诗（璧月璧昏琼树秋）	前人
折杨柳诗（东风来何时）	前人
渔夫曲诗（黄蓑老翁守钓车）	前人
登雅州蒙山诗（振衣万刃岗头路）	前人
广都道中诗（万花织篱凡几曲）	前人

后溪记	
永怀祠碑记	
冬夜诗（寒气侵人夜未央）	（宋）陈祐
利济桥亭诗（大夫官业世所惊）	（宋）韩驹
善相陈君持介甫子瞻手字示予戏	
赠短歌（古来相马失之瘦）	前人
送葛亚卿欲行过仆歌（吾庐逼侧门三尺）	前人
阳羡葛亚卿为海陵尉作茸春轩诗	
（昔闻先生隐吴侬）	前人
谢钱珣仲惠高丽墨诗（王卿赠我三韩纸）	前人
送松陵老农诗（呼舟越洪涛）	前人
淮上书事诗（平楚尽积水）	前人
至国门闻苏文饶将出都戏赠长句兼简	
其兄世美诗（去年十月夷门雪）	前人
题中寂堂诗（虎卧文公庐）	前人
送子飞弟归荆南诗（往在东堂时）	前人
赠赵伯鱼诗（昔君扣门如啄木）	前人
答蔡伯世食笋诗（莼丝化盐豉）	前人
食煮菜简吕居仁诗（晓谒吕公子）	前人
送倪巨济将仕诗（汴流六月翻黄沙）	前人
出宰分宁别旧同舍诗（公车八千言）	前人
（念我行老矣）	
（昔惭云阁姿）	
（益昌划移文）	
（阳山昔御史）	
分宁大竹取为酒樽短胫宽大腹可容二升	
而漆其外戏为短歌（此君少日青而瞿）	前人
湖南有大竹世号猫头取以作枕仍为赋诗（湖南人家	
养狸猫）	前人
送赵承之秘监出守南阳诗（繁台十	
月寒飕飕）	前人
次韵馆中诸公游慈云寺诗（嘉蔬随	
客庖）	前人
饮酒次人韵诗（浅濑见鱼游）	前人
去冬除守历阳未上召还西掖今夏自应天尹	
移知齐安道由历阳珪老相访奉简诗（尝	

次韵上元游葆真宫观灯诗（百千
　灯射水晶莲）　　　　　　　　前人

（玉作芙蓉院院明）

（鸭绿未全生曲沼）

（开卷爱公如李益）

（淡淡新桩带浅啼）

申应时卜居京口名之曰云栖又曰小筑
　乞诗送行诗（客舍秋来忆旧居）　前人

次韵何文缜舍人后省致斋诗（夜直
　沉沉浴殿南）　　　　　　　　前人

次韵侯思孺将至黄州见简诗（未用
　船头报水程）　　　　　　　　前人

故资政忠惠韩公挽词诗（籍甚中山守）前人

以正赐库葡萄醅送何斯举复次其韵
　诗（叹息苏公无恙日）　　　　前人

（老臣政实不堪论）

登赤壁矶诗（缓寻翠竹白沙游）　　前人

信州连使君惠酒戏作谢诗（忆倾南
　库官供酒）　　　　　　　　　前人

次韵耿龙图秣陵书事诗（十月舟藏芦荻林）前人

次韵金陵赵德夫使君上元诗（小风
　吹水涨平湖）　　　　　　　　前人

（卧听秦淮呜咽声）

（忆昨宣和从武皇）

次韵南溪观渔诗（城西鼓楫又城东）前人

次韵兼简李道夫诗（麦秋宜晚起）　前人

（李侯梨钉坐）

（犹记一麾出）

次韵钱逊叔侍郎见简诗（白头逢世难）前人

往岁自京口与曾公永宏同行至下蜀
　因次前韵简之诗（下蜀追随日）　前人

抚州邂逅产正提刑道旧感叹辄书长
　句奉呈诗（忆在昭文并直庐）　前人

送曾宏父诗（见子京江尚少年）　　前人

（乃翁名见豫章诗）

次韵钱逊叔侍郎见简诗（扫地焚香元自喜）前人

次韵钱逊叔谢曾使君送酒诗（谁怜
　定武故将军）　　　　　　　　前人

次韵曾寺丞观早朝上徐谏议诗（忆昨
　飘然下叶闉）　　　　　　　　前人

次韵徐翰林诗（远闻仙伯上神山）　前人

某顷知黄州墨卿为州司录今八年矣邂
　近临川送别诗（自罢黄州守）　　前人

（盗贼犹如此）

送云门妙喜游雪峰诗（老子幽栖地）前人

送东林珪老游闽诗（直自三湘到七闽）前人

（竹庵端为故人留）

即席送吕居仁诗（一樽相属两华颠）前人

余往岁与逊叔侍郎同寓广陵靖康元年逊
　叔守苻离余被召过焉未几余守南都逊叔移
　真定过留数日绍兴二年复同寓临川感念畴
　昔奉送诗（广陵三岁共祠宫）　　前人

余为著作郎如莹为司令官舍皆在左掖门
　外高头坊绍兴四年如莹持节江西道抚
　相访辄成长句（邂逅都城接下风）前人

次韵曾吉父见简诗（往岁沧波转地流）前人

六月二十一日子文待制见访热甚追忆馆
　中纳凉故事漫成诗（汉阁西头千步廊）前人

送范叔器次路公弼韵诗（晚涂淹泊向谁论）前人

谢人送凤团及建茶诗（白发前朝旧史官）前人

（山瓶惯识露芽香）

顷年侍立集英殿见周表卿唱名第二客临
　川表卿为宜黄丞岁满访别送之诗（往时
　束带侍明光）　　　　　　　　前人

似矩尚书帅桂道由临川赋诗三首贻彦
　章内翰谨次元韵送行诗（丧乱乖离数）前人

（有人谈五岭）

（郡戟苍山上）

曹山老送笋蕨与诸禅客同食戏成诗
　（野寺瓶罂至）　　　　　　　前人

送宜黄宰任满赴调诗（故老凋零尽）前人

送张右丞司赴召诗（老夫宴坐临川寺）前人

应诏论进讨胜势兵粮将帅奏略	前人	哭钟文藻茂才诗(闻道良朋丧)	前人
乾道三年论用人久任利害疏略	前人	五十自寿诗(少壮蹉跎久)	前人
孝宗时四川宣抚节度使上言略	前人	老儒诗(不信儒冠误)	
宋高宗绍兴间上言略	前人	老臣诗(扶掖趋双阙)	
奏论蜀中大将略	前人	老兵诗(百战余生在)	
孝宗时乞精讲义奏略	(宋)员兴中	老将诗(瞿铄归朝日)	
议节财奏略	前人	老农诗(汗净成枯槁)	
上殿轮对乞广招募劄子略	前人	老圃诗(皓首业园蔬)	
乞恤义士劄子略	前人	老渔诗(渔翁撑小艇)	
议军实奏略	前人	老贾诗(握算徒添寿)	
议征税奏略	前人	老僧诗(坐得蒲团破)	
孝宗时上奏略	前人	老道诗(绿发苍藤古)	
议国马略	前人	老吏诗(久厌头衔俗)	
归蜀诗(我到成都住五日)	(元)虞集	老妓诗(柳絮落纷纷)	
自仁寿还成都诗(还乡思速去乡迟)	前人	老仆诗(蹩躠难供役)	
张道士蜀山图诗(碧玉参天是蜀山)	前人	老婢诗(颠倒供巾帨)	
家兄孟修父赋南还诗(大兄五月来做客)	前人	老医诗(二竖扰尘寰)	
送四川宪使诗(已叹玄经返墨池)	前人	古镜诗(旧镜磨新垢)	
空山歌(高空之山聂公宅)	前人	古琴诗(绿绮封尘垢)	
葛生新采蜀诗序	前人	古砚诗(老砚从何得)	
送甘以礼诗序	前人	古剑诗(宝剑沉沦久)	
送赵茂元序	前人	古钟诗(庙破钟犹在)	
		古鼎诗(九牧何年贡)	

卷十二　艺文志

清诗文

		古碑诗(石发郁苍苍)	
马云芗公墓志铭	(清)周文昭	古画诗(旧画无题识)	
马体仁公墓志铭	(清)林春华	古庙诗(古庙佛无灵)	
马刘孺人墓志铭	前人	古渡诗(官道临堤断)	
醉歌行(双龙桥下隐鲤鱼)	(清)李含芳	古松诗(严霜凋百卉)	
宋高宗杀岳忠武鄂王论略	前人	古柏诗(翠柏临霄直)	
经李竹崖侍御洗墨池诗(士气由来重)	(清)刘锡申	古槐诗(枯槐春复苗)	
丰都山诗(四围晴翠拥峰巅)	前人	古塔诗(塔顶空诸界)	
过卢生庙诗(始为功名出)	前人	古井诗(邑废犹存井)	
(与世生豪杰)		除夕送穷诗(今夕当送穷)	前人
起复后寄邵始虚诗(少壮风尘客)	前人	题向汇川淮司马临崖勒马图诗	
		(崖前无复路)	前人
赠内江徐约之明府诗(洵美今城北)	前人	隽士弟来京话家事志感诗(十载离故乡)	前人

（六载坐寒毡）

听蟋蟀诗（卧听秋声未有声）　　　　　前人

题郑濯亭人康明府桃源图小照诗

　　（双凫月下破云飞）　　　　　　　前人

读谭康侯听云楼诗集诗（蜀人只解巴渝舞）　前人

赴圆明园诗（车声听碎玉）　　　　　　前人

月下闻梵有感用太白月下独酌韵（心

　　灯照黯室）　　　　　　　　　　前人

晨兴诗（倚枕惊寒柝）　　　　　　　　前人

大风醒睡起记梦诗（半醉就高枕）　　　前人

花朝诗（去年花朝未见花）　　　　　　前人

苦风诗（烈风日日惊雷吼）　　　　　　前人

团河于役诗（驱车南郭外）　　　　　　前人

（四面空无障）

（为访团河处）

（岛屿层层护）

愁虫杂诗（入夜一声蝉）　　　　　　　前人

（蟋蟀鸣花阴）

（小园初种菊）

（露气醉秋蝇）

（络纬鸣不已）

（促织复促织）

题文姬归汉图诗（鞭丝南拂雪花轻）　　前人

杨贞女诗（未嫁成孀妇）　　　　　　　前人

（针黹能终养）

送梁石楼炳进士授职中书归养母诗

　　（雁塔新镌姓字香）　　　　　　前人

（梦绕清斋苜宿盘）

唐花诗（地炉石炭小洪钧）　　　　　　前人

除夕诗（奚童欢笑换门封）　　　　　　前人

元旦叩领诰封叠除夕韵（六品曹郎四品封）　前人

遣兴诗（不受人磨便墨磨）　　　　　　前人

自寿诗（凿开七窍太玲珑）　　　　　　前人

（燕山久客似家山）

（不成生佛不成仙）

（人海谁张破浪帆）

苦吟诗（苦心觅句胜求仙）　　　　　　前人

玺儿来京询家计兼示族中子侄诗

　　（尔心切孺慕）　　　　　　　　前人

（儒有席上珍）

（士人学治生）

（祖德颂清芬）

清明日见新馆白丁香干多枯朽去年新植

　　紫丁香将开矣近又添红桃二本赋此（去

　　年拔尔出风尘）　　　　　　　　前人

清明日作兼怀诸兄弟诗（缘墙芳草又天涯）　前人

（春城处处纸鸢声）

城西行诗（幽燕习尚轻风雅）　　　　　前人

夜饮城东山西城根回寓诗（醉眼

　　模糊几点星）　　　　　　　　　前人

（峥嵘麟角耸头颅）

（仪陇新营数亩庄）

（愧无佳况慰诸昆）

修禊日与杨雨楼马禹门小酌诗（夹

　　竹桃如醉梦）　　　　　　　　　前人

（倾尽一壶鲁酒）

（我言君不洗耳）

（万事皆如流水）

玺儿回里诗（送子还故乡）　　　　　　前人

（出门望远道）

（计尔到家日）

（我身如坚刚）

三月初九诗（两儿赴新店）　　　　　　前人

题黄香铁钊孝廉江山永慕图诗（推

　　君孺慕心）　　　　　　　　　　前人

退食与山荆话诗（性不近膏粱）　　　　前人

问马诗（伏枥饱刍荛）　　　　　　　　前人

（依风向天嘶）

责鹰诗（尔何高不集翰林）　　　　　　前人

独酌诗（客从家乡来）　　　　　　　　前人

谒杨忠愍公祠诗（公何生不遭宣皇）　　前人

江津潘孺人苦节诗（天语旌门丹凤舞）　前人

读史诗(偶语诗书触祸机)　　　前人
(绛侯厚重鄙无文)
(入粟为郎薄马卿)
(休将白首笑冯唐)
从李华峰含芳言月余不为诗转行愁苦故
　态复萌不能自已诗(壮志重经济)　前人
雨诗(户暗湿云低)　　　　　　　前人
继李杜诗讼诗(太白任天真)　　　前人
久雨诗(芳田停潦碧如油)　　　　前人
(卷帘日日望新晴)
(砚田宿墨起沮洳)
(愁听蛙部奏笙歌)
读史二十韵(麟获春秋绝)　　　　前人
感事作偈诗(人生天地)
热诗(风侯扫云天宇清)
雨诗(黑龙潭)　　　　　　　　　前人
司中放歌和谭康侯……(生不能
　出塞侯,渡海王)　　　　　　　前人
残菊四首呈魏春松成宪观察诗
　(几支残菊补秋光)　　　　　　前人
(心香期到十分清)
(故交合用苦相思)
(可有红尘未了缘)
诗字题二十首(难抛老命换雕虫)　前人
(频年心血苦煎熬)
(著眼全非得意篇)
(意尽全题四语超)
(黄叶青山觅遍无)
(贷韩借杜苦纷纷)
(獭祭文章小应酬)
(手握生花笔一支)
(刻烛浑忘一寸辉)
(征诗情味胜征租)
(醉眼模糊懒自书)
(吐肺搜肝隐自知)
(去留互换日无常)

(记事珠遗十八滩)
(胜迹当年笔偶停)
(别无佳品可酬勋)
(土偶无灵踞一村)
(一身元气要扶持)
(牡丹浓艳压三春)
(三摩不在四威仪)
(诗若无题莫浪猜)
(此事全凭眼有珠)
(纸上词华象外神)
颜惺甫先生抚闽奉呈三十二韵
　(圣主咨方略)　　　　　　　　前人
感旧四首(携鹤去莱州)　　　　　前人
(名重先遭忌)
(蓟北艰糊口)
(一垄犹风雅)
李月峰年丈解组来京话旧诗(喜触
　当年捧檄心)　　　　　　　　　前人
(一勺廉泉喜共分)
次牛次元坤曹长三次留部元韵
　(重逢一笑酒肠宽)
京师春日集句(莺转皇州春色阑)　(清)吴省三
和刘绹斋赵大山锦江春返集句
　(稽阮相将棹酒船)　　　　　　前人
无题集句(桃花春水隔年年)　　　前人
(两年阔别绣香丛)
(江城二月春如许)
(梦想扬州大业花)
(话别横塘又一年)
(当年曾记旧行藏)
(风景卢桥亦洛阳)
(草池东畔旧烟霞)
(近闻蝶诉紫云乡)
送潘个臣元亮归金陵诗(杨柳绿毵毵)　前人
步姜孚堂愿中剑门原韵(锁钥三川地)　前人
步渭人璜剑门谒平襄祠韵(国破孤忠在)　前人

悔赋略	（清）黄牟	（隐隐青山下）	
修字库碑记略	前人	过丹景山诗（岌嶫新丹景）	前人
拾字小引略	前人	城东散步诗（散步蓉城东更东）	前人
盂兰会序略	前人	自泸还玉辉川诗（大山中断放江流）	前人
武侯祠感旧序略	前人	（松岚倒泻影峻嶒）	
酒楼感旧序略	前人	古原偶得诗（愿力苦无济）	前人
鉴铭	（清）郑彬伦	秋兴诗（微云微雨夕）	前人
杖铭	前人	道上诗（鸟渡寒堂外）	前人
带铭	前人	圣人坝诗（西风萧瑟雁声悲）	前人
户铭	前人	（圣人何坝影苍然）	
牖铭	前人	贵平寺夏兴诗（峨峨高阁锁烟霞）	前人
剑铭	前人	即目诗（暮色苍然至）	前人
爱书记	前人	绿川暮秋诗（落照淡平野）	前人
江口诗（情曙大江天）	（清）陈韶翕	山行诗（岭半有行客）	前人
杨柳场金凤冈留酒诗（野风吹荼蘼）	前人	晚眺诗（绿川秋欲老）	前人
环连溪游兴诗（层阿郁且盘）	前人	重到净林寺诗（重来惟有社空存）	前人
宿庵山夏晴楼书舍诗（茅屋萧骚欹石岩）	前人	坐看木鱼山诗（千崖落木影重重）	前人
观稼雨诗（行行向山路）	前人	净林寺夜诗（白莲社罢晚霜凝）	前人
月下读书诗（碧海漾初月）	前人	山斋坐雨诗（白日游天外）	前人
祠祭会食诗（入庙瞻榱桷）	前人	遣兴诗（著意孤吟答岁华）	前人
晚登后山望江涨诗（连峰晴霁微蔼消）	前人	独夜诗（丈夫福命薄）	前人
梁间新燕频来复去诗（草堂新辟春风座）	前人	晚山诗（绕社森红树当门）	前人
秋感诗（连日苦阴霾）	前人	冬日晚眺诗（山冷炊烟直）	前人
（灌木元蝉吟）		傍晚即景诗（伏雨初晴落照斜）	前人
（朝弄柯亭笛）		饮霞山房春兴诗（剥啄无人亦太闲）	前人
（徙倚帘栊静）		雨余诗（雨余庭幕尚凝寒）	前人
家居闲咏诗（晓日随人起）	前人	闲院诗（雨深闲院长菜苔）	前人
（墙阴有隙地）		秋晴诗（一夜西风怒有声）	前人
（东上日初晴）		秋晴诗（远渚沉秋潦）	前人
（寒鸦憩古木）		道上诗（野风吹满树）	前人
（去去适山馆）		饮归诗（簌簌芦花白）	前人
山居诗（少年在市尘）	（清）金伯纶	道上诗（北风吹不歇）	前人
归家诗（旅行久别家）	前人	院夕诗（山夜雨声歇）	前人
咏史诗（丈夫贵自立）	前人	向晓诗（向晓溪添涨）	前人
咏阿瞒诗（君于世事欲如何）	（清）夏简	山居诗（朝来雨初歇）	前人
过枫江庄诗（翠萝幽拂径）	前人	秋夜诗（天外雁声响）	前人

90. 民国犍为县志

十四卷首一卷　陈谦、陈世虞修　罗绶香、印焕门纂　民国二十六年铅印本　《中国地方志集成·四川府县志辑》(第四十一册)影印本

文事

| 初发嘉州寓题(劳我是犍为) | (唐)薛能 |

监郡犍为将归使辅登通济楼寓题

　　(几日监临向蜀春)　　　　　　前人

犍为王氏书楼(树林幽翠满山谷)　　(宋)苏轼

犍为江楼(河边堵立看归蓬)　　　　(宋)范成大

游峨眉伏虎寺(几年尘土梦)　　　　(明)王宣

游峨眉灵崖寺(灵崖一径入青苍)　　(明)章寓之

西园(回环引细泉)　　　　　　　　(宋)孙甫

文华程启冲聊句(畦畛香秔百里春)　(明)杨仲琼

行径真定有怀旧推官赵考功子崇

　　(闻吾昔听山中狱)　　　　　　(明)赵贞吉

化龙石(水彻年年月照时)　　　　　(明)侯廷佩

书赠贯之和尚(猎火樵苏自一村)　　(清)僧海明

书犍为陈天佑死节事(贤书庚

　　午举哀然)　　　　　　　　　(清)陆荣登

(赤眉好杀势轰然)

(独有书生气忾然)

(但看刀锯只怡然)

(仗节全家岂偶然)

(干戈时节总茫然)

(闻道轩车叹喟然)

(疡徒数辈意同然)

(化碧苌宏敢漫然)

(窃疑统志亦徒然)

揽山访何季长何赤水水竹居

　　(归鸟择深木)　　　　　　　　(清)向上达

侍家大人之羊城次鸡洲阻风

　　(铙喧野戍驻艨艟)　　　　　　前人

闲题轩壁(门前车服逐时新)　　　　前人

不得家书(孤影空庭怅旅居)　　　　(清)余光祖

登黄鹤楼(龟蛇二山相对开)　　　　(清)李拔

留别江汉士民(阅尽浮沉久息机)　　前人

闻讣留别福州绅士(楚江闽海各西东)　前人

八角庙(八角词前草木深)　　　　　前人

荆南偶寄(荆南重镇古称首)　　　　前人

留别石鼓书院叠韵(为爱春光更爱山)　前人

　　(名贤得意在兹山)

谱成书训示后(祖德蟠根重)　　　　前人

乞画一百二十四韵寄赠王犍为明府

　　凤仪(昨开君素书)　　　　　　(清)赵文哲

哭父五首录二(屡乞追随未许随)　　(清)李元模

　　(綵衣换麻衣)

爱莲轩(四面奇峰一草堂)　　　　　(清)李周氏

寄女(自尔登舟后)　　　　　　　　前人

寄璿上人(最胜铺金地)　　　　　　(清)杨暹

读陈公传(男儿从容就义超流辈)　　(清)邵墩

读周正传(猖狂孽贼流余毒)　　　　前人

犍为晤同年李春波(京华分袂各匆匆)　(清)刘澍

书近状寄叔泉季连两弟(旅况凭谁寄)　(清)李锦源

兖州道中作(水绕齐南曲)　　　　　前人

九月初一芜湖舟中忆叔泉三弟

　　(渺渺江无尽)　　　　　　　　前人

溪署秋日写怀和顾蘋生夫子原韵

　　(止城晓听鸟声声)　　　　　　前人

怀庆道中题壁(监梅暂寄作干城)　　(清)李蓉

　　(楼船转战走兵符)

　　(何须成败论英雄)

秋日始游别野景物改观喜赋

　　（别山刚两月）　　　　　　　　　前人

和刘霞仙讨贼凯旋二首录一

　　（将军飞降九重天）　　　（清）陆为荣

挽骆吁门宫保四首录二

　　（名加上下口皆碑）　　　（清）袁葆琨

（濛濛阴雨锦官城）

筱沧舅氏招游揖云别野即席赋呈

　　（水竹编篱松筑墙）　　　（清）陈蕴华

留宿宝砚斋呈筱沧舅氏

　　（亭台高筑翠微间）　　　　　　　前人

题黄鹤楼（烽烟销尽我才来）　　　　前人

题官胡二公祠（蜃气吹沉半壁天）　　前人

（跳梁小丑不知兵）

金山口（片帆东指向潇湘）　　　　　前人

河南道中（乱后人家太可怜）　　　　前人

余筱沧以揖云山庄诗册征题奉答

　　（乏买山钱笑我贫）　　　（清）刘松年

捧读揖云山馆咏梅佳作奉酬一绝

　　（幽栖全在翠微中）　　　（清）谢融

余筱沧柬约看梅因病未果赋此寄之

　　（孤山处士满山梅）　　　（清）范濂

（谢公裙屐乐中年）

（抛来珠玉尽玲珑）

（山人爱客开东阁）

久闻揖云之胜弗获往游赋此以志景宏

　　（沈犀江上苦吟身）　　　（清）朱绶章

（茅亭更筑翠微巅）

寄怀揖云山庄（左邻宝砚右留香）　　前人

（抱膝团蕉俗虑忘）

（翠微深处绝尘侵）

读揖云山馆诗钞戏题（一字

　　骊探一颗珠）　　　　　　（清）蔡抡科

（如翁岂合老烟霞）

访筱沧先生赋呈七律五章

　　（通德门高耳熟闻）　　　（清）邹咏莪

（堂开顾曲馆留香）

（如林名作等琅玕）

（三百梅花十万松）

忆揖云山兼奉怀主人（环绕

　　梅花处士家）　　　　　　（清）李世铼

（亭台结构见精神）

（小酌茅斋月上时）

（濯缨且自爱沧浪）

（四面玻璃映草庐）

筱沧贤友以揖云山庄嘱题勉赋一章

　　（溙溙尘嚣事微逐）　　　（清）杨炳程

次陈玉宾宿宝砚斋五律原韵

　　（携手游山馆）　　　　　（清）余昌勖

次范玉珊见赠原韵（酒渴诗狂范柏年）　　前人

（山窗八面敞玲珑）

（沉犀浦上闲云驻）

闻蝉（四壁秋风落翠阴）　　　（清）刘云溪

咸阳怀古（谁道长安近日边）　　　　前人

春梦（春梦如云二月天）　　　　　　前人

（奇葩片片逐香尘）

下水船（一叶如飞顺水舟）　　　　　前人

（沙白山青两岸秋）

杏花村（行过溪桥路转西）　　　　　前人

忆妹（离怀曾记暮春初）　　　　　　前人

（似从进屋启双扉）

生辰志感（不学神仙学士流）　　（清）秦拱北

（何须表上汉王台）

闻骆中丞定远大捷（将星翘盼五云高）　前人

（健儿如虎出荆吴）

题揖云山馆诗钞（我昔年犹童）　　　前人

谒官胡二公画像二首录一

　　（当年浔鄂靖么么）　　　　　　前人

读陈后主纪二首录一（云秀江山画本开）　前人

读后梁太祖纪（赢得蒲樗齿几行）　　前人

读后唐庄周纪（强掷兜鍪索冕旒）　　前人

读南宋高宗纪（靖康乱逊唐天宝）　　前人

91. 嘉庆峨眉县志

十卷首一卷　（清）王燮修、张希缙、张希珏纂　嘉庆十八年刻本　《中国地方志集成·四川府县志辑》（第四十一册）影印本

92. 宣统峨眉县续志

十卷图一卷　（清）李锦成修　朱荣邦等纂　清宣统三年刻本　《中国地方志集成·四川府志辑》（第四十一册）影印本

卷九　艺文志

唐诗

送裴迪侍御使蜀（柱史才年四十强）	（唐）钱起
好时节（身骑骢马峨眉下）	（唐）元稹

宋诗

嘉州作（俗遇腊辰持药献）	（宋）杨徽之
峨眉县（峨眉山西雪千里）	（宋）苏轼
送贾讷倅眉（当年入蜀叹空回）	前人
三峨（大峨两山相对开）	（宋）范成大
煮茶（雪芽近自峨眉得）	（宋）陆游
学士堂（薄宦区区可叹嗟）	（宋）张商英

元诗

游峨（峨眉楼阁现虚空）	（元）黄镇成

明诗

寄宝昙国师（断岩知是再来身） （山中静阅岁华深）	（明）太祖
赠广济禅师（高僧飞锡去人间）	（明）蜀献王
送峨眉云聪长老还山 　（山僧谈笑见天真）	前人
桫椤坪（采药峨眉大士家）	（明）余承勋
双飞桥二首（双涧飞泉瀑） （万壑深云谷）	（明）王敕
光相寺（楚客随丹梯）	（明）方孝孺
入山（乌靴脱脚换新鞋）	
报恩寺（鼓彻禅房一曲琴）	（明）尹东郊
华严寺（岩前香雨落松花）	（明）简霄
（六月阴风还作雪）	
伏虎寺（为看招提数过回）	（明）王詠

黑水永明华藏寺七笑七首录二

（遥径天门峰）	（明）王宣
（雨岩剖觉路）	
（高悬石凳引藤萝）	（明）张凤翀
灵岩寺（杉外疏钟断续闻）	（明）徐文华
西坡寺聊句	
（追随仙侣宿西坡）	（明）张凤翀
白水寺（岷峨健笔耸丹霄）	前人
华严寺（华严精舍翠微连）	前人
中峰寺（十里扪萝小径通）	前人
歌凤台（觅胜白云隈）	前人
双飞桥（双飞桥合双龙湫）	前人
解脱坡（解脱古名坡）	前人
圣积寺（危楼光翠接峨眉）	（明）毛起
观佛灯独尊台一律纪胜 　（山灵描太极）	（明）袁子让
阅圣灯夕口占一律（熠燿如何物）	前人
登峨山礼大士（四十九年别普贤）	（明）杨展
猪肝洞（灵奥不曾藏）	（明）钟子绶
秋晚（日落平羌江水秋）	（明）祝之至

清诗

游峨眉（井络孤撑第一峰）	（清）潘之彪
步提伏虎寺文峰回韵（西艳叠 　翠耸高峰）	（清）程仲愚
双飞桥（两涧奔流山势摇）	前人
登峨眉（山水平生癖）	（清）刘道开
重游伏虎寺别可闻和尚 　（踏雪峨眉三月游）	（清）邱履程
登峰顶（眉山胜概甲西川）	（清）房星著
登金陵上人请藏回山	

绍祖禅师塔铭	（宋）陆游	补遗峨山志书记	（清）胡林秀
元文		记	
重修东岳庙记	（元）赵由稷	峨眉山志序	（清）胡宗阅
谕祭宝昙和尚文	（明）太祖	花洋山馆序	（清）李惺
谕祭宝昙和尚文	（明）蜀献王	三次重建通泰桥序	（清）李嘉瑞
木皮殿记	（明）康浩	花洋山馆序	（清）袁保恒
国朝		峨山志图说序	（清）黄锡焘
吕宫辉墓志铭	（清）谭如玮	峨山记	（清）谭钟狱
峨山书院创设膏火纪事碑	（清）李楷	庚申蓝逆围城记	

93. 民国新修合川县志

八十三卷 郑贤书等修 张森楷纂 民国十一年刻本 《中国地方志集成·四川府县志辑》（第四十三、四十四册）影印本

卷三十三 艺文一 书目(略)

卷三十四 艺文二 书目(略)

卷六十三 合川文在

序   （民国）张森楷

诗一 四言

风诗（川崖惟平）   巴志

祭祀诗（惟月孟春）   巴志

好古乐道诗（日月明明）   巴志

美严王思诗（乘彼西汉）   应承

讽巴郡太守诗（明明上天）   巴人

伤三贞诗（关关黄鸟）   巴人

赠罗又希学博用渊明赠长沙公韵四首

　（希荣多辱）   （宋）朱虎臣

（黄唐既旷）

（清晖近晚）

（促席末由）

拟张茂先励志诗（洪钧旋转）   （清）陈在德

（时维素秋）

（德成而上）

（古人有言）

（秦音抗歌）

（怡情静穆）

（学海以川）

（易自难求）

（褆躬儒行）

岳池王母林孺人六十寿（沙麓储精）   （清）丁树诚

杂言歌行

冯公语（飞翰飞翰）   （清）刘士达

田公语（时出山）   前人

差徭篇答金大尹笠庵（道州赋春陵）   （清）冯镇峦

土豹谣（贼来如虎）   前人

巢燕行（巢燕巢燕）   （清）禹湛

代母哭子篇（黄鹄早寡）   （清）萧望嵩

妾薄命（凄其复凄其）   前人

（不谐生此世）

（佞佛信因果）

采莲曲（女伴邀采莲）   （清）吴鼎元

七言歌行

短歌行送祁录事归合州因寄苏使君

　（前者途中一相见）   （唐）杜甫

鱼山曲（山月高，江水深）   （明）李作舟

南峰行（巴山高者摩青霄）   （清）彭士仪

戊申大水歌（壬寅六月江水涨）   （清）杨士镣

观瀑吟（金銮不留神仙住）   （清）张乃孚

橘隐老人游峨眉歌（虚堂昨有梦）   前人

爱莲曲题陈醒园小照（闲亭兀

　坐薰风过）   （清）冯镇峦

晚霞洞放歌（天上三十六洞天）   前人

黎州新乐府（有序）   前人

老农谚（邻境大旱）   前人

一半耕（一半耕负耒横经）   前人

往来商（往来负贩涉羊肠）   前人

寄居氓（辟地少剩土）   前人

加班夫（首下尻高）   前人

祈梦石（眼前一片模糊境）   前人

雹池行(清风扇,越石现)　　　前人
优孟歌(假优孟,为作歌)　　　前人
赋役繁(五日供一马)　　　前人
鼠有牙(峥峥者角)　　　前人
军门静(夕阳黄瘦边塞秋)　　　前人
青衿来(士不悦学强颜耳)　　　前人
村塾叹(力能挽百石弓)　　　前人
苜蓿长(男儿五十读书真无状)　　　前人
石照城(石照城,大如斗)　　　前人
作令四章二十句(作令苦)　　　前人
又(作令乐)　　　前人
(作令难)
(作令易)
呻吟曲(呻吟复呻吟)　　　前人
冷酒会谣(一担宜头春)　　　前人
南风行(南风恶)　　　前人
将进酒甘君席上作(把君酒)　　　(清)刘泰三
大峨绝顶放歌寄怀陈朗山
　　(襆被偶作边徼客)　　　(清)禹湛
宿大峨绝顶不寐有怀朱春浦
　　(自笑游仙梦未醒)　　　前人
风雨行(水上陡然大声起)　　　前人
梁山高三首为小峰大令作
　　(梁山高,高接天)　　　前人
(梁山高,高临海)
(梁山高,高压城)
梅圣俞四禽言东坡和之作五禽言予
　　仍用梅韵(不如归去)　　　前人
李草鞋行　有序(妖云四塞天昼霾)　　　(清)沈延广
烈妇词(周氏女儿徐氏子)　　　前人
孝妇行　有序(巨浪洪涛谁敢撄)　　　前人
烈妇行　有序(建南有客衡阳人)　　　前人
拟温飞卿锦城曲原韵(织锦缫
　　丝白胜雪)　　　(清)丁树诚
(蜀江春浪白于雪)
拟李长吉十二月乐辞　　　前人

三月(淡荡春城风花飞)
四月(鹦鹉催梦收黄云)
六月(雪藕丝嚼冰桃象)
九月(月夜砧声敌万杵)
十月(浅红碎白小阳花)
十一月(地炉榾柮煨红玉)
乙卯秋偕顾霁崖司马李克生明经复
　　初益谦两上人登华银山长歌登绝
　　顶长歌(我欲跨金鳌访十洲)　　　(清)孙桐生
奉和孙小峰太史偕顾霁岩李克生二
　　诗友暨复初上人益谦徒侄登华银
　　山长歌(我不知)　　　(清)僧昌言
墨石砚歌寄赠合州诸友(乾坤一卷石)　　　前人
小桃源短歌三首(山穷水尽路难见)　　　(清)释隆昂
(豁然开朗无烟雾)　　　前人
(逐鹿斩蛇忆秦汉)　　　前人
镜听词(今年不似去年)　　　(清)萧望嵩
醉歌二首(我不能效长鲸吸百川)　　　前人
又(手不能挥鲁阳戈)

五言古

巴人咏谯君诗(肃肃清节士)、　　　巴志
咏陈纪山诗(筑室载直梁)　　　巴志
思慕郡守吴元约诗(望远忽不见)　　　巴志
丰年诗(习习晨风动)　　　巴志
思治(混混浊沼鱼)　　　巴志
刺郡守李盛(狗吠何喧喧)　　　巴志
赠蜀僧闾丘师兄(大师铜梁秀)　　　(唐)杜甫
献从叔当涂宰阳冰诗(金镜霾六国亡)　　　(唐)李白
嘉定丙午秋偕弟师诚师圣来游赋诗
　　(我家龙多西)　　　(宋)文师敬
挽制置使张珏诗(坤维拓提封)　　　(元)刘壎
出嘉陵江(嘉陵驶且长)　　　(明)杨慎
定林院即事呈吴舍人做亭杨合州谦
　　六二首(云搆踞层岭)　　　(清)马维翰
又(腰镰见操作)　　　前人
送曹武韩(芳兰滋九畹)　　　(清)苟金薇

卷六十四　文在二　诗一

五言律

　　望合州（井陉东山县）　　　　　　（宋）范成大

竹笑（那可无君辈）	（清）彭梦麒
莲幕（谁人将军幕）	前人
书斋（咫尺云峰寺）	（清）刘泰三
鳌溪晚泛（一棹鳌溪发）	前人
过南漕李将军墓（斜日南漕路）	前人
冬夜凌霄阁闲望二首（楼开百尺巅）	前人
（不见梅花影）	
天河步工部韵（迢迢依户见）	前人
古树（讲堂深若许）	（清）冯镇峦
建文寺（逊国人何在）	前人
哭亡儿云官（天乎何至此）	前人
秋虫（天意知何许）	前人
秋池（方池开半亩）	前人
秋桥（已报重门闭）	前人
秋燕（云车何日驾）	前人
送穷（鬼乎吾语汝）	前人
门丞（终年呈面目）	前人
爆竹（儿童惊掩耳）	前人
壶山秋夜雨中有怀吴地山（一枕闻疏磬）	前人
（季子今何似）	
（记得吟红药）	
潼关怀古（天上潼关险）	（清）张乃孚
秋阴（入秋晴不定）	前人
赠胡次完茂才（千里轻乡国）	前人
（身同飞鸟度）	
送蔡吟江少府之汶川任兼寄郫县	
陆古山明府（万壑湿云走）	前人
孟秋纯阳山吕仙阁落成登眺即事	
（一枕游仙梦）	前人
（更上层楼迥）	
晚泊磁溪口（暝色赴寒艇）	前人
春日游东台寺即事口占四首并呈	
同游诸君录一（晴日一登台）	前人
清明前三日扫墓（一路采花香）	前人
与刘鹤坪饮酒夜话有赠（垂老三年别）	前人
南楼对饮（长空初纵目）	前人

凌霄阁骤雨（一江云气黑）	前人
谒邹忠介祠（壮志轻科第）	前人
（远慕陈公甫）	
白鹤山庄偶成（一雨消残暑）	（清）禹湛
野行（雨过村烟淡）	前人
冬日即事（稜稜山骨瘦）	前人
晓发（破晓出巴峡）	前人
道中遇雨（忽泼千峰墨）	前人
遣怀四首（无端徼外行）	前人
（莽莽遐荒外）	
（地作屯田守）	
（天外奇山水）	
宿伏虎寺（乍到疑无路）	前人
游华银山伏虎寺（万峰青不断）	前人
赠徐怀霖（家世重南州）	前人
乌撒道中遇雨（正愁村店远）	前人
不寐（客路三千里）	前人
游鸣凤山历鹦鹉环翠诸胜即事四	
首录一（缓步来幽胜）	前人
黑龙潭漫兴（众水流归海）	前人
思归（迂拙世难合）	前人
戎州立秋喜雨（陡然炎热尽）	前人
忆息园（在家闲不得）	前人
黔中苦雨感太白寄龙标句有作	
（五溪深不测）	前人
油浦城至建宁舟中三首录一	
（浪激舟如箭）	前人
栈道即景杂诗八首（仗剑走西风）	（清）朱奂
（旅馆匆匆起）	
（偶留鸿爪迹）	
（直欲通霄汉）	
（驿路挥鞭过）	
（境界翻新好）	
（放胆登天去）	
（残梦初醒后）	
秋枰（谁能逃局外）	前人

江村（侵晓炊烟淡）	前人	（袅袅丹徽静）	前人
排闷四首录二（把镜终朝看）	前人	冬日四咏	
（有寻藏之久）		寒雁（□雁冲寒到）	
秋桥（一道霜华满）	前人	寒蝶（一生香里活）	
秋簟（自夺尚书坐）	前人	寒蛩（一作天涯客）	
归燕（西风吹海上）	前人	寒蝇（难逞飞鸟势）	
之渝舟行四首录一（春流漾夕阳）	前人	拟骆宾王秋晨同淄川毛司马九咏	前人
次韵题胡整庵先生冲寒八汶小照		秋风（兰闺清夏气）	
三首录二（远上脣门望）	（清）朱虎臣	秋云（碧海龙嘘起）	
（回首湘江路）		秋蝉（带露吟梧叶）	
米花（炊出蕊珠花）	前人	秋露（未踏青霜皎）	
檐灯（一天星乱落）	前人	秋月（出水翻银浪）	
踢毽（何处飞来燕）	前人	秋水（萦回环雁渚）	
渝州十咏录六		秋雁（春风投□寒）	
文星石（袖有南宫石）		秋萤（得气生衰草）	
洗墨池（读书人已往）		秋菊（折艳簪乌帽）	
滴珠泉（空谷寒泉泻）		龙头书屋漫兴寄僧益谦（茅屋三椽破）	前人
白龙池（神物终难测）		川西坝（陆海连千里）	前人
仙女崖（缥缈半凌霄）		即景（会心原不远）	前人
洪崖洞（洪崖高不极）		金滩坝道中（盈坡瓜豆满）	前人
次海峤客中感怀韵二首录一（登楼送夕阳）	前人	重庆府（形势全川控）	前人
自渝归舟中杂感（小与巴江别）	前人	丰都山（本是神仙窟）	前人
万春李公小照（磊落经纶裕）	（清）甘家斌	石宝砦（绝砦信天生）	前人
（音容存仿佛）		牛口滩（澎湃涌银澜）	前人
杀贼口号（蜀道连天险）	（清）黄淳熙	云阳县（城小盛民少）	前人
（十载新丰市）		白帝城（洒尽英雄泪）	前人
涂山图（绝巘危亭逼）	（清）傅金铨	八镇图（守蜀休忘战）	前人
秋霜（不知霜信早）	（清）陈在德	滟滪堆（峡势双龙斗）	前人
秋星（天阶凉若此）	前人	瞿塘峡（巨石摩空起）	前人
秋楼（春雨听年年）	前人	神女庙（凤佩听摇曳）	前人
书冯远村晴云山房集后（抗志追风雅）	（清）陈在宽	巫峡（一棹穿云重）	前人
吊冯远村先生墓（斯人不可作）	（清）孙家醇	叶滩（津亭明夜火）	前人
恭拟孝贞显皇后挽词四首（庆幄		归州（地僻因人重）	前人
徽音嗣）	（清）丁树诚	宜昌府和曾笃斋韵（历尽风涛险）	前人
（永悼宾天驭）		松滋县行沽（薄暮雨纤纤）	前人
（锐意诛共鲧）		钟鼓脑场（旧事悲昭烈）	前人

长湖（湖意随心远）　　　　　　　前人

便河两岸人家（破屋编芦苇）　　　前人

白鹿湖（远水高于岸）　　　　　　前人

蝶子湖夜雪（湖天烟水阔）　　　　前人

柳关（官吏雄如虎）　　　　　　　前人

平坊场（流水声中宿）　　　　　　前人

清潭口入大江（河身拘束久）　　　前人

大军山（峰峦平地少）　　　　　　前人

晴川阁（高踞龟山顶）　　　　　　前人

九江府（限岸停洋舶）　　　　　　前人

大姑山（天降貌姑仙）　　　　　　前人

小姑山（过江山不断）　　　　　　前人

彭泽县（陴睨围山远）　　　　　　前人

安徽省（万室飞鸳瓦）　　　　　　前人

东西梁山（绿影条山送）　　　　　前人

枭矶庙（身被和亲误）　　　　　　前人

江南省（龙虎兴于地）　　　　　　前人

燕子矶（莽莽芦林影）　　　　　　前人

吴淞口（学海真成海）　　　　　　前人

崇明县（地涌波中县）　　　　　　前人

上海县洋街（蹲岸琼楼壮）　　　　前人

航海（火炽轮如箭）　　　　　　　前人

白水洋（淡淡芦灰色）　　　　　　前人

绿水洋（刺鼻腥风起）　　　　　　前人

黑水洋（浩淼深无底）　　　　　　前人

烟台（别汇天池影）　　　　　　　前人

入都（日丽春如海）　　　　　　　前人

元日述怀（□度几良辰）　　　（清）萧望嵩

春思（出门见春色）　　　　　　　前人

风雨萧斋图　五首录三（喧声破寂寥）　前人

（妙笔费安排）

（不忧茅屋拔）

合州旅邸题壁（驿客征鞍息）　（清）僧昌言

元日（准拟今朝雨）　　　　　（清）释隆昂

书张节妇晚香阁命子琐言后

　　（不尽谆谆意）　　　　　（清）周维新

（玉楼人赴召）

（龙山初兆祸）

（伯道叹无嗣）

宿温泉崇圣寺留题（公程无暇日）　（宋）周敦颐

七言律

大历中巡县至铜梁登望仙台　　　（唐）赵延之

铜梁山木莲花诗（仙姿疑是华巅栽）（宋）周敦颐

使北迎上皇即事（重整衣冠拜上皇）（明）李实

咏怀（朝野方传英主事）　　　　（明）邹智

辞朝（云韶声静拜彤墀）　　　　　前人

嘉靖丙午余以赈饥来龙多用赏宿

　　愿重有感（霜清望眼碧霄空）（明）刘士逴

（巴山唯有此山高）

嘉陵江（江上西风晚作颠）　　　（明）徐泰

吊邹立斋（江月无光江水寒）　　（明）陈宪章

蓝溪渔话（云尽天清溪水深）　　（）清（苏恒

乾隆丁卯夏会勘银华山

　　（拾级登高路转幽）　　　（清）林兴泗

挽王烈妇（凤去台空江水清）　　（清）邹珩

香橼（园林秋色几只香）　　　　（清）程九鹏

吊邹立斋步白沙韵（两疏危言共胆寒）（清）洪成鼎

并头莲有序（清泉曲沼傍林陬）　　前人

戊子立春次张方崖韵奉合州黄使君

　　（如何行庆即施民）　　　（清）王元兆

题归州屈公祠（客路孤舟到秭归）（清）王书

濂溪书院（历圣真传已久诬）　　（清）朱圻

赠柳溪主人邹楚白（烟光争集柳溪头）　前人

雪美人和苟井生韵（散花天女是前身）　前人

春日同胥渭瞻昆瞻林吹白伍蓝一游

　　方溪寺复集林子斋头小饮遥和寺

　　璧文少江先生李王诸先达唱和原

　　韵（胜友招寻路不迷）　　　　前人

闲中漫兴（□□□□□□收）　　　前人

□旧寄仑山（昔年湖海任飘蓬）　　前人

季夏雨后对月即事（溽暑初收远色开）前人

苏台怀古（锦帆无复向江开）　　　前人

老妓（最怕逢人话此生）	前人	移家（山人真合老烟霞）	前人
追和船山太史集中驿柳四首元韵		（劳劳久欲谢尘缘）	
（半宜寒暖半阴晴）	前人	（翛然人境少逢迎）	
（天涯到处拂征衣）		乞陈年酒（意气何堪付酒杯）	前人
（才逢朝雨又斜阳）		落卷（鸿文覆瓿又何妨）	前人
（笛声不用谱梁州）		病中作（散是飞花聚是尘）	前人
感旧（吟诗愿见张公子）	前人	留别滇南（碧鸡金马旧山川）	前人
（莽莽江山出异才）		得朱春浦彭爱泉书（风雨归来不耐寒）	前人
瀛海携有风烛限歌字韵索诗诗成		普市夜坐（云烟飞送客装轻）	前人
演剧觞予（青蘋送到画屏多）	前人	浮生（浮生无味等劳薪）	前人
藕节（停桡曾听采莲歌）	（清）彭梦麒	访杨仲渔参军饮酒志别二首	
柳衣（年华张绪想芳菲）	前人	（吴越江山送客忙）	前人
送张明斋归琼江（天遣严寒酿雪时）	（清溪）禹湛	（钓鱼城迥倚天开）	
戎州夜泊（山云如墨黯江隈）	前人	春云（青山影动碧窗疏）	（清）朱虎臣
三十（三十光阴一瞬过）	前人	春风（门摇柳浪涨轻漪）	前人
和刘石云菊花元韵（寥落秋心又一年）	前人	春晴（澹云微送雨如烟）	前人
和刘石云醉中杂感七首（劳劳东野以诗鸣）	前人	春湖（青山无数涌青螺）	前人
（学剑难成更学书）		春渡（条条烟柳扑溪狂）	前人
（身如秋燕为谁忙）		春别（东风昨夜奏离弦）	前人
（炎凉到眼不须叹）		春蓑（白鹭红翎制不同）	前人
（尘怀静处一观爻）		春草（风光无际满平原）	前人
（石上观棋笑烂柯）		春菜（剪韭新吟夜雨残）	前人
（去日堂堂可奈何）		春骑（马蹄轻送晓山寒）	前人
冬夜宿熊湘云先生书室夜话得读		春草二首（风光几日到芜园）	前人
历年纪游之作（窦圌峰顶探幽去）	前人	（萋萋匝野复弥冈）	
浣花草堂（瓣香亲拜杜陵翁）	前人	和刘鹤坪诗酒生涯三首（百年须了无穷债）	前人
游凌云山登坡翁读书楼（凌云九顶一搔首）	前人	（白云峰上有蜗庐）	
偶成（穷通到此尚茫然）	前人	（长此陶然与终古）	
黄子春方伯祠题壁（猫儿□上诛强寇）	前人	吐凤得思字（鸾鹭文章更数谁）	前人
九日登牟山绝顶（西风为我扫尘埃）	前人	寄邹小山（占得巴江饮者名）	前人
秋燕（冷落西风客燕飞）	前人	舟中有感酬古虚堂馈鱼（龙泉虚费十年磨）	前人
与黄晓春饮酒有感（名场未免太蹉跎）	前人	冬日江望（暮天虚阁独凭栏）	前人
答姚渔航见赠即以留别（日落河梁得句迟）	前人	大白花山同人饯别整庵先生	
见友人寿元阳子戏和其韵并为谈元		（不放浮生半日闲）	前人
（乘鸾跨鹤且徘徊）	前人	秃笔（浮烟浪墨都无著）	前人
寿彭金沙（少小游经燕赵来）	前人	红梅十四首（绛云烘处忽横枝）	前人

（果然风貌数梅妃）

（峭寒都付酒消除）

（一餐瑇瓅便瞢迷）

（愁吟月地与云阶）

（巧含春思独徘徊）

（高人烂漫见天真）

（天心特地入春温）

（一种春风破寂寥）

（研朱日对点羲爻）

（梦入罗浮旧酒家）

（瞳禅欲悟醉髡僧）

（新诗刚续比红吟）

（水泻丹溪玉抱岩）

社日坐雨见巢燕（碧阑干外草添肥）　　　前人

读何海峤渝城题壁为次其韵

　　（草满天涯落日寒）　　　　　　　前人

刘石云以感成诗（春锁池塘梦影寒）　　　前人

（那得千间大庇寒）

书家书后（故园回首又春光）　　　　　　前人

野花二首（轻风澹荡引香魂）　　　　　　前人

（等闲开谢百花场）

次韵梅雨田感怀（怪事无端咄咄书）　　　前人

锦江旅夜送杨培斋归有作

　　（茫茫玉垒总浮云）　　　　　　　前人

答友（岁驱无定更岩嶅）　　　　　　　　前人

补和春池五十自寿倒用元韵

　　（□也先生大布衣）　　　　　　　前人

（家在字江江上村）

（平生壮志尽消磨）

罗华轩韵（一斗难降鼻里魔）　　　　　　前人

长至后五日雪戏用尖叉韵

　　（嵌空竹乱舞修纤）　　　　　　　前人

（元亭醉洒洒墨如鸦）

红菊再叠前韵答王海东见和

　　（几丛寒蕊染霜华）　　　　　　　前人

六叠前韵和蔡泗原见和（天真烂漫露英华）　前人

春柳和金沙先生韵（东风几度玉关西）　　前人

寄周筱风参军（扬舲海上又三年）　　　　前人

又□□□复用自笑韵见和

　　垒以谢之（不□□□□□文）　　　前人

遥题通江奇童子墓（通江旧说奇童子）　　前人

正月四日戏咏不倒翁（每从倾倒见情亲）　前人

和陈石麟孝廉梦还家韵

　　（别绪千条寄绿杨）　　　　　　（清）朱央

得假还乡喜赋二律（翱翔飞不到蓬莱）　　前人

（宫袍新制舞衣鲜）

灵宝道中（拂面西风客正还）　　　　　　前人

小憩（寒烟十里锁荒城）　　　　　　　　前人

果城夜泊得晤吴竹坪因闻大儿弃世感伤

　　作此以志一时情景云（层城远树暮烟遮）　前人

渝州秋夜书感（千里关山古战场）　　　　前人

枕上口占（地炉火尽夜深时）　　　　　　前人

春浦夫子味醇诗稿属彰甫存之即

　　书卷尾（一瓣心香酒满樽）　　　　前人

七夕香圃召彰甫海东诸同人小饮海东

　　以诗索和意深感慨赋此奉答即酬香

　　圃（画屏银烛又秋期）　　　　　　前人

和彭爱泉广文归自锦城途中七律二首

　　步韵（长途秋老雁过迟）　　　　　前人

（柴门低掩半扉斜）

秋日偕景申游古西山寺口占索和

　　（世事劳人苦不休）　　　　　　　前人

生日口占（闭户俄惊日月驰）　　　　　　前人

夏日禹溆江召饮揖山停履之楼既归以诗

　　见示即步其韵（劳劳共结此生缘）　　前人

题师竹轩诗后（一支妙笔秀无尘）　　（清）彭定仁

谒周忠介公祠（谏书披鳞入帝阍）　　　　前人

忆先兄树堂（当年定省共昏晨）　　　（清）陈在宽

（□□曾记腊同温）

再叠朱春浦红菊诗韵（秋心冷不喜繁华）　前人

赠傅临溪先生（天教秋色擅清华）　　　　前人

五十初度自慰（垂髫曾记泮宫游）　　　　前人

（文字因缘早定盟）

（□门菽水不须嗟）

送恒季安刺史解任旋都次文立三学

　　博原韵（使君一载莅江城）　　　　　前人

（法令无烦治具张）

（寒儒守拙未追陪）

寄内子时避寇渝城未归（一听鸡鸣推枕迟）　前人

庚午岁六月十六日州中大水纪异

　　（夏残洪水忽争流）　　　　　　　　前人

（谩道壬寅涌巨涛）

癸酉元旦试笔（屠苏酒熟酌新醅）　　　前人

七十初度口占（驹光又到七旬期）　　　前人

（显晦升沉迹两忘）

细柳（袅袅纤纤画不成）　　　　　　　前人

寒梅（几生修到此花身）　　　　　　　前人

古松（秀从岭上几经冬）　　　　　　　前人

钓鱼城怀古（江□□色澹斜晖）　（清）王启□

（守险从来在上游）

前题（东南大局已难支）　　　　（清）陈蕴辉

前题（层城三面涌江波）　　　　（清）陈在宽

（君臣漂泊海南舟）

前题（孤城百仞接云烟）　　　　（清）胡开先

前题（红树青山拥钓台）　　　　（清）陈在镁

（客来江上倍凄然）

前题（□□胸怀济世才）　　　　（清）朱朝正

（滇蒙烟雨又斜阳）

前题（当年设险重孤城）　　　　（清）陈用宾

（巴渝遥望阵云愁）

（赵家宫阙黍离离）

前题（保障江淮控上游）　　　　（清）萧德一

（元朝天子自临戎）

前题（朝命三年未许通）　　　　（清）王履吉

（降旗一片竖崖腰）

题聚星堂余草（自订一篇手泽遗）（清）胡安铨

沈厚堂怀张柬之（枳棘稽栖宰相材）（清）彭定仁

壬寅新正月三日有感（瓯海春

光宛在前）　　　　　　　　　　（清）李廷韺

冬夜感怀（霜浓露冷著寒侵）　　（清）秦大恒

咏苏武（冰天雪窖不胜寒）　　　（清）陈炳煊

七旬述怀（凉生又是九秋天）　　（清）王启霖

（据摭平生入品题）

吊苟占魁墓二首（弱冠从军负箭□）（清）周作孚

（烽烟弥望遍江湖）

游双鹤寺答益谦（竹树阴阴凉意增）（清）蒋璧芳

入都留别益谦（八月乘槎欲远游）　　　前人

白云山馆酬刘益之老友见访渠生四月

　　八日出自寿诗中有佛生我亦生句

援此赠之兼以送别（一领青衫两足尘）（清）丁树诚

佛洞清谈（日月乾坤一穴藏）　　　　　前人

白云山馆杂咏（读书声在翠微巅）　　　前人

骆公祠菏池纳凉（依城别构午桥庄）　　前人

赠益谦上人兼酬所馈银山志

　　（界隔仙凡见面稀）　　　　　　　前人

（阅罢群书眼倦开）

（别离团聚总前缘）

酬益谦上人赠砚扇二物

　　（无娲皇炼就玲珑影）　　　　　　前人

赠华银山益谦上人（阎浮提界几诗僧）　前人

别胡晓风（天风吹散凤鸾群）　　　　　前人

别李晖吉（尘埃我惯识英雄）　　　　　前人

别郑灼三（情当别侯难为语）　　　　　前人

绿阴（氤氲佳景画难成）　　　　　　　前人

（槐安幽梦杳难寻）

（清凉雅称读书家）

（江南春老自年年）

芦雁（江湖容易动秋风）　　　　　　　前人

蛛网（白似轻云薄似纱）　　　　　　　前人

盐局夏介臣太守生辰远出作此贺之

　　（功名方拟画凌烟）　　　　　　　前人

夏介臣太守登钓鱼山有作步韵和之

　　用拗体（落日满山山色荒）　　　　前人

送苏秀峰茂才从军（穷□□□岂英豪）　前人

墨石（叠嶂带浮峦）　　　　　　　（清）傅金铨

青石（楚南讵少人）　　　　　　　　　前人

雪石（太华峰顶雪）　　　　　　　　　前人

松风阁（秋涛赴林壑）　　　　　　（清）张乃孚

题画（小艇缘溪去）　　　　　　　　　前人

晓园十景录三（危岩卷帘泉）　　　　　前人

（急雨来庭际）

（挺立千万株）

彰山以酒瓮插梅戏题（供养无铜瓶）　　前人

和朱子武夷精舍杂咏五首即用其韵

　　（无求似有求）　　　　　　　　　前人

（到此无俗人）

（半坞斜阳抹）

（铁笛吹何处）

（乾坤一钓翁）

寒食（故里去年约）　　　　　　　（清）朱虎臣

飞鸟楼（渺渺望归鹤）　　　　　　　　前人

拜先大人墓（几家鸡犬乱）　　　　　　前人

七夕（人间苦别离）　　　　　　　（清）禹湛

近思精舍（自思终为累）　　　　　　　前人

题画（流水界青山）　　　　　　　　　前人

寒山独步（叶落万山空）　　　　　　（清）陈在宽

独游（村前恣独游）　　　　　　　　　前人

咏莊园（日□间累人）　　　　　　（清）萧望嵩

咏李广（空有猿臂能）　　　　　　　　前人

逍遥（海天歧路多）　　　　　　　（清）明真

小枕（枕地与衾天）　　　　　　　　　前人

渠江落照（山爱夕阳晚）　　　　　（清）僧昌言

银山积雪（山色净如银）　　　　　　　前人

宝鼎连云（南峰接北峰）　　　　　（清）僧可学

华岩古洞（古洞□绝壁）　　　　　　　前人

华银积雪（远看露光辉）　　　　　（清）释寂昆

涪江晚渡（客欲渡南津）　　　　　（清）释隆昂

山居六截（延年求妙术）　　　　　　　前人

七言绝句

冠鳌亭（紫霄峰上读书台）　　　　（宋）周敦颐

奉和冯使君诗（儿童便读山中记）　　（宋）夏祖锡

（冯仙手持白鸾尾）

（浓阴跬步不相见）

前题（今日相逢慰别颜）　　　　　　（宋）白丙

（阴阴云雾埋仙境）

（□海风波君已厌）

前题（天仙下寓人间日）　　　　　　（宋）樊汉炳

（此山胜处非人境）

（披露已谐平日志）

前题（恭览新诗清彻骨）　　　　　　（宋）夏世雄

（翳雨埋风遮远目）

（神物护持多胜境）

丙午领解马上口占（龙泉庵内苦书生）　（明）邹智

望龙多山（云门昨夜雨初过）　　　　（清）胡德琳

卧佛岩（千尺高岩瀑布流）　　　　　　前人

过李将军故宅（将军遗烈委荒烟）　　（清）张兑和

卝字桂颂（龙游老树放花时）　　　　（清）洪成鼎

咏素心兰二首（幽丛沉潆养灵华）　　　前人

（露畹培根玉茁芽）

光□堂前植桐四株留示诸同学

　　（荣木青森植讲堂）　　　　　　　前人

是岁寻乐亭周遭种竹喜见新笋

　　（手种琅玕数十丛）　　　　　　　前人

重九后二日微雨（烟霭空蒙雨后山）　　前人

雪佛（修行闻在雪山隈）　　　　　（清）苟金薇

读心碑集怆然于怀有作

　　（狂澜既倒谁能持）　　　　　　（清）朱圻

（逝者如斯谁可持）

（乾坤正气有谁持）

夏暮观云气（此地无山忽有山）　　　　前人

满天梅雨是苏州（满天梅雨是苏州）　　前人

得乡书有感（昨夜遥天有断鸿）　　　　前人

题半身美人图二首（弱态□盈一半真）　前人

（不露全身倚画廊）

过采石矶怀青莲先生（诗成笑傲意如何）前人

客夜（西山日落起昏鸦）

海鹤无粮天地宽（海外仙禽品格高）		前人	
惜春（啼罢流莺昼欲暝）		（清）刘泰三	
赠彭柏里（京华七度奋雄飞）		前人	
贾秋壑四首（戎马长驱国步艰）		前人	
（处堂燕雀绝南图）			
（逍遥相国懒朝君）			
（□名多宝总难堪）			
山行（马从危石兼云度）		前人	
咏史二首（御钱千万出深宫）		前人	
（绿帻从容再拜登）			
寻春偶题（得得寻春去路赊）		前人	
感怀（一曲清歌意气豪）		前人	
钓鱼城（宋元往事付东流）		前人	
漫兴（暂息尘机住此间）		前人	
九日对酒自遣二首（重阳酒得菊花斟）		前人	
（萧然门馆冷凄凄）			
看云（青山一片忽成堆）		前人	
秋雨（梧桐露冷湿侵衣）		前人	
隋宫（阿□天子擅风流）		（清）张乃孚	
齐宫（高王万骑走群雄）		前人	
唐宫（笛声何处斗筝琶）		前人	
送春（举杯遥酬绿荫中）		前人	
甘泉洞纳凉（得句频参静里禅）		前人	
题外舅宅二首（南楼深处夏偏宜）		前人	
（新居分得廨东西）			
茉莉（风吹冷蝶化诗魂）		前人	
金钱（铸出洪炉绀宇春）		前人	
饮水轩醉酒（□制瓜皮短短蓬）		前人	
次胡用庵宾月书屋即事			
（江上烟波杂雨云）		前人	
（丰韵天然萼绿华）			
贺王克诚次君新婚（开到琼花第二枝）		前人	
寄题孤雁图（似曾相识故依依）		前人	
醉后听友人话秦淮旧事			
（少年曾泛秣陵舟）		前人	
（雅调谁歌白练裙）			

（繁华如梦亦如花）	
游白鹤庵（故人邀我至田家）	前人
渝州赠徐梦鳞（当年挂席看金焦）	前人
当垆（八斗才消酒一升）	前人
堕楼（香屑霏霏称舞腰）	前人
柳枝词（青眼谁邀顾盼间）	前人
（最是春工欲□难）	
（红楼十里拂人行）	
（结带芳怀真洒落）	
代友题斋壁（自构萧斋自咏诗）	前人
（五间屋枕岁寒亭）	
（手种芭蕉好学书）	
（风流敢说佳公子）	
（不同东阁咏梅花）	
题林瘦生松石小照（科头谡谡长松下）	前人
（拗得花枝带露馨）	
论诗绝句（一代才人吏治优）	前人
（江南不放白衣还）	
（卿相谁知狱吏尊）	
（复社凋零何所之）	
（忽歌小□忽看云）	
（白庐赤羽旧谈兵）	
（散财结客发萧萧）	
（乐府争传贡玉堂）	
（一洗毛诗训诂才）	
（一船买得乱书堆）	
（青眼谁施太瘦生）	
（菁华犹带六朝风）	
（骨肉无端独负恩）	
（孤山访古溯桐庐）	
（六桥三竺柳花香）	
（啖炙公然与众宜）	
（孤艇岷江万里行）	
（谁是江南大布衣）	
（书载清如退院僧）	
（芙蓉阁下缀新词）	

（五君感旧鬓毛斑）

（悔读南华志竞申）

（锥凿登山惊谢客）

赠傅鼎云（纷纷萧鼓闹江干）　　　　　　　前人

（闺中字课女相如）

仙子吹笛图（玉京朝罢羽衣轻）　　　　　　前人

七月十三日夜雨（炎歊忽散恰成秋）　　　　前人

赠族侄小渠（铜鱼惊扣响金钟）　　　　　　前人

赠顾子猷索画（当年画笔妙通灵）　　　　　前人

画美人杂咏五首（熏风吹动满池荷）　　　　前人

（丰神传出玉无瑕）

（课业闺中□寂寥）

（玉手纤纤品玉箫）

（帘栊深护绕回廊）

和彭柏里观花蕊夫人宫词残碣一首韵

　　　（好古人从江上归）　　　　　　　　前人

合阳竹枝词十二首（迎恩门外报班春）　　　前人

（乡村漫把看灯夸）

（刺桐花落杜鹃开）

（冬衣典尽我偏愁）

（榴花照眼醉人多）

（嘉涪两水抱城环）

（我亦曝衣难免俗）

（学士山头云气飞）

（小阳天气暖于春）

（云鬟堆首步生莲）

（洛阳门外草如茵）

（怀古苍茫云水中）

巴渝竹枝词十首（城上高楼江上峰）　　　　前人

（双江绕郭漫扬舲）

（当年党祸太纷拏）

（荒坡历落卧牛羊）

（买得梅岩宅一区）

（倚门每笑客龙钟）

（刺桐花落纸钱飞）

（王孙归去草萋萋）

（挂席乘风旧所谙）

（谁言蜀道青天上）

渝州赠徐梦鳞（当年挂席看金焦）　　　　　前人

柳枝词（青眼谁邀顾盼间）　　　　　　　　前人

（最是春工欲画难）

（红楼十里拂人行）

（结带芳怀真洒落）

晓园十景录二（飞泉何处响潺潺）　　　　　前人

（妙景天然图画工）

寄曹介石渝州（嵇康性懒阮生愁）　　　　　前人

次胡用庵宾月书屋即事

　　　（江上烟波杂雨云）　　　　　　　　前人

贺王克诚次君新婚（开到琼花第二枝）　　　前人

寄题孤雁图（似曾相识故依依）　　　　　　前人

赠张雨村孝廉（怜君五字结长城）　　　（清）常明

（一官驰逐废长吟）

宫词四首（雨去云来恐未真）　　　　（清）冯镇峦

（馆娃宫畔碧梧秋）

（新宠难凭逝水流）

（海外人归事渺茫）

呈钮兰坞明府（秀才名号署江东）　　　　　前人

题苟雨峰小照（与可东坡赋索居）　　　　　前人

端午前一日约同人泛艇渠江自龙挂溪

　　　至涞滩即事（日日灯前咏楚辞）　　　前人

熊庸斋孝廉嬖歌者泰官作诗调之（歌管

　　　楼台宴未终）　　　　　　　　　　　前人

清溪杂诗六首（一泓流水出山根）　　　　　前人

（大渡河边风力微）

（茶马交通事若何）

（摇香亭畔气氤氲）

（左邻琵琶接两林）

（柞侯老去又潘侯）

（海上无因乞大还）

寄熊质庵（记得殷勤唱渭城）　　　　　　　前人

（图史依然得故吾）

（园林图画一家仙）

（花月因缘念岂忘）

予年五十始任清溪学博邑治在万山中腊
　　月十四夜枯坐学斋炉火一仆人二境最
　　清闷感而有作（宦味初尝已半生）

（百年过半强加餐）　　　　　　　　前人

清溪竹枝词（走马金銮晚夜郎）　　　前人

（□水年年渡使车）

（□□坪连牛市坡）

（雨多不离黄泥浦）

（锅庄初坐报煎茶）

（花帕蒙头护手缠）

庚轩三次遣吏送诗时夜漏三鼓矣
　　（文章结习素心存）　　　　　　前人

（儒雅风流是我师）

（落拓儒冠老境侵）

偶然作（蜂蚁升堂蝶化形）　　　　　前人

悼亡诗（风紧嵊山闪命灯）　　　　　前人

（歌残灌露唱刀环）

（病随夫婿远为家）

（纸间芦帘看著书）

（病中讯我病粗安）

（曾记嘉陵侍老亲）

（推解如君世所难）

（俭素由来性本寒）

（簪绂初新楮帛陈）

（历夏经秋及暮春）

（便同白首生犹幻）

（膝下童乌正戏嬉）

（漏天西望草邻邻）

（迢递冠山隐旧庐）

（惨恻儿殇有泪挥）

（瞑去不闻饮恨声）

（遗挂当头想象存）

（苦将禅悦解愁痴）

（大体居然事可商）

（香阁清斋历岁年）

（射虎南山尚有心）

（清谈谢女规前事）

踏月词（归来月影照雕栏）　　　　　前人

与张云麓论诗（耽书谁信不如我）　　前人

（风韵还同格调传）

笔床（梦花人去已千年）　　　　　　前人

（珊瑚作架擅精良）

（动绕烟云静则虚）

应山读书杂咏（七尺焦桐弹夜月）　　前人

（燕麦横陈禾已苏）

荷花（雨洗遥天月半规）　　　　　　前人

（香罗叠尽著芒鞋）

（鸳鸯戏打入回潮）

（龟蒙诗句集菁英）

送二女静芳（十载寒衙作蠹鱼）　　　前人

荷花（买得轻舟渡水涯）　　　　（清）苟文襜

（西风池畔卷微不波）

写竹（写得新梢一两支）　　　　（清）傅金铨

（惊他怒笔走鸾凰）

（偶拈吟笔扫青烟）

写兰（沼荷新对北窗凉）　　　　　　前人

写黄菊（白帝真妃厌淡桩）　　　　　前人

写梅（扑扑香风入酒杯）　　　　　　前人

题竹（我爱琅玕万个青）　　　　　　前人

（闲玩烟梢倚绿棂）

（一帘湘水翻新绿）

茅屋赏雨（自爱闲中酒一樽）　　　　前人

（消得凉风到座隅）

秋山骤雨（河伯使者急飞驰）　　　　前人

春帆细雨（天风无际响漫漫）　　　　前人

寒江听雨（几宿乡心傍水湄）　　　　前人

（空江夜静雨冥冥）

登楼看雨（驱风激电走云雷）　　　　前人

鄱湖烟雨（短芦新涨浸寒芜）　　　　前人

乱石（崱屴岌然竟不降）　　　　　　前人

云山叠翠图（堆螺叠翠一层层）　　　前人

画扇为郑船斋题(寂寞东风小院西)	前人	(纯阳桥下草萋萋)	
中秋无月(如许浓烟暗小栏)	(清)秦大恒	(避暑甘泉待月还)	
赠益谦(岳门一别思飘然)	(清)李昌一	前题(隔江塔势拥崔嵬)	(清)王履吉
寄怀益谦(远人心事暮云端)	(清)蒋壁方	(凌霄阁上月轮高)	
赠诗僧虎溪(春草池塘梦已孤)	(清)陈在宽	(送行每在洛阳桥)	
渝州竹枝词(嘉陵一带碧波涵)	前人	(中秋人望月生华)	
(东风二月是花朝)		(满城风雨菊花黄)	
合阳竹枝词(凝晖门外路三叉)	前人	前题(五马行游拥道呼)	(清)萧德一
(梅子将黄候可知)		(沿江风景似瞿塘)	
前题(清明应是可怜朝)	(清)周作孚	(鸡头菱角足江乡)	
(晒网沱前晒网多)		前题(纯阳山外野人家)	(清)朱椿
前题(纷纷铙鼓竞龙舟)	(清)陈蕴辉	(会江楼外客舟横)	
(东津渔艇系垂杨)		前题(龙游高处尽徘徊)	(清)唐懋宽
(重九风高露未晞)		(酷热频蒸暑莫当)	
(江上田家小女儿)		(瑞应山头佳卉生)	
(乡村乐趣四时多)		(繁华阅遍尽凋零)	
前题(层层瓦屋与城齐)	(清)彭光昀	随征口号(血痕又著旧征袍)	(清)黄淳熙
(上下帆樯估客舟)		(廿年前是旧书生)	
(巴女骑牛紫布衫)		(手挽雕弓月半弯)	
(回环三水绕江城)		(黄牛峡口浪如雷)	
前题(夕照红侵绿柳丝)	(清)王启霖	(当筵慷慨奏扶风)	
(欲行不得唤哥哥)		(安排捷报选龙睐)	
(沙浪掀天禁渡河)		(欢腾挟纩不知寒)	
(山凌学士下甘泉)		(条条风柳绾离愁)	
(钓鱼城上暮烟横)		(西征屈指已三年)	
(一湾修竹旧青青)		(到眼山川似画图)	
前题(涪江水涨浪翻银)	(清)丁显元	途中示幕士(征帆直接蜀门开)	前人
(小白花山古佛坛)		(好筹良策摧群寇)	
(珍珠兰子好烘茶)		(高峰策马且登临)	
(黑龙池底黑龙藏)		(虚夸黄宪声名重)	
前题(江上青山水上楼)	(清)陈在锳	花蕊夫人诗碣和彭柏里韵	
(清明风景数城西)		(杜鹃声里怅秦天)	(清)张乃孚
(欲访甘泉路不平)		(好占人从江上归)	
(箫鼓声声月未斜)		题吕仙像(黄粱梦醒抽身早)	(清)丁树诚
(会江门外会江楼)		和胡敬夫同年游纯阳山观卢生睡	
前题(鹧鸪山里鹧鸪啼)	(清)朱朝正	象诗步韵(难得公侯入梦来)	前人

（千峰环绕白沙洲）

（几番回首小蓬壶）

渠江舟中口占（细叠云笺一卷收） 前人

登文峰塔口占（昂头独立青天上） 前人

游白鹤庵代友人（舍卫城开放夜光） 前人

岳门送别驹如（检点诗囊又打包） 前人

闻驹如还山却寄（悟心心息两俱难） 前人

回双鹤寺作（支枕禅床梦亦清） （清）释隆昂

山居（数间茅屋当蓬瀛） 前人

哭四弟（昔嗟仲氏断吹篪） 前人

（鹊巢也欲赋居鸠）

寄蒋贯之（四面青山好画图） 前人

题蒋编修遗集（一代文章万古留） 前人

（当年别我上长安）

（香山已后有渔洋）

七十自寿（不才本是山中木） 前人

（少年独慕贾长江）

（未入桃源喜问津）

（成精老树在空山）

心疾久不愈内子为煮猪心和药进

　口占赠之（病心端合借心医） （清）陈泽民

伸内子意代答（书淫刘俊负才华） 前人

郊行即事（不必桃源去问秦） （清）杨秉春

和高青邱读史二十二首录十四

　（陈鲍栾高两不亲） 前人

（从约同心犹下策）

（十日留秦计不臧）

（竖子何曾不足谋）

（博浪椎秦气已张）

（两汉纯儒董广川）

（无双才气本超群）

（涕泣牛衣气未伸）

（薏苡谁明马伏波）

（达士由来善遣怀）

（要将君子爱曹瞒）

（谨慎平生说卧龙）

（内事曾闻子布谋）

（由余西去戎终惫）

题蔡京碑（名污六贼古今嗤） 前人

宝顶山圣寿寺题壁戏用王播题木

　兰寺诗韵（风尘自笑太笼东） 前人

附咏梅（冻云残雪淡烟低） （清）何陈志冰

课子（街鼓声催小院东） 前人

母病归宁而作（萱闱衰老鬓如霜） 前人

苦雨（萧萧风雨送秋来） 前人

试帖

赋得新萍泛沚（若沚浮新涨） （清）朱奂

赋得学古入官（说命初言学） （清）王启霖

赋得茶甘露有兄（别有难兄在） （清）蔡光绪

赋得水鸟带波飞夕阳（夕阳低照处） （清）吴思泰

赋得吟经栈阁雨声秋（峻阁摩空上） （清）陈炳煊

赋得二十四番花信风（廿四传芳信） （清）丁树诚

赋得水木湛清华（群木森森处） （清）易显珩

赋得自强不息（世运祥占泰） 前人

诗余

纪梦（蝶恋花）（雨窗幽梦分明记） （清）萧望嵩

题画扇（金缕曲）（和叶和根写） 前人

留题龙多山并序（水调歌头）

　（为爱龙山胜） （清）张祥

卷六十五　文在二

赋二

合州醉石赋 （宋）何麒

荔子赋 前人

飞鸟赋 （宋）李开

钓鱼城赋 （清）罗惜

洞庭山赋有序 （清）朱圻

东台山踏青赋 （清）杨士镆

养心亭赋 （清）朱虎臣

牧去害马赋 （清）王启霖

鸢飞鱼跃赋 （清）张中榜

学究解嘲赋 （清）蒋璧方

94. 民国重修大足县志

九卷首一卷　郭鸿厚修　陈习删等纂　民国三十四年铅印本　《中国地方志集成·四川府县志辑》(第四十二册)影印本

补修双贵桥亭记	（清）蒋作霖	（东邻姊妹旧时妆）
重修鼎新义学记	前人	（学绣双鸾指欲钩）
赠旷超凡序	（清）梁庆达	（侧侧寒□起灌园）
建修宝靖宫碑记	（清）敖册贤	（年年乌鹊苦填河）
增置乡学及加束修记	（清）王德嘉	（□□□□大而夸）

重修县志序	前人	辞招口号（遁思吾效拙）	前人
增刻种桑须知序	前人	赁春（来隐投孤墅）	前人
重修育贤斋记	（清）丁矗昌	晚入小滩废寺时有秦警（荒径曲萦溪）	前人
重修县志序	前人	延平津（问俗工形□）	前人
蜀典跋	（清）梁涛观	题日者张恒源卷有序（阳亭不尚白）	前人
梁涛观墓志铭	（清）柯逢时	至日次初携酒同成玉痛饮皆醉谩成	
黄节母苏太夫人墓志铭	（民国）谢无量	二首（已作差池羽）	前人
陈君益斋墓志铭	（民国）张群		
刘君新畲述德序	（民国）张森楷	舟中夜闻子规（江空帷不夜）	前人
赵保衡先生暨阳夫人寿序	（民国）卫立煌	雨后听渔舟（夜水寒仍澈）	前人
大足县马路落成纪念碑记	（民国）王风	闰三月（岁月方吾与）	前人

		虎狼溪（源远宜鸡犬）	前人
卷九　文征下		次韵凌厚子石壁流泉（土膏无际界中边）	前人
诗		（乳窦流渐百仞岗）	
安静观诗（青山转龙脊）	（宋）杨甲	（奔涛忽起怒摇山）	
登安福寺浮屠（谁能于虚空）	前人	城雾行（我在峨眉山下住）	前人
灵泉池二首（野色山园尽）	前人	蜀藩长史郑安民赴井殉难哭之以歌	
（胜地仙灵宅）		（君不见渔阳鼙鼓舞刑天）	前人
泛舟大江（莫踏街头尘）	前人	听雨行（茅舍阶檐无定次）	前人
游长松寺宿石门僧舍（疾风吹轻衣）	前人	赤水溪冬冬（曲曲波流节节山）	（明）朱渠
寒食游学射山（疾风吹沙天茫茫）	前人	圣水岩（香泉一道落城阿）	（清）李德
制胜楼（夔子城新筑）	（明）王延禧	海棠香园（洛阳未许擅风流）	前人
东川二首（□树寻荒径）	（明）胡子昭	孝泉井（泉之水，清且漪）	（清）赵时
（人道山行好）		邮亭题壁（漏尽驱长骑）	（清）陈大文
送从军罗山人还大足（老去渐		修忠武侯祠成谨纪（三代而还善择君）	（清）张澍
思云水乡）	（明）袁宏道	（气象清高信伟哉）	
高蹈先生五友诗（长日无风亦自清）	（明）夏守鎏	白塔寺前老松（寺外苍松百尺高）	前人
报恩寺诗（屹若天宁第一峰）	前人	登多宝塔（重游到此有前因）	前人
哀梁节妇自缢辞（抛弃残生思不禁）	前人	与蔡少尉云饮寺门大石（巨石净浮尘）	前人
老女吟（生来博得女郎身）	（明）潘绂	大雪游南山（百万玉龙甲委地）	前人
（花花草草定谁妍）		雪后游南山（牛阑鸡栖总未登）	前人

春晴登南山远望（丹岩翠嶂笑颜开）　　　前人
游南禅寺（拥翠楼何处）　　　前人
游佛湾（独有春游可散怀）　　　前人
韦君靖碑（乾符之际天下讧）　　　前人
恭和御制赐大学士史贻直原韵
　　（盛事传来杏苑芳）　　　（清）刘天成
圣驾南巡恭纪四首（百年清晏洽无痕）　　　前人
（指点邮□几度经）
（文明雅化兆思皇）
（帝念群生沛泽多）
绵潭山馆十咏（浮生泡影悟来无）　　　前人
（非关出好与兴戎）
（嵯峨杰阁郁氛氲）
（竹窗草色迷荒径）
（插架森森满汗青）
（世态忙忙那得休）
（诛茅结构任天然）
（□□幽轩迥绝尘）
（清光隐跃海天秋）
（地近膏腴花信早）
挽罗雪姑（化石硁硁不望夫）　　　（清）李型典
游妙高山（妙高寺敞白云巅）　　　（清）李型廉
（雨霁新晴正月初）
哭熊来仪寄梅花老人诗
　　（十载培成薄命材）　　　（清）陈盛棠
劝养蚕歌（衣食本同源）　　　（清）王德嘉
挽程节妇（双双嫠妇比邻居）　　　（清）李清
挽李金秀（十年不字已完贞）　　　（清）梁庆远
挽刘节妇（生子甫月余）　　　（清）黄用中
挽谭节妇（遗孤尚在敢轻生）　　　（清）高继元
寄内（记乘晓月理征鞍）　　　（清）梁海观
（故山回首隔云漫）
（行箧匆匆客邸安）
桃山谒岳忠武王祠
　　（翠华北狩两京墟）　　　（清）梁涛观
大观楼题壁（赤子呱呱月未弥）　　　（清）刘超儒

（翻怨阿爷枉尽忠）
影（瞥惊孤影过墙东）　　　（民国）沈蕊仙
（书窗灯火映墙东）
（水鸟翻波西复东）
晚坐（独坐空庭晚）　　　前人
春晴（清溪几曲绿成围）　　　前人
（春风吹暖卖花天）
（晴烟藏柳复藏花）
（二月春波似碧苔）
（翩翩杨柳拂风斜）
（板桥西畔柳依依）
春夜感怀（碧纱窗外鸟嘤嘤）　　　前人
己酉在滇（我材终有用）　　　（民国）饶国梁
庚戌由沪返滇（伤哉父与母）　　　前人
由沪返滇途中（北来南去春复秋）　　　前人
锦城遣怀二首（鼎革应凭汗马功）　　　（民国）沈庸
（蓉西念载冀重游）
离巫杂诗（一曲骊歌魂黯销）　　　（民国）王风
（邯郸梦过万机轻）
（三载随缘寄此身）

诗余

清平乐·乙酉二月十九日舟达涪涘去
　国已数百里复知有生之乐乃解我佩
　　刀酬而赋之（波光曲注）　　　（明）潘绂
蝶恋花·巴岳（错把穹高增目力）　　　前人
阮郎归·竞渡（梅霖洗尽炎方热）　　　前人
师师令·白鹭洲冬泛（波翻石□）　　　前人
蝶恋花·古佛岩（古佛仙踪森状怪）　　　（清）江宏衢
蝶恋花·维摩顶（一卧云堂呼不起）
蝶恋花·佛迹池（八德池塘开自昔）　　　前人
蝶恋花·万岁阁（御阁龙翔霄汉外）　　　前人
蝶恋花·无顶塔（峰顶既然夸独踞）　　　前人
蝶恋花·无忧石（抱朴深山随造化）　　　前人
蝶恋花·龙头山（气象峥嵘凌杳冥）　　　前人
蝶恋花·观音岩（昔既化身南海去）　　　前人
蝶恋花·鸡子峰（壁立云峰撑铁干）　　　前人

95. 光绪铜梁县志

十六卷首一卷　（清）韩清桂等修　陈昌等纂　光绪元年刻本　《中国地方志集成·四川府县志辑》(第四十二册)影印本

卷十一　艺文志

巴川社仓记	（宋）度正
罗睺东岩记	（宋）冯俊
大建金钟寺记	（明）刘仁
玉峰山瑞云寺记	（明）张纯
重建泰岳行祠记	（明）胡仕本
重建城隍庙记	（明）谭溥
重修寿隆寺记	（明）段威武
重修计都寺碑记	（明）谭蕛
重修铜梁县儒学记	（明）彭谨
何侯祷雨记	（明）张佳允
胡公祠堂碑记	前人
处士全前溪墓志铭	前人
重修望仙楼记	前人
重修罗睺寺记	前人
重修寿隆寺并补藏经记	前人
铜梁县志序	前人
张侯嘉禾瑞应册序	前人
昆仑洞赋	前人
张崌崃先生集序	（明）李维桢
张宫保墓志铭	（明）王世贞
重修玉皇观记	（明）李仕亨
铜梁县重修公宇记	（明）高启愚
玉峰山天台寺碑记	前人
寿隆寺常住田记	（明）周达
寿隆寺记	（明）陈恬
明中宪大夫贵州按察司副使赠通政使竹野李公暨赠淑人原配淳氏封淑人继配程氏墓志铭	佚名

重修计都寺记	（明）谭思
徐家庵新建经楼记	（明）李养德
秋英墅山中草序	前人
修元天宫真武殿记	（清）高承元
灵雨亭记	（清）单铎
重修雁渡桥记	前人
巴岳初游记	（清）王我师
王氏孝义碑铭	（清）郭伟人
巴川书院记	（清）全于天
巴川书院记	（清）陈大文

卷十二　艺文志

明月舫记	（清）陈大文
文昌书院三善宫碑记	（清）张习
张襄宪公祠记	（清）温清
重修华藏寺记	（清）谭洪儒
重制巴川书院义田碑记	（清）冉广燏
新建觉庵记	（清）戴健行
六赢寺关帝像记	前人
重修侣俸场总神庙记	前人
文昌碑记	（清）任其旋
周王氏节孝赞	（清）张澍
游罗睺山记	前人
游罗睺山铭	前人
题六寅诗集	（清）龚有融
铜梁县志叙	（清）徐瀛
铜梁县移建文庙记	（清）吴乃赓
化龙池印剑石记	（清）刘沄
重修大井记	（清）曾毓璜

处士王建寅墓志	（清）丁显元	虎峰场禹庙碑记	（清）韩清桂
王芹村先生墓志铭	前人	恩贡生吴公墓志铭	（清）游履安
养寿井泉记	（清）陶明德	大庙场奎文阁记	（清）宋崇德
陶克斋广文树柏记	（清）白玉楷	大庙场平粜碑	（清）宗正邦
补修文明阁碑记	前人	周氏四世六节孝总坊序	（清）陈世卿
修红雁桥碑记	（清）朱修诚	铜梁六寅山八景唱和诗序	（清）张乃孚
板桥场创建复亨桥记	（清）周定南	节妇赵刘氏墓志铭	（清）金元音
槐清乡学记	（清）沈廷贵	祝俊民孙公百岁启	（清）郭和熙
补修圣庙落成记	（清）余遂生	香山寺祀孔子先师序	前人
补修学署记	（清）鄧焘	改修明月桥记	（清）陈昌
旧县场增修禹王宫后殿及乐楼记	（清）金元音		
武穆岳王石像记	前人	**卷十三　艺文志**	
重修东胜寺记	前人	易龙图序	陈抟
游化龙崖记	（清）郭和熙	祭赵运使养民	（宋）张栻
侣俸寺灵官神像碑记	（清）曾廷钦	赵待制开墓铭	（宋）李焘
张松斋捐置义田记	（清）吴云程	惠寂院记	（宋）李元信
彭义士墓志铭	（清）向时鸣	藏经山华岩寺记	佚名
修黎市桥碑记	前人	龙归山观音寺石刻记	（明）蒋夔
重修武庙记	前人	赠中宪大夫河间知府王公墓表	（明）李贤
试院射圃记	（清）于腾	赠中宪大夫河间府知府王公仲亨墓铭	（明）周洪谟
重建蔡家桥记	前人	龙归山碑记	（明）曾昂
陡沟子纪事碑	（清）陈昌	重修安居县入学记	（明）刘春
铜梁县守城记	（清）吴鸿恩	唐柳玭墓碑	（明）刘让玙
铜梁孙公办团记	（清）李怀桢	铜佛碑记	（明）李尚德
任君父子事状	（清）左荫樾	龙兴寺碑记	（明）胡尧臣
监生刘君暨六品顶翎周君事状	（清）李宗焘	圣水寺灵异记	前人
增广生胡君锡环别传	（清）宋崇德	安居县城隍庙碑记	（明）唐应运
铜梁县昭忠祠记	（清）谈昌达	奏请南台贮谷疏	（清）王恕
巴川书院藏书记	（清）刘泰春	重修华藏寺碑记	（清）胡宗夏
跋铜梁吴峡村先生家塾楷模	（清）翁同龢	楼山诗集原序	（清）黄之隽
题崌崍吴氏家塾楷模	（清）李鸿藻	楼山诗集序	（清）沈大成
育婴堂神像记	（清）姜子成	楼山省身录序	前人
王巨川先生家传	（清）王朝佐	夜郎考	（清）贾思谟
重修全德桥碑记	（清）杨利川	施公生祠记	（清）杨慎行
重修火神庙碑记	前人	琼江书院记	（清）程日宪
合建仓圣宫张公祠碑记	（清）陈昌	铜梁山人诗集序	（清）李如筏

今思旧赋此（主人邀游罗睺山）　　　（清）杨蔼如

扫张襄宪公墓（瞻拜祠堂酒一杯）　　　前人

合州钓鱼城怀古（鼙鼓中原动战争）　　前人

（保障江淮控上游）

（元朝天子自临戎）

（沿川战血射朝暾）

合阳避难（战垒未经心已怯）　　　（清）郭和熙

（结阵连云摩刃白）

（虚村射利趁狼烟）

（昔闻边患已心灰）

题渝城巴曼将军墓（曼子巴将军）　　（清）朱枝青

吊刘仲凡（刘君仲凡名至正）　　　（清）谈昌达

黄沙巢道中（一带葱茏景）　　　　前人

（地僻居人少）

感事（军书日向锦城来）　　　　　前人

茨竹沟（鸟道羊肠里）　　　　　　前人

游巴岳山（纡回曲径掩蓬蒿）　　　前人

（□峦万仞接天高）

（□□苍翠落庭隅）

（石床丹灶久传闻）

乙丑春闻职外帘之役月夜偶作

　　（月转长廊坐夜深）　　　　（清）王俊三

悯旱用东坡海市原韵（草枯

　　木萎郊原空）　　　　　　（清）王汝舟

圣泉寺约凉（胜地重游似梦时）　　（清）真空

同治戊辰疫气流行死者相继因作挽

　　歌词以哀之（生别离，后会当有期）（清）李怀桢

金钟寺月夜独步（邮柝时闻山市里）　前人

纪将军安汉歌（秦亡鹿，楚汉逐）　（清）李国桢

与荣六老人（长岭巇复岖）　　　（清）向时鸣

陈烈妇殉夫八首并序（褒题烈

　　妇大书陈）　　　　　　　（清）宋崇德

（只为无儿欲问天）

（不继双珠让独丁）

（待得河清寿几何）

（遗托承宗谅不欺）

（绝粒偏生苦劝餐）

（一死真成重泰山）

（补牢未晚惜羊亡）

昔游云台观谒希夷先生陈抟祠缅想其

　　人追作此诗（仙馆三峰下）　　　（宋）宋祁

子平寄惠希夷陈先生服唐福山药方

　　（蜀山之东）　　　　　　　　（宋）文同

题龙门山佛岩（天启神龙生碧泉）　　（宋）米芾

波仑纪兴（闻说波仑寺）　　　　　（明）胡乘

题龙女庙（兜溪源与涪江通）　　　（明）王□俭

赠松隐圆聪上人（阿师德本宿所植）　（明）曾昂

同人游石灯山无相寺题石

　　（石叠青螺鹫岭巅）　　　　　（明）徐纪

永清寺余旧馆也重修落成寄题志感兼

　　订重游寺有十二峰耳泉绝胜（幽情曾

　　共虎溪群）　　　　　　　　（明）李养德

（犹忆朝炉及暮钟）

忆葵亭（南滇运暑气）　　　　　　（清）王恕

渔父词（湖水弥弥烟霏霏）　　　　前人

牧牛词（潮水清浅河水流）　　　　前人

农夫词（赤日流天阳气骄）　　　　前人

闱中有以祭鬼请者余寝其事作此晓之

　　（文思天子照遐荒）　　　　　前人

归途遣兴（偶来山下听鸣泉）　　　前人

偕友人江岸登山（翠巘如波涌縠文）　前人

过潮州有感（金山遥带凤凰洲）　　前人

韩侯钓台歌（西风斜日淮阴渡）　　（清）王汝梅

对月书怀（宦海升沉未可论）　　　（清）王汝嘉

曲水流觞（□□养晴书）　　　　　（清）王汝璧

都门寓斋题李药庵明府秋江载书图

　　即送还蜀（岷峨之山吾所邦）　　前人

喜闻士会兄省试捷音（文命科名定有神）前人

喜闻赓侄京兆试捷音（喜剧翻教泪满巾）前人

龙门山佛岩偶题（新赐宫花驰驿回）　（清）张鹏翮

太平里（山口清幽水绕庐）　　　　（清）贾思谟

柳堤作（柳林隐约几人家）　　　　前人

96. 同治璧山县志

十卷首一卷末一卷　（清）寇用平修　陈锦堂、卢有徽纂　同治四年刻本　《中国地方志集成·四川府县志辑》（第四十五册）影印本

（水自合阳来）

（散步巡荒垒）

（月出东山头）

（九月剩残秋）

（天转新霁色）

（大风摇我旗）

（妖蠢沿岸下）

（戎马尘漫漫）

（客从贼中来）

（莫谓贼已远）

南征（我久厌风尘）　　　　　　　　　（清）何泰然

题庸行图（至孝本性生）　　　　　　　（清）刘宇昌

七言古

信相院水亭（青天行月地行水）　　　　（宋）冯时行

梅林分韵得梅字（霜朝马蹄无纤埃）　　　　　前人

题温泉寺壁（三月兴师疾如鹘）　　　　（明）刘汉儒

秋日饮陈氏园（偶附刘伶称酒德）　　　（明）吴质存

璧山春日述怀（不过羊肠九折坂）　　　（明）艾彩云

挽董明府（才度花朝花蒲县）　　　　　（明）向培元

澄江纪胜（澄江江水净如练）　　　　　（明）郭正笏

游茅莱山（奇峰突兀势壁立）　　　　　（明）罗炳伦

茅莱山仙洞怀古（崒崒奇峰插天际）　　（明）邹侠

纪赵张氏贞烈事（赵氏有璧希世奇）　　（明）刘宇昌

五言律

宿崇圣院（公程无暇日）　　　　　　　（宋）周敦颐

岑公岩（泉细或疑雨）　　　　　　　　（宋）冯时行

峨眉光明岩（闻说最佳处）　　　　　　　　　前人

伏虎寺（岂但山储秀）　　　　　　　　　　　前人

牛心寺（蜀公爱山水）　　　　　　　　　　　前人

观音寺（人日访山寺）　　　　　　　　　　　前人

温泉寺二首（绝壑摩霄汉）　　　　　　（明）刘大谟

（温泉留胜迹）

游温汤寺浣温汤（一夏炎尘里）　　　　（明）范永銮

温塘寺（净业逢山寺）　　　　　　　　（明）云梦

夜过温汤峡听瀑布（泉飞千尺瀑）　　　（清）王采珍

宿马坊桥晤邓橘村（分手无多日）　　　（清）李天英

三台坡（群山荡胸立）　　　　　　　　（清）李天英

赠张若泉明府（制锦歌慈母）　　　　　（清）陈本谟

初秋宿郭生修竹斋（一雨知秋至）　　　（清）张焕祚

五言排律

入东阳峡与李明府舟前后不相及

　（东崖初解缆）　　　　　　　　　　（唐）陈子昂

七言律

温泉寺（借问禅林景若何）　　　　　　（宋）冯时行

题温泉寺壁（山如翔凤瞰江浒）　　　　（明）朱孟斋

温泉题壁（云山独上会江楼）　　　　　（明）卢雍

己卯新正重经温泉（峡里汤池别贮春）　　　　前人

温汤峡寺（花窟云峰历乱堆）　　　　　（清）孙宏

再经来风驿（桥临古驿忆童嬉）　　　　（清）龚懋熙

璧邑八景

觉院夜雨（禅关昼永万峰晴）　　　　　（清）黄在中

东林晓钟（密树疏烟停暮鼓）　　　　　　　　前人

圣灯普照（危峦石火辟何年）　　　　　　　　前人

茅莱仙境（茅莱殿阁接蓬莱）　　　　　　　　前人

凉伞云遮（华盖高擎出上方）　　　　　　　　前人

金剑晴雪（秀峰遥落青天外）　　　　　　　　前人

虎峰马迹（翠巘嶙峋古寺东）　　　　　　　　前人

石泉凝脂（瀑溅珠岩百丈垂）　　　　　　　　前人

璧邑初夏郊望（四月和风梅子黄）　　　　　　前人

璧山四季诗（青萝碧草绚朝霞）　　　　　　　前人

（紫陌飞虹宿雨收）

（千山明月挂高松）

（玉露山城冻未开）

蜀中诗四首（芳草平畴古木齐）　　　　　　　前人

（泉影山光一望清）

（驿路明霞接帝都）

（万家烟火锦江湄）

夜赴澄江口道中作（喧闻伏莽又江边）　（清）张人龙

江上试炮（军情欲作先声计）　　　　　　　　前人

游温汤寺（鼙鼓曾经动地来）　　　　　　　　前人

寄江北李少府二首（江州司马说循良）　　　　前人

（溶江巴国接芳邻）

定林寺咏月季花（如君好似在阳台）　（清）刘志

璧山署中赠张云轩大尹

　（才过传柑撒荔期）　（清）李天英

（不独勤劳感邑氓）

游登云坪（鹫岭平平倚碧空）　（清）刘笃胜

送董朴园明府入都（一官匏系惜囊空）　（清）胡开仕

秋日同邓筤轩登挂□山即事

　（何处寻芳逸兴多）　（清）陈本谟

赠汤葭村明府（忆自公车出锦城）　（清）黄履中

南康解组（来时已似去时远）　（清）何增元

伏虎寺（初登临处便清凉）　（清）向增元

双飞桥（客行乍到悚裳衣）　前人

万年寺（山局堂堂福地开）　前人

息心所（危峰削立忽当前）　前人

钻天坡（石磴岩峣上指天）　前人

白云寺（奇峰回抱梵王家）　前人

息心所（峡路崎岖上翠岑）　前人

纯阳殿（径绕巉崖半壁横）　前人

罗汉坡（历尽崎岖忽荡平）　前人

天门石（天上人间石一痕）　前人

华严项（最高峰处绝恒蹊）　前人

大峨正顶（历尽层峦未足奇）　前人

璧山八景回文觉院夜雨

　（猜疑夜雨细浸栏）　前人

东林晓钟（金声远震吼崖狮）　前人

圣灯普照（光华大现圣灯擎）　前人

茅莱仙境（岩峣觅径古留踪）　前人

凉伞云遮　　阙

金剑晴雪（霏霏影处磷磷色）　前人

虎峰马迹（空虚立马驻谁人）　前人

石泉凝脂（龙湫嗽石喷香涎）　前人

和向子益明经驿邸见赠原韵

　（张绪风流忆昔时）　（清）邓树极

独耳岩题石（层冈叠叠下茅莱）　（清）向培元

宿卫市寺（禅堂久别偶偷闲）　前人

万寿寺题壁（一带□岚耸壁西）　前人

杉树坪（列笋群峰转似环）　前人

璧山来凤驿（古驿苍茫落照西）　（清）王梦庚

栎炭（盘根错节出山隈）　（清）刘宇昌

游茅莱山道士留饮（茅莱胜境即蓬莱）　（清）罗春云

留别峄阳二首（宦海浮家亦重迁）　（清）刘宇昌

（生涯全仗此微官）

叠韵二首（忆昔遥从象郡迁）　前人

（未许粗才作冷官）

六言绝

出郊题瀼东人家屋壁（入座山如屏障）　（宋）冯时行

（风引晴云度去）

七言绝

中岩石笋（古院无人僧作佛）　（宋）冯时行

郑家场道中（晨装检点趁鸦飞）　（清）李天英

（菜黄麦绿获团蕉）

（道路喧传扎寨营）

咏纺绵（两手经纶快似风）　（清）刘志

石太子（一自鸿濛孕玉胎）　（清）向增元

向子厚过访话旧（白发相看已见疑）　前人

（珠藏颔下几人知）

（自反方知不足学）

漫水湾（烟光云影小桥遮）　（清）罗天锦

97. 民国潼南县志

六卷首一卷　王安镇修　夏璜纂　民国四年刻本　《中国地方志集成·四川府县志辑》(第四十五册)影印本

潼南县志卷五

文

龙多山记	(唐)孙樵
龙多山至道观记	(宋)赵楙
龙多山鹫台院记	(宋)冯时行
赤水县修学记	(宋)赵楙
龙君亭记	(宋)文熙之
龙多山程公政事记碑	(宋)刘时行
跋程公政事记碑	(宋)吕谭
贺张舍人震启	(宋)晁公遡
糖霜谱略	(宋)洪迈
跋西路宪使冯公诗后	(宋)王随
重修鉴亭记	(元)陈夔仁
重修旌忠庙记	(元)文礼恺
请饬群臣和衷疏	(明)陈讲
遂宁增修学宫记	前人
建观德堂记	前人
谕祭陈讲文	(明)穆宗
雨中得游南禅寺记	(明)刘天民
白鹿观碑记	佚名
方进士怀乐暨宜人义粮碑记	(明)王用予
纠马士英荐非其人疏	(明)吕大器
吕文肃公别传书后	(明)陆廷抡
吕文肃诗序	(清)费密
文肃公诗跋	(明)吕潜
唐山人诗序	前人
高惕庵语录序	前人
吕文肃公史传跋	(明)周彭年
吕半隐怀归草堂诗序	(明)陆廷抡

吕半隐课耕楼诗序	(明)雷珽
大仑山显教寺碑记	(清)陈愚
重修安庆堤盐关记	(清)姜雯
安庆堤记	(清)王梦卿
大佛桥记	(清)吴锡庶
重修千手眼大士像记	(清)张瑜
重修圆通寺功德碑	(清)徐学儒
重修鹫台寺记	(清)奚继徽
环溪书院并义学记	(清)奚大壮
心湖李公治蓬御寇纪略一	前人
重修常乐寺记	前人
夏元吉先生墓表	(清)冯靖文
云峰寨记	(清)卓思顺
老相寺碑记	(清)杨居义
鹿鸣寨记	(清)刘泽洋
杨星垣先生六秩寿序	(清)邹宗垣
张陈氏墓志铭	(清)蒲明发
骆贞女碑	(清)杨之大
张陈氏墓志铭	(清)蒲明发
潼南刘氏两节妇传	(清)郭炳忠
周张氏节孝坊记	(清)潘先珍
医道溯源序	(清)邓林
杨君肯堂墓志铭	(清)王昌龄
奚氏割股记	(清)吴正纶
夏氏支谱跋	(清)蒲光宝
征张衡九先生七十寿言启	(清)夏鸥
唐贞女建坊记	(清)杨鼎昌
谭龙氏墓志铭	(清)陈品全
郑瑞庭墓志铭	(清)苏明订

（披襟一笑白头新）

（岷峨西望气寥寥）

游幕西域留别都门（京尘溅洞促年华）　（清）陈萧

（一曲骊歌似渭城）

从军二首（红羊白帽扰西来）　前人

（□曲前驱回纥马）

拟从军行二首（短衣渡黑水）　前人

（长星垂大漠）

军至叶尔羌城解围（昔为军师国）　前人

法茂亭参帅节制各军挽余人幕二律

　　（蒲梢应共二师回）　前人

（南宫当日是仙班）

疏勒秋感（四塞凉云淡不收）　前人

赠别伊犁驻防副□□领队大臣阳货亭

　　凯旋（破虏功成夺隘时）　前人

顾将军廉溪由噶什喀尔办事大臣乞假

　　回京道出叶尔羌盘桓数日留别（昔日

　　孝廉船放缆）　前人

选峡江令赴任裕辑庵部堂饯别赋呈

　　二首（飘然身世等飞茵）　前人

（塞上归来五木香）

同治乙丑奉沈幼丹中丞奏调同鲍春霆

　　军门出关剿办叛回交卸峡江县篆留

　　别（飞驰羽檄促戎装）　前人

又（旧斩楼兰一剑横）

出都回任（九子铃声出建章）　前人

（十月霜花贴地匀）

（偕吟共被忆羊何）

己巳春初莅德化任望庐山

　　（五老开颜六合曙）　前人

代办九江府篆试士（便论文章毁誉多）　前人

莅义宁州任陈右铭廉访招饮于南山楼

　　座中有周德泉军门余铁生太守赋五

　　古一首（弹冠沐修水）　前人

秋感（蔚蓝天色染秋容）　前人

（少年意气五侯鲭）

医道溯源题辞（我闻仙人住蓬岛）　（清）夏鹓

伤匪乱（熊罴咆我东）　（清）谭镕

周节妇家孤燕来巢诗以志异

　　（嫣红姹紫和烟收）　（清）周宗葵

（□春独自啄泥忙）

感同人歌颂母节谨赋七绝以和以谢

　　（怪道呢喃亦守盟）　（清）周驭爵

（一剪轻抛入帘帏）

五十自寿（少年英气本轩昂）　（清）王室藩

（五十行年非始知）

和（名驹千里自昂昂）　（清）夏光鼎

（诗筒奉到喜相知）

鹫台寺鱼池（佛舍重新候）　（清）陈思典

生日感赋（虚度驹光卅七春）　（清）杨澧枡

（庭园远隔五经年）

（时局艰难万念萦）

（高冈鸣凤趁朝阳）

和（明府之官官舍春）　（清）周思禹

（江上又劳为小邑）

（盛德好将银管述）

（隔袍身暖照晴阳）

书唐节母传后（班诚而还阴教纪）　（清）夏璜

丁未七月朔日本丸山英三有野学等由上

　　海同文校游历到泸考察商务接洽甚欢

　　次日以手卷索题因赋诗赠之（重溟谁

　　信此相逢）　前人

读书台（不见读书人）　前人

唐溪八首选四（我行四十年）　（清）伍煌

（峨峨偃月楼）

（闲行过灞亭）

（嵯峨大小仑）

咏大年徐言汉夫妇偕老（梧桐相待老）　（清）刘承尧

邹贞女（最怜白璧闺中秀）　（清）陶先晼

庚寅三月喜生长男值祖父七旬寿辰

　　（筵开汤饼素心舒）　前人

（连枝花放早春时）

清明日扫先大人墓（哭拜阿爷泪不支）	前人	观菊偶成（不信重来又暮秋）	前人
又（虚陈俎豆泪如丝）		（群芳唤醒梦魂清）	
悼瀛伯大弟（荆树偏凋首出枝）	前人	将别湘园感赋（陟岵兴悲岁又新）	前人
（留君不住送君行）		（丹梯百尺影分明）	
玉梅天香菊（冰心一点傲寒霜）	（清）吴可玉	（天涯鸿爪帐纵横）	

98. 江津县志

二十二卷　（清）曾受一纂修　王家驹校阅　徐鼎续修　乾隆三十三年刻本　嘉庆九年重刻本

卷十二　艺文

宸翰

赐江津县儒学训导杨彦还乡敕	（明）成祖
赠户部右侍郎江英诰	（明）代宗
封太淑人江周氏诰	前人
谕祭太淑人江母周氏文	前人
授云南道监察御史杨彝敕	（明）世宗
封云南道监察御史杨彝妻王氏敕	前人
封户部陕西清吏司主事李周敕	前人
赠安人李母周氏敕	前人
赠安人李母王氏敕	前人
赠光禄寺掌醢署监事王楚安敕	前人
封湖广江陵县知县李为臬敕	（明）神宗
封江西临江府清江县知县刘必达敕	前人
赠孺人刘母刘氏敕	前人
授江西临江府清江县知县刘养志敕	前人
谕山西按察司佥事刘养志敕	前人
赠河南夏邑县知县卞化龙敕	前人
赠刑部浙江清吏司主事卞化龙敕	前人
赠吏部文选司员外郎卞化龙敕	前人
授苏州府通判承德郎曹进可敕	前人
授黄平州知州奉直大夫曹进可诰	前人
封安人曹母郑氏敕	前人
封宜人曹母郑氏诰	前人
赠江南苏州府通判杨炳昌敕	（明）光宗
授河南光山县知县袁州鎏敕	（清）康熙
赠孺人袁母龚氏敕	前人
封孺人袁母雷氏敕	前人
赐赠直隶河间府吴桥县知县王瑞章敕	（清）乾隆

赐赠孺人王母黄氏敕	前人
赠直隶吴桥县知县王献谟敕	前人
赠孺人王母罗氏敕	前人
赠孺人王母龚氏敕	前人
赐赠成都府温江县训导李庭凤敕	前人
赐赠孺人李母夏氏敕	前人
赐赠孺人潘母凌氏敕	前人
封孺人潘母敖氏敕	前人
赐封孺人周母王氏敕	前人

卷十三　艺文

文

修大小糯米堆记	（宋）王敦夫
邻母洞记	（宋）刘干
王夫人墓志铭	（宋）刘鼎
冯隐君墓志铭	（宋）石午
心舟亭记	（宋）冉木
重修文庙记	（元）石登
重修明伦堂两斋馔堂记	（明）梁混
云南左参议赠嘉义大夫户部右侍郎兼 　翰林院学士江公神道碑	（明）王直
又重修大成殿记	（明）叶生
异感堂记	（明）江孟纶
郑氏族谱序	（明）郑永珪
黄石龙记	（明）夏泽
修忠义祠记	（明）刘丙
筑城记	（明）邹鲁
平蜀传	（明）杨彝
新学颂	前人

99. 光绪荣昌县志

二十二卷 （清）文康原本　施学煌续修　敖册贤续纂　光绪九年刻本　《中国地方志集成·四川府县志辑》（第四十五册）影印本

卷二十　艺文志

独坐（秋风秋雨饯年华） 前人
舟中有感（歌声欸乃夜潮生） 前人
过牛口滩（水入川江半倒流） 前人
落梅（冰肌玉骨见精神） 前人
读四大梦传奇有感（邯郸读罢又南柯） 前人
山家（小桥流水野人家） 前人
谒金门 （清）蒋景松
棠堰飘香（东风暖）
古佛眠云（华兰若）
石航秋水（秋容素）
龙洞栖云（云归壑）
香国乐府 （清）徐子来
喻尚书（苍鹅狂氛敝日起）
穷布政（麟符分陕拜简命）
喻兵侍（钢为肠铁为骨）
刘兵侍（平望桥头杨柳绿）
郝观察（鸽军白店千队集）
赵文节（江南破，临安破）
曾知州（流寇余孽翼黄虎）
招魂引（狂风催出白莲花））
何孝子（迷天蜇雨古哀牢）
哭胡生辅之尽节（辅之茂才吾良友） （清）谢金元
挽殉难友胡辅之（角声震荡鼓声裂） （清）薛肇龄
挽殉难友胡辅之（永川城陷朔风飕） （清）李禧鸿
挽烈女赵毓秀（赵女毓秀性贤淑） （清）郭肇林
烈女殉难歌（中原血战多年矣） （清）任思培
纪建回澜升平双桥歌（昌元之北巴渝东） （清）赵连城
别亲庭（不到馆中父不欢） （清）左延辅
敖烈女诗（东海有勇妇） （清）江维斗
敖烈女诗（重义轻捐躯） （清）刘祚涛
其二（卷席矢寸心）
敖烈女诗（丹山凤死雏凰泣） （清）李爵
敖烈女诗（昔我令郪水） （清）王宫午
邑俗妇耕夫坐食为作此诗（郎看陌上花） （清）敖册贤

100. 同治重修涪州志

十六卷首一卷　（清）吕绍衣等修　王应元、傅炳墀等纂　同治九年刻本　《中国地方志集成·四川府县志辑》（第四十六册）影印本

卷十四　艺文志

散体文　骈体文

汉

货殖传	（汉）司马迁

宋

与秦世章文思	（宋）黄庭坚
答黎晦叔	前人
答孟易道傅通判	前人
答黎晦叔暹	前人
答王观复	前人
答戎州新守	前人
予玉补之	前人
跋刘均国卧龙行记	（宋）王行谨
观石鱼记	（宋）晁公溯
锦绣洲刻石	（宋）盛景献
伊川先生祠堂记	（宋）曹彦时
白鹤梁刻石	（宋）黄仲武
游北岩还观石鱼记	（宋）种慎思
石鱼记	（宋）朱永裔
观石鱼记	（宋）陶侍卿
嗣韵石鱼诗序	（宋）刘叔子
观石鱼记	（宋）蔡惇
白鹤梁刻石	（宋）孙仁宅
与周卿教授学士书	（宋）朱熹

元

涂山碑记	（元）贾易岩
学宫碑亭记	（元）贾元

明

石鱼记	（明）李宽
跋杨升庵临涪翁与人帖	（明）刘大谟
恩荣堂序	（明）卫国史
余侯重立知稼亭记	（明）夏国孝
劾逆珰刘瑾疏	（明）刘蓂
荐兵部尚书刘大夏疏	前人
乞谥宋景濂先生疏	前人
白云书院记	前人
龙洞寺修丹墀记	（明）曹第
送太子少保涪陵刘公致仕序	（明）邱濬
吏部尚书夏松泉公墓志铭	（明）许国
邹刘合刻序	（明）倪斯蕙
新建十方堂碑记	（明）向鼎
松石书斋记	（明）陈计长
答总督李雨然书	前人
上马抚台书	前人
建东壁阁记	（明）夏道硕
西门关帝像灵显记	前人
旌陈母赵大人节孝疏	（明）陈蒝
龙洞庵碑记	（明）罗若彦
谕祭刘蓂文	（明）世宗
谕祭夏邦谟文	前人

艺文志下　散体文　骈体文

清

恩纶晋赠太子太傅……周煌碑文	（清）乾隆
御祭文	前人
陈母夏安人墓志铭	（清）吴伟俊
募修鹰舞寺引	（清）周侭
周南梁先生墓志铭	（清）陈兆崘

卷十五　古今体诗一百八十五首

铁柜城（铁柜久不见）　　　　　　（明）陈计长

赠刘秋佩（骨鲠英风海外知）　　　（明）王守仁

又赠刘秋佩（检点同年三百辈）　　　　　前人

登嵒壁山眺望

　　（何处岩岩天竺峰）　　　　　　（明）何楚

登嵒壁山（四山横一碧）　　　　　（明）何以让

过访何环斗先生嵒壁山琴堂书院

　　（锦缆漾舸发）　　　　　　　（明）蔺希夔

登嵒壁山访何环斗

　　（濮水寒龙剑恒云）　　　　　（明）曹愈参

桂楼秋月（□桂婆娑白玉楼）　　　（明）夏邦谟

荔圃春风（南海移来种最奇）　　　　　前人

白鹤梁石鱼（神鱼翠壁览奇镌）　　（明）罗奎

黔水澄清（萦回冷浸碧无暇）　　　（明）余光

重修碧云亭（北岩幽处碧云眠）　　（明）夏道硕

国朝

题飞泉桥（父忠女烈傲严霜）　　　（清）文珂

道经涪陵游北岩注易洞（鸡鸣截江去）（清）王士禛

江心石鱼（涪陵水落见双鱼）　　　　　前人

松屏列翠（文光山夺尽）　　　　　（清）董维祺

桂楼秋月（一片小山月）　　　　　　　前人

荔圃春风（斯圃名何目）　　　　　　　前人

鉴湖渔笛（无眠因浪稳）　　　　　　　前人

群猪夜吼（滔滔留不住）　　　　　　　前人

白鹤时鸣（素羽为仙骥）　　　　　　　前人

荔圃春风（铁柜城西驿路赊）　　　（清）章绪

群猪夜吼（群猪相搏暮云愁）　　　　　前人

聚云山晚归赠源澈上人（千峰环古刹）（清）国栋

其二（溪毛浑漠漠）　　　　　　　　　前人

鉴湖渔笛（湖开镜面碧平波）　　　（清）王正策

白鹤时鸣（飞来金穴下河梁）　　　　　前人

黔水澄清（飞滩走峡势如倾）　　　　　前人

荔圃春风（名园久不与凡同）　　　　　前人

桂楼秋月（可是元龙百尺楼）　　　（清）夏景宣

关滩口占（重开蠹峙拥双峦）　　　（清）陈鹏飞

舟行黔水道中（黔水涪江一脉连）　　　前人

涪陵夜泊（一棹涪江夕）　　　　　（清）翁若梅

其二（木叶双堤雨）　　　　　　　　　前人

涪江舟行抵武隆（孤棹发涪陵）　　　　前人

黔水澄清（一脉黔两水）　　　　　（清）萧学旬

松屏列翠（岂是天台种）　　　　　　　前人

桂楼秋月（百尺凌霄峻）　　　　　　　前人

荔圃春风（小圃依然在）　　　　　　　前人

铁柜樵歌（幽坚松阴暗）　　　　　　　前人

鉴湖渔笛（烂醉沙汀酒）　　　　　　　前人

群猪夜吼（何处滩声起）　　　　　　　前人

白鹤时鸣（闻道朱仙鹤）　　　　　　　前人

石鱼兆丰（不向龙门跃）　　　　　　　前人

神仙洞（古洞何年凿玉岩）　　　　（清）何行先

题长生无忌墓（滚竹坡高吊昔贤）　（清）舒国珍

登城东奎星阁（奎星高阁接层峦）　（清）邹泑宁

附：鉴湖石鱼记　　　　　　　　　（清）陈预

题陈观察预鉴湖石鱼记（循吏标前史）（清）石韫玉

前题（鉴湖湖水清且涟）　　　　　（清）赵秉渊

涪州北岩注易洞（江桡赴岩翠）　　（清）吴省钦

钩深堂（有客传周易）　　　　　　　　前人

涪州阻水（外水送孤篷）　　　　　　　前人

群猪滩（白□烝涉波）　　　　　　　　前人

注易洞用吴白华先生诗韵（绝磴

　　陟秋风）　　　　　　　　　（清）周厚辕

游点易洞（雨余访胜出）　　　　　（清）周煌

其二（钩深堂畔草）　　　　　　　　　前人

其三（谁从伊洛讨渊源）　　　　　　　前人

其四（祠宇千年若有神）　　　　　　　前人

奉使入川得告省墓还家日作

　　（又捧纶言出禁局）　　　　　　　前人

其二（小筑新成背郭堂）　　　　　　　前人

予告归里纪恩远怀兼别同人得诗四

　　首（早岁功名际圣朝）　　　　　　前人

其二（悬弧才感被恩光）　　　　　　　前人

其三（忆从橐笔入承明）　　　　　　　前人

其四（衣香同惹御炉烟）　　　　　　　前人

过荔枝园（栈阁铃声杂雨悲）　　　　（清）李天英

游聚云山（江镇岩关胜概雄）　　　　（清）侯天章

碧云亭（昔人曾此劝农桑）　　　　　　（清）黄基

舟泊关滩（险隘自天开巉巉）　　　　　（清）舒其文

注易洞（先生精妙理讲易）　　　　　　（清）王怡

北岩注易洞怀古示诸生

　（屏山何巀嶪）　　　　　　　　　　（清）何启昌

点易洞怀古（乘兴到北岩）　　　　　　（清）邹锡礼

点易洞怀古（点易人何在）　　　　　　（清）潘嵩

题钩深堂（画前已有易）　　　　　　　（清）龙为霖

北岩注易洞（涪城江外北山隈）　　　　（清）李天鹏

飞水洞（滚滚原泉出上头）　　　　　　前人

桂楼秋月（十里风回负郭游）　　　　　（清）周宗泰

荔圃春风（彤彤日影荔枝香）　　　　　前人

注易洞（注易千秋迹）　　　　　　　　（清）何浩如

桂楼秋月（丹桂蟠根白玉楼）　　　　　前人

荔圃春风（江浔小圃荔支红）　　　　　前人

黔水澄清（汉平城外水潆洄）　　　　　前人

涪陵北岩十景　选五　　　　　　　　　（清）陈旸

洗墨池（分明点画走惊蛇）

致远亭（亭前芳草覆苔阴）

碧云亭（一亭高出与山齐）

读画廊（路转廊回眼界开）

江天独坐轩（拓得山腰地半弓）

北岩十咏　选五　　　　　　　　　　　（清）张师范

致远亭（一亭致远得嘉名）

点易洞（烟波洞外大江横）

不受暑斋（书声去后梵音流）

江天独坐轩（独坐临风抱膝吟）

江心石鱼（石鲸自有形）

主讲钩深书院二首选一

　（堂辟钩深旧有名　　　　　　　　　（清）陈永图

李渡玉皇观文社醉后题壁

　（昔人早已乘莲去）　　　　　　　　（清）刘邦柄

其二（山僧只解说荒唐）　　　　　　　前人

游蔺市揽诸胜（着屐拟寻春）　　　　　前人

短歌行为孝子孔继智作

　（橄枪一出妖氛起）　　　　　　　　（清）张克镇

贺陈接三胞弟鎏父子同科（堂堂大手笔）　前人

题桓侯庙步霍亭明府韵

　（新亭初投铸刀头）　　　　　　　　前人

小江避乱述怀（园林如故赏心同）　　　前人

陈节妇割股行（敬瑜堂前孤燕飞）　　　（清）王五总

咂酒诗为周海山先生作

　（地炉暖深瓮）　　　　　　　　　　（清）蒋士铨

悼亡（仿佛维摩示疾身）　　　　　　　（清）张问陶

送周补之旗橇赴广东之外舅学士公

任（七年离合总关情）　　　　　　　　前人

涪州感旧（拍拍飞桡十四枝）　　　　　前人

留涪州两日作诗谢亲旧

　（两日停舟访故交）　　　　　　　　前人

琉球刀歌为周补之廷授作

　（岛夷作佩求元金）　　　　　　　　前人

戊申岁猎寓外舅替善公宅感事有作

　（天涯别鹄惨离群）　　　　　　　　前人

送外舅周东屏先生奉使川陕祭告岳渎

　（岳镇西蟠位望同）　　　　　　　　前人

其二（江源西振禹功长）　　　　　　　前人

观音洞（人间罅漏教谁补）　　　　　　（清）陈銮威

题听鹤楼（鹤老不知秋）　　　　　　　（清）周炳

鹤游坪八景录五（尊崇直欲视三公）　　（清）李化南

（双流合注水之涯）

（溪头风静水无声）

（西来爽气满峰峦）

（雾锁云封草绶缠）

春日游凤翔古刹感赋（浪游踏遍径三三）　前人

（万山围住屋中间）

（万口争传此地奇）

（一杵钟声落照微）

涪州江口（兹地接牂牁）　　　　　　　（清）黎恂

三门归舟（一去浑流春水生）　　　　　（清）石彦恬

白鹤梁（灵鸟胎仙出）　　　　　　　　前人

101. 民国涪陵县续修涪州志

王鉴清等修　施纪云等纂　民国十七年刻本　《中国地方志集成·四川府县志辑》（第四十七册）影印本

102. 垫江县志

十卷 　（清）丁涟纂修 　夏梦鲤纂修 　董承熙总纂 　道光八年重修 　咸丰八年刻本

卷七 　艺文志

重修学宫记	（明）江朝宗
科目题名碑记	（明）时庆
重建大成殿碑记	（清）李竑邺
修学宫路碑记	（清）胡韶善
文昌宫圣像碑记	（清）陈于畴
重修文庙碑记	（清）李惺
凌云书院记	（清）丁涟
重修凌云书院记	（清）俞廷举
补修凌云书院记	（清）孔继纲
重建华光楼继	（清）刘彝
新建龙王庙碑记	（清）陈于畴
宝和寺碑记	（清）陈幼学
随喜庵碑记	（明）李士昌
重修峰顶大通秋月寺记	（明）陈端
大通寺戒酒碑记	（明）袁应秋
重建大通寺碑记	（清）高之霖
莲花庵记	（清）李丹生
柴家庵灯记	（清）瞿缵曾
安东桥记	（清）李亿
重修凤凰山朝阳院碑记	（清）陈于畴
涂月潭诗集序	（清）王廷献
李鹤期诗集序	（清）涂珪
松云集序	（清）李竑邺
萧东谷小草诗序	（清）方觐
重修宝顶南京堂光相寺序	（清）墙士进
重修学宫引	（明）陈谟
募修南京堂接引殿引	（清）涂珪
愚孝论	（清）宋在诗

卷八 　艺文志

甘宁传	（晋）陈寿
万柳先生传	（明）李实
骆仁吾传	（清）李丹生
火传先生传	前人
瞿弇山传	前人
陈赓鹿传	（清）李重华
程徵吉传	（清）杨棠
萧东谷传	（清）傅作楫
陈子伟传	（清）黄之玖
余明孺先生孝行传	（清）林中麟
叔父子会陈公传	（清）陈中
诰赠奉直大夫董天香传	（清）甘采和
诰封奉直大夫卢鹿苹先生传	（清）张焘
陈福斋先生传	（清）董承熙
诰封奉直大夫董步卢先生传	（清）程正楷
汪象愚先生传	（清）萧秀棠
汪尔常先生传	（清）董承熙
程厚堂先生传	（清）董承熹
程可亭先生传	（清）王怀孟
广文高力亭先生传	前人
程次坡先生传	（清）李惺
例赠文林郎魏安刘处士家传	（清）刘斌
监生张潜传	（清）董承熙
朱兰亭孝廉传	前人
叔母高太孺人传	（清）陈中
高氏三节妇传	（清）余俨
余母程孺人传	（清）王家驹
傅母林孺人传	（清）程伯銮

103. 民国重修丰都县志

十四卷　黄光辉等修　郎承诜、余树堂等纂　民国十六年铅印本　《中国地方志集成·四川府县志辑》（第四十七册）影印本

重修奎星阁记	（清）陈九经	五云楼（窗开四面纳虚明）	（宋）牟虚心
建修鹿鸣书院记	（清）湛露清	五云洞歌（君不见，吕公昔日飞过	
重修平山书院记	（清）李谦	青草湖）	（宋）丁尉侯
种福会碑记	（清）张绍龄	题仙都观（往岁真人朝玉皇）	（前蜀）杜光庭
陶孝子官显刲肝愈亲说	前人	（烟锁翠岚迷旧隐）	
建培元塔碑记	（清）朱有章	白鹿夜鸣（白鹿知何代）	（明）曾鼎
新修火药局记	（清）张香海	月镜凝山（空山澄皓月）	前人
创修考棚记	（清）田秀栗	珠帘映日（一帘秋草碧）	前人
射圃碑记	前人	送客晴澜（送客晴澜上）	前人
重修丰都县志序	前人	游仙都观（览胜珠宫一畦奇）	前人
重修丰都县志序	（清）李鸿章	游平都（珠宫翼翼镇丰陵）	（明）严真
重修丰都县志序	（清）崇实	谒耀灵殿（万叠青山列画图）	（明）魏浣
重修丰都县志序	（清）锡珮	平都山（叠巘层峦远近宗）	（明）李本
重修丰都县志序	（清）徐浚镛	白鹿山次苏诗韵（青山无尽头）	（明）冯裸
重修丰都县志序	（清）徐昌绪	平都山（平都绝顶古）	（明）倪朝宾
傅翰仙鸥村诗存叙	（清）许昌绪	月镜凝山（潭面浮霜月正圆）	（明）杨大荣
义冢古柏记	（清）佘起鸿	题平都山（真仙不可望）	（明）朱之臣
修复文庙记	（清）王元曾	平都山（昔闻丰都名）	（明）王稽
改建武侯祠记	前人	白鹤观礼真（仙都标异界）	（明）吴用先
徙苏文忠公像置龛白云山房序	前人	平都山（王阴当日旧仙踪）	（明）莫琚
廖家沟伏龙桥序	前人	流杯池泛（九曲池边倒玉瓶）	（明）陈巘
福禄宫钟序	前人	送客晴澜（客泛灵槎江上行）	前人
华严寺大雄殿佛像装金碑记	（清）冯景甫	平都山（作邑乘清暇）	（明）胡琏
书邹文模传后	（清）谢家山	题总真桥（草树玲珑郁殿台）	（明）杨孟瑛
创修同仁堂序	（清）向世琳	流杯池泛（何年凿石引流泉）	（明）熊永昌
重修回龙堡碑记	（清）孙怀骏	青牛野唉（薄版西游税驾年）	（明）黄景夔
诗		游龙墩（春日出郊江上行）	前人
平都山（万仞峰峦插太清）	（唐）青城道士	珠帘映日（珠帘垂处绛云开）	前人
九日题涂溪（蓄草席铺枫叶岸）	（唐）白居易	平都山（平都四十二福地）	（明）杨柬
送丰都李尉（万古商于地）	（唐）李商隐	游平都（青莲碧汉五云峰）	（明）杨晋
仙都山鹿（日月何促促）	（宋）苏轼	游平都（空雨踏翠马啼寒）	（明）杨节
题平都山（足蹑平都古洞天）	前人	龙床夜雨（此地当年起卧龙）	（明）黄洵
（平都天下古名山）		送客晴澜（锦波如绉漾新晴）	前人
平都山（山前江水流浩浩）	前人	春日登平都山（寻春刚及早春时）	（明）古养敬
平都观（神仙得者王方平）	（宋）范成大	平都仙迹（江峰拥翠逼诸天）	（明）曾继先
题平都山（丰都有山县之东）	（宋）赵遇	游平都山（杖履谒清都）	（明）杨履

平都山（平山何崒嵂）	（明）黄进	九日登二仙楼次李广文韵
平都山（仙山屹屹倚苍穹）	（明）宋文	（杖策丰陵第一山）　　　　　前人
龙床夜雨（神龙久化去）	（明）卢雍	夏日杂感（百感非关暑气侵）　　前人
白鹿夜鸣（仙质玉无尘）	前人	赋得峨眉翠扫雨余天（峨眉经雨过前川）　前人
同致仕金华守刘莅游平都山		百花潭（去国离家老病身）　　　前人
（平都福地偶登临）	前人	题二仙楼（王方平，阴长生）　（清）顾光旭
游平都山（人言此地有蓬莱）	（明）周包荒	平都山歌（老氏贪生释畏死）　（清）王荥绪
平都山（平都胜境快人游）	（明）李秀华	登平都山怀古（扪萝踏破露苔香）（清）五尔卿格
五云洞（仙阁灵台草木苍）	（明）谭良相	大寨坎（万丈危梯九曲盘）　　（清）张伟
二仙楼夜坐（仙都古名胜洞口）	（明）戴文星	再过大寨坎（萧萧木叶下寒溪）　前人
仙都观（道院清虚眠起迟）	（明）黄世修	初至丰都即事述怀（三载春明梦欲迷）（清）瞿颉
灵岩泉（苍崖石罅泻流泉）	（明）刘孟桓	平都山仙都观（地留仙阙在）　（清）张福标
登凌虚阁（我上凌虚俯太空）	佚名	二仙阁（仙翁何处去）　　　　　前人
白鹿山用苏韵（古洞树盘曲）	（明）冉果	二仙奕处（花落石盘上）　　　　前人
游平都山（巴山春色莺啼老）	（明）孙芝	竹雪庵（地僻无人迹）　　　　　前人
九日登九氙楼用杜甫韵		重过定慧寺（路入丛林客渐稀）　前人
（醉倚高楼眼界宽）	（明）戴文亨	偕钟积庵重游鹿鸣寺（六年人未扣松扃）前人
白鹿（匡卢素质向来闻）	（明）倪伯麒	庚子三月作赈饥行以志感
观音滩平险诗（锦水东来拥急湍）	（明）李时华	（去年六月雨未足）　　　　　前人
初夏游平都山（景入平都山更幽）	（明）毛之麟	卧游武陵山（几载言探星宿海）（清）曾继贤
仙都观次苏韵（层楼杰阁路窈窕）	（明）黄常德	闲吟近体二章（一种消愁乐）　　前人
平都山放歌（名山耸秀大江限）	（明）李载宽	题忠州向烈女滩（竖眉一怒倒流惊）（清）佘起鸿
平都山（兹山特孤拔）	（明）范文光	登平都山（岷山之精应井络）　（清）王元曾
平都四时诗（帘垂春院静）	（明）张邦衡	谒明方伯胡公平表遗像
（深林来好鸟）		（有明天启书元年）
（云封秋嶂碧）		留别平都山（孤峰矗矗插云中）（清）张瑞麟
（柴门回雾雪）		二仙楼（仙人好楼居）　　　　（清）孔广赞
二仙阁（危楼倚霄汉）	（清）曾佑	五云洞（仙人骑鹤归）　　　　　前人
二仙奕处（身世浑忘得大远）	（清）杨延春	丰都山（死人大笑生人哭）　　（清）张问陶
丰陵纪胜吟（岷峨迢递平都结）	（清）杨延春	花林驿（问水寻山汗漫游）　　　前人
二仙对奕处（春满山桃雨红雪）	（清）杨凌云	绿水池（为寻名胜迹）　　　　（清）邹桂林
平都山（平都深处五云台）	（清）杨凌斗	绿水池（莺花二月天）　　　　（清）正邦
游折丝岩拳庵（山慵惟任石攲眠）	（清）古心	秋日泊白沙沱五更枕上作（野
双节歌（天地非渺小）	前人	店犹存月）　　　　　　　（清）傅永图
麻姑洞（神仙官府事纷然）	（清）王士禛	林阁老晚渡（阁老滩头唤渡哗）　前人
郭才士还人遗金歌（人言世上无好人）	（清）易简	蜀秀才（贤书出秀才）　　　　（清）傅世纶

104. 道光补辑石柱厅新志

十二卷　（清）王槐龄纂修　道光二十二年刻本　《中国地方志集成·四川府县志辑》（第四十七册）影印本

（蜀锦征袍手制成）

（露宿风餐誓不辞）

（凭将箕帚□□□）

附重镌明庄烈帝赐先太保诗章后记　（清）马宗大

秦良玉词（追奔一点绣红旗）　（明）董说

秦寡妇诗（卸却金钗挂虎符）　（明）张临

游三教寺（宾山顾兮宾水湝）　（明）吕大器

过秦夫人墓（俄来行脚见松楸）　（明）高作霖

题三教寺壁上（陌上红尘易白头）　前人

遥赋石峰寺（石峰万仞接层云）　前人

与马斗燻联社（间古王气欲图南）　（清）黄近朱

八景诗　（清）马斗燻

宾流玉带（汉家锡土泽非轻）　前人

凤凰叠嶂（平铺锦嶂与谁宜）　前人

西山翠旗（汉帜倚天千仞容）　前人

仙崖古迹（代有风流寄此乡）　前人

龙潭映月（仙人丹在五溪头）　前人

倚天积雪（倚玉峰头别有天）　前人

万寿连云（祖功斩棘更绸缪）　前人

石柱擎天（峭壁奇峰太岳齐）　前人

仲春同黄铨部游古楼寺观李太白遗迹

　（晴晖送暖共登台）　前人

游三教寺（寺构松门里）　前人

九日登西山古诗（九日登西山）　（清）马宗大

咏僧舍美人蕉（绿嫩红娇傍佛天）　前人

游石峰寺（泉穿石峡路穿丛）　前人

游古楼寺（溪流不断桥偏断）　（清）张清夜

咏僧舍美人蕉（净土清凉绿荫浓）　前人

次僧净石题三教寺壁韵

　（探胜无劳挂杖头）　前人

题画（何处幽人夜泊船）　前人

次僧净石谒秦夫人墓韵

　（一腔热血长松楸）　（清）翁若梅

遥和僧舍美人蕉诗（遥羡朱颜立晓风）　前人

明史杂咏（忠顺昔受封）　（清）严遂成

前题（降旗猎猎走虫沙）　（清）蒋士铨

（督师衮衮半鸡群）

前题（万里烽烟落日惊）　（清）吴世贤

（降书昨夜出渔阳）

前题（勤王师出动明君）　（清）冯渠

（当筵论战最知兵）

前题（鸾刀帕首跃花骢）　（清）张香

（粉面朝天拥节旄）

谒秦夫人庙（裙钗旗鼓作长城）　（清）王蒙绪

（乾坤至此是何时）

（将才妇德两无双）

（辞章韬略两难全）

（庙壤容颜真未真）

谒秦夫人墓（惆怅松风谡谡声）　前人

谒马宗大墓（马家巾帼震戎行）　前人

（简易温和被土疆）

登玉音楼（一园乔木拥高楼）　前人

（平台染翰大功酬）

癸巳九日游万安山（重阳载酒过南丘）　前人

谒马黄星墓（黄菊园中竹有香）　前人

（无儿伯道问穹苍）

（咨访衣冠何处藏）

（埋没风流岁月长）

山行即景（行舆经鸟道）　前人

平都山歌（老氏贪生释畏死）　前人

二所亭红梅一株宣慰马宗大手植也铁

　干虬枝花开繁盛邀客赏之口占首倡

　（花开十月傲三冬）　前人

厅署前溪中白莲盛开一茎两朵所谓并

　头莲也厅人以为瑞因赋古体纪之（莲

　为花君子）　前人

（姑射二神人）

（出水金可断）

（两美交相敬）

过秦夫人墓（瞻拜高丘接爽灵）　（清）张洲

和癸巳九日王公游万安山韵

　（寻山问水陟高丘）　前人

105. 同治增修酉阳直隶州总志

二十二卷首一卷末一卷　（清）王鳞飞等修　冯世瀛、冉崇文纂　同治二年刻本　《中国地方志集成·四川府县志辑》(第四十八册)影印本

卷二十　艺文志(一)

经籍(略)

文

奢嫩乡记	（清）李如溁
乐善庵记	（清）夏道硕
节妇徐吴氏碑记	（清）吴大勋
平枭买补记	前人
黔江县修造堤桥记	（清）邵陆
迁建名宦乡贤节孝祠记	（清）翁若梅
邑侯翁羹堂碑记	（清）汤孝基
祀四井前记	（清）陶文彬
祀鹁鸠井记	前人
祀鸡鸣井记	前人
祀飞井记	前人
祀郁井记	前人
祀四井后记	前人
盐井小记	（清）董国缙
冉氏家谱序	（明）来知德
敕命恩荣录序	（明）邹廷彦
詹詹言集序	（明）谢国梗
拥翠轩诗集序	（明）文安之
重刻拥翠轩诗集序	（清）杜同春
蟪蛄声诗集序	（清）林碓
冉氏族谱序	（清）邵陆
蟪蛄声诗集序	（清）王长德
老树山房诗集序	（清）黎永清
田旦初明经卧云小草序	（清）罗升棓
同门冉石云明经偶存草序	（清）汪来溪
冯壶川学博候虫吟草序	（清）刘景伯

又序	（清）邹光第
又序	（清）冉瑞岱
信口笛吟草自叙	（清）冉广鲤
周梦渔北堂遗范序	（清）冉瑞岱
吴梅梁先生酉水联吟序	（清）陆以铧
政绩汇览序	（清）糜奇瑜
八景序	（清）董国绅
赠资政大夫糜公昌明家传	（清）王鼎
汤存鲁先生传	（清）黄初
冯楚亿先生传	（清）毛含昱

卷二十一　艺文志(二)

书

与周达夫书	（宋）黄庭坚
与秦世章文思书	前人
答京南君瑞运勾书	前人
答黎晦叔暹书　三首	前人
与敬叔通直书	前人
与张叔和通判书	前人
答唐彦道书　四篇	前人
答从圣使君书　三首	前人
与陈得孺金部书　二首	前人
答王太虚书	前人
答李林书　二篇	前人
答王观复书　二篇	前人
答雍熙光禅师书	前人
答宋子茂书	前人
与人书	前人
与达监院书　二篇	前人

秀山城中孙老人小圃（戎马倥偬去复还）　　　前人

嘉庆元年丙辰正月十五日宿晏农

　　（百钱沽酒酌三钟）　　　　　　　　前人

各省赴营投效七十余人俱回籍

　　（投效竟无济）　　　　　　　　　　前人

离大营将归作（碌碌因人笑不材）　　　前人

以拔萃科试诸生七叠前韵（骏

　　马脱羁鞍）　　　　　　　　　　（清）吴杰

（□院传衣地）

酉阳启行留题十叠前韵（呼燎夜策鞍）（清）杨倚云

（报罢衡文事）

月饼词（佳节欣收汲古伦）　　　　（清）何绍基

（春明月饼数陈家）

（莽莽山城雨气寒）

（潢池扰扰忽三年）

（四时八节快如风）

（想见三孙半點痴）

酉阳试院阅岁科诸生文皆多佳作书以

　　志喜（梵峰青入蜀山隈）　　　　　　前人

甘溪口（故园不可极）　　　　　　（清）陈思頪

早发酉阳（山路高低又水涯）　　　　　前人

自麻旺场至龙潭镇见平野水田喜而有

　　作（忽睹空明界）　　　　　　　（清）章恺

龙潭河（徙倚秋江上）　　　　　　　　前人

至秀山（蜀道有时尽）　　　　　　　　前人

六十自嘲（飞书草檄记从戎）　　　（清）陆光宗

（越俎频年领郡符）

（城无雉堞抵荒村）

（簿书业里笑华颠）

（双丸虚掷感驹光）

（济济英才似积薪）

上巴耳盖作（岚光引我上龍嵸）　　（清）陈怀仁

望蒲海坝（莫苦山行仄径斜）　　　　　前人

石洞沟三坡（行到三坡路）　　　　　　前人

酉阳道中（下下高高势）　　　　　　　前人

亭子关（含舟跨篮舆）　　　　　　（清）王尔鉴

金子岭（不识金银气）　　　　　　　　前人

铜钟歌（我来黔江十日余）　　　　　　前人

春兴（莺声溜溜草芊芊）　　　　　　　前人

涪江舟行即事（孤棹发涪陵）　　　（清）翁若梅

清华轩落成题壁（斩彼蒙茸）　　　　　前人

辛卯仲秋待月于清华轩之桂树下坐而假

　　寐觉后神境悠然诗以纪之（花在露中开）前人

铜钟歌（世间隐见原有数）　　　　　　前人

过彭阳怀长孙丞相（大行遗诏尚煌煌）　前人

舟行黔水道中（黔水涪江一脉连）　（清）陈鹏飞

新滩上岸行（轻飔小舰触惊澜）　　　　前人

重过黔水道中仍用原韵

　　（黄茅夹岸浑相连）　　　　　　　　前人

自风门至郁山镇（如此山川险）　　（清）邵墩

（纤余径百盘）

亭子关（峦壑经千折）　　　　　　　　前人

目江口抵彭水作（舍筏寻征路）　　　　前人

（不远彭阳道）

郁山镇吊殉难张公（力竭途穷语守兵）　前人

王中军（土寇扰彭阳）　　　　　　　　前人

周烈妇（古镇妖氛仓卒起）　　　　　　前人

丹泉井（名胜纪开元）　　　　　　　　前人

山行四首（千谷满堆）　　　　　　（清）陶文彬

（云吐奇峰）

（石磴闲寻）

（月冷千山）

山居四首（女萝日生）　　　　　　　　前人

（踏月只行）

（满山槲叶）

（时对溪松）

卷之二十二　艺文志（三）

诗

题大酉洞（鬼斧何年为劈开）　　　（明）冉舜臣

又（混沌谁为凿）　　　　　　　　（明）冉仪

桃涧（浓因带雨淡蒸霞）　　　　　　　前人

（数行青史照千秋）

壬辰揭晓后感念壶川北上之约怅然

　　走笔（水面匆匆两袂分）　　　　　前人

州衙斋中岁暮接家书（眼底双丸日夜驰）　前人

赠诗僧履云（首座前身是善才）　　　　前人

大风雨上隘门关同壶川作（羊

　　肠一线辟岩关）　　　　　　　　　前人

山龚滩至涪州山水奇险纪以长句

　　（黔水出黔万山中）　　　　　　　前人

清溪纳凉（散发卧松林）　　　（清）冉正岳

清溪寺（寂寂空林寺）　　　　　　　　前人

清溪馆中口占（借得僧房好）　　　　　前人

清溪有怀（清溪沁我心）　　　　　　　前人

秋夜清溪寺外偶成（月色不可饮）　　　前人

长夏山居（西园又报竹添孙）　　　　　前人

宿马鹿溪谒孙中堂祠（军鼓朦胧月黑中）前人

将居北上留别壶川夫子（残雪卷寒芦）　前人

宿彭水道中（暂息劳人驾）　　　（清）蔡世佑

桥岩阻渡（共说公无渡）　　　　　　　前人

晓发彭水（柝声凄泛曙光凉）　　　　　前人

大白岩（孤云无尽鸟高飞）　　　　　　前人

八月二十三日舟至石堤行将抵家喜而

　　有作（故乡草木尚多情）　　　　　前人

　　（来时不与去时同）

　　（频年宵梦绕乡篱）

　　（漫言宫锦傲渔蓑）

舟泊石堤观柜子岩（古洞何年秘篆留）（清）陈继川

三十七洞天（官署寻幽处）　　　（清）张廷视

大白岩（鸟道羊肠外）　　　　　（清）周卜熊

舟发石堤（尚有人争识）　　　　　　　前人

清溪渔唱（清风引客来）　　　　　　　前人

清溪寺（一寺傍云颠）　　　　　　　　前人

回龙山（回龙顶上跨龙游）　　　（清）僧万松

　　（拨云重绕古香台）

山中留客（一别几经年）　　　　　　　前人

月下口占（欲眠恐月去）　　　　　　　前人

西陲军中乘暇日自题小照并赋俚言

　　一首（嗟予少行役）　　　　　（清）杨芳

三贤祠（人事有代谢）　　　　　（明）栾为栋

黔江（涪翁观涨处）　　　　　　　　　前人

涪翁亭（涪翁何处去）　　　　　（清）董国绅

早发（霜星落海日）　　　　　　　　　前人

野哭行（西村老人行西麓）　　　　　　前人

虎迹（太平豹虎伏）　　　　　　　　　前人

邑城晚眺（□围山下路横斜）　　　　　前人

有感（明日秾花发）　　　　　　　　　前人

山居（深斋宜习静）　　　　　　　　　前人

山居观蜘蛛（老寄林泉山万重）　　　　前人

小寒日散馆寄苏髯亭（却笑

　　囊无买笑钱）　　　　　　　（清）董国缙

江南金山县留别（宦海浮沉几度忙）（清）黄坚

制中寄怀冉地山同年（戎峤同遭变）（清）陈昌智

思州道中（鸦噪夕阳暮）　　　　　　　前人

涪陵夜月（未发南楼兴）　　　　（清）支承绪

春日郁山杂咏（世事空嗟叹）　　　　　前人

（有酒方能话）

答酉阳冉石云同年见赠原韵

　　（重山叠水又归来）　　　　　（清）焦元瑞

后江河泛涨（□江三水汇）　　　（清）冉正基

诗余

减字木兰花（举头无语）　　　　（宋）黄庭坚

阮郎归（摘山初制小龙团）　　　　　　前人

又（烹茶留客驻雕鞍）

又（歌停樽板舞停鸾）

又（黔中桃李可寻芳）

踏莎行（画鼓催春）　　　　　　　　　前人

望江南（听不了多少断肠声）　　（清）沈承勋

台城路（东风不管愁多少）　　　（清）黄履康

忆秦娥（浑无俗）　　　　　　　（清）冉永涵

沁园春（□碎巾衫）　　　　　　　　　前人

106. 光绪黔江县志

　　五卷首一卷　（清）张九章修　陈藩垣、陶祖谦等纂　光绪二十年刻本　《中国地方志集成·四川府县志辑》（第四十九册）影印本

卷五　艺文

书目（略）

黔邑赈灾记　　　　　　　　　　　　　　（清）张九章

齐民术要序　　　　　　　　　　　　　　前人

猩猩记　　　　　　　　　　　　　　　　（清）陈三善

竹枝词六首（一声望帝花片飞）　　　　　（唐）李白

（竹竿坡面蛇倒退）

（命轻人鲊瓮头船）

（老马饥嘶驴瘦岭）

（尺五攀天天惨颜）

（风黑马危驴瘦岭）

送人尉黔中（盘山行几驿）　　　　　　　（唐）杜荀鹤

竹枝词二首（撑崖挂谷蝮蛇愁）　　　　　（宋）黄庭坚

（浮云一百八盘萦）

黔江舟中（黔阳春草碧云齐）　　　　　　（明）沈　启

石塔峰（方壶员峤知何处）　　　　　　　（清）张九镒

黔江玉皇阁观飞来钟（石城层阁高崔嵬）　前人

梅子关（问关梅止渴）　　　　　　　　　前人

九里坡（山上九里坡）　　　　　　　　　前人

黔江十二景集句　　　　　　　　　　　　（清）邵墩

　　三台拱极（五云多处是三台）

　　八面兴云（横云照染芙蓉壁）

　　羊岭朝霞（海霞蒸赤丽层霄）

　　酉阳夕照（诗裁锦绣惜光辉）

　　咸溪飞瀑（但借流泉伴醉眠）

　　墨沼流香（碧水澄潭远映空）

　　霁雪凝冈（山前山后玉玲珑）

　　幽兰秀谷（雪岫花开几树妆）

　　武陵雾雨（西风吹雨叶还飘）

　　羽人烟鬟（平川一望树依依）

　　乌鸦集仙（一一归巢却羡鸦）

　　金钟飞韵（松关已掩白云封）

癸未九秋按试思州□白蜡园至黄草寺

　　铺次杨雨南韵（钟声催客鞍）　　　　（清）吴杰

（不辨东西路）

晚宿黔江叠前韵（暝色薄行鞍）　　　　　前人

（笳吹满城闉）

发成都将之黔江（我自京华来）　　　　　（清）王尔鉴

由重庆之黔江（妻儿寄渝州）　　　　　　前人

亭子关（舍舟跨篮舆）　　　　　　　　　前人

（盛世归版图）

金子岭（不识金银气）　　　　　　　　　前人

铜钟歌（我来黔江十日余）　　　　　　　前人

春兴（莺声溜溜草芊芊）　　　　　　　　前人

（寻幽幽景景无涯）

（赢得春光满眼多）

铜钟歌（世间隐见原有数）　　　　　　　（清）翁若梅

柜子岩（我自过夔门）　　　　　　　　　前人

题柳孝子碑阴（孝弟本天性）　　　　　　前人

筑椰子台成访其墓不得感而赋此

　　（伐石新刊吊古文）　　　　　　　　前人

步顾观察题邵刺史鉴湖图（先生牧西溪）　前人

栅山郊行即事（骄阳不肯降）　　　　　　前人

辛卯仲秋待月于清华轩之桂树下坐

　　而假寐觉后神境悠然诗以纪之

　　（花在露中开）　　　　　　　　　　前人

甲申闰月量移雅安留别士民兼以志感

　　（一任鞭争祖逊先）　　　　　　　　（清）李元丰

（廉隅砥砺自匡居）

（曾闻叔向贺忧贫）

（汉唐大邑宋名州）

（试院从教设酉阳）

（课最循良治谱赊）

述怀（家自清贫身自安）　　　　　　（清）孟自桓

冬柳（驴背寻诗野径遥）　　　　　　前人

（一段寒云锁北门）

秋日登八面山（携得黄花酒）　　　　前人

（放眼钟山顶）

题龚生祖母暨母寿屏（三台山脉蟠根厚）　　前人

题柳孝子碑阴（旐檀不根土）　　　　（清）朱家庚

黔江漫兴（攀箐猿生愁）　　　　　　前人

唐钟歌（鲸鱼一吼声振聋）　　　　　前人

节孝向母张孺人墓志铭

　　（节之苦难屈指数）　　　　　　（清）李曾白

留别土民（五千余里一扁舟）　　　　（清）盖绍曾

（亦是宦身亦客身）

（何缘家室日纷争）

（身如病马怯征鞍）

戊寅解官归里留别诸生

　　（樽酒依依话别难）　　　　　　（清）吴开聪

（石城山水足清奇）

秋日登八面山步前令孟公原韵

　　（拽得篮舆上）　　　　　　　　（清）张九章

（胜迹蓝公杳）

双乳虎行（吾闻南山白额虎）　　　　前人

梅子关怀古（咸丰纪年岁辛酉）　　　　前人

游国公崖（邑人争说避兵处）　　　　　前人

紫芝（桃源向说寓神仙）　　　　　　（清）刘肇铭

睹灵芝作（忆我少年登科时）　　　　（清）蔡家玕

题芝瑞图（君家江水初发源）　　　　（清）龙启瑞

烽烟警（烽烟冲霄封豕突）　　　　　（清）冉瑞铣

过深溪河诣香山寺（苍茫溪上寺）　　（清）王维榜

题云峰寺（风雨尚层峦）　　　　　　（清）程宗彝

游正谊乡龙桥山洞歌（石城

　　山水奇更奇）　　　　　　　　（清）陈其荣

题徐节妇李孺人传后（截彼西山）　　（清）赵大煊

即事（夕阳下遥山）　　　　　　　　（清）萧清辉

咏城西河堤（河患频年恨屡仍）　　　（清）许可

（漂没民几力不支）

（薪劳敢让着鞭先）

（□洞底定庆功成）

分水岭王公祠（尚有祠堂在）　　　　（清）程昌浏

舟泊水寨（世界有沧桑）　　　　　　前人

游水砦及仙人跌诸名胜

　　（黔江江水夜郎西）　　　　　　（清）程昌湢

官渡河（入峡疑无路）　　　　　　　（清）吴连科

过石笋山（插天尖似笋）　　　　　　前人

梅关节（臣年十五说长剑）　　　　　（清）朱肇琇

述怀（孽子孤臣共此心）　　　　　　（清）李柳英

咏荷（倦刺兰闺绣）　　　　　　　　（清）梦云

暮春（惆怅春光逝）　　　　　　　　前人

决词（娶妇求贞女）　　　　　　　　前人

107. 光绪彭水县志

　　四卷首一卷　（清）庄定域修　支承祜等纂　光绪元年刻本　《中国地方志集成·四川府县志辑》（第四十九册）影印本

卷四　书

与泰世章文思书	（宋）黄庭坚
答京南君瑞连勾书	前人
答从圣使君书	前人
答李林书	前人
答泸州安抚王补之书	前人
答黔州彭水令田师闵书	前人
答黔州谭司理书	前人
黔中与人书	前人

记

彭水县脩城记	（明）夏邦谟
丹泉井记	（明）曹栋
万卷书堂碑记	前人
祀四井前记	（明）陶文彬
祀鹁鸠井记	前人
祀鸡鸣井记	前人
祀飞井记	前人
祀郁井记	前人
祀四井后记	前人
重建东山学宫碑记	前人
新迁公署碑记	前人
盐井小记	（清）董国缙
重修关帝城隍两庙碑记	（清）董衡
重建云顶寺碑记	（清）董国绅
重脩南坛碑记	（清）周曦
重修先农坛碑记	前人
改置云上书院碑记	（清）张锐堂
重修丹泉书院碑记	（清）胡林

序

八景序	（清）董国绅
德政全书序	前人
附录全书十条	

传

王中军传	（清）陶文彬
周烈妇传	前人
张宏道传	前人

文

祷城隍文	（清）陶文彬

颂

邑侯陶公四盐井颂	（清）倪渝英

跋

跋自作草后	（宋）黄庭坚
书自作苦笋赋后	前人
书画眉	前人
摩围阁跋自作草书	前人
彭讴篇尾	（清）马又良
跋丹泉书院万卷堂额	（清）胡林

赞

邑贤董公赞	（清）朱雨捷
邑贤向应腾赞	前人

铭

月岩题名	（宋）阎允成
月岩铭	（宋）冉　木

禀

陈增赋利弊禀	（清）董国绅

墓表

名宦聂公墓表	（清）周曦
节妇某氏墓表	前人

诗

送任侍郎黔中充判官(不识黔中路) (唐)刘长卿

酬严中丞晚眺见寄(江水三回曲) (唐)白居易

送萧处士游黔南(能文好饮老萧郎) 前人

送上官侍郎赴黔中(莫向黔中路) (唐)司空曙

送庞判官赴黔中(天远风云异) 前人

赠黔府王中丞楚(旧说天下山) (唐)孟郊

黔江(黔江初罢职) (唐)李频

送人尉黔中(盘山行几驿) (唐)杜荀鹤

黔中书事(巴蜀水南偏) 许琳

长溪九曲(两江夹县郭) (宋)项德

摩尼洞(凉洗桐阴护草堂) (宋)魏汝功

长溪九曲(锦水纡潆绕翠峰) (元)王师能

圣水三潮(新丰谷里曾为瑞) (元)向午凤

黔江(黔阳春草碧云齐) (明)沈啓

黔江(涪翁观涨处) (明)栾为栋

九曲溪泛舟(九曲清溪一叶舟) (清)王祚垣

山行四首(千谷满堆) (清)陶文彬

(云吐奇峰)

(石磴闲寻)

(月冷千山)

山居四首(女萝日生) 前人

(踏月只寻)

(满山枫叶)

(时对槲松)

涪翁亭(涪翁何处去) (清)董国绅

移居盘龙山(为憎家园俗累多) 前人

陶邑侯(黔水澄何极) 前人

长生观(曲曲清溪浩浩田) (清)朱潘

壁风古洞(丹壑停云处) (清)龚子杰

洗墨池(万卷书开一草堂) (清)钱世贵

过彭阳怀长孙丞相(大行遗诏尚煌煌) (清)翁若梅

渡木棕溪(迳入荒村外) (清)张九镒

自江口抵彭水作(舍筏寻征路) (清)邵墩

郁山镇吊殉难张公(力竭途穷语守兵) 前人

王中军(土寇扰彭阳) 前人

周烈妇(占镇妖氛仓卒起) 前人

咏黔南八景集句八首 前人

摩围云顶(气连宫阙借氤氲)

石华晚翠(更借西山晚翠看)

长溪九曲(水国苍茫梦想中)

圣水三潮(西山亭榭枕潭开)

月岩飞石(猿叫断岩秋静稀)

木栅悬崖(林泉无外自清幽)

甘山石燕(重来吊古倍潸然)

戏水金鳌(逝波终日去滔滔)

癸未九秋按试思州重阳至牛岩铺次杨雨
　　南别驾韵(戎马息征鞍) (清)吴杰

绿阴轩(孤臣存直道) (清)张天湜

云顶寺(山寺依天际) (清)陈昌智

九曲溪(小有昆仑派) 前人

题黄山谷读书处(一峰未平一峰起) (清)邵美璠

雨后望摩围山(诸岭让摹围) 前人

(胸有王维画)

我思古人为绿阴轩作(我思古人兮,
　　乃在黔水湄) (清)高沛源

延江杂咏(出山既不易) (清)冯世瀛

(连日峡中行)

早行羊头铺道中(岭树阴浓映碧波) (清)邓永松

涪陵夜月(未发南楼兴) (清)支承绪

秋日游绿阴轩极目(斜阳一角傍城闉) (清)刘龙霖

词

黔守席上客有举少陵中秋诗今夜鄜州
　　月闺中止独看遥怜小儿女不解忆长
　　安因戏作词(举头无语) (宋)黄庭坚

丙子仲秋奉陪黔阳曹使君伯达玩月
　　(中秋多雨) 前人

茶词

阮郎归(黔中桃李可寻芳) 前人

踏莎行(画鼓催春) 前人

汉葭旅夜听秋声有感
　　(听不了多少断肠声) (清)沈承勋

附闺秀诗

悼四妹（三更漏尽四更初）　　　　　　（清）李贞女

（玉葬他乡甚可哀）

（名花坠落动幽思）

（尽心教绣十年期）

（夜对机头泣素娥）

咏梅（相邀同伴觅春回）　　　　　　　　　　前人

踏青词（浓绿沿村翠欲流）　　　　　　（清）李莲航

（离离浅草带泥香）

秧针（溪边堰接堰边田）　　　　　　　　　　前人

春日偶成（停针倦绣画栏间）　　　　　（清）李香圃

秋夜二首（虫声唧唧漏声残）　　　　　　　　前人

（独坐拈针对短檠）

途中遇雨（凉日隐高树）

蝉（鸣蝉吸风露）

不受暑轩自题

　（森森青玉冷云窝）　　　　　　　　　（清）李桂垣

望秋山（金风吹木叶）　　　　　　　　　（清）李梅村

108. 民国重修南川县志

十四卷首一卷　柳琅声等修　韦麟书等纂　民国二十年铅印本　《中国地方志集成·四川府县志辑》（第四十九册）影印本

即仿其体(一笑难为弟)	前人	途中晓望(烟岚尽卷受暾光)	前人
(雅得江山助)		晚眺(澈地生虚白)	前人
(忠信不寻常)		剑魄(斩蛇挥马概难忘)	前人
(壮岁犹如此)		花魂(落红天里剩芳尘)	前人
涪州罗渐九别时言将应爵帅鲍公之聘		和杭华庭前辈祝予生日长篇	
(领袖涪江雨岸云)	前人	(华庭先生兴酣矣)	前人
扳周灼三世前辈谈诗戏作长句		晓望(大雾塞天地)	前人
(晋豕鲁鱼开卷满)	前人	九月念七日携侄绳武登高	
赠徐筱蕃孝廉(谈心忆昔气如虹)	前人	(渐次峰峦出)	前人
祭灶(归去来兮曙色催)	前人	四月中旬同刘子合登文峰塔即宿其家	
雪夜偶成(雪花性桀骜)	前人	(乘兴登临趁晚风)	前人
记遇发匪(道光癸卯余始生)	(清)吴炳奎	和苏制军赠合州举人傅思任重赴鹿	
解嘲(花开千百朵)	前人	鸣之作(白首重来兴更豪)	前人
野草(园荒金谷黯销魂)	前人	(当年曾现宰官身)	
春雨(连宵春雨泼如油)	前人	寄复谢龙文自北京以诗见示	
端午(乍晴乍雨过端阳)	前人	(荒村风雪掩蓬庐)	(清)傅公溥
感慨(不合时宜一肚皮)	前人	(幽燕慷慨悲歌地)	
家子春教授致仕(不恋松州苜蓿餐)	前人	渝州暮春即事(芜秽群芳歇)	前人
次家柳堂御史绝命词原韵		(短发羞明镜)	
(遗疏凄凉达禁中)	前人	民国元年在渝城狱中菊花诗十二首	
(谏草钞传遍国中)	前人	并序(西风底事散相思)	前人
即景(暮采石菖蒲)	前人	(镇日南山作浪游)	
望金佛山谣(朝望金佛山)	佚名	(山家分得晚香来)	
闲书十二绝句(诗心闲里喻)	前人	(消闲一刻值千金)	
(暖阁西窗下)		(高标不与众芳侪)	
(插竹标花种)		(肺腑曾经霜露侵)	
(探梅过竹坞)		(阿谁泼墨太清狂)	
(倚园几株松)		(椿隐无妨报我知)	
游伏虎寺(入寺不知处)	前人	(怪底东篱蜂蜨忙)	
夏日与诸故人游普泽寺晚归遇雨既		(畦边篱畔一重重)	
而月明如画(步出城西门)	前人	(不因乡梦近来清)	
冯骥(长铗三弹似患贫)	前人	(井梧落尽败荷欹)	
七月九日夜雨(倾盆声势极喧豗)	(清)曹因培	游牛头寺(白云迎面合)	(清)谢家驹
晓望(凉秋早起避残蚊)	前人	夔门(岸转江流急)	前人
桂湖谒杨升庵先生(又得先生壮蜀都)	前人	酬傅子□读余北征诗见赠次原韵	
渝城晚眺(岸山雄秀俯晴川)	前人	(时乱谁能守旧庐)	前人

109. 夔州府志

十二卷　（明）吴潜修辑　天一阁藏明正德刻本

柳文公(柳公本书生)		(风桡菰蒲夜有声)
寇莱公(莱公经济业)		白帝城(偶随仙客下夔来)	(明)邵赟
唐质肃公(子方筮仕初)		白帝城(群英试罢得闲来)	(明)王崇文
续访得七人	前人	八阵图(遗编曾仰卧龙贤)	前人
宋大夫玉(述志哀正则)		云岩(云岩千古倚峻嶒)	前人
源丞相乾曜(杰人掾夔子)		流杯池(山深径仄野猱愁)	前人
李左相适之(罢相避同列)		夔城十二景	
李丞相吉甫(公在忠州日)		文山瑞彩(隔江见崔嵬)	(明)吴潜
温御史造(谁坐绣衣石)		武侯阵图(蜀汉非闰位)	前人
程伊川(轲似诚明学)		瞿唐汇脉(圣禹经疏过)	前人
黄太史(豫章官逸远)		滟滪回澜(西蜀尽头地)	前人
读蜀志(千载纷争共一毛)	(宋)王安石	白盐曙色(七井流无尽)	前人
诸葛武侯(恸哭何颙为一言)	前人	赤甲晴晖(黄金谁锁甲)	前人
巫峡(神女音容讵可求)	前人	莲池流芳(夔土不宜莲)	前人
夔州述怀(台端月色伴人清)	(明)洪钟	草堂遗韵(草堂随处有)	前人
(百里丘墟少爨彦)		鱼浦澄清(浦因古鱼复)	前人
游寺(古寺临高胜)	前人	龙冈蠹秀(若人自南阳)	前人
夔府祀武侯祠杜韵(起落烦成命)	(明)林俊	胜巳朝阳(永嘉能尚友)	前人
(百心还世责)		峡门秋月(秋月扬明辉)	前人
杜陵夔县移居用韵(浣花凉落外)	前人	东乡八景	
白盐山和杜(峭虚连顶踵)	前人	榜山文笔(天作好山二数个)	前人
(著舟疑井底)		铜口渔灯(铜口非宽天地宽)	前人
义泉和杜(城山枕云天阁顶)	前人	龙滩夜月(此滩几度蛟龙跃)	前人
又和王梅溪无井韵(住水不得水)	前人	石鼓春涛(几当石鼓春涛发)	前人
瞿唐峡(开合遥看壮)	前人	峨城烟雨(仰止高山是我山)	前人
白帝庙并序(建武炎精在何方)	前人	文字晴岚(天地能书见此峰)	前人
文山诗并序(光嶽瞻常在)	前人	方山肖斗(此山开设本由天)	前人
滟滪堆用杜韵(十寻高自倍)	前人	曲水传觞(兰亭故事记风流)	前人
(滟滪如马百忧深)		杜公草堂(东关东去又十里)	前人
夔州书怀(鸟白云间重此清)	前人	莲花池(山顶有池刚半亩)	前人
(石林逦屋锁寒烟)		梦贺先君寿(昨夜分明梦大椿)	前人
夔山(历尽夔山几十重)	前人	鲍家庄(两来山势天设险)	前人
出峡言(买舟赋归来)	前人	文山歌并序(东山泰山无与比)	前人
夔峡舟中述怀三首		读杜五绝(野草欲连天)	前人
(巨石沙头一系航)	(明)刘丙	(此老不可作)	
(春光随处落烟波)		(听猿有深忧)	

（明非此老时）

（心肠就此见）

题滟滪因忆杜老（混沌自先人凿开）　　　前人

午节饮同僚宅次日出巡卫学俱追送随处

　　民如乐从（细雨蒲觞论昨日）　　　前人

王中丞廷简请饮叙旧（曲江春梦廿三年）　前人

云安万州试诸生（蒲风荐爽艾生香）　　　前人

今春三二月不雨请而雨且足夏四月来又

　　久雨适出雨止而晴每复如是诸生有举

　　成式故事言者再与李东湖饮王中丞宅

　　（旱干不苦雨何愁）　　　　　　　前人

万山志（南山西山主都历）　　　　　　　前人

八日陪侯宪副饮开元遂宁捷至九日索

　　茱萸再酌（重九茱萸经品题）　　　前人

题王庭简新河浮桥册（吾榜得人为最多）　前人

监生儿晨喜生子名蜀卿

　　（瑞因得鲤前于宋）　　　　　　　前人

与何定　并序（双睛炯炯尘埃里）　　　　前人

送夔守吴君显之（十年郎署多嘉誉）　（明）靳贵

又（若有人兮和且臧）　　　　　　　（明）吴期英

又（君行兮儦儦）　　　　　　　　　　　前人

宿瞿唐峡口闻老妪哭呈夔守吴

　　先生求教　　　　　　　　　　（明）宿进

怀杜工部写呈求教并抒谢意

　　（著处兵戈了未休）　　　　　　　前人

龙脊（一脉巉崖障百澜）　　　　　　　　前人

题流杯池古诗（卜筑小山阴）　　　　　　前人

和（泛觞兴自晋）　　　　　　　　（明）王彦奇

瞿唐即事录呈吴明府（晓棹三牛山）　（明）安起

闻见素翁文山纪事有感

　　（地脉蟠龙久孕灵）　　　　　　　前人

巫山高（曲山高）　　　　　　　　（明）刘时敩

夔州怀古（石壁环千仞）　　　　　　（明）刘瑞

丁未冬十月之京过云阳谒张桓侯庙

　　赋张将军诗一首（张将军万人敌）　前人

初经巫峡（孤城万里瞻瞻近）　　　（明）吴潜

（草树芟繁长好枝）　　　　　　　　　　前人

杜老同予工部王梅溪守夔时年五十五今

　　我亦然吴道本同不徒于迹之同也诗以

　　见志（少陵固同部）　　　　　　　前人

云阳流杯池（右军刺临川）　　　　　　　前人

咸平寺（夔府孤城寺亦孤）　　　　　　　前人

益清轩（此君青青此院落）　　　　　　　前人

留润池（太守宅里西轩前）　　　　　　　前人

四异歌并序（简命初下车）　　　　（明）朱奉

入川江（少小曾闻蜀道难）　　　　（明）傅汝舟

至夔（驽钝犹堪驾鼓车）　　　　　　　　前人

善恶宝应言（吾祖澹斋翁）　　　　（明）吴天常

夔城题胜诗（天下山水在全蜀）　　（明）孔嘉谏

夔州府志卷之十二　文

夔州论马纲状　　　　　　　　　　（宋）王十朋

再论马纲状　　　　　　　　　　　　　　前人

夔州新修诸葛武侯祠堂记　　　　　　　　前人

夔州新迁诸葛武侯祠记　　　　　　　　　前人

夔州谒文宣王庙文　　　　　　　　　　　前人

谒昭烈庙文　　　　　　　　　　　　　　前人

谒武侯庙文　　　　　　　　　　　　　　前人

谒杜工部祠文　　　　　　　　　　　　　前人

修武侯庙奉安祝文　　　　　　　　　　　前人

滟滪赋　　　　　　　　　　　　　（宋）苏子瞻

光尧中兴颂　　　　　　　　　　　　（元）赵惠

昭烈皇后墓碑　　　　　　　　　　（元）陈嗣源

三功祠记　　　　　　　　　　　　　（明）林俊

送夔守吴君序　　　　　　　　　　　（明）费宏

崇忠祠记　　　　　　　　　　　　（明）王崇文

云阳县新城记　　　　　　　　　　（明）王彦奇

请雨文　　　　　　　　　　　　　　（明）吴潜

遣祭阵亡梁山簿　　　　　　　　　　　　前人

云阳祭张桓侯庙　　　　　　　　　　　　前人

夔城改观记　　　　　　　　　　　　　　前人

会胜楼记　　　　　　　　　　　　　（明）席书

110. 道光夔州府志

三十六卷首一卷　（清）恩成修　刘德铨纂　道光七年刻本　《中国地方志集成·四川府县志辑》（第五十册）影印本

夔州府志卷三十六　艺文

夔州府艺文志目录（略）	
夔州府志序	（明）刘瑞
夔州府旧志序	（清）许嗣印
夔州府旧志序	（清）吴秀美
夔州府志序	（清）崔邑俊
夔州修学记	（宋）蒲宗孟
附载　为家君请宇文中允汉州典学书	（宋）程颐
再请宇文中允汉州典学书	前人
夔州重建州学记	（宋）徐粹中
补夔州大晟乐记	（宋）张震
谒文宣王庙文	（宋）王十朋
夔州大贡院记	（宋）关耆孙
附载　白鹿礼殿塑像说	（宋）朱熹
泮宫达泉铭	（宋）柳梦弼
元加号大成碑	（元）成宗
庙学门记	（元）鲜瑐
夔州府儒学戟门记	（明）史赞舜
夔州府重修儒学记	（明）苏奏
夔州府学重修尊经阁记	佚名
重修夔州府学明伦堂记	（明）郭棐
夔州府仰高书院记	（明）郭棐
重建夔州府学记	（清）许嗣印
夔州府学崇圣祠重修记	（清）张仕遇
重修府学文庙碑记	（清）朱有绶
夔郡司马毛公晋阶书院记	（清）傅作楫
晋阶书院碑	（清）李兴祖
晋阶书院记	（清）李秘生
重修夔州府义学碑记	（清）阴纪世
夔州府文峰书院记	（清）崔邑俊
增修文峰书院记	（清）杨崇
云安书院记	（清）徐良
莲峰书院碑记	（清）李复发
莲峰书院膏火碑记	前人
郡守李公创建莲峰书院颂并序	（清）彭端淑
重修莲峰书院碑文	（清）周景福
重修莲峰书院碑记	（清）恩成
书院沿革纪略	（清）刘德铨
义正祠祭文	（唐）唐次
蜀丞相诸葛武侯庙碑铭并序	（唐）裴度
谒昭烈庙文	（宋）王十朋
谒武侯庙文	前人
夔州移建武侯祠记	前人
夔州新修武侯祠堂记	前人
谒杜工部祠文	前人
夔州忠武侯祠记	（宋）张震
夔州创建有夏皇祖庙记	（宋）张玠
白帝庙记	（宋）张珖
祭白帝庙文	（宋）何逢原
连帅济南王公生祠记	（宋）陆游
立工部祠祭文	（明）许应元
义正祠碑记	（明）张俭
白帝城三功祠记	（明）林俊
夔州三贤祠记	（明）朱廷立
祭有夏皇祖文	（明）舒鹏翼
夔州府建立火神祠记	（明）萧腾凤
重修文昌宫碑记	（明）赵重昭
义正祠记	（清）王士祯

便民池赋　　　　　　　　　　　　　　（清）刘乃大

夔州府艺文志诗集

夔州歌十绝句七言

　（中巴之东巴东山）　　　　　　　　（唐）杜甫

（白帝夔州各异城）

（群雄竞起闻前朝）

（赤甲白盐俱刺天）

（瀼东瀼西一万家）

（东屯稻畦一百顷）

（蜀麻吴盐自古通）

（忆昔咸阳都市合）

（武侯祠堂不可忘）

（阆风元圃与蓬壶）

秋兴八首七言（玉露凋伤枫树林）　　　　前人

（夔府孤城落日斜）

（千家山郭静朝晖）

（闻道长安似奕棋）

（蓬莱宫阙对南山）

（瞿唐峡口曲江头）

（昆明池水汉时功）

（昆吾御宿自逶迤）

咏怀古迹五首（支离东北风尘际）　　　　前人

（摇落深知宋玉悲）

（群山万壑赴荆门）

（蜀主窥吴幸三峡）

（诸葛大名垂宇宙）

拨谷歌（白帝城边足风波）　　　　　（唐）李白

竹枝歌九首（白帝城头春草生）　　　（唐）刘禹锡

（山桃红花满山头）

（江上春水新雨晴）

（日出三竿春雾消）

（两岸山花似雪开）

（城西门前滟滪堆）

（瞿唐嘈嘈十二滩）

（巫峡苍苍烟雨时）

（山上层层桃李花）

竹枝歌四首（瞿唐峡口水烟低）　　　（唐）白居易

（竹枝若怨怨何人）

（巴东船舫上巴西）

（江畔谁人唱竹枝）

竹枝歌二首（门前春水白蘋花）　　（五代）孙光宪

（乱绳千结绊人深）

竹枝歌八首（五月五日岚气开）　　　（宋）范成大

（新城果园连瀼西）

（瘦妇趁墟城里来）

（白头老媪簪红花）

（百衲畲山青间红）

（白帝庙前旧无城）

（滟滪如襆瞿唐深）

（当筵女儿歌竹枝）

竹枝歌九首（夔州府城白帝西）　　　（明）杨慎

（日照峰头紫雾开）

（江头秋色换春风）

（最高峰顶有人家）

（青江白石女郎神）

（红妆女伴碧江渍）

（神女峰前江水深）

（上峡舟航风浪多）

（无义滩头风浪收）

永安宫（千古陵谷变）　　　　　　　（宋）苏轼

永安宫（当年此处遗明诏）　　　　（清）傅作楫

永安宫（瞿唐峡口锁夔门）　　　　　（清）周灿

永安宫（先主离宫几度秋）　　　　（清）许嗣印

永安宫故址（垂创三分国）　　　　（清）吴省钦

白帝庙诗并序（蜀江万壑俱东奔）　（宋）杨安诚

谒白帝庙（孤山捍江口）　　　　　（宋）张愈

题白帝庙诗并序（楚山中到三峡开）（宋）元不伐

白帝庙（西南割据几何年）　　　　（宋）冉居常

白帝庙（朔风催入峡）　　　　　　（宋）苏轼

白帝庙（参差层颠屋）　　　　　　（宋）陆游

白帝庙（白帝城前石笋三）　　　　（宋）王十朋

公孙述（殿并白龙起）　　　　　　（清）李畅

唐少傅白居易（香山老居士）

宋巴东令寇准（寇公存大体）

宋合州倅知南康军周敦颐（先生关洛师）

宋奉节令唐介（唐公真御史）

宋夔州太守王十朋（梅溪守夔门）

明翰林学士宋濂（真儒翌天运）

谒十贤堂（炳麟经济与文章）　　　（清）卓秉恬

谒三公祠（登堂敬谨拜三公）　　　　　　前人

张万户夫人贞节（白帝楼前巷陌深）　（元）贡师泰

吊殉难同知何承光诗有序

　（狂徒何事窜夔关）　　　　　　（明）刘汉儒

（川东处处起干戈）

（红颜绿鬓漫呼号）

（威风凛凛照寒霜）

（白帝城头百尺高）

（吊君欲上百峰巅）

咏王阳云楼檐柳（杨柳非花树）　　（梁）元帝

白帝楼（漠漠虚无里）　　　　　　（唐）杜甫

白帝城楼（江度寒山阁）　　　　　　　　前人

白帝城最高楼（城尖径仄旌旆愁）　　　　前人

和杜少陵白帝楼诗（粉堞余衰草）　（清）张凤翥

会胜楼（白帝东摽甲嶂幽）　　　　（明）陈时范

制胜楼（夔子城新筑）　　　　　　（宋）王延禧

制胜楼（画省容台记并游）　　　　（宋）李涛

登制胜楼次韵（百牢关下几夔州）　（宋）阎苍舒

陪诸公上白帝城宴越公堂之作

　（此堂存古制）　　　　　　　　（唐）杜甫

越公堂（越公作隋藩）　　　　　　（宋）张愈

三峡堂二首（林峦十里上巉岩）　　（宋）宋肇

（初寻磴道踏云烟）

题三峡堂（群山危立接云天）　　　（宋）张缜

诸丈赓示前章再次韵

　（桃李层层媚远天）　　　　　　　　　前人

题三峡堂（三峡堂前五月风）　　　（宋）郭明复

题三峡堂（三峡堂中看倒流）　　　（宋）王十朋

诗史堂（万丈光芒笔有神）　　　　　　　前人

诗史堂（谁镌堂上石）　　　　　　　　　前人

甘露堂二首（昔日贤太守）　　　　　　　前人

（湛湛下修竹）

甘露堂（竹间甘露日瀼瀼）　　　　　　　前人

万卷堂（书读万卷破）　　　　　　　　　前人

易治堂（风俗无难易）　　　　　　　　　前人

细香堂（官舍谁为友）　　　　　　　　　前人

瑞白堂（昔日在夔州）　　　　　　　　　前人

无隐斋（勿谓江湖远）　　　　　　　　　前人

穿杨亭（仁者果何似）　　　　　　　　　前人

戒石亭（尔俸尔禄民膏脂）　　　　　　　前人

江月亭（长江何处水）　　　　　　　　　前人

江月亭（江山今古几英雄）　　　　　　　前人

江郊亭新成赋诗二十三韵

　（蜀江千里东南倾）　　　　　　（宋）杨咸亨

次韵（瞿唐一门江水倾）　　　　　（宋）单夔

小红翠亭二首七言

　（少陵遗迹瀼西东）　　　　　　（宋）刘士季

（苑在中巴东复东）

控巴台二首六言（阅武弓刀劲利）　（宋）何异

（台上小留归客）

控巴台二首六言（翠岸红橙奇语）　（宋）李谌

（谁道地拘逼仄）

三峡堂长歌一首纪蜀游之胜

　（诏书五月颁皇华）　　　　　　（清）陶澍

莲花山宋濂初厝处

　（莲花山俯夔州署）　　　　　　　　　前人

莲花池怀周元公

　（岭上芳池数百秋）　　　　　　（清）焦懋熙

莲花池怀古（莲池漾翠矗城西）　　（清）王藻鉴

莲花池（涪陵签判楚名贤）　　　　（清）李正华

莲花池怀古（宝顶固陵地）　　　　（清）李畅

西阁二首（巫山小摇落）　　　　　（唐）杜甫

（懒心似江水）

览柏中丞兼子侄数人除官制词因述父子

　兄弟四美载歌丝纶（纷然丧乱际）　　　前人

夔州罗氏园(知君行乐似神仙)　　　　　(宋)无名道士

闻诗得男名夔(巫邑初传鲤)　　　　　　(宋)王十朋

送夔门丁帅赴召(忆昔扪三峡)　　　　　(宋)崔与之

秋兴和杜集句八首

　　(孤舟微月对枫林)　　　　　　　　(明)郭棐

　　(倚树沉吟日已斜)

　　(瞿唐峡口弄晴晖)

　　(清箪疏帘看弈棋)

　　(一片孤城万仞山)

　　(凤楼宫阙楚江头)

　　(江水东流赖禹功)

　　(蜀江明净峡逶迤)

嘉靖癸亥春偕郡伯陈柳冈登白帝城次星

　　野卢宪长韵(瞿唐春皎天不漏)　　　(明)徐惟贤

巡台范溪郑公按部夔府予适有蜀都之役

　　浮江东下公置酒白帝城为别因次壁间

　　韵以纪行迹云(绣衣开宴对巴山)　　(明)陈尧

登白帝城送大司徒梧冈陈公以抚台之

　　蜀都次韵识别

　　(盐井烟收见晓山)　　　　　　　　(明)郑洛

赐石砫女宣慰司秦良玉

　　(学就西川八阵图)　　　　　　　　(明)思宗

(蜀锦征袍自剪成)

(露宿风餐誓不辞)

夔门行(西川之水百千派)　　　　　　　(清)周灿

夔门怀古(夔门地处天之末)　　　　　　(清)王陈锡

夔门寄友(作客云安县)　　　　　　　　(清)吴秀美

入夔(独舸东川客)　　　　　　　　　　(清)王廷相

入莲峰书院主讲赠李太守□夫

　　(文翁再见绾符来)　　　　　　　　(清)张凤翥

夔州怀古(云安旧地我重来)　　　　　　(清)卓秉恬

登夔州城楼(全川门户壮形模)　　　　　前人

过锦堂同年新筑寄园

　　(纸窗石榻拥书城)　　　　　　　　(清)杨世英

续赠(官冷耽吟爱薜萝)　　　　　　　　前人

雪后过寄园留饮归途得诗二章

　　(清寂惟罄舍)　　　　　　　　　　(清)吴升

(渺渺千余载)

道光乙酉嘉平游寄园赋赠二首(借来僻

　　地拓幽居)　　　　　　　　　　　(清)卓秉恬

(半村半郭种梅花)

励志诗(天地为橐钥)　　　　　　　　　(清)李在文

扬州舟夜(孤舟淮海路)　　　　　　　　前人

夏夜同鲁二庚初作(暑退三更后)　　　　前人

宿坝头(问津沂水上)　　　　　　　　　前人

同王户部张中翰丁孝廉集陶然亭分韵

　　得春字(对酒忘为客)　　　　　　　前人

晚行(新月一轮淡)　　　　　　　　　　前人

巫山县艺文志诗集

巫山高(南国多奇山)　　　　　　　　　(齐)虞义

蜀道难(巫山七百里)　　　　　　　　　(梁)简文帝

巫山高(巫山高不穷)　　　　　　　　　(梁)元帝

巫山高(迢递巫山好)　　　　　　　　　(梁)梁王泰

巫山高(高唐与巫山)　　　　　　　　　(梁)刘绘

巫山高(巫山高不极)　　　　　　　　　(梁)范云

巫山高(巫山映巫峡)　　　　　　　　　(陈)萧诠

巫山高(巫岫郁昭峣)　　　　　　　　　(唐)陆敬

巫山高(荆门对巫峡)　　　　　　　　　(唐)李元操

巫山高(巫山临太清)　　　　　　　　　(唐)郑世翼

巫山高(巫山望不极)　　　　　　　　　(唐)卢照邻

巫山高(君不见巫山高高半天起)　　　　(唐)阎立本

巫山高(巫山十二峰)　　　　　　　　　(唐)乔知之

巫山高二首(巫山高不极)　　　　　　　(唐)沈佺期

(巫山峰十二)

巫山高(神女向高唐)　　　　　　　　　(唐)王无竞

巫山高(巫峡见巴东)　　　　　　　　　(唐)皇甫冉

巫山高(巫山十二峰)　　　　　　　　　(唐)李端

巫山怀古(巫山幽隐地)　　　　　　　　(唐)刘希夷

巫山高(巫山与天近)　　　　　　　　　(唐)张九龄

宿巫山(昨夜巫山下)　　　　　　　　　(唐)李白

登巫山最高峰(江行几千里)　　　　　　前人

观元丹丘坐巫山屏风

巫山十二峰(十二峰娟妙)	(清)王士禛	峡中行者歌(巴东三峡巫峡长)	歌谣
十二峰(长江万里走峨岷)	(清)李芝	琵琶峡(由来历山川)	(梁)简文帝
巫山一段云(雨霁巫山上云轻)	(前蜀)毛文锡	宿空舲峡青树村浦(的的明月水)	(唐)陈子昂
临江仙(峭碧参差十二峰)	(五代)牛希济	巫峡(三峡七百里)	(唐)杨炯
(江绕黄陵春庙间)		上三峡(巫峡夹青天)	(唐)李白
临江仙(十二高峰天外寒)	(后蜀)阎选	峡中山(高唐几百里)	(唐)卢象
巫山一段云(有客经巫峡)	(前蜀)李珣	八月上峡(万里巴江水)	(唐)李频
(古庙依青嶂)		过巫山峡(拥棹向惊滩)	前人
巫山十二峰	(元)赵孟頫	巫峡(巫山苍翠峡通津)	(唐)曾松
净壇峰(叠嶂千重碧)		过黄牛峡(黄牛来势泻巴川)	(唐)张蠙
登龙峰(片月生危岫)		初入巫峡(钻火巴东岸)	(宋)范成大
松峦峰(松壑堆岚霭)		燕子坡(大山如墙缺)	前人
上升峰(云里高唐观)		巫峡(夔州城下阴霏霏)	(明)张含
朝云峰(绝顶朝云散)		巫峡(放舟下巫峡)	(清)许汝龙
集仙峰(雨过苹汀远)		巫峡(夔门通一线)	(清)何明礼
望霞峰(碧水鸳鸯浴)		巫峡(峡自夷陵来)	(清)张衍懿
栖凤峰(芍药虚投赠)		巫峡(峡行七百里)	(清)杨潮观
翠屏峰(碧水澄青黛)		跳石滩(神女峰前江水平)	(清)宋琬
聚鹤峰(鹤信三山远)		黄牛峡(黄牛峡口石粼粼)	(清)傅作楫
圣泉峰(晓色飘红豆)		峡中二首(叠练飞波面)	(清)李芝
起云峰(袅娜江边柳)		(出峡复入峡)	
和赵子昂十二峰词	(明)郭棐	巫峡(奇气由天纵)	(清)陶澍
净坛峰(山色连天碧)		神女庙(乱猿啼处访高唐)	(前蜀)韦庄
登龙峰(绮霞生列树)		神女庙(细腰宫尽旧城催)	(唐)唐求
松峦峰(鹤翩翩青嶂)		神女庙(巴水走若箭)	(唐)王周
上升峰(仙观丹霞映)		神女庙(庙前溪水流)	前人
朝云峰(水色涵虚碧)		神女庙(巫山十二郁苍苍)	(唐)刘禹锡
集仙峰(玉佩飘声远)		神女庙二首(寂寞高唐别楚君)	(唐)李群玉
望霞峰(瑶水蘼芜绿)		(庙闭春山晓月光)	
栖凤峰(蔻封朝信)		神女庙(十二岚峰挂夕晖)	(唐)刘沧
翠屏峰(绿涨三千界)		神女庙(双黛俨如嚬)	(唐)崔涂
聚鹤峰(眉扫巫山黛)		神女庙(黯黯闭宫殿)	(唐)温庭筠
圣泉峰(峡口云偏肃)		神女庙(忠州刺史今才子)	(唐)繁知一
起云峰(十二峰头月)		神女庙(大江从西来)	(宋)苏轼
巫山阻风辞(一日下瞿唐)	(清)朱尔迈	神女庙(楚泽隐巫山)	(宋)唐耜
黄牛歌(朝见黄牛)	歌谣	神女庙(东南佳气散层霄)	(清)陈濬

白帝城(蜀江一带向东倾)	(唐)胡曾	重游咸平寺(复到曾游寺)	(明)柳英
白帝城(江雨霏霏白帝城)	(宋)宋肇	白盐山(卓立群峰外)	(唐)杜甫
白帝城登眺(白帝城头路)	(宋)曾慥	晓望白帝城盐山(徐步携斑杖)	前人
白帝城(汉家郡国奄方舆)	(宋)陈谦	白盐山(蜀中盐井知多少)	(宋)王十朋
白帝城(缥缈孤城暮欲投)	(明)陈文烛	赤甲山诗并序(月生赤甲如金盆)	(宋)范成大
登白帝城有怀故人李太仆		赤甲山(赤甲城连白帝城)	(宋)王十朋
(地厄荆梁气势雄)	(明)吴礼嘉	风雨中望峡口诸山	
登白帝城(太守留宾酒故迟)	(明)安磐	(白盐赤甲天下雄)	(宋)陆游
登白帝城(山上旌旗拂晓晴)	(明)程启元	报恩寺拈香望胜己山	
登白帝城(往岁虚豪兴)	(明)甘为霖	(篮舆拂晓出东关)	(宋)王十朋
同耿明府登白帝城二首		胜己山(私心克尽道方大)	前人
(夔子城边白帝台)	(明)袁茂英	至瞿唐关戏用山名以成一绝	
(突兀危岩瞰大江)		(取友要如山胜己)	前人
白帝城怀古(风涛五月下瞿唐)	(明)梅国栋	登真武山四首(篮舆晓上小琳宫)	前人
陪嘉州安给舍程侍御登白帝城		(山中松柏几经春)	
(公孙昔僭据)	(明)刘文谟	(白盐卓立群峰外)	
和杜少陵上白帝城诗		(荧煌灯火如星斗)	
(闻道云安胜)	(清)张凤翥	登得胜岗诗并序(得胜名岗蜀虎臣)	前人
和杜少陵白帝城诗		百牢关(嘉陵江上万重山)	(唐)元稹
(城头鸟散未开门)	前人	百牢关(蜀国少平地)	(唐)于邺
白帝城(天地依然草木春)	(清)吴秀美	石门关(昔佩兵符去)	(唐)武元衡
白帝城(瞿唐峡口彩云间)	(清)傅作楫	石门关(益部恩辉降)	(唐)赵宗儒
白帝城(白帝孤城草色齐)	(清)余启志	鬼门关(久客归心速)	(明)刘仪凤
白帝城(咄咄公孙志太奢)	(清)谢永龄	八阵图(访古识其真)	(晋)桓温
白帝城(赤甲白盐相向生)	(清)王士禛	八阵图(功盖三分国)	(唐)杜甫
白帝城(石阁春风暮)	(清)曹天宪	观八阵图(轩皇传上略)	(唐)刘禹锡
登白帝城(万仞墙临滟滪堆)	(清)盛锦	八阵碛(平沙何茫茫)	(宋)苏轼
白帝城怀古(滩声鸣咽二千年)	(清)方积	八阵碛(涨江吹八阵)	前人
同松轩编修邓东风太守谭铁箫通判		八阵碛(永安宫前瀼西碛)	(宋)冯山
登白帝城(拍马西风得得来)	(清)陶澍	滩石八阵图行(我生孔明后)	(宋)王刚中
子阳城(雄关如户屹峥嵘)	前人	观八阵图有感(江从岷来触瞿唐)	(宋)李兴宗
卧龙山(山巅祠貌俨丹青)	(宋)查篯	奉陪安抚大卿登八阵台览观忠武侯诸葛公	
卧龙山(日长春老职司闲)	(宋)丁谓	遗像偶成长句(白帝城西鱼复浦)	(宋)张缜
卧龙山(我辈逢山眼即青)	(宋)王十朋	巨野李訦谒丞相祠登开济堂俯八阵图观	
九日登卧龙山(老逢佳节强跻攀)	前人	新帅张卿与侍郎林公旧题倡和皆慨想	
登卧龙山送酒(五马携壶上卧龙)	(宋)梁彭州	当时英烈叹颂久之惟瀼东流啮城入江	

望江（横江阁外数帆樯）	（明）吕潜	龙冈耸秀（削就千山与万山）
瞿唐峡（历数西南险）	（清）张衍懿	鱼浦澄清（采得菱窠满画船）
瞿唐峡（谁凭霄汉劈青苍）	（清）樊泽达	白帝层峦（层峦高耸郁嵯峨）
瞿唐峡（连山接巴东）	（清）高层云	峡门秋月（扁舟晚泊峡门秋）
瞿唐峡（白帝荒城带雨昏）	（清）孙元恒	奉节十二景　　（清）廖赓谟
桡歌行（大舶之桡三十六）	（清）张问安	滟滪回澜（奔流万派狎瞿唐）
和杜少陵瞿唐两崖诗		武侯阵图（不道才成割据功）
（金气西南会）	（清）张凤翥	白帝层峦（白帝英灵安在哉）
瞿唐峡（断碧连青霭）	前人	文峰瑞彩（削就峰尖立翠微）
晓过瞿塘（望华亭畔净烟芜）	（清）陶澍	草堂遗韵（江山奇丽半川东）
鱼复浦（扁舟尽室贫相逐）	（唐）刘禹锡	莲池流芳（几看人世变沧桑）
最能行（峡中丈夫绝轻死）	（唐）杜甫	赤甲晴晖（到处烟鬟媚远天）
天池（天池马不到）	前人	龙冈耸秀（乾坤辟处一龙眠）
引水（月映瞿唐云作顶）	前人	峡门秋月（峡口阴深白帝秋）
信行远修水筒（汝性不茹荤）	前人	峡门秋月（水落瞿唐迸夜鸟）　　（清）易溥
给水诗并序（官费接筒竹）	（宋）王十朋	万县艺文志
化龙池（一沼渊源合）	（明）杨贡	野望（西山白雪三城戍）　　（唐）杜甫
硐槽（湿破苍烟径）	（清）吴秀美	南浦（春风入垂杨）　　（宋）寇准
游东屯（呼船渡西瀼）	（宋）关耆孙	万州（晨炊维下岩）　　（宋）范成大
三月晦游东屯拜少陵像		西山三首（夷界荒山顶）　　（唐）杜甫
（飞飞鸣枭啄金屋）	（宋）陈邕	（辛苦三城戍）
东屯（少陵客夔州）	（清）宋琬	（子弟犹深入）
七月一日题终明府水楼二首		题西山临江亭（南浦逢除日）　　（宋）张愈
（高栋层轩已自凉）	（唐）杜甫	万县广济寺二首（万川名胜数西山）　　（明）黄溥
（宓子弹琴邑宰日）		（西山兰若世尘稀）
庠生冉镕像赞（去年三月十九日）	（清）朱有绂	岑公洞（南溪有仙洞）　　（唐）马冉
增生张馆像赞（载观君貌君何瞿）	前人	岑公洞（真人邈何之）　　（宋）赵喜赣
奉节十二景	（清）王知人	建中靖国元年三月万守高仲本宿约
文峰瑞彩（赤甲平登瞰白盐）		游岑公洞夜雨达旦戏赠小诗二首
武侯阵图（无劳樵牧殷勤说）		（肩舆欲到岑公洞）　　（宋）黄庭坚
滟滪回澜（神禹推承造化功）		（蓬窗夜静雨如渑）
瞿唐凝碧（石骨苍苍秋不肥）		岑公洞（石壁虚涵云气深）　　（宋）范仲黼
莲池流芳（闻道汉家菡萏池）		岑公洞三首（大业征辽发闾左）　　（宋）陆游
草堂遗韵（鼙鼓渔阳势若奔）		（后六百岁吾来游）
白盐曙色（几杵疏钟度远林）		（十年神游八极表）
赤甲晴晖（为怜海内文章客）		岑公洞（泉细或疑雨）　　（宋）冯时行

下岩避暑留题(古寺重来兴转添)	(宋)杨迈	(念我蓄一柈)	
云安下岩次涪翁四首(径向山腰转)	(宋)喻汝砺	至自云安题净戒院二首	
(路暗松杉密)		(山口出云鸠唤雨)	前人
(我来二月初)		燕子龛禅师(山中燕子龛)	(唐)王维
(刘郎年三十)		放船(收帆下急水)	(唐)杜甫
下岩二首(空岩静发钟磬乡)	(宋)黄庭坚	云安九日郑十八携酒陪诸公	
(寺古松楠老)		(寒花开已尽)	前人
下岩(画船四月满旗风)	(宋)陆游	拨闷(闻道云安曲米春)	前人
水帘诗(朝来雨急飞瀑雄)	(宋)张灏	覃山人隐居(南极老人自有星)	前人
岩下观瀑旦晚异状子文有诗辄次其韵		怀锦水居止二首(军旅西征僻)	前人
(瀑色清明气犹雄)	(宋)何麒	(万里桥西宅)	
水帘(疏水成帘造化功)	(宋)虞大博	将晓二首(石城除击柝)	前人
雨后望下崖(一喷一醒悬泉器)	(清)陶澍	(军吏回官烛)	
云安龙脊滩(洞庭老龙时出没)	(宋)杨济	遣愤(闻道花门将)	前人
龙脊(峡底渊流泽益深)	(宋)陈似袭	又雪(南雪不到地)	前人
留题龙脊(分符民牧镇云阳)	(明)杨鸾	雨(冥冥甲子雨)	前人
崇祯丁丑人日游龙脊		南楚(南楚青春异)	
(晴日寻芳喜得陪)	(明)黄道晔	船下夔州郭宿雨湿不得上岸别王十二判	
龙脊(锦水滔滔拥碧澜)	(明)五峰先生	官(依沙宿舸船)	前人
龙脊(养高赢得据波心)	(明)黎拱	移居夔州作(伏枕云安县)	前人
次韵(天然鳌极介江心)	(明)向文奎	十二月一日三首(今朝腊月春意动)	前人
次韵(昂然形势卧江心)	(明)屈表	(寒轻市上山烟碧)	
龙脊(龙脊横中自何年)	(明)申步衢	(即看燕子入山屏)	
大江(水折山纤路欲穷)	(清)陈沂震	阁夜(岁暮阴阳催短景)	前人
谒张桓侯庙(张将军,万人敌)	(明)刘瑞	返照(楚王宫北正黄昏)	前人
谒张桓侯庙(云安县有桓侯庙)	(明)陈文烛	八月十五夜月二首(满目飞明镜)	前人
谒张桓侯庙(古木苍藤覆庙庭)	(明)郭棐	(梢下巫山峡)	
谒张桓侯庙(桓侯忠义铁心肝)	(明)汪安宅	石砚(平公今诗伯秀发)	前人
张桓侯庙(先生正气足千秋)	(清)张鹏翮	夔砚(一片夔州砚)	(宋)王十朋
张桓侯庙(朱甍碧瓦照江渍)	(清)董新策	子规(峡里云安县)	(唐)杜甫
张桓侯刁斗(天下英雄止豫州)	(清)张士环	杜鹃(西川有杜鹃)	前人
云安玉虚观南轩感事偶书五首		杜鹃行(君不见昔日蜀天子)	前人
(二仪鼓炉鞴)	(宋)杜柬之	杜鹃(古时杜宇称望帝)	前人
(古观久荒凉)		子规(铜梁路远草青青)	(唐)罗隐
(稚梧殖岁首)		子规(千年冤魄化为禽)	(宋)蔡京
(嗟余何不辰)		杜鹃(暖云无定半阴晴)	(宋)宋肇

子规（蜀魄曾为古帝王）　　　　　（元）曹伯启

子规（崎岖蜀道马行迟）　　　　　（明）潘亨

谢豹（谢豹岂人化）　　　　　　　（明）刘天民

杜鹃（有鸟有鸟古帝魂）　　　　　（清）彭端淑

云安八景　　　　　　　　　　　　（清）熊宇栋

凤山春色（笑靥开丹嶂）

龙脊夜涛（巨石亘沙滩）

五峰钟秀（缥缈列诸山）

上下仙岩（斧銮痕难觅）

康节墨池（演易台边望）

扶嘉盐井（合沓三牛峙）

宝塔舟则（塔影苍崖现）

云岩水帘（峭壁欲摩天）

开县艺文志

盛山十二景诗序　　　　　　　　　（唐）韩愈

盛山十二景诗　　　　　　　　　　（唐）韦处厚

　宿云亭（雨合飞危砌）

　隐月岫（初映钩如线）

　流杯池（缴曲云飞箭）

　琵琶台（褊地堆层叠）

　盘石磴（缭绕绿云上）

　葫芦沼（疏凿徒为巧）

　绣衣石（岩巉雪中崭）

　瓶泉井（绠汲岂无井）

　梅溪（夹岸凝轻素）

　桃坞（喷日舒红锦）

　茶岭（顾渚吴商绝）

　竹崖（不资冬日透）

盛山十二景诗　　　　　　　　　　（唐）张籍

　宿云亭（清净当深处）

　梅溪（自爱新梅好）

　茶岭（紫牙连白蕊）

　流杯渠（渌酒白螺杯）

　盘石磴（垒石盘空起）

　桃坞（春坞桃花发）

　竹岩（独入千竿里）

　琵琶台（台上绿萝春）

　葫芦沼（曲沼春流满）

　隐月岫（月出深峰里）

　绣衣石（山城无别味）

　瓶泉井（阶上一眼泉）

安乐山（天师化去知何在）　　　　（宋）苏轼

（真人已不死）

寄常征君（白水青山空复春）　　　（唐）杜甫

别常征君（儿扶犹杖策）　　　　　前人

绝句（前年渝州杀刺史）　　　　　前人

答开州韦使君寄车前子诗

　（开州午日车前子）　　　　　　（唐）张籍

开境即事（蓬颅椎髻掣公车）　　　（明）倪组

题飞翠亭（嶒磴迂回最上巅）　　　（清）林元凤

游大觉寺（策马寻幽胜）　　　　　前人

盛山书院蒙泉诗并序

　（盛山山色郁青葱）　　　　　　（清）高学濂

和开邑高大令盛山书院蒙泉七律四

　章原韵（书院依山山郁葱）　　　（清）恩成

（旧凿池同半亩看）

（瞿塘滟滪拟云泓）

（宿云隐月绝纤尘）

和高希之蒙泉诗原韵

　（瑞蔼书堂气□葱）　　　　　　（清）余绍元

（拟作廉泉让水看）

（流出山头止一泓）

（浣去人间百斛尘）

汉丰八景　　　　　　　　　　　　（清）胡邦盛

盛山积翠（淑气蔼晴光）

州面列屏（天生水墨屏）

熊耳晓云（露薄曙光寒）

迎仙夕照（斜晖半有无）

莲池睡佛（绿水漾新荷）

仙镜凝辉（玉女试新妆）

清江渔唱（江渚抱城隅）

瑞石凌霄（飞来华顶峰）

盛山积翠(霞采入菁葱)	(清)林元凤	送大宁监张椿往摄姊归郡	
州面列屏(翠启画屏开)		(女婴归处郡如何)	(宋)王十朋
熊耳晓云(曙色逗山阿)		风谣三首(挑煤多半是生涯)	(清)翁霈霖
迎仙夕照(落日向崚嶒)		(紫茄白菜碧瓜条)	
莲池睡佛(半亩白天开)		(背筤一路影横斜)	
仙镜凝辉(石发挽晨风)		大宁场遇雨(潺湲一夜雨)	(清)方积
清江渔唱(击楫清流中)		大宁场大水(扫将苍赤付龙蛇)	前人
瑞石凌霄(一片仰凌霄)		荆南兵马使太常卿赵公大食刀歌	
盛山积翠(雨润留青黛)	前人	(太常楼船声嗷嘈)	(唐)杜甫
州面列屏(百二图中景)		见王兵马使……白黑二鹰请余赋诗	
熊耳晓云(扶桑初照处)		二首(云飞玉立尽清秋)	前人
迎仙夕照(芳霭舒回薄)		(黑鹰不省人间有)	
莲池睡佛(倒影清泓里)		野人送樱桃(西蜀樱桃也自红)	前人
仙镜凝辉(窥妆人已杳)		鹿(永与清溪别)	前人
清江渔唱(潋滟沧浪水)		白小(白小群分命)	前人
瑞石凌霄(深爱巨灵臂)		黄鱼(日见巴东峡)	前人
大宁县艺文志		柟水(楚江长流对楚寺)	(唐)严武
盐井(卤中草木白)	(唐)杜甫	和严侍御柟木(两苍崖屹相应对)	(唐)史俊
寒峡(行迈日悄悄)	前人	和东川李相公慈竹(慈竹不外长)	(唐)元稹
石龛(熊罴咆我东)	前人	木莲树诗(如折芙蓉栽旱地)	(唐)白居易
凝香堂(群峰高拥碧嶙峋)	(宋)文同	(红似胭脂细如粉)	
游仙人洞(昔时王子升天处)	(宋)李宏	(已愁花落荒岩底)	
游峰灵观(野阁莲宫回)	(宋)岑象求	荔枝(奇果标南土)	前人
山中七日歌(山中方七日)	(清)方积	竹𪚥(野人献竹𪚥)	(宋)苏轼
朝阳洞(攀萝蹑磴探幽房)	(明)陈应元	荔枝(家在岷峨饱荔枝)	(宋)唐庚
朝阳洞(万山西去此朝阳)	(清)周厚辕	木莲花(仙姿疑是华巅栽)	(宋)周敦颐
朝阳洞(朝阳洞口古今传)	(清)胡佑	二色芙蓉(蜀国芙蓉名二色)	(宋)范成大
秋日夔府咏怀奉寄郑监李宾客一百		感橙树诗(橙生蜀山里)	(明)方孝孺
韵(绝塞乌蛮北)	(唐)杜甫	三峡猿声歌(蜀道难,登山犹自可)	(清)杨屾
西阁三度期大昌严明府同宿不到		虫豸诗并序	(唐)元稹
(问子能来宿)	前人	巴蛇三首并序(巴蛇千种毒)	前人
寄柏学士林居(自胡之反持干戈)	前人	(越岭南滨海)	
题柏大兄弟山居屋壁二首		(汉帝斩蛇剑)	
(叔父朱门贵)	前人	蛒蜂三首并序(巴蛇蟠窟穴)	前人
(野屋流寒水)		(梨笑清都月)	
负薪行(夔州处女发半华)	前人	(兰蕙本同畹)	

蜘蛛三首并序（蜘蛛天下足）　　　前人　　蝨三首并序（阴深山有瘴）　　　　　前人

（网密将求食）　　　　　　　　　　　　　（千山溪沸石）

（稚子怜圆网）　　　　　　　　　　　　　（辛螫终非久）

蚁子三首并序（蚁子生无处）　　　前人　　大宁县八景　　　　　　　　　（清）陈镇

（时术功虽细）　　　　　　　　　　　　满城楼阁（云山万笏耸崔嵬）

（攘攘终朝见）　　　　　　　　　　　　四面云山（画屏远列万重山）

蟆子三首并序（蟆子微于蚋）　　　前人　　龙洞三潮（雨阵雷车护碧泓）

（晦景权藏毒）　　　　　　　　　　　　凤山六景（第一名山数凤凰）

（有口深堪异）　　　　　　　　　　　　仙人古洞（坎离龙虎几刜磨）

浮尘子三首并序（可欢浮尘子）　　前人　　白鹿盐泉（盐井平分万灶烟）

（乍可巢蚊睫）　　　　　　　　　　　　石田七坵（天从石上辟田畴）

（但觉皮肤懵）　　　　　　　　　　　　轿轩双柄（铸向洪炉溯化功）

111. 同治增修万县志

三十六卷首一卷　（清）张琴、王玉鲸等修　范泰衡等纂　同治五年刻本　《中国地方志集成·四川府县志辑》（第五十一册）影印本

卷三十六　艺文志上　文

西山留题	（宋）黄庭坚
送田画秀才宁亲万州序	（宋）欧阳修
岑公洞记	（宋）岑象求
万州西亭记	（宋）刘公仪
万州天生城石壁记	（元）王师能
万县新修泮池铭　并序	（明）郭棐
万县重修城隍庙记	（明）富顺
万县尹方登遗爱碑记	（明）卫承芳
西山太白祠记	（明）曹学佺
唐金紫光禄大夫使持节永州刺史巫 　山开国冉公墓志铭	（明）高公韶
万县重修文庙碑记	（明）沈巨儒
万县重修关庙碑记	前人
荡平东川碑记	前人
增修学宫记	（清）张永辉
万县静波楼记	（清）赵志本
捐设凤山书院膏火序	（清）仇如玉
捐设养济院孤贫口粮记	前人
续捐收理浮尸公药堂经费序	前人
遗爱集序	（清）李惺
万县尹宋公大中归葬磁州记	（清）王怀曾
黑洞沟记	（清）王继抡
张列女传	前人
永宁桥碑记	（清）何志高
陈孝廉墓志铭	（清）甘家斌
万县宾兴会记	（清）王玉鲸
新修利济池序	（清）丁凤皋
万县新建忠义孝弟祠记	（清）龚珪

送魏静轩先生归万县序	（清）王怀曾
万县新建考棚碑记	（清）龚珪
新建万州书院碑记	（清）陆玑
新立宋五子龛位记	（清）冯卓怀
卯峰书院碑记	前人
太和书院碑记	前人
安怀所续增粥田碑记	前人
萱溪义渡碑记	前人
黄柏溪义渡	前人
马将军祠记	（清）张琴
桂宫碑记	前人
万县重刻四种遗规序	（清）范泰衡
马将军传	（清）杜焕南

艺文志下　诗

送鲜于万州迁巴州（京兆先时杰）	（唐）杜甫
寄题杨万州四望楼 　（江上新楼名四望）	（唐）白居易
答杨使君登楼见忆 　（忠万楼中南北望）	前人
和万州杨使君四绝句	前人
竞渡（竞渡相传为汨罗）	
江边草（闻君泽畔伤春草）	
嘉庆李（东都绿李万州栽）	
白槿花（秋槿晚英无艳色）	
南宾郡斋即事寄杨万州（山上巴子城）	前人
初登东楼寄杨八使君（山东邑居窄）	前人
送秦炼师归岑公山（仙翁归卧翠微岑）	（唐）李群玉
寄南浦迁客（多才翻得罪）	（唐）郑谷

天生城（山势离奇极）	前人	访流杯池（天光澹沱雨晴时）	前人
岑公洞（遮却隋氛恶）	前人	丙辰既望独游太白岩题壁	
常孝父诗（伯姬守礼死）	前人	（树梢高处露瑶宫）	前人
铜印歌（如许大错竟铸成）	前人	（岩谷云多石气凉）	
登北山观（策杖出北郭）	（清）胡憬	石龙洞祈雨纪事（南山老龙洞）	（清）冯卓怀
游岑公洞（古洞何年辟门前）	前人	甘霖洞祈雨纪事（丁巳秋首令）	前人
谒西山太白祠（绝尘凫外路）	（清）刘用仪	流杯池纪事（流杯池古修楔事）	前人
客万县（城郭依山壁）	（清）范泰亨	游西山因憩流杯池读山谷碑	
便民池（山城苦朝汲）	前人	（麒骨虬姿尚俨然）	（清）杜焕南
题涪翁记后（建中靖国许东归）	（清）何绍基	南楼（守陴日日劝加餐）	前人
游流杯池至青羊宫小憩和何子贞		赋	
学使书山谷建中石刻后原韵		便民池赋	（清）刘乃大
（简书可畏敢怀归）	（清）陆墣	便民池赋	（清）刘高培

112. 咸丰开县志

二十七卷首一卷 （清）朱肇奎等修 陈崑等纂 清咸丰三年刻本 《中国地方志集成·四川府县志辑》（第五十一册）影印本

卷二十七 艺文志

盛山十二景诗序	（唐）韩愈
录异记	（前蜀）杜光庭
大觉寺记	（明）焦竑
朝贺大觉寺铜佛记	（明）僧复传
大觉寺重铸钟赞	佚名
大觉寺铜佛像记	（清）张有本
重修大觉寺路碑记	（清）张湜
重建昭忠祠碑记	（清）高学濂
新设义学记	（清）林丹云
太学桥碑记	（清）罗珍
大觉寺瘗稿铭	前人
温汤井诸洞记	前人
李节妇传	（清）彭士超
新修开江堤记	（清）罗珍
宋名标张玉胜合传	（清）沈琋
开县原志序	（清）魏煜
旧志原序	（清）胡邦盛
重修东岳庙碑记	（清）孔昭焜
重修奎文阁碑记	（清）沈西序

艺文下

别常征君诗（儿扶犹杖策）	（唐）杜甫
野望因过常少仙诗（野桥齐渡马）	前人
覃山人隐居（南极老人自有星）	前人
盛山十二景诗	（唐）韦处厚
宿云亭（雨合飞危砌）	
隐月岫（初映钩如线）	
流杯池（激曲云飞箭）	

琵琶台（褊地堆层叠）	
盘石磴（缭绕线云上）	
葫芦沼（疏凿徒为巧）	
绣衣石（岩巉雪中峤）	
瓶泉井（绠汲岂无井）	
梅溪（夹岸凝轻素）	
桃坞（喷日舒红锦）	
茶岭（顾渚吴商绝）	
竹厓（不资终日透）	
盛山十二景和诗	（唐）张籍
宿云亭（清净当深处）	
梅溪（自爱新梅好）	
茶岭（紫芽连白蕊）	
流杯渠（绿酒白螺杯）	
盘石磴（垒石盘空起）	
桃坞（春坞桃花发）	
竹岩（独入千竿里）	
琵琶台（台上绿萝春）	
葫芦沼（曲沼春流清）	
隐月岫（月出深峰里）	
绣衣石（山城无别味）	
瓶泉井（阶上一眼泉）	
开境即事（蓬颅椎髻挈公车）	（明）倪组
谒张桓侯庙（桓侯忠义铁心肝）	（明）汪安宅
题飞翠亭（嶒磴迂回最上巅）	（清）林元凤
游大觉寺（策马寻幽胜）	前人
汉丰八景	（清）胡邦盛
盛山积翠（淑气蔼晴光）	
州面列屏（天生水墨屏）	

熊耳晓云(露薄曙光寒)

迎仙夕照(斜晖半有无)

莲池睡佛(渌水漾新荷)

仙境凝辉(玉女试新妆)

清江渔唱(江渚抱城隅)

瑞石凌霄(飞来华顶峰)

盛山积翠(霞采入菁葱)　　　　　　　　(清)林元凤

州面列屏(翠启画屏开)

熊耳晓云(曙色逗山阿)

迎仙夕照(落日向崚嶒)

蓬池睡佛(半亩自天开)

仙境凝辉(石发挽晨风)

清江渔唱(击楫清流中)

瑞石凌霄(一片仰凌霄)

盛山积翠(雨润留青黛)　　　　　　　　前人

州面列屏(百二途中景)

熊耳晓云(扶桑初照处)

迎仙夕照(芳露舒回薄)

莲池睡佛(倒影清泓里)

仙境凝辉(窥妆人已杳)

清江渔唱(潋滟沧浪水)

瑞石凌霄(深爱巨灵臂)

盛山书院蒙泉诗并序(盛山山

　　色郁青葱)　　　　　　　　　(清)高学濂

(出山还当在山看)

(源头活水本澄泓)

(明知入世苦风尘)

和开邑高大令盛山书院蒙泉七律四

　　章原韵(书院依山山郁葱)　　　(清)恩成

(旧凿池同半亩看)

(瞿塘滟滪拟云泓)

(宿云隐月绝纤尘)

九日登盛山书院赏菊有感八首

　　(捧檄东来趁碧流)　　　　　　(清)朱近光

(云木凄清绕盛山)

(雁鸿声里一高瞻)

(喜得秋光净汉丰)

(赏花分韵尽从容)

(七载干戈扰汉丰)

(重阳风景在诗家)

(南峰渐暝比崖寒)

春日游大池口(春风吹凤驾)　　　　　前人

安吉寨夜坐(高馆微凉夜)　　　　　(清)徐行德

无闷斋赠逸道人诗二首

　　(小筑三间傍曲池)　　　　　　(清)罗为治

(移时大火忽西流)

同人游宫亭寺诗

　　(招提望望阻冥濛)　　　　　　(清)罗珍

(迎看松风到上方)

(又向蒲团听大乘)

(偶邀名士散清愁)

烈妇辞(黑风团云月失光)　　　　　(清)顾照世

(绿林之客乃如此)　　　　　　　　(清)傅绳勋

(百丈铁尚可折)　　　　　　　　　(清)刘在荣

(男儿读书不报国)　　　　　　　　(清)陈堃

东岳庙小景诗　　　　　　　　　　(清)孔昭焜

凌云坊(绿沿陟脩坡)

接引桥(漤洄入解津)

眺远楼(飞甍俯星汉)

遂生池(果有时而熟)

环漪舫(我有不系舟)

桃坞(云锦张天幕)

伫月亭(松阴横石琴)

向晚登开州城赋呈张活渠明府

　　(淡霞带雨过荒城)　　　　　　(清)沈本义

(迢峣试一望)

登城望盛山诗(城上烟云想落毫)　　(清)曹珍贵

大池山平旷数十里中有水若太极图状

　　逾半里在山亦形似奇境也作诗纪之

　　(太极初构清浊分)　　　　　　(清)欧阳学海

余承乏汉丰先后四载甲辰秋九得遂归

　　休之顾将返楫蓉湖得诗八首留赠诸

113. 道光城口厅志

二十卷首一卷　（清）刘绍文修　洪锡畴纂　清道光二十四年刻本　《中国地方志集成·四川府县志辑》（第五十一册）影印本

卷二十　艺文志

宸章

皇上御制文	（清）乾隆
邪教说	前人
皇上御制诗	前人
平定教匪志喜联句有序	前人
（皇清声教及边陲）	
（股伤籍稻盗东薗）	
（絷来后窖虎将狸）	
（战余沟卧瘵宁支）	
（其如杀马乍充饥）	
（赦□再背辟奚辞）	
（子赏子陛随捷奏）	
（子赏神依彰孔赫）	
（训承祖述戎母欺）	
（手谕理申严备弛）	
（耆功饮至待酬酏）	

诗

阅城有感（太平今庚止）	（明）柯相
橄林令仪刿戍营（小封真太僻）	前人
东太交界（两封元混一）	前人
阅城有感和前韵（县控三藩界）	（明）林一元
议刿戍营（三湘烟月满）	前人
太平八无	（清）王舟
无民（何须司牧到三巴）	
无赋（争道君田不可屯）	
无城（玉满都清万劫中）	
无讼（不须奸狯警无良）	
无学（属车来谒日方瞳）	
无署（数椽能蔽风雨无）	
无士（但听猿声挂薜萝）	
无钱（鼓铸开停数十年）	
三义祠（万年扶汉鼎）	前人
登峡口山（怪石崚峋景最奇）	（清）廖时琛
诸葛城（秣马临风甸）	前人
避乱大石岭（蚕丛鸟道不堪行）	（清）周思陶
黑天池（岩岫兴云雨）	（清）寶容邃
文庙文昌宫学署次第落成喜赋	
（在昔干戈地）	（清）吴秀良
（共此劳心者）	
道光甲申冬日雪后登八台山	
（八台山上八层台）	前人
赠夏鹭汀司铎（粤西冀北种花残）	（清）王梦庚
赠徐林屋参军（芹菹韭薤不成醵）	前人
城口士民捐修圣庙文昌宫及祠宇	
学署序	（清）吴秀良
新城书院碑记	前人
培修文庙记	（清）刘绍文
新修魁星门记	前人
培修城隍庙碑志	前人
培修祖师观记	前人
平坝妙音寺碑记	（清）邹鉴
禹王公碑记	（清）洪锡畴
新城书院跋	（清）吴秀良
重修武庙碑记	（清）刘绍文
袁茂才传	（清）洪锡畴
袁处士传	前人

陈处士暨妻王氏忠节合传	前人	培修圣庙序	（清）季寿昌
李处士传	前人	赈灾记	前人
处士林常怀一家数口同时死难合传	前人	葛城城解组留别士民（旧治重临慕武乡）	前人

114. 大宁县志

八卷首一卷　（清）高维岳修　魏远猷纂　清光绪十一年刻本　《中国地方志集成·四川府县志辑》（第五十二册）影印本

卷八　艺文志

奏疏、碑、序、记、传、墓志、诗、轶事

奏疏

乞采群言疏	（明）谭启
乞念民穷疏	前人
请入祀名宦疏	（清）何桂清

碑

高侯忠烈碑	（明）杨伸
朱贤侯碑	（明）李春妍

序

青忠惠集序	（明）陆钺

记

大宁监创筑天赐城记	（宋）徐宗武
重修黉宫泮池记	（明）余有光
新修得胜堡重城记	（明）解起衷
朝阳洞记	（明）胡民仰
捐修学宫碑记	（清）雷㷆
仙人洞记	（清）谭谦吉
盐场宝源寺碑记	前人
忠惠青公记	（清）焦懋熙
修建关圣庙碑记	（清）高家湘
修建明伦堂学署书院记	（清）郭南英
重修关圣庙记	（清）柏守贞
龙洞觅水记	前人
重修城隍庙碑记	（清）沈增

传

向忠武传	（清）向希敏

墓志

向忠武公墓志铭	（清）许乃钊
向子英墓志铭	（清）王拯

诗

游峰灵观（野阁连宫回）	（宋）岑象求
行路难（君不见，花发凌烟阁前日）	（明）来知德
赠谭二酉赴成都（何时别美人）	前人
山中七日歌（山中方七日）	（清）方积
将赴春闱留别凤山书院门人（凤凰山上云）	（清）贺青连
观龙池作（避难奔西蜀）	（清）陈杏昌
怀忠诗（战广西，战两湖）	（清）施山
大水行（宁场七月夜昏黑）	（清）李善登
大宁场题壁（山形巷狭河形沟）	（清）王尚彬
大宁场遇雨（潺湲一夜雨）	（清）方积
题节妇徐王氏墓碑（冰雪怀心洁）（孤塚城西道）	（清）王启鳌
游天星观赠龙上人（徧览名山胜）	（清）姚諴
将之盐厂留别邑侯柏东堂先生（东风绕几日）	（清）贺青连
登云台观（万峰悬鸟道）（捧日构虚亭）	（清）敬德科
舟泊巫山陆行至厂（已脱提滩险）	（清）陈杏昌
夜雨宿郭公祠（夜雨最清幽）	（清）沈增
南关渡晚眺（渡口静无哗）	前人
盐场晚眺（一洞走巫溪）（宝源山下泉）	（清）魏光烈
宿豆田坝（一院青镫朗）	（清）冯大观
游仙人洞（罗公栖隐处）	（清）闵文钊
黄安治盗诗（盗贼群黎内）	（清）施山

得同年高爕堂明府惠大宁县志有盐泉

115. 巫山县志

三十二卷首一卷　(清)连山修　李友梁纂　光绪十九年刻本　《中国地方志集成·四川府县志》(第五十二册)影印本

第三十二卷　艺文志

杂文、赋汇、诗汇

黄陵庙记	(蜀汉)诸葛亮
蜀山考	(宋)王象之
吊屈原文	(明)许应元
神女考	(明)范守道
神女记	(清)朱斐然
神女记	(清)余廷勋
神女考	(清)王闿运
神女辨	(清)杨学启
创筑天赐城记	(宋)徐宗武
入蜀记	(宋)陆游
新修泮池记	(明)赵时凤
大昌儒学记	(明)王鸣凤
战马记	(明)罗洪先
重修文庙碑记	(清)向登元
文庙重修碑记	(清)龙德
大昌重修城隍祠碑记	(明)崔奇勋
观音阁记	(清)刘朝柱
巫峰书院记	(清)钱基
重修巫山奎阁序	(清)许尧文
巫山解	(清)吴省钦
老龙洞碑记	(清)彭震
抱瓮亭记	(清)杨佩芝
寂寥居士传	(清)向登元
梼杌传	前人
向五峰先生墓志铭	(明)谭启
慎轩史公墓志铭	(清)杜秉直
佘公锡煌传	(清)黄先猷

子安黄公德教碑序	(清)王思曾
何烈妇传	(清)向登元
何节妇唐氏墓志铭	(清)朱有绂
潘氏三代节孝合传	(清)王庚
巫山赋	(宋)苏辙
高唐赋	(楚)宋玉
神女赋	前人
神女赋	(宋)晁公遡
瓜赋	(唐)康子玉
煎茶赋	(宋)黄庭坚
阳台高唐解	(清)周宪斌

巫山县志卷三十二　诗汇

巫山高(南国多奇山)	(齐)虞羲
巫山高(想象巫山高)	(齐)王融
巫山高(巫山高不穷)	(齐)元帝
巫山高(迢递巫山好)	(齐)王泰
巫山高(高唐与巫山)	(齐)刘绘
巫山高(巫山高不极)	(梁)范云
巫山高(巫山光欲晚)	(梁)费昶
巫山高(巫山映巫峡)	(陈)萧诠
巫山高(巫山巫峡深)	(陈)后主
巫山高(巫岫郁岩岹)	(唐)陆敬
巫山高(荆门对巫峡)	(唐)李元操
巫山高(巫山临太清)	(唐)郑世翼
巫山高(巫山望不极)	(唐)卢照邻
巫山高(君不见,巫山高高半天起)	(唐)阎立本
巫山高(巫山十二峰)	(唐)乔知之
巫山高(巫山高不极)	(唐)沈佺期

其二(巫峰峰十二)

巫山高(神女向高唐)	(唐)王无竞
巫山高(巫峡见巴东)	(唐)黄甫冉
巫山高(巫山十二峰)	(唐)李端
巫山怀古(巫山幽隐地)	(唐)刘希夷
巫山高(巫山与天近)	(唐)张九龄
宿巫山(昨夜巫山下)	(唐)李白
登巫山最高峰(江行几千里)	前人
观元丹丘坐巫山屏风(昔游三峡见巫山)	前人
巫山高(细腰宫尽旧城摧)	(唐)唐求
巫山高(没天心高地脉浮)	(唐)李沇
望巫山(溪叠云深转谷迟)	(唐)张乔
巫山高(巫山丛碧高插天)	(唐)李贺
巫山高(玉峰翠耸十二枝)	(唐)陈陶
巫山高(下压重泉上千仞)	(唐)罗隐
巫山旅别(五千里外三年客)	(唐)崔涂
巫山高(楚国巫山秀)	(唐)刘方平
巫山高(何山无朝云)	(唐)于濆
巫山高(巴江上峡重复重)	(唐)孟郊
巫山高(见尽数万里)	前人
巫山高(巫山峨峨高插天)	(唐)戴叔伦
巫山高(巫岭昭峣天际重)	(唐)张子容
巫山高(荆门秋水急)	(唐)崔伸方
巫山高(巫山高,偃薄江水之滔滔)	(宋)王安石
巫山高(巫山高,巫山之高高不极)	(宋)司马光
巫山高(瞿塘迤逦尽)	(宋)苏轼
巫山(巫山崆龙巫峡曲)	(清)邹登龙
巫山高(泾云不收烟雨霏)	(宋)范成大
后巫山高(凝真宫前十二峰)	前人
巫山(巫山不可见)	(宋)曾慥
巫山高(巫山高哉郁崔嵬)	(明)刘基
巫山天下奇(灵鳌一动海水翻)	(明)周洪谟
巫山高(自西偏安地)	(明)何景明
巫山道中(狂云也自乐朝朝)	(明)黄辉
(未曾五里已三溪)	
(悬梯东折复西还)	

(星星冷炬拂云堆)	
巫山高(奇峰高十二)	(清)傅作楫
巫山高(巫山何窈窕)	(清)徐缄
巫山高(巫山高,不可步)	(清)张实居
巫山高(巫山高,高入云)	(清)李调元
巫山(巫山千万峰)	(清)许光树
巫山感怀(秋风孤舫出乡关)	(明)刘节
巫山感怀(黄泥随步下云霄)	(清)邱道隆
巫山十二峰舟中可见者九予陆行并经	
其三有作(九峰娟好旧评论)	(清)周厚辕
晓发巫山望十二峰(神女庙前朝扣舷)	(清)陶澍
巫山十二峰(平生磊块山林姿)	(宋)袁说友
次十二峰韵(文昌仙伯天人姿)	(宋)钱鍪
次韵(缣素巧貌溪山姿)	(宋)毌丘恪
次韵(文昌老仙绝俗姿)	(宋)黄人杰
次韵(岩壑岂是钟鼎姿)	(宋)许及之
巫山十二峰(十二峰娟妙)	(清)王士祺
十二峰(长江万里走峨岷)	(清)李芝
十二峰(翠屏百丈起云烟)	佚名
巫山十二峰	(元)赵孟頫
望霞峰(碧水鸳鸯浴)	
朝霞峰(绝顶朝云散)	
松峦峰(松壑堆岚霭)	
集仙峰(雨过苹汀远)	
登龙峰(片月生危岫)	
圣泉峰(晓色飘红豆)	
飞凤峰(芍药虚投赠)	
翠屏峰(碧水澄青黛)	
聚鹤峰(鹤信三山远)	
净坛峰(叠嶂千重碧)	
起云峰(袅娜江边柳)	
上升峰(云裹高唐观)	
望霞峰(瑶水蘼芜绿)	(明)郭棐
朝霞峰(水色涵虚碧)	
松峦峰(鹤翮翻青嶂)	
集仙峰(玉佩飘声远)	

登龙峰(绮霞生列树)　　　　　　　　　　　　(极目层峦似卧龙)

圣泉峰(峡口云偏肃)　　　　　　　　　　　　(岷峨洙泗蜀争传)

飞凤峰(豆蔻封朝信)　　　　　　　　　　　　(建平东望飞凤升)

翠屏峰(绿涨三千界)　　　　　　　　　　　　(巫山四面屏无二)

聚鹤峰(眉扫巫山黛)　　　　　　　　　　　　(猿声巫峡愁飘泊)

净坛峰(山色连天碧)　　　　　　　　　　　　(三清世界翠微巅)

起云峰(十二峰头月)　　　　　　　　　　　　(鬓耸巫山何处起)

上升峰(仙关丹霞映)　　　　　　　　　　　　(何处飞来最上乘)

巫山十二峰(东皇君来流晓霞)　　(宋)阎伯敏　　巫山十二峰分韵(乾坤何处不烟霞)　(清)徐朝纲

(山头行云自朝朝)　　　　　　　　　　　　　(万仞峇峣耸碧霄)

(舟船摇摇大巫前)　　　　　　　　　　　　　(节披层峦万里重)

(绿蓑鞋紧青行缠)　　　　　　　　　　　　　(维石岩岩降列仙)

(散而成章合为龙)　　　　　　　　　　　　　(青峰隐隐势犹龙)

(云源一派瑶池分)　　　　　　　　　　　　　(奇峰崛起万山巅)

(山头凤鸣来其凰)　　　　　　　　　　　　　(天上灵禽下翠微)

(秋山黄落春山青)　　　　　　　　　　　　　(乱山高耸崟嵷出)

(望夫石女春复秋)　　　　　　　　　　　　　(华表峰高云水廓)

(山头枝枝竹扫坛)　　　　　　　　　　　　　(谁开秘醮乞还丹)

(钗头袅娜山花枝)　　　　　　　　　　　　　(不识乌云何处起)

(黄麾白马功告成)　　　　　　　　　　　　　(超出烟霞第一层)

巫山十二峰分韵(披图占圣谒荣华)　(宋)吴世延　　十二峰分韵(殿溢朱霞记瑞年)　　(清)曾朝柱

(清晨缥缈结层阴)　　　　　　　　　　　　　(旭日瞳昽霁色华)

(无名草木易雕零)　　　　　　　　　　　　　(一自秦封轶众材)

(左邻白帝右红崖)　　　　　　　　　　　　　(高会群仙序禁仪)

(三分泉下九渊深)　　　　　　　　　　　　　(夙愿登瀛恨莫从)

(白崖一注泻青云)　　　　　　　　　　　　　(不饮贪泉饮圣泉)

(碧梧修竹翠微间)　　　　　　　　　　　　　(世际昌明圣瑞期)

(四合藤萝羽葆垂)　　　　　　　　　　　　　(山光如镜净于揩)

(方怜病羽困樊笼)　　　　　　　　　　　　　(轩郎丹骨逐欧皃)

(巍巍磐石拔天成)　　　　　　　　　　　　　(天教法雨洗尘埃)

(油云肤寸起丛霄)　　　　　　　　　　　　　(漫云祈祷补天功)

(蓬莱方丈阔沧溟)　　　　　　　　　　　　　(云梯步步快跻攀)

巫山十二峰分韵(蔚蓝天际绚明霞)　(清)沈鸿逮　　巫山八景　　　　　　　　　　　(清)陈益襄

(看山可以永今朝)　　　　　　　　　南陵春晓(当年秋兴老诗人)

(层峦佳木悦葱茏)　　　　　　　　　秀峰禅刹(胜迹由来说秀峰)

(方丈瀛洲集众仙)　　　　　　　　　青溪鱼钓(讵易红尘到此违)

云华词(帝女乘鸾下碧空)	(清)宋书	古风(我行巫山渚)	前人
神女庙(庄严正大蕊宫仙)	(清)德克进布	古意(楚王竟何去)	(唐)常建
舟过神女庙(峡气袭人秋耿耿)	(清)陶澍	送李少府贬峡中王少府贬长沙	
雨霁登巫山绝顶(扶杖试登还怅望)	(清)方积	(嗟君此别意何如)	(唐)高适
神女庙(巴国江山此尽头)	(清)司为善	巫山县汾州唐使君十八弟宴别兼诸	
高唐观(敞席高登最上峰)	(明)郭棐	公携酒乐相送率题小诗留别于壁	
登高唐观(西上高唐观)	(清)王士禛	上(卧病巴东久)	(唐)杜甫
九日登高唐(不是龙山会)	(清)傅作楫	送李八秘书杜相公幕(青帝白舫益州来)	
咏楚王宫(十二峰前落照微)	(唐)李商隐	大历元年九月三十日(为客无时了)	前人
过楚王宫(巫峡迢迢旧楚宫)	前人	巫山八月十五夜月(满目飞明镜)	前人
咏楚王宫(云雨台荒何处宫)	(清)缪宗周	巫峡蔽庐奉赠侍御四舅别之沣湖	
楚王宫(荒山何处觅琳宫)	(清)修仁	(江城秋日落)	前人
楚王宫(四望烟风里)	(清)傅作楫	将别巫峡赠南卿兄瀼西果园四十亩	
楚王宫(云雨荒唐何处空)	(清)司为善	(苔竹素所好)	前人
楚王宫(漫道高阳楚有宫)	(清)陈杏昌	小园(由来巫峡水)	前人
楚王宫(楚宫已作梵王宫)	(清)乌拉灵寿	即事(暮春三月巫峡长)	前人
登高唐读缪公诗(一望高唐县治西)	(清)陈杏昌	雨(峡云行清晓)	前人
寻阳台解宋玉梦(天降仙娥助禹功)	前人	雷(巫峡中宵动)	前人
过黄陵庙(黄陵庙前湘水绿)	(唐)李于村	朝(浦帆晨初发)	前人
过昭君村(灵珠产无种)	(唐)白居易	月(断续巫山雨)	前人
昭君村(一曲琵琶翠袖斜)	佚名	(并照巫山出)	
昭君村(荒村寂寞枕江斜)	(清)乌拉灵寿	晴(久雨巫山暗)	前人
吊蜀宫殉难四近侍诗(岷峨		暮春(卧病拥寒在峡中)	前人
毓秀产名媛)	(清)王后槐	负薪行(夔州处女发半华)	前人
阅节孝夏母姜孺人事实题		最能行(峡中丈夫绝轻死)	前人
(巫岫云封尚可攀)	(清)曾朝桂	老病(老病巫山里)	前人
代题巫邑令杨侯德政(肃肃秋风动)	箕仙	挠歌行(大舶之挠三十六)	(清)张问安
访苏黄遗墨(槛外滔滔水)	(宋)查篯	寄题惠州小楼桃花(再游巫峡知何日)	(唐)白居易
玉光亭(鸣琴贤宰有三长)	(唐)青杨楷	听竹枝赠李侍御(巴童巫女竹枝歌)	前人
题巫山瞻华亭(峻嶒玉削三千丈)	(明)邓谏从	竹枝歌(巫峡苍苍烟雨时)	(唐)刘禹锡
有怀巫峡书屋(三更推枕忽狂叫)	(清)傅作楫	上巳从史巫山祓饮江皋	
圣泉书院(江县分夔北山斋)	前人	(风沙一夜卷冥冥)	(宋)李堂
感遇(朝发宜都渚)	(唐)陈子昂	离巫山晚泊跳石滩(黄昏风雨阻江滨)	前人
感遇(宋玉事襄王)	(唐)李白	巫山竹枝(封崇岭上细腰宫)	前人
江上寄巴东故人(汉水波浪远)	前人	其二(阳台门前六律山)	前人
感兴(瑶姬天帝女)	前人	竹枝歌(红妆女伴碧江浔)	(明)杨慎

116. 光绪奉节县志

三十六卷首一卷 （清）曾秀翘修 杨德坤等纂 光绪十九年刻本 《中国地方志集成·四川府县志》（第五十二册）影印本

卷三十六 艺文

文汇上

请减繁费增设学校奏记 （唐）刘禹锡
鱼复捍关铭并序 （宋）李皐
八阵图记 （宋）刘昉
八阵图说 （宋）范荪
八阵图考
泮宫达泉铭 （宋）柳梦弼
东屯高斋记 （宋）陆游
东屯少陵故居记 （宋）于㮚
重葺三峡堂记 （宋）宋肇
宋中兴圣德颂 （宋）赵不息
忠武侯祠记 （宋）张震
新修武侯祠堂记 （宋）王十朋
移建武侯祠记 前人
重修相公桥记 （明）郭棐
三贤祠 （明）朱廷立
瞿塘峡记 （明）王嘉言
白帝城三功祠记 （明）林俊
义正祠碑记 （明）张俭
建立火神祠记 （明）萧腾凤
重修瀼西草堂记 （明）陈文烛
奉节县复学碑记 （清）周灿
重修奉节县学文庙碑记 （清）赵钟嵋
白帝城重修昭烈殿记 （清）蔡毓荣
杜工部祠碑记 （清）江权
重修古利民池记 （清）汪志敏
便民枧井制产记 （清）杜枢
杜公井记 （清）谭译
贞女闻氏碑记 （清）程绍洙
雪堂诗序 （清）许汝霖
郡司马毛公书院记 （清）傅作楫
重修润泽池碑记 （清）李仲良
增修石硐引水记 （清）汪志敏

卷三十六

文汇下

重修白帝寺碑 （清）鲍康
创建节孝坊记 佚名
创修少陵书院碑记 （清）吕煇
城工碑记 （清）蒯德模
既济会序 （清）汪鉴
既济会碑记 （清）潘树申
疏陈筹备东征並报到籍折子 （清）鲍超
疏陈筹备入卫折子 前人
疏陈预备战守以顾根本折子 前人
鲍忠壮公传

卷三十六

赋汇

北客赋 （宋）赵奭之
滟滪堆赋 （宋）苏轼
滟滪堆赋 （宋）薛绂
八阵台赋 （宋）刘望之
八阵图赋 （元）杨维桢
滟滪堆赋 （明）郭棐
谒义正祠赋 前人
八阵图赋 （清）杨崇

瞿塘行并序(川灵知我有归程)	(宋)范成大	八阵图(奇才列石尽玲珑)	(清)李正华
瞿塘峡(四月欲尽无月来)	(宋)陆游	白帝庙诗并序(蜀江万壑俱东奔)	(清)杨安城
入峡(晓入大溪口)	前人	白帝庙(朔风吹入峡)	(宋)苏轼
瞿塘峡(我从前月来西州)	(明)孙蕡	白帝庙(参差层颠屋)	(宋)陆游
瞿塘峡天下险(两崖壁立何险巇)	(明)周洪谟	公孙述(殿井白龙起)	(清)李畅
瞿塘峡(水下夔门滟滪堆)	(明)安磐	永安宫(千古陵谷变)	(宋)苏轼
瞿塘峡(日月成何事)	(明)来知德	永安宫(当年此处遗明诏)	(清)傅作楫
瞿塘峡(历数西南险)	(清)张衍懿	永安宫(瞿塘峡口锁夔门)	(清)周灿
瞿塘峡(谁凭霄汉劈青苍)	(清)樊泽达	永安宫(先生离宫几度秋)	(清)许嗣印
瞿塘峡(连山接巴东)	(清)高层云	永安宫故址(垂创三分国)	(清)吴省钦
瞿塘峡(白帝荒城带雨昏)	(清)孙元恒	制胜楼(夔子城新筑)	(宋)王延禧
瞿塘峡(断碧连青霭)	(清)张凤翥	制胜楼(画省容台记亚游)	(宋)李焘
淫滪歌(淫豫大如马)	佚名	登制胜楼次韵(百牢关下几夔州)	(宋)阎苍舒
滟滪歌(滟滪大如马)	(梁)简文帝	制胜楼(绝塞依天险)	(宋)王十朋
滟滪堆(巨石水中央)	(唐)杜甫	卧龙山(我辈逢山眼即青)	前人
滟滪堆(滟滪既没孤根深)	前人	卧龙山(山巅祠貌俨丹青)	(宋)查籥
滟滪堆(霜落夔门树)	(唐)张祐	卧龙山(日长春老职司间)	(宋)丁谓
滟滪堆(大江西来四千里)	(唐)胡期恒	会胜楼(白帝东标甲嶂幽)	(清)陈时范
滟滪堆(潺潺长江来)	(清)傅作楫	镇峡堂(漠漠烟云覆远岑)	(清)吴秀美
滟滪石(不到瞿塘峡)	(清)王怀曾	化龙池(一沼渊源合)	(明)杨贡
出夔峡(绿波天门立)	前人	甘夫人墓(风雨暮鸦噪)	(清)吴秀美
白帝怀古(长江不尽千年恨)	前人	游咸平寺(复到曾游寺)	(清)柳英
白帝城(茫茫一万八千岁)	前人	峡中铁锁(世代兴亡事有由)	(唐)杜甫
子阳城歌(上有子阳)	(清)傅作楫	峡中铁柱(白帝城边春草生)	(宋)元不伐
登凤仙观(古寺知何处)	(清)刘海鳌	永安亭(故宫禾黍总怆神)	(清)李成芳
瞿塘峡(峡雨濛濛竟日间)	(清)张问陶	兵书匣(纸上谈兵总是空)	前人
白帝城(直为高光死)	前人	引水(月映瞿塘云作顶)	(唐)杜甫
白帝怀古(万山如堞拥夔门)	(清)江国霖	给水(接筒引水下山陬)	(宋)王十朋
八阵图(功盖三分国)	(唐)杜甫	硐槽(湿破苍烟径)	(清)吴美秀
观八阵图(轩皇传上略)	(唐)刘禹锡	竹枝词(白帝城头春草生)	(唐)刘禹锡
八阵碛(平沙何茫茫)	(宋)苏轼	(江上春水新雨晴)	
滩石八阵图(我生孔明后)	(宋)王刚中	(瞿塘曹嘈嘈十二滩)	
八阵图(一家天下列三都)	(宋)王十朋	(山桃红花满山头)	
八阵图(千里连营制胜难)	(清)傅作楫	竹枝词(瞿塘峡口水烟低)	(唐)白居易
八阵图(连宵金鼓震殷殷)	前人	(竹枝若怨怨何人)	
八阵图(图分八阵万峰前)	(清)吴秀美	(巴东船舫上巴西)	

（白发三川客）

（浩劫遗祠在）

（已见浮三峡）

（欲去频回首）

杜公祠落成（拾遗垂老客江乡）　　　　　　　（清）江权

史诗堂（谁镌堂上石）　　　　　　　　　　　（宋）王十朋

莲花山宋濂初厝处（莲花山府夔州署）　　　　（清）陶澍

莲花池（涪陵签判楚名贤）　　　　　　　　　（清）李正华

莲花池怀古（宝顶固陵地）　　　　　　　　　（清）李畅

十贤堂（六月修筑带雨移）　　　　　　　　　（宋）王十朋

屈大夫（大夫楚忠臣）

诸葛武侯（卧龙起南阳）

严刺史（将军头可断）

少陵先生（子美稷契志）

陆宣公（敬舆避谗谤）

韦丞相（韦侯守盛山）

白文公（赋咏穷三峡）

柳文公（柳公本书生）

寇莱公（莱文经济业）

唐质肃公（子方筮仕年）

十贤咏　　　　　　　　　　　　　　　　　　（清）张凤翥

楚左徒屈原（怀王人虎狼）

汉丞相诸葛亮（大星落中原）

唐万州刺史严挺之（严公大可用）

唐检校工部员外郎杜甫（志在稷契间）

唐少傅白居易（香山老居士）

宋巴东令寇准（寇公存大体）

宋合州倅知南康军周敦颐

　（先生关洛师）

宋奉节令唐介（唐公真御史）

宋夔州太守王十朋（梅溪守夔门）

明翰林学士宋濂（直儒翌天运）

谒十贤堂（炳麟经济与文章）　　　　　　　　（清）卓秉恬

武侯阵图（无劳樵牧殷勤说）　　　　　　　　（清）王知人

滟滪回澜（神禹推承造化功）　　　　　　　　前人

青甲晴晖（为怜海内文章客）　　　　　　　　前人

白盐曙色（几杵疏钟度远林）　　　　　　　　前人

草堂遗韵（鼙鼓渔阳势若奔）　　　　　　　　前人

峡门秋月（扁舟晚泊峡门秋）　　　　　　　　前人

瞿塘凝碧（石骨苍苍秋不肥）　　　　　　　　前人

鱼浦澄清（采得菱窠满画船）　　　　　　　　前人

文峰瑞彩（削就峰尖立翠微）　　　　　　　　（清）廖赓谟

白帝层峦（白帝英灵安在哉）　　　　　　　　前人

龙冈耸秀（乾坤辟处一龙眠）　　　　　　　　前人

莲池流芳（几看人世变沧桑）　　　　　　　　前人

赤甲晴辉（岸然张掖竦晴空）　　　　　　　　（清）张宗世

白盐曙色（玉峰初日白于霜）　　　　　　　　前人

峡门秋月（烛龙不照古阴崖）　　　　　　　　前人

白帝层峦（巴天白帝接金天）　　　　　　　　前人

瞿塘凝碧（自吟人鲊瓮头诗）　　　　　　　　前人

滟滪回澜（观澜曾到小孤隈）　　　　　　　　前人

草堂遗韵（一别成都锦水边）　　　　　　　　前人

莲池流芳（爱莲人凿种莲塘）　　　　　　　　前人

龙冈耸秀（蜀冈形势异隆中）　　　　　　　　前人

鱼浦澄清（南浦风烟接固陵）　　　　　　　　前人

武侯阵图（神人游戏寓深谋）　　　　　　　　前人

文峰瑞彩（倒插凌云笔一枝）　　　　　　　　前人

瞿塘峡（险厄瞿塘口）　　　　　　　　　　　（清）僧瘦木

117. 民国云阳县志

四十四卷首一卷　朱世镛、黄葆初修　刘贞安等纂　民国二十四年铅印本　《中国地方志集成·四川府县志辑》（第五十三册）影印本

卷四十二　文录上　诗

唐

杜鹃（西川有杜鹃）	（唐）杜甫
客居（客居所居堂）	前人
客堂（忆昨离少城）	前人
石砚诗（平公今诗伯）	前人
水阁朝霁奉简严云安（东城抱春岑）	前人
赠郑十八贲（温温士君子）	前人
三韵三篇（高马勿唾面）	前人
（荡荡万斛船）	
（烈士恶多门）	
青丝（青丝白马谁家子）	前人
近闻（近闻犬戎远遁逃）	前人
蚕谷行（天下郡国向万城）	前人
折槛行（呜呼房魏不复见）	前人
引水（月峡瞿塘云作顶）	前人
拨闷（闻道云安曲米春）	前人
别常征君（儿扶犹杖策）	前人
放船（收帆下急水）	前人
十二月一日三首（今朝腊月春意动）	前人
（寒轻市上山烟碧）	
（即看燕子入山扉）	
又雪（南雪不到地）	前人
奉汉中王手札（国有乾坤大）	前人
赠崔十三评事公辅（飘飘西极马）	前人
云安九日郑十八携酒陪诸公宴（寒花开已尽）	前人
答郑十七郎一绝（雨后过畦润）	前人
将晓二首（石城除击柝）	前人

（军吏回官烛）	
怀锦水居止二首（军旅西征僻）	前人
（万里桥南宅）	
子规（峡里云安县）	前人
漫成一绝（江月去人只数尺）	前人
南楚（南楚青春异）	前人
寄常征君（白水青山空复春）	前人
寄岑嘉州（不见故人十年余）	前人
船下夔州郭宿雨湿不得上岸别王十二判官（依沙宿舸船）	前人
移居夔州郭（伏枕云安县）	前人
燕子龛禅师（山中燕子龛）	（唐）王维
及第后送家兄还蜀（人谁无远别）	（唐）李远

宋

下岩二首（空岩静发钟磬响）	（宋）黄庭坚
（寺古松楠老崖虚）	
和答孙不愚见赠（诗比淮南似小山）	前人
云安县（春暮子规少）	（宋）范成大
云安竹枝歌（五月五日岚气开）	前人
下岩（畴昔中岩一梦残）	前人
云安下偶成（轻波飐鸭头）	（宋）邵博
泊云安下大风骤雨作柏梁体一篇（晴空赤日飞丹霞）	前人
留云安驿（五日留山驿）	（宋）郭印
留云安驿（孤馆幽幽一境清）	前人
下岩（云安欣及境）	前人
按部至下岩命男明复同赋（地涉云安境）	前人
（道人昔日来开山）	（宋）郭明复
云安下岩次涪翁四首（径向山腰转）	（宋）喻汝砺

118. 同治忠州直隶州志

十二卷首一卷　（清）侯若源、庆徵修　柳福培纂　同治十二年刻本　《中国地方志集成·四川府县志辑》（第五十三册）影印本

卷十二　艺文志

赋

巴台怀古赋　　　　　　　　　　　　　（清）黄之骥

诗　五古

登龙昌上寺望江南山怀钱舍人

　（骑马出西郭）　　　　　　　　　　（唐）白居易

郡中春宴因赠诸客（仆本儒家子）　　　前人

南宾郡斋即事寄杨万州（山上巴子城）　前人

东坡种花二首（持钱买花树）　　　　　前人

（东坡春向暮）

步东坡（朝上东坡步）

南宾花下对酒（蔼蔼江气春）　　　　　前人

庭槐（南方饶竹树）　　　　　　　　　前人

桐花（春令有常候）　　　　　　　　　前人

蚊蟆（巴徼炎毒早）　　　　　　　　　前人

九日登巴台（黍香酒初热）　　　　　　前人

开元寺东池早春（池水暖温暾）　　　　前人

初登东楼寄杨八使君（山束邑居窄）　　前人

东楼竹（潇洒城东楼）　　　　　　　　前人

东涧种柳（野性爱栽种）　　　　　　　前人

登城中古台（迢递东郊上）　　　　　　前人

屈原塔（楚人悲屈原）　　　　　　　（宋）苏轼

严颜碑（先主反刘璋）　　　　　　　　前人

谒陆宣公墓（昔读贤相传）　　　　　（明）陈禹谟

大风门（两山峰之垭）　　　　　　　（清）王尔鉴

春日神溪小步（溪行忘远近）　　　　（清）刘以瑜

严颜桥怀古（炎汉运未终）　　　　　（清）陈瑞

白鹿洞（我欲食碧瓜）　　　　　　　（清）熊宣

睿井（最爱杜陵句）　　　　　　　　（清）王尔鉴

新凿长春池（破荒开小沼）　　　　　（清）五尔卿格

谒陆宣公墓（寥寥天地间）　　　　　（清）杜一经

谒宣公墓（涉郊思览古）　　　　　　（清）虞兆清

夏禹庙（巍巍古圣神）　　　　　　　（清）陈仲仁

巴台（树下多成蹊）　　　　　　　　（汪）翁霆霖

妨僧碧崖（□江一老僧）　　　　　　前人

寄题忠州先宣公祠墓（世谱追平陆）　（清）陆敷荣

桃花鱼（临江有异物）　　　　　　　（清）魏凤仪

伯氏睦族碑（古人重家法）　　　　　（清）萧秀棠

伯氏睦族碑（吾不知桃源）　　　　　（清）陶大年

诗　七古

严颜碑（古碑残缺不可读）　　　　　（宋）苏辙

发忠州（颠风翻山云黑黑）　　　　　（明）孙贲

登忠州北城楼远眺（奔走三十载）　　（清）王尔鉴

石宝砦（巍巍巨石如悬象）　　　　　前人

登石宝砦（荦确巨石临江起）　　　　（清）熊文稷

其二（孑孑石宝砦）　　　　　　　　（清）张问陶

四贤阁（昔贤一去不复作）　　　　　（清）刘以瑜

白石山（巉岩万仞出尘氛）　　　　　（清）柳枝茂

么姑岭（乾为父，坤为母）　　　　　前人

重修宣公祠志喜（唐家天子承家业）　（明）陆登荣

重修宣公祠（翠屏山上天光紫）　　　（清）曾光祖

谒陆宣公墓（六尺孤亭秋云覆）　　　（清）翁霆霖

谒陆宣公墓（玉虚观南宣公墓）　　　（清）吴友篪

巴台诗（翠嶂为屏江作带）　　　　　（清）王尔鉴

巴台寺读王熊峰刺史诗

　（群山众水相潆带）　　　　　　　（清）郭屏山

挽赵烈妇熊氏（忠州称忠自古闻）　　（清）虞兆清

王烈妇歌（饥死不餐嗟来食）　　　（清）周原骆

谒陆宣公墓（君不见宣公昔日称内相）（清）赵文喆

伯氏睦族碑（伐石冶金跃鸿文）　　　（清）黄之骥

伯氏睦族碑（余家母族聚江乡）　　　（清）何映辰

诗　五绝

龙昌寺荷池（冷碧新秋水）　　　　　（唐）白居易

招萧处士（峡内岂无人）　　　　　　　　前人

登玉印山（缓步上石来）　　　　　　（明）杜一经

周义妇（波澜多反覆）　　　　　　　（清）吴学风

伯氏睦族碑（不杂异姓居）　　　　　（清）黄履泰

诗　七绝

望郡南山（临江一嶂白云间）　　　　（唐）白行简

和行简望郡南山（返照前山云树明）　（唐）白居易

木莲图诗（如折芙蓉栽旱地）　　　　　　前人

（红似胭脂腻如粉）

（已愁花落荒台下）

又画木莲图寄元郎中（画房腻似红莲朵）前人

种荔枝（红颗珍珠诚可爱）　　　　　　　前人

寄胡麻饼与杨万州（胡麻饼样学京都）　　前人

别种东坡花树二首（三年留滞在江城）　　前人

（花林好住莫憔悴）

荔枝楼对酒（荔枝新熟鸡冠色）　　　　　前人

东楼醉（天涯深峡无人地）　　　　　　　前人

招客夜饮（莫辞数数醉东楼）　　　　　　前人

戏赠萧处士清禅师（三杯巍峨忘机客）　　前人

题楼前李使君种樱桃花

　　（身入青云无见日）　　　　　　　　前人

寄题小楼桃花（再游巫峡知何日）　　　　前人

九日题涂溪（蕃草席铺枫叶岸）　　　　　前人

龙兴寺吊少陵先生寓居

　　（中原草草失承平）　　　　　　（宋）陆游

东坡（忠黄江上两东坡）　　　　　（宋）樊汉□

雨中游东坡（木莲花下竹枝歌）　　　（宋）陆游

倚天山（一说无疑一有疑）　　　　　　　前人

巴台（阅武弓刀劲利）　　　　　　　（明）何异控

其二（台上少留归客）

忠州即事（西涧东坡尚俨然）　　　　（清）张问陶

其二（尚书墓下青山好）

鳌溪漫兴（虎须滩接凤凰滩）　　　　（清）龚泽霖

其二（小市临期静不哗）

花林驿（问水寻山汗漫游）　　　　　（清）张问陶

汝溪滩（鸟道盘旋下夕阳）　　　　　（清）张思范

其二（晴岚欲滴汝溪前）

其三（市集如蜂放早衙）

其四（屋舍高低漾碧湍）

宿黄金滩（风风雨雨送春寒）　　　　（清）翁霆霖

郭建桥（雨余云薄露峰高）　　　　　（清）张思范

访白公东坡不得（巴歌渝唱总纷纷）　（清）王士禛

其二（东坡东涧绿成荫）

睦族碑（纤绵碑语养风淳）　　　　　（清）谭履□

石笋山（无叶无枝矗岭生）　　　　　（清）柳枝茂

吊宣公墓（仁义百篇唐孟子）　　　　（清）姚燮

谒宣公墓（祠前古木千峰远）　　　　（明）傅光宅

咏宣公（事下山东感泣来）　　　　　（清）宋子□

访白公祠遗址（东坡旧宅草离离）　　（清）翁霆霖

访白公祠遗址（扶疏嘉树记黄心）　　（清）刘以瑜

宣公祠（翠屏高耸大江横）　　　　　（清）侯若源

读书洞（世人何事又题名）　　　　　　　前人

小楼（追寻古迹立东风）　　　　　　　　前人

东楼（偶尔登临快晓晴）　　　　　　　　前人

西楼（楼窗高敞最宜秋）　　　　　　　　前人

桃花鱼（桃花流水任吹嘘）　　　　　　　前人

其二（几番春雨落花余）

伯氏睦族碑（铭成金石不消磨）　　　（清）秦时英

其二（乐天遗治甲川东）

前题（茫茫人海问遗风）　　　　　　（清）曾省三

前题（镌碑立意原浑厚）　　　　　　（清）侯若源

其二（伯氏吹埙分外和）

前题（一碑垂戒记前明）　　　　　　（清）冉瑞岱

其二（家风长愿一碑留）

前题（临江一片石崔嵬）　　　　　　（清）申于泗

其二（鸿文题序语锵铿）

前题(云山笑傲转蓬身) (清)张国宾
其二(太和酿处地三弓)
诗 五律
东城春意(风软云不动) (唐)白居易
感春(巫峡中心郡) 前人
禹庙(禹庙空山里) (唐)杜甫
龙兴寺题壁(忠州三峡内) 前人
巴水(城下巴江水) (唐)白居易
西楼(小郡大江边) 前人
西楼月(悄悄复悄悄) 前人
东楼晓(脉脉复脉脉) 前人
留题开元寺上方(东寺台阁好) 前人
禹庙诗(古郡巴蛮国) (宋)陆游
四贤阁(高阁依山起) (明)陆登荣
其二(我祖同堂友)
读书洞(宣公读书处) (明)陈晰
巴王庙(井邑云根聚) (明)叶贵鼎
禹庙(山空开禹庙) (明)张四知
东明寺(驻节东明境) (明)孙鹤仙
新开路(谁劈新开路) (清)熊文稷
折尾滩(悬户江设险) (清)王尔鉴
临江试院夜吟(气入蛮墟冷) (清)吴树萱
锁院雨中作(山树重重幕) (清)俞恒泽
题乌杨镇古树(老树横江岸) (清)龚泽霖
皇华城(闻说迁州处) (清)王尔鉴
游仙女石(博得高冈乐) (清)段明伟
青云石(爱此青云石) (清)王尔鉴
其二(高山陈榻下)
题宣公墓(相业唐时杳) (清)郑秉恒
题宣公墓(萧森披草径) (清)王尔鉴
谒宣公墓(贾傅长沙谪) (清)王士禛
谒陆宣公墓(别驾余丘垄) (清)熊学壎
谒禹庙(空山神禹庙) (清)王士禛
禹庙(临江神禹庙) (清)王尔鉴
禹庙(禹力无不到) (清)吴省钦
禹庙(大江流日夜) (清)翁霪霖
其二(石鼓纷霞气)
禹庙(古庙临江起) (清)熊文稷
忠州谒禹庙(一庙峙江滨) (清)韩文炳
翠屏春晓(山翠为屏障) (清)陈廷瑞
紫极晚烟(丹灶何时炼) 前人
治平晨钟(古寺钟初动) 前人
巴台夜月(青天一轮月) 前人
鸣玉平沙(鸣玉桥边路) 前人
西户瀑布(户下观飞布) 前人
鹿洞仙踪(猎士曾追鹿) 前人
古塔凌云(水抱山环际) 前人
伯氏睦族碑(□□垂箴久) (清)薛文烇
诗 七律
初到忠州赠李六(好在天涯李使君) (唐)白居易
春至(苦为南国春还至) 前人
春江(炎凉昏晓苦推迁) 前人
重寄荔枝与杨使君时闻使君欲种故有落句之戏(摘来正带凌晨露) 前人
感樱桃花因招饮客诗(樱桃昨夜开如雪) 前人
西省忆忠州东坡花树因寄题东楼(每看阙下丹青树) 前人
登西楼忆行简(每因楼上西南望) 前人
忠州醉归舟中作(耿耿船窗灯火明) (宋)陆游
望夫台(山头孤石远亭亭) (宋)苏轼
紫极晚烟(玉虚元观翠屏山) (明)舒容
巴台夜月(将军曾此息干戈) (明)陈仲仁
玉镜天成(岷江佳景萃忠州) (明)舒容
严颜桥(城东流水响潺潺) 前人
白公祠(云木萧森石磴平) (明)熊化
白公祠(二月南迁正解帷) (明)谢士章
曾少岷惠忠州新琢云根笔(忠州井邑聚云根) (明)杨慎
东明寺(野寺寻幽向夕曛) (明)张春
东明寺(迤逦古刹落遐方) 前人
谒严将军墓(白马江边草木幽) (清)熊文稷
吊陆宣公(摇落祠堂锦水边) (清)倪伯鯕

119. 光绪梁山县志

十卷首一卷　（清）朱言诗等纂修　清光绪二十年刻本　《中国地方志集成·四川府县志辑》（第五十四册）影印本

卷十　上　艺文志

荐来知德疏	（明）王向乾郭子章
辞翰林待诏疏	（明）来知德
来知德从祀疏	（明）刘之勃
荐举刘仕伟疏	（清）岳锺琪
请将刘衡历任政绩宣付史馆编入　循吏列传疏	（清）杨秉璋
易注自序	（明）来知德
周易集注序	（明）郭子章
重刻来先生易经图注全解序	（清）周大璋
又	（清）高崶映
来瞿唐先生日录序	（明）郭棐
又	（明）张子功
重刻日录序	（明）张惟任
又	（明）黄汝亨
又	（明）冯仕仁
大学古本释序	（明）来知德
入圣功夫字义序	（明）王必恭
省觉录序	（明）王廷章
理学辨疑序	（明）周文
来瞿唐先生年谱序	（明）涂有佑
历难纪序	（清）陈旭
冯氏纪难全书序	（清）黄亮可
高惕菴语录序	（明）吕潜
应制诗韵编次家训序	（清）鲁庆
自序	（清）叶玉
蜀梁山县志序	（清）王世沿
灼龟遗编注释序	（清）李调元
读史纪要序	（清）秦印焌

又	（清）王文在
诗品旁训序	（清）秦印焌
宝纶堂诗稿叙	（清）李炳灵
县学记	（明）涂庆安
梁山县新城记	（明）潘璋
梁山县新修儒学记	佚名
梁山县学碑记	（清）高人龙
重修梁山县学碑记	（清）王缵修
重修学宫碑记	（清）罗悟
即沧浪亭记	（清）沈德潜
朱衣阁记	（清）温于潘
金城山记	（清）邵玺
新建赤牛山文昌阁记	前人
补修观音桥碑记	（清）李樒
还金记	（清）李御
龙滩桥记	（清）秦涟
东坛厉坛合记	（清）田秀栗
育婴堂记	（清）张其幹
双桂堂重建禅堂记	（清）李惺
双桂堂赠名金带寺	（清）李正东
双桂堂舍利塔记	（清）沈芝林
四照楼碑记	（清）赖朝举
梁山县酌减夫马经费记	（清）葛起鹏
重修四照楼碑记	（清）曾传潜
万石楼记	（清）温于潘

卷十　下　艺文志

高善登妻方氏墓志铭	（清）方苞
涂孺人墓志铭	（清）侯尔垣

120. 康熙顺庆府志

十卷增续一卷　（清）李成林修　罗承顺等纂　清康熙二十五年刻　四十六年增补　嘉庆二十年补刻本　《中国地方志集成·四川府县志辑》（第五十四册）影印本

卷七　艺文

唐御制大唐果州女道士谢自然白日飞升

　敕书手诏宣示中外　　　　　　　（唐）德宗

敕果州刺史手书　　　　　　　　　前人

高宗御书耤田诏　　　　　　　　　（宋）高宗

赐陈文端公诰　　　　　　　　　　（明）穆宗

赐陈文宪公诰　　　　　　　　　　（明）神宗

又

赠谥　　　　　　　　　　　　　　前人

致祭汉廷尉冯绲文　　　　　　　　佚名

诗

袁天罡宅（危石才通鸟道）　　　　（唐）此山主人

嘉陵江（水性自云静）　　　　　　（唐）韦应物

嘉陵驿（嘉陵路恶石和泥）　　　　（唐）张蠙

草堂寺雪梅（雪在天兮梅在墙）　　（唐）何炯

磨刀泉（源泉岩溜漾清波）　　　　（唐）程太虚

清心泉（飞泉触石玉叮当）　　　　前人

蘸刀泉（银蟾蘸影碧泉中）　　　　前人

濯印泉（一脉灵泉天地通）　　　　前人

漱玉泉（瀑布横飞翠壑间）　　　　前人

洞阳峰（南岷胜概压诸方）　　　　前人

步虚峰（试说南岷第一峰）　　　　前人

蘸坛峰（苍松老桧拥华坛）　　　　前人

伏龙峰（卓立南岷碧汉中）　　　　前人

彩霞峰（登高放眼亦宽赊）　　　　前人

集虚观（青蛇炼影月徘徊）　　　　（唐）吕洞宾

冲相寺（退居潇洒寄禅关）　　　　（唐）郑谷

南阳寺（惜此落日暮）　　　　　　（唐）李白

南阳寺（渠江明镜峡透迤）　　　　（唐）元稹

题起文峰挹翠阁（依倚高峦作郡城）　（唐）陈运判

金泉山（昔日谢女飞仙处）　　　　（宋）李宏

题谢自然（真仙能轻举）　　　　　（宋）鞠拯

降真崖（凤顶孤峰耸绝奇）　　　　（宋）何群

琴台（西汉文章世所知）　　　　　（宋）田况

游大蓬山（夔阁参差耸茂林）　　　（宋）雍沿

御书阁（三圣神毫变古稀）　　　　前人

透明嵓（神锋剡□孰能穷）　　　　前人

仙马洞（龙驹昔日比昇仙）　　　　前人

灵羊洞（□嵓麓更深幽）　　　　　前人

古禅窟（问出当日水真僧）　　　　前人

李特读书室（白云深处一高台）　　前人

湫池（一池虽狭底应宽）　　　　　前人

秀士嵓（望虽有像问无声）　　　　前人

冯绲王平论德碑（汉将威声蜀将名）　前人

尔朱真人药灶（当日先生药已成）　前人

游大蓬山（表怀不是薄蓬莱）　　　（宋）杨霖

同杨提刑游大蓬山作

　（随轩甘雨涨溪湾）　　　　　　（宋）何格非

大蓬山（不须身在玉霄峰）　　　　前人

游西岩乳泉（西岩风景天下绝）　　（宋）彭公仪

紫极宫（不须骑凤跨鲸鳌）　　　　（宋）徐仲章

北津楼（谁唤吾来蜀地游）　　　　（明）张三丰

隐仙洞（朝阳古洞隐真仙）　　　　（明）施嘉议

龙门寺（群山雄耸各争奇）　　　　（明）杨瞻

登小方山（援萝直上小方石）　　　（明）韩世英

飞仙石（扫云来上飞仙石）　　　　（明）张鉴

栖乐山（一上飞仙石）　　　　　　（明）黄辉

龙门寺次韵（东望龙门入紫烟）　　（明）周光镐

龙门寺(槛外莺花春可怜)	(明)任瀚	青羊宫(青羊佳境胜蓬莱)	(明)孔恂
送张鉴张铎试礼部		游渌井寺(雨后登临渌井隈)	前人
(泽国才名数二张)	(明)任瀚	题王冯二公忠烈祠	
短狐行(安汉城中多阴雨)	(明)张鉴	(妖狐贪刑天正怒)	(明)徐丞
唏嘘篇(未亡人未归)	(明)黄辉	翠屏山(城外苍山竹万竿)	(明)王廷稷
连洲古谶(大小洲连灿碧沙)	前人	题兴国寺石壁(烟霞深处欲逃禅)	(明)鲁儒
栖乐灵池(山头池水涵碧空)	前人	题兴国寺石壁(上方台殿倚晴峦)	(明)张海
西溪(谷口旧名郑)	(明)王美中	题兴国寺石壁(兹山出天末)	(明)潘亨
栖霞洞(蓬瀛必海岛)	前人	宿玉蟾寺(川北湖南一水通)	(明)吴廷举
题白云观壁(世事浮云都罢休)	前人	白水寺(香台高倚碧云层)	(明)陈于陛
舟泊赤壁(舟泊芦花浅水溪)	(明)任瀚	宿静边寺(何年古寺一江湾)	(明)王来宾
过纪将军祠(秦人失鹿世争强)	(明)张海	过白兔寺(古径荒凉烟草深)	(明)胡际亨
谒纪侯庙(巍巍杰阁俯南山)	(明)潘亨	果山秋色(凭庐一望庆云乡)	(清)李成林
春霁登南岷山纪兴(陟彼南岷)	(明)高鹏	曲水晴波(一泓澄碧大汪收)	前人
题□福寺(老松殿阁护苍苍)	前人	朱凤朝霞(晓天云影□轻绡)	前人
马梁瑱墓(再镇盆城日)	(明)杨瞻	金泉夜月(小水盈盈碧沼开)	前人
纪将军神宇(荥阳一火自甘焚)	前人	白塔晨钟(梦回身在万山中)	前人
南岷仙境(安汉城南拥翠岷)	前人	青居烟树(岹峣何处不苍烟)	前人
青居烟树(层岚叠翠迥相差)	前人	连洲古谶(地灵应自杰人多)	前人
连洲古谶(天然长就两滩沙)	前人	栖乐灵池(山不巃嵸水不清)	前人
栖乐灵池(一池灵水起山空)	前人	果山秋色(金风过岭淡朝曛)	(清)张凤翮
北福禅关(茅庵小结俯清泉)	前人	曲水晴波(一径斜湾水势溶)	前人
锦水棠风(川光日射锦溶溶)	前人	朱凤朝霞(凤凰于今却忘还)	前人
登南岷山(一上南岷顶)	(明)李乾德	金泉夜月(夜静泉声月照寒)	前人
谒长卿祠(蜀中人物称豪杰)	(明)卢雍	白塔晨钟(浮图玉立在江滨)	前人
双蓬叠翠(两峰争献秀)	前人	青居烟树(层岚叠翠迥相差)	前人
五马排空(五岭若奔马)	前人	连洲古谶(天然长就雨滩沙)	前人
石壁晴云(翠壁生鳞甲)	前人	栖乐灵池(一池灵水起山空)	前人
马鞍樵唱(一曲入松坞)	前人	八景(晨起惊闻白塔钟)	前人
五马排空(奇峰叠叠势何雄)	前人	赛云台(寒云台上午风清)	(清)毛鸣岐
琴台夜月(相如一去已年年)	前人	早春游栖乐山(侧岭横峰取路长)	(清)李北襄
嘉陵晚渡(嘉陵古渡锁秦垓)	前人	虹桥桂月(□由焕色野云平)	(清)戴民凯
朱渚渔歌(何处渔郎自放歌)	前人	化凤山(应是何年化今古)	(清)袁锡衮
大蓬山(闻道蓬莱别有春)	(明)韩宜可	游上方寺(相逢且莫问行藏)	(清)陈我愚
游大蓬山(蓬莱闻海岳)	(明)严光治	流杯池(池临溪畔□流杯)	(清)袁家降
大蓬山(登山散步已忘吾)	(明)王鈜	游常宁院(峰回路转插青霄)	(清)李杲

春日早起（良晨启素园）	前人	宿静边寺（江村雪映古浮屠）	前人
宕渠见雁思江南浦云旷二首		双溪燕尾（水远城西北）	前人
（独向江皋数雁群）	前人	过仙桥（家住迎仙里）	前人
（渭树江云隔雁群）		游白塔（势如文笔镇狂澜）	（清）程元霖
秋日送友人归河南（送君蹀躞出城闉）	前人	汉纪将军诞日（成仁正气在荥阳）	前人
（萧萧芦荻满江干）		落耕青莲沟（为慕躬耕事）	（清）彭长泰
（栈阁晴云傍马飞）		青居山阅宋时故城	
（行行朝暮共云山）		（卓绝青居险云中）	前人
春日登城望桃花约彭贞一不至		吊光禄谯公墓（虽识天心在）	前人
（白云初卷明江树）	前人	春日与诸同人饮赛云台	
南楼晚望（独上南楼望孤城）	（清）张衍懿	（象外莺花分外幽）	前人
巴江夜月（皓月上江城）	前人	观杨巨源将军射猎西山	
独凌高阁望（云横截峡东）	前人	（草木霜凋雉兔肥）	前人
雨夜（秋雨空斋徹夜开）	前人	题螺溪钓所（螺溪一水日泷泷）	前人
巴中九日过雨（瘴雨蛮云郁不开）	前人	山中答王拟山使君	
巴江雨后（寒生积雨后）	（清）王眉谷	（年来几易鹑皮冠）	前人
西园（细雨连晨夕）		游朝阳洞（清晨览胜上朝阳）	（清）柳汤魁
登东城楼作（新晴无事一登楼）	前人	忆清晖阁（楼台已化碧尘飞）	前人
尊贤阁怀古（尊贤阁傍大江边）		登过江楼（阔水含烟两岸秋）	前人
题留静边寺（静边寺影傍西天）	（清）侯承墀	题咏白塔（登临回视万山低）	前人
郡侯白公召赏池莲（传道嘉湖好）	前人	创建尊贤阁记	（清）王鹤
（池边秋气爽）		创建义学记	前人
题留三汇（三江汇水曲）	前人	疏	（清）赵心扑
题留渠邑（宕渠花放色逾新）	前人	醵金重树雁塔引	前人
白磁洞（盘旋鸟道上）	（清）徐枝芳	行健赵先生墓志	（清）王士禛
卧龙坡（遥望卧龙胜）	前人	崔烈女传	（清）王鹤
惠楼杂咏（青山当牖竹沿溪）	前人	明通议大夫见可李公墓表	（清）潘绂
（一声雀噪过楼东）		五色云赋	（清）韩敬
（花时置酒破春寒）		明王烈士传	（清）仇凤翀
（楼阁风微燕语喃）		建立懋修书院碑记	（清）沈清任
如梦令（为问海棠开否）		澹园拱亭招游金泉山甘露寺	（清）吴省钦
过无际寺（公余无计避尘氛）	（清）邬图云	陪游金泉山甘露寺即事步韵	
过九磐山（岭上行人踏风前）	前人	（昨岁履蛮疆）	（清）沈清任

121. 民国新修南充县志

十六卷　李良俊修　王荃善等纂　民国十八年刻本　《中国地方志集成・四川府县志辑》（第五十五册）影印本

卷十二　艺文志

历代御制

敕果州女道士谢自然白日飞升书	（唐）德宗
敕果州刺史手书	前人
赐侍御使林悦字　忠孝	（宋）仁宗
赐工科都给事中王继宗敕	（明）世宗
赐陈以勤晋阶光禄大夫诰	（明）穆宗
赐陈于陛儒林郎诰	（明）神宗
赐陈于陛晋阶通议大夫诰	前人
赠陈于陛少保谥文宪诰	前人
谕祭陈于陛文	旧志
训饬士子文	（清）康熙
宪皇帝敕州县文	（清）雍正
纯皇帝钦颁太学训饬士子文	（清）乾隆
陈以勤夫人王氏诰敕	（明）穆宗
嘉靖二十四年七月二十六日制	（明）世宗
隆庆元年二月二十九日制	（明）穆宗
隆庆二年四月初五日制	前人
万历元年正月十五日（存目）	（明）神宗
谕祭陈以勤妻王氏文	

疏

蜀汉

上后主疏	（蜀汉）谯周
进诸葛氏集疏	（晋）陈寿

明

乞重究内臣纠众阙下殴打朝臣疏	（明）王廷
罢权奸以励臣节疏	前人

募疏

明

修杨家滩疏	（明）黄辉
因旱修省陈言时政疏	前人
正人心以定国是疏	前人

策

明

己丑廷试策	（明）任瀚
乙未会试策	前人
道统策	（明）黄辉
学术策	前人
同治元年蓝逆之乱上杨府尊条陈	（清）王家镐

诗

明

谏武宗幸宣大远谪黔中舟次溆浦（溆浦矶边泊）	（明）任宏
送张鉴张铎试礼部（泽国才名数二张）	（明）任瀚
赠韩石溪起复赴京晋司空（汉家宫阙近蓬莱）	前人
寄任少海李仁夫（拟折瑶华遗好修）	（明）杨慎
禹山传五岳山人任少海书札兼致问讯因忆（五岳山人相忆）	前人
圣泉篇赠韩石溪（龙图天生水）	前人
望戒坛有怀（坐月松枝暖）	（明）黄辉
歔欷篇（未亡人未归）	前人
何侯招饮皇泽寺泛月纪幸（碧玉嘉陵静不流）	前人
咏渠县白水寺（香台高倚碧云层）	（明）陈于陛
寄杨升庵（萧条别馆君为客）	（明）任瀚
寄任少海（帝京冠盖同游日）	（明）唐顺之

清

寄示同学（蚕出桑垂叶）　　　　　（清）罗为赓

改大问诗寄万老人韩一韩

　　（处世何心与物殊）　　　　　　前人

怀王乘六等七人（宅边象纬隐三台）　前人

归里（剑外戈初息）　　　　　　（清）彭长泰

其二（先世衰时乱）　　　　　　　　前人

王方山吏部寄诗山中奉答（二首录一）

　　（江海空淹七尺身）　　　　　　前人

寄伯文张世兄（朝天度岭来）　　（清）冉存异

奉和赵芸浦学使果州道中见怀原韵

　　二首（昔闻宋玉宅）　　　　（清）盖方沁

（城郭千家曙景开）

郡斋秋兴八首（鱼凫开国接蚕丛）　　前人

（陈仓口北栈云西）

（锦江城外锦江流）

（泽国江山似画图）

（紫塞黄云雁阵来）

（风流人忆谢宣晖）

（退食余闲暂掩关）

（九日登台有所思）

奉题赵芸浦学使少陵草堂雅集

　　图一首（昔闻宋玉斋）　　　　　前人

短狐行（安汉城中多阴雨）　　　（清）张鉴

祝冉慎翁师寿（峨嵋壁立凌空翔）（清）宋泮

果州道中奉怀盖碧轩太守二首

（旬余捧艺笔花开）　　　　　　（清）赵佩湘

（风流宾客绮筵开）

夜宿槐花铺（飒飒西风送客途）　（清）蒲谷

送杨庆伯夫子陞任成都

　　（茧丝保障越三秋）　　　　　　前人

丞圣祠题壁（壶里光阴洞里天）（清）何兆熊

步侯菊坡州试拟作原韵　　　　（清）张受谦

文心（遗编坐对一灯青）　　　　　　前人

（雄文自古抵钱青）

诗致（漫将赋体诩丰裁）　　　　　　前人

（曾闻花骨藉诗裁）

书法（黄庭初写饷遗经）　　　　　　前人

（前贤事事有常经）

画意（摊笺莫漫染松烟）　　　　　　前人

（慕形休待起云烟）

题贾荫秋绘雪帐檐（世俗争看花）　　前人

题江油窦圌山（群山峭岈向西来）　　前人

汤阴谒精忠庙（兵抵黄龙尚议和）（清）刘际遥

丙午年吊越南亡国及尽节诸臣　（清）刘毓榘

阮知方（鼓角喧天动地来）

阮勋（国破家亡孰效忠）

黄耀（河内无援力不支）

阮高（恢复无功志不挠）

题杨建屏广文慕庐图（建屏

　　先生老行脚）　　　　　　（清）刘际遥

题桃花扇词（报国书生志未成）（清）蒲谷

（却聘田家怒未消）

（半壁江山战马休）

九月十九日陪志观察廖明府诸君共

　　十八人于郡斋为展重阳之会分韵

　　得菰字五言排律百韵（佳节逢摩诘）（清）文邦从

丁酉冬留别诸生解馆示劝

　　（萧萧木叶点晴波）　　　　　（清）文焯

咏灵龛院山房牡丹花间（寺古佛钟灵）（清）王学海

出京都过天津大沽口（轻装小

　　驾出京都）　　　　　　　（清）蒲明发

送李沁园西成（投老方知作计愚）　　前人

果州官舍夜坐不寐（辗转中宵梦不成）（清）杨重雅

（沈沈夜静漏三更）

（小人有母六旬余）

（披衣启户祝天晴）

送罗希棠夫子入都（桃李新阴偏学宫）（清）庞鼎文

赠别（鹿门秋气高）　　　　　　　　佚名

吊卢母陈太夫人（白衣苍狗景依稀）　佚名

（返生无处觅丹砂）

癸巳二月送邑侯盖凤西归山东

　　（登莱自昔称明区）　　　　　（清）王文忠

题白云观壁(世事浮云都罢休)　　(清)王美中

赋

明

钓台云水赋　　　　　　　　　　(明)任瀚

日方升赋　　　　　　　　　　　(明)陈于陛

日重光赋　　　　　　　　　　　(明)黄辉

五色云赋　　　　　　　　　　　(明)韩敬

丛桂赋　　　　　　　　　　　　(明)王升

丽泽轩相勉箴　　　　　　　　　(明)黄辉

自省四箴　　　　　　　　　　　(清)杨重雅

谨身

节用

择友

慎言

劝世四箴　　　　　　　　　　　前人

惜字

戒淫

戒溺女

戒兴讼

沃田先生墓志铭　　　　　　　　(明)任瀚

赞

蜀汉

文章草赞　　　　　　　　　　　(晋)谯周

明

陈文端公像赞　　　　　　　　　(明)赵志皋

王恭节公像赞　　　　　　　　　(吸)李青霞

任太史少海像赞　　　　　　　　前人

黄太史慎轩像赞　　　　　　　　前人

陈纪山颂　　　　　　　　　　　佚名

上县令罗荣衮请议案粮抽租
　　裁限定额票　　　　　　　(清)鹿鼎铭

卷十三　艺文志

汉

冯绲传　　　　　　　　　　　　汉书

晋

谯周传　　　　　　　　　　　　三国志

王子均传　　　　　　　　　　　三国志

张伯歧传　　　　　　　　　　　三国志

陈著作传　　　　　　　　　　　华阳国志

元

何济川传　　　　　　　　　　　宋史

游忠公传　　　　　　　　　　　宋史

游清献传　　　　　　　　　　　宋史

明

韩士英传　　　　　　　　　　　(明)陈以勤

明大司农韩公传　　　　　　　　(明)吕潜

罗侍御传　　　　　　　　　　　(明)余尚慎

陈文端公传　　　　　　　　　　明史

又　　　　　　　　　　　　　　(明)陆光祖

陈文宪公传　　　　　　　　　　明史

又　　　　　　　　　　　　　　(明)范谦

王恭节传　　　　　　　　　　　明史

又　　　　　　　　　　　　　　(明)李春芳

任司直传　　　　　　　　　　　明史

又　　　　　　　　　　　　　　(明)费秘

黄宫詹传　　　　　　　　　　　明史

又　　　　　　　　　　　　　　佚名

杨文岳传　　　　　　　　　　　明史

罗儒斋传　　　　　　　　　　　(明)李竹

清

罗为恺传　　　　　　　　　　　(清)罗为赓

罗明宇传　　　　　　　　　　　(清)张鹏翮

明何明经传　　　　　　　　　　(清)潘之彪

明王烈士传　　　　　　　　　　(清)仇凤翀

崔烈女传　　　　　　　　　　　(清)王鹤

冉孺人传　　　　　　　　　　　(清)龚懋熙

记

宋

縻枣堰刘公祠堂记　　　　　　　(宋)何涉

墨池准易堂记　　　　　　　　　前人

明

平蛮碑	（明）任瀚	与陈秀才书	（清）罗为赓
世相祠碑	（明）黄辉	都中寄张善充书	前人
书		寄刘可南书	前人
明		与郡尊杨庆伯论征三费	（清）王秉三
复渭厓霍詹事书	（明）任瀚	祭文	
复甬川张学士书	前人	唐	
与杜翼所给事书	前人	吊纪信文	（唐）卢藏用
与玉垒陈学士书	（明）申时行	明	
又	前人	祭敕封翰林院检讨陈公文	（明）张居正
家报	（明）黄辉	祭陈夫人文	（明）王世贞
上莲池大师书	前人	祭亡甥杜谏议文	（明）任瀚
又		祭李棠轩宗伯文	（明）黄辉
与黄慎轩太史王墨池主政诸居士		祭追赠布政使黄公子春文	（清）刘蓉
回莲池大师书		典籍（略）	
与潘雪松别言	（明）黄辉	金石（略）	

122. 道光保宁府志

六十二卷　（清）黎学锦、徐双桂等修　史观等纂　道光元年刻本　《中国地方志集成·四川府县志辑》（第五十六册）影印本

明

文庙记　　　　　　　　　　　　　　　（明）李辅

学田碑记　　　　　　　　　　　　　　（明）冉瀛

重修学记　　　　　　　　　　　　　　（明）任瀛

清

祭邑令李受馨文　　　　　　　　　　　（清）薛之佐

邑令李公受馨墓表　　　　　　　　　　（清）陈蕋

送邑令杨引祚序　　　　　　　　　　　（清）陈明宪

大蒙城记　　　　　　　　　　　　　　（清）陶淑礼

柏溪记　　　　　　　　　　　　　　　（清）陶淑礼

义学碑记　　　　　　　　　　　　　　（清）钱旆

祭邑令钱旆文　　　　　　　　　　　　（清）陈允修

重修白鹤书院记　　　　　　　　　　　（清）马士陛

重修城垣记　　　　　　　　　　　　　（清）余大鹤

南部县

唐

鲜于氏离堆记　　　　　　　　　　　　（唐）颜真卿

中散大夫京兆尹汉阳郡太守赠太子

　　少保鲜于公神道碑铭　　　　　　　　前人

宋

颜鲁公祠堂记　　　　　　　　　　　　（宋）马存

明

重修文庙学宫记　　　　　　　　　　　（明）马晋

增砌四门石城记　　　　　　　　　　　（明）刘振益

重修预备仓记　　　　　　　　　　　　（明）马公辅

清

岳斋李公崇祀乡贤名宦录序　　　　　　（清）王新命

曲江李公磹水清讴序　　　　　　　　　（清）余国柱

曲江李公磹水清讴序　　　　　　　　　（清）朱大任

楚民寓蜀疏　　　　　　　　　　　　　（清）李先复

柳边驿免解逃人记　　　　　　　　　　前人

明县尹郑公尽节纪略　　　　　　　　　佚名

中宪大夫永定河道韫山陈公墓志铭　　　（清）李调元

卷五十八　广元县

唐

利州北佛龛记　　　　　　　　　　　　（唐）苏颋

山南新修驿路记　　　　　　　　　　　（唐）刘禹锡

宋

利州绵谷县羊模谷仙洞记　　　　　　　（宋）文同

九井滩记　　　　　　　　　　　　　　（宋）陈鹏

龙洞记　　　　　　　　　　　　　　　前人

元

广元路复行古道记　　　　　　　　　　（元）李祖仁

广元府记　　　　　　　　　　　　　　（元）章霆

明

李娥铭　　　　　　　　　　　　　　　（明）刘崇文

汉寿亭侯春秋祭祀碑记　　　　　　　　（明）罗宁

清

义士节妇序　　　　　　　　　　　　　（清）张光祖

古雪诗钞序　　　　　　　　　　　　　（清）梁同书

岬祀义勇杨君传　　　　　　　　　　　（清）王芑孙

昭化县

清

祭柏桔渡文　　　　　　　　　　　　　（清）刘见龙

告城隍誓文　　　　　　　　　　　　　（清）吴廷相

新亭记　　　　　　　　　　　　　　　前人

书

费敬侯祠堂碑记　　　　　　　　　　　（清）李元

倚虹亭记　　　　　　　　　　　　　　前人

巴州

表

唐

奏请赐巴州南龛题名表　　　　　　　　（唐）严武

巴州成化县新移文宣王庙颂　　　　　　（唐）乔琳

击瓯楼　　　　　　　　　　　　　　　（唐）张曙

宋

君子泉铭　　　　　　　　　　　　　　（宋）黄彝则

明

巴州庙学记　　　　　　　　　　　　　（明）吴智

四忠祠记　　　　　　　　　　　　　　（明）杨瞻

二关记　　　　　　　　　　　　　　　（明）陈宗虞

清

与巴州守周希尧书	（清）李蕃
昭勇将军王公墓志	（清）李钟峨
州刺史卢公墓记	（清）王廷奏
宕梁书院碑记	（清）李汝琬

卷五十九　通江县

唐

壁州新建山寺记	（唐）郑畋

宋

重修龙兴寺佛殿记	（宋）马翔
相墨堂记	（宋）何鏐
儒学记	（宋）史容
文庙记	（宋）晁仲约

明

奇童子墓志	（明）吴□昌

国朝

通江县建置序	（清）李蕃
通江县志序	前人
通江觜星野考	前人

南江县

唐

菖蒲涧记	佚名

明

博士京兆杜公墓志铭	佚名
将仕佐郎辰州照磨何琢亭先生 　墓志铭	（明）何通衢
沙溪坝修路碑	（明）岳虞宦

清

几江集序	（清）杨栻
又序	（清）徐秉义
公山书院碑	（清）闻肇堭
苏州府同知杨公墓志铭	（清）吴锡麒

剑州

晋

剑阁铭	（晋）张载

剑门铭	（唐）柳宗元
剑门铭	（唐）李德裕
栈道铭	（唐）欧阳詹
重阳亭铭	（唐）李商隐
剑门山记	（唐）于邵

宋

重阳亭记	（宋）吴师孟
普成陈氏洁白堂	（宋）张栻
重修剑州学记	（宋）郭光选
赵隐君墓志铭	（宋）黄裳
横翠阁记	（宋）何隐
学士忠文黄公墓志铭	（宋）楼钥
剑州重建大成殿	（宋）于炅
明善堂记	（宋）赵大全
进士题名记	前人
普成县集瑞堂记	（宋）何鹏举
察院陈公祠堂记	（宋）家子鉴
三贤堂记	（宋）王辰应
礼部贡士鲜于君墓志铭	（宋）高尚午

明

磨崖碑亭记	（明）黄溥
钟鼓楼	（明）杨慎
重阳亭记	（明）康海
二贤阁	（明）陈宗虞
改修兼山书院记	（明）彭泽
新修剑州城	（明）邵宝
剑阳名儒录序	（明）任维贤
儒学科第题名记	（明）李璧
剑州新学记	（明）易宽
社学义仓记	（明）万国钦
修重阳亭记	前人
重修文庙记	（明）朱綵
重修桂香楼记	（明）张嗣谟

清

重改兼山书院碑记	（清）杨鹏羽

卷六十　诗

阆中县

汉

谯君黄诗（皎皎清节士）　　　　　　　　佚名

三节妇歌（缙蛮黄鸟爱集于树）

严王思诗（乘彼西汉）　　　　　　　（汉）应季先

唐

彭道将池（峥嵘巴阆间）　　　　　　　（唐）杜甫

送韦讽上阆州录事参军（国步犹艰难）　　　前人

阆州东楼送十一舅赴青城（层城有高楼）　　前人

送高司直寻封阆州（丹雀衔书来）　　　　　前人

阆中赠别贺兰铭（黄雀饱野粟）　　　　　　前人

阆山歌（阆中城东灵山白）　　　　　　　　前人

阆水歌（嘉陵江色何所似）　　　　　　　　前人

严氏溪歌（天下兵马未尽销）　　　　　　　前人

发阆州（前有毒蛇后猛虎）　　　　　　　　前人

送韦讽摄阆州录事（闻说江山好）　　　　　前人

阆州城上（草满巴西绿城空）　　　　　　　前人

巴山（巴山遇中使）　　　　　　　　　　　前人

玉台观（浩劫因王造）　　　　　　　　　　前人

滕王亭（寂寞春山路）　　　　　　　　　　前人

江亭王阆州筵饯苏遂州（离亭非旧国）　　　前人

薄游（淅淅风生砌）　　　　　　　　　　　前人

薄暮（江水最深地）　　　　　　　　　　　前人

阆州奉送二十四舅使自京赴任青城

　　（闻道王乔舄）　　　　　　　　　　　前人

渡江（春江不可渡）　　　　　　　　　　　前人

泛江（方舟不用楫）　　　　　　　　　　　前人

春远（肃肃花絮晚）　　　　　　　　　　　前人

王命（汉北豺狼满）　　　　　　　　　　　前人

别房太尉墓（他乡复行役）　　　　　　　　前人

自阆州领妻子却赴蜀山行三首

　　（汩汩避群盗）　　　　　　　　　　　前人

（长林偃风色）

（行色递隐见）

巴西闻收宫阙送班司马入京（闻道收宗庙）　前人

丞闻故房相公灵榇自阆州启殡归葬东都

　　有作二首（远闻房太尉）　　　　　　　前人

（丹旐飞飞日）

滕王亭子（君王台榭枕巴山）　　　　　　　前人

玉台观（中天积翠玉台遥）　　　　　　　　前人

伤春五首录二（天下兵虽满）　　　　　　　前人

（燕入新年语）

王阆州筵奉酬十一舅惜别之作

　　（万壑树声满）　　　　　　　　　　　前人

绝句二首（迟日江山丽）　　　　　　　　　前人

（江碧鸟逾白）

八月六日与僧展如前松滋主簿韦戴游碧

　　涧寺赋得扉字（空阔长江碍铁围）　（唐）元稹

游蜀（所向明知是暗投）　　　　　　　（唐）郑谷

嘉陵江（嘉陵江水色）　　　　　　　　（唐）王周

前蜀

唐福观（曾随云水此山游）　　　　（前蜀）杜光庭

宋

赐尚书陈尧叟出判河阳（文苑昭清誉）　（宋）真宗

赓上赐谢病归韵（寅会丁昌运）　　　（宋）陈尧叟

过阆州新井慈光院留海棠

　　（春分花杂满栏香）　　　　　　　（宋）寇准

怀广南转运陈学士　　　　　　　　　（宋）希昼

寄题阆州开元寺泽师竹轩

　　（泽师种竹三十年）　　　　　　　（宋）文同

送蒲霖中舍致仕归阆中

　　（急趋长拜倦劳劳）　　　　　　　　　前人

阆州东园十咏　　　　　　　　　　　　　　前人

锦屏阁（茂林班若锦）

清风台（无时来见袭）

四照亭（画箔褰何碍）

柳桥（捹风夸晚态）

曲池（水似珠玑入）

明月台（微棱生海角）

三角亭（合栋交生角）

花坞（缭绕穿红尊）

药栏(玉笋齐抽日)

郎中庵(已筑环为堵)

锦屏山暮景(暝色轻烟罩郡城)　　　　(宋)喻汝砺

南楼(三面江光抱城郭)　　　　　　　(宋)李献卿

锦屏山谒少陵祠(城中飞阁连危亭)　　(宋)陆游

阆中作(残年作客遍天涯)　　　　　　　前人

夺锦亭(夺锦轩中醉倚阑)　　　　　　　前人

明

玉台观(碧石丹梯结锦苔)　　　　　　(明)杨瞻

嘉陵江(嘉陵驶且长)　　　　　　　　(明)杨慎

禹迹山(禹迹峻嶒四望赊)　　　　　　(明)陈宗虞

锦屏山述怀(员峤方壶未易攀)　　　　　前人

晚次阆州滕王台(犹有君王旧玉台)　　(明)任瀚

阆州陈使君招饮(使君张乐前王地)　　　前人

桓侯祠(桓侯古庙倚江滨)　　　　　　(明)屈直

秋月闲居(自是违时好)　　　　　　　(明)徐永周

闲题(几年勘破是非关)　　　　　　　(明)僧海明

清

赠奋威将军镇保宁(手诏云霄下)　　　(清)王士禛

阆中县二首(见说阆中好)　　　　　　　前人

(滕王何寂寞)

阆中感兴四首(行役忽永久)　　　　　　前人

(巴树小摇落)

(西汉茫茫去)

(蜀雨连秦栈)

龙山驿雨(阆州城边云气浮)　　　　　　前人

闻奋威将军保宁大捷(秦军四道出巴庸)　前人

阆州行(四坐且勿喧)　　　　　　　　(清)吴伟业

送李书云蔡阆培典试西川

　(柳陌征衫锦带钩)　　　　　　　　　前人

晚至阆州(一叶嘉陵下)　　　　　　　(清)吕大器

题桓侯祠(肝胆盟天地)　　　　　　　(清)梁清宽

读书崖(读书兄弟好)　　　　　　　　(清)杨思圣

和杨瞻玉台观(层崖久雨积莓苔)　　　(清)薛柱斗

送雪龛兄任保宁(最忆阆中胜)　　　　(清)沈荃

寄李子来明府(晴云连岱岳)　　　　　(清)刘迪

锦屏山(曾闻屈平子)　　　　　　　　(清)朱嘉徵

阆中(旧说阆中地)　　　　　　　　　(清)郑日奎

马跑泉(桓侯转战处)　　　　　　　　　前人

阆中(空有山川在)　　　　　　　　　(清)杨岱

哭刘棠溪都谏(八舍宾初散)　　　　　(清)王又旦

泛舟阆江(载酒烟江上)　　　　　　　(清)罗廷璋

彭程坝千佛崖(层崖立千仞)　　　　　(清)葛峻起

书院落成(满室云烟满架书)　　　　　(清)庄学和

(三陈文藻耀巴西)

(翩翩齐下董生帷)

(废井颓桥经始难)

玉台观(亭台高枕北山头)　　　　　　(清)谢家麟

许昌送工部刘晓江解组还蜀

　(悠悠与谁论)　　　　　　　　　　(清)顾鸿

刘工部晓江携酒郊游(饮罢刘伶酒)　　　前人

送连城之官阆州(路近嘉陵水)　　　　(清)朱孝纯

(天边碧玉楼)

(蜀栈连云出)

(往古图经在)

桓侯庙(万敌神人凛)　　　　　　　　(清)李光绪

(血溅盘龙蚀)

海棠溪(断涧何清淡)　　　　　　　　(清)宋思仁

重至保宁(叶落孤城一片秋)　　　　　(清)傅光昭

武后铜钟行(江上夐楼百尺高)　　　　(清)江权

挽王栗亭明府(高门本是乌衣旧)　　　(清)詹钟奇

捧砚亭歌(昔有人兮越千年)　　　　　(清)黎之璜

绝粒辞(女宗语句最关心)　　　　　　(清)顾贞女

(古人曾有焚余集)

春游(鸟语唤人游)　　　　　　　　　(清)王淑昭

春闺(锦屏多韵事)　　　　　　　　　　前人

思亲(青山渺渺树苍苍)　　　　　　　　前人

苍溪县

唐

送云台观田道士(风驭忽泠然)　　　　(唐)宋之问

放船(送客苍溪县)　　　　　　　　　(唐)杜甫

愁坐(高斋愁见野)　　　　　　　　　　前人

宿苍溪馆（孤馆门开对碧岑）　　　　　（唐）刘沧

嘉陵江（独泛扁舟映绿杨）　　　　　　　　前人

苍溪县寄扬州兄弟（苍溪县下嘉陵水）　（唐）元稹

寄云台观田秀才（雪压松枝拂石窗）　　（唐）马戴

宋

泊烟丛寺（正午风色高）　　　　　　　（宋）文同

元

蜀望（云台突出众峰低）　　　　　　　（元）廖寥

明

壁尘山（丹丘千仞上）　　　　　　　　（明）李辅

鹿苑寺（涧曲峰回一径斜）　　　　　（明）杨廷和

舟泊苍溪县（秋老荒城气倍凉）　　　　（明）吴智

嘉陵（嘉陵江水向西流）　　　　　　　（明）杨慎

清

苍溪县（万里行难到）　　　　　　　（清）王士禛

夜泊双漩子闻笛（嘉陵江上泊舟时）　　　　前人

夜泊苍江（苍江春夜雨）　　　　　　（清）王玉生

嘉陵江（舍策登舟问水涯）　　　　　（清）胡升猷

过苍溪（一水乘流下）　　　　　　　（清）方象瑛

槐树驿（暮宿非无主）　　　　　　　　（清）吴醒

田家苦（田家是处皆辛苦）　　　　　　（清）钱旃

自剑州至苍溪途中作（雨剑争嶙峋）　　（清）江权

苍溪道中（来往嘉陵喜泛江）　　　　　（清）王璋

登少屏山（嘉陵江水自悠悠）　　　　（清）徐以镛

南部县

唐

奉赠鲜于京兆二十韵（王国称多士）　　（唐）杜甫

赠裴南部（尘满莱芜甑）　　　　　　　　　前人

送任畹及第归蜀中觐亲（子规啼欲死）　（唐）姚合

送任畹还京（燕台上榻玉为人）　　　　（唐）张祜

宋

寄题蒲传正学士藏书阁

　（朱栏碧瓦照山隈）　　　　　　　（宋）苏辙

题鲜于秀才所居（群峰屋背猿鸟啼）　　（宋）冯山

灵云洞（路转层冈二里余）　　　　　　（宋）李焘

自咏（百万人中隐一身）　　　　　　（宋）雍孝闻

明

灵云洞（灵云灵物共岩居）　　　　　　（明）卢雍

游灵云洞得游字（万刃层峰对碧流）　　（明）马希龙

宿西江寺（龙会此西江）　　　　　　　（明）朱簜

咏柳边驿前棕树（云林秋尽叶齐凋）　　（明）刘成德

忧乱（岂不怀民瘼）　　　　　　　　（明）谢君植

清

富村驿雨（阴虫何太苦）　　　　　　（清）王士禛

灵云洞（避暑因依古洞游）　　　　　（清）李允登

瑞笋（天为圣人河出马）　　　　　　（清）李允修

烈妇行（长沟之山山蠚蠚）　　　　　（清）李先复

哭陈韫山一百韵（嗟余寡所谐）　　　（清）李调元

题永定观察陈韫山公行看子

　（披图不觉泪潜然）　　　　　　　（清）曲曘

（写真偏爱写林泉）

卷六十一

广元县

唐

过龙门阁（龙门非禹凿）　　　　　　（唐）沈佺期

利州北佛龛前重于去岁题处作

　（重岩载清美）　　　　　　　　　（唐）苏颋

龙门阁（侧径转青壁）　　　　　　　　（唐）岑参

五盘岭（平旦驱驷马）　　　　　　　　　　前人

利州道中作（剖竹向西蜀）　　　　　　　　前人

五盘岭（五盘虽云险）　　　　　　　　（唐）杜甫

石柜阁（冬季日已长）　　　　　　　　　　前人

飞仙阁（上门山行窄）　　　　　　　　　　前人

龙门阁（清江下龙门）　　　　　　　　　　前人

夜听嘉陵江水寄深上人（凿崖泄奔湍）（唐）韦应物

嘉陵驿（悠悠风旆绕三川）　　　　　（唐）武元衡

过利州（汉寿城边野草春）　　　　　（唐）刘禹锡

筹笔驿（江东犹割据）　　　　　　　　（唐）严恽

漫天岭赠僧（五上两漫天）　　　　　（唐）元微之

题漫天岭智藏师兰若（僧临大道阅浮生）　前人

嘉陵驿二首（嘉陵驿上空床客）　　　　　　前人

（墙外花枝压短墙）

嘉陵江（秦人唯识秦中水）　　　　　　前人

（千里嘉陵江水声）

嘉陵夜有怀（露湿墙花春意深）　（唐）白居易

（不明不暗胧胧月）

筹笔驿（猿鸟犹疑畏简书）　　　（唐）李商隐

利州江潭作（神剑飞来不易销）　　　　前人

望喜楼（嘉陵江水此东流）　　　　　　前人

（十里嘉陵江水色）

问津驿（楼压寒江上）　　　　　　（唐）姚鹄

筹笔驿（天下三分魏蜀吴）　　　（唐）薛逢

利州南渡（澹然空水带斜晖）　　（唐）温庭筠

老君庙（紫气氤氲捧半岩）　　　　　　前人

通仙洞（高龛险欲摧百尺）　　　（唐）薛能

嘉陵驿见鸟题壁诗（贾子命堪悲）　　　前人

题嘉陵驿（尽室可招魂）　　　　　　　前人

又题嘉陵驿（江涛千叠阁千层）　　　　前人

雨霁宿望喜驿（风雷一罢思何清）　　　前人

嘉陵驿（嘉陵路恶石和泥）　　　（唐）张蠙

嘉陵驿（离思茫茫正及秋）　　　（唐）雍陶

嘉陵（细雨湿萋萋）　　　　　　（唐）郑谷

题漫天岭（万水千山音信稀）　　（唐）高骈

嘉陵江（嘉陵南岸雨初收）　　　（唐）罗邺

筹笔驿（抛掷南阳为主忧）　　　（唐）罗隐

续嘉陵驿诗献武相国（蜀门西上更青天）　　薛涛

宋

宝峰亭（金城环雉堞）　　　　　（宋）鲜于侁

读书台（舟航日上下）　　　　　（宋）司马光

和利州鲜于转运公居八咏　　　　　　　前人

桐轩（朝阳升东隅）

竹轩（兹轩最洒落）

柏轩（凛然凌霜色）

巽堂（华堂选形胜）

小斋（幽蹊入桃李）

闲燕亭（吏治正倥偬）

会景亭（景物浩无穷）

宝峰亭（孤亭冠山椒）

和鲜于子骏官舍咏　　　　　　　（宋）苏辙

桐轩（桐身青琅玕）

竹轩（幽轩离纷华）

柏轩（筑室城市间）

巽堂（山前三秦道）

山斋（平地压喧嚣）

闲燕亭（登山稍已高）

会景亭（亭高众山下）

宝峰亭（昔过益昌城）

筹笔驿（汉室亏皇象）　　　　　（宋）石延年

问津驿（嘉川之西过新栈）　　　（宋）文同

寄鲜于子骏利州转运使（西乡巴岭下）　　前人

嘉川道中寄周正孺（草木春深处）　　　前人

朝天岭（双壁相参万木深）　　　　　　前人

送王詹叔利州路运判（王孙

　　旧读五车书）　　　　　　　（宋）王安石

黎城酒（黎城酒贵如金汁）　　　（宋）唐庚

龙门阁（我昔谒紫皇）　　　　　（宋）陆游

再过龙门阁（天险龙门道）　　　　　　前人

风雨中过龙门阁（飘然醉袖怒人扶）　　前人

嘉川铺遇雨景物尤奇（一春客路压风埃）　　前人

嘉川驿得檄遂行中夜次小柏

　　（黄旗传檄趣归程）　　　　　　前人

老君洞（丹凤楼头语未终）　　　　　　前人

筹笔驿（运筹陈迹故依然）　　　　　　前人

利州栈道（足迹初来剑北州）　　（宋）李曾伯

元

千佛岩（凿石穿崖作殿楹）　　　（元）察罕不花

千佛岩（绝壁悬岩阁道连）　　　（元）葛湮

千佛岩（千佛盈崖现蜀山）　　　（元）达鲁花赤

明

飞仙阁（飞仙阁上元珠侣）　　　（明）杨慎

嘉陵江（江上西风晚作颠）　　　　　　前人

朝天岭（落日半山坳）　　　　　　　　前人

龙门寺（剑外烟花春可怜）　　　（明）任瀚

曹友闻祠（卷地尘来可奈何）　　　　　（明）黄辉

千佛崖（铁壁临江半古藤）　　　　　　（明）甘茹

千佛崖（穿凿知何代）　　　　　　　　（明）方清

千佛岩（千佛有龛来几时）　　　　　　（明）刘崇文

平乐兰若行（万峰回合开灵区）　　　　　　前人

过千佛崖和察罕廉访韵

　　（丹壁苍崖青铁楹）　　　　　　　（明）刘成穆

清

果亲王题千佛崖（是法妙难思）　　　　　果亲王

七盘岭（蓟州曾向盘山过）　　　　　　　前人

朝天峡（朝登嘉陵舟）　　　　　　　（清）王士禛

龙门阁（众山如连鳌）　　　　　　　　　前人

飞仙阁（山行喜乘流）　　　　　　　　　前人

千佛崖（江作大圆镜）　　　　　　　　　前人

龙门阁（四围碧玉色崚嶒）　　　　　　　前人

筹笔驿（当年神笔走群灵）　　　　　　　前人

嘉陵江上忆家（自入秦关岁月迟）　　　　前人

广元舟中闻棹歌（江上渝歌几处闻）　　　前人

七盘关（迢迢七盘山）　　　　　　　（清）郑日奎

闻江浩汹谢公良矫情答然辍吟讽

　　（圣明今御宇）　　　　　　　　　　前人

六月蜀寇犯广元（蠢尔崔苻寇）　　　（清）周有德

朝天峡（一过朝天峡）　　　　　　　（清）费密

送刘与生还广元（送尔西归意惘然）　　　前人

龙门阁（神龙穿石飞洞壑）　　　　　（清）方象瑛

七盘岭（鸡头关前七盘岭）　　　　　　　前人

朝天关（盘曲上崇椒崎岖）　　　　　（清）岳钟琪

七盘岭（冒雨冲泥度七盘）　　　　　　　前人

龙门阁（万山互回环）　　　　　　　（清）彭端淑

嘉陵舟中（临江思歇马）　　　　　　　　前人

朝天关（始发自龙门）　　　　　　　（清）李化楠

龙门阁（怪石突兀山嵯峨）　　　　　　　前人

广元舟中（我官于南阆）　　　　　　　　前人

七盘关（游客思家万里还）　　　　　　　前人

七盘岭（一关高锁众峰颠）　　　　　（清）葛峻起

广元舟中（行来云水合）　　　　　　（清）张清夜

广元夜泊（汉寿重经处）　　　　　　（清）刘绍攽

嘉陵舟中（十里江湖梦）　　　　　　（清）博卿额

五盘岭（蜀道天难上）　　　　　　　（清）吕履恒

朝天关（门听奔雷百□滩）　　　　　（清）唐乐宇

送张企丰宰葭萌（图史传邹鲁）　　　（清）周长发

朝天峡（自古襟喉隘）　　　　　　　（清）杨潮观

赴木瓢转雨会等堡至百丈偶纪

　　（偶出东门游）　　　　　　　　（清）张赓谟

听鸣琴（辄压路多转）　　　　　　　　　前人

蒙养洞（峭壁悬古洞）　　　　　　　　　前人

雪峰樵歌（雪峰峰头风雪急）　　　　　　前人

和岳容斋云栈感怀（雨后添衣尚觉单）（清）尹继善

广元县（益昌与晋寿）　　　　　　　（清）沈联芳

乘舟下嘉陵江（山行力苦疲）　　　　（清）郑王臣

过龙洞背至朝天峡放舟入广元

　　（每到奇险处）　　　　　　　　（清）陈大文

百丈关（万山通一线）　　　　　　　（清）宋思仁

次朝天镇（风旌到峡低）　　　　　　（清）吴省钦

龙洞背（诸水如游龙）　　　　　　　（清）李调元

飞仙阁（入峡只一舍）　　　　　　　　　前人

金鳌岭（连日沿江岸）　　　　　　　　　前人

千佛岩（是身如云影）　　　　　　　　　前人

七盘关（七盘盘入空）　　　　　　　（清）李鼎元

朝天关（峨峨葭萌关）　　　　　　　　　前人

千佛崖（石柜豁如门）　　　　　　　　　前人

飞仙阁（仙人眈白云）　　　　　　　（清）李骥元

广元登舟（又荡葭萌一叶舟）　　　　（清）李銮宣

五盘关（五盘山色佳）　　　　　　　（清）张邦伸

葱岭（西归访名山）　　　　　　　　（清）张问陶

筹笔驿（古驿风云积）　　　　　　　　　前人

金鳌岭（冷冷鳌背雨）　　　　　　　　　前人

飞仙岭（断石真奇放）　　　　　　　　　前人

朝天驿舍与胡君夜话（客舍吾庐似）　　　前人

广元道中（短堠荒林外）　　　　　　　　前人

嘉陵江上（利州山水淡宜秋）　　　　　　前人

朝天关（我行忽永久）　　　　　　　（清）张问安

孙氏池亭（断崖青松林）　　　　　（唐）陆于城
宋
嘉祐寺留别丕上人（两年无惠及编氓）　（宋）皮弼
明
得汉城纪事（列堵城坚巧铸铜）　　　（明）林俊
游嘉佑寺（丞相高斋久就芜）　　　　（明）向翀
清
嘉祐寺泉（幽崖寒玉韵泠泠）　　　　（清）陆士炳
和陆邑侯壁山春望（层崖幽僻少人扪）　（清）李蕃
龙山小憩（山头立马数归鸿）　　　　　前人
己巳春邑侯招饮壁山拟和二首
　　（欣从仙吏访）　　　　　　　（清）李钟璧
咏雪和伯兄鹿岚韵（翩翩素质来何暮）（清）李钟峨
南江县
汉
三秦谣（武功太白）　　　　　　　　　歌谣
明
送道官蒲守静回蜀（偶从元庙观中来）　（明）张衍
前题（羽客清标类子乔）　　　　　　（明）陈文瑞
前题（修真独辙悟真篇）　　　　　　（明）向九霄
清
归蜀至连云栈（愁难出栈游）　　　　（清）岳贞
登烟峰楼（故国一登楼）　　　　　　　前人
归里作（少逢离乱去）　　　　　　　　前人
访族兄丹亭过沙坝九岭子遇雨
　　（行尽山深处）　　　　　　　　前人
解组言怀（出守江西岁未初）　　　　　前人
江亭（木莲开遍一溪花）　　　　　　（清）袁彻
送门人萧廷桂还南江（望子还家早）（清）黎原豫
南江山行（深山何寂寂）　　　　　　（清）王泰年
南江校官彭井南秋林射猎图时选广东
　　阳春县即以赠别（连年群盗蹂川北）（清）张问陶
剑州
梁
蜀道难（梁山镇地险）　　　　　　　（梁）张惊
陈

蜀道难（王尊奉汉朝）　　　　　　　（陈）阴铿
唐
驻跸题剑门（剑阁横云峻）　　　　　（唐）玄宗
建阴题壁（江汉深无极）　　　　　　（唐）王勃
大剑送别刘右史（金碧万山远）　　　（唐）卢照邻
蜀道难（噫吁嚱危乎高哉）　　　　　（唐）李白
剑门（征尘轻拂建章台）　　　　　　　前人
剑门（不知造化初）　　　　　　　　（唐）岑参
剑门（惟天有设险）　　　　　　　　（唐）杜甫
白沙渡（畏途随长江）　　　　　　　　前人
水会渡（山行有常程）　　　　　　　　前人
将赴荆南寄别李剑州（使君高义驱今古）　前人
剑门（奇峰百仞悬）　　　　　　　　（唐）李德裕
剑门（峻壁横空限一隅）　　　　　　（唐）李商隐
剑门（剑门兵革后）　　　　　　　　（唐）戎昱
前蜀
后主衍剑门诗（缓辔逾双剑）　　　　（前蜀）王衍
和蜀主题剑门（孟阳曾有语）　　　　（五代）王仁裕
和题剑门（闭关防老寇）　　　　　　（前蜀）韩昭
大剑山（李势非岷虎）　　　　　　　（前蜀）慕容百才
剑门（谁运乾坤陶冶功）　　　　　　（前蜀）杜光庭
宋
剑门（剑立溪峰信险深）　　　　　　（宋）周敦颐
剑门（剑州古要害）　　　　　　　　（宋）赵抃
前题（倚剑峰峦插太虚）　　　　　　　前人
剑州东园（群峰高拥碧嶙峋）　　　　（宋）文同
蜀道易篇送别府君吴龙图
　　（长吟李白蜀道难）　　　　　　（宋）郭祥正
剑州道中见桃李盛开而梅花犹有存
　　者漫赋短歌（桃花能红李能白）　（宋）唐庚
志公院在剑门东五里院东石壁间有
　　若僧负杖者者杖端仿佛有刀尺佛
　　子之状（江东争夺缠妖祲）　　　（宋）陆游
剑门关（剑门天设险）　　　　　　　　前人
宿武连县驿（平日功名浪自期）　　　　前人
过武连县北柳池安国院煮泉试日铸

顾渚茶院有二泉皆甘泉寒云唐僖

　宗幸蜀在道不豫至此饮泉而愈赐

　名报国灵泉云（滴沥珠玑翠壁间）　　　前人

（行殿凄凉迹已陈）

（我是江南桑苎家）

剑门道中遇微雨（衣上征尘杂酒痕）　　　前人

剑门城北回望剑阁诸峰青入云汉感蜀亡

　事慨然有赋（自昔英雄有屈伸）　　　　前人

故侍读黄公挽诗（西南人物早推先）　（宋）权安节

挽黄忠文公（自从朱邸翊元良）　　　（宋）家诚之

明

蜀道易（美矣哉）　　　　　　　　　（明）方孝孺

剑阁行寄彭总制（老子轻裘豪且雄）　（明）孙太初

重阳亭（鹤鸣峰翠合波光）　　　　　　（明）卢雍

剑门图（剑门天下险）　　　　　　　（明）傅若金

清

送张蔚生明府之任剑州

　（栈阁崔嵬涪水西）　　　　　　　　（清）宋琬

望剑州怀乔文衣（次公狂自好）　　　（清）王士禛

自剑阁南至阆州西至梓潼三百余里

　明正德时知州李璧以石砌路两旁

　植柏数十万今皆合抱如苍龙蜿蜒

　夏不见日（剑门路崎岖）　　　　　　（清）乔钵

题剑阁（夔门东制楚）　　　　　　　　（清）左敔

重九前三日过剑州重阳亭作

　（关门寒色晓苍苍）　　　　　　　（清）董新策

剑州（六千庸蜀远京华）　　　　　　（清）高其倬

剑门（两崖对起峭云根）　　　　　　　　前人

宿剑关（斜日下荒原）　　　　　　　（清）任兰枝

剑阁（我行阆雄关）　　　　　　　　（清）李重华

紫霄观怀素碑（驾鹤矗长空）　　　　（清）杨端

剑阁（蜀山处处险）　　　　　　　　（清）刘绍攽

剑门（长剑倚天门）　　　　　　　　（清）彭端淑

剑门（乱山回抱蜀天昏）　　　　　　（清）沈廉

谒姜伯约祠和大儿调元壁间韵

（露冷荒山伯约祠）　　　　　　　　（清）李化楠

宿武连驿（两山雄峙一溪流）　　　　　　前人

剑关姜平襄祠（沓中岂是为身谋）　　（清）庄学和

雨登剑阁（漠漠迷秦塞）　　　　　　（清）杨潮观

剑阁（险绝惟双剑）　　　　　　　　（清）傅晼

颜鲁公逍遥楼三大字碑

　（鲁公书法绝世无）　　　　　　　（清）许儒龙

晓发剑关（风雪年前惯）　　　　　　（清）唐乐宇

自昭化至剑门（兹行又值早春时）　　（清）杨宏绪

剑门关（朝日不胜寒）　　　　　　　（清）潘元音

剑门（青峰插穹苍）　　　　　　　　（清）陈大文

（盛朝修文德）

剑门（剑门非刻画）　　　　　　　　（清）李调元

姜伯约墓（平襄怒气凛）　　　　　　　　前人

武连坡（山势欲入栈）　　　　　　　（清）李鼎元

（匹练垂青天）

剑州路柏（剑州路傍多古柏）　　　　（清）张邦伸

入剑阁（剑门倚天汉）　　　　　　　（清）张问陶

（圣明世大道）

剑州官道古松歌（长松不合缩离别）　　　前人

剑州（重阳亭外晚凉时）　　　　　　　　前人

武侯坡（西望成都桑）　　　　　　　　　前人

逍遥楼（平原凛大节）　　　　　　　　　前人

觉苑寺（古佛饱风霜）　　　　　　　　　前人

种松乡（松风自招隐）　　　　　　　　　前人

柳沟池（冻树点归鸟）　　　　　　　　　前人

补遗　艺文

诗

唐

送鲜于万州迁巴州（京兆先时杰）　　（唐）杜甫

清

滕王亭（滕王亭子与云齐）　　　　　（清）汪琬

送乔文衣之剑州（渝峡远通涪万水）　（清）倪粲

123. 民国阆中县志

三十卷　岳永武修　郑钟灵等纂　民国十五年石印本　《中国地方志集成·四川府县志辑》（第五十六册）影印本

养机亭铭	前人	送胡生南归（扬子江风落暮潮）	（明）陈宗虞
鱼鼓铭	前人	喜徐公穆远来二首（开户披衣笑）	（明）谭元春

阆中县志卷之二十九　艺文志下

诗

		（好友来何远）	
阆州筵奉送二十四舅使自京赴青城		晚至阆州（一叶嘉陵下）	（明）吕大器
（闻道王乔舃）	（唐）杜甫	赠奋威将军镇保宁（手诏云霄下）	（清）王士禛
王阆州筵奉十一舅惜别（万壑树声满）	前人	闻奋威将军保宁大捷（秦军四道出巴庸）	前人
王命（汉北豺狼满）	前人	阆中作二首（见说阆中好）	前人
巴山（巴山遇中使）	前人	（滕王何寂寞）	
发阆中（前有毒蛇后猛虎）	前人	阆中感兴四首（行役忽永久）	前人
赠别贺兰铦（黄雀饱野栗）	前人	（巴树小遥落）	
城上（草满巴西绿）	前人	（西汉茫茫去）	
自阆州领妻子却赴蜀山行（汩汩避群盗）	前人	（蜀雨连秦栈）	
（长林偃风色）		送连城之官阆州（路近嘉陵水）	（清）朱子颖
（行色递隐见）		（天边碧玉楼）	
题嘉陵驿（悠悠风斾绕山川）	（唐）武元衡	（蜀栈连云出）	
嘉陵江（秦人惟识秦中水）	（唐）元稹	（往古图经在）	
宿嘉陵馆楼（离思茫茫正值秋）	（唐）雍陶	哭棠溪都谏（入舍宾初散）	（清）王又旦
杨柳枝词（三条陌上拂金羁）	（唐）藤迈	仙女潭（濯足仙女潭）	（清）张注庆
题嘉陵驿（嘉陵路恶石和泥）	（五代）张蠙	自伊犁谪还抵家即事（山川指阆州）	（清）王应诏
阆中作（残年作客遍天涯）	（宋）陆游	其二（首夏朝晖清）	
（挽住征衣为濯尘）		其三（日暮临闲园）	
新堂步月（秋风动微凉）	（宋）鲜于侁	其四（入门意不适）	
游灵崖（千峰环郡宇）	前人	大佛寺有感（吾师庄太守）	前人
和鲜于子骏秋意（好风自远来）	（宋）司马光	黎云屏观察使者补葺屏山吕仙祠落成复建	
东岩（禅扉半岩开）	（宋）唐庚	亭其右颜曰矜式即司马温公捧砚遗址也	
喜雨呈赵世泽（去年雨多忧水潦）	前人	题诗并序镌于石壁间为阆苑增光游览之	
寄杜蓬州（阆中胜事不妨奇）	前人	余心旷神怡率成七律二首以志胜概	
寄题蒲传正学士藏书阁		（使君泽久著巴西）	前人
（珠栏碧瓦照山隈）	（宋）苏辙	（江山气象陡增妍）	
东岩（一石中虚深数寻）	（宋）王惟忠	观音寺看梅（未近清标香已来）	前人
锦屏山暮景（暝色轻烟罩郡城）	（宋）喻汝砺	其二（盘根错节永年华）	
送子骏朝议归阙（累年分领西台宪）	（宋）文彦博	其三（处士妻羞说和靖）	
大佛寺（阆苑州城外嘉陵）	（宋）张永锡	其四（廿年相别忆前身）	
玉台观（阆苑名山天下奇）	（明）刘愈奇	其五（海上随余伴琴鹤）	
		其六（飞香法雨慈云院）	
		其七（休夸岁暮吐寒辉）	

其八（佛惟性忍慈悲普）

其九（溪边月下影横斜）

其十（人踪罕到鹤栖林）

阆中东郭二里许建有锦屏书院乾隆戊寅岁
　　吾师庄芝园先生守保郡时所落成也辟池
　　塘营楼阁莳花木画栋连云虹桥跨月极讲
　　室之大观焉予奔走廿余年始归今往视之
　　已被前邑令李某感于风水之说尽拆毁矣
　　嗟乎胜地高斋鞠为茂草书声弦韵变作鸣
　　禽思缔造之维艰溯渊之有自盛难再兮伤
　　何如哉爰题八绝以示后之君子俾知前贤
　　之遗泽有终不可忘者（阆州东郭地钟灵）　　前人

其二（山光绕座水明楼）

其三（经营形势仿西湖）

其四（科名济济忆当年）

其五（四十余年郡守勋）

其六（旧是神祠改讲堂）

其七（城西新置读书斋）

其八（廿载归来百感频）

读女史王淑昭绣余吟草题后
　　（女史群推阆苑仙）　　前人

其二（闺阃钟灵有自来）

其三（母家昆弟余同谱）

其四（杳矣芳魂不可招）

铜鼓歌（野人樵苏得铜鼓）　　（清）严恭

春日郊行（鸭头新水荡晴霞）　　（清）苏兆熊

题王东野阆苑吟草（王郎拔剑发悲歌）　　（清）汪思

乞病移寓题东野先生轮台诸作
　　（投荒乞病各前因）　　（清）黄泰

送王又张先生还蜀（彝鼎勋名凤志存）　　（清）毛颖元

张凤眼歌（平原野阔风调刁）　　（清）张怀湝

旗杆行（英雄死尽天下老）　　（清）王怀曾

题桓侯墓（君在惠陵臣在阆）　　（清）龚佐尧

江岸石犀（偶来桐阴下）　　（清）王承谟

云城对月（月已移情者）　　前人

晚步西津（市声聒人耳）　　前人

赠别伯兄藕船（欲别不忍别）　　前人

浮桥（竞渡今无苦）　　前人

对弈（世事皆泡影）　　前人

引杯（李白一壶酒）　　前人

舞剑（偶题三尺起）　　前人

谒汉张桓侯祠墓（敌万人偏与士伍）　　（清）许檠

春日同杨甥巽一张子梅平登东山白
　　塔（曾计经年别翠鬟）　　（清）黎原豫

庄太守重修凤凰楼赋赠
　　（人中鸣凤莅兹州）　　（清）谢家麟

阆中贞妇王氏墓诗
　　（客持墓表仓皇读）　　（清）沈寿榕

玉女房（玉人已去水云乡）　　（清）刘承莆

偕刘工部晓江谢明府天石步南津桥
　　（不问南津渡）　　（清）顾鸿

咏春（杏花开遍李花香）　　（清）王淑昭

晓起（晨鸡喔喔惯催人）　　前人

东邻女二首（绿窗抛绣帖）　　前人

十月见菊花（深山十月野人回）　　（清）雷复

大桥途中口占（一带长林接小桥）　　前人

阆中竹枝词（三月筠篮正采桑）　　前人

割股行（天缺曾仗娲皇补）　　（清）蒲轮聘

奎星阁（苍茫云树远连天）　　（清）蒲轮召

归燕（此邦难久驻）　　前人

蓄剑（不是丰城产）　　前人

招鹤吟（世间怪事那有此）　　（清）何鹏霄

家拔如先生出示思椿恨索和作此奉答
　　（吾宗有孝子）　　前人

刘生宝俊以国文见示并询古文家法
　　（天地有元气）　　前人

送徐子休先生赴京师中央教育研究会
　　（万古鸿濛判元黄）　　前人

闻故乡兵警感赋（忽报烽烟警故乡）　　前人

闲居杂咏（闭门且学刘玄德）　　前人

其二（知足自然乐有余）

其三（天高漏下露三更）

124. 民国苍溪县志

十二卷　熊道琛、钟俊等修　李灵椿等纂　民国十七年铅印本　《中国地方志集成·四川府县志辑》(第五十七册)影印本

艺文志下

诗

送田道士使蜀过苍溪（风驭忽冷然） （唐）宋之问

送客至苍溪放船归阆（送客苍溪县） （唐）杜甫

又屏迹题咏（用拙存吾道） 前人

其二（晚起家何事） 前人

愁坐偶题（高斋愁见野） 前人

除恶草咏（草有害于人） 前人

流寓苍溪寄扬州兄弟有感

　（苍溪县下嘉陵水） （唐）元稹

泛嘉陵江至苍境题（凿崖泄奔湍） （唐）韦应物

寄云台山田秀才题（云压松枝拂） （唐）马戴

嘉陵江（借问嘉陵江） （唐）薛逢

宿苍溪县馆有感（孤馆门开对碧岑） （唐）刘沧

又春日游嘉陵江（独泛扁舟映绿杨 前人

谏谯玄（皎皎清节士） 佚名

游云台观谒希夷先生祠有感

　（仙馆危峰下） （宋）宋祁

登少屏山烟丛寺留题（正午风色高） （宋）文同

山剑至苍路经青山驿留题 （宋）陆游

游云台山望蜀有感 （元）廖寥

访云台山路经紫阳寺留题三首 （明）杨瞻

舟泊苍溪县留题（秋老荒城气倍凉） （明）吴智

游烟丛寺留题（古木千章隔翠烟） （明）刘丙

寓苍溪官署有感（落日江城接远岑） （明）李正芳

登奎星阁看望（高楼独上思依依） （明）钱锷

游鹿苑寺题（涧曲峰回一径斜） （明）杨廷和

眺嘉陵江有感（嘉陵江水西向流） （明）杨慎

舟行过苍溪（万古行难到） （清）王士禛

和原韵（菁莽难行道） （清）贾光华

夜泊双漩子闻笛感作（嘉陵

　江上泊舟时） （清）王士禛

和原韵（一夜猿声到晓时） （清）钱锐

夜泊苍溪（苍溪春泛雨） （清）王玉生

泊舟过苍溪（一水乘流下） （清）方象瑛

过苍溪槐树驿（暮宿非无主） （清）吴醒

苍溪泛江（来往嘉陵喜泛江） （清）王璋

饮陶氏宅（主人旧有金章在） （清）杜仕俊

由苍溪泛嘉陵江（嘉陵白练走江声） （清）胡升猷

登烟峰楼（故国一等楼） （清）岳贞

苍溪野望（山外清江江外沙） （宋）梁潜

挽钱斾（两行血泪洒沧江） （清）黄维屏

本邑解元薛景珏嘱同列门人次原韵

　（无端一纸下泯江） （清）薛景玉

登少屏山（天开锦障削难成） （清）丁映奎

曲江蔼翠（渊源曾向玉山来） 前人

坪江晚渡（何处风花欲眩人） 前人

王将军佐墓碑纪事（扪萝附葛陟高岗） 前人

咏学圃（乱离无处不蓬莱） （清）黄士龙

眺嘉陵江（岛屿萦回江路幽） 前人

游鹿苑寺（此地曾经否极来） 前人

田家苦（田家是处皆辛苦） （清）钱斾

次韵（末政荼毒忘民苦） （清）王咸宜

次韵（雀可罗兮雉可驯） （清）薛景珏

挽钱公斾（畴昔高名雁塔题） （清）薛景莹

挽钱公斾（赋就招魂暗自伤） （清）谢景荘

题临江渡坡路（古渡临江一线坡） （清）书纶

公余自慰二首（堆案文书手自披） （清）叶澍东

　（昨夜山头絮帽蒙）

去官留别五首（鞍马余生已十年） （清）毛隆恩

　（一曲骊歌百感侵）

　（驹光荏苒逐流霞）

　（不把朝衣绊此生）

　（邮亭愁绝杜鹃声）

重九谒云台观陈希夷祠

　（嵯峨仙观九霄开） （清）陈莐

读书岩（杳杳无人迹） 前人

题邑令伍声拔（江水汤汤自北河） （清）熊良辅

春日游鹿苑寺谒冯公祠（幽窭春方晓） （清）周瑞歧

咏曲肘溪（源来玉女远） （清）李钟器

哭钱公斾（从来名士感湘灵） （清）任绅

哭钱公斾（肠断临风泪万行） （清）薛景珏

125. 同治仪陇县志

六卷　（清）曹绍樾、胡晋熙修　胡辑瑞等纂　清同治十年刻本　《中国地方志集成·四川府县志辑》（第五十七册）影印本

卷四十六　艺文志卷六

冯绲墓志	佚名
白云庵万年灯碑记	（明）刘寅东
雨华寺碑记	（清）柳天植
金城山朝阳洞记	（清）吴翔凤
三义阁碑序	（清）吴映白
金栗书院膏火碑记	（清）陆成本
金城山观音阁碑记	前人
重建城隍庙碑记	（清）周建屏
旧奎星阁碑记	（清）马湘
王公春舫去思碑记	（清）曹世珍
奎星阁碑序	（清）盖星阶
新修南北郭碑序	（清）李敷荣
游石神河记	（清）白玉屏
送邑宰盖公星阶调蜀岳池序	（清）蒋山
游金城山记	（清）邵鸣喈
重修文昌宫记	（清）胡辑瑞
仪溪说	前人
重修绿水桥序	前人
游西寺赋	（清）彭鹤龄
培修仪陇县试院记	（清）胡辑瑞
游朝阳洞记	（清）马良眉
土门铺新修万寿宫序	（清）胡辑瑞
游阳山记	（清）蒋炤
三峰记	（清）王之楠
大仪山记	（清）张耀辰
大仪山记	（清）王之槐
邑宰盖公星阶德政碑记	（清）陈以谟

卷四十七　艺文志卷六

诗	
金城山（酒尽君莫沽）	（晋）葛洪
金陵江上遇蓬池隐者（心爱名山游）	（唐）李白
奉国寺赠僧道澄（闻说虞山有道澄）	（宋）孙谔
邀月亭（古木森森倚石颠）	佚名
观音礴（重重峭壁锁烟霞）	佚名
方州夜月（一州平坦高无际）	（清）陆曾
天桥圣水（代渡长虹谁架成）	前人
峰峦烟雨（山城黯淡润如酥）	前人
古楼晓云（片片轻云潜不渡）	前人
抱朴遗踪（东晋名贤此地仙）	前人
茶房古洞（挂壁楼台百尺悬）	前人
立山霁雪（挺然玉柱凌宵植）	前人
大仪叠翠（形胜巍然万壑宗）	前人
鳌源题壁（曲径幽花引翠苔）	（清）柳公衣
题朝阳洞（晓日晴云丽招提）	前人
其二（闻钟还选胜）	
题朝阳洞（绝壁撑千仞）	（清）王敬所
题半月岩（城南山色好）	前人
金城怀古（遗踪寻抱朴）	前人
开天院（开天楼阁与山齐）	（清）郑之杰
开天院（偶步开天到夕阳）	（清）李曾
朝阳洞文昌阁题壁（杰阁参天未易攀）	（清）马瑞麟
游朝阳洞（课余寻胜地）	前人
飞来石（娲皇炼石鸿濛辟）	（清）邵鸣喈
飞来石（石从何处来）	（清）顾焕
抱朴洞（神仙何地不遨游）	（清）李光鼎
游西寺（策马寻碑到寺门）	（清）张星辉

126. 道光南部县志

三十卷首一卷　（清）王瑞庆等修　徐畅达等纂　道光二十九年刻本　《中国地方志集成·四川府县志辑》（第五十七册）影印本

卷二十八　艺文志

诏

宋

敕疏密院使陈尧叟同中书门下平章事	（宋）真宗
敕尧叟省所上表以赴河阳恋阙事具悉	前人
宋神宗敕鲜于侁大理乡	前人
宋神宗敕鲜于侁太常少卿	（宋）神宗
鲜于侁左谏议大夫梁焘右谏议大夫	前人
蒲宗闵知兴元府史宗范知庐州	前人

疏

晋

荐谯秀表	（晋）桓温

宋

乞推恩故知陈州鲜于侁子孙状	（宋）苏辙
请复设内帘监试疏	（宋）李先复
楚省五县南粮疏	前人
敬陈管见疏	前人
打箭炉设镇疏	前人
河防疆界疏	前人
楚民寓蜀疏	前人

记

唐

鲜于氏离堆记	（唐）颜真卿

宋

陈氏祠堂记	（宋）司马光
漱玉岩记	（宋）喻汝砺
颜鲁公祠堂记	（宋）唐庚
书鲜于子骏父母赠告后	（宋）苏辙

将相堂记	（宋）阎苍舒
愚斋记	（宋）唐庚
魏侯祠记	（宋）史子申

明

重修演武亭记	（明）马晋
南部县官联题名记	（明）王德一
重修曲井桥记	（明）李之瀚
续喜雨亭记	前人
重修南部县衙门记	（明）徐绍吉
南部县新置义冢记	（明）王献策
龙泉桥记	（明）马公遴
迎宾馆记	（明）王以贤
增砌四门石城记	（明）刘振益
重修预备仓记	（明）马公辅

清

柳边驿免解逃人记	（清）李先复
重建流杯桥碑记	前人
重修学宫记	（清）黄贞泰
重修文庙学宫碑记	（清）杜文明
卧云亭记	（清）徐浩
重修南部县文庙碑记	（清）李云栋
创修双忠祠记	（明）任维贤
养寿井泉记	（清）陶明德
燕山书舍记	（清）杨庚
陶克斋广文树柏记	（清）白玉楷
给孤寺乐楼碑记	（清）张廷贤

传

清

李先复名臣列传	佚名

（三年消遣琴书在）			给孤寺免粮碑序	（明）程履福
通判苏君俞见和复次韵答之			清	
（公才过人真倍十）	前人		大佛岩（路转峰回妙相开）	（清）杨继生
明			喜周桐阳见过（计日除行道）	前人
灵云洞（灵云灵物共岩居）	（明）卢雍		送周桐阳（蜀客把琴去）	前人
玉台观（碧石丹梯结锦苔）	（明）杨瞻		闻川都李培之太保平茅鹿捷音志喜	
上乘寺次壁间韵（僧房无禁仅云堆）	前人		（楞楞剑气出芙蓉）	（清）李允修
（深山名寺两翻过）			瑞筍（天为圣人河出马）	前人
（梁上标题有宋年）			醴泉（天有根）	前人
（误到山中释氏宫）			禹迹晴岚（随刊辛勤路）	前人
（访胜连连过梵宫）			灵云仙洞（鹤去爪皮古）	前人
（风光种种破人愁）			鳌峰耸秀（屏列群峰翠）	前人
（爱禅访人山中寺）			玉台晓霞（千山如黛绕）	前人
（禅林大概消尘障）			醴泉涟洁（雪浪浮金井）	前人
（寻幽误到山中寺）			曲水流殇（梁浮横螮蝀）	前人
（山麓盘旋闻古寺）			夜月流辉（石光接水光）	前人
上乘古寺虚白堂序并铭			琴台春满（何处传高韵）	前人
（图画天开巨壑前）	前人		锦屏叠秀（云破山岚补）	前人
虚白堂原韵（虚白新堂幽谷前）	（明）杨明		金鱼桃浪（杖击仙节处）	前人
宿上乘寺（双林寂寂晚经过）	（明）傅应绍		三元石笋（间气三芝秀）	前人
蓬州晚渡（一雨新添江障平）	（明）傅执中		禹迹怀古（层峦天半数峰环）	前人
（芦苇潇潇江水平）			灵云洞（避暑因依古洞游）	前人
果州行役（果州城外水云东）	前人		游灵云洞（曲径萦纡绣绿苔）	（清）汪匡鼎
（梅雨新晴蜩正鸣）			禹迹山怀古（疏凿何年历此峰）	前人
贺杨瞻玉台观（层崖久雨积莓苔）	（明）薛柱斗		庚午南隆谒戴鹤浦夫子因从游凌云	
马跑泉（桓侯转战处）	（明）郑日奎		岩步碣上韵（江头岩洞敞层霄）	（清）李钟壁
游灵云洞（万仞层峰对碧流）	（明）马希龙		又步高观一世兄灵云岩韵	
（辄到危峰顶上头）			（旷境依稀似梦游）	前人
宿西江寺（龙会此西江）	（明）朱簠		题新井三陈读书岩次壁间韵	
咏柳边驿前棕树（云林秋尽叶齐凋）	（明）刘成德		（石上名篇列似屏）	（清）孙云锦
禹迹山（禹迹峻嶒四望赊）	（明）陈宗虞		猴垭夜度（高岭横云外）	（清）谢家麟
（中峰迢递夕阳天）			和南部周令感怀原韵（郭外山奇水亦奇）	前人
送林宜兴迁官南部（移家偶爱山中静）	（明）唐顺之		玉台观（亭台高枕北山头）	前人
忧乱（岂不怀民瘼）	（明）谢君植		富村驿雨（阴虫何太苦）	（清）王士祺
避贼（走险何能择）	前人		天马山雨行（雨炬残更里）	前人
怀乡（不为君亲死）	前人		夜渡大猴垭（日落山鸟喧）	（清）吴省钦

127. 光绪西充县志

十四卷图一卷　（清）高培穀修　刘藻纂　光绪元年刻本　《中国地方志集成·四川府县志辑》（第五十八册）影印本

卷十二　艺文上

书籍（略）

诗

古谶（典午忽兮月西没兮）	（汉）谯周
蘸月井（银蟾蘸影碧泉中）	（唐）程太虚
漱玉井（瀑布横飞群壁间）	前人
驭仙峰（山在虚无飘渺间）	前人
宿鹤峰（鹤峰岑寂隐相依）	前人
步虚峰（试说南岷第一峰）	前人
洞阳峰（南岷胜概压诸方）	前人
蘸坛峰（苍松老桧拥华坛）	前人
伏龙峰（卓立南岷碧汉中）	前人
丹霞峰（登高放眼亦宽赊）	前人
磨剑井（源泉岩溜漾清波）	前人
清心井（飞泉触石玉丁当）	前人
濯印井（一脉灵泉天地通）	前人
草堂寺雪梅（雪在天兮梅在墙）	（唐）何炯
洴溪桥（油井小聚）	（宋）赵渥
降真岩（凤顶孤峰耸绝奇）	（宋）何群
过纪将军祠（秦人失鹿世争强）	（明）张海
锦水棠风（川光日射锦溶溶）	（明）杨瞻
题资福寺（老松护殿色苍苍）	（明）高鹏
南岷山（陟彼南岷）	前人
南岷山（花暖莺声啭）	（明）冯贤
梁司马侯填墓（再镇溢城日）	（明）杨瞻
将军神宇（荣阳一火自甘焚）	前人
北福禅关（茅菴小结俯清泉）	前人
南岷仙境次方山题（骑鹤仙人去）	前人
书乳泉壁送客（青丝络玉壶）	（明）任瀚
登南岷山（一上南岷顶）	（明）李乾德
客楚怀大兄时闻贼陷西充（鹡令原上虎狼威）	（明）李兆
谒纪侯庙（巍巍杰阁俯南山）	（明）潘亨识
再谒纪侯庙（闲来再谒纪公堂）	（明）徐端
虹侨桂月（空山焕色野云平）	（清）戴民凯
北福禅关（安逸开山北福传）	（清）方曰定
南岷仙境（晋城郭外觅仙踪）	前人
题西岳峰顶（迥出层霞外）	（清）李映庚
纪侯庙（闻道将军是邑人）	佚名
化凤山（凤是何年化）	（清）袁锡衮
游上方寺（相逢且莫问行藏）	（清）陈我愚
游常宁观（峰迥路转插青霄）	（清）李咏
春感（香车宝马去悠悠）	（清）冯天培
答客（君问西川路）	（清）赵心林
谯周墓（谯周蜀士亦人闻）	（清）概方泌
前题（虽识天心在）	（清）彭长泰
纪将军庙（东门黄幄竞传呼）	（清）王士祺
板桥落成（长桥重建晋城西）	（清）高汝仪
白云菴（漪园春欲晓）	（清）赵源治
送同年李之仕湖广（盛世崇儒范）	（清）吉颐贞
化凤山谒纪将军庙（群雄逐鹿楚称强）	（清）刘治传
常理公童年祠堂（忠孝两全遭际艰）	（清）刘绳祖
林口寄怀西充绅士（川北川南路阻长）	前人
凤凰山（南岷插霄汉）	（清）齐继祖
书楼山（森森松桂锁山头）	前人
题官禄山徐丞相墓（新烟著柳晓寒轻）	（清）孙应麟
织机山（织机山头木叶飞）	（清）卢时楫
吊三忠诗（君不见南岷山头两李公）	（清）费锡璜

流杯池（羽觞宛转下文波）　　　　　　　（清）崔鳌

凤凰朝阳（凤岭岧峣逼太清）　　　　　　（清）何焕

龙池法雨（半亩方塘水气浮）　　　　　　前人

锦水棠风（溪流一曲抱城隈）　　　　　　前人

山斋静坐（门馆人稀到）　　　　　　　　（清）宋鼎

书李虞臣记诛张献忠事后

　　（太阳溪□飞长矢）　　　　　　　　（清）费锡琮

怀李光岳侍御（青犊□兵日）　　　　　　（清）赵心鼎

龙池法雨（青□山下漾方池）　　　　　　前人

扶龙村吊古（闲寻古迹吊忠魂）　　　　　（清）王之鹏

海棠川（程村谷口一湾斜）　　　　　　　（清）王之鹏

游海棠川（乘闲结伴步城东）　　　　　　（清）黄偒

迎薰楼（高城雄峙拘岑楼）　　　　　　　（清）冯天枢

双妪行（君不见西充李家两妪事绝奇）　　（清）刘志学

西充李义士歌有序（李义士家西充）　　　前人

题袁李两妪忠义（果州烈妇传）　　　　　（清）刘其琳

九井丹泉（十三峰洞处）　　　　　　　　（清）宋安远

纪襄平侯墓（乘车诳楚策勋奇）　　　　　前人

题纪将军庙（汉业艰难百战秋）　　　　　（清）李棠

龙池（宝刹通幽映碧泉）　　　　　　　　前人

除夕答刘子越（异国欣相遇）　　　　　　（清）陈我愚

登化凤山（凤山隐隐接青霄）　　　　　　前人

流杯池（池临溪畔旧传杯）　　　　　　　（清）袁家龙

过织机山（畴昔曾闻织女洞）　　　　　　（清）陈我志

会龙桥（两水交流夹镜光）　　　　　　　（清）陈策

南岷山（凌虚石磴锁云扉）　　　　　　　（清）李昭汉

冠紫山（东皋欲出月）　　　　　　　　　（清）李昭济

游龙坛寺有感（花宫碧殿韵萧疏）　　　　前人

紫崖山（尚书故里紫崖山）　　　　　　　（清）李昭治

过金莲院寻圭峰神师碑

　　（雨霁微烟幂历时）　　　　　　　　前人

海棠川（碧涧澄空藻荇香）　　　　　　　前人

十三峰（湿云迷漫山青苍）　　　　　　　前人

处士草堂（处士何年此卜居）　　　　　　前人

织机山行（君不见织机山）　　　　　　　前人

纪襄平侯墓（乃翁曾诳楚）　　　　　　　前人

西玉山（策杖寻幽谷）　　　　　　　　　前人

处士草堂（一去蓬蒿处士家）　　　　　　（清）张星曜

城南看桐花（麦雨初晴乳燕忙）　　　　　（清）赵绣

难岷山（南岷高迥古称雄）　　　　　　　（清）王冕

春日西溪偶步（海棠花落燕飞忙）　　　　（清）杨元章

迎薰楼（迎薰楼上望朝晖）　　　　　　　（清）黄瑞鹤

徐丞相墓（昔贤遗葬白云边）　　　　　　（清）李仲

书楼山（丞相园林空古丘）　　　　　　　（清）李昂

九日游凤岭访程太虚古洞（岧

　　峣天尺五）　　　　　　　　　　　　（清）庞正道

次季明府广寒宫避暑原韵

　　（炎威逼体不胜练）　　　　　　　　前人

暮春陪司训洪相山登孝廉山剧饮作留

　　春会分韵得草字（我欲钱春归）　　　（清）李庄

通州校士怀李墨君（检阅通州记校文）　　（清）卓秉恬

挽邑侯李旭亭（在天列宿在官郎）　　　　（清）张恕

留别（徙倚山城欲去难）　　　　　　　　（清）孙濂

小濂溪七绝四章（凿池小沼样如弓）　　　（清）周炜

　　（绿波鱼戏任东西）

　　（也爱窗前草不除）

　　（香风约略满帘侵）

野祀行（文成饭书牛腹里）　　　　　　　（清）何绂荣

嘉陵晚渡（古迹几烟霞）　　　　　　　　（清）陈懋修

梁将军侯填（克靖边烽息斗刁）　　　　　（清）庞泽新

吊前明李雨然公乾德（气节无双日枕戈）　前人

邑侯常公祠（长白山头去不归）　　　　　前人

筑南岷寨感怀（崇墉气象更重新）　　　　前人

　　（金山争送此烟峦）

　　（消尽轮蹄几度春）

庚辰九日登铁印山集文昌祠

　　（携壶载榼步烟霞）　　　　　　　　（清）李燦瑚

凤凰山（曾从蜀碧搜遗事）　　　　　　　（清）杨泽溥

题梁大司马侯公墓（灵爽千年在）　　　　（清）沈恩培

前题（荒草埋忠骨）　　　　　　　　　　（清）刘国瑜

前题（虎视东西魏）　　　　　　　　　　（清）杜毓英

纪将军祠（銮舆一出诳重瞳）　　　　　　（清）高培谷

128. 同治营山县志

三十卷　（清）翁道均修　熊毓藩等纂　同治九年刻本　《中国地方志集成·四川府县志辑》（第五十八册）影印本

卷之二十八　艺文志

周易经解序	（清）罗典
补辑学宫碑记	（清）张玉璘
营山县学碑记	（清）毛鸣岐
重修营山县碑记	（清）王昂
重修县学碑记	（清）王廷稷
重建关圣庙碑记	（清）毛鸣岐
邑侯张公德政碑记	（清）白不淄
太蓬景福寺碑记	（明）陈周政
营山县经费公局碑记	（清）李玉台
重修营山县城碑记	（清）濮文升
重修骆市桥碑记	前人
明中宪大夫用吾侯公墓志铭	（清）吴羽英
罗母笱孺人墓志铭	（清）蔡启樽
罗母覃孺人墓志铭	前人
例赠文林郎蔡府君墓表铭	（清）濮文暹
蔡节母谢太孺人六十节寿序	（清）李德仪
建修书院碑记	（清）夏文臻
建修考棚碑记	前人
改建考棚碑记	（清）祥庆
补修奎星楼	（清）陈映玉
毁佛文	（明）王廷稷
玉映阁诗叙	（清）白不淄
罗时斋先生传	（明）马世奇
王公殉难传	（明）严杰
文学公传	（清）李以宁
罗懋山先生传	佚名
烈妇冯氏传	（清）白不淄
罗母司孺人传	（清）于之辐
罗可绳先生传	（清）白不淄
重修圣庙碑记	佚名
邑侯傅公德政碑记	佚名
重修节孝祠碑记	佚名
重修育婴公社碑记	（清）刘廷桢
三公祠记	佚名

卷之二十九　艺文志

古诗

同县尹杨文焕少尉史凤起游太鹏（蓬莱闻海岛）	（清）严光治
吊王监司（壮哉王分巡）	（清）李榕
黄渡馆（东行当二月）	（清）曹恕
节妇苏氏（十六与夫别）	（清）白不淄
登马深溪（峭折千盤上）	（清）石奠国
朝阳洞（峻岭游松迳）	（清）罗在公
穿洞（五丁传未凿）	（清）陈汝明
请书台（一石穿幽径）	（清）侯学修
尔朱真人丹址（真人何处去）	（清）王曰俞
透明岩（透明千古迹）	（清）于之辐
卧佛崖（古佛何年卧）	（清）李欲仁
鬻籍行（因汝而富贵）	（明）陈周政
送陈黻功之嘉州便道游峨眉（岁暮吹北风）	（清）李以宁
于母王太孺人寿（缅昔王夫人）	（清）杨芳灿
远游吟（农人习耕田）	（清）于鼎培
丙寅午日（瞻彼高天高）	前人
答辅旃择轩两兄（昨烹双鲤鱼）	前人
□□□洲先生七十致仕还蜀百韵	

卷之三十　艺文志

赋

129. 光绪蓬州志

十五卷　（清）方旭修　张礼杰等纂　光绪二十三年刻本　《中国地方志集成·四川府县志辑》（第五十九册）影印本

祭司马长卿文	（唐）陈子良	创修龙禅祠序	（清）姚莹
严鲁公祠记	（宋）马存	斜溪大桥序	（清）高士魁
嘉祐岩记	（宋）程德隆	创修育婴堂记	（清）李德迪
祷雨即应碑	（明）冯俊	重建节孝祠坊序	前人
重修学宫并魁星楼记	（明）王德完	王公祠碑记	（清）魏鼎
新修振德书院记	（明）姜宝	嘉德会记	（清）黄礼中
振德书院记	（明）潘时宜	沈节妇寿文	（清）李惺
修学记	（明）陈汝德	乡饮高年记	（清）王葆善
胥宗儒墓志	（明）朱采	乡饮后记	前人
柱学大墓志	（明）李公选	诗	
麟凤桥记	前人	颂陈纪山（筑室载直梁）	巴人
青云塔记	（清）刘敬临	金陵江上遇蓬池饮者（心爱名山游）	（唐）李白
重建城隍庙序	（清）徐浩	嘉陵江诗（借问嘉陵江水湄）	（唐）薛逢
蓬山书院碑	佚名	赠李士宁（节狂士宁者）	（宋）欧阳修
重修彭州学记	（清）洪运开	送吴几复（使君来兮父母鞠我）	（宋）州父老
修学宫上梁文	前人	八景诗（两峰争献秀）	（明）卢雍
创建棚号碑记	前人	文明楼（弱翁营拘了翁书）	前人
吕仙祠碑文	前人	桂华楼（江上危楼知几寻）	前人
读书说	前人	游龙云寺（梓剑峰峦脉尽头）	前人
养济院碑文	前人	登望江楼即事（倦吟楼上倚朝霞）	（清）周天柱
团练说	前人	买闲亭（自筑山亭费几钱）	
团练后说	前人	登伴江山楼次前牧周君韵	
桂皮赞	前人	（山楼百尺锁烟霞）	（清）蒋兆璠
前蓬州学正王玑墓志铭	前人	八景诗（蓬岛孤擎海外天）	（清）洪运开
凿平八字脑险滩碑铭	前人	马鞍山道中（驿路遥分翠麓宽）	前人
蓬州志略序	前人	登伴江山楼次前牧岭南周君韵	
重建文昌宫记	（清）王觐光	（豪情高并赤城霞）	前人
宾典费记	前人	移署巴州留别同官士庶	
附　何毓奇序		（一唱骊驹百感臻）	前人

130. 光绪岳池县志

二十卷首一卷 （清）何其泰、吴新德等修纂 光绪元年刻本 《中国地方志集成·四川府县志辑》（第五十九册）影印本

卷十七　艺文志上

诗
唐
题集虚观（青蛇炼影月徘徊）　　　　　　（唐）吕洞宾
宋
岳池农家（春深农家耕未足）　　　　　　（宋）陆游
明
十咏碑（彩凤衔初日）　　　　　　　　　（明）卢雍
（冈峦互起伏）
（千耦勤东作）
（岳门长不闭）
（连峰云汉里）
（月曼碧溪清）
（巨笔留遗事）
（稳卧溪潭里）
（仙人一叱石）
（神僧能伏虎）
元天宫无名树（古木无名亦放花）　　　　（明）杨瞻
福兴寺四律（福兴咫尺近灵泉）　　　　　前人
（一带名山入画图）
（好峰偏属招提境）
（释氏山中一亩宫）
游金城山谒何忠靖祠（我到
　　金城关上门）　　　　　　　　　　　（明）陈以勤
石圣寺石壁镌状元台三字题句于左
　　（为爱幽居处）　　　　　　　　　　（明）杜日章
白鹤仙宫（古木高栖不计年）　　　　　　（明）僧本宏
归省游白云庵题崖上（壮志

功名强自图）　　　　　　　　　　　（明）向信
（十里松涛撼碧空）
飞泉（暇日姜山寺）　　　　　　　　　　（明）王怀梅
秋日游白云庵观飞泉次韵（旅
　　地将开桂）　　　　　　　　　　　（明）吴应台
飞泉白练（界破青山绕上方）　　　　　　（明）石泉
送冯行健进士守兴化（东方
　　千骑别程催）　　　　　　　　　　（明）杨慎
清
宋状元蒲信读书处（五百名中仰冠军）　　（明）杨昂
前题（读书台畔剩香芸）　　　　　　　　（明）杨缙
翔凤朝阳（毓灵丹穴几多年）　　　　　　（明）杨昂
大龙暮雨（山色苍茫云密密）　　　　　　前人
亮坝春耕（汉代勋名事久虚）　　　　　　前人
岳门秋望（谁将玉斧开丹嶂）　　　　　　前人
灵溪夜月（收拾丝纶西日垂）　　　　　　前人
巨石牛眠（长眠江畔几经秋）　　　　　　前人
羊洞仙踪（频来叱石起羊群）　　　　　　前人
虎头佛刹（龙宫高峙出云端）　　　　　　前人
翔凤朝阳（三峰耸峙傍郊城）　　　　　　（清）黄克显
亮坝春耕（将军池畔草初盈）　　　　　　前人
岳门秋望（危峰高耸势巍峨）　　　　　　前人
灵溪夜月（碧天无际水悠悠）　　　　　　前人
虎头佛刹（青山古寺足遨游）　　　　　　前人
岳门秋望（岳门来往已年年）　　　　　　（清）陈觐光
岳门秋望（乱岭纷披曲径行）　　　　　　（清）高继允
岳池北通果郡东达广安南连定远皆
　　冲途也乾隆甲戌邑侯黄公于各交
　　界择胜地立坊并标名胜于其额余因

公过其处漫成四绝（轮蹄杂沓共跻攀）　　　前人

（高崖几处拥晴岚）

（满林黄叶乱枫明）

（乱峰划处淡烟浮）

凤山饮饯重别黄翁（翔凤山头续绮筵）　（清）杨昂

送家兄广文旋里二首（一脉亲情经十年）　前人

（白发那堪别恨牵）

翔凤朝阳（天然灵鸟势飞翔）　　　　（清）严正

岳门秋望（西来爽气豁人眸）　　　　（清）陈三恪

翔凤朝阳（三峰挺秀胜丹山）　　　　（清）宋秘

石圣山石壁镌状元台三字题句于右

　（识透浮生梦）　　　　　　　　（清）僧海明

游雁塔寺（古寺依郊外）　　　　　　（清）唐有训

水浮山寺（山浮鳌首上）　　　　　　（清）严正

长滩寺（清幽别洞天）　　　　　　　（清）宋秘

翔凤朝阳（崒崪三峰绕堞城）　　　　（清）燕居广

大龙暮雨（蜿蜒曲曲抱珠来）　　　　前人

亮坝春耕（四野何由百室盈）　　　　前人

岳门秋望（南北交横耸翠峨）　　　　前人

奇峰龟伏（峭矗千寻挺异踪）　　　　前人

题玉屏峰石壁（玉屏岩畔绿萝梢）　　（清）宋庭谟

九日榜山登高次邑尊吴公韵

　（秋原落日耀新裁）　　　　　　　（清）宋秘

前题（漫说春容费剪裁）　　　　　　（清）谢尚桓

巨石牛眠（双牛稳卧岩前水）　　　　（清）王子诏

初秋岁有亭偶眺（碧树凉飕至年来）　（清）黄坚显

初秋登凤凰山远眺（斜日辉悬凤岭西）（清）莫大绶

春日游高寺微雨复晴（高处洗尘埃）　（清）李惟裕

重阳日登华银山（宝鼎称灵发）　　　（清）简昌麟

（山色晴逾好）

登华银山（石磴盘空出翠微）　　　　（清）费成勋

听秋小亭（禅林深处小亭幽）　　　　前人

金粟山房赋示三男通判恩纶

　（巍峨绀宇临清渠）　　　　　　　前人

金粟山房落成三男恩纶赋三绝以拟西

　湖六一泉作长歌示之（苏公堤畔六一泉）　前人

木石居（破晓层岚绕佛庐）　　　　　前人

小狮子林（屋头狮子一峰孤）　　　　前人

题节孝何廖氏寿图（华峰千丈接穹岫）（清）孙文起

同前（岳岱层峦秀）　　　　　　　　（清）恽经尚

挽张贞女（非关破镜感时乖）　　　　前人

（绣佛长斋清净因）

前题（红颜自昔命多乖）　　　　　　（清）孙文起

（镜花水月悟前因）

前题（不续生前未了因）　　　　　　（清）王子诏

王仪亭广文留饮成都学舍仍用丙戌都

　　门赠别原韵二首并序（谁驱羸马锦城来）

　　　　　　　　　　　　　　（清）李调元

（东庵底事不能来）

午间偶检书笥故纸得十二三岁受业师

　　大叔处文课成卷点窜涂抹骂评谆然

　　稍有顺适未尝不极力奖诱仍知来者

　　之如今然则今日之厕名雁塔随班芸

　　馆皆吾叔日讲指授之所赐也率成四

　　绝用志感德录请海政倘蒙和而教之

　　则又幸矣（偶检雕虫隐自惭）　（清）康以铭

（一字原来值万钱）

（阮门底事异程门）

（数载针评定指南）

九日书怀五首兼呈遵典暗然两叔父

　（高云罗薄敛清穹）　　　　　　　前人

（授服披来警露溥）

（嘉节由来眷圣心）

（寻花战马阁追陪）

（恣饮漫嗤落帽嘉）

叠次刘秀才荣捷原韵六首并序

　（此日还乡尚黑头）　　　　　　　前人

（登峰每上最高头）

（阿谁轶步进竿头）

（文坛战罢输三头）

（杏苑寻花竞出头）

（几人批诏立鳌头）

（曾向蓬莱顶上逢）

乙卯季秋偕顾霁崖舍人李克生茂才复

　　初益谦两上人游华银山登绝顶长歌

　　赠虎溪上人（我欲跨金鳌访十洲）　　　　（清）孙桐生

华银积雪（峨峨万仞山）　　　　　　　　前人

宝鼎连云（奇峰拔地起）　　　　　　　　前人

三花异树（老树发奇葩）　　　　　　　　前人

九子灵泉（一脉涌寒流）　　　　　　　　前人

石镜斜阳（晶莹石洞圆）　　　　　　　　前人

渠江落照（远水淡无波）　　　　　　　　前人

华岩古洞（峭壁上无路）　　　　　　　　前人

玉壁浮光（玉山千仞矗）　　　　　　　　前人

之字径（二十四之字）　　　　　　　　　前人

三百梯（绝磴青天上）　　　　　　　　　前人

欢喜坪（到此生欢喜）　　　　　　　　　前人

千佛坪（怪石巉屼竦）　　　　　　　　　前人

铁瓦殿（古殿凌虚起）　　　　　　　　　前人

将归绵州述怀留别岳池诸同好

　　（一载和溪作寓公）　　　　　　　　前人

　　（奔走风尘敢惮劳）

　　（万书堆里拥青毡）

　　（偶向名山豁远眸）

同渔邨梅村两弟宿岳池

　　（隐隐山城合）　　　　　　　　　（清）甘丙昌

壶山望华银雪霁歌

　　（噫吁乎佳哉蜀山之高高难攀）　　（清）冯钟峦

壶山望华银歌（华银高峙宕渠东）　　　　前人

游海宝山（我性颇乐山）　　　　　　　（清）吴贤翊

例封文林郎吴芸楼先生暨德配张太孺

　　人六秩晋一双寿（往岁和溪署）　　（清）盖星阶

翔凤朝阳（高冈苍苍矗梧桐）　　　　　（清）杜受廉

大龙暮雨（长空暝色送黄昏）　　　　　　前人

亮坝春耕（长风响送□牛鞭）　　　　　　前人

岳门秋望（雨霁晴空日色间）　　　　　　前人

银山晚照（谁从方外辟仙坛）　　　　　　前人

灵溪夜月（华银山下月当头）　　　　　　前人

奇峰龟伏（孤峰突兀枕清渠）　　　　　　前人

巨石牛眠（补天炼石溯娲皇）　　　　　　前人

羊洞仙踪（闻道神仙不可寻）　　　　　　前人

虎头佛刹（老寺幽深草色青）　　　　　　前人

翔凤朝阳（巍巍千仞巩城埠）　　　　　（清）余吉卿

大龙暮雨（佶屈盘拿势蜿蜒）　　　　　　前人

亮坝春耕（一片屯田万世规）　　　　　　前人

岳门秋望（二十六峰爽气浮）　　　　　　前人

银山晚照（崒崒参天万笏攒）　　　　　　前人

灵溪夜月（晴空万里湧冰轮）　　　　　　前人

奇峰龟伏（辰斗何年下九区）　　　　　　前人

巨石牛眠（稳卧江滩莫纪年）　　　　　　前人

羊洞仙踪（仙踪自昔返蓬莱）　　　　　　前人

虎头佛刹（猿臂何人夜引弓）　　　　　　前人

卷十八　艺文志中

传

明

程济传　　　　　　　　　　　　　　　明史

石天桂传　　　　　　　　　　　　　　明史

清

杨于蕃传　　　　　　　　　　　　　（清）黄克显

张贞女传　　　　　　　　　　　　　（清）王子诏

王大章传　　　　　　　　　　　　　（清）李仙芝

韩肇洙传　　　　　　　　　　　　　　前人

贞节李唐氏传　　　　　　　　　　　（清）黄万品

贞寿百岁杨刘氏传　　　　　　　　　　前人

旌表节孝周彭氏传　　　　　　　　　（清）白汝衡

旌表节孝柳氏朱冯双节传　　　　　　　前人

节孝宋王氏传　　　　　　　　　　　（清）熊世璁

节孝谭母邹孺人传　　　　　　　　　（清）康启濂

陈节妇李孺人传　　　　　　　　　　　前人

节孝陈母汤孺人传　　　　　　　　　（清）林锦舒

罗筠溪传　　　　　　　　　　　　　（清）胡懋璋

柳氏朱冯两孺人双节传　　　　　　　　（清）陆墍

光德和尚传　　　　　　　　　　　　（清）陈应聘

重修云钧寺记　　　　　　　（清）李世则

新建濂溪祠碑记　　　　　　　（清）李长华

新建唐公灵王殿碑记　　　　　　　　前人

姜山寺重修释迦佛像碑记　　　　（清）王子诏

重修叶苗滩桥碑记　　　　　　　（清）董淳

重建奎阁碑记　　　　　　　　　　前人

捐赈碑记　　　　　　　　　　　　前人

补修文庙碑记　　　　　　　　（清）胡作仁

新建试院记　　　　　　　　　（清）余福谦

义田碑记　　　　　　　　　　（清）杜湘

新修文明塔落成碑记　　　　　　　　前人

新修蔚春门记　　　　　　　　（清）陈应聘

静观楼记　　　　　　　　　　（清）林锦舒

游伏虎寺记　　　　　　　　　（清）余福谦

捐赈题名记　　　　　　　　　（清）武尚仁

永济桥碑记　　　　　　　　　　　前人

凤山书院文昌阁惜字库碑记　　（清）李惟裕

新修酉溪桥碑记　　　　　　　（清）罗美麟

游华银山记　　　　　　　　　（清）孙桐生

改设雁塔书院记　　　　　　　（清）何肇祥

赞

清

贞节李唐氏赞　　　　　　　　（清）龙仕近

旌表节孝柳氏朱冯两孺人双节赞　　（清）白浚铣

题何竺斋巡政求人不如求己图像赞　（清）武尚仁

书院三箴　　　　　　　　　　（清）陈三恪

大雅堂箴

讲堂箴

敏德堂箴

铭

清

书院二十四铭　　　　　　　　（清）陈三恪

明道斋铭

存诚斋铭

离经斋铭

辨志斋铭

敬业斋铭

乐群斋铭

博习斋铭

亲师斋铭

谕学斋铭

取友斋铭

知类斋铭

强立斋铭

温柔斋铭

敦厚斋铭

疏通斋铭

知远斋铭

广博斋铭

易良斋铭

洁静斋铭

精微斋铭

恭俭斋铭

庄敬斋铭

属辞斋铭

比事斋铭

考

清

华银山殿宇考　　　　　　　　（清）僧本宽

卷十九　艺文志下

说

清

诸家图说　　　　　　　　　　（清）罗为赓

岳屏书院说　　　　　　　　　（清）陈三恪

募疏

清

募建水月寺疏　　　　　　　　（清）杨昂

引

清

募修苟角场观音阁小引　　　　（清）康以铭

募修叶苗滩桥引　　　　　　　（清）李坝

131. 同治新宁县志

八卷 （清）复成修　周绍銮、胡元翔纂　同治八年刻本　《中国地方志集成·四川府县志辑》（第六十册）影印本

132. 乾隆直隶达州志

四卷　（清）陈庆门纂修　宋名立续纂　乾隆十二年刻本　《中国地方志集成·四川府县志辑》（第五十九册）影印本

卷四

古处士墓表	（明）程云翼
忠孝祠记	（清）陈庆门
节烈祠记	前人
新建文昌宫记	前人
北岩钟鼓楼记	（明）李长祥
戞云亭记	前人
黄节妇传	前人
捐建书院记	（清）陈庆门
杨公传	前人
训蚕桑	前人
重修学宫记	（清）宋名立
重修阁溪桥碑记	前人
东乡县重建城隍庙碑记	佚名
赵公传	（清）李士瑜
赵公祠记	（清）高炳曾
新建集贤书院碑记	（清）孙镶
荡平川东碑记	（清）徐治都
新宁旧志	佚名
重修学记	（清）王谦
龙池学院记	（清）赵鏊
重建新宁县学记	（清）窦容邃
宕渠书院记	前人
中山寺碑记	（明）李鸣□
中山寺重建碑记	（明）卫承芳
重刻建中山寺记	（明）袁达
修木坝铺路碑记	（清）宋名立
小尖山寺记	前人
重修州署记	前人

新建达州孤贫养济院记	前人
修铁山路碑	前人
小尖山路碑	前人
凌云铺七里沟修路记	前人
修罗江口路碑记	前人
修亭子铺高岭路碑记	前人

诗集

直隶达州

白云寺（一片白云横碧落）	（唐）李白
酬白乐天（山水万重书断绝）	（唐）元稹
附乐天寄微之原韵（晨起临风一惆怅）	（唐）白居易
蟠龙洞（寻幽过鹭岭）	（明）王嘉言
登翠屏山（小队乘间上翠屏）	前人
游北岩寺和副史夏公韵	
（曲径□崖过野寺）	（明）刘节
秋兴（黄陵滩水楚江头）	（明）黄元白
访明月桃花之景（桃花明月敞岩关）	（清）区龙祯
覃山人隐居（南极老人自有星）	（唐）杜甫
赠李研斋太史（十载江湖隐□□）	佚名
题龙潭瀑布（万丈深潭在崖下）	（清）李模
登龙兴寺（岩黑峻层积石雷）	前人
读海棠居集（闺阁有文人）	（清）黄锦生
春日登翠屏山（厅事乘闲日）	（清）陈庆门
劝农词（本是同胞一体亲）	前人
登小尖山绝顶（众山横崎郁岹峣）	前人
过古处士墓（何年青冢留山曲）	前人
六相祠有感（翠屏山色几经年）	前人
（不信时移迹亦移）	
（为爱闲亭习静幽）	

北崖寺（一带长河水）　　　　　　　前人

东乡县

来鹿亭诗（咨尔文鹿）　　　　　（清）陈栢

经七里峡用少陵青阳峡韵（盘

　　回曲径纤）　　　　　　　　（清）高炳曾

东乡官舍寒夜封月（霜气凌空寒色铺）　前人

东署接家信感怀（日日盼双鱼）　（清）刘庆适

（再说来年事）

晓度七里峡（凌晨穿径去）　　　　（明）孙鑛

题东邑官署（百里山城僻）　　　　　前人

题署斋壁（僦居惟一室）　　　　（清）高炳曾

夏日东乡官舍（扫除废园植秋花）（清）冯长发

劝农（一官父母□）　　　　　　（清）刘庆适

堂阶古桂盛开宴集有作

　　（阿谁桂榆□琴堂）　　　　（清）黄正维

（为政心闲乐事长）

（蜂蝶纷纷过短墙）

（潇洒庭除入翠微）

（恰喜闲时□紫薇）

（中秋美景忍相违）

度凤凰山（满空峦气□朝晖）　　　（明）孙鑛

东乡道中出行（返照落高峰）　　　　前人

太平县

阅城有感民词（太平今庋止）　　　（明）柯相

橄林□议□戍营（小封真太僻）　　　前人

东太交界（两封元混一）　　　　　　前人

铁矿道中（独驾千山里）　　　　　　前人

阅城有感民词（县空三□□）　　　（明）林一元

议□营（三湘烟月满）　　　　　　　前人

东太交界（山河元一统）　　　　　　前人

铁矿道中（□立群峰□）　　　　　　前人

太平八无　　　　　　　　　　　（清）王舟

无民（何须司牧到三巴）

无赋（争道石田不可屯）

无城（玉漏都消万劫中）

无讼（不须□□惊□□）

无学（属车来谒日方瞳）

无署（数禄能蔽风雨无）

无士（但听猿声挂薜萝）

无钱（鼓铸开停数十年）

观音峡（风烟迷四野）　　　　　　　前人

三杰祠（万年扶汉鼎）　　　　　　　前人

东岳宫（天马临江水）　　　　　　　前人

春游石关参菩萨（崖前频怅望）　　　前人

登峡口山（怪石嶙岣景最奇）　　（清）廖时琛

诸葛城（秣马临风□）　　　　　　　前人

避乱□石岭（蚕丛鸟道不堪行）　（清）周思陶

白崖道中（水落江寒晓日迟）　　（明）来知德

重过天生桥二首（江上游龙跨水滨）　前人

（水入危崖飘乱丝）

村居二首（野服黄冠对竹根）　　　　前人

（石屋藤床傍钓沙）

宕渠杂咏二十首　　　　　　　（清）窦容邃

愧竹堂（愧竹人何在）

戴星堂（单父琴声杳）

宕渠书院（绿水绕前湾）

四维碑（四维充宇宙）

峨□山（□□寇三川）

李靖□（武德平梁□）

唐王友墓（观音山有趾）

屏山寺（墨子弹丸地）

白岩山（绵亘层峦折）

观音寨（孤峰插石笋）

云雾洞（峭壁高千寻）

七里峡（北望连云栈）

联珠峡（山奇水更怪）

天生桥（溪恶龙蛇踞）

石月山（天上月非石）

石节山（嶙岣植石节）

豆山关（关塞横云断）

黑天池（岩岫兴云雨）

双牛山（石田难力作）

兰□井(木兰□□□)

游北岩寺(隔岁牵情岩外寺) (明)刘梅国

北岩书怀用刘梅国壁韵

  (我来按节川东日) (明)柯相

北岩寺即事(北岩古寺凤山围) 前人

游北岩寺有感(空山独上谩支腰) 佚名

北岩寺步林中丞韵(五月征途暂息鞍) (清)张祚先

步前监林大中丞韵(□□车马整□鞍) (清)沈维垣

游北岩寺……一言曹先生二首梅花

  国人……书(曲径悬岩过野寺)

(紫崖千尺莫如□)

龙爪清潭(山麓迢迢峙小峨) (清)瞿戴仁

烂柯棋局(□昌□里石如盘) 前人

山垭仙迹(鸣凤高阁近九逵) 前人

小尖山(□山何崒嵂) (清)宋名立

翠屏山(迢递郡城南) 前人

太平志内有八

有赋(沟塍刻□遍山阿)

有城(崴岁山城聤眺斜)

有学(七经东授□□□)

有士(谯周弟子蜀诸生)

有钱(莫厌清贫属傲员)

133. 民国达县志

二十卷首一卷末一卷补遗二卷　蓝炳奎等修　朱炳灵、王文喜、吴德准纂　民国二十二年刻本　《中国地方志集成·四川府县志辑》(第六十册)影印本

达县志卷十八　艺文门

艺文(书目略)

达县志卷十九　艺文门

金石

汉车骑将军冯绲碑	佚名
汉冯绲墓六玉碑	佚名
汉广汉属国侯李翊碑	佚名
李翊夫人碑	佚名
唐处士墓碑	佚名
告祭三阳神文	(唐)元稹
题南昌滩(渠江明净峡逶迤)	前人
元稹留题	佚名
广福院修福殿记	佚名
泸潭院镌佛记	佚名
白云寺题壁(一片白云横碧落)	(唐)李白
宋节妇碑	佚名
蒲家场龙潭碑	佚名
赠通川令韩广叔文	(宋)黄庭坚
黄龙寺鸿钟	佚名
窑河祥霞洞石刻	佚名
元顺德府大开元寺弘慈博化大 　士万安恩公碑	佚名
孔子庙圣像碑	佚名
平坝妙音寺碑记	佚名
明永睦寺钟	佚名
禅林寺钟	佚名
九台寺钟	佚名
永睦寺山门石刻	佚名
北岩寺后山滴水岩题壁	佚名
翠屏岩魁字序	佚名
宝峰寺碑	佚名
五峰寺诗碑(□路崎岖石径斜)	(明)杨振文
再游五峰诗碑(缓步山头立)	前人
五峰寺殿壁嵌石碑	佚名
泸潭院曲水碑	佚名
北岩寺后山涌水岩题壁	(清)吴省钦
九台寺摩岩题壁	佚名
黄元白玉屏寨摩岩题壁	佚名
东太平寨关帝庙钟	佚名
九台山重修山门碑	佚名
中山寺复建碑	佚名
九台山宝光寺请经施财题名碑	佚名
八圣宫万人灯碑记	佚名
西隆兴太平两场交界处石碑	佚名
九领场川主庙钟铭	佚名
青山院钟	佚名
白羊寺钟	佚名
清永睦寺寺石碑文	佚名
龙潭庙外墙嵌石碑	佚名
北岩寺后吴省钦摩岩题壁	佚名
东太平寨关帝庙鼎文	佚名
东太平寨南关岩壁石刻周鸣霞去思碑	佚名
东太平寨南关岩壁石刻倪朝揩去思碑	佚名
县城东文昌宫大钟赞	佚名
县城南关外水府宫钟赞	佚名
县城关帝庙钟序	佚名
云台山摩岩大魁字	佚名

（招提古寺翠微封）

（木落空江万叶干）

登翠屏山晚眺（木叶飞红散石城）　　　（清）朱炳晖

达县志卷末

文存

朱锦泉家传　　　　　　　　　（民国）刘存厚

朱母张孺人家传　　　　　　　　　　前人

刘辉之略传　　　　　　　　　（民国）胡春滋

陈恩溥传　　　　　　　　　　（民国）向可褒

唐科忠家传　　　　　　　　　（民国）熊思诚

袁汉槎暨李孺人墓铭　　　　　（民国）尹昌龄

朱小泉墓志铭　　　　　　　　（民国）赵增瑞

李锦园暨赵宜人墓铭志　　　　（民国）冉之简

达县志卷末

诗存

通川形胜（通川形胜四方无）　（民国）刘存厚

（登城四望意茫茫）

侦察秋操阵地由绥城至双庙场道

　中即景（度地间关陟翠峦）　　　前人

庚午中秋同僚友游通州龙王潭

　即事（龙神庙踞翠峦巅）　　　　前人

正月九日游翠屏山即事（正月初九日）　前人

通州元宵（绣毂雕鞍花满头）　　　前人

（竹枝高唱入云悠）

辛未中秋同僚友重游龙王潭感怀

　（潭水澄心映石亭）　　　　　　前人

达县公园池亭偶憩（西风落叶忽惊秋）　前人

辛未重九登戛云亭观菊有感

　（重九年年菊兴浓）　　　　　　前人

游观中坝新置农场（民生乐利重农桑）　前人

元日游戛云亭感怀（元日晴明似去年）　前人

春日达州公园蕊心亭小憩

　（四面花花映水光）　　　　　　前人

达州公园寻桃（山花如绣草如茵）　　前人

春游达州公园清啸亭偶题

　（清啸亭中认旧碑）　　　　　　前人

由绥城至金刚寺即事

　（云暖风和四月天）　　　　　　前人

达县李家坝村景（画桥流水数家分）　前人

夏晚公园赏荷（翠盖高低覆满池）　　前人

新秋公园晚荷（绿帔霞裳映水红）　　前人

（鸳鸯并宿露初浓）

文存补遗

伍澹川墓志铭　　　　　　　　（民国）朱炳灵

刘行道传　　　　　　　　　　（民国）梅黍雨

郭太翁传　　　　　　　　　　（民国）胡春滋

民二十年在上海之通电　　　　（民国）陈炳堃

贺母徐孺人墓志铭　　　　　　　　　前人

严心恬先生墓志铭　　　　　　　　　前人

彭九祯行状　　　　　　　　　（民国）彭毓纬

上林主席书　　　　　　　　　（民国）李宗韶

天问阁集序　　　　　　　　　（民国）伍澹川

孔子作春秋论　　　　　　　　　　　前人

诗存补遗

袁星午见寄次韵勉之（自待固宜厚）（民国）伍锡桢

题晚香阁（百行一亏终玷缺）　　　前人

次韵答张后山（天祸民国何速哉）　　前人

端阳感遇（灾祸侵寻惨剧长）　　　前人

绥定兵灾行（西方混沌沉云黑）　（民国）卢晖吉

感时杂咏（势成割地自称雄）　　　前人

（不谈发政与施仁）

（古时暴虐数秦皇）

（频年四境被奇荒）

（兵差频出去封仓）

（法团个个发横财）

拉夫吟（力疲负重复鞭催）　　（民国）王文熙

（□力征役□□□）

弃城吟（人得空城□设官）　　　　前人

（□□□□□□□）

绥定失守为刘存厚作也

（□□□□□□□）　　　　　　　前人

题桐荫山房□稿后（不堪卒读兵灾行）　前人

134. 民国万源县志

十卷首一卷末一卷　刘子敬修　贺维翰等纂　民国二十一年铅印本　《中国地方志集成·四川府县志辑》(第六十册)影印本

万源县志卷九　艺文门

诗　文

诗(附词)

题紫霞坪植茗园(筑成小圃疑蒙顶)	(宋)王敏
深洞子遇董老人(深洞深无际)	(清)杨曰都
(鸡黍当筵设)	
咏汉高祖马上得天下(盘马 　弯弓不计秋)	(清)赖春山
壬戌五月从军寄意(闻说庐山面目真)	前人
汉南营中即事(甲兵十万任胸罗)	前人
汉南留别周养泉(我年二十七)	前人
花市(浅白深红各样装)	(清)赖谦
花县(楼阁层环灿若霞)	前人
赠郭秉璋先生(相逢相信不相疑)	(清)赖容庄
千里夜台(提刀仗剑入秦关)	(清)张元经
悔嗜洋烟(自从痼癖寄烟霞)	(清)张明徵
行经叙府驿次(匆匆游展别经年)	前人
重庆束装有感(空囊如洗独张皇)	前人
思家叹(萧条行李自匆匆)	前人
新桥河(距家十里路非遥)	前人
(待晓忙忙整倦身)	
痛陋俗并序	前人
子多不养亲(昊天罔极报恩忙)	前人
(种子生儿总欲多)	
(家家共祝子孙贤)	
(汝旋生子子生孙)	
女大配少男(室家男女愿相同)	前人
(女大犹如虎一般)	

(幼来娇惯长来横)	
(年龄如此太差参)	
悍妇自招汉(廉耻销磨误两雄)	前人
(别鹄离鸾遇可哀)	
(分明有主号罗敷)	
(强宾压主气难容)	
嫁夫私逃走(背主私逃律有文)	前人
(临门往送嘱尤详)	
(佳妇佳儿属望多)	
(茹苦含辛分所宜)	
嗜烟耗利源(毒种群芳谱莫稽)	前人
(兄规父戒总茫然)	
(纷纷酹酢故人多)	
(床头销铄杖头空)	
富室不读书(黄金堂上老糊涂)	前人
(博饮盘游胆素张)	
(问舍求田回不犹)	
(昏昏浊气满胸怀)	
秀才无大志(一顶头巾作秀才)	前人
(雕虫小技是生涯)	
(室家妻子计偏忙)	
(儒生半作吏员才)	
感匪患(财主原是财之主)	(清)张乃谦
读后出师表有感	
(汉家余运转巴中)	(清)秦相义
咏自鸣钟(景阳宫里别来声)	前人
咏风筝(展翅高飞一纸鸢)	前人
与人对奕偶占(千古河山一战枰)	前人
偶患头疯(却回百病患头疯)	前人

规友人赌（富贵由来定自天）	前人	印江县观风示	（清）赖谦
新妇（不惯生人见）	前人	祭百神文	（清）赖容庄
闲情（底事贪眠睡眼朦）	（民国）乐光奎	养拙山人传	（清）张乃谦
（黄粱一饭入华胥）		整顿团练保甲策	（清）张春城
黑瓮子歌并序（缺）	（民国）张亮臣	竹林七贤论	（民国）冉景贤
失题	前人	韩信论	（民国）唐登甲
（剜尽心头肉）		陈汤论	（民国）王开元
（山中有大树）		孟荀合论	（民国）娄楷
（六朝佳丽地）		文字源流考	（民国）冉星炳
（叔孙毁仲尼）		游朝阳寺记	（民国）张亮臣
词			
西江月·规友人宿妓		**万源县志卷末**	
（多少聪明子弟）	（清）秦相义	舆地门	
西江月·对雪梅饮酒忆襄勤公		观音峡（铜城西去峡如坼）	（民国）刘存厚
（开疆英雄如梦）	前人	石马河（参差翠竹掩长亭）	前人
赋		十字峡（十字峡头山水奇）	前人
女兆赋	（清）秦新钺	营建门	
鸿雁来宾赋	（清）张懋芳	乡镇	
絮化萍赋	（清）张春山	罗文坝（连日山行在井中）	前人
张飞进军宕渠山破张郃赋	（清）黄裳锡	春坪道上见滑舟横渡（两岸高峰半括天）	前人
文		雨中过青花溪（秋雨霏霏秋树迷）	前人
析产诫子书	（明）杨芳	石塘坝（四面苍山绕石塘）	前人
云城关社仓记	（明）向往	固军坝（排列千峰锐似刀）	前人
自叙墓志	（明）覃懋	石冠寺（石冠雄关四口开）	前人
上巡抚李国英书	（清）刘达	关隘	
明副总府百禄符公墓志铭	（清）杨曰都	古东关（古东关外口口平）	前人
张氏合族创建宗祠记	（清）袁德元	石硐溪（口论边关石硐溪）	前人

135. 道光邻水县志

六卷首一卷 （清）曾灿奎、刘光第修 甘家斌等纂 道光十四年刻本 《中国地方志集成·四川府县志辑》（第六十一册）影印本

邻水县志卷五　艺文志

疏奏

请开言路以益治道疏	（明）杨纯
密陈平贼机宜疏	（明）甘学阔
保守城垣军功著有劳绩疏	（清）甘家斌
禁止妇女入寺以维风化疏	前人
严定西洋人传教治罪专条疏	前人
创建新城记	（明）陈万歧
建邻水县记	（清）宋文英
重修儒学碑记	（明）任瀚
重修儒学记	（明）江万实
复建儒学明伦堂记	（清）李时亨
重修儒学记	（清）蒋擢
重修文庙碑记	（清）陈加儒
建义学碑记	（清）周衢
修建义学记	（清）袁钟秀
重修延福寺碑记	（明）苏彰
延福寺经楼碑记	（清）杨伯龙
重修祝圣堂并置灯田记	前人
新建佛来山藏经阁记	前人
重修万峰山寺记	前人
重修东门桥碑记	（清）章阆然
修建广济桥碑记	（清）周衢
重修长安桥记	（清）冯志章
重修永安桥小记	（清）吴存珌
重修邓家河桥记	（清）杨伯龙
修七孔溪桥碑记	（清）屈鸣介
修南门文笔塔碑记	（清）高继允

科甲题名碑记	（明）雷义
重游书岩记	（明）吴乾亨
华银山小记	（清）陈觐光
游银鼎山记	（清）高继允
游老君山记	前人
冻花井记	（清）陈加儒
银鼎山碑记	（清）杨为龙
绍庭义学碑记	（清）廖寅
复堂先生义庄义学书籍碑记	（清）吴秀良
重修城隍庙碑记	（明）王之藩
重修文武二圣庙碑记	（清）吴秀良
重修文武二圣庙碑记	（清）夏贡廷
邻州二圣庙记	（清）陈加儒
纱帽石记	（清）冯学潘
邻水县志原序	（清）袁定远
邻水县志序	（清）徐枝芳
邻水县志序	（清）刘益
重修邻水县志序	（清）廖寅
重修邻水县志序	（清）李维英
重修邻水县志序	（清）熊文楼
邻水敬乡录序	（清）陈加儒

邻水县志卷六

邻山考辨	（清）陈加儒
邻水河经源流	前人
上督师王阁部书	（明）甘学阔
明徐州知州陈公守城死事状	（清）钱谦益
为陈总镇画长计久安策	（清）张琅
赠通奉大夫肇虞公家传	（清）甘家斌

广宁侯甘鹿圃先生家传　　　　　　　前人

武清侯煦堂公家传　　　　　　　　　前人

两淮都传廖复堂先生传　　　　　　　前人

万峰寺僧广志传　　　　　　　　　　前人

赠奉直大夫冯桂坪先生家传　　　　(清)冯大容

明经公普惟碧号琼圃赞　　　　　　(清)甘文林

杨烈女传　　　　　　　　　　　　(清)陈加儒

邱烈女清姑传　　　　　　　　　　　前人

廖先亭观察诔　　　　　　　　　　(清)甘家斌

邻阳四时赋　　　　　　　　　　　(清)陈觐光

候选知县甘公步青墓志铭　　　　　(清)甘家斌

雪岸先生墓志　　　　　　　　　　(清)甘文林

历朝诗

夏日行邻州道中(炎帝司权水气绝)　(前蜀)韦庄

过雪庵夜话(忆君畴昔出天街)　　　(明)程济

白龙洞皱眉柑(弃却春光独爱秋)　　(明)雪庵

沙洲鹤(独立沙丘雪一团)　　　　　　前人

书岩夜月(晴峰初吐月华新)　　　　(明)吴乾亨

书岩次韵(爇炬寻芳竹径新)　　　　(明)张鉴

流杯池(沿谷悠然竹径深)　　　　　(明)尹愉

石□城(屹立干霄势不倾)　　　　　(明)刘明节

流杯池小集(飞觞何必月娟娟)　　　(明)孔宏颐

过延福寺(雨过苍苔曲径幽)　　　　(明)冯从龙

蓬莱野步(宿云初敛晓山晴)　　　　　前人

送杨一俊读书万峰山(何地松无色)　(明)陈加邵

挂榜山(嶙峋并峙石岩齐)　　　　　(明)刘三才

筑室老君山(暮鸟啼花雨霁初)　　　(清)甘明鹤

山中赋答梅村(非材只合课桑麻)　　　前人

凉伞寨(策杖度遥岑)　　　　　　　　前人

山中即事(一声牛笛送斜阳)　　　　　前人

春初同广文章子章周康侯孝廉冯子成

　游玉屏山纪事(半醉归来意气真)　(清)徐枝芳

重阳前一日同广文章子章周康侯

　县尉□膺望登玉屏山纪事

　(四郊红树又深秋)　　　　　　　　前人

鼎山晚眺(一望南关外)　　　　　　　前人

卧龙坡(遥望卧龙胜)　　　　　　　　前人

白磁洞(盘旋鸟道上平原)　　　　　　前人

东楼杂咏(青山当牖竹沿溪)　　　　　前人

(一声雀噪过楼东)

卧龙坡(独上危坡曲径迷)　　　　　(清)章阄然

游塔院(自度石桥后)　　　　　　　(清)赵钧

游塔院和赵广文原韵(城西闻胜迹)　(清)王鸿勋

赵广文游塔院归赋答(古寺多幽趣)　(清)陈国栋

冬日奉调过凌云山(路入深山去)　　(清)周衢

游宝谷山石灵寺(曾闻开创自金仙)　(清)沈非龙

过老君山(雨过秋气爽)　　　　　　(清)程英铭

老龙洞(乱石开幽径)　　　　　　　　前人

登延福寺经楼(天高意空旷)　　　　(清)席绍元

白磁洞(肩舆入岹峣)　　　　　　　(清)黄克显

冬初郊行即赋(薄暮新晴应小春)　　(清)陈觐光

长至前三日度凌云岭

　(雾消霜霁长峰青)　　　　　　　　前人

新岁郊行偶成七律一章

　(春山晓发路初长)　　　　　　　　前人

和高大银鼎小集原韵

　(佳境真同华子冈)　　　　　　　　前人

玉屏朝暾(晨光晞微山雾敛)　　　　　前人

书岩夜月(风卷云收天宇清)　　　　　前人

华银雪霁(积雪朝来霁)　　　　　　　前人

海宝云连(绝顶云如阵)　　　　　　　前人

鼎山远眺(携酒登山望眼舒)　　　　　前人

磁洞烟岚(晓径覆重云)　　　　　　　前人

杯池拥翠(散步入山阿)　　　　　　　前人

笔峰瑞彩(城南之塔号文笔)　　　　　前人

卧龙坡谒武侯祠(卧龙曾驻此)　　　(清)高继允

游万峰山(一气挟以上)　　　　　　　前人

风门铺(鸟道穿云飞)　　　　　　　　前人

度凌云铺(凌云高峰与云齐)　　　　　前人

九日偕沈文秀夫程氏昆仲游佛来山

　(□此已经岁)　　　　　　　　　　前人

春日再游延福寺同游者以雨阻未至

（重来古寺独徘徊）	前人	挽节妇甘廖氏（节义真将死命争）	（清）李维英
玉屏朝暾（风泉竹露湿微茫）	前人	前题（娥眉应为纲常谋）	（清）王际盛
书岩夜月（山情入月杳）	前人	赴官宕渠入境小雨	
华银雪霁（巉崖耸云端）	前人	（三年冷眼笑吹竽）	（清）赵德载
海宝云连（山气吐作云）	前人	东楼杂咏（花时置酒破春寒）	（清）徐枝芳
鼎山远眺（欲舒望眼陟高冈）	前人	其四（楼阁风微燕语喃）	前人
磁洞烟岚（山中古寺何年辟）	前人	公署感怀二首（桑竹迎风动翠微）	前人
杯池拥翠（迤逦出城西）	前人	（西风吹雨送春寒）	
笔峰瑞彩（高岭重重烟翠俱）	前人	中秋棘围同寅话雨（佳节何缘聚一堂）	前人
屏山朝暾（曙色破鸿濛）	（清）高继晖	秋日周广文招赏菊花（冒雨寻花兴欲狂）	前人
书岩夜月（洗净绿烟生夜色）	前人	游宝谷山石灵寺写怀二首其一	
华银雪霁（峻岭独含白）	前人	（登高端似上青天）	（清）沈非龙
海宝云连（耽奇最爱临青嶂）	前人	颂徐明府宾兴荐士（忽听邻阳乙酉秋）	（清）高卓
鼎山远眺（银鼎高峰面面幽）	前人	过邻水县即事（孺子高歌响北川）	（清）张琪
磁洞烟岚（策马入层峦）	前人	掌闻衣书院春日郊游（融和天	
杯池拥翠（乘兴出城隅）	前人	气逼人清）	（清）陈嘉儒
笔峰瑞彩（笔顶山头有文章）	前人	雪庵塔怀叶御史希贤（首阳何处是）	（清）陈退斋
万峰山（石磴披襟上）	前人	游宝谷山步沈尉原韵（每到名	
海宝山（极目危峰顶）	前人	山便欲仙）	（清）甘采和
玉屏朝暾（雄城坐镇最钟灵）	前人	同甘补堂太守游宝谷山寺（□车	
书岩夜月（山河影向碧霄流）	前人	辇京尘）	（清）董承熹
华银雪霁（层层石磴转丹梯）	前人	夏日郊行四首（野田处处起农歌）	（清）吴秀良
海宝云连（峰峦峭拔有奇踪）	前人	（竹篱茅屋两三村）	
鼎山远眺（翠嶂悬空踏碧苔）	前人	（水边种得竹千竿）	
磁洞烟岚（览胜蓬莱小洞天）	前人	（山塘雾散午风微）	
杯池拥翠（江空湛碧拂云堆）	前人	词	
笔峰瑞彩（郭外溪头耸笔峰）	前人	如梦令·春日柬周广文（为问	
书岩夜月（云洗空山静）	（清）甘文林	海棠开否）	（清）徐枝芳
鼎山远眺（峰顶石偏幽）	（清）吴琼家	点绛唇·西署看海棠（花影深沉）	前人
鼎山远眺（独上峻嶒第一峰）	（清）高祖佑	谒金门·蕙兰（香意好）	前人
流杯池小集（云淡天空破晓烟）	（清）杨宗道	如梦令·春游（堪爱春光明媚）	（清）周衢
重游灵宝山祓禊（奇峰叠嶂拥灵山）	（清）廖寅	蝶恋花·忆旧（岁月重新思故友）	前人
清阴草堂（重重柳影蒲阶除）	（清）胡延璠	（想像生平如左右）	
嘉庆丁丑年奉檄县试示诸童七律二章		鹧鸪天·春日游玉屏山	
（此邦科第本绵绵）	（清）吴秀良	（日暖风和兴欲狂）	前人
（一驻山城岁月深）		喜雨行歌（行行出郭门）	（清）吴秀良

庚辰六月遇旱祷雨奇验歌

　（今年禾稼异寻常）　　　　　　　（清）熊文楼

延福寺早行（化蝶方酣枕）　　　　　（宋）陆游

真女谣（释迦已出家）

劝捐社谷约　　　　　　　　　　　　（清）陈觐光

教士规条五则　　　　　　　　　　　（清）高继允

136. 光绪邻水县续志

四卷　（清）郑杰修　邱锡章纂　光绪三十三年抄本　《中国地方志集成·四川府县志辑》（第六十一册）影印本

艺文志

重修城垣记	（清）李渐鸿	宾兴碑记	前人
城防记	（清）陆德培	任满入都时诸生绘像玉屏精舍题此劝学	
重建银鼎山奎阁记	（清）张熙谷	（鸟能催耕）	（清）管作霖
三费章程序	（清）丁士良	短歌四十六韵留别士民	
加增书院膏火碑记	（清）邓履中	（赤日朔金石）	前人
		胡定国传	（清）陆德培

137. 民国大竹县志

十六卷　郑国翰、曾瀛藻修　陈步武、江三乘纂　民国十七年铅印本　《中国地方志集成·四川府县志辑》(第六十二册)影印本

卷十四　艺文志上

赋

古柏赋　(清)李云程

丹桂堂赋　(清)邓思哲

诗

笔峰(似笔挺然秀)　(唐)郑谷

赠柳生诗(褪笔如山未足珍)　(宋)苏轼

(一纸行书两绝诗)

善庆里山寺怀古(白云护招提)　(清)王旌

梅溪道中寄舍弟元一(峰壑何迢遥)　(清)王常青

山居即事(几年勘破是非关)　(清)僧海明

永庆寺(踢倒须弥镜影空)　前人

示四不侍者(倒骑驴子上扬州)　前人

汉冯将军墓(名臣竹帛垂千秋)　(清)俞宣琅

访王栩岑书屋(尽日惟高坐)　(清)周国器

新安道中(佶屈羊肠道)　前人

题明经李梅庵书屋(乾坤浑不碍)　(清)王以昕

挽吴节妇(喷干口血雏犹稗)　(清)徐开运

西山雾雪(碎折琼瑶万岭寒)　前人

冯廷尉绲(数至竹城忠孝祠)　(清)李云程

明伦堂老桂(英英桂萼岂寻常)　前人

其二(前人不惜苦工栽)　前人

嘉莲(红蕖茂绿沼)　(清)王士品

自叹(何当十六载)　前人

山庄即事(重岩难久住)　前人

赠友(相逢义气浑相投)　前人

别张文海(生平境遇事阑珊)　前人

行遽歌(佛经太僧习经太俗)　(清)兀桐

雪庵和尚(朝来学易晚逃禅)　(清)龙为霖

晚晴闲眺(细草迷幽径)　(清)王以曜

拔草(心欲偷闲手不禁)　前人

文昌阁古柏(峻阁阶前柏)　(清)卢兴让

和金峰上人寄怀原韵

(抱琴初遇上方人)　(清)鲁翰鸶

竹邑蜀中咏怀诗　并序　(清)蔡以倬

竹阳为先大父旧莅地嘉庆庚辰吾兄耘

圃复宰斯土入其境颂声哗然喜而有

赋偶成二律(当年祖德著贤声)　前人

其二(堂上斑衣画锦联)

卢生祠(一枕黄粱数十秋)　(清)王怀曾

(垂老功名付劫灰)

(明知身世总邯郸)

(梦时容易醒时难)

(觉来身外更无余)

小游仙诗十五首录四　前人

(诸天剑佩响丁东)

(金阙峨峨耸绛霄)

(兜帅天高日月辉)

(五岳嵯峨作枕头)

留侯祠(自读奇书后)　前人

沔阳谒武侯祠(龙卧南阳九土沉)　前人

(怅望云霄仰大名)

(赤符指日汉重新)

(沔阳郁郁古云昏)

汤阴谒岳王祠(中岳千秋一降神)　前人

(旌旗岳字震三边)

(建康犹是中兴土)

（缚虎苍天不可呼）

（黍离无处问遗宫）

白帝怀古（长江不尽千年恨）　　前人

五台山赠刘孝良（突兀天门两扇开）　　前人

游指南寺赠不二诸师兼怀朱鹤翁

　　（十年溷尘迹）　　前人

留别兰山父老（半年栗栗印垂嘤）　　前人

（风尘终日学蓬飞）

（回头去景已无痕）

（出城腰脚顿成轻）

宿线店子见亡友濮兰溪题壁诗感赋

　　（落日铜鼓山）　　前人

（突兀一少年）

仙门有一鹤行（仙门有一鹤）　　前人

卷洞门（关门当天开）　　前人

途中赠陈秋舫（我曾上白帝）　　前人

寄刘孝长（峨嵋之云洞庭气）　　前人

当阳怀黄宅安先生（人生仅百岁）　　前人

吊战场（吊战场，战场非往古）　　前人

南口晚眺忆鲁之兄

　　（云山到处费诗才）　　（清）王怀孟

小游仙诗四十八首录四　　前人

　　（金文碧字紫金题）

（仙乐新排百戏场）

（日月双擎白玉盘）

（自领笙歌出上方）

后游仙诗二十二首录四　　前人

　　（纷纷瑶草与琪花）

（无处云游手不携）

（函关一去几千秋）

（苍龙群立梦初回）

明湖雨泛（不知热恼归何处）　　前人

淮安道中题壁（十三年外此经过）　　前人

对月（五湖烟水冷无边）　　前人

白帝城（茫茫一万八千岁）　　前人

昆阳道上（芒砀云气接高嵩）　　前人

哭濮兰溪（河云塞雪影依依）　　前人

（人间难觅返魂胶）

诗帙被窃忆之并忆小词　　前人

　　（费尽寒郊瘦岛神）

（旗亭旧调半尘濛）

（风流云散自低徊）

（不望红牙唱六么）

寄朱教授鹤翁（宦囊刚办买山钱）　　前人

青城子引（青城山深八百里）　　前人

男儿行（男儿行年二十有一岁）　　前人

重阳后一日梦登大峨山　　前人

　　（佳节偏从雨里过）

（清樽北海人何在）

秦怀孙东厝师（我有一张琴）　　（清）江国霖

太和殿传胪恭纪（鸿胪唱到第三声）　　前人

典试粤西恭记（策遣草丹诏）　　前人

典试江南由浦口渡江作

　　（浦口烟开晓色晴）　　前人

自湖北提学移守惠州纪恩述怀留别同

　　人八首（一纸除书到鄂城）　　前人

（攀云早岁上清都）

（红尘分道骋骝骓）

（大江横截楚天长）

（襕衫队队簇瑶林）

（新携手版谒诸侯）

（宦味新尝意若何）

（挂帆遥指越王台）

惠州郡署江山一览亭落成纪事（惠阳

　　山脉龙川来）　　前人

登镇海楼（京华北望八千里）　　前人

登凤山绝顶望南天门作（我生不识高

　　天之高几万里）　　前人

感事（千寻铁锁大江滨）　　前人

重到惠州作（海风吹涛飞）　　前人

（江山尚如此）

（两水间双城）

卷十四　艺文下

策　考　书　序　记　传　志　表

梦甦斋诗序	(清)朱鉴成	竹东重修大路碑记	(清)陈体乾
戡靖教匪诗序	(清)陈体乾	竹北重修大路记	(清)陈步武
戡靖教匪诗自序	(清)李作梅	蟠龙山瀑布记	(清)卢焕章
松菴上人诗序	前人	云溪痴人传	(清)徐开运
夏与九诗序	(清)濮斗衡	张先生传	(清)阮鸣鸢
说虎序言	(清)李作梅	高僧录	(清)李云程
王孺子诗序	(清)张兴维	孝子录	前人
放足会序	(清)陈步武	附孝子考	(清)张兴维
庄氏谱序	(清)尹天觉	烈母张孺人传	(清)陈体乾
重修邻水学宫记	(明)江万实	黄两溪墓志	(明)吴春
捐谷赈济碑记	(清)吴骙	叠秀山墓志	(清)王以曜
清音洞记	(清)朱有绂	王旭旦墓志	前人
丽春园记	(清)李作梅	李仕先墓志	(清)陈体乾
八渡槽乐楼记	前人	王槐塘墓表	(清)周廷授
白市武庙碑记	(清)尹天觉	陈母徐太安人墓表	(清)王树楠
九盘寺修路碑记	(清)王济宏	黄母王安人墓志铭	(清)陈步武

138. 民国渠县志

六十六卷　杨维中修　钟正懋等纂　郭奎铨续纂　民国二十一年铅印本　《中国地方志集成·四川府县志辑》(第六十二册)影印本

卷六　艺文志(书目略)

卷十二　文征

论辨类

清

重修城垣碑岁月辨一首	(清)贾荪谷
渠嘉禾考一首	(清)杨虞裳
种树说示同社生一首	前人

序跋类

宋

汉车骑将军冯公碑跋一首	(宋)赵明诚
渠州牧熊彦璋　耤田诏跋一首	(宋)熊彦璋

明

救荒书小引一首	(明)李青藜

清

刘氏家谱序一首	(清)朱菽原
刘氏家谱序一首	(清)黄之澜
书前尹邓公涌月台碑阴一首	(清)何恺棠
书绅庶水城碑记后一首	前人
补修文庙序一首	(清)燕宅安
修明伦堂引一首	(清)李泳
重摹南阳寺李白诗碑跋一首	(清)雷执谦
江家坪创祠引一首	(清)程云衢
刘氏家谱序一首	(清)杨蔚起
邑侯何恺棠先生武功序一首	(清)任学灏
跋赠野庵和尚行状一首	(清)赵炳南
三汇塔序一首	佚名
补修白水洞观音岩神像小引一首附诗	(清)廖春煜

邓仲岷遗稿叙一首	(清)杨虞裳
杜羲甫司马有闲斋诗序一首	前人
女甥冷篪姑守贞叙一首	(清)杨虞裳
冯焕残碑跋尾一首录同本前志	(清)贾莼浦
汉车骑崖石刻跋尾一首录同本前志	前人
冯焕神道跋尾一首录同本前志	前人
后汉车骑将军冯绲墓志铭跋尾一首录同本前志	前人
交阯都尉沈君神道跋尾一首录同本前志	前人
宋徽宗敕渠州汉车骑将军冯绲告牒碑跋尾一首录同本前志	前人
练使胡将军碑跋尾一首	前人
贞女涂九姑传后序一首	(清)王遴选
募置栖留所小引一首	(清)金遂生
募重修奎阁序一首	(清)蓝峻生
募修祥符寺序一首	前人
兰云山馆诗选序一首	(清)杨思慎
再思庐集联汇录序一首	(清)胡春滋
东轩诗存序一首	(清)王炳章

赠序类

清

逸老程翁初度八十有五赠序一首	(清)席世翼
段君德政序一首	(清)刘芳霭渠
募修云雾山普贤殿引一首	(清)李云程
阎茂名德政诗序一首	(清)周士孝

书说类

清

为雷门二节妇劝助小引一首	(清)贾屏山

（三峡本顽石）

（西川有门户）

（二十青芙蓉）

（奇石强象形）

（朔风吹古木）

礛䃐场观音岩春秋楼题壁一首

　　（关门当天开）　　　　　　（清）王怀曾

老龙洞祷雨词一首

　　（维同治三年季夏初生魄）　（清）何庆恩

古体二七言

宋

游西岩乳泉一首（西岩风景天下绝）（宋）彭公仪

明

湖雁篇一首（北风吹水寒波咽）　（明）李青藜

李仪部殉国诗一首（人生大节不数传）（明）林明辅

清

輓李天培一首（李生天培系何人）（清）艾向亭

同邑侯何庆恩诣老龙洞请雨途中即

　　成一首（火云推日初出山）　（清）艾存阳

祷老龙洞得雨一首

　　（东坡昔作责龙诗）　　　　　　前人

恭贺邑侯何诣祷老龙洞得雨一首

　　（我公恺泽字曰棠）　　　　（清）余遂生

颂知宣城于飞段老前辈一首

　　（君家世代钟奇秀）　　　　（清）叶光宗

仪部李公昆仲靖节诗一首

　　（叹息男儿似巾帼）　　　　（清）汤原振

李公昆仲靖节诗一首

　　（宕渠山水足盘桓）　　　　（清）李良斋

天涯路一首（天涯路年去年来无着处）（清）李鹤汀

东垣道中一首（君不见游子心易悲）　前人

听虫吟一首（天何高乎气何清）　（清）李兼三

登云雾山感赋一首（人人只说灵山好）（清）李廷英

云合□邑侯缪公寿歌一首

　　（君不见甘霖下降祥云作）　　　前人

挂榜山歌为介屏王大尹赋一首

　　（太原大尹双鬓幡）　　　　（清）贾荪谷

挂榜山歌为介屏王大尹赋一首

　　（皇帝二十五年冬）　　　　（清）贾纯浦

涂贞女诗一首（名花艳艳色敷腴）　　前人

瑞筠堂歌一首（瑞筠堂前竹一竿）（清）杨立之

博望城怀古一首（丈夫封侯当事耳）（清）杨虞裳

县署内小昆明池长歌一首

　　（仿佛洞庭之君山兮）　　　（清）胡慧根

今体一五言

唐

渠江旅思一首（流落复蹉跎）　　（唐）郑谷

明

静边寺一首（偶过山边寺）　　　（明）王来宾

送王铁山补官一首（如君能数辈）（明）李青藜

清

郡太守白公召赏池莲二首

　　（传道嘉湖好）　　　　　　（清）侯承垺

（池边秋气爽）

凿平螺尾滩险一首（三江汇水曲）　前人

渠县同章秋涛刺史晚登水心楼望

　　江一首（城临江上近）　　　（清）盖春舫

由渠县至广安州水程二百余里一

　　首（船放江中好）　　　　　　　前人

祈晴一首（雾卷云开日）　　　　（清）席世翼

赠明烈妇金莲一首（天地钟闺秀）（清）李良斋

早秋弹压溃勇出境途中口占一首

　　（饱挹新秋爽）　　　　　　（清）何恺棠

雨霁大竹道中二首（银汉薄云敛）　前人

（仆仆何为者）

癸亥孟冬简阅乡团五律六首

　　（策马出城闉）　　　　　　　　前人

（慷慨同袍泽）

（敌忾摅忠义）

（农桑称上瑞）

（选胜留余兴）

（矢石亲前度）

静边寺一首（何年古寺一江湾）　　　　　（明）王来宾

白水寺一首（香台高倚碧云层）　　　　　（明）陈于陛

报恩寺一首（怪石嶙峋虎豹蹲）　　　　　（明）曾镒

题广安州梦雨亭一首

　　（闭阁凝香午漏沈）　　　　　　　　　前人

冲相寺避兵一首（一水潆洄万仞山）　　　（明）傅天乙

闻献逆偪成都感赋一首

　　（须观全局计安危）　　　　　　　　（明）李青藜

清

铜鱼一首（共指铜鱼两石鲸）　　　　　　（清）毛鸣岐

大悲阁一首刻石（宕渠花满色逾新）　　　（清）侯承埒

题静边寺一首（静边寺影傍西天）　　　　　前人

看江楼一首（何年兴起看江楼）　　　　　（清）尹李璋

题双宗祠二首（少年黄甲冠时名）　　　　　前人

（百战疆场气纵横）

谒冯公祠一首（莫羡云台画伟人）　　　　（清）李良斋

题双忠祠一首（满腔豪气振纲常）　　　　（清）萧忠远

輓仪部李公殉国难二首

　　（正气天开一代人）　　　　　　　　（清）任光政

（忧时狼藉期终养）

市桥官柳一首八景一

　　（春到南关万缕垂）　　　　　　　　（清）邓奇逢

玉蟾新月一首八景二

　　（翠峦屏立出层巅）　　　　　　　　　前人

送段明府归里一首

　　（朱旗曲盖旧家声）　　　　　　　　（清）刘芳霭

送段明府归里一首

　　（雪霁寒梅点玉葩）　　　　　　　　（清）刘其琳

送段明府归里一首

　　（泣满乡村泪满城）　　　　　　　　（清）李本直

题段宣城归田诗后一首

　　（二十年前啧有声）　　　　　　　　（清）王运恒

送芦溪阎明府解组入觐一首

　　（邑侯甲第旧家声）　　　　　　　　（清）招昌韶

送芦溪阎明府解组入觐一首

　　（学道爱人抚字劳）　　　　　　　　（清）邓茂英

阎明府留别原韵一首

　　（循良政绩轶前贤）　　　　　　　　（清）梁育和

孟夏送芦溪阎大尹赴都一首

　　（黄河远上绕旗亭）　　　　　　　　（清）启珠

赠竹溪雷明府荣旋一首

　　（自古沧溪爱吏良）　　　　　　　　（清）解鸣皋

留别四首（马蹄到处踏赞岏）　　　　　　（清）席世翼

（历禄军筹转运频）

（二三旧雨自知名）

（漫劳远近挈壶觞）

祈晴一首（时和岁捻兆丰收）　　　　　　　前人

赈抚载雨一首（极目苍黎信可伤）　　　　　前人

赠洵阳翠轩懋二兄奔丧归里一首

　　（捧檄殷殷意独深）　　　　　　　　（清）袁希谟

颂文根李侯德政并寿二首有序

　　（海内奇才属陇西）　　　　　　　　（清）田养正

（题糕令节是芳辰）

寿文根李郡侯一首

　　（天生岳降负才鸿）　　　　　　　　（清）徐洲

寿文根李明府一首

　　（品望久与列仙同）　　　　　　　　（清）王载

祥符寺一首（僧扉阴色启仍关）　　　　　（清）邓献璋

游祥符寺一首（远望分明古寺存）　　　　（清）李从范

谒冯公祠一首（峻岭腾骧势若龙）　　　　（清）吴照

东阳寺一首（层层梵宇峙崇冈）　　　　　（清）王蔺三

南阳寺一首（滩涌银涛望渺茫）　　　　　　前人

西阳寺一首（万山东去翠屏张）　　　　　　前人

过南阳滩一首（两岸沙明一席风）　　　　（清）阎检

登奎楼一首（城郭参差暮霭收）　　　　　（清）李鹤汀

送王孝先入秦幕一首

　　（江上相逢春草满）　　　　　　　　　前人

丁未下第后同潘游击新吾话旧感

　赋一首（帝里黄尘辄敝裘）　　　　　　　前人

三山杂感二首（珠帘绣柱城西路）　　　　　前人

（青丝珠落散平芜）

寄周嘉受一首（渺渺予怀隔水涯）　　　　　前人

九日同恕庵寓西登高二首

　（客中时序只堪惊）　　　　　　前人

（红树青山绕郭斜）

秋兴集唐十首（城上高楼接大荒）　（清）李梅岑

（自知无复解趋奔）

（满庭松桂雨余天）

（摇落深知宋玉悲）

（满崖霜树晓斑斑）

（绿萝阴下到山庄）

（乱离无处不伤情）

（休将文字占时名）

（分明记得还家梦）

（高样独上思依依）

岁暮感怀步二兄原韵一首

　（蜀山闽海思悠悠）　　　　　　前人

闻笛一首（晚霁江城夜气清）　　　前人

春日旅怀一首（民力东南久驿骚）　前人

别孙无燀一首（麕社棠阴晚未残）　前人

过沔县谒武侯庙一首（宗臣遗像千秋在）　前人

送孙靖之还蜀一首（岁暮担簦何所适）（清）李楚材

章江门游滕王阁时已被焚一首

　（君王台榭余灰烬）　　　　　　前人

孤雁一首（年来倦羽滞天涯）　　　前人

登奎星阁兴怀邑景集二律

　（奎阁临江水接天）　　　　（清）李庭英

（江流直下水无情）

韩太守按渠观风赋志德政一首

　（钟山伟望郁嵯峨）　　　　　　前人

挽谢凌云一首（愚夫临难尚轻生）（清）李绍莲

祥符寺一首（寂寞禅扉夜不关）　（清）阎检

送段宣城一首（万里迢迢效一官）（清）李德芳

赠段宣城一首（非关举国若颠狂）（清）佘敬

赠段宣城一首（使君清白旧人知）（清）阎右惇

随抚宪卫公安抚笛民一首

　（古州八万昔称雄）　　　　（清）刘临

和席明府祈晴原韵一首

　（官贫不减范莱芜）　　　　（清）程云衢

雷开登挽诗一首（扰攘干戈数十秋）　（清）汤聘

雷开登挽诗一首（先生忠誉重蛮烟）　（清）何之润

雷开登挽诗一首（血化啼鹃气化虹）　（清）阎自新

访南阳李白碑一首（本是当年放逐臣）　前人

观音寺一首有引（二十年前拥绛纱）（清）贾屏山

访南阳李白碑一首（大雅销沈几度秋）（清）雷执谦

涂贞女诗二首（罗带同心挽未成）（清）艾存阳

（孤鸾莫笑女郎痴）

山花四首（国香国色岂差池）　（清）杨立之

（乱云堆里又来过）

（入林邃密入山深）

（桃李争芳浪得名）

蒋叶氏殉夫诗二首（在御瑟琴正及时）（清）金遂生

（齐眉举案恨无缘）

中洲杂感八首（金风万里卷螯弧）（清）杨虞裳

（惊涛海上一帆开）

（鼙鼓西南羽檄驰）

（红旗赤日奏幽燕）

（神宵殿阙影嵯峨）

（芙蓉覆水冷方舟）

（堕马妆成舞细腰）

（铜盘仙露接金茎）

嘉隆八咏八首　　　　　　　　　前人

嘉陵江（嘉陵江水照鞭丝）

黄峰（黄峰山势郁嵯峨）

仗仪岭（飞泉十里走奔雷）

峒中墟（三十茆檐两市攒）

鸡笼隘（自鸡飞去有鸡笼）

北仑山（群山十万赴沧瀛）

铜鼓岭（传闻遗古色斑斓）

大勉山（那良门径访灵渊）

题野庵和尚行状序一首

　（中年脱俗入龙林）　　　　（清）赵攀林

代友人送幕宾梁一元赠别

　二首（从容善谏本家风）　　（清）蓝峻生

（尘教频□忽又分）

老龙场龙王庙告成题辞三首

　（甘霖几度荷神功）　　　　　　（清）何庆恩

（斩新庭殿俯山岑）

（百尺珠宫数仞墙）

观云雾山圣灯一首（月轮未发山川暗）（清）李云程

今体三

七言下

明

静边寺四首（佳胜丛林拥紫霞）　　　（明）杨瞻

（丛林寂静自生凉）

（上山老衲下山呼）

（如画深山寺古幽）

宿玉蟾寺一首（川北湖南一水通）　　（明）吴廷举

送元枢大兄奉母西边三首

　（夹岸榴花照眼明）　　　　　　　（明）李青藜

（板舆处处可游春）

（铜鱼舟畔水如罗）

清

文峰夕照一首（文峰嶙峋宕城东）　　（清）萧声远

沙碛丰年一首（流江七曲水荥荥）　　　　前人

西岩晴虹一首（朝朝南郭看晴虹）　　（清）萧声远

赠黄母雷氏一首（霜露侵檐五十年）　（清）李良斋

濛山晓雾（晓来濛雾泡嵯峨）　　　　（清）何士钰

龙湫瀑布（源高疑是自天来）　　　　　　前人

铜鱼佳谶（石鲸突兀卧江边）　　　　　　前人

宿静边寺一首（江村云映古浮图）　　（清）邹图云

赠段宣城归里二首（颍川太守无高致）（清）史曾期

（爱饮频行水一杯）

题李给谏兰省晚归图诗后

　（爱说洪炉百炼钢）　　　　　　　（清）柯瑾

题李给谏载书过峡图诗后

　（邺侯架上米家船）　　　　　　　　前人

题李给谏茅檐望阙图诗后

　（牵萝补屋对桑田）　　　　　　　（清）邵自悦

奉和竹溪雷明府留别原韵

　二首（庆林风暖历三秋）　　　　　（清）莫若之

（阳和泽沛几多年）

奉和竹溪雷明府留别原韵

　二首（声名一日可千秋）　　　　　（清）谭维烈

寨麻疑畏（闻说官家计较多）　　　　（清）刘临

归兴二首（万里刘巴襁被回）　　　　　　前人

（赤甲白盐高刺天）

题扇头桃花一首（元都旧业未全空）　　　前人

题馆壁哀前宫人之被俘者二首

　（景阳烽火竟天红）　　　　　　　　前人

（台城花柳望中迷）

过洞庭口占（解缆从今悟昨非）　　　（清）雷际泰

梯云关（层峦步步上天梯）　　　　　（清）贾荪谷

纪凯关（三关耸峙郁崔嵬）　　　　　　　前人

永清关（肇锡嘉名著永清）　　　　　　　前人

雷火关（威克如闻震地雷）　　　　　　　前人

铜鱼佳谶（魁斗石前春水生）　　　　（清）贾莼浦

东湖闲吟（唤人娇鸟雨收初）　　　　（清）杨立之

（瀛洲宛在射朝晖）

（闲凭画阁爱新晴）

（十年前已别春明）

偶忆（吴淞春水落花时）　　　　　　（清）杨虞裳

华岩寺八景诗八首　　　　　　　　　（清）周绍南

一天鹅抱蛋（翩翩灵石□雄雌）

二石桥通幽（南天高落一虹长）

三仙人打坐（玄关撞破见天真）

四美人铺毡（石上青苔一片毡）

五二仙下棋（横河车马队难收）

六铁船过江（石梁天造若仙槎）

七天马无痕（玉堂金马出玄都）

八练锁神龟（出洛何时遭坎坷）

今体四　诗余

小令

清

望仙门咏濛山晓雾（八峰缥缈插云间）（清）王蔺三

西江月咏玉蟾新月（渠水明如金鉴）　　　前人

月宫春咏铜鱼佳谶（渠江东下水潺潺）　　前人

太平年咏沙碛丰年（波流一镜烟光媚）　　前人

竹帘卷咏龙湫瀑布（碧崖耸玉洞）　　　　前人

忆王孙二阕春恨（春光漏泄柳条青）　（清）杨立之

望秋（夕阳犹挂短长亭）　　　　　　　　前人

调笑令暮春（红袖红袖）　　　　　　　　前人

如梦令梦梅（缟袂谁逢仙眷）　　　　　　前人

长相思苗寨（山一家）　　　　　　　　　前人

浣溪沙无题次章小涪韵

　　（坠枕金钗鬓髻松）　　　　　　　　前人

虞美人和春槎即事（订期几个能如愿）　　前人

中调

明

甘州歌四阕　　　　　　　　　　　　　　佚名

士（诗画高阁）

农（禾芜亩漏）

工（器皆苦窳）

商（货财久塞）

清

柳初新咏市桥官柳（城南市日）　　（清）王蔺三

拂霓裳咏西岩晴虹（日初升）　　　　　　前人

临江仙（落叶空阶人未扫）　　　　（清）杨立之

长调

清

期夜月咏文峰夕照（层峦叠嶂）　　（清）王蔺三

念奴娇游三教寺（小庭花放等闲问）（清）贾屏山

哀祭类

清

祭昭忠祠文　　　　　　　　　　　（清）王衍庆

叶氏殉夫哀辞　　　　　　　　　　（清）贾纯浦

139. 民国南江县志

　　四编董珩修　岳永武等纂　民国十一年铅印本　《中国地方志集成·四川府县志辑》（第六十二册）影印本

南江县志第四编　艺文志

诗

三秦谣（武功太白）	（汉）王子韶
南江山行（深山何寂寂）	（清）王泰年
归蜀至连云栈（愁难出栈游）	（清）岳贞
登烟峰楼（故国一登楼）	前人
归里作（少逢离乱去）	前人
访族兄丹亭过沙坝九岭子遇雨	
（行尽山深处）	前人
送门人萧廷桂还南江（望子还家早）	（清）黎原豫
题画南江城山水（暖入东郊路）	（清）孙清士
南江道中（寥落人踪少）	前人
龙池书院访鹿泉先生二首（叹息书空上）	前人
（相逢话别馆）	
借石山房即景（双角露秋巘）	前人
（摊书倚危槛）	
（未了一身累）	
（万竹深藏屋）	
七星山草堂杂咏十二首录三首	
（一径蜿蜒入）	（清）岳凌云
（万斛松涛涌）	
（咀嚼烟霞味）	
（以上五言律）	
山行即景（春山笑吐云自遮）	（清）孙清士
别借石山房途中复得诗（朝见溪云出）	前人
途中看山（去年我入山）	前人
游菖蒲涧（老掇九茎芝）	前人
春日偕同人集梓潼宫（自我来官衙）	前人
南江行（冰雪裂我肤）	前人

龙池书院十二景	前人
龙耳朝霞（天孙织锦衣）	
莲池夜月（幽泉涌白莲）	
圆山瑞鹤（仙者不知名）	
灵湫白龙（不雨亦生云）	
旗山晴雪（旗山青插天）	
莲石松云（仙者化为石）	
鼓楼晓钟（山僧孤似月）	
松尖峰涛（山人性爱松）	
鲁洞风笙（长松胃山颠）	
晚市人归（人语最春深）	
秋田云拥（高田稼已收）	
螺山梵唱（香云捧楼台）	
龙池书院杂诗（书院清且闲）	（清）何昌龄
（数峰青不了）	
（朝上平桥步）	
（阶前数株柏）	
（以上五言古）	
出家（沈沈见村落）	（清）孙清士
山楼雨后（湿云归晚山）	前人
见蝶感怀（栩栩南园蝶）	（清）熊一飞
（以上五言绝）	
送道官蒲守静回蜀（偶从元庙观中来）	（清）张珩
前题（羽客清标类子乔）	（清）陈文瑞
前题（修真独激悟真篇）	（明）向九霄
解组言怀（出守江西岁未除）	（清）岳贞
省墓（归来展墓几江滨）	前人
登太白楼（太白修文不计年）	前人
江亭（木莲开遍一溪花）	（清）袁澈

南江中秋(家山阔别三千里)　　　　(清)孙清士

南江除夕(灯昏且食残年饭)　　　　　　　　前人

长池途中寓目(龙首不见龙尾藏)　　　　　　前人

赠陈献堂广文(荒江老屋心常羡)　　　　　　前人

己亥春司铎南江途间杂咏

　　(两番捧檄别慈亲)　　　　　　(清)叶凤楼

赠演禅寺普上人(天池高阁近佛光)　(清)何尔泰

前韵(静室高崇近佛光)　　　　　　　　　　前人

前题(禅宫静宇天池寨)　　　　　　　　　　前人

卧云楼即赠熊五丈云陆

　　(引商刻羽徵流音)　　　　　　(清)岳凌云

借石山房初成(崖不虚生岂偶然)　　(清)熊一飞

(素心独有此山知)

(以上七言律)

借石山房(江借清风山借月)　　　　　　　　前人

过借石山房赠云陆主人

　　(熊君风采神仙列)　　　　　　(清)孙清士

题借石山房(吾蜀爱石推坡翁)　　　(清)岳凌云

题南江校官彭井南秋林射猎图时选广东阳春县即

　　以赠别

(连年□盗蹂川北)　　　　　　　　(清)张问陶

(以上七言古)

光绪丁丑大饥乡中有妇做泥饼诓儿而闭户

　　自经者因哀之(小儿呱呱牵娘衣)　(清)何昌龄

(以上乐府)

劝农(清畴麦浪压东风)　　　　　　(清)王经芳

课士(纷披桃李绕东墙)　　　　　　　　　　前人

□□(宫墙万仞□有苔)　　　　　　　　　　前人

□□(□□□□次第回)　　　　　　　　　　前人

(以上七言绝)

赋

听秋雨赋　　　　　　　　　　　　(清)岳森

秋日田园赋并序　　　　　　　　　　　　　前人

第四编　艺文志

杂文

儿江集序　　　　　　　　　　　　(清)杨栻

又序　　　　　　　　　　　　　　(清)徐秉义

岳氏家谱序　　　　　　　　　　　(清)李仙根

岳氏家谱序　　　　　　　　　　　(清)徐文元

胡氏凌云阁序　　　　　　　　　　(清)岳森

秋窗摘录诗序　　　　　　　　　　(清)岳凌云

敦安桥碑序　　　　　　　　　　　　　　　前人

七星山人诗存序　　　　　　　　　(清)邱晋成

兴文县学博姜镇东先生寿序　　　　(清)朱偓

傅翰卿六旬晋一寿序　　　　　　　(清)刘咸荥

李母彭太孺人七十寿序　　　　　　(清)岳光虞

顶山桥序　　　　　　　　　　　　　　　　前人

杨辑五先生墓志铭　　　　　　　　(清)吴锡麒

将仕佐郎辰州照磨何琢亭先生墓志铭　(清)何通衢

傅春洲孝廉墓志铭　　　　　　　　(清)舒云逵

胡母刘太孺人墓志铭　　　　　　　(清)岳森

博士京兆杜公墓志铭　　　　　　　　　　　佚名

陈燮元先生墓表　　　　　　　　　(清)董策宸

140. 民国巴中县志

四编　张仲孝等修　马文灿等纂　余震等续纂　民国十六年石印本　《中国地方志集成·四川府县志辑》(第六十二册)影印本

第四编

志余下拾遗

六文

与周希尧州牧书	(清)李蕃
清李雄飞传	佚名
代州牧陈洪绪筑后河堤序	(清)余焕文
铲山社学记	(清)荀继声

七诗

送乌程王明府贬巴江	
(一片孤帆无四邻)	(唐)包何
奉寄别马巴州(勋业终归马伏波)	(唐)杜甫
送鲜于万州迁巴州(京兆先时杰)	前人
送巴州杨使君(白云县北千山石)	(唐)韩翃
巴女谣(巴女骑牛唱竹枝)	(唐)于鹄
早春对雨(南馆垂杨早)	(唐)羊士谔
寄江陵韩少尹(别来元鬓共成霜)	(唐)羊士谔
西郊兰若(云天宜北户)	前人
郡楼怀长安亲友(残暑三巴地)	前人
巴江柳(巴江可惜柳)	(唐)李商隐
北禽(为恋巴江好)	前人
柳下渚记(无奈巴南柳)	前人
巴中逢故人(劳思空积岁)	(唐)项斯
巴賨旅寓寄朝中从叔(惊秋思浩然)	(唐)郑谷
秋日巴南道中(久客厌歧路)	(唐)崔涂
巴州寒食晚眺(东望青天周与秦)	(唐)张祎
巴南旅泊(巴山惨别魂)	(唐)罗邺
巴南旅舍言怀(万浪千岩首未回)	前人
庭倚来游慷慨怀古(宦海漂浮若转蓬)	佚名
初至通郡讲禊饮于江上夜归赋此	
(身负千峰不自知)	(宋)冯□
观涨(孤城如深村)	前人
次韵泛舟仲秉有诗(且喜山城未傍边)	前人
端午前三日观坡诗首夏官舍即事因次	
其韵(廉阴不卷漏乌迟)	前人
次韵忠甫初见菊开(积雨晓放霁)	前人
岁晚倚阁(倏忽秋又尽)	前人
继雨稍旱祷而复雨喜而作诗	
(连夕滂沱类建瓴)	前人
宕梁秋夜感赋(寄形天地似沙鸥)	(清)孙基
留别海州士民诗歌(洪涛怒卷海天秋)	(清)廖纶
巨卿保之邀游大佛寺避暑	
(出尘十里即仙乡)	(清)李瑞熙
送友人还巴州(相思垂五载)	(清)李辉棣
(记下陈蕃榻)	
(冠盖京华地)	
云屏斋中夜坐(四壁悄无檠)	(清)冯蔚藻

141. 道光通江县志

十五卷　（清）锡檀修　陈瑞生、邓范之纂　清道光二十八年刻本　《中国地方志集成·四川府县志辑》（第六十三册）影印本

卷之九　艺文上

诏策

车骑将军冯绲诏策	（东汉）顺帝

记

壁州新建山寺记	（唐）郑畋
壁州龙兴寺重修佛殿记	（宋）马翔
通江县儒学记	（宋）史容
文庙记	（宋）晁仲约
安公祠记	（宋）何炎寅
相墨堂记	（宋）何镠
頖池记	（明）章祯
平寇奏凯碑记	（明）向允贤
金童山房记	（明）向玉轩
□洞记	
石钟山记	（清）李蕃

奏疏

平鄢蓝等捷音疏	（明）林俊
通江捷音奏疏	前人
灾异处置地方疏	前人
大垭捷音疏	前人
募修鸡子顶真武庙疏	（清）李蕃

墓志

西门童子墓志	（明）吴叶昌
明经薛象九墓志	（清）李蕃
伯兄元修先生墓志铭	（清）李钟峨
芝麓自志行略	前人

传

李懒庵先生传	（清）查云标

赋

夔龙卤赋并序	（明）向玉轩

序

福建学政李钟峨肖像诺水书院序	（清）朱评
跋李钟峨太史所录保宁志序	（清）陈书
王氏族谱序	（清）李蕃

赞

宋少保忠定安公丙赞	佚名
参禅赞	（清）李蕃
李锡徵先生赞并序	（清）吴栩

颂

拟汤泉颂有序	（清）李钟峨

考

嘉陵江考	（清）李钟峨
邑东皋书院建修碑志	（清）朱昱
通江县观风告示	（清）边龙骧
文生朱琨妻王氏节孝实录	佚名
北园赋有序	佚名
重建奎文阁记	（清）杨正源
天保寨碑序	（清）徐廷珏
李大尹传	（清）许汝霖
修奎星阁序	（清）李其谦
新辟石梁渡风洞子路疏	（清）张芬
安丰寨志	（清）徐廷钰
土城寨碑记	（清）董曾持
韩公尽节传	（清）徐廷钰
重修吉安场关庙碑文	（清）洪运开
募修学宫引	前人

142. 乾隆雅州府志

十六卷　（清）曹抡彬等修　曹抡翰等纂　清乾隆刻光绪十三年补刻本　《中国地方志集成·四川府县志辑》(第六十三册)影印本

卷十四　艺文志

宸翰

康熙六十年二月初四日抚远大将军
　　王摺奏表上谕　　　　　　　　　（清）康熙

圣祖仁皇帝御制平定西藏碑记　　　前人

圣祖仁皇帝御制泸定桥碑记　　　　前人

世宗宪皇帝平定西藏敕建惠
　　远庙碑记　　　　　　　　　　（清）雍正

奏疏

平定西藏疏　　　　　　　　　　（清）噶尔弼

题化林坪设立官兵疏　　　　　　（清）李国英

户部题覆川抚茶法疏　　　　　　　佚名

题打箭炉设镇疏　　　　　　　　（清）李先复

记

汉故检校巴郡太守樊府君碑记　　　佚名

神君张亚子紫府飞霞洞记　　　　　佚名

英烈侯庙记碑　　　　　　　　　（明）徐海

白马泉渊泽侯碑文　　　　　　　（清）黄大中

蔡山龙洞寺碑文　　　　　　　　　前人

金凤山莲花寺记　　　　　　　　（明）李应元

重修关帝祠碑记　　　　　　　　　前人

新建文昌宫记　　　　　　　　　（明）甘来学

重修观音阁碑记　　　　　　　　（明）许恩

重修蒙泉院记　　　　　　　　　（明）梁梅芳

重修蒙泉院碑记　　　　　　　　（明）甘鸣陛

下兴寺碑记　　　　　　　　　　（明）陈应正

名山县题名记　　　　　　　　　（明）范元恺

名山县修改记　　　　　　　　　　前人

重修名山县治记　　　　　　　　（清）张元凯

重修周公山石坊山门碑记　　　　（清）张启秀

修龙观山碑记　　　　　　　　　（明）罗应鹤

重修郡庙记　　　　　　　　　　（明）李应元

重修壁山庙碑记　　　　　　　　（清）刘祖向

武侯新祠记　　　　　　　　　　（明）石楯

游梓潼观记　　　　　　　　　　（明）张维斗

太湖寺记　　　　　　　　　　　　前人

邓童城记

重修东来紫气楼记　　　　　　　　前人

景行楼记　　　　　　　　　　　　前人

景行楼玩月记　　　　　　　　　　前人

荣经县迁建文庙　　　　　　　　（清）王士祺

石山寺碑记　　　　　　　　　　（明）李必钦

石佛寺碑记　　　　　　　　　　（明）程翔凤

修隆兴庵碑记　　　　　　　　　（明）竹永龄

朝阳寺碑记　　　　　　　　　　（清）竹全仁

县主祠碑记　　　　　　　　　　　前人

卷之十五　艺文中

龙头山康公祠碑记　　　　　　　（明）张斐

修张侯庙碑记　　　　　　　　　（清）竹朗斋

潮江庙碑记　　　　　　　　　　（明）程翔凤

庙溪山姜公庙碑记　　　　　　　（清）竹文光

建帝君祠碑记　　　　　　　　　（清）竹郎斋

建平襄侯牌坊碑记　　　　　　　（明）羊亨

请建屠侯祠碑记　　　　　　　　（明）李必钦

静智寺碑记　　　　　　　　　　（明）竹显勋

修广福寺碑记　　　　　　　　　（明）潘邃

（西域携根自法宗）

望马耳山（若个游人得振衣）　　　　　　　前人

登瓦屋山（江上维舟去欲迟）　　　　（明）罗万钟

瓦屋山顶（瓦屋孤高并大峨）十首　　（明）邵捷春

登山门寺（巉嶙难驱汉渥洼）

望光（辟支有意靳光华）

月光（半空倏忽荡开烟）

枯树（扶柯剥尽几多年）

山泉（山高难得合流泉）

罗汉阁（三界凭河为上台）

望雪山（依瞰千重织锦文）

下山（玉楼起栗着重锦）

太湖石（寻山原以石为先）　　　　　　　　前人

次下山韵（翻寒作燠却吴锦）　　　　（明）张维斗

獐懒坡（濛濛遥挂斗边城）　　　　　　（明）王莐

自黎登九折（烟霞雪岭九霄连）　　　（明）简西峃

箐日驿（驿亭自识到峡山）　　　　　　　　前人

初至荣经（关前叱驭日初红）　　　　（清）李元煓

雅州八景

坪山新月（仓坪山涌壮金汤）　　　　（清）曹抡彬

二水环城（百雉临流是雅安）

平羌晚渡（夕阳西下水东流）

丙穴嘉鱼（寰海鲸鲵未是奇）

周公入梦（当朝负扆想成周）

蔡蒙耸翠（旅平旧壤矗崔巍）

金鸡唱晓（天□□□□□□）

秀锁江流（水晶关下拥层峦）

杜鹃啼二律（才学忘机向客窗）　　　（清）岳钟琪

（故国人闻尚敬诸）

步岳素园原韵二首（鹃声午夜度芸窗）（清）曹抡彬

（韶光空掷惜居诸）

蔡山龙洞（蔡岭岑根一窍开）　　　　（清）曹抡翰

蒙顶石茶（香茗馥馥产蒙岭）

灵关古诗（诸葛提兵大渡津）　　　　　　　佚名

武侯祠（诸葛当年入不毛）　　　　　（明）陈经

佛图山（闲访维摩不二禅）　　　　（明）李东阳

视叔丹仙于沫江（沫江日夜响东流）（明）陈思来

老君溪（老子犹龙神莫测）　　　　（明）李东阳

英烈候庙（曾助天兵一战功）　　　　（明）程一

景苏亭（百代光阴一掷梭）　　　　　（明）高文林

竹坡亭（边柝年来夜不惊）

前题（使君风致此君同）　　　　　　（明）赵壁

怀葛楼（千载精忠说武侯）　　　　　（明）高文林

奎章阁（高阁巍峨接大荒）　　　　　　　　前人

云顶清凉寺（闲来古寺作山行）　　（明）石泉居士

永福清凉寺（梵刹嵯峨倚半天）　　　（宋）刘清

前题（布地金银佛寺开）　　　　　　（明）陈述

前题（名蓝清绝半山开）　　　　　　（明）程一

慈朗寺（老僧本是西来客）　　　　　（明）余泽

前题（肩舆直上清凉顶）　　　　　　（明）高文林

前题（踏破苔花游宝地）　　　　　　（明）高勋

前题（七宝连台制作坚）　　　　　（明）释明源

白虎悬崖（峭壁嶙峋不可攀）　　　　（清）胡联云

罗城朝瀑（罗城山势郁崔嵬）

姜城夜月（片石何年追琢成）

万斛涌泉（龙门平地喷清波）

过天全乐其风土之美

　　（曲曲溪流叠叠山）

慈朗晓钟（漏辙莲花报五更）　　　　（明）尹东夏

落溪晚渡（落溪溪下木兰舟）　　　　（明）程一

禁门瀑布（两峰并峙势崔嵬）

云顶虬松（云顶峰头万个松）

游灵山二首（鹫峰石起万层巅）　　　（清）张启鼎

（猝到此山欲尽收）

姜冢（九伐中原世重姜）　　　　　　（清）竹全仁

纪功绩诗有序（忆昔六番犯界时）　　（清）李翰章

赠郭纶权嘉定州盐税（河西将

　　士无人识）　　　　　　　　　　　（宋）苏轼

武侯祠（丞相南征奏凯还）　　　　　（明）蔡守愚

罗城朝暴（芦阳朝瀑见罗城）　　　　（清）竹全仁

佛图圣灯（何事圣灯出佛图）

姜城夜月（姜城夜月吊忠良）

三江鱼跃(三江鱼跃大方稀)

桔橰翻水(人巧偏能夺化工)

白虎悬岩(悬岩白虎镇云峰)

八月彩楼(山城鼓角忽嚣嚣)

七里夺标(秋标插处烛荧荧)

神禹漏阁(大禹旅平越蔡蒙)

金阁耸翠(邑中金阁耸云端)

万斛涌泉(万斛谁云是涌泉)

八步天险(天险关头未易□)

读西山先生湘江亭宴十二邑宰诗

　　(龚黄卓鲁古称循)　　　　　(明)陈表

附真西山湘江亭诗(从来官长与斯民)

芦山耸翠(万山深处见芦峰)　　　(明)李一本

姜城夜月(□□□□月上迟)

过佛图山(行行且止举头看)　　　(明)竹郎斋

宿竹全仁山庄(白云深处有人家)　(清)孙雯镜

前题(云锁芦溪处士家)　　　　　(清)段朝伟

竹全仁春园赏牡丹(数朵名花映粉墙)(清)黎廷相

前题(丰姿矫校露东墙)　　　　　(清)樊泽遥

前题(幸蒙青眼盼门墙)　　　　　(清)竹全仁

铁索桥(精金百炼挂长空)

佛图圣灯(佛图炯炯夜生光)　　　(清)胡联云

三江鱼跃(水会三江一禹门)

桔橰翻水(巧驾车轮百尺牢)

八月采楼(西山取竹结岑楼)

罗城朝瀑(东山如带号罗城)　　　(清)王心广

佛图神灯(佛图山岭夜飞光)

白虎悬岩(千仞石岩夸远村)

姜城夜月(皎皎冰轮不染泥)

神禹漏阁(禹甸山川垂远功)

万斛涌泉(混混清泉万斛腾)

八步天险(悬岩八步下汪洋)

桔橰翻水(一轮蛛网傍江河)

登周公山(春日根寻雨后山)　　　(明)叶桂章

入雅州境(骞帏叱驭历间关)　　　(清)曹抡彬

谒丞相祠(丞相祠堂署雅州)　　　(清)前人

留月斋新成(小斋留月夜来明)　　　　　(清)前人

奎阁落成喜赋(碧宇巍然矗太清)　　　　(清)前人

　(樗栎粗堪备厦椽)

次前韵(绿槛朱栏映碧清)　　　　　　　(清)董元会

　(雄才高掇笔如椽)

次前韵(文翁政教历时清)　　　　　　　(清)高第

　(梁栋巍巍集万椽)

次前韵(文岚缥缈署烟清)　　　　　　　(清)吴班

　(簿书久掷笔如椽)

次前韵(羌水湾湾抱郭清)　　　　　　　(清)花世赏

　(珥笔彤廷羡史椽)

次前韵(奎阁重辉爽气清)　　　　　　　(清)贾瓒

　(雕桷刻栋复涂椽)

次前韵(奎阁□□曙色清)　　　　　　　(清)杨谟

　(萃起奎楼偃画椽)

次前韵(剑阁重霄□气清)　　　　　　　(清)邓丽璋

　(学如沧溟笔如椽)

次前韵(奎阁嵯峨接太清)　　　　　　　(清)朱维翰

　(或为榱角或为椽)

次前韵(蔡蒙翠染一江清)　　　　　　　(清)李升阶

　(奎阁□笔大如椽)

次前韵(官清一似碧天清)　　　　　　　(清)王绣

　(文成□凤笔如椽)

次家太守奎阁落成志喜元韵

　　(太乙黎光入夜清)　　　　　　　　(清)曹抡翰

　(奎垣文笔大如椽)

前韵(杰阁巍然耸太清)　　　　　　　　(清)曹抡文

　(漫道奎楼仅数椽)

前韵(高阁凌空尘气清)　　　　　　　　(清)曹抡慧

　(杞作雕梁梓作椽)

前韵(文运天开翊太清)　　　　　　　　(清)竹全仁

　(熙春碧照颂风清)

　(碧丽雄才笔似椽)

　(黄冈漫说竹如椽)

赴雅省亲适奎阁落成勉赋一律

　　(为省严亲赴雅安)　　　　　　　　(清)曹海

送炳庵曹年伯出守雅州三首

　（建安文章久声名）　　　　　　　（清）刘星槎

（一路官梅绽陇头）

（东壁星移井络中）

雅安登眺（旅平旧壤古梁州）　　　（清）前人

雅州旧八景（蔡山洞里玉龙藏）　　（清）曹抡彬

雅景杂咏二首（炎暑蒸人乍雨凉）　（清）前人

（水转峰回暗绿萝）

萤火虫（何嫌腐草化身奇）　　　　（清）前人

雁字（横斜影逼大罗天）　　　　　（清）前人

（北海南宫一笔删）

元日（天半朱霞罩碧空）　　　　　（清）前人

人日东家南仲大侄（漫掇炉烟袅篆香）（清）前人

清明（东风催放艳来禽）　　　　　（清）前人

天中节偕友观竞渡（画阁公余绝世尘）（清）前人

（熏风披拂五云楼）

七夕（清秋七夕锦云铺）　　　　　（清）前人

（寒砧日暮渐催忙）

中秋（三秋此日恰平邪）　　　　　（清）前人

九日登高（边城缩缀阅三秋）　　　（清）前人

除夕（醉饮椒觞兴转添）　　　　　（清）前人

早耕（曙色将开气尚昏）　　　　　（清）陈天璋

五言绝

谒张亚子庙（下马捧椒浆）　　　　（清）李义山

经相岭口占（奉使抚西戎）　　　　（清）果亲王

偶兴（蹇帷赴雅州）　　　　　　　（清）曹抡彬

（老志恋名缰）

（无德民难化）

（文运边隅塞）

七言绝

蒙顶（数朵芙蓉插半天）　　　　　（明）叶桂章

栖霞寺玉液泉回文诗（前山

　　古井露开莲）　　　　　　　　（明）王舜田

题紫府飞霞洞记（飞霞龙洞接灵关）　前人

（紫府青霄花鸟香）

（洞府几朵玉芙蓉）

名山竹枝词十首　　　　　　　　　（清）徐元禧

（漏天难望蔚蓝明）

（一年活路是农工）

（深山不少木轮困）

（黉门初辟得挨身）

（山乡最苦是差徭）

（报亩惟凭一纸词）

（逃荒久已委汗莱）

（郭外青山几曲幽）

日露井（一掬灵湫天上来）　　　　（明）叶桂章

戏题书斋种瓜（空砌无心试种瓜）　（清）陈天章

过荥经四首（严道孤城向水开）　　（明）王荩

（青衣原是汉西门）

（山头石洞锁雷王）

（瓦屋千层似削成）

尹孝子祠二首（虚堂倚在大江滨）　　前人

（江畔行吟江水深）

过秦白起祠二首（降兵不义应诛绝）（清）徐元禧

（生为名将死为神）

题玉凤祠（七纵桥边庙宇辉）　　　（明）张维斗

庭中茴香二首（一支碧玉蠹庭心）

（谓是莲须无此长）

邛崃雾雪（晴春绝岭有余寒）　　　　前人

龙池夜月（半亩山塘久著名）　　　　前人

风洞涛声（山根石窦断岩西）　　　　前人

大相岭口占（穷冬按部极西夷）　　（宋）观察使

越大冈山（已过连云栈几重）　　　（清）果亲王

灵山天生桥（一派嶙峋接地生）　　（明）竹密

马鞍山（殿前天马拥云端）

飞仙关（难辨离堆不雅州）　　　　（明）甘来学

前题（飞仙天外御回龙）　　　　　（明）傅良选

秋海棠（红娇绿媚影郎当）　　　　（明）徐元禧

飞仙关（人非插翅谁能飞）　　　　　前人

黑竹关（夹道簌簌似黑船）　　　　　前人

莎坪凤竹（十里莎坪绝□□）　　　（明）赵壁

云顶虬松（十八公生长老坪）　　　（明）周凤

143. 民国雅安县志

六卷　胡荣湛修　余良选等纂　民国十七年石印本　《中国地方志集成·四川府县志辑》（第六十四册）影印本

卷五　艺文志

叙	（清）余良遇
征文启	（民国）余彦良
汉故益州太守高君之颂	佚名
汉故领校巴郡太守樊府君碑	佚名
谏武后由雅州道袭吐蕃书	（唐）陈子昂
书田将军边事	（唐）孙樵
荐眉州三苏书	（宋）雷简夫
附老泉答雷简夫书	（宋）苏洵
张祺墓志	（宋）黄廷坚
苦笋赋	前人
雅州振文堂记	（宋）魏了翁
建昌道题名记	（明）杨慎
徙阳县辨	前人
蒙茶辨	前人
翠屏山插花记	（明）傅良选
新建文昌宫记	（明）甘来学
庆祝城隍会碑记	（明）苟思醇
重修郡庙记	（明）李应元
重修关帝庙记	前人
金凤山莲花寺记	佚名
白马泉渊泽侯碑文	（清）黄大中
重修蒙泉院记	（明）梁梅芳
修龙观山碑记	（明）罗应鹤
鹤林寺碑记	（明）范守□
重修观音阁碑记	（明）许恩
雅州志旧序	（清）杨文彩
雅州志旧序	（清）徐元禧
雅州志后序	（清）刘勋

青衣县考	（明）余承勋
鮒鱼辨	
募化茸城隍庙正殿引	（清）陈如平
蔡蒙考	（清）陈一津
蒙山辨	（清）古维哲
沫水青衣水辨	前人
离堆辨	（清）古维哲
青衣桥碑记	（清）古天机

卷六

雅安桥碑记	（清）顾光旭
登周公山记	（清）陈登龙
游周公山记	（清）黄云鹄
重修武侯祠记	前人
金华庙碑记	（清）萧鸿吉
赠姚运鸿赞	（清）伍肇龄
磨崖记	（清）姚运鸿
贺节孝郭母高孺人就地入祠文	（清）张澍
慰忠祠记	（清）何鼎勋
培修雅材书院记	（清）崔志道
学田录序	（清）雷钟德
益部方物赞	（宋）宋祁
嘉鱼	（明）杨慎
竹鼬（野人献竹鼬）	（宋）苏轼
竹溪（胥君欣然来）	（宋）魏了翁
金鸡关（天鸡何昂然）	（清）吴省钦
早春游龙观山（早春眇人事）	（清）陈登龙
渡平羌江（蔡蒙两山高）	（清）吴升
奉檄赴宁南勘灾晓行观音堡道中	

（秋爽晓风凉）　　　　　　　　　（清）郑成基

登周公山（朝渡周公水）　　　　　（清）陈一津

代刘焕若送友人南归（古人重结交）（清）古运淳

耕耤田（我昔守雅州）　　　　　　（清）黄云鹄

雷仲宣太守修景贤堂（高君吾乡贤）（清）萧茂乾

还丹歌（欲究丹砂妙）　　　　　　（唐）尔朱真人

龙观山天池（昨日出城才十里）　　（清）吴升

蝉花（何必九畹滋）　　　　　　　　前人

阅陇蜀余闻感赋（飞仙失守贼檄度）（清）杨垦

咏嘉鱼（昔闻丙穴鱼）　　　　　　（清）郑成基

七月望日需斋郡伯招徐司马立三幕僚

　黄光一及□□□小酌即事

　（四经楼前香忽起）　　　　　　（清）古运淳

景贤堂留题（昔年初觏高君碑）　　（清）何绍基

寒食过城南宏化寺感赋

　（游丝晴絮娇春光）　　　　　　（清）张肇棠

贺郭何贞妇（从一而终敦风义）　　　前人

丙子秋九侍家君偕健堂宗叔李舸甫昆

　仲游金凤寺得歌一章

　（观水底须俯东海）　　　　　　（清）萧端澍

涪州歌（多情最是故乡水）　　　　（清）余世俊

倭女怨（妾家旧住瀛海东）　　　　（清）余世德

黄连谣（采黄连，连从何处掘）　　（明）张维斗

（采黄连，连果从何界）

（采黄连，连将何所用）

（采黄连，连价何以给）

（黄连本性寒）

下滩谣（下滩谣，惊难已）　　　　（清）古运淳

余贞女过门守义有足风焉不揣固陋诗

　以纪之（篱菊开残岁辛丑）　　　（清）刘永镇

由高凤竹菁入雅（束马悬车地）　　（明）杨慎

雅安苦雨（淙淙雅雨繁）　　　　　（清）刘星槎

飞龙关（晴晓穿岭树）　　　　　　（清）郑成基

观音堡（再过□关堡）　　　　　　（清）前人

舟行龟都峡（十里万雷鸣）　　　　（清）陈一津

其二（当年秦太守）

夜坐东坡昆仲读书旧址

　（听雨山房后）　　　　　　　　（清）古运淳

同卢云樵陈鉴华李寿山南村宴嬾嬛山

　馆五律十章录二（为访嬾嬛地）　　前人

（一派门前水）

重游蔡山有感（再共山灵笑）　　　（清）黄云鹄

重阳日游金凤寺（空山藏古寺）　　（清）黄毓恩

过竹箐关（拔地连峰起）　　　　　（清）袁文藻

谢人寄蒙顶新茶（蜀土茶称圣）　　（宋）文同

飞仙关（岸桥危欲断）　　　　　　（清）王曰曾

金鸡关（甘露灵根不老）　　　　　（宋）姚辇

登蒙山（振衣百仞岗头路）　　　　（明）李应元

登周公山（春日根寻雨后山）　　　（明）叶桂章

云顶虬松（云顶峰头万个松）　　　（明）刘泽

吊杨成名妻张氏死兵难

　（英风劲节久无传）　　　　　　（明）梅元吉

视叔丹仙于沫水（沫江日夜响东流）（清）陈思来

南楼（丹楼浩浩涌苍旻）　　　　　（清）吴省钦

雅安旧八景（蔡山洞里玉龙藏）　　（清）曹抡彬

雅安杂咏（炙暑蒸人乍雨凉）　　　　前人

（路转峰回暗绿□）

仓坪晚眺（冥蒙空翠向人流）　　　（清）董沨

登雅州城楼（高城紫气接青旻）　　（清）杜玉林

前题（筇马牦牛入望中）　　　　　　前人

（劳劳杼轴裕三冬）

前题（马头凉雨洗秋旻）　　　　　（清）顾光旭

（诸蛮久隶版图中）

（秋风严道似深冬）

（乱山支枕听涛声）

前题（千盘转粟上青旻）　　　　　（清）杨潮观

（城上频传叱驭声）

前题（雉堞嵯峨蠹素雯）　　　　　（清）段玉裁

（飞越峰高木叶声）

前题（严道高城沫水阴）　　　　　（清）吴轸

（筹边三路扫诸戎）

龙观山晚眺（突兀层峦万象低）　　（清）古宜今

144. 民国荥经县志

二十卷首一卷　贺泽等修　张赵才等纂　民国四年刻本　《中国地方志集成·四川府县志辑》（第六十四册）影印本

卷十四　艺文志

诏令类

封王鉴奉直大夫诰

封孙宜益人诰

杂记类

重建云峰寺记　　　　　　　　　（明）叶桂章

游梓潼观记　　　　　　　　　　（明）张维斗

太湖寺记　　　　　　　　　　　前人

重修东来紫气楼记　　　　　　　前人

景行楼记　　　　　　　　　　　前人

演武场记　　　　　　　　　　　前人

邓通城记　　　　　　　　　　　前人

游瓦屋山记　　　　　　　　　　前人

瓦屋山角端记　　　　　　　　　（明）张大用

瓦屋紫菜记　　　　　　　　　　（明）祝之至

迁建学宫记　　　　　　　　　　（清）王士禛

城北凿河筑堤记　　　　　　　　（清）张师范

重修上堤记　　　　　　　　　　（清）范绍泗

吕祖祠碑记　　　　　　　　　　（清）赵秉榕

重修大相岭桥路碑记　　　　　　（清）锡良

培修忠孝溪记　　　　　　　　　（清）汪元藻

重修古楼记　　　　　　　　　　（清）廖高灿

景王楼记　　　　　　　　　　　（清）朱聘坤

重修典史衙门记　　　　　　　　（清）李万钰

序跋类

文武卷局碑序　　　　　　　　　（清）王朝治

邑侯彭子洲去思序

萧公生祠序　　　　　　　　　　（民国）张赵才

何子贞先生峨眉瓦屋游草序引　　（清）朱鉴成

重修学宫引　　　　　　　　　　（明）张维斗

募赀捡拾字纸引　　　　　　　　（清）刘钟璟

跋

劳止斋跋　　　　　　　　　　　（清）张师范

师竹山馆跋　　　　　　　　　　（清）梅震煦

重修何君阁道碑跋　　　　　　　（清）汪元藻

卷十五

论辩类

辩

大庙辨　　　　　　　　　　　　（明）段师文

冶铁不当祀老子辨　　　　　　　（清）王朝治

议

招商开采铜铅矿务议　　　　　　前人

增连价说　　　　　　　　　　　（明）张维斗

考

雄边楼考　　　　　　　　　　　（清）汪元藻

冶铁源流考　　　　　　　　　　（清）王朝治

释

荥经释名　　　　　　　　　　　（清）张赵才

赠序类

赠李相如序　　　　　　　　　　（清）王朝治

诰封奉政大夫注铨训导黄焯安

　先生六十有六寿序　　　　　　（民国）司马正华

书牍类

书

复真兄书　　　　　　　　　　　（清）释西坡

（叔度风流远）

（古寺眠云子）

初春经大相岭（银海醉春风）　　　　　　（清）廖大桂

和杜茂林海印寺登高原韵（晴光围古寺）

和何有章飞越岭原韵（远岫争晴出）

馆兴佛寺（清馆依山寺）　　　　　　　　（清）朱启宇

夜坐口占（才短累恒少）　　　　　　　　（清）谭其炳

书怀步李相如原韵（人生浮泡耳）　　　（民国）王暨英

（壮心毫未遂）

用边秋九咏怀（客中佳节过）　　　　　　（清）匡佐

（□篱才看菊）

（酡颜晨入市）

箐日驿（驿亭自识到崃山）　　　　　　　（明）简西岂

登瓦屋山（仙人台畔蹑仙踪）　　　　　　（明）明所养

登瓦屋山过山门寺

　　（巉巢难驱溪渥洼）　　　　　　　　（明）邵捷春

登顶（瓦屋孤高并大峨）

望光（辟支有意靳光华）

见光（半空倏忽荡开烟）

枯树（□□□寿几多年）

山泉（山高难得合流泉）

罗汉阁（三界凭何为上台）

望雪山（俯瞰千重织锦文）

下山（玉楼起栗着重绵）

太湖石（寻山原以石为先）

象耳岩见娑罗花（乱坠天花选佛场）

（淡白殷红欹欲扶）

（三峨借得好□□）

（西域携根自法宗）

庚午端节即事题内署（周载他乡弄艾蒲）

（□吊湘灵恳乞骸）

至县治题（关前叱驭日初红）　　　　　　（明）李元煴

题老君溪（老子犹龙神莫测）　　　　　　（明）李东阳

题佛图山（□□维摩不二禅）

獐懒坡（濛濛遥挂斗边城）　　　　　　　（明）王莨

赠圆枢张令君（仙凫飞处五云齐）　　　　（明）段师文

（边城勿讶说凋残）

武侯祠（诸葛当年人不毛）　　　　　　　（明）陈经

登瓦屋顶（江下维舟去欲迟）　　　　　　（明）罗万钟

过飞仙关（寻幽直入万山围）　　　　　　（明）释西坡

赠圆照寺云书上人

　　（偷得浮生半日闲）　　　　　　　　（清）王以宽

相岭武侯祠（相公岭上相公祠）　　　　　（清）徐长发

过大关岭（梯崖百转势腾骞）

留别荥经（去冬茬止今又冬）　　　　　　（清）彭锡珑

（每虑山城代斫伤）

（戴匡宫阙讲筵开）

（□□真好契同岑）

（此际离怀奈若何）

游瓦屋山不果（八百余峰控建南）　　　　（清）杨玉堂

相公岭（坤维盘错百千层）　　　　　　　（清）金朝觐

赋别鲜于广文（别路听琴泣凤翚）

荥经署中偶成（专城百里辟蚕丛）

重过旧治有感（不是神仙化鹤归）

（风鹤惊心梦未安）

游太湖寺（山接峨眉阴岭秀）　　　　　　（清）金椿

留别荥经（无端鼙鼓动民军）　　　　　　（清）萧培芬

（宦海匆匆已十年）

（同志纷纷号义兵）

（蠹蠹生祠建北区）

叠和叶桂林感怀原韵（冷透

　　红羊劫后灰）　　　　　　　　　　（清）王以驯

（漫云止水有芦灰）

戊申归自京师与同人重游太湖寺

　　（十年萍迹尽荒唐）　　　　　　　　（清）李万钰

拟赴鄂禀到（欢愁更迭两骎骎）

和萧蕙畲县侯留别原韵有序

　　（仲连谈笑却秦军）　　　　　　　（民国）司马正华

（关塞丸泥老劲兵）

（民国开基第一年）

（一曲骊歌返故区）

前题（铁路沉冤起义军）　　　　　　　　（清）谭其章

（亭亭不怯紫绡单）

兰州（家愁国痛乱诗心）　　　　（民国）谭其莊

会宁城外（会宁城外觉天低）

成都旅邸（山□□草□寒绿）　　　（民国）张赵才

卷十七　典籍（略）

卷十八　诗话（略）

卷十九　杂著（略）

145. 民国名山县新志

十六卷首一卷末一卷　胡存琮等修纂　民国十九年刻本　《中国地方志集成·四川府县志辑》(第六十四册)影印本

卷十五　文录

紫府飞霞洞记	(唐)张亚子
太湖石云峰寺记	(明)叶桂章
移建文庙记	(清)王宝华
重修王公德政碑记	(清)张淳
李太守生祠记	(清)周吉云
重修县治记	(清)张元凯
鉴湖轩记	(清)张秉权
游蒙山记	(清)张锡衡
劝饲山蚕谱叙	(清)杜国棠
名山县志叙	(清)赵懿
祭李宗文文	(清)王敬德
建南筹赈分会启	(民国)张秉权
帘赋	(清)闵钧
胡桃赋	前人
浣花草堂赋	前人
吴宫教美人战赋	(清)胡秉珝
智矩寺留题(郊行半舍近)	(宋)孙渐
峨山尼衲索题扇(家居峨眉南)	(明)冯女士
纪事(崇祯甲申前)	(清)李蕃
过杨升庵故里(昔读升庵集)	(清)闵钧
登蒙山饮茶并序(谁将海底珊瑚树)	(清)骆成骧
题梁梦琴大令秋江渔艇图并序	
(西风起兮天地清)	(清)闵钧
和曾集芝雅集吟并序(吾慕沂水歌)	(民国)张秉权
吊铁路死事诸同志(弟子	
魂归蜀道早)	(民国)殷树藩
送胡惺伯出关	前人
劝农(未获推衣食)	(清)高第

春日即事(闲步小楼东)	(明)冯女士
悯乱(赵氏孤仍在)	(明)范文光
谢人寄蒙顶新茶(蜀土茶称圣)	(宋)文同
谢李六郎中寄蜀新茶	
(故情周匝向交亲)	(唐)白居易
蒙山白云岩茶(闻道蒙山风味佳)	(唐)黎阳王
题紫府飞霞洞碑(向说飞霞有洞灵)	(明)周光镐
挽四川制置使张珏	
(玉垒浮云五十秋)	(宋)刘埙
栖霞寺留题(乘间来访梵王家)	(明)王敕田
留别(自哂蹉跎作宦迟)	(清)王宝华
留别(广文衣钵旧明经)	(清)刘华黼
渡峡(一门关锁万峰回)	(清)陈善言
下第(共赴名场计五回)	前人
挽樊包(大星一夜陨精光)	(清)刘和春
(坐拥貔貅尽比邻)	
(旌旗北辙又南辕)	
(血泪潸潸奠我公)	
勉学(下帷力学意休灰)	(清)胡体仁
(最妙终日黑甜乡)	
(莫把儒林误此身)	
(四面云山护一城)	
周公山怀古(蛮荒半壁孰支持)	(清)刘泽沅
(不怕羊肠路不平)	
过贾太傅祠(对策敷陈慷慨辞)	(清)闵钧
过马嵬坡(式微胡竟在泥中)	前人
伤蜀人为南蛮俘虏	
(但见城池还汉将)	(唐)顾雍
(大渡河边蛮亦愁)	

（越巂城南无难地）

（云南路出陷河西）

蒙顶茶（旧谱最称蒙顶味）　　　　　　　　　　（宋）文彦博

茶（闲将茶课话山家）　　　　　　　　　　　　（清）闵钧

（筠蓝携向岭头来）

（摘叶归来已夕阳）

（轻轻微飔落花风）

（薄润犹含雨露鲜）

（酒得泥封味愈甘）

（葵倾芹献亦真诚）

（交易年年马与茶）

百丈遇雨（昨宵月离毕宿）　　　　　　　　　　（清）曹抡彬

玉液泉（琤瑽玉液清泉）　　　　　　　　　　　（清）赵懿

寡欲箴（儒垂三戒）　　　　　　　　　　　　　（清）李蕃

戒怒箴（为学之要）　　　　　　　　　　　　　前人

高奇龙墓铭（公秉异质）　　　　　　　　　　　（清）吴绍云

名山竹枝词（漏天难望蔚蓝明）　　　　　　　　（清）徐元禧

（一年活路是农工）

（深山不少木轮困）

（簧门初辟得挨身）

（山乡最苦是差徭）

（报亩惟凭一纸辞）

（逃荒久已剩汗莱）

（诘曲山湾是妾家）

（鸦伴几曾惯画娥）

（穷乡谁解乐如何）

采莲词（随波轻泛木兰艭）　　　　　　　　　　（清）李含贞

（酒船轻逐画船移）

（野涨新添二尺余）

（莲叶莲根莫浪抛）

虞美人曲（帐中草草军情变）　　　　　　　　　（唐）佚名

和唐人虞美人曲（世间离憾何时了）　　　　　　（宋）黄载万

莫进谣（莫进茶房）　　　　　　　　　　　　　佚名

农谚（略）

146. 民国汉源县志

四卷　刘裕常修　王琢等纂　民国三十年铅印本　《中国地方志集成·四川府县志辑》（第六十五册）影印本

艺文志上　专载官师著作

峨山书院上梁文	（清）冯镇峦
观风告示	（清）林璋
奉怀外舅西征	（清）林西仲
冷斋图说	（清）冯镇峦
征曲曲乌寓富林文星寺题壁（丑虏无知敢跳梁）	（明）李继经
过相岭见负茶包有感（冰崖雪岭插云高）	（清）牛树梅
清溪中秋夜放歌（人生一百度中秋）	（清）冯镇峦
嘉庆间清溪县尹笠庵金豫科初夏因公赴宜东汉源两乡用上下平三十韵即事题咏（朝暾初射小桥东）	（清）金豫科
富林营赋	（清）徐公美
道光七年开岁六日学博冯村邀同署清溪县令汉阳进士朱华署都戎巴县柳占魁游城东武威庙小束	（清）冯远村
覆札	（清）朱石笙
和冯远村启	（清）徐十樵
同游城东马镇南将军庙（春风只隔两三日）	（清）冯远村
次韵答冯远村二首（探春春已拂征鞍）（半壁南天一将当）	（清）朱石笙
和冯远村二首（早趁筇舆代整鞍）（业祠燕集地相当）	（清）徐十樵
和冯远村二首（先春行乐据吟鞍）（大将南征一面当）	（清）张拔贡
和游武威庙作韵（年来诣谒循墙走）	（清）徐十樵

汉源县志艺文志下　专载邑人著作

邓将军生祠记	（清）黎明化
赵城县东园记	（清）李升阶
赵城县西园记	前人
赵城县署西园新堂记	前人
赵城县修两斋记	前人
赵城县八景诗六首	前人
汾水秋风（当年箫鼓发中流）	
西河烟柳（晓风□□绿波平）	
东村霜柿（□□红树接东村）	
峡石眠云（藐姑居处玉为台）	
罗风偃月（西山雨霁落霞收）	
万松藏玉（□□元关□□□）	
又和雅州太守曹抡彬奎阁落成（□□□□□接太清）	前人
举人李白盛字旭亭赵城知县升阶孙宛平知县炯子也邑中相传其人有学行不少著作然后裔式微其文其事究无从龙钦其今读越巂志始悉先生家贫侨寓越属大树堡设帐授徒肆越巂通判马如龙钦其品学延掌越城文昌书院时以诗文相唱和其教人以通经敦品为先一时名士皆出其门主讲多年历任官皆敬重之卒葬越之北关外山中越志载有和马通判越巂十景诗采录如左	（清）李白盛
凤尾孤峰（岐阳钟鼓地）	
雪山朝霁（露岭层层白）	
金马鱼洞（紫微星灿灿）	
红白交潭（朱紫何容混）	

晒经文石（圆寂空三界）

云嵩圣泉（蜀相征南日）

石洞琼钟（石岩空洞初）

南天相岭（石磴崎岖路）

温泉春禊（寒暑无愆度）

鲸鲵封处（义气凛千秋）

道光十三年为上司作乱事著有含读新篇

　　一书仿纲目体逐日提要复详注之　　（清）李名芳

又伤叹行一首（君不见癸巳新正朔之四）　　前人

岁贡骆鸣凤字在坪事迹见耆旧有生擒石

　　达开凯歌五章（红旗捷报慰宸衷）　　（清）骆鸣凤

拔贡张应台字云麓有□堂杂著其稿遗失

　　今从后学处抄得年饥赋一篇　　（清）张应台

时易通占自序　　（清）张岱坤

学易在占说　　前人

醉乡异说自叙　　前人

举人马世勋字名丞博学能文光绪中尝增

　　修县志未校刊而卒有诗文杂著惜全稿

　　遗失令其门人觅得北游诸诗摘录如昨

渝城□（城楼佳气郁苍苍）　　（清）马世勋

宜昌关圣楼（拼将形盛据荆州）　　前人

登黄鹤楼故址（跨鹤飞仙去不归）　　前人

岳庙怀古（将军一战金人哭）　　前人

潼关（岳色河声锁一城）　　前人

咸阳（荒凉官渡隔丰桥）　　前人

马嵬坡（马嵬坡下杨妃死）　　前人

留侯庙（前身慧业岂无缘）　　前人

剑阁（往事骑驴路漫寻）　　前人

郎当驿（马嵬坡下红粉绝）　　前人

黄州赤壁（万顷波涛一望圆）　　前人

七律二首　　（清）曹雅轩

玉渊池（胜地名泉耳目新）

（古庙回环翠岫岭）

清咸同间邑生员曹博如住家枣子林喜

　　吟咏兹录两首

除夕前三日立春（好鸟枝头叫）　　（清）曹博如

同治辛未春夜游院外北望相岭雪白银忽

　　焉乌云蔽月黑暗沉沉忆度关山之艰难

　　感世事之变迁作一短歌（恨不得把相岭

　　概推倒）　　前人

张春涛字瑞如一字锐夫宣统二年游桂林

　　藩署幕有栖霞洞游记　　（清）张春清

拟古回车驾言迈并序（吾驾不可回）　　（清）曹永

踏莎行乡愁（树头烟起江干）　　（清）孙君伟

短歌行（前生应是屠龙客）　　前人

生日思亲（吁嗟乎吾生二十三）　　前人

147. 咸丰天全州志

八卷首一卷 （清）陈松龄纂修 咸丰八年刻本 民国传抄本 《中国地方志集成·四川府县志辑》（第六十五册）影印本

卷五　艺文上　宸翰　奏疏　记　志铭

圣祖仁皇帝御制泸定桥碑记	（清）康熙
减天全州茶引疏	（清）蒋攸铦
天全州新建学宫碑记	（清）萧惟耀
天全州设学碑记	（清）陈登龙
新建天全州和川书院碑记	（清）龚巽
方州守永定茶务章程记	佚名
文昌宫碑记	（清）刘振玉
英烈侯庙碑记	（明）徐海
英烈侯记	（清）陈登龙
敕赐大悲寺碑记	（明）俞文碧
世勋堂记	（明）赵璧
慈朗寺记	（明）尹东夏
景苏亭记	前人
云顶清凉寺记	前人
文新桥记	（清）方同煦
新设天全乡学碑记	前人
捐建天全考棚记	前人
新建慈朗寺钟鼓楼记	（清）杨昶
景葛楼记	前人
武庙重修记	（清）方同煦
关帝庙记	（清）杨昶
古豪坪大桥碑记	（清）杨昌业
苦节庵碑记	（清）竹全仁
万安铁锁桥碑记	（清）陈松龄
水洞沟桥碑记	前人
峨袍山观音寺碑记	前人
白衣庵记	前人
南窗记	（清）刘沛图

明怀远将军高崧神道碑	（明）余子俊
诰封荣禄大夫天全都督金事杨公常一品夫人李氏墓志铭	（清）顾为栋
诰封荣禄大夫杨先桂墓志铭	（清）胡会思
天全世新修试院碑记	（清）陈松龄
诰封荣禄大夫一品夫人天全宣慰杨母高太夫人墓表	（清）董新策
漕村凤凰山杨刚墓志铭	（清）杨先柱
游慈朗寺记	（清）陈松龄
募修三登义学碑记	前人

卷六　艺文

严禁书役条规	（清）段琪
七律一首（萧萧此地一官寒）	前人
和川书院条规约	（清）姜熙周
为修府志征文献启	（清）曹抡彬
公助同学王作权家属养赡劝捐启	（清）杨甲秀
嵩阳奎宿阁劝捐启	前人
署州沈西铭父师德政颂	前人
重修慈朗寺缘簿序	前人
培修碓仞溪桥道劝捐启	前人
丽泽文会序	（清）曹松彬
拟天全州志序	（清）陈登龙
拟天全州志序	（清）杨道南
文新桥落成诗序	（清）姜秉文
漫吟诗草序	（清）郭景仪
徙阳竹枝词序	（清）陈松龄
新造万善铁锁桥序	前人
陈芎池明府太翁七十寿序	前人

寄再公(一自东归后)	前人	禁关瀑布(壁立崭岩不可缘)	
过荣经县寓福田寺(城郭自依然)	前人	慈朗晓钟(梵王宫殿古山墈)	
前阳九日微雨(九日住前阳)	前人	前题(漏彻莲花报五更)	(明)陈述
住思经(远峰挂晴霞)	前人	落溪晚渡(落溪山下木兰舟)	(明)程一凤
思经杂兴(半稀半密细雨)	前人	老君台独坐高峰说偈(天削	
(坐对青山绿水)		奇峰峰插天)	(清)本坚

七言绝句

马鞍山(殿前天马跃云端)	(宋)刘清	燕宕谈元(人云元妙莫轻谈)	
龙头春日(龙岗耸峙倚苍穹)	(明)陈经	丹台夜月(丹成人去台空后)	
象鼻秋岚(山如象鼻势棱棱)	(清)高一柱	青衣仙洞(白云深处隐青衣)	
禁关瀑布(织女机裁白绮纨)	(明)周凤	观音神井(井是宝瓶甘露水)	
其二(百尺飞泉玉练低)	(明)高文林	凤鸣古磬(玲珑岩穴与风搏)	
落溪晚渡(芳草萋萋古渡头)	(明)陈经	鸟念弥陀(灵山叠翠万峰青)	
白宕圣灯(阴火然来几百年)	(明)高文林	佛台睹光(人人都是古如来)	
玉垒晴雪(玉垒山高并岳嵩)	前人	石莲布地(莲生石上石成莲)	
忆出师(十万貔貅赴北方)	(清)高一柱	游回龙寺(绛阁云楼怅祖功)	
守御小关山(红树花开二月天)	前人	种竹(猗猗翠竹种墙东)	
破小关山大雨(夜来漫把吴钩弹)	前人	禁门瀑布(两峰并峙势崔嵬)	(明)程一凤
冬月校猎(健马强弓向北皋)	前人	过天全乐其风土之美(曲曲	
种菊(闲把黄花绕砌栽)	前人	溪流叠叠山)	(明)胡联云
访朝阳洞道人(破衲方袍一野僧)	(明)徐学	慈朗寺(老僧本是西来客)	(明)余泽
过西炉大冈(坚水积雪累层冈)	前人	永福寺(梵刹嵯峨倚半天)	(明)刘清
清凉寺(布地金银佛寺开)	(明)陈述	武侯祠(诸葛当年入不毛)	(明)陈经
其二(名蓝清绝半山开)	(明)程一凤	怀葛楼(千载精忠说武侯)	(明)高文林
慈朗寺(踏破苔花游宝地)	(明)高勋	奎章阁(高阁巍峨接大荒)	前人
其二(肩舆直上太鹏垠)		竹坡亭(边析年来夜不惊)	(明)程一凤
灵关古诗(诸葛提兵大渡津)	(宋)薛田	英烈侯庙(曾助天兵一战功)	前人
景苏亭(百代光阴一掷梭)	(明)高文林	龙头春日(日暖龙头万丈高)	(明)高文林
敕书楼(书栋高撑势接天)	(明)周凤	白崖圣灯(壁立苍崖万仞高)	(明)陈经
竹坡亭(使君风度绝尘侵)	前人	禁门瀑布(禁关崎嶬天一池)	(明)周凤
其二(使君世泽重岷峨)	(明)尹东夏	慈朗晓钟(古寺萧然景最幽)	(明)陈经
其三(使君佳致此君同)	(明)赵壁	玉垒晴雪(西南保障一峰孤)	
云顶虬松(云顶峰头几树松)	(明)程一凤	沙坪凤竹(十里沙坪绝点埃)	(明)赵壁
龙头春日(谁鞭曦驭上扶桑)	(明)尹东夏	云顶虬松(十八公生长老坪)	(明)周凤
白岩圣灯(何来峻岭一孤灯)	前人	莲汀刺史陈公新建试院落成七古	
沙坪凤竹(入望沙洲一掌平)		(兰芷不藉栽培力)	(清)杨甲秀
		碉门谒刺史方拓墅同煦夫子律诗	

二首（怪来千里颂神明）　　　　（清）姜秉文

（门墙抡指已多年）

三月十八日奉柘墅夫子命权主讲和

　川书院讲席（宾馆同来笑语哗）　　前人

晤王奕亭云骑尉（与君相见复何迟）　前人

六月中旬值余生辰诸生聚饮讲堂即

　席口占（胪唱归来又二年）　　　　前人

立秋后十五日解馆回成都作（小住无多日）

过文新桥纪实（如绳山水势汹汹）　　前人

重至天全口占（破砚残毡共秃毫）　　前人

花朝前二日入馆上刺史　　　　　（清）方同煦

　（湖云岳雨气弥漫）　　　　　　　前人

前题其二（低徊十一年前事）　　　　前人

赠彭艮垒校官（花并寒岩月印藤）　　前人

赠冯可垒吏目（落拓名场岁月深）　　前人

见燕戏作（红未繁华绿未肥）　　　　前人

（寂寞山城未见花）

（对语喃喃伴客窗）

（春来秋去太无聊）

二月念五日乍见新柳偶成四截　　　　前人

　（四围山色抱孤城）

（寒云冷雾冻黄昏）

（含情空自说温柔）

（羞将迟暮怨残春）

雨窗排闷（莽莽万重山）　　　　　　前人

春阴（婆娑生意验春深）　　　　　　前人

春晴（驮宕春光又放晴）　　　　　　前人

寒食日　柘墅夫子招同彭良垒校官冯

　可垒吏目小饮于城东之观稼轩即席

　赋呈（咫尺蓬莱驻好春）　　　　　前人

清明日寄兴（宿雨全消远树晴）　　　前人

感事（迢遥山径火荧荧）　　　　　　前人

作家书（鱼函雁简恨难平）　　　　　前人

见樱桃花桃花戏作（连番花信去迟迟）前人

（妃红俪白艳鲜新）

院中旧有芭蕉枇杷二种夏初绿阴黄垂

颇可娱目自入馆后迄今三月方知为

牧豕人践踏殆尽回忆往昔荣枯顿异

不禁有感于怀因各系一诗以吊之（绿

章空册美人名）　　　　　　　　　前人

听雨不寐（寂寂山城冷似秋）　　　　前人

（迢递残更听未眠）

（忍寒重拥敝羊裘）

（布衾翻尽五更凉）

院中木笔花（握管凭栏未下时）　　　前人

（东皇曾许拜中书）

冯可垒吏目招同彭艮垒校官暨尧臣弟游

　永福寺醉后赋呈（荒村花柳不成春）　前人

（那为名山杖策来）

月夜戏作（无诗无酒耐寒灯）　　　　前人

（惜花心事已阑珊）

（药栏花径记参差）

（独坐翻嫌报晓筹）

三月十一日诏同彭良斋校官王公伟

　上舍奉陪柘墅夫子游慈朗寺

　（古寺何年辟来游）　　　　　　　前人

游慈朗寺敬和柘墅夫子赐诗元韵

　（满城春色上眉端）　　　　　　　前人

（觞咏叨陪前日事）

闻杜鹃戏作（杜鹃枝上叮咛语）　　　前人

（曾记春归三月尽）

（青山曲里啼血处）

（到无归日归心切）

画眉（毛羽翩翩锦样奇）　　　　　　前人

白头翁（微禽那解抱春愁）　　　　　前人

鹦哥（巧舌澜翻学语初）　　　　　　前人

鸠（不安鸠拙苦相呼）　　　　　　　前人

鹧鸪（似怜逆旅客愁多）　　　　　　前人

鸳鸯（偶来花下浴红衣）　　　　　　前人

送彭艮垒校官解任归成都（同开

　绛帐醉春风）　　　　　　　　　　前人

（相看谁作信天翁）

和冯可斋吏目遨游永福寺原韵

　　（樱桃花落尚轻寒）　　　　　　　　前人

邀冯可斋吏目游慈朗寺不至寄诗道意

　　即依韵答之（可许携筇画里行）　　前人

彭良斋广文桥梓招同冯可斋吏目及舍

　　弟尧臣游清凉寺二首（久闻方丈即蓬瀛）前人

（檀乐修竹卫琳宫）

留别冯可斋吏目即用其感怀原韵

　　（佐种河阳一县花）　　　　　　　前人

留别曹镜垣分州（雅意殷勤话别难）　　前人

采茶歌（采茶采茶初采茶）　　　　（清）杨道南

（采茶采茶再采茶）

（采茶采茶三采茶）

落叶（剥复乘除合有时）　　　　　　（清）沈楫

西山归途有感（雪泥霜鬓感颓唐）　　前人

杂咏（在地为河岳）　　　　　　　　前人

（不见有丘垤）

暂摄南隆吟此自勖以贻来者

　　（治蜀宜用严）　　　　　　　　　前人

登老君台（苍冥接地海天封）　　（清）汤全贵

老君台石莲草花二首

　　（层岩峭削石成莲）　　　　　　　前人

其二（仙花莫认剪秋罗）　　　　　　前人

燕岩谈元（吾身原自有精微）　　　　前人

丹台夜月（当年老氏炼丹归）　　　　前人

青衣仙洞（青衣人去几千秋）　　　　前人

观音神井（凌虚古井挂岩边）　　　　前人

凤鸣古磬（玲珑窍穴半岩头）　　　　前人

鸟念弥陀（千峰万壑醮冲和）　　　　前人

佛台睹光（佛光从未染尘埃）　　　　前人

石莲布地（老君台上石堪夸）　　　　前人

万年古树（老干扶疏不计年）　　　　前人

二月初辰偕同年黄剑门广文沈叔匀少尉

　　幕友胡承之陶春门马乔林诸夫子明经

　　杨冠峰总戎邱瀛洲同游慈朗寺有感而

　　作（慈朗一何高）　　　　　　（清）陈松龄

天全州志　卷八

挽天全宣慰杨大夫诗（世阀

　　鸿勋圣主知）　　　　　　　（清）吴同仁

前题（坐镇蜀南氛雾消）　　　（清）梁机

前题（紫石关濒水咽流）　　　（清）李安民

前题（在汉赤泉侯）　　　　　（清）汪彬

前题（人事推迁有数存）　　　（清）杨廷英

前题（乔木阴森背雪山）　　　（清）蒋垣

杨桂山年兄赞（如是我闻）　　（清）戴一清

三峡猿歌声（蜀道难登山）　　（清）杨屋

栈道猿声歌（猿朝鸣）　　　　　　前人

感遇十一首（举步欲出门）　　（清）王文熙

（绝代有佳人）

（闻道黄河水）

（阿衡既相汤）

（谢公一两屐）

（驰驱草木兵）

（去日不再来）

（壮岁守蓬庐）

（郁郁百尺松）

（甲第连云起）

（鲲鹏徙南溟）

登景葛楼（瘦影落斜阳）　　　　　前人

放眼（放眼乾坤一叶舟）　　　　　前人

慈朗晓钟（欲觉闻晓钟）　　　　　前人

登慈朗寺钟鼓楼望野（逸兴欲凌空）前人

慈朗寺春夜即景（一溪春水渐生波）前人

山门晚眺（山门开处瞑云归）　　　前人

观门闲望（树老叶枯风更梳）　　　前人

杜鹃词（夜静空山叫杜鹃）　　　　前人

癸巳二月二十日复至慈朗寺读书志感

　　（行尘犹是昔时尘）　　　　　　前人

雨后山行（山中连日雨凄凄）　　　前人

春夜闻子规（细雨催春春已老）　　前人

春牧二首（细柳新条折作鞭）　　　前人

148. 民国松潘县志

八卷首一卷　张典、徐湘等修纂　民国十三年刻本　《中国地方志集成·四川府县志辑》（第六十六册）影印本

卷二　古迹

松潘八景	（清）徐荆船
古桥春涨（小阅步城东）	
炉峰晓烟（大造真如炉）	
金蓬晚照（金蓬本羌酋）	
龙潭映月（龙卧久不起）	
大悲梵钟（古梵岂灵境）	
赤松古迹（赤松古仙子）	
风洞秋声（大风何方来）	
雪栏霁色（雄关直山半）	
八景总咏（为探名胜陟松城）	
山泉总咏（羊膊蛇行岷岭横）	

八景

（松州徼外觉春迥）古桥春涨	（清）刘炳
（双峰秀插碧云间）炉峰晓烟	
（落照苍山起暮云）金蓬晚照	
（云净天空月影侵）龙潭夜月	
（晓渡蓬婆月色低）大悲梵钟	
（古观劫灰只赤松）赤松古迹	
（戍鼓蛮钲昼寂寥）风洞秋声	
（千年积雪共云浮）雪栏霁色	

八景

（通远桥边望不迷）古桥春涨	（清）王泽皋
（两山对峙有炉峰）炉峰晓烟	
（薄暝苍茫景色多）金蓬晚照	
（莫测澄江水浅深）龙潭夜月	
（梵钟远彻雪山巅）大悲梵钟	
（子房一去久无踪）赤松古迹	
（秋声飒飒满空山）风洞秋声	

（积雪晶莹晓霁开）雪栏霁色	

八景

（舆梁百尺架鼋鼍）古桥春涨	（清）马西乘
（天工巧凿岭为炉）炉风晓烟	
（金蓬山顶日西斜）金蓬晚照	
（深潭澄碧净无埃）龙潭夜月	
（神僧遗迹卫崖前）大悲梵钟	
（仙宫突兀傍城南）赤松古迹	
（古洞幽深竟日风）风洞秋声	
（雪栏关外雪初晴）雪栏霁色	

八景

（数丈虹飞古渡横）古桥春涨	（清）陈开黼
（峰如宝鼎城南峙）鑪峰晓烟	
（山巢聚族古时羌）金蓬晚照	
（明月如珠上下浮）龙潭夜月	
（城西古寺访禅宗）大悲梵钟	
（杖履闲寻古赤松）赤松古迹	
（万窍齐鸣远应鼍）风洞秋声	
（万树梨花向日开）雪栏霁色	

卷八　文苑

岷山赋	（清）徐荆船
江源赋	前人
寿松赋并序	前人
雪山（大面峰头六月寒）	（宋）范成大
雪山（雪峰高寒井络边）	（明）薛曾
雪山歌（君不见雪山玉立天西头）	（明）杨慎
雪山天下高诗（巨灵擘断昆仑山）	（明）周洪谟
雪山（谁将和氏玉）	（明）宋廷立

149. 民国汶川县志

七卷　祝世德纂修　民国三十四年铅印本　《中国地方志集成·四川府县志辑》(第六十六册)影印本

艺文

祭玉垒王舜卿文　元正	(明)杨慎
温凉泉铭	(明)王元正
建修文庙碑记	(清)胡世安
重修关帝庙碑记	(清)张耀祖
重修城隍庙碑记	前人
重修城隍庙碑记	(清)孟其才
重修文庙碑记	佚名
书院学田记	(清)王声銮
求雨文	(清)郑宗孔
谢雨文	前人
古墓文	(清)徐廷钰
奇石记	前人
石纽山圣母祠碑记	(清)李锡书
薬石山房记	(清)宋廷桢
翠云贞女传	(清)吴鼎立
大成会序	(清)李英万
渔塘湾碑跋	(清)鄂山
论九寨羌民	(清)魏煜
双镇塔赞	(清)黄杰
龙池龙王庙碑记	(清)雷澍
先妣行述	(清)祝世德
书红军事变	(清)高世枢
禹庙(禹庙空山里)	(唐)杜甫
登玉垒山(玉垒天晴望)	(唐)岑参
赠王舜卿游玉垒山	
(金马风流玉垒仙)	(明)郭庄
酬郭观口(鹭巾鸟鸟学飞仙)	(明)王元正
雪山天下高(巨灵擘断昆仑山)	(明)周洪谟

羌佣行(太平天子真洪福)	(明)孙复絃
汶山(翠屏千丈立)	(清)黄俞
汶水(浩浩来天际)	前人
汶日(日出天将午)	前人
汶风(边庭临塞域)	前人
汶云(山川灵秀气)	前人
汶雪(积雪原无异)	前人
汶路(鸟道盘峰顶)	前人
汶城(蕞尔中流峙)	前人
砥亭新月(一派残霞带夕烟)	前人
碉楼夕照(楼傍江流水一湾)	前人
索桥春涨(霭霭春风起碧波)	前人
岭上梅花(春光微暖日微凉)	前人
登玉垒山(谢公有高兴)	(清)陈克绳
龙洞远眺(洞峡流清去复旋)	(清)杨开运
娘子岭(石磴迂回蠱五云)	前人
龙溪卜居(儒门作用佛门装)	前人
岷山二首(梁镇岷山势极天)	(清)杨钰
(西北从来势已高)	
龙洞潜流(远疑无路觅西东)	(清)孟侯
吊邑侯郑堕马落水处(何年	
沦落使君舟)	(清)姜绣
吊郑邑侯(急流如驶不胜舟)	(清)孟其才
金川凯旋(数载辛勤湔水旁)	(清)张依仁
过娘子岭(青山索我上青云)	(清)沈清任
题卫公筹边楼(节度西川历几年)	(清)李锡书
观太学纪功碑(荒城一片枕山隈)	前人
出口四首	前人
行跟达桥(盘蛇一径最纡徐)	

150. 道光绥靖屯志

十卷首一卷　(清)李涵元、潘时彤修纂　道光五年刻本　《中国地方志集成·四川府县志辑》(第六十六册)影印本

151. 同治直隶理番厅志

六卷首一卷　（清）吴羹梅、周祚峄修纂　同治五年刻本　《中国地方志集成·四川府县志辑》（第六十六册）影印本

卷五上　艺文志一

奏疏

| 论杂州事状 | （唐）李德裕 |

露布

| 破吐蕃露布 | （唐）韦皋 |

说

| 太极图说 | （宋）谢方叔 |

记

筹边楼记	（宋）陆游
威州学记	（明）刘丙
报功祠碑记	（明）贺新
南堡记	佚名
朱公开设南堡德政碑记	（明）钱养民
山川形胜记	（明）彭韶
报功祠记	（明）蒋英才
迁复威州厅事记	（清）李天植
西征记	（清）刘绍邠
筹边楼记	前人
浮云亭记	（清）郑方城
玉垒山题	（清）程凤翔
重修旧保县城记	（清）陈克绳
玉垒山记	（清）王廷兰
魁星阁记	（清）吴羹梅
五屯昭忠祠记	前人

卷五下　艺文志二

诗

| 寄董卿嘉荣十韵（闻道君牙帐） | （唐）杜甫 |
| 岁暮（岁暮远为客） | 前人 |

西山三首（夷界荒山顶）	前人
（辛苦三城戍）	
（子弟将深入）	
野望（西山白雪三城戍）	前人
奉和严郑公军城早秋（秋风娟娟动高旌）	前人
军城早秋（昨夜秋风入汉关）	（唐）严武
酬崔十三侍御（玉垒天晴望诸峰）	（唐）岑参
寓意（燕雁迢迢隔上林）	（唐）李商隐
送丘宗卿帅蜀（人似隆中汉卧龙）	（宋）杨万里
（谕蜀宣威百万兵）	
闻赴玉垒之约未及前知谬作以赠（金马风流玉垒仙）	（明）郭庄
嘉靖戊子夏五月予游维州赏宿约也游溪兵宪郭公寄诗相赠因写其韵奉吟（鹭巾凫舄写学飞仙）	（明）王元正
寄王舜卿（联舫潞水曲）	（明）杨慎
雪山歌（君不见雪山玉立天西头）	前人
雪山天下高诗（巨灵擘断昆仑山）	（明）周洪谟
双节诗（二女何曾诵柏舟）	（明）康清湖
题焦英（匹夫忧愤义动王）	（清）谢铨
赠程衡北明府之官保县（尘界多逢白玉蟾）	（清）陈兆仑
前题（彩笔多时辇下传）	（清）齐召南
龙洞泉久废工浚之沙石尽泉出记以诗（大山必含珠）	（清）陈克绳
宿杂谷脑（溪静柳风流）	前人
色兰达（碛东水愈狂）	前人
加波又道中（日照隔江山）	前人
抵松岗（我爱谢临川）	前人

晓发梭磨(红叱拨嘶朱丝鞚)	前人	客夜(日夕山气凝)	前人
赋得绳桥(江岫远嶙峋)	前人	出新保关北郭(北郭黄沙拥)	前人
薛城杂咏(何处薛城道)	前人	古城(严城销雉堞)	前人
(走马西来远)		通化谢方叔故里(故相标遗里)	前人
(唐代吐蕃种)		乾溪(居民仍保县)	前人
(依然天地别)		索桥(陡向银潢畔)	前人
(借得阿兰若)		维州即事(维州深入尽蚕丛)	(清)朱梓
(畲田何处好)		笔架山(一别毛生走百蛮)	前人
(最怜羌氏俗)		对酒咏梅(阵阵清风入画堂)	(清)袁维瑞
(朔风连地动)		维州竹枝词(狮头山下古维州)	(清)袁为佐
(人烟已愁绝)		(频将乱石砌高墙)	
(广庭长独坐)		(两山对峙月黄昏)	
(关心花与鸟)		(山溪隔断水迢迢)	
(但是山中住)		(飞沙关上有神仙)	
(我爱浮云色)		(一根篾索似长虹)	
(为爱花扶屐)		(几日阴阴几日寒)	
维州怀古(冉駹□外碛云黄)	前人	(笔架山高月渐低)	
(数家瓯脱傍江湾)		(半山荒地半山耕)	
(独客登临感易生)		(红霞散去白云隈)	
(筹边也复倚飞楼)		客有问维州者走笔成竹枝词数首	(清)王铭
(春风昼坐读书堂)		五屯(纳款投诚过百年)	
秋日山行(数行红树插山坡)	前人	六里(改土归流算汉民)	
正月三日同登玉垒山(谢公有高兴)	前人	九枯(上下中分号九枯)	
(昔贤称玉垒)		十砦(蒲溪番裔尚知耕)	
松州(六月飞霜五月裘)	前人	三番(熟生新旧聚三番)	
绳桥(飞缅栈阁牵长虹)	(清)吴升	四土(党霸松岗卓克基)	
赴杂谷途中即事(两旬息劳薪)	(清)王梦庚	双城(万山深处旧双城)	
玉垒山(玉垒今何处)	前人	赋	
登玉垒山(芙蓉拔地起太嵸㟽)	前人	岷山积雪赋	(清)陈克绳
食石斑鱼(岷山水势雄沧溟)	前人	筹边楼赋	(清)施义爵

152. 民国西昌县志

十二卷首一卷　郑少成、杨肇基等修纂　民国三十年铅印本　《中国地方志集成·四川府县志辑》(第六十九册)影印本

卷十一　艺文志

著述(略)

文苑

书牍类

上滇军某军长书	(民国)傅光逊
西昌县议事会议决改土归流案呈四川省议会文	佚名

碑志类

泸山光福寺碑记	(明)沙崇阶
建昌镇总兵刘公宝国生祠	(清)颜启华
瀛海亭碑记	(清)倪星朗
创建节孝总坊记	(清)李淇章
研经书院记	(清)胡薇元
宁远府重修泸峰书院记	(清)崔志道

记叙类

游螺髻山记	(清)马中良
沈家祠记	(清)张义门
建昌破天荒记	(清)李拔萃
烟坪记	(民国)傅光逊
牛岭记	前人
重修光福寺吟云阁记	前人
重修西昌县南坛记	前人
火把记	(清)何成瑜
西昌学籍会序	(清)张斐
西昌学籍会序	(清)倪星朗

论辩类

季孙子叔孟子弟子考	(清)吴博文
不彻姜食解	(清)吴光源
若水绳水孙水辨	(清)张鸣凤
导黑水至于三危入于南海说	(清)傅骥才

箴铭

劝学箴	佚名
劝学训	佚名

墓表类

陈时亨墓表	口琮
撒尧夫先生墓表	(清)颜启芳
张镇甫墓表	(清)马桂烺
吴茂三墓表	(清)刘景松
康母龚恭人墓表	前人

赋类

神龙赋	(清)杨拔萃
泸山赋	(清)颜启华
螺髻山赋	(清)颜汝玉
拟何平叔景福殿记	(清)刘文珍
邛都赋	(清)傅宏才
羌越至蜀南置十七郡歌	(清)颜汝恕
旧志泸山图题词	(清)贺凌云
旧志邛海图题词	
旧志斛桬和山图题词	
旧志长利高望始昌三苑图题词	

诗词类

诗　五言古体

壬戌还西昌(三载困尘寰)	(清)杨鼎才
光绪甲申八月萧紫阳约游青龙寺归而赋之成六十韵(湖上青龙寺)	(清)颜启芳
星迥节泸山观火炬吊古四十八韵(且月三八日)	(清)颜汝玉

（自励书堂静）

（天堑阻灵关）

（大小凉山隔）

（除却南丰外）

（环海夷氛恣）

诗　七言律诗

泸山（泸山登览景无穷）　　　　　　（清）杨学述

己卯九月服阙感怀（高堂梦渺痛难追）（清）杨鼎才

八月生日志感（抱憾终天不可言）　　　　前人

（休将剪采写长春）

主讲泸峰书院（枘凿方圆势两淆）　　　　前人

（麟有龙文凤有苞）

南阳望卧龙岗怀诸葛武侯

　　（能从乱世守茅庐）　　　　　　　　前人

（伏龙久矣称名士）

漫成（书田菽粟旧留贻）　　　　　　　　前人

（岂真家运有兴衰）

庚辰七月游泸山归作四首

　　（石清沙软雨初收）　　　　　　（清）颜启芳

（海棠花路稳扶筇）

（卧听钟磬送斜阳）

（醉别黄冠炼药房）

上李受之太守督剿会川

　　（撒手雷霆霹雳声）　　　　　　（清）许国琮

（一纸相如谕蜀文）

夏日杂记（自别京门返旧庐）　　　　　　前人

（碧栏杆外板桥东）

同颂臣贰尹菊庄秀才登泸山望海

　　楼偶作（波光一气混微茫）　　　　　前人

闻各处猓猡不时猖獗道路不通不

　　识执事诸公何策应之偶即四可

　　字成咏（可怜福地四夷围）　　　（清）张锡嘏

（可笑之官捧檄来）

（可恨游民报入团）

（可叹青云一步间）

恭挽敦仁谢夫子仙游（东山

仰止怅然空）　　　　　　　　　　　（清）张锡嘏

（门墙亲炙荷推诚）

拟约问山语友畅游泸山

　　（有约年年快畅游）　　　　　　　　前人

（朝来宜雨亦宜晴）

（夜静空山月一轮）

（泸山高处饱登临）

咏西昌胜境（闲览舆图访旧踪）　　（清）廖熙堂

辛卯八月朔五和许启山邑侯原韵

　　（雅化难敷数极边）　　　　　　（清）倪星朗

（绝徼重闻景运光）

（儒箴自古即官箴）

（难别愁开饯别尊）

（服官伊迩解貂冠）

（非公何肯谒公居）

张居士竹中为屋（数椽老屋竹千竿）（清）孙文庄

挽某烈妇（拼将一死立纲常）　　　（清）孙文庄

望江楼凤凰嘴（百尺危楼水一方）　（清）李云

巡建昌杂咏　　　　　　　　　　　（清）范守巳

过雪山岭（百盘才到雪峰头）

宿登相堡夜梦周公武侯敬纪

　　（逾巂南来度雪山）

赴建昌暂次礼州所偶成

　　（汉节持来向楪榆）

邛池（邛都郊外问邛池）

泸山寺（慈云高护翠微巅）

泸山望海楼六首（夜雨侵晨发野堂）（明）朱簠

（天际泸山绕碧流）

（山阁晴窗海屋通）

（五月荷花未放红）

（漫劳春去怨啼红）

（观稼南郊独倚楼）

暮春东郊劝农（东郊霁色映青旗　　（清）查俭堂

嘉庆七年冬十月游泸山

　　（岁稔时和四境平）　　　　　　　（清）德福

西昌留别六首（万里凫飞极蜀边）　（清）许振祥

（也曾三次觐龙光）

（四知未足尽官箴）

（饮到阳关酒一尊）

（归装雅称竹皮冠）

（清华遥望五云居）

中秋月夜书怀四首（今宵月忆去年时）　　（清）谂痴

（闲画家山一幅奇）

（有声坐到无声时）

（人生缺陷最难填）

甲辰四月以宁远獠夷之乱被檄往会讨之即行作二

　首（行边小范旧知名）　　　　　　（清）雷钟德

（弓刀小队出邛崃）

诗　五言绝句

螺髻瀑布（石壁高千仞）　　　　　　（清）何钟英

（上下三银汉）

怀祝舫不至拈得开来二字偶成五

　绝四首（独坐空庭久）　　　　　　（清）许国琮

（人影秋初瘦）

（请缨思报国）

（每到怀人夜）

古别离（原上草芊芊）

（昨夜下瞿塘）

（江凤不得寐）

（日夕望江楼）

（新妆倚落霞）

过中坝（婴粟花如葵）　　　　　　　（清）张联芳

题草亭送别（去路即来路）　　　　　　　前人

望泸山（奇峰高插天）　　　　　　　（清）任兴泽

先农坛小憩（送春才转瞬）　　　　　（清）任兴泽

登草鞋坪（九曲上峡山）　　　　　　（清）宋纯熙

东山寺送别（名途如泡幻）　　　　　（清）宋功竣

越嶲（南越吴子邻）　　　　　　　　　　前人

杂感四首（莫道田家苦）　　　　　　（清）杨国熙

（如砥复如矢）

（健仆虽云健）

（树大每生蠹）

夜起（长夜苦漫漫）　　　　　　　　　　前人

杂郎村即景得迥文二首（霞蒸水畔亭）　（清）何睿

（斜横柳外路）

天生桥（水尽疑无路）　　　　　　　（清）李孔鲜

临湖晓望（古寺群峰下）　　　　　　（清）何成瑜

泸山漫兴（爽气生衣袖）　　　　　　（清）刘治远

（细水流潺潺）

（山窗欲吞海）

（白水明素心）

诗　七言绝句

咏泸山（泸岭拖蓝叠秀奇）　　　　　（清）李拔萃

咏望海楼（古柏树前望海楼)）　　　　　　前人

泸山咏竹（独向昆冈露节操）　　　　　　前人

咏渔户（大小渔村福自然）　　　　　　　前人

建昌竹枝词二十言首（水郭

　山垣绕建城）　　　　　　　　　　（清）杨学述

（人烟辐辏货堆排）

（平分两界东西乡）

（泸川翠秀似庐山）

（行同镜里认邛池）

（海边村落半闲人）

（楚语吴音半错讹）

（招魂初罢日升东）

（仲春八日是良辰）

（年来皆熟夏为秋）

（少妇谁家羡日长）

（种豆为箕剧可怜）

（如塍秋稼尽芃芃）

（不似海田例候潮）

（年年养种上高枝）

（山木冬蘑出建昌）

（夏日炎天鱼跃渊）

（连乡火把照天红）

（种落滋延扰建昌）

（独超黑骨擅威名）

西昌竹枝词八首（碧桃红杏最初春）　（清）颜启芳

153. 民国峨边县志

四卷首一卷　李宗镗等修　李仙根等纂　民国四年铅印本本　《中国地方志集成·四川府县志辑》(第六十九册)影印本卷四

诗歌

感丁烈女(天生女子顺江东)　　　　　　(清)徐致远
(三年空赋大刀环)

入峨行并序(蜀中之山何靡靡)　　　　　(清)熊晴岚

峨边八景

金岩霁雪(气象峥嵘浑万千)　　　　　　(清)李尧述

瓦屋晴云(屋上春残尚雪痕)

热泉春涨(蟹眼形分鼎足匀)

冷碛南屏(扼要咽喉寸□间)

双溪泄玉(旋然山势走迢遥)

万石横青(筹边要策积成红)

梅林月影(峰头绝皆入苍茫)

金口涛声(泾金音近是耶非)

沙坪渡有感(世上风波处处难)　　　　　(清)杨亶
(家住岷峨东复东)

出峨行(丛桂香风动林杪)

次杨允公沙坪原韵
　　(游峨人虑渡江难)　　　　　　　(清)贾希曾
(年来公务系城东)

沙坪八景

羊头春雨(崭然奇特矗羊头)　　　　　　(清)刘星南

鹅项秋风(鹅项高坪一顶撑)

凤来两岸(丹凤来仪瑞日昭)

虎立孤峰(威然一虎出孤峰)

铜江夜月(铜江有月照关河)

古寺晓钟(钟隐声约出禅林)

平堤古柏(古今寺下小平原)

巨涧飞虹(夹水苍山巨涧东)

坭坪玉皇题壁(山环水复任勾留)　　　　(清)廖能光

(古寺深藏古玉楼)

金口河对月(一点轮初转)　　　　　　　(清)陈登龙

过金口隘(崇冈抱金口)

抵寿坪山(径转疑无路)

射箭坪即景(绿阴夹道喜平平)　　　　　(民国)李怀庚

射箭坪怀古(大明公馆溯遗规)　　　　　前人

马嘶溪即景(芒鞋竹杖过前溪)　　　　　前人

过朽岩子(怯入沙坪道)　　　　　　　　前人

沙坪夜泊(夜泊沙坪渡)　　　　　　　　前人

红花溪即景(偶踏溪桥迳转西)　　　　　前人

登蛮归冈有感(西南山势护雄关)　　　　前人

七盘子怀古(中坪道上树纷披)　　　　　前人

峨边迁校有感(金岩之北寿屏南)　　　　前人

沙坪有感(从来蜀道早称难)　　　　　　前人
(客岁光阴我自东)

吊丁烈女(人生有至性)　　　　　　　　(清)吴琯

丁女行(骂贼之声愤以烈)　　　　　　　(清)李为楷

丁烈女歌(烈女事)　　　　　　　　　　(清)李元植

哀丁女(蒙难坚贞志不降)　　　　　　　(清)吕调律
(骂贼投江信烈哉)

堡城大雪歌(寒风昨衣吹萧萧)　　　　　(清)和鸣盛

南峨叹(南峨极兮山苍苍)　　　　　　　(清)王□禄

碑碣

丁长英碑文　　　　　　　　　　　　　(清)濮文升

于飞卿碑文　　　　　　　　　　　　　(清)廖能光

田勖廷碑文　　　　　　　　　　　　　(清)刘肇基

古今寺碑文　　　　　　　　　　　　　佚名

叙记

捐建李烈妇祠附祭丁长英记	（清）毛辉凤
培修城隍庙记	（清）沈缵绪
培修文昌宫记	前人
平治峨边厅道途记	（清）张声泰
培修归化汛记	（清）蔡汝寅
红花溪凤凰桥序	（清）贾希曾
锦江桥序	（清）梅文藻
丁长英传	（清）徐自远
倪参协传	（清）刘光阁
罗梅村传	（清）黄绍诚
宋聘三传	（清）杨亶

廖能光传	（清）陶明浚
贾治安传	（清）黄明藻
张永耀传	前人
严少侯传	佚名
张鸣皋传	佚名
贾斗山墓表	（清）陈润海

书牍

与开江令邱冈甫书	（清）杨亶
覆省公□实业科长赵治馨书	（民国）胡忠杰
附迁校原详	

154. 嘉庆马边厅志略

六卷 （清）周斯才修纂 嘉庆十二年刻本 《中国地方志集成·四川府县志辑》（第六十九册）影印本

卷五 艺文

文记

建马湖府治记	（明）周惠
建新乡镇记	（明）尹廷俊
中宪高公平叙马险道记	前人
建故新乡城碑文	（明）江道昆
龙湖杨郡丞除妖异政碑	（明）陈禹谟
新镌捍边复地驭夷安民碑记	（明）张颐南
群岚寺碑记	（明）刘海
重修群岚寺序	（明）高士彦
五龙山明王寺修建天王殿钟鼓楼碑记	（明）华洲子
龙龄寺碑文	（明）张应泰
鼎新关圣帝君庙碑	（明）牟志夔
马湖安边厅建司马大中丞徐公祠记	（明）余之桢
万寿寺旧碑	（明）杨楷
重修龙龄寺碑文	（清）刘汝楫
募修文庙西庑小引	前人
新垦马边碑记	（清）孟瑞
分设马边疏	（清）阿尔泰
重修群岚寺碑记	（清）朱润
重修永丰寺记	（清）吕文宾
重修万寿寺碑记	（清）吴廷杰
重修龙龄寺碑记	佚名
重修文庙碑记	（清）熊德藩
重修东岳庙碑记	前人
武侯祠碑记	（清）张世宽
东岳祠记	（清）曾先烈
重修文昌宫碑记	（清）周斯才

建柔远堡碑文	前人
别驾周梦溪公靖夷纪事	（清）张世宽

诗铭

武侯祠（汉季英雄孰最优）	（明）陈禹谟
石文篇并序（来登石文空）	（明）李春先
迁葬前别驾余公大鹤张安人遗柩祭文	（清）周斯才
烟峰城杂咏（湿翠青葱瞑色涵）	（清）王启焜
（当年设险叠重关）	
（左插云偏烟草花）	
（茯苓琥珀满凉山）	
（日淡风高古夜郎）	
（西南魑魅昔纵横）	
（全师轻入虎狼群）	
（方略犹传李广才）	
（边地重收不合围）	
（千山啼破子规魂）	
（蹭蹬山河涉水湄）	
（簌簌声如蟹划沙）	
（青鞋布袜一挂官）	
登真武山晚眺（北极山高峙北关）	（明）徐宗仁
题寿廷吴学使诗集（春秋季札聘友邦）	前人
登厅后山（乘舆登山□）	前人
咏鹦鹉（只为能言误）	前人
观音看鱼（佛是来南海）	前人
普贤观兵（飞锡闻当日）	前人
龙湖八景诗	前人
金莲吐日（莲花山色好）	
西台返照（瞥见金盆侧）	
南岸早樵（迤逦南山麓）	

（石门高拥石城秋）	前人	（腹地荒区迥不同）	前人
夜雨寺（江声夜作雨）	前人	喜雨（敢说诚能格天心）	前人
过永邑作（生齿日以繁）	前人	晓霁邀赵馥庵广文暨诸同人访张丹崖	
十六日大雨（群龙吹海驾空来）		（有园不命名）	前人
遇仙楼落成（六载戎州领郡符）	（清）淡士灏	送彭四明府旋里（春光好载一船轻）	前人
答戎州淡宁堂太守（引疾戎州去）	（清）李在文	送梦溪之渝江任（江上有诗人）	前人
秋夜赏瓶中六月菊兼答盛乐亭参军		有怀（别绪已深花睡去）	前人
（一枝分旧雨）		晓行（久客夜易醒）	前人
柬周梦溪别驾（一笑亭犹在）	前人	将旋益州留别龙湖士民	
三河口营盘次梦溪韵（不是筹边役）	前人	（士民不必苦留连）	前人
无能（无能无好客长贫）	前人	立春后一日大雪（昨夜新寒薄锦□）	（清）李铎
吟罢（郊寒岛瘦心偏苦）	前人	纸鸢（些子因缘一线微）	前人
冬杪盆中雪兰大放诗以酬之（龙湖		遇雪（已过花朝着鹔鹴）	前人
与我颇相安）	前人	过深沟（到来山欲合）	前人
立春同徐月亭陆成圃两上舍张丹崖		寄九妹（怜尔从夫天海涯）	前人
秀才席间即事（江上才吟客邸春）	前人	后山途次（后山积雪入云巅）	前人
盛梅溪秀才为雨阻行（又听归期向晓更）	前人	李将军石碣	
春杪寒暑忽易诗寄铎儿			

155. 同治会理州志

十二卷　（清）邓仁垣等修　吴钟崙等纂　同治十三年刻本　《中国地方志集成·四川府县志辑》（第七十册）影印本

卷十一　艺文志上

文

迁修儒学碑记	（明）唐皋
李指挥孝思诗序	（明）杨廷和
胡公生祠碑记	（明）刘瓒
友爱堂记	（明）杨廉
寿理藩严君道美华旦序	（明）刘瓒
跋韩文玉屑集	（明）胡衡
题汉寿亭侯关公夜读春秋画像	前人
上田守镇救荒书	前人
送都阃余礼村还成都序	前人
学博北园王先生去思碑记	前人
一览亭记	前人
会川卫儒学科贡题名碑记	（明）高启愚
会川事文纪要集序	（明）胡孝如
迎恩寺常住田碑记	（明）姚应儒
重修李公桥碑记	（清）蔡若坤
州城建中楼小引	（清）罗国珠
创修龙神祠碑记	（清）曾潘哲
复兴迎恩寺常住田碑记	（清）曾潘哲
代卫侯江重修东山寺引	（清）倪应轸
新建城南隅魁阁碑记	（清）严其存
重建三神祠碑记	（清）严尔谌
重修玉霄宫雷祖殿碑记	（清）严其存
鼎新崇德寺碑记	（清）邓玉
胡孝如遗集序	（清）严正
鸣岩集序	（清）严世道
玉墟山赋	（清）严尔谌
胜功寺赋	前人
东山寺奎阁钟铭	（清）陈镛
外翰林秉翁先生廉洁急公碑记	（清）邓菁
重修文庙碑记	（清）周大儒
公表姚老先生入乡贤呈序	（清）车士兴
新建金江书院碑记	（清）姚益美
新建金江书院碑记	（清）王燕琼
文庙宫墙增广记	（清）王燕琼
募修禹王宫引	前人
重修城隍祠记	前人
重修胜功寺鼎建楼阁碑记	（明）邓梦弼
重建东山文昌阁序	（清）穆健行
恭建万寿宫记	（清）何咸宜
重建文塔记	前人
新建武庙大殿碑记	（清）郭林蔚
新修炮台月城记	（清）陆德培
新建炮台月城记	（清）王继曾
胡氏一门忠烈传	（清）余传善
重修三元桥碑序	（清）吴道馨
重修三元桥募疏	前人
募修天竺华林观音殿浮图护法碑文	前人
详请奏恤官绅士民弁兵练勇及 　贞妇殉节禀	（清）王燕琼
重修三元桥序	（清）武廷鋆
建修武庙三公祠碑志	（清）叶树东
重修武侯祠碑记	（清）邓仁垣
重修簧宫碑记	（清）吉钟颖
诗说	（清）胡恕
病中感旧诗序	（清）王氏
游龙会桥小天竺	（清）尹士选

156. 光绪会理州续志

二卷　（清）蒋金生修　徐昱纂　清光绪三十一年刻本　《中国地方志集成·四川府县志辑》（第七十册）影印本

卷下　艺文

癸巳夏日七十晋七初度适当重
　游泮水七律六章征和（颜已
　凋朱鬓已皤）　　　　　　　（清）廖坤培

（岂恋华轩不肯归）

（京闱久赋鹿鸣篇）

（牂牁西畔夜郎东）

（春明清职列词曹）

（笙箫叠劝饮流霞）

白鹭（皎皎边城鹭）　　　　　（清）宋焱文

会理州风土记　　　　　　　　（清）徐昱

太祖赐像记　　　　　　　　　前人

景庄王考略　　　　　　　　　（清）康受泰

旌表何氏双贞碑　　　　　　　（清）徐昱

书刘金氏节烈事　　　　　　　前人

重修城隍祠碑序　　　　　　　（清）周作丰

飞龙关（飞龙关，崛而起）　　（清）吴钟仑

写闷（终年冷淡懒于鸥）　　　前人

即事（海上归来守砚田）　　　前人

小瀛洲七律四章（陂塘五月早凉天）（清）周士瀚

（小小亭台抱曲桡）

（一角孤城一曲塘）

（回廊曲曲对花台）

小瀛洲七律四章和周敏卿刺史原韵
　（雨余林霁见青天）　　　　（清）马宗龙

（万花深处荡轻桡）

（携樽缓步到陂塘）

（玉华池畔筑诗台）

春阴草堂（年华最好酿春阴）　前人

夜宿田家（野芳看不尽）　　　（清）康受泰

（懒据胡床饮）

避乱昔界梨园（已入干戈世）　（清）太矗

乱后见耕（披星戴月自谋生）　前人

避乱昔界（深山寄处聊栖迟）　（清）太吉

题会理烈妇刘金氏（群小挠贞节）（清）钱滢

前题（血刃交挥处）　　　　　前人

题刘烈妇（我友来至天南方）　（清）吴天成

东山石龙（飞腾几辈到天边）　（清）徐昱

西寺盘松（西山远瞩问洪荒）　前人

越西道中见鹤有感（西泠回首渺烟霞）（清）沈彦模

天竺涌泉（仙去相传几度秋）　（清）余震

六月六日浣鹤亭赏荷（十丈
　红渠百顷波）　　　　　　　（清）宋焱文

（清洁托根不□□）

157. 光绪越巂厅全志

十二卷　（清）马忠良修　马湘等纂　孙锵等续纂　（清）光绪三十二年铅印本　《中国地方志集成·四川府县志辑》（第七十册）影印本

卷十二　艺文志

蜀人为南蛮俘虏（但见城池还汉将）　　（唐）雍陶

（大渡河边蛮亦愁）

（越巂城南无难地）

（云南路出陷河西）

蜀中经蛮后寄雍陶（酋马渡泸水）　　（唐）马义

题金马山涌泉（辟俗探玄静日阴）　　（明）王自诚

（鸣琴石下响春滨）

金马山（紫微星灿照龙泉）　　（清）顾汝学

台溪怀古（山岩曲处挂飞泉）　　（清）汤祜龙

又游登台古洞（邛崃山势倚青天）　　前人

（登台形胜彷西天）

又题钟鼓楼（耸峙层楼驻鼓鼙）　　前人

又除夕观梅（冰魂消息竟何如）　　前人

过大渡河（马蹄涉乱流）　　（清）郑成基

大树堡夜雨（沉雷急雨催）　　前人

越西道中（汉嘉春色已过半）　　前人

大渡河（泸水虽云险）　　前人

越西道中（客路喜春晴）　　前人

大树堡道中晓行（远坞野烟空）　　前人

受替留别（无端捧檄到山城）　　（清）姚光霱

（连朝风雪酿清寒）

署后泛舟（山影迷离转四围）　　（清）倪越军

邛部纪实（羽檄频催未敢留）　　（清）秦象曾

（短堞山村听夜筹）

（御寇人传屡著功）

（警报飞传绛节临）

（虎钤窥伺动疑猜）

（甘心隐忍历艰难）

（比户传宣守望规）

（辙迹经年任往还）

又丙辰秋初闻靖远夷患　　前人

　（一官匏系讵求援）

（□□夷蛮黩货财）

（构难年年怨蘖滋）

（登高时欲豁双眸）

奉委又赴越郡（不因铩羽问升沉）　　前人

赠广文何晴鳌（春风化雨隔晴天）　　（清）游月恒

（高人随地觉优游）

（灰尽尘心不受牵）

署同知梅元珩履越巂任　　前人

　（地僻能生六月寒）

（劝得捐输又练团）

生擒伪翼王石达开凯歌五章

　（三年节制古蚕丛）　　（清）骆鸣凤

（参谋谁似蔡中郎）

（绮交棋布复星罗）

（唐兵如虎贼如羊）

（文武和衷夜听刁）

鲸鲵观（未共游鱼跃顺流）　　（清）钟骏声

途中有编木叶为衣者咏之

　（身是菩提树）　　前人

过大渡河（四月南风过大渡）　　前人

自大渡河南行途中兵卫甚盛

　（文轸南行似出师）　　前人

至越巂周渭城提戎以墨竹纸箑见贻

　（萧萧写出两三竿）　　前人

越巂十景诗（三巴多秀气）　　（清）马如龙

158. 光绪盐源县志

十二卷首一卷　（清）辜培源等修　曹永贤等纂　光绪二十年刻本　《中国地方志集成·四川府县志辑》（第七十册）

卷十二　艺文志一

具疏

川陕总督岳钟琪题平定喇汝窝疏　　　　（清）岳钟琪

嘉庆十九年四川总督常明清查户口疏　　（清）常明

艺文志二

邑侯徐公竹崖德政纪略　　　　　　　　（清）陈震宇

邑侯周公东渠德政坊纪事序　　　　　　（清）曹永贤

云川五十八地公寿炳阁徐明府文　　　　前人

公寿陈怡亭老师八十文　　　　　　　　前人

重修南将军庙记　　　　　　　　　　　（清）高銮宣

重修川主庙记　　　　　　　　　　　　（清）郭腾高

创建培元亭记　　　　　　　　　　　　（清）曹永贤

游石洞记　　　　　　　　　　　　　　（清）陈震宇

盐源县城池改修议　　　　　　　　　　（清）欧阳衔

义民传　　　　　　　　　　　　　　　（清）谢继申

柏林山赋　　　　　　　　　　　　　　（清）陈震宇

荷花池赋　　　　　　　　　　　　　　（清）曹永贤

中所密多园赋　　　　　　　　　　　　前人

溪桥赋

山居赋　　　　　　　　　　　　　　　前人

柏林山（平生眼界原须大）　　　　　　（清）陈震宇

盐井即事（天常爱物及边陲）　　　　　前人

公母山歌（太极初分阴阳后）　　　　　（清）谢继申

公寿徐炳阁明府文　　　　　　　　　　（清）曹永贤

柏林怀古（精华散在深山谷）　　　　　（清）周东兴

柏林积雪歌（我闻仙都玄圃兼须弥）　　（清）曹永贤

柏林山古迹赋　　　　　　　　　　　　前人

冻豆腐（琼浆轻印玉棋枰）　　　　　　（清）黄初

盐井即事（天常爱物及边陲）　　　　　（清）陈震宇

水碓（一水奔赴如游龙）　　　　　　　前人

水车（用汝默消天下旱）　　　　　　　（清）曹永贤

登阿所那大佛寺（千峰万壑碧摩天）　　（清）郑望溪

山后回程（鹧鸪啼罢子规鸣）　　　　　前人

游白盐井文昌宫（人生何处觅仙寰）　　（清）徐福麟

柏林残雪（春游遥见翠浮峦）　　　　　前人

奖盐源曹生有跋示宁远诸生索和

　（山城斗入睹奇文）　　　　　　　　（清）何绍基

登城晚眺（烟云满目著闲情）　　　　　（清）周东兴

鸦泷飞渡（不舟不梁凭一索）

鸦泷江（淘淘徼外水）　　　　　　　　（清）查礼

打冲河（千山关锁岩）　　　　　　　　（清）陈震宇

皮船（刳木制为舟）　　　　　　　　　（清）杨揆

游公母山口占（磴道盘迂入）　　　　　（清）张世珩

游公母山禅林（委宛蚕丛路）　　　　　（清）赵桂生

和赵少府秋游公母山禅林原韵

　（古刹双峰落）　　　　　　　　　　（清）周东兴

（繁华都阅过）

春日晓行（绿杨残月外）　　　　　　　（清）郑望溪

戊申解组归里留别绅耆四绝

　（三年抚字竟如何）　　　　　　　　（清）高明府

（是吾赤子总关情）

（一囊行李任萧然）

（家山此望路漫漫）

盐源杂咏（民社初膺例采风）　　　　　（清）王廷取

（杭州古汛冒佳名）

（冲河水涨未归漕）

（居民活计只樵苏）

（冬日晴干是好天）

（牛羊鸡犬自成村）

（收获无多岁亦荒）

（眼底沙尘千丈红）

（黑井尘封白井开）

（圣世恩波井不枯）

（倾囊结伴住山头）

（蚁聚蜂屯豹子沟）

（费尽功夫石益坚）

（高岩绝壑遽惊呼）

（荒凉古县入山深）

瑞人诗（□□□□□□□）　　　　　　　　　　　前人

159. 咸丰冕宁县志

十二卷首一卷末一卷　（清）李英粲修　李昭纂　咸丰七年刻本　《中国地方志集成·四川府县志辑》（第七十册）影印本

卷十二　艺文志

沙堆卜岁(溪湾层折水流沙)

井汲为霖(出云降水本鸿蒙)

潭鱼跃镜(洋洋逐浪下城南)

岩麝怀香(重冈复岭久深藏)

雪山开霁(雪岭撑天六月寒) (清)陈鹏举

萧寺寒灯(寒灯隐隐透疏林) 前人

署左井泉余饮而甘之循实额名护以红
　阑植竹栽柳衬贴左右城中居民纵使
　汲焉乃系以诗(簇簇新篁曲曲阑) (清)书纶

(饮罢甘泉志不更)

梳妆台(松风谡谡水泠泠)

按部宿热即瓦(乱石丛林路几盘) (清)何毓藻

(黍穀由来不见春)

(苍苍暗谷听流泉)

(日暮途穷唤奈何)

(榾柮通红照地炉)

(雪山当户冷难支)

台登秋雨书怀(郊外峰回四面高) (清)杨声铎

(瘴雾迷离雨半酣)

龙潭沟(仰望云梯步步难) (清)陈九德

白云寺(白云寺里白云封) 前人

土俗(岭外平原别一天) 前人

苏州坝(一语劝郎休作顽) 前人

妇女栽秧(鬂插山花巧样妆) 前人

信巫教(堪叹么儿病太多) 前人

城隍庙叫魂(郎家许久染沉灾) 前人

小相岭(丞相征蛮记) (清)周灿

观音岩(世界摩宫顶) 前人

观音岩夜行(万壑雷声壮) 前人

甲申秋日过小相岭和周学使原韵
　(汉相经营地) (清)乌鲁博卿额

晚过峡口(两岩雄虎踞) 前人

小相岭道中(深涧湍流灌) (清)陆文杰

冕山丞署八咏

从正听堂(丞署作山结) (清)王至权

邀月半舫(近水数椽屋)

饮泉书屋(一水何清洁)

古安乐泉(峻岭何年凿)

高阁听水(百尺微官舍)

水榭观鱼(小阁临池结)

奎楼晚眺(百尺楼孤立)

义学书声(圣朝宏作育)

甲申赴冕山丞任过相岭题(百丈崇岩耸) 前人

丁亥季春奉凋赴越巂管理查办野夷兵
　粮过小相岭题壁(尽日登临瘁) 前人

观打鱼回邀饮即事柬谢桂村学博
　(观鱼江郭返) (清)书纶

寒夜宿泸沽峡(山势逼帘外) (清)何毓藻

大雪过牦牛山(我是白头翁) 前人

归牦牛山之五日大雪过小相岭
　(滕六又相逢) 前人

丙午喜承乏冕邑兼理西昌自上元迄花
　朝诣验命案无虚日风餐露宿备极辛
　劳返署虑囚常至夜分不能就榻感而
　赋此(倦羽几时还) 前人

(蜗角争何事)

(不作含香吏)

(死者难无憾)

小相岭(古树干霄立) (清)卢曦

宿冕宁山分署赠吴性庵(冷树荒山里)

泸沽峡二首(建属称雄镇) (清)陈九德

(峭壁悬千仞)

梳妆台(高阁临虚构)

城头晚眺(远望峰峦列)

冕宁留别诗六首(十万峰峦拱斗城) (清)洪瞻陛

(火山开辟尽平畴)

(梯云天远路冥冥)

(三种巢夷事牧耕)

(四郊泽薮尽葘蒲)

(筹量轻重定科条)

李朗如学博见和瑞谷亭诗叠韵奉赠
　(谭经五载古槐阴) 前人

卷末　夷歌志（略）

160. 丹棱县志

十卷首一卷 （清）顾汝萼等修 朱文瀚等纂 光绪十八年增修刻本

卷八 艺文志

宸翰

乾隆二十六年谕祭阵亡守备彭承绪文 （清）清 乾

记

大雅堂记	（宋）黄庭坚
栅头镇夫子庙记	（宋）冯时行
丹棱县重修学庙记	（明）张鹏
丹棱县修学记	（明）赵良华
重修白塔寺碑记	（清）聂郁
检书坪记	（清）黄云
大雅堂记	（清）彭端淑
萃龙山记	前人
陈家庵碑记	（清）彭遵泗
兴福河桥记	前人
大雅书院碑记	（清）彭肇洙
知足园记	（清）刘德铨
忠义祠碑记	（清）王崇昆

赞

| 先君真赞 | （宋）唐庚 |

铭

| 大雅堂铭 | （清）彭遵泗 |

墓铭

丹棱杨君墓志铭	（宋）苏洵
史南寿墓铭	（宋）唐庚
史子深墓志铭	前人
敷文阁学士通奉大夫致仕赠少师李	
文简公神道碑	（宋）周必大

书

与杨节推书	（宋）苏洵
答李季章书	（宋）朱熹
再与李季章书	前人
与李季章书	前人
答李季章书	前人
答李季章书	前人
答李季章书	前人

叙

三国杂事叙	（宋）唐庚
子西文集叙	前人
唐子西先生文集叙	（宋）郑总
送弟向若叙	（清）彭端淑
送弟子彻叙	前人

跋

书三谢诗后	（宋）唐庚
跋南轩所与李季允埴帖	（宋）魏了翁
苏子由古史跋	（宋）李壁

赋

| 南征赋 | （宋）唐庚 |

卷八下

辨蜀论	前人
存旧论	佚名
名治论	（宋）唐庚
察言论	前人
文论	（清）彭端淑
舆地纪胜序	（宋）李壹
重刊华阳国志序	（宋）李壑
送朱式可归里序	（清）彭端淑
蜀碧序	（清）彭遵泗

受代还眉（久客念吾土）　　　　　　　前人
病鹤行（鹤兮鹤兮何处来）　　　　　　前人
忆山居（石磴远盘空）　　　　　（清）彭端淑
寄仲尹（光阴如过客）　　　　　　　　前人
读白鹤堂诗稿跋寄数韵（朔风逆行舟）（清）彭肇洙
五言律
醉眠（山静似太古）　　　　　　　（宋）唐庚
人日（人日伤心极）　　　　　　　　　前人
夜坐怀舍弟（无云仍露坐）　　　　　　前人
春日谪居书事（四十缁成素）　　　　　前人
送外甥之广州（田也久从我）　　　　　前人
九日独酌（登高无老伴）　　　　　　　前人
成都学舍遣兴二首（久客堕尘土）　（宋）李焘
其二（壮矣府中县）
宿宝华寺（吾本青衫吏）　　　　　（明）吕禧
其二（杯渡何年至）
校士（处囊君已久）　　　　　　　　　前人
过大佛岩（百丈凌云上三江）　　　（清）彭端淑
秋日怀居（我心如鹿豕）　　　　　　　前人
临邛怀古（南宋真君子）　　　　　　　前人
喜磬泉得解（大翼抟扶摇）　　　　　　前人
七言律
中秋月（登楼仍喜此宵晴）　　　　　　佚名
寓精道斋有感怀家山
　　（论兵作赋两匆匆）　　　　　（宋）唐庚
次张天觉见赠韵（别公归去养天和）　　前人
南迁（去去宽乡托此踪）　　　　　　　前人
哀词（云霄才业逝川东）　　　　　　　前人
题南部停云岩（路转层冈二里余）　（宋）李焘
赠吕神童（七泽三湘万里流）　　　（明）杨慎

西园次壁韵（园亭寂寞傍城隈）　　（明）蔡麟趾
五月望前一日枕上吟兼志望雨
　　（满月方圆夜未央）　　　　　（清）黄槐茂
二十二日得雨沾足喜赋
　　（四起云峰接地阴）
武连驿次放翁先生韵（寸草
　　萦心别有期）　　　　　　　（清）彭端淑
暮春遣兴（梁间燕子营新室）　　　　　前人
秋怀（几欲计归归未得）　　　　　　　前人
望诸葛武侯墓（才如管乐吾何羡）　　　前人
闰重九和魏联辉（一年两度逢重九）　　前人
过草堂（涪翁寂灭素翁亡）　　　　（清）彭遵泗
述旧示子侄（就傅山城客一廛）　　　　前人
五言绝
春日（啼禽适梦寐）　　　　　　　（宋）唐庚
其二（去就惭云雁）
六言绝
赴益昌（岂有登台衮衮）　　　　　　　前人
题泸州城楼（百斤黄鲈脍玉）　　　　　前人
七言绝
朝阳峰东阁（月落星稀露气香）　　（宋）苏轼
春日杂兴（羲阳潇洒燕台诗）　　　（宋）唐庚
又（短帽轻衫信马行）
又（月团新碾破春醒）
又（故人不见空凝睇）
甲午元日（非贤幸脱龙蛇岁）　　　　　前人
东邻（即今东事属墙东）　　　　　　　前人
渡沔（鹤归辽海悲人世）　　　　　　　前人
敷文阁李仁甫挽词
　　（经学渊源史笔高）　　　　　（宋）周必大

161. 广安州志

十三卷首一卷　（清）张荣寿、周克堃等修　光绪十三年刻本

卷十二　艺文志

典籍（略）

杂著

传

陈禅传	汉书
冯绲传	汉书
王平传	三国志
谯周传	三国志
陈寿传	晋书
阎缵传	晋书
何涉传	宋史
张廷坚传	宋史
游仲鸿传	宋史
安丙传	宋史
游侣传	宋史
王德完传	明史
欧阳直传	（清）刘景伯
邓时敏传	（清）袁枚
叶栖凤传	（清）江淑矩
淡春台传	（清）蒲春铭
郑瑞玉传	前人
淡树琪传	前人
蒲永信传	（清）郑佩
三孝子传	（清）沈宝昌

序　引

济远冯将军旧碑后序	（宋）张禀
蜀梼杌序	（宋）张唐英
鹤山师友雅言序	（宋）游侣
纪蜀乱序	（明）欧阳直
十七史删评序	（清）王瑹
募修朝阳寺前殿序	（清）邓时敏
新修安居城碑序	（清）刘大瑄
鉴略分韵自序	（清）淡含培
重修安居城砦序	（清）蒲崧荣
募修板桥小引	（清）刘大瑄

碑　墓志　跋　行状

冯绲墓碑	佚名
女宝孙圹铭	（宋）安癸仲
吴石谷神道碑铭	（明）王瓒
明赠孺人王母墓志铭	（明）朱赓
通议大夫赠户部尚书希泉王公墓志铭	（明）叶向高
朝列大夫刺史星泉郑公墓志铭	（明）陈于陛
明中宪大夫湖广按察使龙门邓 　公墓志铭	（明）冯从龙
嘉议大夫湖广上荆南道子荆王公暨元 　配恭人熊氏墓志铭	（清）李仙根
通议大夫大理寺卿邓公暨配诰封太夫 　人郑氏合葬墓志铭	（清）周煌
邓母李夫人墓志铭	（清）袁枚
中宪大夫山西河东兵备道瑞亭 　郑公墓志铭	（清）姚令仪
郑母刘恭人墓志铭	（清）刘大瑄
文林郎浙江上虞令鹤村刘公墓志铭	（清）李宗昉
荣禄大夫太子太保浙江提督紫松 　余公墓志铭	（清）刘学厚
湖南郴州尉肇斋郑公墓志铭	（清）李芬
汉车骑将军冯绲碑跋	（宋）赵明诚
江苏金山令澈亭郑公行状	（清）勒保

议　论　辨

杨祖识谥议	（宋）游桂
坚壁清野议	（清）龚景瀚
姜维论	（清）邓宏声
市隐论	（清）王凤鸣
奉佛辨	（清）刘大瑄

书

王希泉家书	（明）王希泉
黄慎轩与王希泉书	（明）黄慎轩
冯琢庵与王希泉书	（明）冯琢庵
黄慎轩家书	（明）黄慎轩
邓逊斋寄随园太史书	（清）邓逊斋
郑朗如寄刘载庵侍御书	（清）郑朗如

诗　诗余　赋

题賨城（宴罢归来海上山）	（唐）吕洞宾
篆水（渠江明净峡逶迤）	（唐）元稹
南阳寺（惜此落日暮）	（唐）李白
春日游冲相寺（水流花谢本无情）	（唐）崔涂
长乐寺（丛桂香闻十里间）	（唐）唐求
题南峰寺（孤云飞远岫）	（宋）张商英
戏仙台（浓洄溪水泻高滩）	（宋）张无尽
賨城（欲说賨城好）	（宋）何志熙
游冲相寺（年来惯涉此江河）	（明）黄少岷
（嶙峋高阁碧山头）	
游冲相寺和黄少岷韵（巍巍	
鹭岭带长河）	（明）王德完
（偶到灵山山上头）	
题兴国寺（时和天清朗）	（明）许仁
前题（良时厌占毕）	（明）李定
前题（司牧重民食）	（明）张琥
题映江亭（山势迢遥路更深）	前人
前题（行春陪五马）	（明）邓昺
前题（露冕停车江上山）	（明）许仁
前题（门俯清江殿倚山）	李定
賨城行次韵题兴国寺石壁（观风	
出城郭）	（明）杨瞻

兴国寺（烟霞深处欲逃禅）	（明）鲁儒
前题（上方台殿倚晴峦）	（明）张海
前题（兹山出天末）	（明）潘亨
暇日登秀屏山亭（石壁孤悬万丈梯）	（明）赵兴治
广安十二景次石谷吴伯通韵	
（好山献翠屏）	（明）杨瞻
留春词（红雨纷纷映落霞）	（明）吴伯通
（淡淡春风一自凉）	
（喈喈黄鸟自相呼）	
（小园花落亦成幽）	
（风度飞花点竹林）	
梦雨亭（禾黍初生魃作灾）	（明）邓玉
前题（闭阁凝香午漏沉）	（明）曾镒
前题（旱魃无端苦作仇）	（明）朱相
吴永龄千户许载酒请州佐秦侯及诸	
友游西屿约久不践秦戏速之以诗	
依韵同作（玛瑙古城北）	（明）吴伯通
题甘棠书院（十亩方园水竹隈）	（明）皇甫录
访甘棠书院（虚明书院虎城阴）	（明）阴子淑
游冲相寺（长夏来萧寺）	（清）王璟
（石磴经行处）	
（探奇寻胜迹）	
（散步虎溪头）	
（户谷开金刹）	
题秀屏山步余通户韵（賨城	
胜迹亦名邦）	（清）张枏
哭弟（孤城誓守尽臣丹）	（清）王璲
（乱离当日付孤儿）	
兵燹后抵家杂咏（篆水古名区）	前人
（步出杨柳溪）	
（城内有三山）	
石明镜（磐石谁将一窍通）	（清）黄世文
重游石明镜（不比桩台巧作成）	（清）王铺
渠江口照水梅分韵	
（江湄倒挂几枝存）	（清）聂晟暄
前题（破腊先春未足奇）	（清）樊如森

前题（披离未许世同芳）　　　　　　（清）马国龙

移家广安冒雨度宝珠山

　　（昔诵北征诗）　　　　　　　　（清）李以宁

和王元佩先生骑牛行

　　（紫山老人出无马）　　　　　　　　前人

将之广安集家敬儒山庄夜话

　　（信步东郊晚）　　　　　　　　　　前人

净居寺远眺（古寺倚江干）　　　　　　　前人

登广安巧谯楼（危栏百尺俯沙洲）　　　　前人

乱中客篆水不得家问（碧血啼残杜鹃魂）　前人

同张金重游紫金山（胜地最嶙峋）　　　　前人

（霉苔双屐没）

白衣兰若赠老僧静默（此日浮生暇）　　　前人

渠江晓望（雨霁江天晓）　　　　　　　　前人

篆水（闻到升平日）　　　　　　　　　　前人

初冬再客广安登山晓楼（再到屏山署）　　前人

雨后同霖庵望东岭积雪（楼前微雨歇）　　前人

游篆水放舟下滩同霖庵赋（载酒烟江上）　前人

别王元佩先生归营山故居（忆昨逢多难）　前人

（古人常命驾）

（夫子中郎辈）

（朔雪送归人）

（浪游何足道）

望东岭积雪（几时大雪拥山隈）　　　　　前人

渠江（渠江东下水泠泠）　　　　　　　　前人

丙辰初秋渠江涨入广安城中玉佩公招诸

　　友舫游竟日时嘉陵江大水坏城郭庐舍

　　阆中南充尤甚盖蜀北未经见之事也

　　诗以记之（坐见荒城没）　　　　　　前人

（四面惊涛拍）

（见说南充县）

（大江波浩浩）

（阆苑当奔突）

登屏山（山绕孤城雉堞雄）　　　　　　　前人

安汉署中登山晓楼（官斋尽日倚城楼）　　前人

江楼看放河灯（点点下江洲）　　　　　　前人

霄汉关怀古（不惮天涯到此游）　　　　（清）李源长

游鹤岭（环江孤屿共翱翔）　　　　　　（清）杨奇昌

游鹤岭和韵（翠微频有鹤翱翔）　　　　　　佚名

登紫金山（披衣晓上紫金山）　　　　　（清）胥绩

前题（紫金山寂静）　　　　　　　　　（清）邓大本

渠江口照水梅（柏艇同登玩水涯）　　　（清）蒲天培

登秀屏山集唐（独上西楼尽日闲）　　　（清）萧怀正

游龙门石（二月氤氲气正遒）　　　　　（清）邓琳

白塔寺登高（披襟晓起共登高）

乾隆辛未冬恭祝皇太后万岁庆典告成出

　　都纪恩三首（九天瑞气霭璇宫）　　（清）邓时敏

（十载承恩玉笋班）

（晓辞凤阙度卢沟）

恭和御制驾幸翰林院赐宴分韵联句后

　　复得七言律诗四首并示诸臣元韵

　　（云汉章天灿小春）　　　　　　　　　前人

（钧天乐奏舞祥鸾）

（龙章叠换柏梁联）

（都俞玉署意融融）

恭和御制翰林院宴毕驾幸贡院七

　　律四首（贡闱嘉会觏昌辰）　　　　　　前人

（兴贤胜地接三台）

（鹤鸣凤哕九霄抟）

（历代文河畏陆沉）

渠江口照水梅分韵

　　（三叠关山未免劳）　　　　　　　（清）张长焕

前题（幽闲自古占群芳）

宿凤凰山（夜半禅宫锁寂寥）　　　　　（清）李晊

凤凰山题壁（无数松杉响梵钟）　　　　（清）陈佳兆

寰城八景（秀屏绵亘冠群山）

　　秀屏积翠　　　　　　　　　　　　（清）吴中龙

（六六滩前浪激扬）篆水呈祥

（龙门津要往来通）龙门晓渡

（驻河人升不计年）鹤岭晴岚

（浮图高耸接天幽）白塔凌云

（猊峰南绕壮雄关）甘泉漱玉

（化龙沟下接洄流）凤州佳兆

（龙鉴澄澄一窍通）龙镜清光

喜雨口占（碧幢轻盖缓经行）　　　　　　　　（清）宋思仁

登观音庑（金云银草映红埃）　　　　　　　　　　前人

雁来红（衡阳影里忆年华）　　　　　　　　　　　前人

（浓著胭脂淡笼烟）

窨城即景十六首（岚光树色雨余青）　　　（清）陆良瑜

（历到名滩胜概兼）

（灵窟徐喷百丈源）

（金猊隐跃望中遥）

（龙门千仞逐江开）

（跨鹤仙人辞岭归）

（玉峰突兀出层峦）

（一派飞泉落石矼）

（石拥芳洲漾碧川）

（石窟圆灵湛太虚）

（出岫为霖只等闲）

（树隐层台倚碧岚）

（几叠琼瑶压翠螺）

（香醪频泛向清流）

（夹洞花开傍郭西）

（曲尺滩头小艇横）

丁巳小除前一日过桐林寺题

　　（三十六滩流水浑）　　　　　　　　　　（清）杨揆

宿桐林寺（净绿侵衣翠接天）　　　　　　　（清）董教增

题桐林寺（落日寒蝉鸣）　　　　　　　　　（清）王用仪

前题（绝巘浮云拥梵宫）　　　　　　　　　（清）王学淳

前题（晓寒江雾重）　　　　　　　　　　　（清）吴树萱

（巾拂谈经地）

赠西来（凤凰山峙城东北）　　　　　　　　（清）钱国瑞

前题（修竹千竿入翠微）　　　　　　　　　（清）姚令仪

立春和钱衡香刺史原韵

　　（杓携龙角斗回北）　　　　　　　　　（清）刘大瑄

凤凰山寺叠朱燕庭少府原韵

　　（画里江城著此山）　　　　　　　　　　　前人

（选佛场开旧启山）

（丛桂欣同赋小山）

（偶然此地得崇山）

九日登高寄怀朱燕庭林蘱台叠前韵

　　（好将胜事继龙山）　　　　　　　　　　　前人

（拘卢舍外翠浮山）

积庆庵回文（楸林满寺接前庵）　　　　　　（清）黎毓贤

报恩寺回文（楸梧护矮庵）　　　　　　　　　　前人

乙未夏步韵回文（楸林密藏庵）　　　　　　（清）黎燕

长乐谷避暑（凌空谁劈开山手）　　　　　　（清）李芬

桐林寺（烟波次日托归船）　　　　　　　　（清）王怀曾

庚辰秋吴大尹墨仙先生招饮重过桐林

　　寺即席赋谢时余将买舟南旋并以志

　　别（梅花香雪正纷纷）　　　　　　　　（清）谢湘

（竹里行厨接绮筵）

（燕寝凝香倚秀屏）

梅花诗（过眼繁华且莫论）　　　　　　　　（清）郑瑞玉

（万景凋残画不浓）

（不辨花光与雪光）

（数点偏同造化争）

（占尽霜寒日暮天）

（冰帘纸帐万缘空）

（扫尽铅华骨相清）

（不矜风骨意萧疏）

（孤高从未合时宜）

（休夸玉润与冰清）

（平生不受点尘侵）

（曾向江南著意栽）

游来苏寺题壁（一寺孤撑山顶秋）　　　　　　　佚名

春日约同人游慈筠庑（尽有兰亭兴）　　　　　　佚名

秋步春山晚眺回文

　　（春山碧锁翠横烟）　　　　　　　　　（清）蒲永信

秋日宴集凤凰山（岁晚收禾黍）　　　　　　　　前人

宿三圣寺寻题壁旧作感叠前韵

　　（游宦天南秋复春）　　　　　　　　　　　前人

（竹斋夜话烛摇红）

秋禊日游白花山拈韵得秋字

（共到灵庐最上头）	前人	张廷坚赞	（明）吴荐
渠江观涨（望江楼上望层澜）	前人	游桂赞	前人
重游白花山（危崖高上与云齐）	前人	安丙赞	前人
江烟寺石观音		黎錞赞	前人
（大士西来结胜游）	（明）刘氏（欧阳直妻）	自赞	（明）吴伯通
渠江避乱（片帆破雾过晴沙）	前人	一要堂铭	前人
同苏侍御夫人李司李姨姑游西河庄尼		俨若思堂铭	
庵（漫游兰若学逃禅）	前人	敬斋铭	
石船寺砦（突兀嶙峋泊水濒）	前人	义斋铭	
抵广安（阅尽崎岖路五千）	（清）熊象慧	静斋铭	
賨城署中（午梦初回柳外禅）	前人	虚斋铭	
（锦屏西峙俯澄潭）		动斋铭	
渠江晚眺（楼头纵目倚斜曛）	前人	直斋铭	
（远岫当窗夕照斜）		明斋明	
晚泊渠江游白鹤庵（江城晚眺夕阳斜）	（清）释昌言	通斋铭	
偕复初可学游广安凤凰山次吴寿庭签		公斋铭	
宪韵（凤凰飞去后）	前人	溥斋铭	
（野鸟纷纷下）		记	
太平时（细雨蒙蒙）	佚名	墨池准易堂记	（宋）何涉
月中行（星稀云淡）	佚名	安忠定公祠记	（宋）魏了翁
浣溪沙（梓树花香月半明）	（清）徐立淳	广安府礼器官书记	（元）姚□孙
浣溪沙（琪树瑶花景倍明）	（清）祖转	广安府礼器官书碑阴记	（元）杨先韩
表　疏		龙台山八景记	（明）吴寅
诸葛亮故事表	（晋）陈寿	甘棠书院记	（明）吴伯通
平蜀荐谯秀表	（晋）桓温	梦雨亭记	（明）汪城
论燕云疏	（宋）安尧臣	重修圣果寺碑记	（明）吴伯通
议赈四川灾旱疏	（明）王德完	梦雨亭碑记	（明）王昂
陈四川三大苦乞罢大木铠疏	前人	桐林寺碑记	（清）郑成基
请罢四川采大木征茶盐疏	前人	康济井记	（清）刘大瑄
西川糜烂请设总督发帑金疏	前人	学田碑记	前人
敬陈叛酋情形进剿急著疏	前人	凤凰山桐林寺碑记	前人
成都久困敬陈急救六策疏	前人	忠义祠碑记	前人
颂　赞　铭		常德会馆买田碑记（代）	前人
汉陈纪山颂	歌谣	移建文昌宫碑记	（清）刘有仪
谯周像颂	（晋）李通	试院记	（清）陈功炯
龚禄王士合赞	（蜀汉）杨戏	三费公田碑记	（清）程廷朸

162. 重修东乡县志

十二卷首一卷　（清）徐陈谟、苏炳奎等修纂　嘉庆年间刻本

卷十一　艺文志

改修东乡县儒学记	（明）黄元白
来鹿亭记	（明）陈柏
来鹿亭记	（明）黄元白
重建城隍庙记	佚名
新建集贤院记	（清）孙镶
明殉难知县赵公祠记	（清）高炳曾
修建忠义祠合祀记	（清）张师范
增修关帝庙碑	（清）李成桂
大成寨碑记	（清）刘清
重修东乡县署碑记	（清）徐陈谟
新修养济院碑记	前人
重修文昌宫碑记	前人
重修关帝庙碑记	前人
重修城隍庙碑记	前人
修复学宫碑记	前人
劝捐社仓记	前人
义仓记	前人
新立宾兴庄记	前人
重修常监仓记	前人
重修山川坛记	前人
新修驻防汛署记	前人
新修典史署记	前人
新设武学宾兴庄记	（清）党觊文
新建凌霄塔记	前人
改建文庙记	（清）余绍元
新建仓圣祠记	前人
改修学宫记	前人
改建石鼓书院记	前人
添设义学记	前人

新建校士馆记	前人
新建来鹿亭记	前人
题明殉难知县赵公德遴传	（清）李士瑜
题符龚氏节孝传	（清）余绍元
赠同年徐迪皋令东乡序	（清）张元鼎
赠张西园宰东乡序	（清）徐陈谟
明千戎符秩墓志铭	（清）杨曰都
明千戎符秩墓志铭	（清）余绍元
東鄉县学田序	（清）曾传潜
张能佑墓志铭	（清）蔡上翔

诗

来鹿亭诗（咨尔文禄）	（明）陈柏
东太交界中作（西封元混一）	（明）柯相
过天生桥作二首	
（江上游龙跨海滨）	（明）来知德
（水入危崖飘乱丝）	
题东乡明府刘也痴先生小像	
（古人读诗书）	（清）史西掖
新建饮山落成七律十首	
（古寺萧条数百年）	（清）张继
（高楼最好供诗王）	
（一派绿树楼台中）	
（尽可游观尽可吟）	
（开辟荆榛才几日）	
（仙源一镜无纤尘）	
（小阳天气比春寒）	
（风光处处总相宜）	
（飞觥分韵□□□）	
（江山信美非吾土）	
甲申元宵后三日复与同人泛酒游此作	

163. 太平县志

十卷首一卷 （清）杨汝偕等修纂 清光绪十九年刻本

卷九 艺文志

黄龙寺钟铭	（宋）马景修
云城漏明二关记	（明）陈宗虞
云城关社仓记	（明）向往
明进士覃懋自叙墓志	（明）覃懋
上巡抚李国英	（明）刘达
福字序	（清）钟莲
寿字赞	（清）王梦庚
经略威勇侯额勒登保重修城南武庙记	（清）淡士灏
城南武庙记	（清）德楞泰
重修武庙碑记	（清）勒保
李参府董修武庙落成记	（清）钟蟠云
烈士陈遵还墓志	（清）吴秀良
节妇陈王氏墓志	前人
忠圣记	（清）马瑜
萼山书院碑志	佚名
重建节烈总坊记	（清）甘丙昌
前太平县娄公墓志	（清）窦埼
邓氏双烈墓志铭	（清）娄汝理
节孝坊序	（清）张永熙
太平校官题名记	（清）马暲
复建桥碑志	（清）张子良
邓贞女节略	（清）董又新
观风示	（清）杨汝偕
重修昭忠祠记	前人

诗

阆城有感民词（太平今戾止）	（明）柯相
橄林令议创戍营（小封真太僻）	前人
东太交界（两封元混一）	前人
铁矿道中（独驾千山里）	前人
阆城有感民词（县控三藩界）	（明）林一元
议创戍营（三湘烟月满）	前人
东太交界（山河元一统）	前人
铁矿道中（壁立群峰并）	前人
太平八无	（清）王舟
无民（何须司牧到三巴）	
无赋（争道石田不可屯）	
无城（玉漏都消万劫中）	
无讼（不须狴狱警无良）	
无学（属车来谒日方瞳）	
无署（数椽能蔽风雨无）	
无士（但听猿声挂薜萝）	
无钱（鼓铸间停数十年）	
观音峡（风烟迷四野）	前人
三杰祠（万年扶汉鼎）	前人
东岳宫（天马临江水）	前人
春游石关参菩萨（岩前频怅望）	前人
太平志有八无戏反其五	佚名
有赋（沟塍刻镂遍山阿）	
有城（崪屼山城聨睨斜）	
有学（七经东授起巴中）	
有士（谯周弟子蜀诸生）	
有钱（莫厌清贫属散员）	
避乱宿大石岭（蚕丛鸟道不堪行）	（清）周思陶
登峡口山（怪石嶙峋景最奇）	（清）廖时郴
白沙河途次坠马受伤诗以志之	
（不施控勒骋飞黄）	（清）石韫玉
军中即事十八首之四（秦岭风云接汉阴）	前人
（碧血青燐集鬼雄）	

164. 嘉庆华阳县志

四十四卷首一卷 （清）吴巩、董淳修 潘时彤等纂 嘉庆二十一年刻 光绪十八年补刻本

卷三十九上 艺文志

赋

万里桥赋	（唐）陆肱
蜀江春日文君濯锦赋	佚名
石室赋	（宋）狄遵度
药市赋	（明）杨慎
同庆阁赋	（清）吴道凝

五古

登锦城散花楼（日照散花楼）	（唐）李白
贻华阳柳少府（系马乔木间）	（唐）杜甫
文翁讲堂（文翁不可见）	（唐）岑参
万里桥（成都与维扬）	前人
先主武侯庙（先主与武侯）	前人
府学十咏（录三）	（宋）李石
石室（来为人所爱）	
殿柱记（苍龙甲戌岁）	
齐人画礼器（漆器侈初服）	
过府学遂登文翁堂（绿荻负幽隐）	（宋）喻汝砺
谒江渎庙（坤轴东南倾）	前人
谒诸葛庙（孤云何其高）	前人
题先主庙（天地收霸气）	（宋）晁公遡
拜张忠定公祠二十韵（张公世外人）	（宋）陆游
谒汉昭烈惠陵及诸葛公祠宇 　（雨止风益豪）	前人
步出万里桥门至江上（久坐意不怿）	前人
游东郭赵氏园（清晨呼马出）	前人
平明出小东门观梅（知心多别离）	前人
游万里桥南刘氏小园（佳园寂无人）	前人
城南王氏庄寻梅（涸池积枯叶）	前人

成都遨乐诗（录四）	（宋）田况
五日州南门蚕市（齐民聚百货）	
二月二日游江会宝历寺（昔年张复之）	
二月八日大慈寺蚕市（蜀虽云乐土）	
冬至朝拜天庆观会大慈寺 　（景至履佳辰）	
九日药市作（阳九协佳辰）	（宋）宋祁
梅林分韵（有序）（竹村喜纤徐）	（宋）冯时行
梅林（平生慕英游）	（宋）宇文师献
梅林（盘根寄荒绝）	（宋）杨大光
梅林（庭柯卧苍虹）	（宋）于格
梅林（兰亭久陈迹）	（宋）杜舜举
梅林（一枝知独秀）	（宋）吕商隐
梅林（出郭岂惮远）	（宋）吕凝之
梅林（郊原宿雨余）	前人
梅林（江路岁峥嵘）	（宋）僧宝印
郭信可隐居（录二）	
云溪（幽居定如何）	（宋）何耕
忘机台（太虚生微云）	前人
上巳约友登南楼（生意忽满眼）	（明）方孝孺
薛涛井（为染薛涛笺）	（明）王士性
登同庆阁（窣堵壮东南）	（清）彭端淑
题顾密斋夫子钓印编（何处辟贤关）	（清）吴岩
题顾密斋迟云楼尺牍（交道古人重）	（清）裘日修
题顾密斋迟云楼尺牍（浮云各西东）	（清）孙灏
题顾密斋迟云楼尺牍（王谢善尺牍）	（清）陈兆仑
挽刘将军全家殉节诗（唯天有正气）	（清）罗忻
挽倪公殉难诗（峨峨观察公）	（清）周长发
讲堂（文翁启石室）	（清）顾光旭
访石室故址（礼殿迹已销）	（清）吴省钦

书院讲堂落成（仲翁营讲堂）　　　　　前人

讲堂示书院诸生（静女守淡妆）　　　　前人

人日招同笠湖澹园秋渔晴沙集扶雅堂

　　分韵得言字（服官喜余暇）　　　　前人

薛涛井（校书推曹郎）　　　　　　　　前人

锦江舟发（霜降叶未丹）　　　　　　　前人

蜀锦（开国尊蚕丛）　　　　　　　　　前人

谒北地王祠（痛苦辞朝日）　　　　（清）洪成鼎

梦朱霞堂（平生不善饮）　　　　　（清）潘元音

题潘东庵先生湟川解缆图

　　（昌黎治阳山）　　　　　　　（清）瞿颉

神交篇次记梦韵并序（正叔诗善赠）（清）朱云焕

出南城游小天竺（春风拂衣袂）　　（清）李棨

暮春东郊即事（阳春有酒徒）　　　（清）刘元堂

岑公桥怀古（驱马过东宁）　　　　（清）邓士品

谒川主庙（天一濬灵源）　　　　　（清）邵墩

宋潜溪墓（元时旷世才）　　　　　　　前人

游江上灵宫（江上辟灵宫）　　　　（清）董淳

秋日登同庆阁（天高秋气爽）　　　（清）董大椿

题节孝詹氏传（洁若瑶池冰）　　　（清）谭言蔼

七古

乞彩笺歌（浣花溪上如仙客）　　　（前蜀）韦庄

益州州学圣训堂（益为藩扞西南隅）（宋）何郯

府学十咏（录四）　　　　　　　　（宋）李石

礼殿（蜀侯作頖锦江湄）

左右生题名（蜀道虽远天之涯）

礼殿晋人画（成都名画窟）

石经堂（我来一登石经堂）

礼殿（君不见）　　　　　　　　　（宋）宋祁

石室（君不见）　　　　　　　　　　　前人

伏日会江渎池（长空赤日真可畏）　（宋）田况

重阳日城南门药市（岷峨磅礴天西南）　前人

临别成都帐饮万里桥赠谭德称

　　（成都城南万里桥）　　　　　（宋）陆游

芳华楼赏梅（素娥窃药不奔月）　　　　前人

故蜀别院在成都西南十五六里梅至多

有两大树夭矫若龙相传谓之梅龙予

　　初至蜀尝为作诗自此岁尝访之今复

　　赋一首丁酉十一月也（昔年曾赋西郊梅）前人

过浣花感旧游（忆昔初为锦城客）　　　前人

初春出游（春风初来满刀州）　　　　　前人

游合江园（朱朱白白池台间）　　　　　前人

普通山距府东十数里青州禅师洪呆道

　　场也自龙华归过之栋宇颓落僧徒鄙

　　野良为可惜是夜雨大作因书所闻见

　　为长韵（锦城之东山培塿）　　（宋）何耕

郭信可隐居诗（录二）

龙洲（门前大江何渺漫）　　　　　　　前人

虚舟（君不见）　　　　　　　　　　　前人

浣花溪（浣花溪旁濯锦裳）　　　　（宋）马俌

信相院水亭（青天行月月行水）　　（宋）冯时行

送圆悟禅师行脚（观水莫观污池水）（宋）范镇

空山歌（高空之山聂公宅）　　　　（元）虞集

同庆阁春眺（巍然杰阁俯沧浪）　　（清）顾汝修

挽倪公殉难诗（予家醉古山房里）　　　前人

挽倪公殉难诗（岁寒识贞松）　　　（清）邹一桂

挽倪公殉难诗（双江哀哀还泣泣）　（清）张汉

挽刘将军全家殉节诗（乌蒙

　　阴谲肆纵横）　　　　　　　　（清）罗忻

南台寺（南台寺距锦江阳）　　　　（清）张越

蜀乐府

荷池引（宫中书法谁第一）　　　　（清）王端

御沟怨（外城开）　　　　　　　　　　前人

银瓶击（锦官城头鼓声死）　　　　　　前人

汉殿仙（汉殿仙蜀王宣）　　　　　　　前人

荷池引（银塘昨夜芙蓉泣）　　　　（清）李调元

御沟怨（群猪进城城未闭）　　　　　　前人

银瓶击（驱车轰轰城门开）　　　　　　前人

汉殿仙（天上姮娥月中女）　　　　　　前人

荷池引（君如九霄露）　　　　　　（清）朱云骏

御沟怨（古井无波澜）　　　　　　　　前人

银瓶击（有美人兮誓复仇）　　　　　　前人

（薜荔何年种）

（半亩儒宫地）

同庆阁（同庆阁虽改）　　　　　　　　　（清）李调元

过锦江书院观旧日读书屋（当年读书屋）　　前人

二月十二日门人陶华春邀余同温

　　汉台唐鹿园何菊友游小天竺得

　　诗四首（心旆常思北）　　　　　　　　前人

（三年吾尚在）

（前岁风流歇）

（吾师原自浙）

同温汉台游南台寺（一自南台火）　　　　　前人

吊蜀宫近侍严兰贞（蜀宫承宠日）　　　（清）蔡维镇

吊蜀宫近侍齐飞鸾（惨见王妃缢）　　　　　前人

吊蜀宫近侍许若琼（欲图伸国恨）　　　　　前人

吊蜀宫近侍李丽华（蜀宫尝冠宠）　　　　　前人

武侯祠玩荷怀张羽士清夜（翠柏

　　阴森处）　　　　　　　　　　　　（清）黄灿

锦城郭外（极目南郊外）　　　　　　　（清）查枢

夜过广都城故址（县废广都城）　　　（清）贾肇琦

金沙寺（渺渺一沙洲）　　　　　　　　　　前人

新正三日登同庆阁晚归遇雨

　　（腊后庚三日）　　　　　　　　　（清）朱云焕

新正三日用唐杜子美韵（晓光彩灯市）　　　前人

正月二十八日东郊杂兴（下浣辰周八）　　　前人

题潘东庵明府湟川解缆图二首

　　（昌黎留惠政）　　　　　　　　　（清）杨芳灿

（父老来何处）

题詹节妇萧氏传（乾坤钟节孝）　　　（清）敬惇典

题詹节妇萧氏传（抚孤良不易）　　　（清）缪景勋

武侯祠（锦官城外望）　　　　　　　（清）董大椿

金沙寺（南浦清江上）　　　　　　　（清）潘时彤

春日东郊（东郊多胜地）　　　　　　（清）邓学深

和尹制军郊外劝农过武侯祠留题二首

　　（祠堂有古柏）　　　　　　　　　（清）张清夜

（农桑营野外）

合江楼晚眺（霞色逼人爽）　　　　　　　　前人

武侯诞辰成都太守项公叙州太守汪公

　　宁远太守杜公率属庆祝贻诗索和次

　　韵答之（昌辰维岳降）　　　　　　（清）张清夜

经先主庙作（古庙积烟萝）　　　　　（五代）贯休

七律

蜀相（丞相祠堂何处寻）　　　　　　　（唐）杜甫

武侯祠（执简焚香入庙门）　　　　　（唐）武少仪

赠薛涛（诗篇调态人皆有）　　　　　　（唐）元稹

寄薛涛（锦江滑腻峨眉秀）　　　　　　　　前人

题石室（文翁石室有仪型）　　　　　　（唐）裴铏

复修府学故事（文翁石室已千秋）　　　　　前人

蜀中（夜无多雨晓生尘）　　　　　　　（唐）郑谷

（渚远江清碧簟纹）

府学十咏（录三）　　　　　　　　　　（宋）李石

黄荃画屏（阿荃千顷本胸中）

古柏二首（骄云落尽雪霜浮）

（思人谁复念婆娑）

成都遨乐诗（录一）　　　　　　　　　（宋）田况

四月十九日泛浣花溪（浣花溪上春风后）

江渎亭（一翚掀翅压溪隅）　　　　　　（宋）宋祁

望日与诸公会于大慈闻海云山茶合

　　江梅花相邀同赏虽无歌舞实有清

　　欢因成拙诗奉呈（野寺山茶昨夜开）　（宋）王觌

十一月十日海云赏山茶

　　（门巷欢呼十里春）　　　　　　　（宋）范成大

次韵袁升之游海云寺鸿庆院山茶

　　之作（山茶两本上连空）　　　　　（宋）蒲瀛

游海云寺（锦里风光胜别州）　　　　（宋）吴中复

和游海云寺韵（东郊行乐冠西州）　　（宋）范纯仁

和游海云寺韵（佛土依山福远州）　　（宋）勾土良

江渎祠醉归马上作（久住西川似凤缘）　（宋）陆游

天申节前三日大圣慈寺华严阁燃灯甚盛

　　游人过于元夕（万瓦如鳞百尺梯）　　　前人

蜀苑赏梅（十里温香扑马来）　　　　　　　前人

芳华楼夜饮二首（春风射雉苑城旁）　　　　前人

（结客追游亦乐哉）

次韵毛鬔苍见寄（半野先生归旧山）　　前人

武侯祠二首（荆门遥撤汉宫墙）　　前人

（摩天险阁剑关存）

薛涛井（锦笺精彩似云烝）　　（清）李专

顾密斋廷尉见示重游王园诗兼索拙

　　吟因次原韵再简同游诸公（笋舆

　　频过水边村）　　（清）储麟趾

正月十日偕友人登同庆阁

　　（春望宜登百尺楼）　　（清）顾汝修

次毛鬔苍登同庆阁韵（天际回眸四望穷）　　前人

薛涛井次蔡绮襄韵二首

　　（琴台草没锦无楼）　　前人

（花笺黛笔委高楼）

同庆阁二首（庆阁临江乐事同）　　（清）黄文理

（锦官城外蜀江阴）

东门外登舟（濯锦江边宿雨晴）　　（清）葛峻起

万里桥南送别图为胡书巢同年赋

　　（濯锦城南万里桥）　　（清）高辰

谒宋学士墓三首（储副商山藉老成）　　（清）黄恩锡

（刚从蜀乘感遗文）

（兴朝制作照乾坤）

登同庆阁（云间初听早鸿声）　　前人

书牧道人潭东草后（道人非俗亦非仙）　　前人

谒惠陵三首（南阳诸葛真名士）　　（清）顾光旭

（天府当年此启都）

（三分王业竟偏安）

谒诸葛武侯祠（鱼水君臣万古思）　　前人

武侯祠（使君王业定成都）　　（清）元时

登锦城晚眺（远趁斜阳上锦城）　　（清）查枢

题詹节妇萧氏传（仗节存孤孀与俦）　　（清）袠以壎

武侯祠四首（丞相祠堂古柏森）　　（清）张邦伸

（汉鼎凭将赤手扶）

（君才十倍肃戎行）

（矫矫人龙迥不群）

送顾密斋廷尉册封安南

　　（平星奉册下青霄）　　（清）张裔

武侯祠（先生学业真醇正）　　（清）潘元音

次温庄亭中秋夜登锦江城楼韵

　　（旅人何事独登楼）　　前人

（曾向东南庆得朋）

武侯祠（閟宫长配武乡侯）　　（清）吴省钦

陈和轩招同杨钝夫吕陶邨浦苏亭窦青巖

　　高月峰杨仁山冯小山集城南武侯祠精

　　舍二首（丞相祠堂胜草堂）　　前人

（峨峨冠盖锦城阗）

送内舟发同庆阁二首（栈程扰攘峡程便）　　（前人

（沈绵风雨过题糕）

宋潜溪墓（龟城东去草封阡）　　前人

关墓（亭侯追号尊王帝）　　前人

关圣武衣冠墓（惠陵东畔松楸路）　　前人

九日奎星阁（峨峨杰阁倚寥天）　　前人

华阳署中观牡丹兼送温庄亭回粤

　　（牡丹已看剑南室）　　（清）李调元

武侯祠（南阳原是一名儒）　　前人

送顾息存先生册封安南

　　（南交万里载威灵）　　前人

乙未立秋后二日同人召集武侯祠藕船

　　分韵（薄宦年来去复留）　　（清）查淳

春日偕同人游白塔寺

　　（闲寻古塔锦江边）　　（清）徐汝为

武侯祠（沔水曾经汉相坟）　　（清）汪汝弼

武侯祠（迹扫风云八阵兵）　　（前）陆炳

南郊晚步（西风落叶正纷纷）　　前人

谒惠陵（吴宫花草埋幽径）　　（清）邵墩

诸葛忠武侯祠（丞相精灵俨在兹）　　（清）左敔

武侯祠（肃肃灵旗拂閟宫）　　（清）姚珏

万里桥上望浣花溪

　　（逢人先问浣花溪）　　（清）张谦宜

春日登同庆阁（如此春光非等闲）　　（清）李光绪

丞相祠（锦官城外大桥头）　　（清）蔡维镇

惠陵（窜身兵甲走蚕丛）　　（清）何人鹤

重登同庆阁（一握孤云访旧踪）　　前人

吊蜀府近侍严兰贞(何处沈红粉)　　　　(清)蔡汝璠

吊蜀府近侍齐飞鸾(争逐王妃死)　　　　前人

吊蜀府近侍李丽华(必欲捐躯命)　　　　前人

七绝

上皇西巡南京录二

　　(华阳春树似新丰)　　　　　　　　(唐)李白

(濯锦清江万里流)

武侯祠古柏(宿叶四时同一色)　　　　(唐)雍陶

寄蜀中薛涛校书(万里桥边女校书)　　(唐)王建

寄薛涛(峨眉山势结云霓)　　　　　　(唐)白居易

锦江春望(蜀江波影碧悠悠)　　　　　(唐)高骈

浪淘沙(濯锦江边两岸花)　　　　　　(唐)刘禹锡

散花楼(锦江城外锦城头)　　　　　　(唐)张祜

贼平后上高相国(惊看天地白荒荒)　　(唐)薛涛

上川主武元衡相国二首

　　(落日重城夕雾收)　　　　　　　　前人

(东阁移尊绮席陈)

送卢员外(玉垒山前风雪夜)　　　　　前人

和郭员外题万里桥(万里桥头独越吟)　前人

赠远二首(芙蓉新落蜀山秋)　　　　　前人

(扰弱新蒲叶又齐)

赠杨蕴中(玉漏声长灯耿耿)　　　　　前人

赠弟泪(十样蛮笺出益州)　　　　　　(后唐)韩浦

散花楼(濯锦江边莎草浓)　　　　　　(宋)喻汝砺

锦江思(独咏沧浪古岸边)　　　　　　(宋)李新

万里亭(万里桥西万里亭)　　　　　　(宋)吕大防

假山(空庭幻出小嶙峋)　　　　　　　(宋)何耕

成都遨乐诗录四

九日大慈寺前蚕市(高阁长廊门四开)　(宋)田况

二十日游海云山(青山缥翠一溪青)　　前人

七月六日晚登大慈寺阁观夜市

　　(万里银潢贯紫虚)　　　　　　　　前人

七月十八日大慈寺观施盂兰盆

　　(飞阁穹窿轶翠烟)　　　　　　　　前人

江渎祠纳凉(雨过荒池藻荇香)　　　　(宋)陆游

观华严阁僧斋(佛阁当年气吐虹)　　　前人

城南寻梅(青烟漠漠暗西村)　　　　　前人

江上散步寻梅(小南门外野人家)　　　前人

看梅归马上戏作(平明南出笮桥门)　　前人

(江郊车马满斜晖)　　　　　　　　　前人

梅花绝句十首录三(濯锦江边忆旧游)　前人

(蜀王小苑旧池台)

(池馆登临雪半消)

昔在成都正月七日圣寿寺麻子市初春

　　行乐处也偶晨兴闻邻村守麻有感(乐

　　事新年忆锦城)　　　　　　　　　前人

山中望篱东枫树有怀成都

　　(五门西角红楼下)　　　　　　　　前人

杂咏(微风翻翻芋叶白)　　　　　　　前人

蜀笺(素笺明润如温玉)　　　　　　　(宋)文彦博

蜀笺二轴献太傅同年叶兄

　　(西来万里浣花笺)　　　　　　　　(宋)司马光

薛涛笺二首(蜀王宫树雪初消)　　　　(元)袁桷

(十样蛮笺起薛涛)

蜀相像(羽扇纶巾一卧龙)　　　　　　(明)方孝孺

寄远曲(濯锦江头烟水绿)　　　　　　(明)杨慎

谒宋文宪公(一代高文奉至尊)　　　　(清)王士禛

薛涛井(碧甃银床不可探)　　　　　　(清)董新策

薛涛墓(三尺荒坟上半摧)　　　　　　前人

锦城怀古六十录六　　　　　　　　　(清)毛振翧

汉文翁(宏开石室万年师)

宋范镇(冰心皎皎骨棱棱)

宋范祖禹(淳夫纂录任非轻)

宋范百禄(学士文名振紫霄)

宋范祖述(息灾罢贡两知名)

明沈云祚(坚守华阳独木支)

锦城南郊怀古(千秋陵墓倚云高)　　　前人

锦江舟行(心情无赖昼常眠)　　　　　前人

喜得杨升庵先生梧叶砚四首并序

　　(携得澜沧碧玉来)　　　　　　　　(清)顾汝修

(春来齿病浃旬余)

(前明博雅更无伦)

潘东庵先生墓表	（清）杨芳灿	谱	
翰林学士承旨宋公墓志	（明）郑楷	氏族谱	（元）费著
祭何公双忠墓文	（清）林中麟	岁华纪丽谱	前人
祭王岐公文	（宋）范镇	蜀锦谱	前人
祭李舍人文	前人	笺纸谱	前人

巴蜀方志艺文篇目作者索引

本索引包括人名、书名。作者按人名汉语拼音顺序先后排列。每作者后列其存在作品信息。作品信息以"×/×"为单元表示，/后之数字，为方志书名代码，/前之数字为作者在该代码所指志书内出现作品的篇数。

阿尔泰　1/154	敖彤臣　1/63
艾彩云　1/96	敖馨祖　1/99
艾存阳　4/138	巴　人　2/93　1/129
艾鸣谦　1/137	巴　志　9/93
艾南英　1/67	白　翱　3/33
艾荣松　1/54	白　丙　3/93
艾希濂　4/67	白不缁　1/120　7/128
艾向亭　1/138	白尊联　19/128
安　邦　1/11	白　瑾　1/41
安刚中　1/1　1/3　1/4　1/110　1/117	白居易　10/1　3/2　6/3　1/5　1/6　1/103　2/105
安癸仲　1/161	2/107　2/109　13/110　10/111　3/115
安洪德　1/48　2/50　5/164	5/116　48/118　2/122　1/132　1/145
安　磐　9/1　4/3　2/4　2/28　15/79　6/80	1/164
1/81　1/88　12/91　2/110　1/115	白浚铣　1/130
1/116	白　麟　1/21/56
安庆澜　1/69	白　絢　4/79
安如山　1/1　1/3　2/22	白汝衡　5/130
安尧臣　1/161	白士宏　1/88
安原白　1/1	白受采　1/22
安中恺　1/27	白　澍　1/95
敖册贤　1/23　1/63　4/67　1/94　1/95　7/99	白行简　1/118
敖传贤　1/54	白　恂　1/2
敖京友　3/99	白衣保　1/150
敖立榜　2/29　4/73　3/83	白永振　1/41
敖时模　4/99	白玉楷　10/95　1/126
敖时赞　4/99	白玉屏　1/125　4/128

陈尔禄　1/8

陈而新　11/74

陈　昉　3/101

陈飞公　1/60

陈　凤　1/2　1/141

陈凤廷　3/59　1/131

陈凤仪　1/6

陈奉兹　4/80　1/122

陈　干　8/31　1/36

陈干铭　1/100

陈　皋　1/1　1/4　1/5　1/17

陈功炯　1/161

陈功亮　2/54

陈共珊　1/19

陈光谦　1/17

陈光前　1/152

陈光宗　1/93

陈桂林　29/19

陈国栋　1/135

陈禾生　1/19

陈鸿焘　1/21

陈洪材　1/19

陈洪图　1/14

陈洪宪　1/14

陈洪猷　7/14

陈洪箴　1/14

陈宏谟　1/98　1/164

陈宏谋　1/100

陈鉉　2/27

陈后主　1/115

陈　厚　2/6

陈怀仁　1/27　1/28　4/105

陈　会　1/20

陈　诲　3/82

陈霁学　2/26

陈计长　1/11　5/100　1/101

陈季习　1/41

陈际泰　1/98

陈继川　1/105

陈继儒　1/2　2/63

陈家镇　1/27

陈佳兆　1/161

陈嘉谟　1/27

陈嘉儒　1/135

陈嘉树　2/8

陈嘉言　1/2　2/79　1/80

陈嘉猷　2/102

陈嘉祚　1/57

陈加儒　8/135

陈加邵　1/135

陈价藩　1/20

陈价人　4/60

陈箓龄　1/93

陈　荐　1/3

陈　讲　2/2　1/32　9/44　13/97

陈　节　1/19

陈金华　8/67

陈　荩　1/100　1/101　1/122　3/124

陈觐光　1/44　2/130　15/135

陈　经　1/19　1/54　7/142　1/144　6/147

陈景初　4/17　6/126

陈景韩　5/46

陈景雯　1/62

陈九德　13/159

陈九经　1/103

陈　矩　1/67

陈　銷　1/102

陈均品　3/64

陈　浚　1/110　1/115

陈开黼　8/148

陈可则　1/116

陈克绳　1/149　32/151

陈时范　2/110　1/116

陈时敦　1/75

陈时言　1/73

陈　氏　2/44

陈仕麒　4/83

陈世浚　4/68

陈世卿　1/95

陈　受　1/67

陈　寿　1/1　1/3　1/33　1/34　1/48　1/121
　　　　1/161

陈寿基　1/25

陈　书　2/4　1/68　1/122　1/141

陈叔美　1/40

陈　述　1/14　1/142　2/147

陈树梁　2/15

陈树修　1/15

陈顺彬　11/25　2/90

陈思典　1/97

陈思来　1/142　1/143

陈思颖　2/105

陈嗣初　1/3

陈嗣源　1/109

陈似袭　1/110

陈松龄　3/144　20/147

陈　璲　1/82

陈孙枝　4/144

陈所达　1/16

陈所尚　1/19

陈　陶　2/1　1/2　1/3　1/5　1//110　1/115
　　　　2/126

陈体乾　6/137

陈天锡　2/19　6/65

陈天章　1/142

陈天璋　1/142

陈　恬　1/95

陈廷璠　1/100

陈廷阁　1/11

陈廷杰　1/50

陈廷庆　1/127

陈廷瑞　8/118

陈廷先　2/19

陈廷扬　1/131

陈　珽　1/59

陈亭闿　2/12

陈同礼　4/36

陈　抟　1/1　1/3　1/4　1/32　1/95

陈退斋　1/135

陈万策　1/142

陈万歧　1/135

陈惟举　2/83

陈惟谦　4/22

陈惟直　1/3　2/79　1/82　1/83　1/91

陈　维　2/21

陈伟勋　1/8

陈伟元　1/138

陈　漳　13/34　13/36　16/40　5/50

陈　文　1/98

陈文衡　1/89

陈文瑞　1/122　1/139

陈文通　1/88

陈文烛　7/2　9/3　2/4　4/5　3/6　1/19　2/42
　　　　1/79　5/110　1/111　3/116　1/117

陈文烛、黄元白　1/3

陈我圣　3/74

陈我愚　2/120　4/127

陈我志　1/127

陈五典　2/66　2/69

陈锡儒　1/35

陈锡周　1/25

陈希实　3/8

陈希曾　1/61　1/128

陈　晰　1/118

窦威重　1/81

窦埒　10/19　1/163

督　隆　1/3　1/5

独孤及　1/19

独孤申叔　1/1　1/4

独孤中叔　1/58

度　正　1/1　1/3　2/4　1/46　2/93　1/95

杜　芨　13/41

杜　炳　2/118

杜秉直　1/110　1/115

杜伯宣　1/127

杜长春　1/14

杜朝绅　1/6　2/30　1/42

杜　甫　45/1　16/2　104/3　5/4　25/5　42/6
　　　　4/9　1/13　2/17　19/19　7/20　7/22
　　　　8/26　5/28　2/29　11/30　6/31　29/32
　　　　12/33　11/34　25/35　1/36　2/37　1/38
　　　　2/39　2/41　5/42　13/43　5/44　3/46
　　　　1/47　1/48　1/56　1/58　2/61　4/79
　　　　4/80　1/85　1/87　2/93　1/95　1/96
　　　　1/100　1/101　39/109　156/110　1/111
　　　　3/112　19/115　40/116　36/117　2/118
　　　　54/122　10/123　5/1244/126　1/132
　　　　2/140　1/149　7/151　3/164

杜光馗　1/68

杜光庭　4/1　2/2　5/4　1/5　3/6　7/19　1/27
　　　　1/29　1/30　2/31　2/36　1/37　1/40
　　　　2/85　2/103　1/110　1/112　2/122
　　　　1/160

杜桂陵　1/40　4/126

杜国棠　1/145

杜焕南　3/111

杜　渐　1/40

杜柬之　9/1　1/4　11/105　8/110　7/117

杜谨言　1/1

杜敬修　2/19

杜　浚　1/4　1/67

杜　兰　1/14　2/33　1/34　1/50

杜　梁　1/63

杜　洛　1/43

杜茂材　9/133

杜　□　1/41

杜　牧　1/1　1/3　1/5

杜南窗　1/43

杜乔芳　1/2

杜仁杰　1/1　1/4　1/6

杜日章　2/130

杜如麓　1/114

杜如桂　1/58　20/88

杜瑞徵　1/131

杜绍唐　2/93

杜时芳　1/2

杜士秀　1/124

杜仕俊　1/124

杜世东　1/117

杜受廉　10/62　10/130

杜　枢　2/69　1/110　1/116

杜舜举　1/5　1/6　1/164

杜　弢　1/2

杜天埼　5/67

杜同春　1/105

杜文明　1/126

杜　湘　2/130

杜孝严　1/2　2/56

杜　旋　1/55

杜荀鹤　1/56　1/105　1/106　1/107

杜衍庆　1/44

杜一经　2/118

杜寅生　1/42

杜应芳　16/2　1/110　1/111

杜应芬　1/67

杜应鸣　11/67

黄　度　4/93

黄敦礼　1/126

黄　锷　3/7

黄恩锡　8/164

黄　钫　1/4

黄奉橶　2/41

黄　娥　2/5　1/5　1/24　2/32　3/44

黄　福　2/54

黄　箎　1/127

黄光升　1/118

黄合初　3/19　29/60

黄河清　2/47　4/119

黄　华　1/19　2/44

黄　淮　1/41/11　1/12

黄槐茂　6/160

黄　辉　31/2　3/4　4/5　2/38　1/82　1/91　
　　　　1/103　4/110　4/115　8/120　25/121　
　　　　1/122　1/127

黄　基　1/71　1/100　2/101

黄　极　1/14

黄纪云　26/60

黄坚显　1//130

黄　杰　1/149

黄今伟　1/22

黄锦生　1/133

黄近朱　1/104

黄　进　1/103

黄　景　2/22

黄景夔　1/1　1/4　4/103

黄靖图　1/62

黄　觉　1/54

黄君瑞　1/1　1/5　1/6

黄克显　7/130　1/135

黄克缵　2/2　1/4　1/7　1/43

黄宽文　1/68

黄立极　1/5

黄礼中　1/129

黄亮可　1/119

黄　烈　14/41　1/43

黄鲁江　3/6　1/21

黄鲁溪　1/21

黄履康　5/144　1/105

黄履泰　1/118

黄履中　1/96

黄懋祺　6/64

黄懋勋　3/18

黄明善　1/88

黄明藻　2/153

黄□秋　1/29

黄沐衡　1/65

黄沐澍　1/65

黄佩笈　1/12

黄　朴　19//60

黄　溥　2/3　2/110　1/111　1/122　2/164

黄启心　6/95

黄启愚　1/95

黄　然　1/79　1/80

黄人杰　3/1　1/110　1/115　1/117

黄如械　1/138

黄汝亨　1/119

黄汝华　11/64

黄汝鉴　1/144

黄汝亮　1/26

黄汝源　1/144

黄瑞鹤　1/127

黄善燨　10/11

黄　裳　3/39　1/122

黄裳锡　1/134

黄尚毅　13/50　6/53　1/124

黄绍诚　1/153

黄绍贡　1/21

黄绍恒　1/8

刘定之　1/54　1/58

刘笃胜　1/96

刘端之　1/60

刘方平　1/110　1/115

刘　芳　1/124

刘芳霭　2/138

刘芳堂　1/19

刘　昉　2/1　1/3　1/4　1/110　1/116

刘　黻　1/33　1/44　1/50　1/79　1/81　1/97

刘福庆　4/35

刘复礼　1/25

刘傅经　1/79　1/80

刘　干　1/98

刘　纲　4/2

刘高培　9/111

刘公饯　1/110

刘公仪　1/111

刘躬逢　8/60

刘观瀚　1/96

刘光代　1/62

刘光第　5/7　2/92

刘光阁　1/153

刘光奎　1/36

刘光烈　6/38

刘光谟　1/43　1/99

刘光旭　1/19

刘光祖　2/1　1/3　2/4　2/5　7/46　2/58
　　　　2/59　37/60　1/164

刘国策　1/33　2/41

刘国瑞　1/19

刘国唐　1/63

刘国相　1/69

刘国瑜　1/127

刘　过　1/33

刘　海　1/154

刘海鳌　1/116　2/117

刘汉杰　1/164

刘汉如　1/12

刘汉儒　1/96　5/110

刘　涵　8/69

刘　浩　1/119

刘和春　4/145

刘　珩　1/124

刘亨运　2/21

刘恒阶　4/19

刘恒堉　2/19

刘鸿材　1/117

刘鸿典　1/127

刘厚基　1/98

刘厚滋　1/19

刘华黼　1/145

刘化藜　1/124

刘化良　1/29

刘　会　3/11　1/101

刘　绘　1/1　1/2　1/3　1/5　3/12　1/110
　　　　1/115

刘焕昌　2/8

刘　基　1/1　2/2　1/3　1/4　1/115

刘　岌　1/101

刘　纪　2/2

刘　骥　4/19　1/74

刘际暹　2/121

刘济瀛　1/83

刘家桢　1/19

刘　佳　1/2

刘嘉宾　8/77

刘　兼　5/16　6/79

刘见龙　1/122

刘建勋　2/19

刘　江　1/82

刘矞然　1/40

刘　节　1/2　2/3　1/110　1/115　1/132

刘　蓉　1/35　1/83　1/93　1/121

刘荣川　3/47

刘荣捷　2/130

刘如汉　1/4　1/79　1/80　1/103

刘　儒　1/16　1/84

刘汝楫　2/154

刘汝钦　1/7

刘　瑞　12/1　1/4　10/14　3/54　1/58　3/109
　　　　2/110　1/117

刘瑞璋　2/41

刘三才　1/135

刘善复　2/99

刘绍敩　1/18　8/21　1/40　1/122　1/122
　　　　2/148　2/151

刘绍文　5/113

刘伸达　1/71

刘　慎　1/124

刘声扬　2/60

刘升谦　1/29

刘时俊　1/12　8/63　23/99

刘时敩　1/109

刘时远　1/142

刘　氏　4/161

刘　斌　1/21

刘士达　2/93

刘士衡　4/14

刘士季　2/1　2/4　2/110

刘士奎　1/44

刘士逵　3/93

刘士林　1/138

刘仕宏　1/123

刘仕伟　14/119

刘世达　1/97

刘世宏　1/122

刘世仪　1/93

刘世曾　1/103

刘世璋　1/16　1/79

刘守镇　1/47

刘叔子　1/100

刘淑慧　1/110

刘　澍　12/7　6/9　1/26　1/90　1/91

刘庶坛　3/27

刘庶埴　4/27

刘树丹　1/47

刘硕甫　1/40

刘硕辅　1/19　4/23　1/55

刘斯栋　1/41

刘思齐　1/2　1/5

刘嗣颺　10/19

刘　松　2/155

刘松年　1/90

刘宋祺　1/35　38/46

刘泰春　1/95

刘泰三　45/93

刘　坛　11/18

刘　堂　1/42

刘腾龙　1/63

刘体仁　2/18

刘天成　1/74　18/94　1/123

刘天禄　2/89

刘天民　1/3　1/12　1/42　2/44　1/56　1/97
　　　　1/110　1/126

刘天祚　4/64

刘廷基　1/154

刘廷恕　1/19　1/148

刘廷桢　1/128

刘廷植　5/69

刘　绖　3/14

刘　桐　1/44　1/48　1/93

刘　蜕　1/1　5/21/43

刘　湾　1/1　1/4

刘万鹏　2/68

刘　旺	1/37					
刘望之	6/1	5/3	2/4	4/5	3/6	1/14
	1/17	1/19	1/24	1/58	2/68	
	1/110	1/116				
刘惟德	2/1	2/4	2/5	1/6	1/123	
刘惟重	1/122					
刘维植	1/41	1/60				
刘伟之	1/34					
刘文炳	2/23					
刘文谟	1/110					
刘文琦	7/2	1/120	1/127			
刘文骧	3/68					
刘文瑀	2/41					
刘文运	1/23					
刘文泽	1/19	1/23				
刘文珍	1/152					
刘文徵	1/2	1/5				
刘　锡	1/1	1/3	1/4	1/5		
刘锡畴	1/47					
刘锡申	155/89					
刘希简	2/22					
刘希夷	2/1	2/3	1/4	1/5	1/6	1/110
	1/115					
刘希尹	1/6					
刘希周	1/81					
刘晞颜	2/88					
刘　玺	1/61					
刘　宪	1/49					
刘咸炘	2/8					
刘咸荣	10/19	1/139				
刘象功	1/93					
刘孝孙	2/60					
刘孝威	1/1	1/3				
刘孝先	1/20					
刘星槎	6/142	1/143				
刘星南	8/153					

刘行道	16/133					
刘　宣	6/36					
刘　翾	2/5	3/54	1/58			
刘　烜	1/8					
刘学榜	1/130					
刘学厚	1/138	1/161				
刘　埙	1/1	2/3	1/4	2/5	1/12	1/22
	1/33	1/34	1/93	1/145		
刘　勋	1/142	1/143				
刘彦彬	1/54					
刘养锋	1/68					
刘养民	2/54					
刘养仕	1/54					
刘养贞	6/29					
刘养直	1/58					
刘耀春	4/60					
刘耀庚	1/74					
刘一衡	1/63					
刘一衔	1/54					
刘仪凤	1/2	1/110				
刘　彝	1/102					
刘　沂	1/9					
刘椅文	1/8					
刘以瑜	16/118					
刘翼之	1/61					
刘　益	1/122	1/135				
刘寅东	1/125					
刘英选	2/23					
刘应宸	1/29					
刘应春	1/40					
刘应鼎	3/19	1/41	1/98			
刘应蕃	4/16	5/79	4/80			
刘应箕	1/2	2/3	1/4	1/79	1/94	
刘应科	1/77					
刘应奎	1/19					
刘永芳	3/19					

柳　稷　1/1　1/120　1/121

柳梦弼　1/1　1/3　1/4　1/110　1/116

柳汤魁　4/120

柳天植　1/125

柳寅东　8/33

柳　英　2/110　1/116

柳　荚　1/3　4/79　1/91

柳枝茂　4/118

柳宗元　1/3　2/33　1/39　1/58　1/59　1/122

龙炳垣　2/25

龙昌期　1/58　1/89

龙　旦　1/1　1/3

龙　德　1/110　1/115

龙定华　1/73

龙　诰　1/22

龙　泾　2/115

龙科殿　1/30

龙明迁　1/115

龙　某　2/105

龙　女　1/100

龙声扬　2/78

龙时举　1/37

龙仕近　1/130

龙寿恩　1/30

龙庭三　1/115

龙为霖　6/11　22/12　4/42　1/79　1/80　1/100
　　　　1/137　1/164

龙文运　1/118

龙锡光　6/78

龙　翔　1/99

龙在田　2/93

龙　祯　1/132

娄　楷　1/134

娄汝理　1/163

娄　钟　2/41

楼　钥　1/39　3/60　1/122

卢　拜　1/2　1/5

卢宝田　1/102

卢重华　1/141

卢尔秧　1/102

卢光表　2/19

卢光祖　1/122

卢　瀚　4/118

卢洪铸　1/8

卢怀忠　2/3　1/67

卢焕章　1/137

卢晖吉　7/133

卢几山　1/45

卢见曾　3/82　2/83

卢　峻　1/103

卢可兆　1/30

卢　纶　3/1　1/4

卢　楠　1/2

卢　琦　1/122　1/123

卢　谦　1/115

卢　求　1/1　1/3　1/41/5　1/6

卢　焌　1/102

卢　璿　2/1

卢　申　1/1

卢申之　1/28

卢时楫　1/127

卢　氏　1/1　1/40

卢曙瞻　1/70

卢　仝　1/2

卢　曦　2/159

卢　象　1/1　1/3　1/110　1/115

卢兴让　1/137

卢琰行　1/117

卢　耀　1/73

卢　翔　1/1　1/3　1/5　1/19

卢　雍　2/1　2/2　2/3　1/6　1/24　4/39　10/40
　　　　1/44　8/48　1/54　1/61　2/96　3/103

沈诗杜 2/43
沈 鉽 1/11
沈世垲 1/66
沈守廉 1/67
沈寿榕 3/40 1/123
沈寿溶 1/93
沈 棠 1/19
沈廷贵 2/19 4/59 1/95
沈维垣 3/132
沈锡周 5/25
沈 琋 1/112
沈贤修 10/45
沈延广 12/93 3/95
沈彦模 2/156
沈仪顺 23/25
沈 庯 2/94
沈裕云 4/9 5/18 1/30
沈毓新 1/15
沈 约 1/44 1/110 1/115
沈约之 2/60
沈云汉 1/102
沈 增 6/114
沈增熠 1/6
沈朝焕 3/2 1/4 2/5
沈昭兴 1/67
沈 芝 1/17
沈芝林 2/41 1/119
沈宗敬 2/126
沈缵绪 2/153
慎朝元 1/130
盛 昶 1/48
盛大器 1/6 1/40
盛 锦 1/12 1/67 1/110
盛景献 1/100
盛 麟 1/58 2/88
盛世绮 2/63
盛熙瑞 7/155
圣 铎 1/25
师大卿 1/33
师世泽 1/26
施成泽 4/60
施 璜 1/71
施嘉议 1/120
施肩吾 1/79 1/91
施晋卿 1/1 1/5 1/6
施 敬 1/2 1/3 1/12
施仁爵 3/26 2/95
施闰章 1/12
施 山 2/114
施士衡 2/60
施天经 3/44 4/97
施学煌 2/99
施义爵 3/95 1/151
施玉立 2/12
施元之 1/46
施藻章 4/67
时 庆 1/102
时畏天 1/74
石 参 1/42
石朝安 9/144
石朝仕 1/144
石崇宪 5/38
石崇正 1/14
石 登 1/98
石奠国 1/128
石东震 1/18
石法鲁 3/38
石 峰 13/66
石含璋 1/40
石会昌 1/99 1/118
石 缉 1/79

陶淑礼 2/122 1/124
陶 澍 10/6 1/33 1/35 1/39 1/47 10/110
1/111 4/115 2/116 1/117
陶斯咏 1/13 1/102
陶望龄 1/2
陶文彬 14/105 20/107
陶先畹 7/97
陶 雍 1/2
陶 允 1/56
陶 璋 1/118
滕国贤 4/84
滕慎先 2/68
滕 嵩 1/164
滕之伦 1/13
天元上人 1/47
田朝鼎 2/44
田 澄 1/1 1/4 1/6
田 淳 1/1
田 登 1/54
田登年 1/118
田嘉谷 2/19
田嘉谟 1/68
田捷元 1/30
田 况 25/1 5/3 3/4 26/5 13/6 1/28
1/110 1/120 15/164
田 楙 1/3 1/5 1/26 1/164
田楙楙 1/1
田明德 1/81
田棨庭 4/69
田森树 2/19
田舜年 1/55
田郜茁 1/52
田俶虞 1/79
田廷栋 2/19
田 望 1/6
田 雯 1/12
田 锡 1/79 25/82
田兴恕 1/101
田秀栗 1/44 3/103 1/119
田序统 3/105
田延栋 1/19
田养正 1/138
田一甲 2/118
田有恒 1/55
田 玉 1/54
田种禄 3/22
田 洙 1/164
铁瓢道士 1/19
铁 崖 1/69
厅士民公立 2/104
廷征贤 2/79 2/81 1/91
同 治 4/36 1/93
童 鉴 1/26
童明悳 1/26
童 瑄 1/6
童 轩 1/22 1/44 1/97
童 棫 1/6 2/30
童 钰 1/22
童宗颜 1/26
佟凤彩 1/4 1/19 1/164
佟世庸 1/9
潼川志 1/33
涂长发 1/85 2/98
涂戴霍 3/119
涂逢豫 4/16
涂凤书 23/117
涂 珪 10/102
涂鸿仪 1/40 2/44
涂庆安 1/119
涂 巽 1/50
涂有祐 1/119

汪水云　2/19

汪　思　1/123

汪松承　1/110

汪　琬　2/4　1/6

汪维斗　1/54

汪　溦　6/29　2/30

汪溦恩　3/60

汪文澜　1/60

汪希圣　2/60

汪　诚　1/41

汪晓梅　12/60

汪叙畴　1/13

汪言臣　1/2

汪　洋　1/130

汪禹畴　5/68

汪寅瑞　1/60

汪毓文　1/23

汪元量　1/16　1/40　1/58　1/79

汪元藻　6/144

汪　治　29/60

汪志敏　2/116

汪中洋　1/79

汪钟琏　1/60

汪仲洋　2/6　1/24　3/33　2/34　1/80

汪宗翰　1/60

王安石　3/40　1/42　1/43　3/109　1/110
　　　　1/115　1/122

王安中　1/1

王　昂　1/120　1/128　1/161

王　翱　1/83

王白瑜　1/93

王白云　1/14

王百原　1/13

王柏心　1/79

王　褒　2/1　1/2　4/3　1/4　1/5　2/19
　　　　14/58　6/59

王葆善　1/121　2/129

王宝华　1/145　1/145

王宝年　2/98

王本初　2/16　1/79

王必诚　3/93

王必恭　1/119

王必杰　1/69

王　汴　3/12

王炳森　2/63

王炳瀛　2/55

王炳塘　1/23

王炳章　10/133　1/138

王秉刚　1/73

王秉三　3/121

王秉钟　1/19

王伯心　1/137

王伯宗　1/2

王　勃　18/1　5/2　6/3　6/4　9/5　2/6　2/20
　　　　2/33　2/34　1/43　7/46　4/47　2/79
　　　　2/80　3/122

王步高　1/19

王步瀛　2/114

王采珍　1/11　1/27　3/28　1/64　1/96

王昌麟　20/19

王昌龄　1/19　1/97

王昌南　118/19

王昌年　1/68　11/98

王常青　1/137

王长德　5/13　1/105

王　昶　1/6　4/150

王　超　1/54

王朝赞　8/58

王朝治　16/144

王朝佐　1/95

王辰应　1/35　1/39　1/122

王陈锡　1/110　1/116

王　玺	1/21				
王玺尊	1/21				
王　铣	1/8				
王咸宜	1/124				
王献策	2/126				
王献之	1/1	1/5			
王　襄	4/86				
王祥昌	1/4				
王祥熙	2/30				
王象乾	1/2				
王象乾、郭子章	1/119				
王象之	54/1	2/3	2/4	2/19	1/92　2/110
	1/115				
王向氏	6/100	10/101			
王项龄	1/126				
王心广	8/142				
王心一	2/41				
王新命	2/4	7/35	1/122	1/126	
王　行	6/97				
王行俭	1/12				
王行谨	1/100				
王　绣	2/142				
王　煦	1//8				
王　宣	2/79	1/81	2/92		
王学海	1/121				
王学淳	1/161				
王　训	1/126				
王　恂	1/97				
王　崖	1/1				
王雅言	1/95	1/103			
王　炎	1/1				
王　岩	4/5	1/6			
王延禧	1/1	1/94	1/110		
王延桢	3/144				
王　衍	2/1	1/5	1/6	1/19	1/23　1/40
	3/122				

王衍庆	4/138				
王彦奇	4/109	2/110	1/117		
王　焱	1/28	1/29			
王　掞	1/67	1/126	1/141		
王燕琼	4/155				
王燕堂	4/19				
王一麟	7/84	2/85			
王一言	1/54	1/58			
王一贞	4/46				
王一正	3/47	1/50			
王　怡	1/100				
王夷简	1/33				
王以丰	2/46	8/120			
王以孚	1/66				
王以宽	6/144				
王以贤	1/126				
王以昕	1/137				
王以驯	2/144				
王以曜	4/137	10/138			
王以中	13/75				
王奕清	1/13	1/63			
王　益	4/1	2/3	3/4	2/5	1/30
王懿荣	2/24				
王懿修	1/48				
王　胤	6/2	4/5			
王应镐	2/68				
王应麟	1/1				
王应□	2/55	2/56			
王应熊	3/11	1/12	1/63	1/68	
王应元	1/101				
王应诏	29/123	10/126			
王萦绪	1/103	43/104			
王　雍	1/1	1/5			
王　镛	1/161				
王　永	1/16	1/79			

颜明兴　1/49

颜启芳　20/152

颜启华　1/152　1/152

颜汝恕　4/152

颜汝玉　32/152

颜师贤　1/2

颜世儒　2/152

颜为邦　1/8

颜　敦　1/61

颜于镐　3/144

颜真卿　2/122　2/126

颜　正　9/3　3/71

阎伯敏　12/1　12/3　12/110　12/115

阎苍舒　2/1　2/4　5/30　1/110　1/116　1/122
　　　　1/126

阎　灏　1/1　2/3　1/4　1/5　4/25　1/164

阎　检　5/138

阎立本　1/3　1/110　1/115

阎式鑛　1/127

阎万镒　1/141

阎　选　1/1　1/110　1/115

阎右惇　1/138

阎禹锡　1/44　1/97

阎　苑　1/1　1/110

阎允成　1/105　1/107

阎自新　2/138

严　柄　2/159

严灿章　1/108

严大谟　1/124

严尔遹　3/155

严　恭　1/123

严光治　1/120　1/128

严　简　1/14

严　杰　1/2　1/4　1/120　1/122　1/123
　　　　3/128

严履丰　7/33　1/34　1/48

严其存　3/155

严谦临　1/35

严　清　1/79

严绍平　1/19

严士铉　1/79

严世道　1/155

严树森　8/25

严　淑　1/74

严思诚　1/118

严遂成　1/104

严廷襄　3/60

严　武　2/1　1/3　1/5　1/6　1/33　1/35
　　　　1/110　5/122　1/151

严锡恩　2/27

严学淦　1/6　1/79　1/80　4/150　2/164

严学尧　8/60

严养壬　1/82

严虞惇　1/13　1/26

严岳莲　1/40

严　恽　1/122

严　真　1/103

严　珍　2/41

严　正　2/130　1/155

严祖光　6/25

严　遵　1/6　1/22　1/48

延　鹤　1/74

延　鸿　1/117

延　禧　1/116

衍庆仙官　1/120

燕居广　5/130

燕石斋　1/2

燕宅安　2/138

燕祖召　3/55

晏　铎　2/1　1/3　1/62

晏　莱　3/63

张　晸	1/123　1/133				
张之洞	1/12　1/19　1/24　1/35　2/40				
张之厚	3/2　1/4　1/27				
张之浚	1/26　2/85　4/87				
张知简	16/44				
张知五	1/44				
张知雄	3/44				
张　质	1/68				
张智莹	3/55				
张志进	2/133				
张志远	3/92				
张中榜	1/93				
张仲素	2/2				
张仲雅	1/117				
张　洲	4/104　1/127				
张　籀	1/54				
张　柱	1/79　1/83				
张　翥	1/41				
张注庆	1/122　1/123				
张　灼	2/72　9/75				
张　资	2/54　1/58				
张子功	1/119				
张子良	1/163				
张子仁	1/81				
张子容	1/110　1/115				
张宗法	2/21				
张宗世	12/116				
张宗蔚	1/11　1/12				
张宗元	1/15				
张祖谦	2/60				
张作襄	2/54				
张作珣	2/36				
张祚先	1/132				
章阆然	2/135				
章炳麟	1/12　1/30				

章道吉　34/60

章　发　1/27　4/28

章　藩　3/45

章凤来　2/12

章　粲　10/1　1/3　1/4　10/6　10/60

章　恺　3/105

章　懋　1/67

章　评　1/32　9/44

章　誉　1/1　1/4　1/7

章世纯　1/98

章文烈　1/14

章孝标　2/1　1/19

章　绪　2/100　2/104　6/105　13/106　1/107

章仪庆　1/40

章　霆　1/122

章寓之　2/79　1/81　1/90　1/91

章远瀚　1/60

章　祯　1/141

丈　雪　1/54

招昌韶　1/138

赵　鳌　1/132

赵　弼　1/58　3/147

赵　壁　2/142　3/147

赵　忭　1/34　1/117

赵　抃　3/1　3/3　1/4　2/5　4/6　1/9　1/18
　　　　3/19　1/22　1/24　2/30　1/40　1/42
　　　　1/48　1/79　1/91　2/122

赵炳南　1/138

赵炳然　1/40

赵秉礼　1/144

赵秉榕　1/144

赵秉渊　2/85　1/98　1/100　1/101　1/122

赵秉忠　1/127

赵不悥　1/110　1/116

赵　采　1/1　1/4　1/32　1/35

周守朴	1/138	周锡云	1/25
周守一	1/164	周希毕	1/118
周　淑	1/33　1/110	周希贵	1/88
周树歧	1/54	周　熹	1/55
周树棠	3/41	周　暹	4/58
周澍章	1/108	周显仁	1/69
周斯才	1/47　44/154	周宪斌	1/115
周思晋	2/19	周　献	1/82
周思绶	4/130	周相雍	1/108
周思陶	1/113　1/132　1/163	周　骧	1/12
周思禹	4/97	周学濂	1/54
周　泗	1/12	周学铭	1/45
周　祀	2/62	周　逊	7/2　3/5
周　泰	1/6	周　薰	1/19
周　俶	2/3	周延甲	1/103
周天柱	1/27　2/129	周彦邦	2/95
周廷侍	1/94	周彦威	1/45
周廷授	1/137	周　俨	1/100
周廷用	1/59	周　爻	3/61　1/77
周　霆	1/73	周　瑶	2/54
周　桐	1/93	周　益	1/19　1/123
周　琬	2/164	周因培	13/19
周维新	4/18　4/93	周　尹	6/25
周维源	1/47	周　英	1/81
周维垣	3/60　1/108	周　瑛	1/67　1/85
周伟业	1/69	周应熙	1/60
周　炜	4/127	周永锴	1/13
周　文	1/3　1/119	周永隆	5/71
周文彬	2/22	周永年	1/108
周文焕	1/69	周有德	5/38　1/122
周文宦	15/27　1/28	周于高	10/67
周文麟	2/48	周于礼	1/22
周文权	4/98	周　竿	2/54　2/58
周文言	6/58　4/59	周煜南	23/25
周文昭	1/89	周驭爵	2/97
周　熙	1/21	周毓榆	1/19

后　记

　　自 1998 年 7 月出版了《巴蜀文化大典》,2003 年 9 月出版了《巴蜀文学史》,虽然在巴蜀文化、文学方面,对多年的思考、搜集与研究,算是做了一个总结,但是我们深知,相对于博大精深的巴蜀文化、文学来说,我们的工作,只是非常肤浅、片面的尝试。未来的探索和精进,不能停止。

　　要继续深入研究巴蜀文化、文学,还有很多工作可作,其中巴蜀文化典籍方面,我们就还有一些一手资料没有掌握,比如,巴蜀大量的地方志就等待我们去开发利用。巴蜀方志数量大,涵容丰富,它对于今人了解、认识巴蜀文化,意义重大。但由于这类书籍存世不多,接触较少,人们对其内容不甚了了,这影响了对它的利用。这是非常遗憾的事。

　　这本《巴蜀方志艺文篇目汇录索引》就是为解决这一困难而编制的。它虽然不是什么高深的学术著作,但它对于学术研究无疑是很有用的工具。

　　本课题始于 2006 年。2009 年.西部区域文化研究中心评审通过本课题为重点项目。由于数量大,过录费时,而且搜集资料,整理校勘,亦非易事,故直到 2010 年才基本完成。此后又做了一些补充和多次核对。

　　在查阅资料及编录校勘过程中,西华师范大学图书馆给以不少方便,我们深表谢意。

　　研究生樊忠梨、惠景侠、龚颖仪、李波、谭琳等同学参加了部分志书艺文篇目的过录,功不可没,特以志出。

　　四川大学项楚教授、山东大学郑杰文教授、香港大学詹杭伦教授等,深知此项目的价值,给以鼓励、推荐,盛意可钦,在此致谢!

　　谢谢中华书局李肇翔编审对本书出版的指导与帮助!

　　西华师范大学资助本书出版,使之得以问世,方便学人,尤为铭感!

　　由于条件及水平所限,错误及缺漏都可能难免,期盼给予指正。

杨世明

2013 年 3 月